KB150398

譯註 日本後紀 上

▌역주자소개

연민수(延敏洙) 전 동북아역사재단 역사연구실장
동국대학교 사학과 및 동 대학원 석사과정 졸업
九州大學 대학원 일본사학과 수사·박사과정 졸업, 문학박사

▌논저목록

『일본고대국가와 도래계 씨족』, 학연문화사, 2021
『고대일본의 대한인식과 교류』, 역사공간, 2014
『고대한일관계사』, 혜안, 1998
『고대한일교류사』, 혜안, 2003
『일본역사』, 보고사, 1998
『譯註續日本紀』(上·中·下), 혜안, 2022
『新撰姓氏錄』(上·中·下), 공역, 동북아역사재단, 2020
『역주일본서기』(1~3), 공역, 동북아역사재단, 2013
『일본고중세문헌속의 한일관계사료집성』 공편, 혜안, 2005
기타 공저, 역서 등 다수

譯註 日本後紀 上

2023년 5월 10일 초판 1쇄 발행

글쓴이   연민수
펴낸이   권혁재
편 집   조혜진
표 지   이정아

제 작   성광인쇄
펴낸곳   학연문화사
등 록   1988년 2월 26일 제2-501호
주 소   서울시 금천구 가산디지털1로 16 가산2차SKV1AP타워 1415호

전 화   02-6223-2301
팩 스   02-6223-2303
E-mail   hak7891@chol.com

책값은 뒷표지에 있습니다.
잘못된 책은 바꾸어 드립니다.

ISBN 978-89-5508-485-6 94910

譯註 日本後紀 上

연민수 역주

학연문화사

서 문

『일본후기』는 일본고대의 3번째 칙찬사서이고, 桓武天皇의 후반기 치세인 792
년에서 그의 3인의 황자 平城, 嵯峨, 淳和에 이르는 833년까지 42년의 역사를 다
루고 있다. 편찬과정은 차아조에서 시작하여 순화조를 거쳐 차아천황의 아들인
仁明天皇 때에 완성하였다. 요컨대『일본후기』는 치세의 실존 인물들의 역사를
다룬 이른바 현대사에 해당한다. 한편 현존하는『일본후기』는 15세기 중반까지
는 완본의 형태로 전해지고 있었지만, 應仁의 난 때 소실되어 그 존재조차 모르
다가 17세기말 江戶時代의 국학자에 의해 산일된 逸文이 복원되었고, 18세기 후
반에는 완본 10권이 재발견되어 그 대체적인 실상을 알 수 있게 되었다. 근대에
들어와서는 완본 10권이 國史大系本으로서 간행되었다. 본 역주본에서는 10권의
완본과 일문 30권을 수록한 간행본을 저본으로 하여 전 40권을 역주하였다.

『일본후기』 역사의 무대는 平安京이다. 이미 예견된 일이지만, 환무천황은 즉
위의 宣命에서 天智系 왕통의 계승자임을 선언하였고 天武系의 터전인 平城京을
벗어나려고 노력하였다. 환무는 천도의 날에 近江國은 선제의 옛 도읍이고 平安
京에 인접해 있다고 선언하였고 증조부 天智의 왕도였던 近江에 가까운 평안경
으로 천도하였다. 평안경은 平安을 염원하는 의미가 담겨있다. 환무천황이 만년
의 봄, 1억년의 궁이라고 예찬했듯이 현실과 미래의 기대상이 함축되어있다. 카
리스마 넘치는 환무천황의 치세는 특별한 혼란없이 안정된 정치적 기반을 구축
하였다. 환무에 대한 논찬에서 당시에는 비용이 들었지만, 후세에는 은혜가 되었
고, 그의 덕은 요순을 능가한다고 하듯이 성공적인 군주였다고 할 수 있다 이후
환무천황의 직계 혈통 3 황자 시대가 시작되었다. 장남 平城은 우울증의 일종인
風病을 앓아 스스로 재위 3년 만에 親弟 차아에게 양위하였다. 그러나 양위 후에
측근의 사주로 일부의 관인들을 데리고 평성경으로 천도하여 2개의 조정이 양립

하는 불씨를 남겼다. 사건은 3일 만에 종료됐지만, 차아천황의 불안감은 적지않았다. 상황과 천황이라는 권력의 이중구조가 낳은 모순이었다. 차아천황 역시 재위 14년 만에 38세의 젊은 나이에 동년배 이복동생 순화에게 양위하여 스스로 권력의 중심부로부터 벗어나려고 노력하였다. 양위받은 순화천황은 천황의 명을 거부할 수 없어 즉위했지만, 재위 10년만에 차아천황의 아들 仁明에게 양위하였다. 이렇듯 환무천황 이후의 3황자의 치세는 스스로의 권력을 제한하면서 양위를 통해 자신과 후사를 보호하려는 당시의 특수한 왕권의 양상을 보여주고 있다.

『일본후기』의 편찬을 주도한 인물은 藤原朝臣冬嗣와 藤原朝臣緖嗣이다. 2인은 당대의 최고 귀족 藤原家의 번영의 기반을 닦은 藤原不比等의 직계 혈통 출신자이고, 천황가의 외척으로서 태정관의 수석에 자리하고 있던 공경들이다. 이들은 편찬책임자로서 편찬의 방침, 방향을 주도하였다. 藤原朝臣冬嗣는 편찬의 봉칙을 받든 최초의 책임자였던 까닭에 전40권의 모두에 그 이름을 올렸고, 2, 3차 때의 책임자인 藤原朝臣緖嗣는 완성본을 찬진하는 서문을 기록하여 대표편자로서 이름을 남겼다. 공동편찬자 역시 천황가와 혈연관계를 맺고 있는 藤原家 출신이 중심이었고, 참의 이상의 유능한 관인들로서 천황의 통치이념을 잘 반영할 수 있는 인물들이 참여하였다.

치세의 역사를 서술한다는 점에서 지배자의 기록에 대한 관리와 통제도 나오고 있다. 치세의 천황이 남기고 싶은 역사, 삭제하고 싶은 역사는 명확하게 나타난다. 환무천황이 기억하고 싶지않은 『속일본기』의 내용을 삭제했는데, 平城朝에서 측근의 사주로 복원한 일, 이를 재차 嵯峨朝에서 원래대로 되돌린 사건도 발생하였다. 이미 찬진된 정사에 손질을 가한 사실을 남긴 것은 기록관리의 치명적인 오점을 말해주는 것이지만, 비정상적인 기록이 오히려 당대의 기록관리의 실태를 엿볼 수 있다는 점에서 현대사가들에게는 매우 유용하다. 한편으로는 4위 이상의 인물전의 논찬을 보면, 개개의 인물의 장단점과 특징을 예리하게 간파하고 지위고하를 가리지않고 가감없이 기술하여 엄정한 인물평을 하고 있어『일본후기』의 사료적 성격을 이해하는데 도움이 된다.

이 시기의 대외관계는 일본의 견당사 파견 1회를 제외하고는, 신라인의 표착기사와 발해와의 교류가 중심이다. 신라인의 표착기사는 당시 신라하대의 혼란한 사회상을 반영하고 있다. 이에 반해 발해의 사절은 외교사절이면서 교역을 목적으로 활발한 교류를 하고 있다. 일본조정에서는 발해사절의 내항에 제한을 두고 있지만, 발해물산에 대한 일본귀족의 욕구를 억제하기 어려워 용인하는 형태로 교류가 지속되었다. 일본측의 신라와 발해에 대한 인식은 전대와 마찬가지로 번국관으로 일관되어 있다. 발해와는 국서의 형식을 둘러싸고 갈등을 보이고 있으며, 신라에 대해서는 현실적으로 내방하지 않는 신라사절을 가상하여 이들을 번국의 예로서 대할 것을 명하고 있다. 그러나 상대가 인정하지 않은 번국관은 한계가 있었으며 일본국내의 한정된 공간에서의 자기세계에 갇힌 국제인식을 보여주고 있다.

『일본후기』의 역주작업은 지난해『속일본기』역주서를 출간한 직후였다. 환무조 전반기를 끝으로『속일본기』가 종료된 까닭에 후반부 마무리에 대한 아쉬움이 남았다. 또한『일본후기』는 살아있는 역사를 기술하고 있다는 점에서 흥미를 끌었다. 사료를 역주하는 일은 도를 닦는듯한 고뇌와 인내의 과정이지만, 일단 사료의 세계에 들어가면 멈추기 어려운 묘미도 있다. 게다가 장기간 계속된 코로

나 사태와 퇴직 후의 혼자만의 시간은 이 작업에 집중할 수 있는 기회였다. 시대사의 이해에 기초사료를 읽는 것만큼 효과적인 것은 없으며 자신의 눈으로 다양한 역사의 장면을 확인하고 독자의 관점으로 이 시대를 읽어낼 수 있다. 특히 천황의 조칙과 각지에서 올라오는 수많은 관인들의 상주문은 당시 문서행정과 관인조직, 지방사회의 실태를 이해하고, 다양한 인물군들의 내면의 생각을 읽을 수 있어 대단히 흥미롭다. 본 역주서가 일본고대 平安京 개막시대의 이해와 연구에 유익한 참고가 되었으면 한다.

2023년 4월
북한산 자락의 서재에서
연민수

범 례

1. 본 역주본의 사료는 國史大系本, 逸文을 수록한 黑板伸夫 · 森田悌編『日本後紀』을 참조하였다.
2. 逸文의 출전은 대부분『類聚國史』,『日本紀略』으로부터 인용하고 있어 별도로 출전은 밝히지 않았다. 다만 신라, 발해 등 한국과 관련있는 기사는 각주에 명기하여 출전을 밝혔다.
3. 『일본후기』전40권 중에서 完本은 모두 10권으로, 권5, 권8, 권12, 권13, 권14, 권17, 권20, 권21, 권22 권24이다. 逸文 30권은 목차 및 원문, 주석문 말미에 표기해 놓았다
4. 衣被, 被는 몸에 걸치는 의복의 범칭인 피복으로 통일하여 표기하였다.
5. 『日本後紀』에 나오는 발해를 가리키는 蕃客, 蕃國使는 모두 발해사로 번역하였다.
6. 기사의 의미를 명확하게 하기 위해 ( ) 안에 원문에는 없는 내용을 일부 추가하였다.
7. 번역은 의미를 분명히 하기 위해 의역한 부분도 있다.
8. 선명체 문장은 (宣命體)라고 명기하였다.
9. 異體字, 略字 등은 일부 관직명을 제외하고는 모두 正字로 바꾸었다.
10. 주상문, 국서, 선명체 등 경어체로 표현해야 어울리는 문장은 통일적으로 평어체로 번역하였다. 다만 서문의 천황에게 올리는 주상문은 경어체로 하였다.

목 차

譯註 日本後紀 下

해제 : 『일본후기』의 편찬과정과 서술상의 특징

Ⅰ. 『일본후기』의 편찬과정

『일본후기』 서문에 "앞의 사서의 뒤를 이어서 (중략) 延曆 11년(792) 정월 병진에서 天長 10년(833) 2월 을유까지 42년의 역사를 40권으로 완성하여 『日本後紀』라고 명명하였다"라고 기술하고 있다. 『일본서기』와 『속일본기』에 이은 일본고대의 3번째 칙찬사서의 탄생을 알리고 있다. 서문의 말미에는 承和 7년(840) 12월 9일의 완성본을 봉진한 날자를 기록하고[1] 좌대신 정2위 藤原朝臣緖嗣 등 7인의 편찬자 서명이 명기되어 있다.

『일본후기』의 명칭에 대해서는 편찬의 순서로 본다면 『속일본기』의 후속 사서는 『속일본후기』가 표기상으로 더 적합하다. 『일본후기』는 『속일본기』와 마찬가지로 『일본서기』 즉 『日本紀』에 이어지는 서명에 어울린다. 즉 『일본서기』 다음에는 『속일본기』 혹은 『일본후기』 어느 것을 사용해도 위화감이 없다. 그럼에도 불구하고 『속일본기』 다음에 『일본후기』를 사용한 것은 아마도 仁明朝에서 자신의 치세 1대를 다룰 『속일본후기』로 염두에 둔 것은 아닌가 생각된다. 『속일본기』에 이어서 『속일본후기』를 사용하면 이후에는 '日本紀'가 들어간 사서명은 사용하기 어렵게 된다. 『속일본후기』는 貞觀 11년(869)에 인명조 1대만을 기술하였다. 그 다음에 편찬된 『日本文德天皇實錄』의 서문에 의하면, 淸和天皇은 『속일본후기』가 찬진된 2년 후인 貞觀 13년(871)에 藤原基經 등에게 문덕천황실록의 편찬을 명하고 있다. 인명조까지의 4개의 칙찬사서의 명칭은 '日本의 國史'라는 의미가

1　찬진된 날자에 대해서는 『續日本後紀』 承和 8년(841) 12월 갑신조에, "修日本後紀, 訖. 奏御"라고 하여 『日本後紀』의 찬진을 1년전의 일로 기록하고 서문과 차이를 보이고 있다. 이에 대해 坂本太郞는 서문에 기록된 편찬자의 관위의 관위는 承和 7년 12월 현재가 바르고 승화 8년 12월은 맞지 않는다고 하여 『속일본기』의 기록이 잘못임을 밝히고 있다(坂本太郞, 1970, 「日本後紀」, 『六國史』, 吉川弘文館, 232쪽).

담겨져 있지만, 그후의 사서는 적절한 명칭을 찾기가 어려워 체제는 동일하지만 '實錄'의 이름으로 편찬한 것이다. 실록은 원래 제왕의 일상의 언행을 기록한 일기체의 관찬기록을 말하는데, '日本紀'의 명칭에 비해 正史로서의 공적 권위가 떨어진다는 인식이 있었던 것은 아닌가 생각된다.

『일본후기』는 桓武天皇으로부터 平城, 嵯峨, 淳和 4인의 치세를 기록하고 있다. 환무 이후의 3인의 천황은 모두 환무의 직계 황자들이고, 평성과 차아는 생모가 같은 친형제간이다. 요컨대『일본후기』가 다루고 있는 시대는 환무천황과 그의 아들이 통치하던 진행 중인 현대사에 해당한다.『속일본기』에 '今上天皇'인 환무천황이 자신을 치세를 포함하고 있듯이『일본후기』역시 치세의 천황이 순차적으로 편찬의 과정을 거치고 있다. 편찬이 완료된 시기는 차아천황의 황태자인 仁明天皇 承和 7년(842)이다. 仁明이 태어난 해는 806년으로『일본후기』시대의 생생한 역사를 직접 경험한 인물이고, 조부 환무천황, 백부 평성천황, 부친 차아천황, 숙부 순화천황의 치세를 서술하였다. 눈앞에 일어난 사실들을 정사로 편찬한다는 것은 엄밀한 의미에서는 실록적 성격이다. 다만 사건에 대한 관점, 인물에 대한 논찬 등은 편찬자의 역사관, 집필방침, 정치적 이해관계 등에 따라 서술의 형태는 다양하게 나타날 수 있다. 이러한 점에서『일본후기』는 편찬에 참여한 인물군에 대한 이해가 매우 중요하다고 생각된다.

『일본후기』의 편찬과정에 대해서는『類聚國史』에 수록된『日本後紀』의 序에 의해 대체적인 실태를 파악할 수 있다. 서문의 편찬과정에 대한 내용을 정리하면 다음과 같다.

① 弘仁 10년(819), 태상천황은 大納言 정3위 行左近衛大將 및 陸奧·出羽按察使를 겸직한 藤原朝臣冬嗣, 정3위 行中納言 民部卿을 겸직한 藤原朝臣緒嗣, 참의 종4위상 行皇后宮大夫, 伊勢守를 겸직한 藤原朝臣貞嗣, 참의·左衛門督 종4위하 守右大弁, 行近江守를 겸직한 良岑朝臣安世 등에게 칙을 내려, (國史의) 편찬을 감수시켰는데 완료되지 않은 사이에, 3명의 臣이 서로 이어서 사거하고 (藤原)緒嗣 홀로 존명하기에 이르렀다.

② 後太上天皇이 조를 내려, 左近衛大將 종3위 守權大納言, 行民部卿을 겸직

한 淸原眞人夏野, 中納言 종3위 行中務卿을 겸직한 直世王, 참의 정4위하 守右近衛大將, 行春宮大夫를 겸직한 藤原朝臣吉野, 참의 종4위상 守刑部卿을 겸직한 小野朝臣岑守, 종5위하 훈7등 行大外記, 紀傳博士를 겸직한 坂上忌寸今繼, 종5위하 行大外記 嶋田朝臣淸田 등을 (藤原朝臣緒嗣에게) 보좌시켜 편수를 계속하게 하였다. (그러나 淳和天皇이) 양위하게 되어 완성하지 못했다.

③ 今上陛下는 …성스러운 편수를 거듭 내렸으나 집필, 산삭 작업은 지연되었다. 지금 다시 좌대신 정2위 臣 藤原朝臣緒嗣, 정3위 守右大臣, 行東宮傅, 左近衛大將을 겸직한 臣 源朝臣常, 정3위 中納言 臣 藤原朝臣吉野, 中納言 종3위 行左兵衛督, 陸奧出羽按察使를 겸직한 臣 藤原朝臣良房, 參議 民部卿 정4위하 훈6등 臣 朝野宿禰鹿取에게 조를 내려, 작업을 수행하게 하였다. 더욱이 前 和泉守 종5위하 臣 布瑠宿禰高庭, 종5위하 行大外記 臣 山田宿禰古嗣 등에게 자료를 배열하고 정리한 문장을 준비시켰다. 상기 내용을 표로 정리하면 다음과 같다.

【표 1】편찬시기 및 편찬자

	嵯峨朝(1차)	淳和朝(2차)	仁明朝(3차)	비고
편찬시기	弘仁 10년(819) ~ 동 14년(823) 4월 (4년 소요)	天長 7년(830) 8월 ~ 天長 10년(833) 2월 (2년 6개월 소요)	天長 10년(833) 2월 이후 ~ 承和 7년(842) 12월 (10여년 소요)	총 16.5년 소요
편찬 중단이유	편찬자 3명 사망으로 중단	淳和 양위로 중단		
편찬범위	桓武朝, 平城朝, 嵯峨朝	桓武朝, 平城朝, 嵯峨朝, 淳和朝(?)	桓武朝, 平城朝, 嵯峨朝, 淳和朝	
대표편자	藤原朝臣冬嗣 (정3위 大納言)	藤原朝臣緒嗣 (종2위 우대신)	藤原朝臣緒嗣(1-3차) (정2위 좌대신)	
공동 편찬자	藤原朝臣緒嗣 (정3위 中納言)	淸原眞人夏野 (종3위 左近衛大將)	源朝臣常 (정3위 우대신)	관위, 관직은 편찬개시 시점
	藤原朝臣貞嗣 (종4위상 참의)	直世王 (종3위 中納言)	藤原朝臣吉野(2-3차) (정3위 中納言)	
	良岑朝臣安世 (종4위하 左衛門督)	藤原朝臣吉野 (정4위하 참의)	藤原朝臣良房 (종3위 中納言)	
		小野朝臣岑守 (종4위상 참의)	朝野宿禰鹿取 (정4위하 參議)	
		坂上忌寸今繼 (종5위 大外記)	布瑠宿禰高庭 (종5위하 前 和泉守)	
		嶋田朝臣淸田 (종5위하 大外記)	山田宿禰古嗣 (종5위하 大外記)	

최초의 편찬을 추진한 시기는 차아천황 弘仁 10년(819)이다. 이해는 차아가 즉위한 11년째이고,『속일본기』를 편찬한 환무천황이 즉위한 11년째인 延曆 10년(791)에 국사편수를 명한 것을 모방했을 것이라는 지적이 있다[2]. 우연의 일치일 가능성도 있지만, 국사의 편수는 정치적인 성격이 강하다는 점에서 시기적으로 의도한 기획이라고 보인다.『속일본기』의 편찬이 완료되어 주상된 延曆 16년(797)으로부터 불과 22년이 지난 시기이고, 특히『속일본기』는 9대 95년이라는 1세기에 가까운 시대를 다루고 있다는 점에서 매우 이른 시기에 후속 국사의 편찬이 기획되고 있었다. 차아천황보다 앞서 즉위한 평성천황은 불과 3년 만에 양위하여 국사 편찬은 차아조 이후가 될 수밖에 없었다고 생각된다.

그럼 차아조에서 국사편찬을 추진한 목적은 무엇인지 궁금해진다. 왜냐하면『속일본기』이후의 시대를 다룬다고 해도 792년부터 819년 이전까지이고 환무조 후반기 이후 평성조, 차아조 초기의 불과 20여년의 역사에 한정되기 때문에 이 시기의 역사를 정사로서 기록해야 할 특별한 이유가 존재되지 않으면 서둘러 추진할 필요가 없다고 생각된다. 우선『일본후기』의 편찬에는 환무천황의 遺命이 있었을 가능성이 있다.『속일본기』는 환무조에서 완성되었고 그의 치세가 들어간 역사를 편찬하였다. 이것은 光仁-桓武로 이어지는 天智系 신왕통을 선포하는 일이었다.『일본후기』에서는 桓武 후반기의 역사와 半城-嵯峨로 이어지는 환무의 왕통을 재차 확인하는 절차를 남기고 있다. 8세기 奈良朝의 혼란한 정쟁 속에서 역사서술은 즉위와 치세의 정당성, 정통성을 명확하게 밝히고 환무천황의 왕통이 번영해 나가기를 기원하는 의미가 있다고 생각된다.

1차 국사 편찬은 차아조에서는 819년에서 823년까지 4년간 진행되었다.『일본후기』서문에 "칙을 내려 國史의 편찬을 감수시켰는데 완료되지 않은 사이에, 3명의 臣이 서로 이어서 사거하고 藤原緒嗣 홀로 존명하기에 이르렀다"라고 기술하고 있다. 즉 편찬 도중에 사망한 인물은 대표 편자 藤原朝臣冬嗣, 참의 종4위

---

2   坂本太郎, 1970,「日本後紀」,『六國史』, 吉川弘文館.

상 藤原朝臣貞嗣, 참의 종4위하 良岑朝臣安世이다. 그러나 이들 3인이 사망한 시점을 보면, 藤原朝臣冬嗣는 天長 3년(826) 7월이고, 藤原朝臣貞嗣는 弘仁 15년 (824) 1월이고, 良岑朝臣安世는 天長 7년(830) 7월이다. 이들은 모두 차아조 때에 사망한 것이 아니고 다음 淳和朝 때이다. 차아천황이 양위한 것은 823년 4월이므로 서문의 내용은 맞지 않는다. 그런데 서문에서는 다음 淳和朝에서 편찬이 중지된 것은 순화천황의 양위 때문이라고 기록하고 있다. 순화조에서는 순화천황이 즉위한 이후 7년이 지난 天長 7년(830) 8월에 편찬이 개시되었다. 즉 즉위 후에 3명의 편찬자가 사망한 까닭에 7년간 중지되었다가 830년에 다시 편찬자를 구성하여 2차 편찬을 시작한 것이다. 그러나 편찬 2년 6개월 만인 天長 10년(833) 2월에 순화의 양위로 다음대로 넘어가게 되었다. 즉 순화조에서 편찬의 중지된 이유는 편찬자의 연이은 사망이 1차적이고 양위는 그 다음 문제이다. 3차 편찬은 仁明朝 天長 10년(833) 2월 이후 어느 시점에서 承和 7년(842) 12월까지 약 10여 년 소요되어 최종 완성하였다. 3차때는 1, 2차 때의 편찬 책임자인 정2위 좌대신 藤原朝臣緖嗣와 2차때 참여한 정3위 中納言 藤原朝臣吉野는 그대로였고 나머지 편찬자는 모두 교체되었다. 여기서 1차에서 3차까지 모두 참여하고 실질적인 편찬을 주도한 인물은 藤原朝臣緖嗣이다. 찬진의 과정과 완성을 기술한『일본후기』서문 역시 그가 올린 것이다.

Ⅱ. 편찬에 참여한 인물의 계보와 특징

1. 藤原朝臣冬嗣와 藤原朝臣緖嗣

藤原朝臣冬嗣는 1차 편찬 때의 책임자였고, 藤原朝臣緖嗣는 2차, 3차의 편찬 책임자의 위치에 있던 인물이다. 2인은 당대의 권력의 쌍벽을 이루면서 국사 편찬을 주도하고 있다. 당시 국가의 역사, 왕권의 역사의 책임자는 그 중대한 상징성으로부터 조정을 대표하는 실세의 인물군 중에서 선택되었다. 대표편자는 천황의 측근으로 서술의 방향과 정하고 내용을 취사선택할 수 있는 권한을 가진 자이다. 상기 2인은 1차 편찬 시기인 弘仁 10년(819) 당시에 冬嗣는 정3위 大納言이고, 緒嗣는 中納言이다. 1차 편찬 때의 冬嗣의 관직인 대납언은 좌우대신의 부재중에 제1의 고관으로 태정관회의를 주재하는 위치였기 때문에 그가 편찬 책임자로 임명되었다. 冬嗣는 2년 후인 홍인 12년(821)에는 우대신에 오르고 동 13년에 종2위, 동 14년에 정2위, 天長 2년(825)에는 태정관의 수석인 좌대신의 지위에 오른다.

반면 緒嗣는 홍인 12년(821)에 大納言, 동 14년에 종2위, 天長 2년(825)에 우대신이 되고 이듬해 冬嗣가 사망하면 태정관의 실질적인 수반에 오른다. 이어 緒嗣는 2차 편찬 중인 天長 9년(832)에는 좌대신이 되고, 이듬해 정2위에 오른다. 승진의 과정은 冬嗣가 緒嗣보다 한 발 앞서가고 있음을 알 수 있고, 冬嗣의 승진 후의 후임을 緒嗣가 맡는 형태이다. 관위, 관직의 서열면에서 상위인 藤原朝臣冬嗣가 1차 편찬 때의 책임자를 맡고 그의 사후의 2차, 3차 때에는 藤原朝臣緒嗣가 주도하게 된다.

그럼 藤原家 계보상에서 양자의 관계에 대해서 알아보자

【표 2】『日本後紀』 편찬자의 系圖

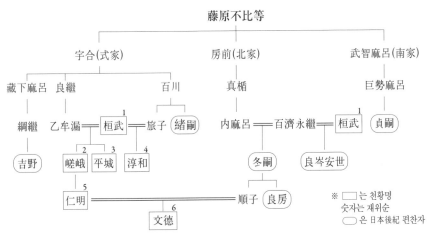

상기 계도를 보면, 藤原朝臣冬嗣는 藤原不比等으로부터 5대손이고, 藤原朝臣 緒嗣는 4대손이다. 2인은 藤原家의 式家와 北家 출신의 자손이다. 출생은 緒嗣가 寶龜 5년(774)으로 이듬해 태어난 冬嗣보다 1살 위이다. 계보의 서열에서는 緒嗣 는 藤原不比等의 4대손으로 5대손인 冬嗣의 숙부에 해당한다. 조정 내에서 冬嗣 와 緒嗣는 쌍벽을 이루고 있음에도 冬嗣를 책임자로 선택한 것은 그의 부친 藤原 內麻呂 때부터의 천황의 두터운 신임 때문으로 생각된다. 그는 桓武, 平城, 嵯峨 3朝에서 중신으로 봉사하였고, 평성조와 차아조 초기에는 태정관의 수반으로 중 용되었다. 특히 大同 4년(809) 5월에 嵯峨天皇이 즉위하고 나서 平城上皇이 平城 宮으로 이궁하는 정치적 갈등 속에서 藏人頭 설치를 주도하여 그의 아들 冬嗣가 임명되었다. 이 관직은 천황의 칙지, 상주를 전달하고 천황의 신변을 돕는 이른 바 천황의 수석비서관으로 최측근이 임명되는 실세의 직책이다. 차아천황은 그 를 장인두라는 요직에 임명한 것은 태정관의 역할을 감시하고 조정의 비밀이 새 어나가는 것을 막기 위해서였다.

　　한편 상기 계도에 보이는 冬嗣의 모친은 百濟永繼이고 그녀는 백제계 도래씨 족의 후예이다. 이 씨족의 선조는 5세기후반 왜국으로 이주한 백제 개로왕의 동 생 昆支의 후예인 飛鳥戶氏 계통이고, 百濟永繼의 부친은 出雲掾을 역임한 정5 위하 飛鳥部奈止麻呂이다. 어느 시점에서 冬嗣의 모친은 桓武天皇의 후궁으로 女嬬가 된다. 아마도 이 시기에 飛鳥部에서 百濟로 개성한 것 같고 생모가 백제 계 출신인 환무천황의 백제계 우대정책의 일환으로 후궁으로 입실하게 되었다 고 생각된다. 그녀는 환무천황과의 사이에서 황자 良岑安世를 낳는다. 內麻呂는 자신의 부인을 천황에게 바친 것 같고, 이로 인해 천황가와의 관계는 더욱 밀접 해졌다고 생각된다. 차아천황의 입장에서 보면 백제영계는 義母이고, 冬嗣는 11 살 위인 이복형이 되는 셈이다. 그러나 冬嗣는 차아천황이 양위하고 평성조 초기 天長 3년(826)에 사망하여 그가 책임을 맡은 수사사업은 사실상 종료되었다. 冬 嗣의 인물평에 대해『일본후기』天長 3년(826) 7월조의 훙년기사에 "도량과 재능 을 갖추고 온화하며 여유가 있었고, 식견과 넓은 아량이 있었다. 재능은 문무를 겸하고 있으면서, 덕행은 변화에 잘 화합하였고. 너그러운 마음으로 사람을 접했으며 많은 사람들의 환심을 얻었다"라고 평하고, "봉호의 수입을 나누어 빈약한 자들을 베풀었고, 학관을 세워 자제들에게 학문을 권장하였다"라고 하여 그의 인품과 학문에 대해 높이 평가하고 있다. 冬嗣는 이미 율령의 미진한 부분을 보완하는 법전인『弘仁格式』과 儀典인『內裏式』의 편찬에도 관여한 바 있어 그의 수사사업에 대한 능력을 말해주고 있다.

冬嗣의 사후에 平城朝, 仁明朝에서 藤原朝臣緖嗣가 국사편찬을 주도한 것은 당연한 일이었다. 緖嗣가 편찬 책임자로 있을 당시에 2차 때의 종2위 우대신, 3차 때의 정2위 좌대신의 신분으로 조정에서 그를 능가하는 인물은 없었다. 전임자 冬嗣의 사후에 緖嗣가 수사의 책임을 맡은 것은 자연스러운 수순이었고, 1차 때의 차석을 역임했으므로 누구보다도 적임자였다. 일찍이 緖嗣의 부친 藤原百川은 光仁天皇 寶龜 4년(773)에 山部親王을 황태자로 옹립하는데 크게 기여하였다. 山部親王은 후에 환무천황으로 즉위하지만, 황태자가 되기에는 그의 생모가 백제계 도래씨족 출신인 高野新笠이기 때문에 모계의 출신문제로 황태자로 임명되기에는 한계가 있었다. 이를 극복하고 배후에서 조종했던 인물이 바로 緖嗣의 부친 藤原百川이었다. 이러한 인연 때문에 百川의 사후에 즉위한 환무천황은 그의 아들 緖嗣를 특별히 아꼈다.『속일본후기』承和 10년(843) 7월조에 전하는 藤原朝臣緖嗣의 훙년기사에 의하면, "緖嗣의 부친이 없었다면 내가 어찌 제위에 오를 수 있었겠는가. 緖嗣는 나이가 어렸고, 신하들은 의심스러웠다. 나는 여전히 (그 공적을) 잊을 수가 없다. 마땅히 참의로 삼아 오래된 은혜에 보답하고자 한다"라고 하듯이 환무천황은 緖嗣에 대해 각별한 애정을 갖고 있었다. 환무천황은 상기 緖嗣의 훙년기사에 의하면, 延曆 7년(788) 봄에 緖嗣가 원복의식을 행할 때에 그를 궁전에 불러 의식을 진행했다고 한다. 자신의 즉위를 보지 못한 채 사망한 공신 藤原百川에 대한 예우로 그의 아들에 대해 지대한 관심을 갖고 있었

---

3 『續日本後紀』承和 10년(843) 7월 庚戌條.

다. 게다가 환무천황은 百川의 딸 藤原旅子를 夫人으로 맞이하였고 淳和天皇을 낳았다. 따라서 緖嗣와 순화천황은 숙부-조카 관계이고 최고의 중신이었기 때문에 그가 순화조에서 국사편찬의 책임을 맡은 것은 당연한 수순이었다. 『일본후기』의 서문은 편찬의 개시에서 완성까지 모든 과정의 책임자인 藤原朝臣緖嗣의 이름으로 천황에게 봉진되었다. 특히 『일본후기』에 그의 국가를 위한 다양한 상표문, 사직을 요청하는 장문의 기록, 천황의 면전에서 菅野朝臣眞道와의 德政 논쟁에서 자신의 견해가 채택된 일 등 기타의 인물에 비해 많은 지면을 할애하여 정사에 기록한 것은 대표편자로서의 편찬의 권한을 말해주고 있다.

한편 『일본후기』 전 40권의 권두의 기술에는 "좌대신 정2위 行左近衛大將을 겸직한 臣 藤原朝臣冬嗣 등이 칙을 받들어 편찬하다"라고 하여 편찬을 명받은 인물은 冬嗣로 나오고 있다. 그는 차아조 때에 책임자였으나 순화조 초기인 天長 3년(826)에 사망하여 그가 관여하지 않은 부분은 당연히 편찬 책임자인 緖嗣의 이름으로 기록되어야 한다. 『속일본기』에는 편찬의 칙을 받든 인물로 菅野眞道와 藤原朝臣繼繩 2인이 등재되어 있고, 『속일본후기』, 『일본문덕천황실록』, 『일본삼대실록』에서도 최종 편찬 책임자의 이름이 기록되어 있다. 『일본후기』에도 편찬을 담당한 부분에 해당 책임자의 이름을 기재하는 것이 순리라고 생각된다. 그러나 緖嗣가 들어갈 부분에도 모두 冬嗣로 나오고 있다. 최후까지 편찬을 주도한 인물이 빠지고 이미 사망한 자의 이름을 내세운 것은 아마도 차아조때 최초의 편찬의 칙을 받든 책임자인 冬嗣에 대한 배려라고 생각할 수 있다[4].

이러한 배려의 이면에는 冬嗣의 아들 藤原良房의 동향에 대해서도 주목하지 않을 수 없다. 良房은 좌대신으로 승진한 藤原冬嗣의 차남으로 태어나 20세인 弘仁 14년(823)에 嵯峨天皇의 황녀였던 源潔姬와 결혼한다. 황녀가 신하와 결혼하는 것은 금지되어 있지만, 그녀는 사성을 받아 臣籍으로 신분을 내렸기 때문에

---

4   坂本太郎, 『六國史』(吉川弘文館, 1970)에서 藤原朝臣緖嗣는 자신의 이름을 피하고 최초의 봉칙자에게 양보한 것으로 추정하였다.

문제는 없었다. 당시 차아천황은 良房의 품성과 지조가 훌륭함을 좋아하여 특별히 칙을 내려 부부의 인연을 맺게 했다고 전한다[5]. 冬嗣의 딸이자 良房의 누이동생인 藤原順子는 상기 계도에 보이듯이 후에 仁明天皇으로 즉위하는 차아천황의 황자 正良親王과 결혼한다. 요컨대 嵯峨天皇과 藤原冬嗣는 2중의 혼인관계를 맺었다. 게다가 차아천황의 황자의 이름에는 正良, 秀良, 業良, 忠良, 基良 등 '良' 자를 돌림자로 사용했는데, 藤原冬嗣의 아들에게도 長良, 良房, 良相, 良門, 良世라고 하여 차아천황의 친왕과 같은 '良' 자를 공유하고 있다. 천황가의 이름은 忌諱의 대상이므로 신하가 먼저 사용했다고 하더라도 후에 개명해야 하지만, 그대로 사용한 것은 특별한 관계를 보여주는 증거라고 할 수 있다. 특히 인명조에서 편찬자로 참여한 良房은 인명천황의 처남이 되고, 차기 문덕천황으로 즉위하는 황태자에게는 외삼촌 관계에 있어 그가 권력의 실세에 있음을 말해준다. 良房은 최초의 국사편찬의 봉칙자인 부친 冬嗣의 업적을 기록할 필요가 있었고 전 40권을 그의 부친의 이름으로 기록할 것을 주장했을 가능성이 있고, 인명천황 역시 冬嗣는 자신의 장인에 해당하기 때문에 동조했을 것으로 보인다. 당시 조정에서의 위치를 보면, 편찬 책임자인 緒嗣는 정2위 좌대신이고, 良房은 종3위 중납언이다. 게다가 계보상의 서열은 緒嗣가 良房의 조부에 해당한다. 그러나 현실적인 권력은 良房에게 기울고 있었고, 이러한 분위기 속에서 최종 책임자인 緒嗣는 藤原冬嗣를 칙을 받들어 편찬한 대표자로 기록했다고 생각된다.

2. 공동 편찬자의 인물군

1) 嵯峨朝의 편찬자

차아조 때 편찬자는 앞서 언급한 藤原冬嗣, 藤原緒嗣를 제외하고는 藤原朝臣貞嗣와 良岑朝臣安世가 있다. 藤原朝臣貞嗣는 藤原南家의 좌대신 武智麻呂의

---

5 『日本文德天皇実録』齊衡 3년(858) 6월 병신조, "太政大臣正一位藤原朝臣良房弱冠之時, 天皇悅其風操超倫, 殊勅嫁之".

손이고, 참의 巨勢麻呂의 자이다. 『속일본기』 편자인 藤原繼繩과는 종형제간이다. 그가 국사편찬에 참여하기까지의 관력을 보면, 延曆 16년(797)에 民部少輔, 동 17년에 備前守, 동 22년에 典藥頭, 동 23년에 左少弁, 동 25년에 丹後守, 右中弁을 역임하였고, 大同 5년(810)에 近江守, 弘仁 3년(812)에 右京大夫, 동 6년에 皇后宮大夫 그리고 이듬해에는 차아천황의 측근이 임명되는 藏人頭의 요직에 임명되었다. 즉 내외의 주요 관직을 두루 역임한 인물이다. 그가 편찬에 참여할 弘仁 10년(819) 당시에는 참의 종4위상 行皇后宮大夫, 伊勢守를 겸직한 藤原朝臣貞嗣로 나온다. 이해에 참의로 임명되고 바로 편찬에 참여한 것이다. 이때 그의 나이는 61세의 고령으로 학문과 관련된 관직을 역임한 적은 없다. 따라서 그는 학문에 관심이 있었다고 보기 어렵고 명목상으로 참여한 것으로 보는 시각도 있다[6].

良岑朝臣安世는 앞의 계보도에서 보듯이 환무천황의 후궁으로 들어가 女嬬가 된 百濟永繼 사이에서 태어난 황자이다. 그는 延曆 21년(803)에 良岑朝臣의 성을 하사받아 臣籍으로 내려갔다. 환무천황은 후궁 출신이 많아 그 사이에서 수많은 황자, 황녀들이 태어나 親王을 제외하고는 그 외의 자녀들은 새로운 성을 받아 皇籍에서 臣籍으로 바꾸는 사례가 적지 않았다. 이것은 환무조 이래의 하나의 정책이자 관례로서 이어지고 있다. 그의 관력을 보면, 平城朝에서 右近衛將監을 역임하였고, 차아조의 大同 4년(809)에 右近衛少將, 동 5년에 權右少弁, 左少弁을 지냈으며 弘仁 2년(811)에 藏人頭로서 차아천황을 보좌하였다. 그 후 승진을 거듭하여 弘仁 5년(813)에는 左衛門督이 되고, 동 7년에는 참의가 되어 공경의 반열에 오른다. 국사 편찬이 진행 중이던 弘仁 12년(821)에는 종3위 中納言으로 승진하였다. 이어 동 14년(823)에는 정3위 右近衛大將에 서임되었고, 후에 仁明天皇으로 즉위하는 황태자 正良親王의 春宮大夫도 겸직하였다. 天長 5년(828)에는 태정관의 좌우대신에 이은 大納言의 지위에 오르게 된다. 그는 臣籍으로 내려갔

---

6 坂本太郎, 1970, 『六國史』, 吉川弘文館.

지만 황실의 혈통으로 순조롭게 조정의 요직을 두루 역임하였다. 그는 차아천황과는 이복형제로서 신임이 두터웠고, 文武에 탁월한 능력을 지닌 인물로서 칙찬한시집인『經國集』, 조정의 儀式을 기록한『內裏式』편찬에도 관여하였다. 그는 한시에도 밝아 그의 작품은『凌雲集』에 2수,『文華秀麗集』에 4수,『經國集』에 9수가 수록되어 있듯이 국사 편수의 적임자 중의 1인이었다고 생각된다.

2) 淳和朝의 편찬자

순화조에서의 편찬자는 藤原朝臣緖嗣를 책임자로 하여 淸原眞人夏野, 直世王, 藤原朝臣吉野, 小野朝臣岑守, 坂上忌寸今繼, 嶋田朝臣淸田 등을 보좌시켜 편수하게 하였다.

淸原眞人夏野은『일본서기』편찬의 총재를 맡았던 舍人親王의 증손이다. 그는 延曆 23년(804)에 淸原眞人의 성을 하사받아 臣籍으로 내려간 황족출신의 관인이다. 그는 嵯峨朝에서 弘仁 원년(810)에 春宮大進으로 근무하며 천황과 황태자 大伴親王을 보좌하였다. 동 2년에는 宮內少輔, 春宮亮을 역임하였고, 동 4년 이후에는 讚岐守, 伯耆守, 下總守 등 지방장관도 겸직하였다. 弘仁 14년(823)에는 春宮亮으로 봉사하던 大伴親王이 淳和天皇으로 즉위하면, 천황의 측근이 임명되는 藏人頭에 서임되었고 동년 11월에 태정관 회의에 참석하는 참의가 되어 공경의 반열에 올랐다. 이어 天長 2년(825)에는 종3위 中納言으로 승진하였고, 동 7년에는 大納言, 동 9년(832)에는 우대신이 되어 좌대신 藤原緖嗣에 이은 태정관의 제2위의 자리에 이르렀다. 그는『일본후기』편찬에 참여하면서 天長 10년(833)에는 菅原淸公 등과 養老律令의 공적 주석서인『令義解』를 편찬하였고[7], 아울러『內裏式』의 개정도 완성시켰다. 그는 황족출신이라는 신분과 뛰어난 학식과 식견으로 차아, 순화 양조에 걸쳐 천황의 두터운 신임을 받아 국사, 법전 등의 편찬에 관여할 수 있었다.

---

7 『日本後紀』天長 10년 2월 15일조.

直世王은 天武天皇의 계보를 잇는 후예왕족으로 환무조 말에서 평성, 차아, 순화, 인명조에 이르는 4 조정에서 봉사한 인물이다. 그의 주요 관력을 보면, 弘仁 7년(816)에 藏人所의 장관인 藏人頭가 되어 천황의 최측근으로 봉사하였고, 동 9년(818)에는 左京大夫가 되었다. 弘仁 12년(821)에는 참의 겸 左大弁에 임명되어 공경의 지위에 올랐다. 淳和朝 天長 7년(830)에는 종3위 中納言 겸 中務卿에 서임되었고, 동 10년에 仁明天皇이 즉위하면, 弾正尹을 겸직하게 된다. 그가 『일본후기』를 편찬할 당시에는 종3위 중납언의 신분이었다.

藤原朝臣吉野는 藤原式家의 참의 藤原綱繼의 장남으로 일찍부터 대학에서 학문을 깨우쳤다. 嵯峨朝에서 春宮少進으로 후에 淳和天皇으로 즉위하는 황태자 大伴親王에 근시하였고, 弘仁 10년(819)에는 駿河守에 서임되어 지방관으로 치적을 쌓았다. 이듬해 淳和天皇이 즉위하자 천황의 측근으로서 左近衛少將, 左少弁을 역임하였고, 天長 3년(826)에 藏人頭에 임명되어 천황을 보좌하게 된다. 이어 天長 5년에는 참의가 되어 태정관회의에 참석하였다. 동 9년(832)에는 종3위 權中納言에 서임되고 동시에 右近衛大將, 春宮大夫를 겸직하였다. 그는 淳和天皇이 仁明天皇에 양위하는 시기에 정3위 中納言에 서임되었으나 오로지 淳和上皇에게 봉사하였다. 이상의 4인은 모두 고위 관인으로 藏人頭의 직에 있었다는 공통점이 있다. 이미 지적했듯이 장인두는 천황의 수석비서관이고 측근 중의 측근이 임명되는 요직이다. 이후 참의에 임명되어 공경으로 나아가는 점에 특징이 있다. 국사의 편찬은 천황의 의중을 누구보다도 잘 알고 편찬에 반영할 수 있는 인물로 선정된 것이라고 생각된다.

小野朝臣岑守는 桓武朝 말기에 權少外記, 少外記로 태정관과 천황의 문서를 담당하는 기록관으로 근무하였다. 이러한 경력은 후에 『일본후기』 편찬에 참여하게 된 계기가 된 것으로 보인다. 게다가 그는 칙찬 한시집인 『凌雲集』, 『内裏式』의 편찬에도 관여하였고, 『文華秀麗集』, 『經國集』에도 그의 작품이 수록되어 있듯이 학문적 재능을 인정받고 있었다. 그의 관력을 보면, 차아천황이 황태제로 있을 때 春宮少進으로 모신 인연으로 大同 4년(809)에 차아천황이 즉위하면 종7위상에서 7단계 특진한 종5위하에 서위되고, 태정관직인 右少弁에 임명되었다. 이후 陸奧守, 治部大輔, 皇后宮大夫를 역임하면서 弘仁 13년(822)에는 참의 겸 大宰大貳에 임명되어 공경의 지위에 올랐다. 그러나 그가 사망한 시기는 天長 7년(830) 4월로서 순화조에서 제2차 『일본후기』 편찬을 앞둔 시기였다. 아마도 편찬의 명단에는 올렸으나 준비 단계에서 사망하여 이름만 남긴 것으로 보인다.

坂上忌寸今繼와 嶋田朝臣清田 2인은 태정관에서 外記局을 구성하며 문서작성을 담당하는 大外記의 직에 있었다. 특히 坂上忌寸今繼는 대학료의 교관인 紀傳博士를 역임했듯이 학문적 능력을 인정받아 『日本後紀』 편찬에 참여한 것이다. 그는 한시문에도 능해 弘仁 5년(814)에 성립한 『凌雲集』에 작품 2수가 수록되어 있다. 嶋田朝臣清田은 대학료에서 經書와 史書를 섭렵하였고, 文章生 시험에 급제한 후 大學少屬, 大宰少典, 內藏少屬을 역임하였다. 弘仁 4년(813)에는 『일본서기』 講書를 받은 1인으로 이름을 올리고 있다. 淳和朝에서 少外記, 大外記, 勘解由判官, 下野權掾 등을 역임하였고, 天長 6년(829)에는 종5위하에 서위되었다. 仁明朝에서는 大外記, 宮內少輔, 治部少輔, 伊賀守를 역임하였다. 이 2인은 편찬의 실무를 담당한 인물이라고 생각된다.

3) 仁明朝의 편찬자

인명조에서의 편찬 책임자는 2차 때의 책임자인 藤原朝臣緒嗣가 그대로 맡았다. 공동 참여자는 2차때의 藤原朝臣吉野가 3차에도 참여하고, 새로 源朝臣常, 藤原朝臣良房, 朝野宿禰鹿取, 布瑠宿禰高庭, 山田宿禰古嗣가 임명되었다.

먼저 源朝臣常은 嵯峨天皇의 황자로 弘仁 5년(814)에 형제들과 함께 源朝臣의 성을 하사받아 臣籍으로 내려간 인물이다. 그의 관력을 보면, 淳和朝 天長 5년(828)에 兵部卿에 임명되었고, 동 天長 9년(832)에는 21세의 나이로 中納言이 되었다. 承和 5년(838)에 大納言에 임명되었고, 동 7년에 우대신 겸 東宮傅가 되었고, 동 11년에는 33세의 나이로 태정관의 수반이 되었다. 그는 한시문에도 능하여 그의 작품은『經國集』에도 수록되어 있으며『古今和歌集』에도 시가를 남기고 있다.『文德実録』齊衡 원년(854) 조에 실린 그의 홍년기사에 보면, 절제가 있고, 행동이 깊고 침착했으며, 風信처럼 맑아 특별히 차아천황으로부터 총애를 받았다고 한다. 게다가 용모도 우아했으며 말도 동요됨이 없었고 인재를 간파하는 데 뛰어나 재능있는 선비를 발탁하고 아첨하는 무리들을 멀리했으며 때의 사람들은 그를 '승상의 그릇'이라는 평을 받았다[8]. 황족출신으로 그의 인품, 학식 등 국사 편찬의 중임을 맡는데 부족함이 없는 인물로 보인다. 그는 대표편자인 정2위 좌대신 藤原朝臣緒嗣에 이은 정3위 우대신의 신분으로 편찬자의 차석으로 참여한 것이다.

藤原朝臣良房은 1차 때의 대표편자인 藤原冬嗣의 아들이다. 그의 누이 藤原順子는 仁明天皇의 女御가 되어 文武天皇을 낳고 문무의 즉위 후에는 황태후가 된다. 인명조의 국사편찬 당시에 良房의 신분은 종3위 중납언의 신분으로 편찬자 중에서 4번째 서열이지만, 그는 권력의 실세로서 편찬의 방향, 내용에 영향을 미쳤던 인물로 생각된다. 그는 이후 태정대신의 신분으로 仁明天皇의 치세를 다룬『속일본후기』의 대표편자가 된다.

朝野宿禰鹿取에 대해서는『속일본후기』承和 10년(843) 6월 무진조의 그의 전기에서, 音生으로 시험을 치르고, 대학료에서『史記』,『漢書』를 습득하여 漢音에도 능통했으며, 그 후 급제하여 相模博士를 거쳐 文章生에 보임되었다. 延暦 21년(802)에는 견당사의 准録事로서 당에 파견되었고, 中務大輔, 民部大輔, 大宰大貳 등 내외의 관직을 두루 역임하였다. 天長 10년(833)에 참의로 승진하였고, 의정관으로서 式部大輔, 左大弁, 民部卿을 겸직하였다. 그는 정무에도 밝고 관리로서의 재능이 칭송되어 평판이 좋았다고 한다[9]. 그는『日本後紀』외에『內裏式』편찬에도 관여하였고, 한시문으로『文華秀麗集』6수의 작품을 남기고 있다.

---

8 『日本文德天皇実録』齊衡 원년 6월 병인조.
9 『續日本後紀』承和 10년(843) 6월 무진조.

布瑠宿禰高庭는 대화정권 시대의 군사씨족인 物部氏의 지족이다. 그는 天長 2년(825) 12월에 大内記 정6위상으로 발해사의 領客使로 임명되었다. 大内記는 中務省 소속으로 조칙, 宣命의 초안을 작성하고, 叙位의 문서교부, 기록 등을 다루는 관직이다. 内記에는 각각 大, 中, 少가 있어 그중의 상위 관직이다. 실무관료로 편찬에 참여한 것으로 생각된다.

山田宿禰古嗣는 天長 5년(828)에 少内記, 동 6년에 少外記, 承和 원년(834)에 大外記로 임명되어 문필을 담당하는 직을 역임하였다. 『文德實⬜』仁壽 3년(853)조의 그의 卒年 기사에 의하면, 사람됨이 청렴하고 삼가갈 줄 알고, 부모에 대한 효성이 지극하였으며 식견이 뛰어나 공경, 대신의 고문으로 중용되었다고 전한다[10]. 그 역시 편찬사업의 실무관료로서 참여했다고 보인다.

이상에서 본 바와같이 국사의 편찬진의 면모를 보면 대표자는 태정관의 수석이고, 공동편찬자의 인물들은 태정관을 구성하는 참의 이상의 관인으로 구성되어 있고, 여기에 실무관료로서 문서행정, 학식에 밝은 인물이 참여하고 있음을 알 수 있다. 뿐만 아니라 국사라는 특성상 편찬에 대한 천황의 이념을 잘 반영할 수 있는 측근들이 참여하였다. 치세의 역사가 포함된 당대의 현대사라는 점에서 특수성이 잘 드러나고 있다.

Ⅲ. 『일본후기』 逸文의 발견과정과 구성

『일본후기』는 기타의 六國史와는 달리 전 40권 중에 완본은 10권만이 남아있고, 나머지는 사료는 산일되어 逸文의 형태로 남아있다. 『일본후기』가 편찬되고 어느 시점까지는 필사되어 완질 傳本으로 남아 있었지만, 금일 전하는 고사본은 天理大 도서관 소장된 三條西家本 10권이다. 『일본후기』의 傳本은 『通憲入道藏

---

10 『日本文德天皇實錄』仁壽 3년 12월 정축조.

書目錄[11]』에 40권이 보이고, 鎌倉 말기에 持明院統의 花園上皇이 後伏見上皇으로부터『일본후기』 40권을 대출하여 전부 읽은 일이 花園天皇의 일기인『宸記[12]』元享 2년(1322) 9월 6일조에 보인다. 또 伏見宮 貞成親王이 應永 24년(1417) 卽成院에 소장되어 있는 문서서류를 校合할 때의 목록에 '日本後紀四帙'이 보이고 있어, 이때에도 40권이 남아있었다. 즉 중세까지 전편이 전하고 있었지만, 아마도 應仁원년(1467)에서 文明 9년(1477)까지 일어난 내란인 應仁의 난 때 소실된 것으로 추정되고 있다[13].

그 후 江戶時代의 국학자 鴨縣主祐[14]는『類聚國史』,『日本紀略』,『類聚三代格』、『政事要略』 등을 참조하여『일본후기』의 복원을 시도하여『日本逸史』라는 이름으로 元祿 5년(1692)에 완성하였다. 그러나 완본 10권은『日本逸史』에는 수록되지 않아 그때까지 존재를 모르고 있었다. 이 10권의 전본이 다시 발견된 것은 18세기후반 京都에서 塙保己一(1746-1821)에 의해 桓武紀 4권, 平城紀 2권, 嵯峨紀 4권 총 10권의 사본이 발견되었다. 이러한 과정을 거쳐 복원작업이 시도되었고, 水戶藩의『大日本史』 편찬자의 1인인 安藤爲章은 진정한『日本後紀』는『類聚國史』,『日本紀略』을 인용하는 것만이 확실한 것이라고 하였고, 이 2書가『일본후기』복원의 재료가 되었다[15].

근대에 들어와서는 1897년에서 1901년까지 4년에 걸쳐 經濟雜誌社에서 國史大系本으로 간행되었다. 이어서 1929년에서 1964년에 걸쳐 吉川弘文館에서 六

11 『通憲入道藏書目錄』은 12세기전반에 생존했던 平安時代의 귀족이자 학자인 藤原通憲가 작성한 장서의 목록으로,『群書類從』에 수록되어 있다.

12 전35권,으로 이루어졌으며 延慶 3년(1310) 10월에서 正慶 원년(1332) 11월까지 23년간의 일기가 기록되었다. 花園天皇 자신은 이 日記를『等閑記』라고 칭했다.

13 坂本太郎, 1970,「日本後紀」,『六國史』, 吉川弘文館, 齊藤融, 2003,「殘存卷について」,『日本後紀』(黑板伸夫・森田悌編), 集英社 참조.

14 萬治 2년(1659)에 京都에서 출생하여 享保 8년(1723)에 사망, 국학자이면서 神職으로 본성은 賀茂縣主氏이고, 젊어서 下鴨神社 (賀茂御祖神社) 의 禰宜가 되고 정3위에 서위되었다.

15 遠藤慶太, 2016,『六國史』, 中公新書, 101쪽.

國史 등 전 66권이 新訂增補国史大系로서 출간되었다. 그러나 여기에는 일문은 제외된 채 완본 10권만이 수록되었다. 그후 1940년에 朝日新聞社에서 간행된 佐伯有義編『增補六國史』중의『日本後紀』에 일문 30권이 수록되었다. 가장 최근의 간행물로서는 산일된 逸文의 일부를 추가한 黑板伸夫 · 森田悌編『日本後紀』(集英社, 2003)가 있다.

다음으로 일문이 포함된 전 40권의『일본후기』의 구성을 정리하면 다음과 같다.

【표3】『日本後紀』40권의 구성

	桓武朝	平城朝	嵯峨朝	淳和朝	합계
卷數	13권(1-13)	4권(14-17)	13권(18-30)	10권(31-40)	40권
完本	권5, 8, 12, 13 (4권)	권14, 17 (2권)	권20, 21, 22, 24 (4권)	없음	10권
逸文	권1-4, 6, 7, 9-11 (9권)	권15, 16 (2권)	권18, 19, 23, 권25-30 (9권)	권31-40 (10권)	30권
시대 범위	延曆11년(792) 정월- 大同원년(806) 5월	大同원년(806) 5월- 동 4년(809) 4월	大同4년(809) 4월- 弘仁14년(823) 4월	弘仁14년(823) 4월- 天長 10년(833) 2월	792.1- 833.2
서술 기간	14년 4개월	2년 11개월	14년	9년 10개월	41년 1개월
권별 기간	1년 1개월	8년 8개월	1년 20일	약 1년	

우선『일본후기』가 다루고 있는 각 조정의 권수를 보면, 桓武朝 13권, 平城朝 4권, 嵯峨朝 13권 그리고 淳和朝 10권으로 구성되어 있다. 이중에서 완본으로 남아있는 것은 환무조 4권, 평성조 2권 차아조 4권이고 순화조에는 완본이 없다. 일문으로 잔존하는 것은 환무조 9권, 평성조 2권, 차아조 9권, 순화조 10권 등 30권으로, 전체의 4분의 3에 해당한다. 서술의 시기는 환무조 후반기는 14년 4개월이고 재위기간이 짧았던 평성조는 2년 11개월이고, 차아조는 14년, 순화조는 9년 10개월이다. 전체 41년 1개월의 시기가 40권으로 편성되어 있고, 권당 1년 정도로 기술되어 있다. 이를 전후의 정사와 비교하면 다음의 표와 같다.

【표4】 육국사의 권 구성

사서명	권수	서술범위	권당 비율
續日本紀	40권	9대 94년 5개월	2년 4개월
日本後紀	40권	4대 41년 1개월	약 1년
續日本後紀	20권	1대 17년 2개월	10개월
日本文德實錄	10권	1대 8년 6개월	10개월
日本三代實錄	50권	3대 29년 1개월	약 7개월

상기 표에서 보듯이『속일본기』는 1권당 2년 4개월이고,『속일본후기』와『문덕
실록』은 1권당 1년이 채 안 된다. 그리고『삼대실록』은 1권당 7개월 정도이다.『일
본후기』는 사료의 조밀도 면에서는『속일본기』보다는 2배 이상 높고,『속일본후
기』와『문덕실록』에 비해서는 약간 낮다. 육국사 중에서는『삼대실록』이 권당 7개
월간을 서술하고 있어 가장 조밀한 편이다. 그리고『類聚國史』,『日本紀略』등에
수록되어 일문은 완본에 비해 각권마다 30%에서 50% 정도의 비율로 남아있다.

Ⅳ. 桓武天皇의 왕통과 平安京 시대의 전개

『일본후기』의 역사는 桓武王統의 환무천황과 3인의 아들의 치세를 다루고 있
듯이 직계 가족사라고 할 수 있다. 편찬은 嵯峨朝에서 시작하여 淳和朝를 거쳐
최종 마무리는 환무의 손자이자 차아의 아들인 仁明天皇에 의해 이루어졌다. 그
는 조부 환무천황의 사망한 지 4년 후에 태어났지만, 그의 백부 평성, 부친 차아,
양위한 숙부 순화로부터 조부의 치세의 역사를 잘 알고 있었다고 보이고, 그 후
의 생생한 역사를 눈으로 보면서 전대의 편찬을 계승하여『일본후기』를 완성한
것이다.

환무천황이 편찬한『속일본기』는 天智系 왕통의 부활이고 光仁-桓武로 이어지
는 왕조는 새로운 시대의 개막이었다. 환무는 즉위의 宣命에서 "近江의 大津宮에
서 천하를 통치한 천황이 처음으로 정하신 법에 따라" 계승한다는 '不改常典'을

거론하여 천지왕통의 계승자임을 선언하였다. 환무는 광인천황이 즉위 전 신분인 白壁王을 친부로 둔 소외된 왕족으로 관인으로서 출사의 길을 걸었던 인물이었다. 그가 대학료의 장관인 大學頭을 역임한 것도 학문적 재능을 인정받은 결과였다. 그의 학문적 기반과 역사서술에 대한 관심이 사서편찬에 영향을 주었다고 생각된다. 환무천황의 역사서술은 이러한 극적인 상황 속에서 자신의 치세의 정당성, 정통성을 공포하기 위한 수단이었고 유례없는 자신의 치세의 역사를 다루었다. 환무의 치세 후반기의 기술은 자손들의 몫이었으나 그는 생전에 사서 편찬의 중요성을 강조하고 후속 사서의 편찬을 遺命으로 남겼을 것은 분명하다. 환무가 편찬한 『속일본기』가 9대 95년의 역사를 다루고 있는데, 『일본후기』는 이미 환무의 사후 불과 13년 밖에 지나지 않은 시점에서 편찬을 시작한 것을 보면 매우 빠르다고 할 수 있다. 만약 차아조에서 완성되었다면 환무와 평성 그리고 今上天皇인 차아조 일부가 들어간 사서로서 편찬되었을 가능성도 있다.

同書의 서문에 따르면 기록의 방향성에 대해서는 "착종하는 여러 서적에 대해서는 그 요점만을 취하고 번잡하고 자세한 것은 이 기록에서는 수록하지 않았다"고 하였다. 실제로 『속일본기』에 보이는 방대한 관위수여 기사도 비교적 간략하게 되어있고, 사건의 개요도 생략하거나 간단히 기술한 부분도 확인할 수 있다. 다만 현존하는 완본은 10권 뿐이고 逸文이 30권으로 되어 있어 전체의 모습을 파악하기에는 한계가 있다.

1. 桓武朝의 기록

환무천황의 기록은 『속일본기』전 40권 중에 10년의 치세가 4권으로 기술되어 있고, 『일본후기』에 14년의 재위 기간을 13권에 담아 총 14권 24년의 역사를 기록하고 있다. 사서를 달리하여 1인의 천황의 치세를 다룬 최초의 기록이고 이후에도 사례가 없다. 환무천황에 대해서 『속일본기』에는 즉위전기, 약력에 대한 기록이 없다. 『일본후기』의 환무의 전기에 "大同 원년(806) 4월 경자조의 붕년기사에 前史에는 누락되어 기록하지 않았다. 따라서 여기에서 상세히 기록한다"라고 하여 논찬을 실고 있다. 여기에 환무천황의 덕은 높고 풍모가 훌륭하였고, 화려한 것은 좋아하지 않았으며 멀리까지 위풍있는 덕을 베풀었고, 황위에 오르면서 정치에 힘써 안으로는 조영사업을 하고, 밖으로는 夷狄을 정토했다고 하였다. 특히 말미에 "비록 당시에는 비용이 들었지만, 후세에는 은혜가 되었다"라는 일절은 그의 치세의 업적을 압축적으로 보여주고 있다.

환무의 덕을 칭송하는 내용은 延曆 13년(794) 8월조의 『속일본기』 찬술 기사 중에, "聖朝는 바른 도리의 길을 구하여 황위를 계승하고, 그 德光은 天地人 3才를 꿰뚫어 군림하고, 태양과 같은 광명으로 八州에 채우고, 원근에 걸쳐 안락함을 누리고 천하는 태평하게 통치하며, 해의 곡물은 여물고 시후는 순조롭고, 현세와 사후에도 모두 평안하고 행복하게 되고 있다. 그 명성은 (중국 전설상의 황제인) 胥陸을 넘었고, 덕은 요순을 능가하고 있다"라고 하여 전후무후한 성군으로 묘사하고 있다 또 동 16년 2월조에는 "천황폐하는 주의 문왕보다도 밝게 비추고, 요임금과 같이 성도에 통달하고, 세상의 구석구석까지 비추는 명경을 갖고 천하를 통치하고 깊은 도리를 체현하여 전국에 임하고, 자애는 발해의 북쪽까지 미쳐 貊種을 심복시키고, 위세는 日河의 동쪽까지 떨쳐 蝦夷, 狄人을 진압하였다. 전대에 교화되지 않은 자들을 교화하였고, 不臣의 자들을 신종시켰다. 고산과 같은 높은 덕이 없으면 누가 능히 이를 해냈겠는가"라고 하여 그 위용은 천하에 미치고 고대중국의 명군인 요순를 능가하는 환무천황의 위대함을 기술하고 있다. 이것은 『속일본기』 찬술의 과정을 설명한 서문으로 『일본후기』에 실려있는 내용이다. 이 서문은 환무조 말년에 편찬된 『속일본기』의 서문을 실은 것은 큰 공적이라고 평가하고 있듯이[16], 만약 누락되었다면 그 편찬과정을 파악하기 어려웠을 것이다. 이 기록에서 환무천황의 사서편찬의 공적과 치적을 현창하였고, 환무천황의 생존 시에 상진한 서문으로 치세의 천황에 대한 성덕을 예찬하는 기술이 그대로 실려있다.

---

16 坂本太郎, 1970, 「日本後紀」, 『六國史』, 吉川弘文館.

환무조 후반기의 기술 중에서 중시된 것이 平安京 천도이다. 환무천황에게 天武系 황통의 중심인 평성경에 머무르는 것은 용인하기 어려운 일이었고, 새로운 왕도의 건설이 필요하였다. 환무천황이 평성경을 벗어나려는 시도는 이미 784년 長岡京 천도에서도 잘 나타나 있다. 연력 3년(784) 11월에 환무천황은 長岡宮으로 遷居하였다[17]. 바로 이해는 甲子革命의 해로 천지계 왕통의 신왕조가 성립되었음을 밝힌 선포식이었다. 게다가 왕궁 조영을 시작한 지 불과 반년만의 일이었고, 공사가 진행 중인 상황에서의 천도였다. 그러나 "長岡京의 새 도성은 10년이 지났지만, 아직 완성되지 못하고 비용은 가히 헤아리기 어려울 정도이다[18]"라고 하는 상황이 되었다. 이러한 와중에 조영의 책임자였던 藤原種繼의 암살되었고, 이 사건에 환무의 황태제 早良親王이 연루되었다는 의혹으로 유배 중에 사망하였다. 이후 기근과 역병의 유행, 황후 등 황족의 잇단 사망 등으로 정국은 불온해졌다. 그 원인이 早良親王의 원령에 의한 것이라는 음양사의 점괘가 나오자[19] 재천도에 착수하게 된다.

환무천황은 延曆 12년(793) 정월 新京 예정지인 葛野를 정식으로 조사하였고, 동년 9월에 택지의 반급하였다. 이듬해 7월에는 東西市를 이전하였고, 드디어 10월 22일 辛酉의 날에 천도하였다. 환무는 동년 11월 정축에, 조를 내려, "백성이 천황을 칭송하는 사람들은 이구동성으로 平安京이라고 호칭하였다. 또 近江國 滋賀郡의 古津는 선제의 옛 도읍이다. 지금 平安京에 인접해 있다"라고 하였다. 이어 연력 14년(395) 정월에 환무천황은 연회석상에서, "新京은 안락하고, 平安京은 樂土이고, 만년의 봄이다"라고 반복적으로 노래하면서, "山城國이 안락하다는 것은 예로부터 전해지고 있다. 천황의 궁이 새로 조영되니 최고의 축복이다", "인심을 온화하게 하고 팔방에 은혜를 주고, 머지않아 여기에 1억년의 궁의 열릴 것이다", "장려하고 규모에 어울려 불후의 궁으로 전해지고, 平安을 궁의 호칭으

---

17 『續日本紀』延曆 3년 11월 무진조.
18 『續日本紀』延曆 18년(799) 2월 을미조.
19 『續日本紀』延曆 11년(792) 6월 계사조.

로서 무궁함을 보일 것이다", "금일 新京의 태평악을 해마다 오래도록 우리 천황의 정원에서 받들 것이다"라고 하였다.

平安京이라는 명칭은 이전의 藤原京, 長岡京, 平城京과 같이 지명에 의거한 것이 아니라 平安을 염원하는 의미로 생각된다[20]. 이미 황위를 둘러싼 권력의 갈등과 혼란, 반역과 음모 등 정치적 소용돌이를 경험한 환무천황으로서는 새 시대를 여는 환경 속에서 새로운 정치를 염원하여 왕경의 명칭를 제정했을 것이다. 平安京은 백성들이 호칭한 것이고, 樂土이고 만년의 봄이고, 1억년의 궁이라고 예찬한 것은 바로 이 명칭 속에 환무조의 통치의 이념, 미래의 기대상이 함축되어 있다. 또한 평안경은 선제 天智天皇의 옛 도읍인 근강국 古津과 인접해 있음을 언급한 것은 그 자신이 天智의 왕통을 이어받은 계승자임을 강조한 것이고, 평성경의 天武系와의 차별화를 시도하고 있다. 또한 종래 諸國의 필두에는 평성경이 소재한 大和國이었으나 천도 이후에는 평안경을 포괄하고 있던 山城國이 자리 잡게 된다. 그러한 의미에서 평안경의 천도는 새로운 환무왕통을 여는 신시대의 개막이라고 해도 좋을 것이다. 桓武天皇 치세의 2번에 걸친 천도에는 막대한 재정지출이 있었다. 천도 후에 환무천황은 흐트러진 율령국가의 재건을 꾀하고 내부적 결집을 통해 강력한 왕권 추진해 나갔다. 그는 45세의 장년의 나이에 즉위하여 이전까지 관례화된 양위를 하지 않고 70세 사망할 때까지 25년간 재위하였다.

한편 환무조 기록의 특징으로는 사냥기록이 유독 많이 나온다. 延曆 11년(792)에서 동 25년까지 13년간 총 130회의 사냥 기록이 있고, 한 해에 10회가 넘는 사례도 8회에 이른다. 延曆 11년(792) 11월과 동 12년 12월에는 불과 1달 사이에 5회의 사냥을 즐겼다. 이것은 『속일본기』에 나오는 환무의 치세 10년간 사냥기록이 3회에 불과하다는 점에서 그의 후반기 재위기간은 환무천황의 일상이 되고 있다. 이와같이 빈번하게 사냥을 즐기는 것은 환무조의 안정된 치세를 말해주는 것이고, 그만큼 국정에 대한 자신감의 발로라고 생각된다. 사냥 시에는 5위 이상

---

20 井上滿郎, 2006, 『桓武天皇』, ミネルバ, 131쪽.

의 고위 관인귀족들을 대동하고 있으며 이들에게 의복 등의 물품을 하사하고 있다. 사냥의 목적은 천황의 사적인 취미생활이라고도 할 수 있지만, 사냥을 통한 군신들과의 일체감을 조성하고 공동체 의식을 조영하는데 중요하였다. 사냥과 더불이 빈번했던 행사가 순행이었다. 순행은 천황의 통치행위의 일환이다. 휴가의 명목으로 명산, 온천 등을 찾는 경우도 있지만, 재해지역 등 현지에서의 백성들을 위무하는 민정시찰이기도 했다. 특히 평안경 경내의 순행은 20회나 이르고 있어, 왕경에 대한 관심을 보여주고 있다. 경내에 이어 환무천황의 순행지로 山城國 葛野川에 조영된 大堰는 17회에 이른다. 이 제방은 홍수를 방지하고 관개용수를 확보하기 위한 목적으로 조영되었다. 당시 농업생산력 향상에 치수의 중요성을 보여주는 사례이다.

2. 桓武天皇의 3 황자-平城·嵯峨·淳和天皇의 양위문제

『일본후기』의 40권 중 14권 이후는 환무천황 3인의 황자의 치세이다. 이들은 즉위후에 모두 양위하였고, 즉위 시의 연령도 모두 성인이었다. 평성은 32세에 즉위하여 불과 3년 재위한 후 24세의 친동생 차아에게 양위하였고, 차아는 14년 재위 후에 동년배 이복동생 순화에게 양위하였다. 순화도 10년 재위 후에 자신에게 양위한 차아의 황자 24세의 仁明天皇에게 양위하였다. 이러한 양위는 환무천황의 遺命과는 무관하게 치세의 과정에서 이루어졌다고 보이며 형제간의 보이지 않는 권력에 대한 불안과 갈등도 존재하고 있었다. 천황과 상황 사이의 권력은 현실적으로 공존하기가 쉽지 않아 대립적 상황도 나타나고 있다.

형제간의 황위 계승문제는 이미 환무조에서도 조짐이 있었다. 환무천황은 天應 원년(781) 4월에 부친 光仁天皇으로부터 양위받아 즉위하였고, 다음날, 皇弟 早良親王을 황태자로 삼았다. 早良親王은 환무천황과는 친형제간이다. 그러나 그는 환무천황의 신임이 두터웠던 藤原種繼의 암살사건에 연루되었다는 혐의를 받아 끝내 폐태자되었고, 延曆 4년(785) 11월에 환무천황의 제1황자 安殿親王이 황태자로 정해지게 되었다. 황태자의 생모인 藤原乙牟漏는 藤原家의 式家 계통의 유력 가문으로 같은 式家인 藤原種繼는 숙부에 해당한다. 안전친왕이 황태자가 되기까지에는 눈에 보이지 않는 藤原家 내부의 권력싸움이 있었다고 생각되고, 결국 황태자는 환무천황의 뒤를 이어 平城天皇으로 즉위하게 되었다. 이와같은 천황가의 배후에서 권력을 둘러싼 정치적인 암투는 환무천황에 이어 황위를 계승한 3인의 황자에게도 영향을 미쳤다고 보인다.

평성천황은 황태자로 세워진 후 16년째인 延暦 25년(806) 3월에 사망한 환무천황에 이어 황위를 계승하였다. 당시 환무천황은 황후, 부인, 비를 비롯한 후궁은 알려진 인물만 해도 26인이고 그로부터 태어난 황자들은 확인된 인물만 해도 십 수명에 달한다. 환무천황의 치세에서는 황위계승자로서 안정된 생활을 누렸으나, 즉위한 후에는 수많은 형제들, 외척, 귀족들 사이에서 이들을 통제하고 모든 정무를 감당해야 하는 위치에 서게 된다. 그에게는 엄청난 부담이 되었다. 환무의 사망 시에 "황태자가 슬퍼울며 가슴을 치고 혼돈에 빠져 일어나질 못했다"라고 한다. 그는 환무천황의 사망 이후 천황으로서의 직무를 거부하고 황태자의 신분으로서 정무를 수행하였다. 이에 군신들이 수차에 걸쳐 법식에 따라 천황의 직무를 수행할 것을 상표하자, 그는 "나는 아직 帝로 호칭하는 것을 받아들이기 어렵다. …추모하는 마음을 떨치지 못하고 다만 억누르는 마음만 늘어날 뿐이다[21]"라고 하여 불안정한 심적 상태를 보여주고 있다.

평성천황은 환무천황이 사망한 2달 후인 大同 원년(806) 5월에 대극전에서 정식으로 즉위식을 가졌다. 그리고 다음날, 황태후를 태황태후로, 황후를 황태후로 추존하고, 조를 내려, 황태제 神野親王(후에 嵯峨天皇)을 차기 황위계승자로 정했다. 당시 평성천황에게는 正妃 소생의 황자는 확인되지 않아 자신의 친자에게 후계를 정할 수 없는 상황이었다. 평성천황으로서는 이미 성인이 된 親弟 嵯峨의 존재를 의식하지 않을 수 없었다고 보인다. 그가 불과 재위 3년 만에 양위한 것도 향후 후사에 대한 불안감, 감당하기 어려운 정무와 주변 인물에 대한 경계심

---

21 『日本後紀』大同 원년(806) 4월 기유조.

때문으로 생각된다. 『일본후기』에 기록된 그에 대한 논찬을 보면, "심성은 시기심이 많았고, 위에 있으면서 너그럽지 못했다[22]"라고 평했다. 그는 즉위초인 大同 2년(807) 10월에 모반을 기도한 藤原宗成이 주모자는 伊豫親王이라고 자백하자, 이복동생 伊豫親王과 그의 생모를 죽음으로 몰아넣었다. 때의 사람들이 "남용한 형벌"이라고 하였고, 이 사건의 배후에는 황위계승을 둘러싼 귀족의 항쟁이 있었다. 후에 이예친왕은 무죄로 판명되어 本位를 회복했듯이 그는 권력투쟁의 희생양이 되었다.

한편 평성천황에 대해 논찬의 전반부에서는 "천황은 식견과 도량이 깊고 영민하였고, 지혜와 계책이 깊이 통했으며, 친히 만기를 수행하고, 스스로를 극복하면서 정성을 쏟았다. 번잡한 비용을 줄이고 진기한 물품의 공상을 금지하였다. 법령을 엄정히 정비하여 아래의 질서가 이루어져 옛 현명한 왕 누구도 능가하지 못했다"라고 평하고 있다. 그의 즉위년 기록에서도 "성장하면서 정신이 총민해졌고, 예지력이 뛰어나 두루 꿰뚫고 있었으며, 널리 경서를 배우고 문장에도 재능이 있었다"라고 하여 군주로서의 갖추어야 할 정치적, 학문적인 능력을 갖춘 인물로 평하고 있다. 그는 즉위 후에 처음으로 내린 칙에서, 관인의 공무수행에 대한 문제점을 지적하고 출장과 휴가 등 관행적인 비리에 대해 법에 따라 엄정히 처리할 것을 공포하였다. 공적 업무를 마쳤는데도 현지에서 사적으로 시간을 보내거나 상관의 부재 시에 결재 도장을 하급직원에게 맡기고 휴가를 가는 등 기본적인 관인의 근무태도를 비판하였다. 이것은 지방관의 공무기강을 바로잡는 일로서 이전에 볼 수 없었던 조치라고 생각된다. 또 제국에서 보내는 庸, 調의 물자의 미납분으로 국가재정이 어려운 상황을 인지하고 관찰사를 임명하여 감독, 규찰하도록 명하고 있다. 뿐만 아니라 왕신가, 사찰 등이 이익을 독점하고 있는 공유지에 대해 일반 백성들도 공유해야 할 것을 강조하고 이에 대한 처벌 조치를 내리고 있다. 또 새로 즉위한 천황은 新宮으로 이주하는 것이 항례라는 공경들의

---

22 『日本後紀』大同 4년(809) 7월 기미조.

주상에 대해 대규모의 건물 조영은 재정의 낭비이고 백성들을 힘들게 하는 일이라고 하여 배척하였다. 평성은 불과 3년이라는 단기간의 재위였지만 나름대로의 정국운영의 방향성을 바로잡으려고 노력했다고 생각된다.

嵯峨天皇은 친형 평성천황으로부터 양위받아 24세의 나이로 즉위하였다. 평성이 양위한 배경에는 재위한 지 만 3년이 지난 大同 4년(809) 4월에 "천황은 지난 봄부터 건강이 불안하였다. 마침내 皇大弟에 양위하였다"라고 하듯이 그의 건강문제가 거론되고 있다. 양위의 조에서는 몸이 허약하여 국가의 대업을 수행할 수 없고, 원래 風病으로 고통받고 있으며 국가의 정무는 결여되고 있으며 황위에서 벗어나 몸을 추스르고 싶다. 皇大弟에게 천하의 정무를 물려주고자 한다"라고 하였다. 평성천황이 앓았다는 풍병은 두통, 운동장애, 발음장애의 증상이 있고, 이로인해 조울증과 같은 정신장애를 일으키기도 한다. 게다가 평성의 치세에는 "역병이 창궐하여 사망자가 속출하였다", "천하에 역병의 기운이 거셌다"라는 세태에 직면하여 神佛에 기도하여 구원을 바라는 의식을 거행하였다. 또한 반역의 누명을 쓴 伊豫親王의 母子가 독약을 마시고 죽었다. 때의 사람들은 이를 불쌍하다고 하였다"라고 하듯이 평성천황에게는 정신적 고통을 감내하기 어려웠다고 보인다. 특히 당시에 억울하게 죽은 자의 혼령이 이러한 역병과 죽음의 원인이 되었다는 원령사상이 강하게 유포되었다. 이전 평성의 부친인 환무천황 자신도 藤原種繼의 암살사건에 억울하게 연루되어 사망한 早良親王의 혼령을 위로하고 사죄하기 위해 연력 19년(800)에 崇道天皇으로 추증하고 淡路에서 大和로 이장하는 등의 사태 수습에 나서기도 하였다. 평성천황의 양위에는 이와같은 상황 속에서 자신의 신변에 위험을 감지하고 스스로의 퇴위를 결정했다고 보인다. 평성천황의 양위에 대해 차아는 완곡한 고사의 뜻을 전하면서, "그 말씀을 듣고 두려울 뿐이다", "두리번거리며 초조하고 두려워 마음과 정신을 진정시킬 수가 없다"라고 하여 양위의 과정에서 일어날 수 있는 권력투쟁의 여파가 자신에게 미칠 것을 극도로 경계하고 있다. 이러한 상황에서 차아는 평성천황이 쾌유할 때까지 잠시 직무를 대행할 것을 상주했지만, 평성천황은 불허하였고, 강제적으로 양위하였다.

차아천황에 대해서는 즉위년 기사에 "여려서부터 총명하였고, 독서를 좋아하였다. 성장함에 따라 경서와 역사서를 널리 섭렵하였다. 글쓰기에 능하였고 초서와 예서에 뛰어났다. 영험한 기운이 몸에 서려있고, 사람됨이 군주의 역량이 있었다"라고 평하고 특히 환무천황의 총애를 받았다고 한다. 차아천황은 大同 4년(809) 4월에 즉위식을 갖고, 다음날, 평성천황의 황자 高岡親王을 황태자로 정했다. 그러나 당시 평성천황에게는 제1황자인 18세 阿保親王이 있었고, 그에 대한 인물평도 "성격이 겸양하고 文武의 재능이 있었고 완력이 강했다[23]"고 기술되어 있듯이 王者의 품격과 포용력을 지닌 강건한 인물로 나와있지만, 황태자로서 선택되지 않았다. 우선 차아천황이 平城의 아들이자 조카를 황태자로 삼은 것은 양위한 평성천황에 대한 차아의 보답이고 그렇게 함으로써 전임 천황과의 갈등을 바라지 않는다는 메시지이기도 하였다. 다만 성인식을 거치고 자질을 갖춘 제1황자 阿保親王이 아닌 11세의 어린 高岡親王을 황태자로 정한 것은 이해하기 어려운 점이 있다. 이것은 아마도 차아천황 자신의 치세의 안정과 10년 이상의 재위를 염두에 둔 의도가 있다고 보인다. 그러나 이후의 황태자의 운명은 태상천황이 된 평성천황과 함께 몰락하게 된다. 이른바 藥子의 變이라는 현직과 전직의 갈등을 보여주는 사건으로 차기 황위계승자는 새로운 국면으로 접어들게 되었다.

藥子의 變은 평성천황의 尙侍 藤原藥子와 그의 오라비인 참의 藤原仲成이 국정농단으로 일어난 사건이다. 그들은 평성천황의 양위에 극력 반대하였고, 평성천황은 양위한 그해 大同 4년(809) 12월에 "태상천황이 수로를 취해 쌍선을 타고 平城으로 행차하였다. 때에 궁전은 완성되지 않았다. 이에 임시로 우대신 大中臣朝臣淸麻呂의 집에 들어갔다"라고 하듯이 서둘러 평성궁으로 이주하였다. 이른바 '2所 朝廷'이라는 대립이 일어났다. 평성궁으로의 천도는 평성천황의 논찬에

---

23 『續日本後紀』承和 9년 10월 22일조.

"尙侍 종3위 藤原朝臣藥子[24]는 항상 천황의 장막에 가린 방에 근시하였고, 거짓으로 평계되는 행위를 일삼았다. 태상천황은 매우 총애하여 그 간계를 알아차리지 못했다. 平城으로 천도했지만, 태상천황의 뜻은 아니었다"라고 평하듯이 태상천황을 사주한 藥子의 농간으로 설명하고 있다. 양위한 태상천황의 지위는 천황과 동일한 예우를 받는 규정이 있고, 평성경 시대의 孝謙天皇의 사례에도 볼 수 있듯이 양위한 후에도 태상천황으로서 조칙을 내리고 있다.『속일본기』天平寶字 6년(762) 6월 경술조에는, "喚集五位已上於朝堂, 詔曰, 太上天皇御命"이라고 하여 淳仁天皇에게 양위한 효겸태상천황이 실질적인 권한을 행사하고 있다. 평성태상천황과 차아천황 간의 갈등은 상황과 천황 간의 권력의 이중구조적 성격이 대립의 잠재적 요인이 되고 있었다고 생각된다.

弘仁 원년(810) 9월에 평성태상천황은 舊都인 평성경으로 천도를 명하고 정3위 坂上大宿禰田村麻呂 등을 造宮使로 삼았다. 그러나 천도로 인해 인심은 소요하고 정국은 소용돌이에 휘말렸다. 이에 대응하여 차아천황은 바로 칙을 내려, 평성경 천도에 대해, 천하를 어지럽히는 행위로 간주하고 藥子의 관위를 박탈하여 궁중에서 축출하였다. 이에 위기의식을 느낀 평성태상천황과 藥子 일행은 東國으로 탈출을 시도하였고, 도중에 저지당해 평성상황은 평성궁으로 돌아와 삭발하고 불가에 입적하였다. 藥子는 독약을 먹고 자살하였으며 오라비 藤原仲成은 처형되었다. 이어서 차아천황이 황태자로 정했던 평성태상천황의 아들 高岳親王은 폐위되었고, 새로 이복동생인 大伴親王(後에 淳和天皇)을 皇太弟로 삼아 황위계승자로 정했다. 원래 평성태상천황과 차아천황은 친형제 간이고 서로간의 권력을 둘러싼 알력은 존재하지 않았다. 양위 후에도 평성의 병이 악화되자 차아는 정성을 다해 치유에 노력한 모습도 볼 수 있다. 그러나 측근 귀족들의 개입이 문제가 되었고, 결국에는 양자의 대립과 갈등으로 확산된 것이다. 이 사건 직후 차아천황은 그동안 미루었던 平城朝의 연호인 大同을 고쳐 弘仁으로

---

24 大同 3년(808) 4월 정묘조 해당 각주 참조.

제정하여 자신의 치세임을 명백히 하였다. 이후 차아천황이 사망 직후 承和 9년(842)에 일어난 이른바 承和의 변까지 30여년간은 특별한 분쟁없이 정계는 안정되었다.

한편 차아천황은 치세 14년째인 弘仁 14년(823) 4월에, 황위를 황태제에게 양위하는 조를 내린다. 차아천황의 나이 38세로 한참 정무를 수행할 시기에 동년배 이복동생에게 양위한 것이다. 순화천황의 즉위는 이미 황태제의 신분으로 황위계승자로 정해진 후에 양위받았듯이 정해진 수순에 따른 것이다. 그가 황태제로 결정될 당시에는 차아천황의 황자 正良親王(후에 仁明天皇)이 태어나기 1년 전이라는 사실도 순화의 황위계승자로 결정에 영향을 주었다고 생각된다. 차아천황이 양위한 사정에 대해 자신에게 양위한 평성천황과의 관계가 심적으로 매우 부담이 되고 고통을 느꼈다고 보인다. 양위의 조에 의하면, 차아는 황위에 오른 후, 나날이 근심하였고, 몸에 두창이 생겨 낫지 않았으며, 정무는 지체되어 神璽를 다시 平城太上天皇에게 바치고 한적한 곳으로 돌아가고자 했으나 태상천황이 윤허해 주지 않았다고 한다. 이때 사악한 자들이 태상천황과 짐을 균열시키려는 일이 있어 이들 무리들을 축출했는데, 태상천황은 자신의 진심을 알아차리지 못하고 동쪽으로 들어가려는 계획을 세웠다고 하여 그간의 불편했던 고민을 술회하였다. 이어서 재위한 지 14년이 되었고, 황태제는 짐과 나이도 같으며 현명하고 어질고 효심이 있어 여러 해 전에 품고 있던 황위를 전하고자 한다는 양위의 변을 토로하였다. 이에 대해 황태제는 무릎을 꿇고 "신은 어리석고 재능이 없으면서 황족의 갈래로 되어 있다. 옛적에 신분이 높은 자가 스스로 화를 면하지 못할 것을 근심한 일이 생각난다", "두려움에 떨면서 지금에 이르고 있다. 그런데 지금 다시 大寶를 우매한 사람에게 주려고 하니, 마음과 정신이 혼미하고 당혹스럽다. 감히 칙명을 받을 수가 없다"라고 하였다[25].

양위를 받은 순화천황은 차아가 평성으로부터 양위받을 때 가졌던 두려움을

---

25 『日本後紀』弘仁 14년(823) 4월 갑오조.

그대로 느끼면서 고사하고 있다. 평성과 차아가 친형제 간임에도 갈등이 표출되었는데, 이복형제인 순화천황이 느낀 두려움을 실로 컸을 것으로 생각된다. 앞서 평성천황이 황위를 계승한 직후에 大伴親王이었던 淳和天皇은 상표하여, "親王의 호를 포기하는 것을 허락하고, 신이 바라는 어리석은 뜻을 살피시어 諸臣의 姓과 동일하게 내려주었으면 한다. 군주를 섬기는 도는 감히 숨기는 바가 없다. 삼가 마음속의 진심을 말하고, 실로 겉으로 꾸미는 것이 아니고 간절한 마음을 묻어둘 수 없어 삼가 표를 올리는 바이다[26]"라고 하여 황족의 신분에서 臣籍으로 내려갈 것을 호소하고 있다. 大伴親王으로서는 전대의 천황의 친제였던 早良親王의 죽음을 상기시켰고 그의 신변에 대해 적지 않은 불안감을 느꼈을 것으로 생각된다. 스스로 권력에 마음이 떠나 있다는 신호였다. 그만큼 권력의 측근에 있다는 것이 당시로서는 엄청난 위험으로 받아들여졌다고 보인다. 무언가의 음모에 의해 자신도 제거될 수 있다는 두려움이 권력의 주변에 있는 사람들에게는 의식되고 있었음을 말해준다.

순화천황은 弘仁 14년(823) 4월 16일에 즉위하였고, 동궁의 거처에서 천황이 거주하는 내리로 옮긴 후 자신의 아들인 恒世王을 황태자로 삼았다. 그러나 恒世王이 표를 올려 고사하자 차아상황의 황자인 正良親王을 황태자로 삼았다. 황태자를 결정하는 것은 즉위한 천황의 권한이지만, 순화천황이 恒世王을 황태자로 삼은 것은 양위한 차아상황의 의지가 관철된 것으로 보이고, 순화천황으로서는 거절할 수 없어 받아들였지만, 恒世王 스스로가 고사한다는 명분으로 다시 차아상황의 황자인 正良親王을 황태자로 삼았던 것이다. 아들 恒世王가 고사의 표를 올린 것도 순화천황이 의도하고 기획한 바임을 말할 나위도 없다. 이것은 당시 황태자로 결정된 인물들이 권력 주변으로부터 음모에 의해 제거당할 수 있다는 위기위식의 반영이라고 할 수 있다. 권력에 대한 욕망은 황자들이 아니라 그 주변을 둘러싼 측근, 외척세력에 의해 주도되었고 이들의 지원, 보좌가 없으면 안

---

26 『日本後紀』大同 원년(806) 5월 갑자삭조

전을 보장하기 어려운 상황이었다고 할 수 있다. 恒世王은 차아상황의 의도에 의해 황태자가 되었지만, 순화천황은 恒世王의 배후에서 고사하도록 지시했던 것이다. 따라서 자연스럽게 양위한 차아상황의 황자를 황태자로 정하게 되었다고 생각된다. 그러나 차아상황은 權中納言 藤原朝臣三守를 보내 자신의 아들인 "正良親王이 황태자를 사퇴한다"는 表書을 순화천황에게 올리게 하였고, 재차 "황자 正良을 황태자로 삼는 것을 허락하지 않는다"라는 표를 올렸다[27]. 이에 대해 순화천황은 불허하였다. 순화천황 역시 재위 10년 만인 弘仁 14년(823) 2월에 순화천황은 차아의 아들 황태자 正良親王(仁明天皇)에게 양위하여, 스스로도 권좌에서 물러났다.

환무천황의 3인의 황자들의 양위의 과정을 보면, 권력에 대한 의지가 강하지 않았고, 자신들의 아들에게 계승되는 것을 원치 않았음을 알 수 있다. 이러한 현상은 자신들도 모르는 사이에 권력을 둘러싼 음모가 벌어져 희생양이 될 수 있다는 공포감 때문이었다고 생각된다. 양위로 이어진 환무천황의 3인의 황자 치세 이후의 정치적인 상황은 점차 천황가 외척인 藤原家의 영향이 커지게 되고, 承和 9년(842)에 일어난 藤原氏에 의한 타씨 배척사건인 이른바 承和의 變을 계기로 藤原良房은 人臣 최초의 攝政으로 나아가는 계기가 된다.

3. 太上天皇의 존호문제

淳和天皇은 즉위 후, 양위한 차아상황에 대한 太上天皇의 존호를 새로 부여하였다. 그런데 먼저 양위한 평성태상천황이 있어 2인의 태상천황이 존재하게 되었다. 황후의 경우에는 천황이 양위하면 황태후가 되고, 또 새로운 황후가 세워지면 황태후는 태황태후의 호칭을 사용하게 된다. 이러한 현상은 천황이 양위, 사망으로 재위기간이 짧은 경우에 나타난다. 그러나 양위한 천황이 2인이 생존시에는 양자를 구별하는 호칭은 율령의 규정에는 별도로 존재하지 않는다. 이러

27 『日本後紀』弘仁 14년(823) 4월 계묘조.

한 사태가 일어날 가능성은 거의 없다고 판단했기 때문이라고 생각된다. 『일본후기』편자는 편의적으로 양위한 평성천황을 先太上天皇, 차아천황을 後太上天皇이라고 하여 先과 後로 표기하였다. 태상천황의 호칭은 7세기말 持統天皇이 文武에게 양위한 후에 보이기 시작하여, 元正, 元明, 聖武, 孝謙 등 양위한 천황에게 나타난다. 그러나 복수의 태상천황은 현실적으로 존재하지 않았다. 平安時代의 순화조에 와서 형제간의 빠른 양위로 2인의 퇴위한 천황이 존재하게 된 것이다.

순화천황은 양위한 차아천황에게 태상천황의 존호를 올린다는 조를 내렸다. 종전에는 양위하면 별도의 법령적인 조칙없이 태상천황이 되었지만, 이제 새로 양위한 천황이 생겨 존호를 부여할 수밖에 없었다. 순화천황은 "자세히 역대 조정을 살펴보고, 멀리 전왕들을 비추어보면, 사정에 따라 별도의 칭호를 쓰고, 때에 따라 호칭을 달리한다. 태상천황은 이로운 기운을 만나 황위에 올랐으며 도리를 취하고 기회를 따랐다. (중략) 천황의 호칭을 가진 신분이면서 겸양하여 신하와 같이 낮추고 있다. 이것은 지난 세월을 되돌아보면, 전대미문의 일이다. 지금에 논의해 봐도 참으로 원칙에 통하지 않는다. 그러한 즉, 名號를 바르게 하지 않으면 원칙에 어긋나고, 원칙에 어긋나면 일은 이루어지지 않는다. (중략) 마땅히 존호를 올려 태상천황으로 하고, 황태후는 태황태후로, 황후는 황태후로 한다"라는 조를 내렸다. 양위한 천황에게 정식으로 태상천황의 존호를 부여한 것은 순화조에서 처음이다. 이에 따라 제도적으로 현재의 천황이 양위한 천황에게 태상천황의 호를 내리게 된 것이고 형식상으로는 천황의 권력하에 놓이게 된다.

태상천황의 존호를 받은 차아는 이를 거두어줄 것을 순화천황에게 2번에 걸쳐 간곡히 청했으나 받아들여지지 않게 되자, 자신이 사용하는 물품과 봉사하는 시종들을 조정에 반납하여 국가재정을 유지하고 충족시키기를 주상하였다. 평성태상천황 역시 "1국 내에 2명의 태상천황이 있다는 것은 해외, 국내에서도 이전에는 들어본 적이 없다"라고 하면서 "존호의 위세를 거두어 태상천황으로서의 예우를 없애고 불쌍히 여기시어, 불법에 귀의하여 평안히 지내고자 한다"라고 호소하였다. 순화천황의 즉위와 더불어 양위한 2명의 태상천황은 일체의 공적인 배려를 거절하고 스스로가 권력의 중심에서 벗어나려고 하였다. 태상천황의 존호를 포기하려는 것은 권력으로부터 멀리하여 스스로를 보존하려는 노력으로 이것은 『일본후기』에 보이는 양위한 형제간의 특수한 현상으로 받아들여진다.

V. 『일본후기』에 보이는 기록물 편찬

『일본후기』의 42년의 시대에는 여러 기록물이 편찬되었다. 『일본후기』에 기록된 편찬물 중에서 奈良時代의 光仁朝부터 편찬이 시작되어 찬진된 칙찬사서인 『속일본기』가 있다. 『일본후기』에 기록된 『속일본기』의 편찬과정을 설명한 기록에 의하면, 延曆 16년(797) 2월 기사조에, "이보다 앞서 거듭 칙을 내려, 종4위하 行民部大輔 겸 左兵衛督, 皇太子學士 菅野朝臣眞道, 종5위상 守左少弁 겸 行右兵衛佐, 丹波守 秋篠朝臣安人, 외종5위하 行大外記 겸 常陸少掾 中科宿禰巨都雄 등에게 『續日本紀』를 편찬하게 하였다. 이에 이르러 완성되었다"라고 나온다. 이어 菅野眞道朝臣 등 3인은 전일 『日本紀』 이래 아직 편수가 이어지지 않고 있는 오랜 천황의 시대의 일을 조사하여 편찬을 이루어 『속일본기』 40권을 바친 노고에 대해, 공적을 기리고자 관위를 올려주고자 하는 칙을 내렸다. 주지하듯이 『속일본기』는 文武 원년(697)에서 延曆 10년(791)에 이르는 9대 95년의 역사를 다룬 칙찬사서이다. 『속일본기』는 天智系 황통을 열은 光仁-桓武 2인의 천황의 주도로 이루어진 사서로 새로운 왕통의식이 강하게 반영되고 있다[28]. 게다가 환무의 치세를 다룬 '今天皇'紀를 수록하고 있다. 『일본후기』에 환무천황의 후반기 치세를 다루고 있듯이 후속 사서의 편찬은 이른 시기부터 시작되었다. 이 시대에 정사를 비롯한 각종 기록물이 편찬된 것도 통치에 대한 역사의식이 강했던 측면도 있고,

---

28 연민수 역주, 2022, 『譯註續日本紀』, 혜안, 동 해제 참조.

국가체제의 정비와 확대, 문화의 융성 등으로 나타난 것으로 생각된다.

延曆 18년(799) 2월 을미조에는『民部省例』,『和氏譜』의 편찬을 기록하고 있다. 이에 따르면, "和氣朝臣清麻呂는 서무에 익숙하였고, 특히 古事에 밝았다.『民部省例』20권을 편찬했는데, 지금에도 전해지고 있다. 中宮의 교시를 받들어『和氏譜』를 편찬하여 주상했는데, 천황이 매우 칭찬하였다.『民部省例』는 율령의 편찬 이후 이를 수정, 보완하는 각종 格式이 만들어지는데, 내부 규정집으로 보인다. 민부성은 율령국가의 8성의 하나로 국가의 재정, 조세 일반을 관할하고, 제국의 호구, 전답, 산천, 도로, 조세 등을 담당한다. 특히 조세관계의 호적 등을 담당하고 있어 중시되었다. 관할 업무의 증가로 세부적 조문이 증가함에 따라 새로 규정문을 만든 것으로 보인다.『和氏譜』는 환무천황의 생모이자 고야신립의 가문인 和氏의 계보서이다. 高野氏는 원래 和史의 씨성을 갖고 있었는데, 和乙繼의 딸 新笠이 白壁王에게 入室하여 光仁天皇으로 즉위하자, 寶龜 연간(770년대)에 和乙繼와 和新笠에게 高野朝臣의 성을 사여하였다.『속일본기』延曆 8년(789) 12월조 말미의 高野新笠의 薨傳에, "(皇太)后의 선조는 백제 무령왕의 아들 純陀太子로부터 나왔다"라고 하고, "今上이 즉위하자 황태부인으로 존칭되었다. 동 9년(790)에 소급하여 존호를 황태후라고 하였다. 백제의 遠祖 都慕王은 河伯의 딸이 태양의 정기에 감응하여 태어났다. 황태후는 바로 그 후예이다"라고 하는 시조전승을 기록하고 있다.『新撰姓氏錄』左京諸蕃下에도, 和朝臣은 백제국 都慕王의 28세손 武寧王으로부터 나왔다고 전하고 있다.『和氏譜』의 편찬은 "中宮의 교시" 즉 고야신립이 지시하였고, 더욱이 이를 천황에게 주상하여 칭찬받았다고 하듯이 환무천황 자신도 모계의 혈통에 대해 특별한 관심을 갖고 있었음을 알 수 있다.『和氏譜』를 비롯한 각 씨족의 계보서의 편찬은 그대로『신찬성씨록』편찬의 기초적 사료로서 활용되었다.

『신찬성씨록』에 대해서는『일본후기』延曆 18년(799) 12월 무술조에는 편찬의 칙이 내려진다. 이에 따르면, "천하의 臣民은 씨족이 이미 많아졌다. 원류는 같으면서 별도의 지류로 되어 있고, 혹은 本宗은 달리하면서 성은 동일하다. 계보첩에 의거하려고 해도, 改姓을 거친 것들이 많고, 호적과 계장을 검토해도 본종과 지족을 분별하기 어렵다. 마땅히 천하에 포고하여 本系帳을 바치도록 한다. 삼한 제번도 동일하게 한다'라고 하였다. 여기서 본계장은 씨족의 계보서로서 상기 『和氏譜』와 같은 성격이다. 이어서, "무릇 씨성은 대체로 허위, 조작한 것이 많다. 사실대로 정확하게 기록하고 속이거나 부회해서는 안된다"고 하고, "평범한 씨족들은 모두 모아 1권으로 편찬하고, 신분이 높은 씨족들은 별도로 권을 만들도록 하라"고 명하고 있다. 그리고 弘仁 5년(814) 6월 병자삭조에는, "이보다 앞서 중무경 4품 萬多親王, 우대신 종2위 藤原朝臣園人 등이 칙을 받들어 姓氏錄을 편찬하였다. 이에 이르러 완성하였다'라고 기록하고 있다. 『신찬성씨록』이 완성되어 상표문을 올린 것은 홍인 6년 7월 20일로 완성된 이듬해에 찬진한 것이다. 『신찬성씨록』은 왕경과 畿內 지역의 1182 씨족의 계보서이다. 皇別, 神別, 諸蕃으로 분류하여 씨족의 출자와 유래, 천황에의 봉사의 연원 등을 기록하였다. 완본은 본문 30권, 목록 1권으로 되어 있었지만, 현존하는 姓氏錄은 초략본으로 남아있다[29].

다음은 大同 3년(808)에 편찬된 의학서 『大同類聚方』이다. 동 5월 갑신조는 "이보다 앞서 조를 내려, 衛門佐 종5위하 左大舍人助, 相摸介를 겸직한 安倍朝臣眞直, 외종5위하 侍醫, 典藥助, 但馬權掾을 겸직한 出雲連廣貞 등에게 『大同類聚方』을 편찬하게 하였다. 그 작업은 이미 완료되었다'라고 하고, 그 상표문에는 칙을 받들어 각지에서 제출된 약품에 의거하여 그 제조법을 모아 편찬하게 하였고, 마음을 다해 누락함이 없이 1백권을 완성하여, 『大同類聚方』라고 명명했다고 한다. 이 의학서는 平城天皇의 칙명으로 제국의 神社, 國造, 縣主 등의 호족, 민간에 祕傳되어 내려오는 약방을 모아 典藥頭 安倍真貞과 侍醫 出雲廣貞에 편찬한 것으로 用藥部와 處方集으로 구분하여 식물, 동물 등 5백여종의 약종과 120여종의 질병 등의 처방이 있다.

『弘仁格式』에 대해서는 天長 7년(830) 10월 정미조에, 『弘仁格式』의 편찬과 시

---

29 연민수 외 역주, 2021, 『新撰姓氏錄』上中下, 동북아역사재단, 동 해제 참조.

행을 촉구하는 상표문이 실려있다. 이에 의하면, 法은 천하의 규칙이고, 군주가 정하는 제도이기 때문에 군주는 덕과 규칙을 정하고 법령을 세워서 교화를 시행하는데, 연혁에 따르거나 개혁해야 할 일도 있다. 大寶 원년(701)에 율령을 제정하여 천하에 시행하였지만, 율령의 법전은 대강의 골격에 머물러있어, 큰 틀과 세부적인 것이 함께 갖춰져야 한다. 式의 조문은 여전히 결여되어 있어, 이를 정치의 법칙에서 논하면 아직 충분하지 않다. 이후 시간은 점차 흘러갔고, 종전의 조문을 누차 개정하였다. 무릇 집필에서부터 조사, 연구를 다하여 궁궐에 나아가 봉진하는 바이다. 삼가 내외에 선포하여 모두 시행했으면 한다라고 하였다. 이 격식은 『養老律令』을 보완하는 법전으로 803년경에 편찬이 시작되었고, 수정을 거쳐 弘仁 11년(820)에 格 10권, 式 40권이 찬진되었고, 그 후 수정작업을 거쳐 최종적으로 830년에 시행되었다. 그 편찬의 대강에 대해서는 『類聚三代格』에 수록되어 있는 弘仁格式序에 보인다.

『令義解』는 養老令의 공적 주석서이다. 『일본후기』 天長 10년(833) 2월 임신조에, 우대신 淸原夏野, 중납언 直世王・源朝臣常・藤原朝臣愛發 등이 『新撰令釋疑義』를 원안을 서로 교정하고 주상하여 재가를 구했다고 기록되어 있다. 편찬과정에서는 『新撰令釋疑義』라고 칭해졌지만, 天長 10년(833) 12월에 『令義解』라는 명칭으로 상주되었고, 이듬해인 承和 원년(834) 12월 5일에 조가 내려져 시행되었다. 9세기중엽 惟宗直本에 의해 편찬된 養老令의 사찬 주석서인 『令集解』와 함께 일본율령의 기본 법령집이다.

문집류로서는 『經國集』, 『凌雲集』, 『文華秀麗集』 등이 있다. 『경국집』에 대해서는 天長 4년(827) 5월 경진조에는 천황이 "중납언 良岑朝臣安世, 동궁학사 종5위 하 滋野朝臣貞主 등에게 조를 내려, 近代의 시인이 지은 시를 편집하고 20권으로 하여 『經國集』이라고 명명하였다"라고 하여 편찬을 기록하고 있다. 이 문집은 淳和天皇의 명으로 편찬된 칙찬 漢詩文集이다. 작품의 시기는 慶雲 4년(707)에서 天長 4년(827)이고, 작자는 淳和天皇, 石上宅嗣, 淡海三船, 空海 등 178인의 작품 1천여편이 수록되어 있다. 현존하는 것은 모두 6권이다. 『경국집』은 이전의 칙찬

집에서 누락된 것을 보완하였고, 시문 이외에 賦, 序, 對策文 등도 수록하였다. 대책문에는 당시 관리등용시험의 하나인 文章博士가 문제를 제출하고 文章得業生에 답하는 내용으로 당시의 국가정책의 방향, 실태를 엿볼 수 있는 자료이다. 이 외에도『일본후기』에는 기술되어 있지 않지만, 弘仁 5년(814)에 찬진된『凌雲集』, 弘仁 9년(818)에 성립한『文華秀麗集』등의 한시문집이 있다.

VI. 신라인의 표착기사와 발해와의 교류

1. 신라인의 표착기사

779년을 마지막으로 신라의 대일 공적인 외교는 단절된다. 그 후『일본후기』에는 일본에서 延曆 22년(803)과 동 23년에 신라에 사절을 2차에 걸쳐 파견하고 있지만, 신라와의 직접적인 문제가 아니라 일본에서 당에 파견하는 견당사에 대한 대응 때문이었다. 1차 때는 견당사 파견 직전에 신라에 사절을 보내 만약 견당사가 해상사고로 표류한 경우에, 신라 측의 도움을 바라는 것이고, 2차 때는 견당사 파견 이후, 4척 중에 2척이 행방불명되어 신라에 도착했다고 판단하여 사자를 보내 탐문하게 하였다. 만약 표착했다면, 물자를 지급하여 귀국시키고, 그 경계에 도착하지 않았으면, 사자를 당에 보내 조사하여 자세히 통보해 주었으면 한다는 취지로 보냈다.『삼국사기』신라본기 애장왕 4년(803) 7월조와 동 5년조에 일본에서 사절 파견을 기록하고 있다. 특히 5년조에는 황금 300량을 바쳤다고 기록하고 있어, 신라에 견당사의 표착여부, 이를 조사해 알려줄 것을 부탁하기 위해 신라 측에 사례를 위해 준비한 것으로 보인다.

일본의 견당사 실종사건을 제외하고는 양국의 공적인 교류기사는 보이지 않는다. 그 이유는 8세기후반 혜공왕대 이후의 신라의 불안정한 국내정세 때문으로 생각된다. 혜공왕은 8살의 어린 나이에 즉위한 후, 대아찬 金融의 반란, 이찬 김은거의 반란, 이찬 廉相과 시중 正門 등이 반역을 꾀하는 사건이 일어났고, 즉위 16년이 되는 780년에는 상대등 金良相 등의 군사반란으로 왕과 왕비는 반란군에게 살해되는 국가의 혼란상태에 빠졌다. 게다가 헌덕왕 13년(821)에는 웅천주도독 김헌창이 반란을 일으켜 신라의 9주 5소경 가운데 4주 3소경을 장악하였고, 이 난이 진압된 후에는 825년에 김헌창의 아들 김범문이 高達山 도적 壽神 등 100여 명과 함께 난을 일으켰다. 여기에 계속된 흉년으로 기근이 들어 백성들이 먹을 것을 찾아 해외로 나가거나 草賊 등 도적떼가 들끓어 이러한 위기적인 상황에서 정상적인 대일교류는 불가능하였다. 일본의 대외관계도 신라를 배제하고 당, 발해를 중심으로 전개되어 갔다.

『일본후기』에 기록된 신라에 대한 기록은 대부분 민간인으로서의 신라인 표착 기록이다. 弘仁 3년(812)에서 동 13년(822)까지 10개의 표착 사례가 나온다. 이 중에서 2례는 표착후에 귀국하였고, 1례는 신라상인의 표착이다. 그 외는 일본에 귀화의 뜻을 밝히고 정착이 허용되었다. 일본조정의 방침은 "만약 돌아가기를 원하면 귀국시키고, 귀화하기를 바라는 자는 관례에 따라 조치하도록 한다"라고 하듯이 자유의사에 맡겼다. 표착한 인원도 적게는 십수인에서 수십명, 많게는 144인, 150인, 180인 등의 숫자가 말해주듯이 집단적으로 망명을 신청한 것이다. 특히 弘仁 4년(813) 3월에 九州의 小近嶋에 표착한 신라인 150인은 토착민과 대립으로 싸움이 벌어져 사상자가 발생하는 일이 벌어졌다. 아마도 표착한 신라인을 적선으로 오인하여 발생한 사고라고 생각된다. 일본조정에서는 신라에 가까운 대마에 新羅譯語를 배치하여 언어의 불통에 의한 불상사를 방지하고 표착인에 대한 행정상의 절차를 원활하게 하는 조치를 취하기도 했다. 한편 弘仁 11년(820) 2월조에 보이는 遠江, 駿河 양국에 거주하고 있는 新羅人 7백인이 반란을 일으켰다고 하는 사건은 어느 시기에 표착한 신라인에 대한 사민정책으로 집단이주를 말해주고 있고, 天長 원년(824) 5월조에 신라인 辛良金貴 등 54인을 陸奥國에 안치하고 법의 규정에 따라 과역을 면제하였다고 하여 일본의 공민으로 편입한 기록도 나온다. 중앙에서 떨어진 지방으로의 신라인의 이주는 이들의 기술, 지식을 활용한 지역개발이 목적이 있었다고 생각된다.

한편 弘仁 5년(814) 5월 을묘조에는 일본조정에서, "신라왕자가 내조할 때, 만약 조공을 바친다는 뜻이 있으면, 발해의 관례에 준하도록 한다. 다만 인국과의 수호를 원한다면 예로서 응대하지 말고, 바로 돌려보낸다. 또 귀국길의 식량은 지급하도록 한다"라고 하는 조서를 내린다. 이 조서는 일본의 신라에 대한 인식을 엿볼 수 있는 사료이다. 8세기 천황제 율령국가의 성립 이후 일본의 대외의식은 당의 중화사상을 그대로 받아들여 신라를 번국으로 하는 이념을 기반으로 하고 있다. 그러나 이념과 실제에는 괴리가 있었고, 기대했던 중화의 이념은 실현되기 어려웠다. 따라서 일본에 온 신라사에 대한 외교의례를 통해 천황권을 과시하려고 하였다. 중국황제가 신년하례 시에 주변제국의 사절단을 접견하는 의식을 모방한 것이다. 752년 신라사 김태렴 이후 일본측은 지속적으로 신라왕의 國書 지참과 왕자 혹은 책임질 수 있는 고위관인의 파견을 요구하고 있다. 일본조정의 공세적인 노력에도 불구하고 실현되지 못했고, 중화의 이념을 추구하려는 일본 측은 불만을 제기하면서 신라 측과 갈등을 초래하였다. 한편 공적관계가 단절된 후의 신라왕자 내조를 가상한 조서를 내린 것은 실현 가능성이 없는 현실과 미래의 기대상이었고 천황주의 이념을 내부적으로 확인하는 문서에 불과하였다. 게다가 조공이 아닌 인국과의 수호하기 위해 사절이 왔다면 접대하지 말고 귀국길에 식량을 주어 돌려보낼 것을 명하고 있다. 이미 중화의 이념으로 포장된 실패한 신라외교의 방침이 다시 등장하고 있어 당시의 일본조정의 국제인식의 한계를 드러내고 있다. 이후 830년대 후반이 되면 신라의 국가통제가 붕괴되어 가는 상황에서 신라의 해상세력을 중심으로 한 상행위, 신라해적의 출현 등 새로운 양상으로 전개되어 간다.

2. 발해와의 교류와 인식

『일본후기』의 발해관계 기사는 양국의 국서에 잘 기술되어 있다. 일본은 신라관계가 단절된 이후에도 발해와는 활발한 교류를 전개하고 있다. 교류의 양상은 발해가 적극적이고 일본 측은 발해사의 送使 및 당의 정보를 얻기 위해 한정적으로 대응하였다. 『속일본기』에 보이는 발해사는 12회에 이르고 있으며, 일본에서 발해에 보낸 사절도 8회에 달하고, 이후 양국은 멸망기까지 단절없는 교류를 행하고 있었다. 『일본후기』에 보이는 42년간의 기록 중에서 발해에서 일본에 11회, 일본에서 발해에 4회의 사절이 파견되었다.

이 시기에 양국의 국서에 보이는 교류의 양상을 보면, 일본은 발해를 번국으로 간주하여 이에 준하여 국서의 체제를 갖출 것을 요구하였고, 이에 상응하지 않은 내용으로 되어 있으면 문제삼아 외교의례를 거부하려는 움직임도 보이고 있다. 延曆 15년(796) 5월조에 보이는 일본천황이 발해국왕에게 보내는 국서에는 上國에 좋은 계략을 구하고 일본조정에 예의의 信物을 보냈다. 이 정성에 깊은 기쁨과 위안을 느낀다. 이전의 수차례의 서계는 자못 체제가 정돈되고 있으나 이번의 서계는 앞뒤가 반듯하지 않아 이미 종전의 예의에 위반되고 있다. 짐은 수호와 교빙의 길은 예의와 경의를 우선으로 한다고 하였다. 일본이 발해에 대한 上國 인식은 이미 『속일본기』 天平勝寶 5년(753) 6월조의 일본천황의 발해왕 앞으로의 위로조서에 나타난다. 이 위로조서에는 발해왕의 서계에 臣이라 칭하지 않았다고 하고, 『高麗舊記』에는 고구려가 통치하고 있을 때의 상표문에 族으로는 형제이고 義로는 君臣이라고 하여 원병을 청하기도 하고 천황의 즉위를 축하하여 조빙하고 충성을 다해 왔다고 하듯이 고구려 멸망기의 인식을 그대로 계승하고 있다. 즉 고구려와의 전례에 위반한다는 것으로 이른바 외교상의 '違禮', '無禮'로 규정하고 있다. 寶龜 2년(771)의 7차 발해사가 귀국할 때 발해왕에 보내는 국서에도, "법식을 고쳐 日付 밑에 관품과 성명을 쓰지 않고, 글의 말미에 헛되이 천손을 참칭하였다"라고 하여 문제삼고 있다. 일본측의 인식에서는 발해에 대한 우위성을 주장하며 稱臣할 것을 요구하지만, 발해에서도 일본에 대한 자국의 중화의식으로 그대로 표출하고 있다. 이른바 중화사상의 충돌이라고 할 수 있다. 延曆 17년(798) 5월조에도 "大氏 왕가는 기반을 회복하여 교류를 끊이질 않았다. 중간에 서계에 오만함이 보이고 종전의 예의에 어긋남이 있어, 이 때문에 그 사절을 통상의 예의로 대우하지 않았다"라고 하였다. 한편 弘仁 2년(811) 10월조에는 발해에서 돌아온 林宿禰東人이 "발해국왕의 서계에서 常例에 따르지 않아 이를 물리치고 취하지 않았다"라고 주상하고 있다. 발해에 간 일본사절이 발해왕이 일본 천황에게 보내는 국서의 내용을 문제 삼아 수령을 거부했다는 것인데, 국서의 개봉권은 사절의 권한이 아니어서 아마도 귀국 도중에 분실하여 문책을 받을 것을 우려하여 허위사실을 말했을 가능성도 있다. 서계의 형식 문제는 일본조정의 민감한 사안이므로 이를 거론하여 책임을 면하려고 했는지도 모르겠다.

한편 당시 발해사의 기항지는 험난한 동해를 횡단하는 코스이므로 표착하는 등 매번 도착지가 일정하지 않다. 따라서 일본조정이 이적시하는 북륙지방의 蝦夷 지역에 도착하여 이들의 습격을 받아 많은 인명피해를 보기도 했다. 延曆 14년(795)의 발해사도 "발해국사 呂定琳 등 68인이 蝦夷 지역인 志理波村에 표착하였다. 습격받아 인명과 물품이 손실되었다"라고 하듯이 험난한 항해와 더불어 하이 지역에 불시착할 경우에 위험을 감수하지 않으면 안되었다. 발해왕의 국서에서도 "呂定琳 등은 변경의 포로가 될 줄을 헤아리지 못하고 적지에 빠졌는데, 불쌍히 여겨 도움을 내리시니 살아서 본국으로 돌아갈 수 있었다"라고 감사의 표시를 한 바 있다. 게다가 사절단 중에는 弘仁 7년(816) 5월조에는 "王孝廉이 역창이 걸려 갑자기 서거하였고, 王昇基, 釋仁貞 등도 이어서 사망하여 심히 슬퍼하는 바이다"라는 천황의 국서에도 나오듯이 일본에서의 질병과 역병의 문제는 일본조정이 직면한 국가적 대사였다. 이러한 악조건을 무릅쓰고 이 시기에 일본에 사절단을 보낸 것은 교역의 실리였다고 생각된다. 天長 3년(826) 3월에 우대신 藤原朝臣緒嗣가 올린 상표문에는 발해사는 인국의 사절이 아닌 상인이고 상인을 사절로 받아들이는 것은 국가의 손실임으로 입경을 허용치 말고 귀국시킬 것을 주장하였다.

이러한 교역상인설을 뒷받침하는 것이 발해사의 내항시기이다. 延曆 15년(796) 10월조의 발해왕의 국서에서, "왕래를 허락해 준다면, 보내는 사자의 숫자는 20인을 넘지 않고, 이것을 한도로 영원히 규칙으로 삼겠다"라고 하고 사절파견의 기한은 일본 측의 재량에 맡기겠다고 하였다. 이에 일본조정은 6년으로 정했는데, 발해 측에서는 단축해 줄 것을 요청하고 있다. 실제로 발해에서는 『일본후기』의 42년간 일본에 11회의 사절을 보내고 있어 4년에 1회 이상의 사절을 파견하고 있어 정해진 기한을 넘기고 있다. 또 『類聚三代格』 天長 5년(828) 정월 2일자 太政官符에 의하면, 사사로이 번객과 교역하는 것을 금하고 이를 어길 경우 백성은 장 1백대에 처하고, 王臣家가 사람을 보내 구입하는 행위도 금하고, 국사의 사무역 참가는 중벌에 처할 것임을 알리고 있다. 당시 발해사가 갖고 온 물품은 일반 백성뿐 아니라 귀족들도 애호하는 것이었으며 감독해야 할 지방장관인 국사들까지 구매에 열을 올릴 정도로 발해물산에 대한 인기는 높았다. 태정관부에 외국상품을 좋아하여 다투어 교역하였다는 인식은 당시의 일본사회의 세태를 반영하고 있다. 당시 외국산에 대한 선호도는 비단 발해산 뿐 아니라 신라, 당 등 모든 외국산에 대해 통용되고 있다. 발해사에 대한 藤原朝臣緖嗣의 상행위를 위해 떠돌아다닌다는 이른바 '商旅' 인식은 당시 일본사회가 안고 있는 사회적 문제점을 지적한 것으로, 이를 시정하기 위해 최고의 권력기관인 태정관에서 하달문서를 내릴 정도였다. 발해물산의 구매에 대한 강한 욕구의 표출은 발해를 번국으로 보려는 일본조정의 중화의식과는 괴리가 있기 때문이다.

그러나 이러한 조치에도 불구하고 발해사의 입항을 계속되었고, 貞觀 3년 (861)의 제27차 李居正을 수석으로 하는 105명의 발해사절단에게 왕경의 동서에 개설된 시장에서 사무역을 승인하였다. 게다가 일본조정에서는 관전 40만냥을 발해사에게 주어 시전의 사람들을 불러모아 교역하도록 하였다[30]. 이와 같은 상황으로 전개된 것은 발해가 교역을 목적으로 내항하는 것을 알면서도 일본 귀족들의 발해물산에 대한 강한 욕망을 더 이상 규제하기 어려운 실정을 반영되었다고 생각된다.

---

30 『日本三代實錄』 貞觀 14년 5월 20일~22일조

Ⅶ. 인물전과 논찬

『일본후기』에는 천황을 비롯한 황족, 후궁, 승려, 4位 이상의 고위 관인의 인물전을 기록하고 있다. 「職員令」13 「式部省」조의 규정에는 "掌, …功臣家傳"이라고 하여 공신가의 전기를 관리하는 직무가 있다. 『속일본기』 이후의 正史에 보이는 인물전은 式部省에서 편찬한 功臣家傳을 기초로 하여 해당 인물의 사적에 관한 자료를 활용하고 있다. 서술의 체제와 분량은 인물에 따라 차이가 있지만, 기본적인 것은 사망의 사실, 가계의 계보, 관력, 연령이 기술되고, 여기에 생전의 관인시절의 품성, 성격 등의 사관의 평이 더해진다. 이것은 중국전통의 사서의 서술체제이다. 사마천의 『史記』에는 本紀, 世家, 列傳의 말미에 소개된 인물에 대해 '太史公曰'로 시작되는 문장이 있고, 태사공인 사마천 자신의 논평을 싣고 있다. 이후 『漢書』 등 중국정사도 '贊曰', '論曰', '史臣曰' 등과 같은 형식으로 서술되었고, 『三國史記』의 '論曰'도 여기에 영향받고 있다. 『일본후기』의 논찬은 『일본후기』의 逸文이 수록된 『類聚國史』권66 人部의 薨年 항목에 4위 이상의 전기를 통해 그 현황을 파악할 수 있다. 기타의 일문을 포함하면 75인의 전기가 추출되고 있다[31].

『속일본후기』에 기록된 藤原朝臣緖嗣에 대한 훙년기사에는 "관례에 따라 사자를 보내 장의를 감독시켰으나, 유언이라고 하여 받아들이지 않았다"라고 하여 그의 소박하고 강직한 성품을 기록하고 있다. 그는 『일본후기』에 수많은 주상문을 남겼고 11번에 걸쳐 사직을 청원한 기록이 있듯이 조정에 얼마나 중요한 인물이었던가를 말해주고 있다. 인명천황은 그의 죽음에 특별히 조를 내려, 공은 깊고, 하늘의 질서에 맞는 법칙을 몸에 지닌 신하로서의 인망을 가진 인물이었다고 죽음을 애도하고 있다. 그러나 전기의 말미에는 兩人의 설이 있을 경우에, 앞의 설이 바르지 않고 뒤의 설이 옳다고 해도, 앞의 설을 확신하면 뒤의 설을 용인하지 않아 편견과 고집으로 비판을 받았다고 한다. 이것은 인물의 장단점을 명확히 지

---

31 龜田隆之, 1974, 「日本後紀いおける傳の性質」, 『人文硏究』23-3, 關西學院大學, 58쪽 [表] 참조.

적한 것으로 사실에 근거하여 엄정한 지적을 가하고 있다. 이러한 논평은 『일본후기』의 논찬에 그대로 나타나고 있다. 『일본후기』에 보이는 논찬의 내용상의 특징을 살펴보기로 한다.

延曆 15년(796) 7월조의 우대신 정2위 藤原朝臣繼繩에 대해, "겸손하고 삼가며 스스로를 지켰다. 정무의 치적은 듣지 못했고 비록 재식은 없지만, 세상의 비난은 받지 않았다"고 하여 인간적인 품성이 관료로서의 능력의 부족을 메워주고 있다는 평을 하고 있다. 반면 延曆 18년(799) 정월조의 종4위하 紀朝臣作良에 대해서 "사람 된 자질이 정직하였다. 관용을 베풀지 않았으며 관리들이 조그만 잘못이 있어도 반드시 법에 따라 처분하였다. 이 때문에 부하들이 싫어하게 되었다. 공무에는 매우 힘썼으며, 동틀 때 출근하여 해가 지면 퇴근하였다. 노년이 되어도 태만하지 않았다"라고 하여 업무에 대한 열정과 근면하고 원칙주의적인 성격을 칭찬하면서도 휘하의 관인에게는 고통이 되고 있음을 말하고 있다. 延曆 16년(797) 2월조의 參議 정4위상 大中臣朝臣諸魚의 전기를 보면, "歌琴을 좋아하고 다른 재능은 없으며, 복상 중에도 흥에 도취되면 삼가는 것도 잊어버렸다. 재화를 탐했으며 산업을 추구하였다. 당시의 세평은 그를 비천하다"라고 하여 관인으로서 탐욕하고 사리를 분별하지 못한 천박스러운 성품을 적나라하게 평하고 있다.

한편 延曆 23년(804) 4월조의 中納言 종3위 和朝臣家麻呂의 전기를 보면, "그 선조는 百濟國 사람이다. 사람됨이 어눌하고 재학이 없으며, 帝의 외척으로 특별히 발탁되어 승진하였다. 蕃人이 재상에 오른 것은 이로부터 시작되었다. 신하로서 분에 넘치는 위계였지만, 타고난 자질은 부족하다고 할만하였다. 비록 고위직에 있어도 옛 지인을 만나면, 신분이 낮아도 꺼리지 않고 악수하고 말을 걸었다. 이를 본 사람이 감동을 받았다"라고 기술하고 있다. 그는 桓武天皇의 생모인 高野新笠의 부친이고 환무천황과는 종형제이다. 천황가의 외척이라는 후광으로 재능이 없는데도 공경의 지위에 올랐음을 지적하면서 그의 빈천을 가리지 않는 인간적인 면모도 소개하고 있다.

大同 3년(808) 6월조의 산위 종3위 藤原朝臣乙叡에 대해서는, "乙叡는 부모의 덕분으로 자주 요직을 역임하였고, 中納言에 이르렀다. 성품은 완고하고 교만하였으며 첩을 좋아하였다. 산수가 좋은 곳에 많은 별장을 지어 이틀밤은 묵었고[32], 반드시 여성과 함께 하였다"라고 하여 그의 인품과 사생활을 적나라하게 기술하고 있다. 弘仁 12년(821) 9월조의 종4위하 藤原朝臣緬麻呂에 대해서는, "천성이 우둔하였고 문서를 기록하는 능력이 없었다. 대신의 자손이라는 이유로 내외의 관직을 두루 역임하고 명성을 떨친 적이 없었다. 단지 주색을 좋아하고 그외는 생각하는 일이 없었다"라고 하고, 동 13년 5월조의 伊勢守 종4위하 藤原朝臣藤成의 사망기사에, "말을 더듬어 언어가 부자연하였다. 내외의 관직을 역임하였고, 이래도 좋고 저래도 좋다는 성격이다"라고 하였다. 또 天長 2년(825) 7월조의 彈正尹 佐味親王에 대해서는, "용모와 예의가 반듯하였고, 자못 여색을 좋아하였다"라고 하여 왕족, 귀족 가리지 않고 사생활, 품행, 태도 등을 여과없이 기술하고 있다.

한편 弘仁 원년(810) 9월에 나오는 藤原藥子와 오라비 藤原仲成의 악행에 대해 적나라하게 열거하면서 藥子의 자살, 仲成의 처형 및 그 전후의 사정에 대해 장문에 걸쳐 기술하고 있다. 차아천황은 양위한 평성천황과의 관계를 보다 명확히 하고 그 전모를 밝혀 진실을 말하고 싶었을 것이다. 평성과 차아는 친형제 간이고 평성의 재위 3년 만에 양위한 직후에 일어난 사건이었다. 차아천황으로서는 이러한 일련의 행위가 사악한 藥子가 배후에서 사주한 일로 간주하고 평성천황의 무고함을 말하려고 했을지도 모른다. 이 사건으로 평성상황은 출가하게 된다. 平城京 시대에 藤原仲麻呂의 반역 사건 때 孝謙上皇이 淳仁天皇을 유배보내 죽음에 이르게 한 사건과는 차이가 있다.

弘仁 2년(811) 4월조의 宮內卿 정3위 藤原朝臣雄友에 대해서는, "성품이 온화하고 함부로 기뻐하거나 화내지 않았다. 용모가 준수하고 품격이 있었고 대화

---

32 원문의 信宿은 『春秋左氏傳』莊公 3년조에 "一宿爲舍, 再宿爲信"이라고 나온다.

가 명료하였다"고 하고, 동 7월조의 藤原朝臣眞雄에게는, "스스로 청렴함을 지켰고, 사람의 단점을 말하지 않았다"라고 하여 이들의 성품을 칭찬하였다. 天長 2년(825) 12월조의 越前守 종4위상 紀朝臣末成에 대해서는, "직무를 잘 수행했다는 평을 들었다. 다만 명성에는 실질을 동반해야 한다. 길면 자르고 짧으면 잇는 편의적인 방식이었다"라고 하여 직무의 태도를 지적하고 있다. 弘仁 5년(814) 윤7월조의 吉備朝臣泉에 대해서는 학자 가문의 자제이고, 자주 학문의 재능이 있다는 말을 들었지만, 성격이 편협하고 급했으며, 일 처리에 원칙이 없었고, 고집이 강한 성격으로 나이가 들어도 변하지 않았다고 평하고 있다.

天長 3년(826) 9월조의 伊豫守 종4위상 安倍朝臣眞勝에게는 "천성이 순박하고 아첨하는 것을 좋아하지 않았다. 노장사상을 배워서 내용을 말하고 유창하게 읽었지만, 그 뜻과 이치에 대해서는 정통하지 못했다. 역임한 직에서는 자못 너그럽고 조용하다고 평해졌다"라고 하여 학문적 이해에 대해 그 수준을 가감없이 기술하고 있다. 天長 6년(829) 8월조의 황족인 2품 酒人內親王에 대해서는, "성품은 거만했으며 감정조절이 안되도 천황은 금지하지 않았고, 하고자 하는대로 두었다. 음란한 행위가 점점 심해지고 자제하지 못했다"라고 하여 황족 여성의 일탈된 모습도 그대로 기술하고 있다. 동 7년(830) 11월조의 종3위 藤原朝臣眞夏에 대해서는 "자질이 꾸며서 말을 하고, 수시로 처세를 바꾸었다"라고 하고, 동 12월조의 정4위상 武藏守 石川朝臣河主에게는, "桓武天皇 때에 조영사업이 성행하였다. 여기에 편승하여 몸을 바쳐 이익을 취했으나 욕심이 많아 베푸는 일이 없었다"라고 한다. 동 윤12월조의 종4위하 文室眞人弟直의 평에서는 "재임 중에 비방받는 일도 칭찬받는 일도 없었다. 성품이 바르지 않았고 절조가 없었다. 또 사물을 분별하지도 못했다. 수명을 다하고 생을 마쳤다"라고 하여 관인들의 직무에 대한 처세술, 탐욕, 어리석음 등을 적나라하게 기술하고 있다.

天長 7년(830) 12월조의 종4위하 伴宿禰勝雄에 대해서는, "식견이 있었고 너그러운 성품으로 감추는 것을 허락하지 않았다. 가풍은 청렴하였고 털끝만큼도 부정한 일은 하지 않았다. 지방관으로 나아가 변경의 경계를 맡았으며, 근위부의 병력을 지휘하였다. 비록 학문의 능력은 부족했지만, 장군의 기량은 있었다"라고 하여 인물의 장점은 크게 부각하고 단점을 지적하고 있다. 동 10년(833) 정월조의 出雲守 정4위하 紀朝臣咋麻呂에게는 "재능이 없는 사람으로 後田原天皇의 외척으로 특별히 4위에 이르렀다. 천명을 다하고 죽었다"라고 하여 외척으로 관직에 올라 재능없는 사람이 운 좋게 천수를 누렸다는 세속적 비판도 서슴치 않았다.

이상 개략적으로 인물에 대한 논찬을 살펴보았듯이 개개인의 장단점, 특징을 예리하게 평하고 있고 비판적인 언사도 그 지위를 가리지 않고 가감없이 기술하고 있다. 능력있는 자를 평가하면서도 재능이 없으면서 후광을 입어 올라간 자에 대해서는 강한 언사로 혹평하고 있다. 한편 앞서 살펴본 평성천황에 대해서는 전반부에 군주로서의 훌륭한 면을 서술하면서도 논찬의 마지막 부분에 시기심이 많은 인물로 평하고 있다. 평성천황은 양위 후에 차아천황과의 갈등이 묘사되어 있듯이 객관적인 사실에 기초하고 있다고 보인다. 다만『일본후기』의 최종 편찬은 차아천황의 아들인 인명천황이라는 사실에서 차아천황이 백부인 평성상황에 대한 일련의 조치를 정당화한 필법과 무관하지 않다고 생각된다.

Ⅷ. 역사기록의 관리와 서술

중국역사의 起居注와 같은 실록을 재위 중인 황제에게 개봉하지 않는 것이 전통적인 修史의 원칙이다. 당대의 역사를 제왕에게 보이지 않는 것은 사실에 대한 객관적, 공정성을 위해 필요한 일이다. 이러한 역사관은 종종 벗어나는 일이 있고, 당 태종은 자신의 재위 시에 실록을 편찬시켰다. 桓武朝에 편찬된『속일본기』역시 이에 영향을 받을 것 같고[33], 환무조로부터 4인 조정의 역사를 다룬『일본후

33　池田溫, 1992,「中國の史書と續日本紀」, 新日本古典文學大系『續日本紀』3, 岩波書店, 참조.

기』에서도 이어지고 있다. 이 시기에 일본의 권력자는 치세의 역사를 관리하고 통제하여 기록하고 싶지 않은 내용은 삭제하는 등 권한을 행사할 수 있었다.

『일본후기』弘仁 원년(810) 9월 정미조에는, "『속일본기』에 기재된 崇道天皇과 증 태정대신 藤原朝臣(鍾繼)와의 좋지 않은 일을 모두 다 파기했는데, 다시 사람의 증언에 따라 파기한 것을 본래대로 기록해 놓았다. 이것 또한 무례한 일이다. 이번에 종전과 같이 개정한 사실을 참의 정4위하 藤原朝臣緖嗣를 보내 삼가 말씀드리는 바이다"라는 기록이 나온다. 이 내용은 嵯峨天皇이 宣命使를 환무천황릉에 보내『속일본기』에 환무천황이 파기한 내용이 다시 실린 것을 본래대로 개정했다는 사실을 보고한 것이다. 동 정미조의 앞부분에는 內侍司의 尙侍 정3위 藤原朝臣藥子와 그의 오라비 藤原仲成의 권력농단과 비리를 비난하면서 이들이 환무천황의 삭제 부분을 복원한 사실을 무례한 일이라고 죄목의 하나로 거론하고 있다.

환무천황은『속일본기』에 기재된 崇道天皇과 증 태정대신 藤原朝臣(鍾繼)와의 좋지 않은 일을 모두 다 파기했다고 하듯이 이미 편찬이 완성되어 봉정된『속일본기』의 내용 중에 자신이 심적으로 고통받고 있던 사건을 삭제한 것인데, 편찬될 당시에는 문제시되지 않았던 사서를 편찬이 완료되고 일정 기간 지난 후에 수정하는 것은 상상하기 어려운 일이다. 게다가 재차 다른 사람의 손에 의해 원래대로 수정하였고, 더욱이 이를 문제시하여 최초의 수정본으로 개정했다는 일이다. 즉 최초의 편찬본 A에서 삭제본 B로, B는 다시 A로 되돌아왔고, A는 B로 재차 개정되었다. 그 과정에서 이미 A와 B는 모두 유포된 상태가 되었고, 후에 육국사를 발췌한『日本紀略』에서는 B의 판본을 참고한 까닭에 삭제, 수정된 내용이 무엇이었는지를 알 수 있게 되었다.

환무천황 延曆 16년(797) 2월에 최종 찬진된『속일본기』에는 연력 4년(785) 9월의 藤原種繼 암살사건 및 동년 10월 早良親王 皇太子를 폐한 사건에 대해 상세한 기사가 실려있었다. 환무천황의 신임을 받던 藤原種繼의 암살사건에 환무의 皇太弟인 早良親王이 연루되었다는 의혹으로 유배되어 사망하였다. 이후 황후의 사망, 역병 등 불온한 일이 연이어 일어나자 그 원인이 早良親王의 怨靈의 탓이라는 주술사의 점괘가 나오자 환무천황은 延曆 19년(800)에 崇道天皇으로 추증하고 淡路에서 大和로 이장하였고, 동 24년(805)에는 淡路國에 절을 세우고, 천황에 준하는 國롱 및 봉폐를 행하게 하여 崇道天皇으로 추증된 早良親王의 원령에 사죄하였다. 환무천황은 藤原種繼의 암살사건과 친동생 早良親王의 원령에 시달리면서 이듬해 806년 3월에 사망하였다. 환무의 사망은 70세의 고령의 탓도 있지만, 원령에 의한 정신적인 고통이 그의 죽음을 앞당겼을지도 모른다. 그로서는 기억하고 싶지 않은 일이었고, 사서에 사건의 전모를 자세히 밝히는 일이 사후에도 부담이 되었다고 생각된다. 『속일본기』의 해당 기사에 대한 삭제는 환무천황의 말년 早良親王을 崇道天皇으로 추증하는 시기에 이루어졌을 것으로 본다.

이후 藤原藥子와 오라비 藤原仲成은 그의 부친 藤原種繼의 암살사건에 대해 『속일본기』에 내용의 일부가 삭제되거나 축소된 것에 불만을 품고 이를 환원한 것이다. 그 과정을 보면, 桓武天皇에 이어 즉위한 平城朝에서는 藤原藥子가 천황의 총애를 받아 중용되자 정치에 개입하게 되고 이에 가세하여 오라비 藤原仲成은 권세를 휘두르기 시작하였다. 大同 4년(809)에는 살해당한 그의 부친 藤原種繼를 태정대신으로 추증시키고, 이듬해 그는 참의에 올라 공경이 되었다. 권력이 최고조에 달했던 바로 이 시기에 기록의 삭제, 수정이 이루어졌을 것으로 생각된다. 이해 4월에 평성천황은 황태제 차아천황에게 건강상의 이유로 양위하게 된다. 앞의 弘仁 원년(810) 9월의 조에서 이들에 대해, "천황의 칙어가 아닌 것을 천황의 말이라고 운운하면서, 칭찬과 질책을 마음대로 하였다"라고 하듯이 천황의 칙어를 빙자하여 해당 내용에 손을 가한 것이다. 『日本紀略』에는 모의에 가담한 인물들을 열거하고 여기에는 황태자 早良親王이 연루되어 있다는 사실과 해당 주모자들을 사형, 유형에 처한 기록이 나온다. 즉 이 사건의 배후, 연루된 다수의 인물들이 『속일본기』에서 삭제되었는데 藤原仲成, 藥子에 의해 부활된 것이다. 그러나 차아천황이 즉위 후 평성조에서 권력을 전횡하던 藤原藥子 등이 제거되면서 환무천황이 삭제한 부분을 복원하였다.

　『일본후기』이후의 仁明朝를 기록한『속일본후기』를 비롯하여 다음의『일본문덕천황실록』, 그리고 淸和, 陽成, 光孝 3朝를 다룬『일본삼대실록』은 모두 치세의 천황 다음 대에 편찬되었다. 이것은 율령제의 이완으로 점차 천황권력이 점차 쇠퇴해져 가고 淸和朝 이후에는 섭관정치 시기로 접어들어 정사의 편찬에 대한 관심이 저하되는 상황과 관련이 있다. 이후 正史의 편찬사업은 10세기전반 朱雀天皇 承平 6년(936)에 撰國史所의 편찬국이 설치되어 宇多天皇, 醍醐天皇 2대를 다루는 정사 편찬이 시작되었고, 村上天皇 天曆 8年(954)에는 다시 朱雀天皇 시대의 추가를 명하여『新國史』의 편찬에 착수하였다. 그러나 미완으로 끝나면서 더이상 국사의 편찬은 이루어지지 않았다.

일본후기 서문

臣 (藤原朝臣)緒嗣 등은 綿書[1]를 토론하고, 이전의 서적을 열람해 보면, 文史의 흥륭이 그 유래가 오래되었음을 알 수 있습니다. 조금의 흠집이라도 숨기거나 고치지 않고, 작은 선행도 모두 기록하고, 밝고 경계해야 할 사안은 빠짐없이 포함했습니다. 이에 따라 훌륭한 계책은 밝게 나아가게 됩니다. 사서의 유용성은 대저 이와같은 것입니다. 삼가 생각하건대, 前後의 태상천황[2]은 하늘에 두 개의 태양이 몸체를 달리하여 빛을 발하는 것과 같습니다. 아울러 공경하고 밝으며 빛나고 사려깊은 덕으로[3] 세상을 구제하고 만물을 이익되게 합니다. 말을 사육하는 일을 목동에게 묻고, 생선을 삶는 일을 李老[4]에게 얻습니다[5]. 백성은 아직 (嵯峨, 淳和의 치세의) 밝고 영화로움을 누리지 못했는데, 일찍이도 퇴위하여 돌이킬 수 없게 되었습니다. 弘仁 10년(819), 태상천황[6]은 大納言 정3위 行左近衛大將 및 陸奧·出羽按察使를 겸직한 藤原朝臣冬嗣, 정3위 行中納言 民部卿을 겸직한 藤原朝臣緒嗣, 참의 종4위상 行皇后宮大夫, 伊勢守를 겸직한 藤原朝臣貞嗣[7], 참의·左衛門督 종4위하 守右大弁, 行近江守를 겸직한 良岑朝臣安世[8] 등에게 칙을 내려, (國

---

1 두루마리 형태의 문서, 즉 옛 先人이 남긴 서적을 말한다.
2 嵯峨太上天皇과 淳和太上天皇.
3 원문의 '欽明文思'는 『書經』 堯典에 나오는 요임금의 성품과 업적을 다룬 문장의 일부이다.
4 중국 周代의 사상가 老子의 성명이 李珥라는 말에서 나온 것이다.
5 국가를 다스리는 통치의 방법을 배운다는 의미이다.
6 嵯峨天皇.
7 藤原南家의 藤原巨勢麻呂의 10男, 皇后宮大夫, 藏人頭를 거쳐 弘仁 10년(819)에 参議가 되었다. 이후 종3위에 서위되었고, 中納言, 宮内卿을 역임하였다. 『日本後紀』 편찬 도중에 사망하였다.
8 桓武天皇의 황자, 모친은 백제계 씨족인 百濟永繼이고, 그녀는 河内國 安宿郡을 본거로 하는 백제계 도래씨족 飛鳥部奈止麻呂의 딸이다. 延曆 21년(803)에 良岑朝臣의 성을 받아 臣籍으로 내려갔다. 平城朝에서 衛士大尉, 右近衛將監, 大同 4년(809)에 종5위하 右近衛少將에 서임되었다. 그후 승진을 거듭하여 弘仁 5년(813)에 종4위하 左衛門督, 동 7년에는 참의가 되었고, 동 12년에는 종3위, 中納言에 올랐다. 嵯峨朝에서 『日本後紀』 외에 『内裏式』 편찬에도 관

史의) 편찬을 감수시켰는데 완료되지 않은 사이에, 3명의 臣이 서로 이어서 사거하고 (藤原)緒嗣 홀로 존명하기에 이르렀습니다. 後太上天皇⁹이 조를 내려, 左近衛大將 종3위 守權大納言, 行民部卿을 겸직한 淸原眞人夏野¹⁰, 中納言 종3위 行中務卿을 겸직한 直世王¹¹, 참의 정4위하 守右近衛大將, 行春宮大夫를 겸직한 藤原朝臣吉野, 참의 종4위상 守刑部卿을 겸직한 小野朝臣岑守¹², 종5위하 훈7등 行大外記, 紀傳博士¹³를 겸직한 坂上忌寸今繼¹⁴, 종5위하 行大外記 嶋田朝臣淸田¹⁵ 등을 (藤原朝臣緒嗣에게) 보좌시켜 편수를 계속하게 했습니다. (그러나 淳和天

여하였고, 『經國集』편찬도 주재하였다. 弘仁 14년(823)에는 淳和天皇의 즉위와 더불어 정3위 右近衛大將이 되었고, 황태자 正良親王(후에 仁明天皇)의 春宮大夫를 겸직하였다. 天長 5년(828)에 大納言이 이르렀다.

9 淳和天皇, 『日本後紀』를 완성하여 주상한 承和 7년(840) 12월에는 사망한 시점이다.

10 天武天皇의 황자인 舍人親王의 손인 小倉王의 아들, 延曆 23년(804)에 父의 상표로 淸原眞人을 사성받았다. 藏人頭, 左近衛, 參議를 역임하였고, 天長 2년(825)에 종3위 中納言 겸 左衛門督이 되고, 左近衛大將, 民部卿을 역임하였고, 동 9년(832)에 우대신에 올랐다. 『日本後紀』편찬에도 관여하였고, 동 10년에는 『令義解』를 찬진하였다.

11 황족으로 眞世王, 猶世王이라고도 표기한다. 延曆 23년(804)에 縫殿大允에 임명되었고, 弘仁 원년(810)에 종5위하 內藏頭에 서임되고, 동 2년에 종5위상 中務大輔, 동 7년에 정5위하 藏人頭, 동 9년에 종4위하 左京大夫, 동 12년에 參議 겸 左大弁에 임명되어 공경이 되었다. 天長 4년(827)에 정4위하, 동 7년에 종3위 中納言 겸 中務卿이 되었다.

12 桓武朝 말에 少外記를 역임했으며, 大同 4년(809)에 嵯峨天皇의 즉위시에 종7위상에서 종5위하로 7단계 승진하면서, 右少弁에 임명되었다. 이후 內藏頭, 左馬頭, 治部大輔, 皇后宮大夫를 역임하였다. 弘仁 12년(821)에는 종4위하, 이듬해 참의 겸 大宰大貳가 되었고, 天長 3년(826)는 종4위상에 서위되었다.

13 율령제에서 대학료에 설치된 중국의 역사, 시문을 배우는 학과를 文章道, 교관을 文章博士라고 하였고, 平安時代에 들어와 紀傳道로 통합되어 紀傳博士라고 칭하게 되었다.

14 백제계 도래씨족인 東漢氏의 후예씨족, 弘仁 5년(814)에 성립한 『凌雲集』에 한시문이 2수 수록되어있다. 公文書의 직무인 大外記, 대학교의 교관인 紀傳博士를 역임했듯이 『日本後紀』편찬에 참여한 것이다.

15 대학료에서 經書와 史書를 섭렵하였고, 文章生 시험에 급제한 후 大學少屬, 大宰少典, 內藏少屬을 역임하였다. 弘仁 4년(813)에는 『日本書紀』講書를 받은 1인으로 이름을 올리고 있다. 淳和朝에서 少外記, 大外記, 勘解由判官, 下野權掾 등을 역임하였고, 天長 6년(829)에는 종5위하에 서위되었다. 仁明朝에서는 大外記, 宮內少輔, 治部少輔, 伊賀守를 역임하였고, 文德朝 仁壽 원년(851)에 종5위하에 이른다.

皇이) 양위하게 되어 완성하지 못했습니다. 今上陛下[16]는 천지의 우수한 기운을 받아 우주의 정기를 몸에 지녔고, 옥새를 받아 (사방에) 빛을 비추고[17], 태평을 가져오게 했으며 인과 효를 본성으로 (천황의) 대업을 닦았습니다. 성스러운 편수를 거듭 내렸으나 집필, 삭제 작업은 지연되었습니다. 지금 다시 좌대신 정2위 臣 藤原朝臣緒嗣, 정3위 守右大臣, 行東宮傳, 左近衛大將을 겸직한 臣 源朝臣常, 정3위 中納言臣 藤原朝臣吉野, 中納言 종3위 行左兵衛督, 陸奧出羽按察使를 겸직한 臣 藤原朝臣良房, 參議 民部卿 정4위하 훈6등 臣 朝野宿禰鹿取에게 조를 내려, 작업을 수행하게 했습니다. 더욱이 前 和泉守 종5위하 臣 布瑠宿禰高庭, 종5위하 行大外記 臣 山田宿禰古嗣 등에게 자료를 배열하고 정리한 문장을 준비시켰습니다. 착종하는 여러 서적에 대해서는 그 요점만을 취하고 번잡하고 자세한 것은 이 기록에서는 수록하지 않았고, 앞의 사서[18]의 뒤를 이어서 서술하여 이미 완료하였습니다. 다만 일의 관례에 따라 구체적으로 문안을 기록했지만, 지금의 편찬에 즈음해서는 폐기하고 취하지 않았습니다. 延曆 11년(792) 정월 병진(1일)에서 天長 10년(833) 2월 을유(26일)까지 위로부터 아래에 이르는 42년(의 역사)를 억지로 40권으로 완성하여, 명칭은 『日本後紀』라고 했습니다. 그 목차를 열거하면 좌기한 바와 같습니다. 바라는 것은, 지금의 사람이 옛 사회를 돌아보듯이 후세로 하여금 지금을 바라보게 하는 것입니다[19]. 신들의 재능은 사마천과 같지 않으며, 식견은 董狐[20]에 미치지 못합니다. (훌륭한) 장인 대신에 수고롭게 손상만 입히고 땀만 흘렸을 뿐입니다. 삼가 조당에 나아가 봉진하고, 서문으로 삼도록 하겠습니다[21].

---

16 仁明天皇.
17 원문의 '受玉璽而光宅'은 즉위하여 덕을 베풀다라는 의미.
18 『續日本紀』.
19 『漢書』京房傳에 나오는 "後之視今, 猶今之視前也"에서 인용한 문구이다.
20 春秋時代 晉의 사관으로 권력을 두려워하지 않고 진실을 쓰는 인물로 전해오고 있으며, 이를 董狐之筆이라고 한다.
21 『類聚國史』卷第147 文部下 國史 日本後紀 序.

承和 7년(840) 12월 9일

좌대신 정2위 藤原朝臣緒嗣[22]

정3위 守右大臣 겸 行東宮傅 左近衛大將 臣 源朝臣常[23]

정3위 行中納言 臣 藤原朝臣吉野[24]

중납언 종3위 겸 行左兵衛督 陸奧出羽按察使 臣 藤原朝臣良房[25]

---

22 종3위 참의였던 부친 藤原朝臣百川이 桓武天皇을 옹립했던 이유로 총애를 받아 延曆 7년 (788) 元服 의식을 행할 때 천황 스스로가 직접 冠을 씌워 주었다. 동 10년에 종5위하에 서 위되었고, 동 16년에 종4위하로 승진되어 衛門督에 임명되었다. 동 21년에는 29세의 나이 로 참의가 되어 공경의 반열에 올랐다. 大同 3년(808)에는 陸奧出羽按察使에 임명되었고, 弘仁 8년(817)에 중납언, 동 12년에 대납언으로 승진되었고, 동 14년에 종2위에 서위되었 다. 이어 天長 2년(825)에 우대신, 동 9년에 좌대신이 되어 태정관의 수반에 올랐다. 『新撰 姓氏錄』 편찬에 참여하였고, 『日本後紀』는 편찬의 전과정을 관여한 인물이다.

23 嵯峨天皇의 황자로 弘仁 5년(814)에 형 信, 弘과 함께 源朝臣의 성을 하사받아 臣籍으로 내 려갔다. 淳和朝 天長 5년(828)에 무위에서 종4위하에 서위되어 兵部卿에 임명되었고, 동 7 년에 종4위상, 동 8년에 종3위에 서위되어 공경이 되었다. 동 天長 9년(832)에는 21세의 나 이로 中納言이 되었고, 동 10년에 仁明天皇의 즉위시에 정3위로 승진되었다. 承和 5년(838) 에 大納言에 임명되었고, 동 7년에 우대신 겸 東宮傅가 되었고, 동 8년에 종2위에 오르고, 동 11년에는 33세의 나이로 태정관의 수반이 되었다. 嘉祥 3년(850)에 文德天皇의 즉위 후 에 정2위가 되었다. 형제인 信, 定, 弘과 함께 嵯峨源氏로서 조정의 제일의 정체세력으로 등 장하였다. 한시문에도 능하여 그의 작품은 『經國集』에도 수록되어 있으며 『古今和歌集』에 도 시가를 남기고 있다.

24 일찍부터 대학에서 공부했으며, 主藏正, 春宮少進으로 당시 황태자였던 大伴親王(후에 淳和 天皇)에게 봉사하였다. 弘仁 14년(823)에 淳和天皇의 즉위 후에, 천황의 측근으로 左近衛少 將, 左少弁을 역임하였고, 天長 3년(826)에 藏人頭로서 천황의 정무를 도왔다. 동 4년에는 종4위하에 서위되었고, 이듬해 참의가 되었다. 天長 9년(832)에 종3위가 되었고, 仁明天皇 의 즉위 후에는 정3위 中納言에 임명되었다.

25 좌대신 藤原冬嗣의 차남, 天長 5년(828)에 종5위하 大學頭가 되었고, 承和 원년(834)에 31 세의 나이로 參議가 되고, 동 9년에 정3위에 대납언, 동 15년에 우대신의 지위에 오른다. 842년에 일어난 承和의 變에서 황태자 恒貞親王이 폐위되자 여동생 順子가 낳은 道康親王 (후에 文德天皇)을 황태자로 옹립하고, 이어 딸 明子를 황태자 妃로 삼았다. 嘉祥 3년(850) 에는 明子가 낳은 제4황자인 惟仁親王(후에 淸和天皇)을 황태자로 삼았다. 더욱이 좌대신 을 거치지않고 태정대신으로 올랐으며 2달 후에 종1위가 되었다. 858년에는 惟仁親王이

참의 민부경 정4위하 훈6등 朝野朝臣鹿取[26]

전 和泉守 종5위하 臣 布瑠宿禰高庭[27]

종5위하 行大外記 臣 山田宿禰古嗣[28]

즉위하면 사실상의 권력의 정점에 올랐으며 貞觀 13년(871)에는 攝政의 지위를 획득하였
다. 그는 만년에 法制의 정비와 수사사업에도 관여하여『貞観格式』을 공포하였고, 貞観 11
년(869)에는 仁明天皇 1대의 기록인『續日本後紀』를 완성하였다.

26　延暦 10년(791)에 忍海原連에서 朝野宿禰로 개성하였다. 대학료에서『史記』,『漢書』를 습득
　　하여 漢音에도 통해 相模博士를 거쳐 文章生에 보임되었다. 延暦 21년에는 건당사의 准録
　　事로서 당에 파견되었고, 中務大輔, 民部大輔, 大宰大貳 등 내외의 관직을 두루 역임하였다.
　　天長 10년(833)에 참의로 승진하였고, 의정관으로서 式部大輔, 左大弁, 民部卿을 겸직하였
　　다. 承和 7년(840)에 정4위하, 동 9년에 종3위에 올랐다.『日本後紀』외에『内裏式』편찬에
　　도 관여하였고, 한시문으로『文華秀麗集』에 6수의 작품을 남기고 있다.

27　大和政權 때의 군사씨족인 物部氏의 지족이다. 天長 2년(825) 12월에 大内記 정6위상 布瑠
　　宿禰高庭은 발해사의 領客使로 임명되었고, 동 4년 정월에 외정5위하에 서위되었다.『新撰
　　姓氏録』大和皇別에「布留宿禰」조에는 物部首의 아들 정5위상 日向이 天武天皇의 치세 때에
　　신사가 있는 곳의 이름을 따라 布留宿禰로 개성했다고 한다.『日本書紀』天武 13년(684) 12
　　월에 布留連은 宿禰의 성으로 개성하였다. 이 씨족은 物部首, 物部連, 布留連, 布留宿禰으로
　　의 씨성의 변천이 있다.

28　『新撰姓氏録』河内國諸蕃에 山田宿禰는 魏의 司空 王昶으로부터 나왔다고 하듯이 중국계 도
　　래씨족의 후예이다. 天長 3년(826)에 陸奥按察使記事에 임명되었고, 동 5년에 少内記, 동 6
　　년에 少外記, 承和 원년(834)에 大外記로 임명되어 문필을 담당하는 직을 역임하였다. 근무
　　성적이 우수하였고 식견이 뛰어나 공경, 대신의 고문으로 중용되었다. 承和 3년(836)에 외
　　종5위하, 동 7년에 종5위하에 서위되었다. 仁壽 2년(852)에 左京亮, 동 3년에 종5위상, 相模
　　權介에 임명되었다.

日本後紀 序

臣緒嗣等, 討論綿書, 披閱囊策, 文史之興, 其来尙矣. 無隱毫釐之疵, 載錙銖之善. 炳戒於是森羅, 徹猷所以昭哲. 史之爲用, 蓋如斯歟. 伏惟前後太上天皇, 一天兩日, 異體同光. 竝欽明文思, 濟世利物. 問養馬於牧童, 得烹鮮於李老. 民俗未飽昭華, 薛蕿早收澣汗. 弘仁十年太上天皇, 勅大納言正三位兼行左近衛大將陸奧出羽按察使藤原朝臣冬嗣, 正三位行中納言兼民部卿藤原朝臣緒嗣, 參議從四位上行皇后宮大夫兼伊勢守藤原朝臣貞嗣, 參議左衛門督從四位下兼守右大弁行近江守良岑朝臣安世等, 監修撰集. 未了之間, 三臣相尋薨逝, 緒嗣獨存. 後太上天皇詔, 副左近衛大將從三位兼守權大納言行民部卿清原眞人夏野, 中納言從三位兼行中務卿直世王, 參議正四位下守右近衛大將兼行春宮大夫藤原朝臣吉野, 參議從四位上守刑部卿小野朝臣岑守, 從五位下勳七等行大外記兼紀傳博士坂上忌寸今繼, 從五位下行大外記嶋田朝臣清田等, 續令修緝. 屬之讓祚, 日不暇給. 今上陛下, 稟乾坤之秀氣, 含宇宙之滴精. 受玉璽而光宅, 臨瑤圖而治平. 仁孝自然, 聿修鴻業. 聖綸重疊, 筆削遲延. 今更詔左大臣正二位臣藤原朝臣緒嗣, 正三位守右大臣兼行東宮傅左近衛大將臣源朝臣常, 正三位行中納言臣藤原朝臣吉野, 中納言從三位兼行左兵衛督陸奧出羽按察使臣藤原朝臣良房, 參議民部卿正四位下勳六等臣朝野宿禰鹿取, 令遂功夫. 仍令前和泉守從五位下臣布瑠宿禰高庭, 從五位下行大外記臣山田宿禰古嗣等, 銓次其事, 以備釋文. 錯綜群書, 撮其機要. 瑣事細語, 不入此錄. 接先史後, 綴敍已畢. 但事緣例行, 具載曹案. 今之所撰, 棄而不取. 自延曆十一年正月丙辰, 迄于天長十年二月乙酉, 上下四十二年. 勒以成四十卷, 名曰日本後紀. 其次第, 列之如左. 庶令後世視今, 猶今之視古. 臣等才非司馬, 識異董狐. 代匠傷手, 流汗如漿. 謹詣朝堂, 奉進以聞. 謹序.

承和七年十二月九日

左大臣正二位臣藤原朝臣緒嗣

正三位守右大臣兼行東宮傅左近衛大將臣源朝臣常

正三位行中納言臣藤原朝臣吉野

中納言從三位兼行左兵衛督陸奥出羽按察使臣藤原朝臣良房

參議民部卿正四位下勳六等朝野朝臣鹿取

前和泉守從五位下臣布瑠宿禰高庭

從五位下行大外記臣山田宿禰古嗣

일본후기 권제1 〈延曆 11년(792) 정월에서 동 12월까지〉

좌대신 정2위 行[1]左近衛大將을 겸직한 臣 藤原朝臣冬嗣[2] 등이 칙을 받들어 편찬하다.

皇統彌照天皇〈桓武天皇〉

◎ 延曆 11년(792) 춘정월 병진삭, 황제[3]가 大極殿[4]에 어림하여 신년하례를 받았다.

정사(2일), 前殿[5]에서 근시하는 신하[6]에게 연회를 베풀고 피복을 하사하였다.

---

1   관위상당제에서 관직은 관위에 비례해서 규정되어 있으나, 양자는 일치하지 않은 사례가 많다. 「選敍令」 6에는 관위에 비해 낮은 관직을 가진 경우에 行이라고 하고, 높은 관직일 경우에는 守라고 한다. 藤原朝臣冬嗣는 정3위이지만, 左近衛大將은 종3위 상당관으로 관위에 비해 관직이 낮아 行을 관칭한 것이다.

2   우대신 藤原內麻呂의 차남으로 桓武朝에서 大判事, 左衛士大尉를 역임하였고, 大同 원년(806)에 종5위하, 동 4년에 종4위하에 서위되고 左衛士督에 임명되었다. 弘仁 2년(811)에 참의가 되었고, 동 5년에 종3위로 승진하였다. 동 8년에 中納言, 이듬해에 대납언이 임명되고, 동 12년에는 우대신이 되었다. 弘仁 14년에 정2위가 되고, 天長 2년(825)에 좌대신으로 취임하였다. 嵯峨朝의 칙명을 받아 『日本後紀』를 비롯하여 『弘仁格式』, 『內裏式』 등의 편찬에 종사하였다. 또 『文華秀麗集』을 편찬하였고, 한시문에도 능해 『文華秀麗集』, 『凌雲集』, 『經國集』에도 작품을 남기고 있다. 그는 『日本後紀』의 완성을 보지 못한 채 天長 3년(826) 7월 24일 사망하였다. 『日本後紀』 전40권의 각권에 藤原朝臣冬嗣의 이름이 올려져 있는 것은, 그가 최초의 편찬이 명해졌을 때 대표편자였기 때문이다. 여기에는 서문을 작성한 실질적인 대표편자인 藤原朝臣緒嗣가 양보한 것으로 생각된다.

3   「儀制令」 1 「天子」 조에 "天子.〈祭祀所稱.〉, 天皇.〈詔書所稱.〉, 皇帝.〈華夷所稱.〉"이라고 하여 사안에 따라 구별하고 있다. 그러나 실제로는 천황, 황제의 칭호는 특별히 구별없이 사용하고 있다.

4   大內裏의 朝堂院의 正殿, 천황이 정무를 집행하고, 신년하례, 즉위, 대상제 등 국가의 주요 의례를 행하는 장소이다.

5   內裏의 正殿.

6   侍臣은 少納言, 侍從, 中務判官 이상을 말하지만, 넓은 의미로는 천황 가까이 모시는 관인들을 가

임술(7일), 南院에서 5위 이상에게 연회를 베풀고 祿[7]을 차등있게 내렸다. 운운. 서위를 행하였다.

갑자(9일), 천황이 諸院을 순시하고, 猪熊院에서 5위 이상에게 활을 쏘게하고 과녁을 맞춘 사람에게는 동전을 하사하였다. 활쏘기가 끝나자 5위 이상 및 내명부에게 비단을 차등있게 내렸다.

병인(11일), 陸奧國이 언상하기를, "斯波村의 蝦夷 膽澤公阿奴志 등이 사자를 보내 청하여, '우리들은 王化에 귀복하고자 하는 생각을 어느 날인들 잊겠는가. 그러나 伊治村의 (귀순한) 蝦俘 등의 방해로 (조정에 뜻을) 전달할 수가 없었다. 바라건대, 그들의 방해를 제어하고 영원히 통로를 열었으면 한다'고 하였다. 그러한 즉, 조정의 은혜를 보이기 위해 물품을 하사하고 되돌려 보냈다"라고 하였다. (이에 대해 조정에서는) 夷狄의 성향은 말에 거짓이 있고 부실하여, 항상 귀복한다고 해도 단지 이익만을 추구하고 있다. 지금 이후로는 하이의 사자가 와도 평상의 물품에 더주는 일이 없도록 한다"라고 하였다.

기사(14일), 이보다 앞서 약물이 자주 반출되고 있어, 공경이 궁궐에 나아가 상표하여 말하였다. 운운[8].

경오(15일), 傳燈大法師位[9] 施曉가 주상하기를, "마음 속으로 생각하니, (불교의) 진리는 둘이 없고, 제왕의 道 역시 하나이다. 백성을 교화하는 방식을 달라도, 만물을 감싸고 떠받치는 공업은 동일하다. 이런 까닭에 (세상을) 호위하는 것은 단지 불교의 교화에 의한 것이고, 삼보를 융성하게 하는 것은 제왕의 공이 아

리킨다.

7 節會 등 연회시에 천황이 하사하는 물품으로 의복, 삼베, 목면 등이 많고, 銅錢을 하사하는 경우도 있다.

8 '云云'은 서위한 내용이다. 원래 기록된 내용이지만, 逸文으로 남아있기 때문에 채록과정에서 생략한 것으로 보인다.

9 조정에서 승려의 智德, 年戒에 따라 주는 위계, 天平寶字 4년(760)에, 大法師位를 최고위로 하여, 그 밑에 傳灯, 修行의 2色을 두고, 제각기 法師位, 満位, 住位, 入位의 4위를 두어 2色 9階으로 제정되었다.

니면 존재하지 않는다. 무릇 법문에 들어간 승려는 三界[10]에서 수행하는 사람이고, 나라와 집을 떠나 친족과의 연을 끊고, 혹은 산림에 좌거하여 구도를 행하고, 혹은 송백나무 아래에서 禪을 추구하고 있다. 속세를 피해 풍진의 세상을 떠나는 지조를 품으면서, 나라를 지키고 사람을 이익되게 하는 수행을 잊어서는 안된다. 그렇지만 식량을 얻는 일은 어렵고, 항상 절실한 기아의 상태에 있기 때문에, 삼가 바라건대 본사에서 그들이 (수행하는) 거처에 공급해 주었으면 한다. 이로부터 승려는 백년의 생명을 온존할 수 있고 聖化가 멀리 천년의 영겁에 미치게 한다. 또 山城國 백성 秦忌寸刀自女 등 31인은 함께 誓願을 일으켜 성조를 위해, 寶龜 3년(772)부터 금년에 이르기까지 매년 춘추로 참회와 수복을 행하고 있다. 그 정성을 생각하면, 실로 기쁨을 같이해야 한다. 바라건대, 그들의 원하는 바에 따라 모두 출가시켜 주었으면 한다"라고 하였다. (조정에서는) 함께 허가하였다.

임신(17일), (천황이) 南院에 행차하여 궁술을 관람하였다.

을해(20일), (천황이) 登勒野에서 사냥하였다. 葛野川[11]에서 수행해 온 신하들에게 술을 하사하였다.

무인(23일), 山背國의 땅 40정을 大納言 紀船守에게 주었다.

임오(27일), 지진이 있었다.

계미(28일), 대납언 정3위 藤原朝臣小黒麻呂가 (물품을) 바쳤다. 5위 이상 및 藤原氏 6씨 이상에게 차등있게 나누어 주었다.

갑신(29일), 백색의 자욱한 기운이 태양을 관통하였다.

○ 2월 병진삭, 황제가 대극전에서 朝禮[12]를 행하였다.

---

10 불교의 세계관에서 중생들이 생사 윤회하는 세계를 欲界, 色界, 無色界의 3종류로 나누어 설명한다.

11 山城國 葛野郡을 흐르는 하천으로 郡名을 취하여 葛野川이라고 칭했다. 이 유역은 5세기 이후에는 신라계 도래인 秦氏에 의해 개발되어 葛野大堰가 축조되었다. 大堰川이라고도 한다.

12 매달 초하루 삭일에 천황이 대극전에서 제관사에서 올리는 공문을 살피는 의식을 告朔이라고 한다. 본문에는 고삭이라는 말은 없지만, 그 의식을 말한다. 『延喜式』「太政官式」 91에

정해(2일), 任官이 있었다.

신묘(6일), (천황이) 水生野에서 사냥하였다.

임진(7일), 근시하는 신하에게 연회를 베풀고 물품을 차등있게 내렸다.

을미(10일). 임관이 있었다.

경자(15일), 伊豫親王이 원복[13]의 의식을 행했다.

계묘(18일), (천황이) 大原野에서 사냥을 즐겼다.

갑진(19일), 大和國 高市郡의 논 1정을 長谷寺, 川原寺[14]에 시입하였다.

임자(27일), (천황이) 栗前野에서 사냥을 즐겼다. 사냥을 마치고 우대신 藤原朝臣是公[15]의 별장에 행차하여 차등있게 물품을 내렸다.

계축(28일), (천황이) 諸衛府[16]를 인솔하여 平城京의 옛 궁을 수위시켰다.

갑인(29일), (천황이) 京內를 순행하였다. 병부대보 종4위하 藤原朝臣乙叡[17]의

는 "凡天皇孟月臨軒視朔"이라고 하여, 시대가 내려가면 매달의 의식이 단축되어 사계의 초일에 행하고 있다.

13 奈良時代 이래 公家 이상의 남자에게 행하는 성인의식, 11세에서 16세 사이에 행해지며, 머리를 묶고 머리에 관을 쓴다. 元服의 元은 머리를 가리키고 服은 몸에 붙인다는 의미로 冠을 머리에 쓰는 것을 말한다. 원문에는 '冠' 자만 사용하여 元服을 표현하였다.

14 弘福寺라고도 한다. 川原寺는 飛鳥寺, 藥師寺, 大官大寺와 함께 飛鳥의 4대사로 칭한다. 7세기 후반 天智天皇 시대에 조영되었는데, 『日本書紀』에는 창건의 기술이 보이지 않는다. 平城京 천도시에 飛鳥寺, 藥師寺, 大官大寺는 이전했지만, 川原寺는 그대로 飛鳥에 자리잡았다.

15 天平寶字 5년(761)에 종5위하에 서위되었고, 동 8년에 藤原仲麻呂의 직후 播磨守, 山背守를 역임하였다. 天平神護 원년(765)에 종5위상 左衛士督에 임명되었고, 이듬해 종4위상에 오른다. 이후, 內竪大輔, 侍從, 內藏頭를 역임하고, 寶龜 5년(774)에 참의에 올라 공경이 되었으며, 동 10년에 종3위가 되었다. 天應 원년(781)에 春宮大夫로서 봉사한 山部親王이 桓武天皇으로 즉위하면, 정3위 中納言에 중용되고, 이듬해에는 대납언으로 승진하였다. 이어 延曆 2년(783)에 右大臣에 오르고 동 3년에 종2위에 이른다.

16 궁성 및 경내를 수위하고, 군사, 경찰권을 장악한다. 左右近衛府, 左右衛門府, 左右兵衛府의 6개 衛府를 말한다.

17 우대신 藤原繼繩의 차남, 延曆 3년(784)에 종5위하 侍從에, 동 5년에 정5위하 少納言에 서임되었다. 생모 百濟王明信이 桓武天皇의 총애를 받아 그 영향으로 中衛少將, 兵部大輔, 右兵衛督을 역임하였고, 동 10년에 종4위하에 서위되었다. 延曆 12년(793)에 左京大夫, 이듬

저택에 임하자, 연회를 열고 음악을 연주하였다. 부친 우대신 (藤原朝臣)繼繩이 삼베와 비단을 바쳤다. (이를) 수행한 관인들에게 차등있게 하사하였다. 대신의 손자 정6위상 諸主에게 종5위하를 내렸다.

을묘(30일), 大藏省이 주청하기를, "근년에 善珠法師에게 시주한 비단, 목면 등이 법사가 사퇴했기 때문에 수령하지 못해, 물품이 대장성에 보관되어 있다. 절차에 따라 (대장성) 관고에 반환하고자 한다"라고 하였다. 천황은 (이 사실을) 듣고 놀랐다.

○ 3월 정사(2일), (천황이) 南園에 행차하여 祓祭[18]를 행하였다. 군신에게 명하여 시를 짓게 하고 각각 차등있게 목면을 내렸다.

을축(10일), (천황이) 椙谷에 순행하였다.

임신(17일), 內膳司의 奉膳[19] 정6위상 安曇宿禰繼成을 佐渡國으로 유배보냈다. 처음에 安曇, 高橋 2씨는 항상 神事에 봉사할 때의 서열의 전후를 두고 다투었다. 이에 작년 11월 新嘗[20]의 날에, 칙을 내려 高橋氏를 앞서게 했으나, 繼成은 칙지에 따르지 않고 직을 그만두고 나가버렸다. 법의 심판을 맡은 관사[21]에서는 주살을 청했으나, (천황은) 특별한 은혜를 내려 사형을 감하였다.

을해(20일), 美作國에서 흰 꿩을 바쳤다.

무인(23일), 伊勢國 天照大神宮을 조영하였다. 실화를 당했기 때문이다. 曲宴[22]

해에는 참의에 임명되었다. 桓武朝 후반에는 右衛士督, 中衛大將, 兵部卿을 역임하였고, 동 19년에는 종3위에 이른다.

18 매년 3월 최초의 巳日를 上巳이라고 부르며, 중국의 魏晉朝 이래는 3월 3일로 정해져 부정을 씻는 의식이 행해졌다. 이 영향을 받은 일본에서는 3월 3일에 물가에서 인형을 띄우는 의식을 하고 주연을 개최하였다.

19 천황의 식사, 조리를 담당하는 內膳司의 장관.

20 매년 11월 하순 卯日에 신에게 供膳하는 의식을 新嘗祭라고 한다. 한편, 천황이 즉위한 첫 해에 행하는 神事를 大嘗祭라고 한다.

21 본문에는 憲司, 범죄를 취조하는 관사를 의미한다. 관인의 비리를 적발하는 관사는 彈正臺 인데, 형부성에서는 범죄를 기록을 넘겨받아 형량을 결정한다.

22 曲宴은 曲水의 宴을 말하고, 본래 물이 곡류하는 시설을 만들어 관인들이 각각 자리에 앉아 물

을 개최하고, 5위 이상에게 각각 차등있게 동전을 지급하였다.

 ○ 하4월 병술(2일), 大納言 紀船守가 죽었다. 天平寶字 연중(757~764), 관인으로 입신하여 授刀[23]에 임명되었다. 동 8년(764) 9월, 大師 押勝[24]이 모반을 일으켰을 때, 高野天皇은 사자를 보내 中宮院에 보관되어 있던 鈴印[25]을 회수했지만, 押勝은 이 사실을 듣고 그의 아들 訓儒麻呂 등을 보내 이를 탈취하게 하였다. 천황은 사자를 보내 그를 사살하도록 했는데, 이때 授刀[26] 종7위하 船手로 하여금 사살하게 하였다. 이 공으로 종5위하 훈5등을 내려받았다. 천황은 심히 애도하였다. 3일간 정무를 보지 못하였다. 조를 내려, 정2위 우대신으로 추증하였다.

 攝津國 嶋上郡에 있는 菅原寺의 야지 5정, 梶原僧寺의 야지 6정, 尼寺의 야지 2정은 절에서 스스로 매입하거나 혹은 채무로 보상받은 것이다. 모두 법이 제정한 바에 따라 원래의 주인에게 돌려주도록 하였다. 증 태정대신 정1위 藤原朝臣 不比等[27]의 야지 87정, 고 입당대사 증 종2위 藤原朝臣清河의 야지 80정은 오래도

에 띄운 술잔이 자신에게 돌아오면 마시고 별당에서 시가를 읊는 행사이다. 매년 3월 3일 節會에 행해졌다.

23 궁중을 경호하는 授刀衛에 소속된 관인, 발족 당시에는 督, 佐, 尉, 志 4등관이었으나 藤原仲麻呂의 난 이후에는 大將, 中將(少將), 將監, 將曹로 구성되었다.

24 藤原惠美押勝, 개명 전의 藤原仲麻呂. 奈良朝의 공경, 聖武天皇의 황후인 光明皇后의 신임을 바탕으로 孝謙天皇의 즉위 후에는 紫微中台의 장관이 되어 권력을 장악하였다. 757년에 橘奈良麻呂의 모반사건을 제압하고, 자신이 옹립한 淳仁天皇이 즉위한 후에는 惠美押勝의 이름을 받았으며, 760년에는 大師가 되고 전권을 장악하였다. 그러나 이듬해 여제 孝謙天皇이 총애하는 道鏡을 제거하려다 반란을 일으켰지만 近江에서 참살당했다.

25 驛鈴과 천황의 內印(御璽)

26 기마병을 주축으로 한 무장병으로 중궁을 지키는 授刀舍人을 말한다. 天平寶字 3년(759)에 설치한 授刀衛에 소속되었고, 天平神護 원년(765)에 近衛府로 개칭되었다.

27 大化改新을 주도한 中臣(藤原)鎌足의 제2자이고, 『일본서기』持統 3년(689) 2월조에 判事에 보임된 이래 조정의 중신으로 많은 활약으로 하였다. 大寶律令 찬정을 주도한 인물로서 율령의 시행 후에는 令官으로서 令 조문의 해석을 결정하는 일을 한다. 和銅 원년(708)에는 우대신이 되었고 양로율령을 찬정했으나 동 4년에 사망하였다. 그의 딸 宮子는 文武天皇의 비가 되었고, 光明子는 聖武天皇의 황후가 되는 등 이후 藤原氏 일족이 조정의 중추세력으로 번영하는 기반을 구축하였다.

록 사찰의 토지대장에 등재되어 있고 혹은 대대로 개개의 집안의 야지로 되어 있어 예전대로 이를 지급하게 하였다.

을사(21일), 임관이 있었다. 종4위하 大中臣朝臣諸魚[28]을 近衛大將으로 삼았다. 운운. 칙을 내려, "近衛, 中衛 양부의 대장은 원래 종4위관이다. 지난 天平神護 원년(750)에 정3위관으로 개정하였다. 마땅히 종전의 관례에 따라 종4위상의 관으로 한다"라고 하였다.

기유(25일), 曲宴을 개최하고, 4, 5위 이상에게 차등있게 비단을 내렸다.

○ 5월 기미(6일), 기마궁술을 정지하였다. 연중 빈번히 가뭄의 피해가 있었기 때문이다. 근시하는 신하에게 연회를 베풀었다. 음악을 연주하고 물품을 차등있게 내렸다.

갑자(11일), 당 여인 李自然에게 종5위하를 내렸다. 自然은 大春日朝臣清足의 처이다. 당에 들어갔을 때 자연을 취하여 처로 삼았다. 조정으로 돌아오는 날에 따라왔다.

경오(17일), (천황이) 葛野川에 순행하였다. 곧 우대신 藤原繼繩의 별장에 들렀다.

○ 6월 병신삭, (날이) 추워 솜옷을 입은 사람도 있었다.

병술(3일), 임관이 있었다.

무자(5일), 畿內의 名神에게 폐백을 바쳤다. 황태자[29]가 병에 걸렸기 때문이다.

계사(10일), 황태자가 오래도록 앓았다. 점을 쳐보니, (사망한) 崇道天皇[30]이

---

28 우대신 大中臣清麻呂의 아들, 神護景雲 3년(769) 6월에 中臣에서 大中臣으로 사성받아 개성하였다. 光仁·桓武朝에서 中衛少將, 右衛士佐를 역임하였다. 延曆 8년(789)에 神祇伯에 취임하였으며 이듬해에는 참의가 되었다. 『日本後紀』의 인물평에서는 琴歌을 좋아하였고, 특별한 재능이 없으며 재물만을 탐해 주변으로부터 멸시되었다고 한다.

29 安殿親王, 후에 平城天皇으로 즉위.

30 光仁天皇의 제2황자인 早良親王, 桓武天皇의 同母弟로 생모는 황태후 백제계 후예인 高野新笠이다. 神護景雲 2년((768)에 출가했는데, 桓武天皇이 즉위하자 황태자가 되었다. 延曆 4년(785)의 長岡京 조영의 추진자인 藤原種繼의 암살사건에 억울하게 연루되어 폐위되고 淡

빌미가 되었다. 諸陵頭[31] 調子王 등을 淡路國에 보내 그 혼령에 사죄하였다.

경자(17일), 칙을 내려, "지난 延曆 9년(790), 담로국에 某 親王[32]의 수묘인 1烟을 충당시키고, 아울러 근처의 郡司에게 그 일을 전담시켰다. 그러나 경비를 하지 않아 (원령의) 빌미를 일으키게 되었다. 지금 이후로는 능묘 아래에 해자를 설치하여 부정한 일이 일어나지 않도록 한다"라고 하였다.

을사(22일), 벼락이 치고 비가 내렸다. 큰 비가 내려 물이 넘쳐흘러 式部省 남문이 무너졌다.

○ 추7월 을묘(2일), 칙을 내려, "근년 京職[33]에서는 諸王에게 자주 姓을 주고, 호적과 계장에 등재하는 일이 상례가 되고 있다. 지금 이후로는 6세 이하의 왕은 받고자 하는 청원이 있을 경우에 원하는 성을 주기로 하고 먼저 (태정관에) 신청한 후에 행하도록 한다"라고 하였다.

무오(5일), 뽕나무, 대추나무의 말안장 제작을 금지하였다. 다만 기왕에 만든 것은 소관 관사에 신청하여 燒印을 받아 사용하도록 하였다.

정축(24일), 曲宴을 개최하고, 5위 이상에게 의복을 내렸다.

무인(25일), 칙을 내려, "지금 듣건대, 蝦夷 爾散南公阿破蘇는 멀리서 王化를 흠모하여 입조를 바라는 마음이 있다고 한다. 그 충정을 말하면, 심히 칭찬할만한 일이다. 마땅히 (입경하는) 노상의 국들은 건장한 군사 3백인을 선발하여 국경에서 영접하고 오로지 위세를 보이도록 한다"라고 하였다.

○ 8월 병술(4일), 山城國 紀伊郡 深草山의 서면에 (시신을) 매장하는 것을 금

路로 유배 도중 사망하였다. 이 사건 후, 桓武天皇은 황자 安殿親王을 황태자로 삼았는데, 황태자의 건강 악화 등 불길한 일이 빈번히 발생하자, 早良親王의 원령으로 판단하여 연력 19년(800)에 崇道天皇으로 추증하고 淡路에서 大和로 이장하였다.

31 능묘의 관리와 경호, 喪葬, 凶禮, 陵戶의 명부 등을 관장하는 부서인 諸陵寮의 장관.

32 崇道天皇

33 율령제 하에서 왕경의 사법, 경찰, 민정 등을 관장하는 관부, 左京職, 右京職으로 구분되고 장관은 大夫이다. 지방의 國司에 해당하지만, 京職은 중앙관으로 위상은 매우 높다. 被官인 左京職은 東市司, 右京職은 西市司를 관할하였고, 행정사무를 보좌하는 坊令, 坊長이 있다.

지하였다. 京城³⁴에 가깝기 때문이다.

신묘(9일), 큰 비가 내려 홍수가 났다.

계사(11일), (천황이) 赤目埼에 순행하여 홍수를 시찰하였다.

갑오(12일), 사자를 보내 백성을 구휼하였다. 홍수를 입었기 때문이다.

기해(17일), 曲宴을 개최하고, 5위 이상에게 비단을 차등있게 내렸다.

임인(20일), 制를 내려, "근년 隼人이 調를 바치기도 하고 혹은 바치지 않았다. 정무의 일로서 심히 불공평하다. 지금 이후로는 반드시 바치도록 한다"라고하였다.

○ 9월 병진(4일), 曲宴을 개최하고 5위 이상에게 물품을 차등있게 내렸다.

신유(9일), (천황이) 大原野에서 사냥을 즐겼다.

계유(21일), (천황이) 栗前野에서 사냥을 즐겼다. 5위 이상에게 피복을 하사하였다.

정축(25일), (천황이) 登勒野에서 사냥을 즐겼다.

기묘(27일), 임관이 있었다.

경진(28일), (천황이) 交野³⁵에서 사냥을 즐겼다.

○ 동10월 계미삭, 陸奧國의 귀순한 蝦夷 吉彌侯部眞麻呂, 大伴部宿奈麻呂에게 외종5위하를 내렸다. 포로가 된 하이들을 회유했기 때문이다.

을미(13일), (천황이) 大原野에서 사냥을 즐겼다.

정미(25일), 相模國에서 귤을 바치고, 伊豫國에서 오이를 바치는 것을 정지하였다. 길이 멀기 때문이다.

경술(28일), 칙을 내려, "왕경과 기내의 백성에게 전답을 반급하는데에 남자는

---

34 長岡京

35 河內國 交野郡의 수렵지, 『속일본기』에는 延曆 2년(783) 10월 무오조, 동 6년 10월 병신조, 동 10년 10월 정유조 등에 桓武天皇의 순행이 보인다. 延曆 6년 11월에는 천신 제사가 행해지고, 일반 백성의 출입이 금지된 禁野가 되었다. 枚方市에도 禁野의 지명이 남아있다. 이곳은 백제왕씨의 거주지이고, 光仁天皇의 부인인 桓武의 모친 高野新笠이 백제왕씨 출신이라는 점에서 光仁, 桓武 2인의 천황이 交野에 순행한 이유라고 생각된다.

법령에 의거하여 지급하고, 그 나머지는 여자에게 지급한다. 노비[36]에게는 지급하지 않는다"라고 하였다.

○ 11월 임자삭, 일식이 있었다.

갑인(3일), 陸奧國의 하이 爾散南公阿波蘇, 宇漢米公隱賀, 귀순한 하이 吉彌侯部荒嶋 등에게는 조당원에서 향응을 베풀었다. 阿波蘇와 隱賀에게는 함께 작위 1등을, 荒嶋에게는 외종5위하를 내렸다. 야만인을 회유했기 때문이다. 조를 내려(宣命體), "하이 爾散南公阿波蘇, 宇漢米公隱賀, 俘囚 吉彌侯部荒嶋 등은 천황의 조정에 들어와 봉사하고, 지금은 자신의 국에 돌아가 봉사하고 싶다고 하는 말을 듣고, 관위를 올려주고 천황의 하사물을 직접 내린다고 하였다. 또 말씀하기를, 지금 이후에도 성실히 근면하게 봉사한다면, 점점 더 물품을 내린다고 한 말씀을 듣도록 하라"고 하였다.

을축(14일), 고 입당대사 증 정2위 藤原朝臣淸河[37]의 집을 희사하여 절로 삼는 것을 허락하였다. 호칭을 濟恩院이라고 하였다.

무진(17일), 군신들에게 연회를 베풀고 물품을 차등있게 내렸다. 大歌[38]와 탄

---

36 노비는 매매, 상속이 되며 성을 갖는 것을 인정하지 않는다. 口分田은 양민의 3분의 1을 받도록 되어 있으나, 여기서는 지급하지 않는다고 한다.

37 藤原北家의 祖인 참의 藤原房前의 4남, 天平 12년(740)에 종5위하에 서위된 이래 동 15년에 정5위하, 동 17년에 정5위상, 동 18년에 종4위하에 이른다. 天平勝寶 원년(749)에 參議에 임명되어 공경의 반열에 들어섰다. 동 2년에 12차 견당대사로 임명되었으며, 동 4년 윤 3월에 難波津에서 출발하였다. 長安에 들어가 당 현종을 알현하였고, 동 5년 정월에 조하의 례에서 신라사와 석차를 둘러싼 쟁송사건이 전해진다. 한편 天平勝寶 5년(754) 12월에 藤原淸河 일행은 당에 35년간 체류하고 있던 阿倍仲麻呂와 함께 귀국길에 올랐으나 도중 좌초되어 唐 남방의 驩州(현재의 베트남)에 표착하였다. 이후 탈출한 藤原淸河은 天平寶字 7년(755)에 당으로 돌아와 관직에 올라 秘書監이 되었다. 天平寶字 3년(759)에는 藤原淸河를 데려오기 위해 일본조정은 高元度를 대사로 하는 迎入唐使가 발해를 경유하여 入唐하였으나, 安史의 난 등으로 실현되지 못하고 끝내 당에서 객사하였다. 唐에서는 潞州大都督의 칭호를 내렸다. 藤原淸河는 당의 여인과 결혼하여 喜娘이라는 딸을 낳았고 그녀는 일본의 견당사선에 승선하여 귀국한다. 일본조정에서는 寶龜 10년(779)에 藤原淸河를 종2위로 추증하였고, 延曆 22년(803)에는 종2위, 承和 3년(836)에는 종1품에 서위하여 추도하였다.

금을 연주하는 정6위상 巨勢王, 甘南備眞人國成, 大宅朝臣廣足에게 종5위하를
내렸다.

을해(24일), 눈이 내렸다. 근위부의 관인 이하에게 물품을 차등있게 내렸다.

병자(25일), 대설이 내렸다. (천황의 가마, 수레를 담당하는) 駕輿丁[39] 이상에
게 목면을 차등있게 내렸다.

기묘(28일), 오랫동안 出羽國의 平鹿, 最上, 置賜 3군에 있던 夷狄의 전조를
면제하였다.

○ 윤11월 임오삭, 新彈例[40] 83조를 탄정대에 내려보냈다. 문장이 번잡하여 기
재하지 않았다. 임관이 있었다.

계미(2일), (천황이) 水生野에서 사냥을 즐겼다.

을유(4일), 정4위하 多治比眞人子姉가 죽었다. 고 우대신 정2위 大中臣朝臣清
麻呂의 처이고, 참의 종4위하 守近衛大將 神祇伯 行式部大輔 近江守를 겸직한
(大中臣朝臣)諸魚의 모친이다. 이보다 앞서 諸魚은 家牒[41]을 제출하여 말하기를,
"中臣朝臣으로 神祇伯에 임명된 자는 天照大神에 봉사하는 神主[42]이다. 대대로
서로 계승하고 있으며, (친족의) 죽음을 만나도 해임되지 않는다"라고 하였다. 칙
을 내려, "(諸魚는) 비록 스스로 장례의례에 참석하지 않아도 神事에는 종사할 수
없다. (규정대로 해관하여) 喪服을 해야한다[43]"라고 하였다.

---

38 奈良時代 이래 大嘗祭, 新嘗祭, 踏歌節會 등 궁중의 의식의 장에서 연주되는 음악.

39 고관의 가마, 수레를 끄는 하급관인,『延喜式』권제45「左右近衛府」에는 "凡駕輿丁百人,〈隊正二
人, 火長十人, 丁八十八人.〉"라고 하여 駕輿丁 100인이고 이중에 隊正 2인, 火長 10인, 丁, 88인으
로 되어 있고,『延喜式』권제47「左右兵衛府」에 "凡駕輿丁, 五十人, 凡供奉行幸駕輿丁, 裝束十一
具.〈中宮准此.〉"라고 하여 駕輿丁 50인으로 나와 있다. 이들에게 지급되는 의복, 식량 등도 상
세하게 규정되어 있다.

40 탄정대의 임무인 풍속의 숙청, 내외의 비리, 적발, 규탄 등에 관한 조례집. 이 가첩은 태정
관에 보낸 것으로 보인다.

41 권세있는 집안의 家政所에서 발급하여 관사 등에 보내는 문서 양식

42 神社의 神職의 하나로, 禰宜, 祝部 등을 통솔한다. 이때의 大中臣氏는 伊勢大神宮의 최고위
직인 宮司에 임명되었고, 이를 神主라고 칭한 것이다.

무자(7일), (천황이) 諸院에 행차하였다. 환궁하여 수행한 관인에게 차등있게 녹을 내렸다.

경인(9일), (천황이) 葛葉野에서 사냥을 즐겼다.

임진(11일), 칙을 내려, "지금 들건대, 畿內의 백성들이 간교하게 속이는 일이 다반사이고, 혹은 다투어 호구를 늘리거나, 멋대로 출생의 해를 늘리기도 한다[44]. 반드시 진위를 조사하여 그 구분전을 반급해야 한다. 만약 (관인이) 대충 넘어가면 중죄에 처한다"라고 하였다. 伊豫國에서 흰 사슴을 바쳤다.

정유(16일), (천황이) 大原野에서 사냥을 즐겼다. 날이 저물자 환궁하였다. (수행한) 5위 이상에게 차등있게 녹을 내렸다.

기해(18일), (천황이) 高橋津에 순행하여, 石作丘에서 사냥을 즐겼다.

신축(20일), 칙을 내려, "明經을 배우는 학생들은 음독의 학습에 힘쓰지 않는다. 읽고 독송하는데에 잘못을 범하기 때문에 漢音[45]으로 학습하도록 한다"라고 하였다.

을사(24일), (천황이) 登勒野에서 사냥을 즐겼다.

기유(28일), 征東大使[46] 大伴乙麻呂가 (천황을) 배견하고 아뢰었다.

○ 12월 정축(27일), 東大寺 3綱[47]이 말하기를, "지난 天平勝寶 원년(750) 12월

---

43 「喪葬令」17의 규정에는 부모의 사망시 복상기간은 1년이고, 職事官이라면 이 기간은 解官된다(「假寧令」3). 이런 경우에 해관을 피하기 위해 부모의 상을 숨기거나 기간을 단축하면, 팔학의 죄에 해당하여 1년반에서 2년의 徒刑을 받고(「職制律」30), 거짓으로 다른 친족의 상이라고 말하면 사기죄로 1년의 도형을 받는다(「詐欺律」22).

44 예를 들면, 구분전은 6세 이상이 되면 반급받을 수 있는데, 그 이전에 출생을 속이고 연령을 늘려 거짓 자격으로 받는 경우를 말한다.

45 唐代의 長安을 중심으로 행해진 漢字音으로. 奈良朝 이후 견당사 등을 통해 들어와 일본의 표준적인 음으로 정착된다. 이에 대해 중국 남부지방에서 행해진 음을 吳音이라고 하고, 주로 승려 등 불교계에서 사용되었다.

46 동북지방의 蝦夷 정토군인 征東使의 장관.

47 불교사원에서 사원의 관리와 운용을 담당하고 僧尼를 통괄하는 上座, 寺主, 都維那 3개의 僧職을 말한다.

27일의 칙에서, '노비들은 金光明寺에 보시되어 나이 66세 이상에 이르거나 고질병에 걸린 자는 관노비에 준해서 법령에 따라 (방면을) 행한다. 비록 (66세 이상의) 고령이 아니라도 근면한 성격으로 열심히 일한 자는 승려들이 불쌍히 여겨 청원한다면 방면하여 양민으로 한다'고 하였다. 지금 남자 노비 廣前 등은 근무에 태만하지 않고 합심하여 노력했기 때문에 삼가 양민 (신분)으로 했으면 한다"라고 하였다. 이 청원을 허락하였다.

일본후기 권제1 (逸文)

日本後紀 卷第一〈起延曆十一年正月, 盡同十二月〉

左大臣正二位兼行左近衛大將臣藤原朝臣冬嗣等奉勅撰

皇統彌照天皇〈桓武天皇〉

◎延曆十一年春正月丙辰朔, 皇帝御大極殿受朝拜. 丁巳, 宴侍臣於前殿, 賜御被. 壬戌, 御南院, 宴五位以上, 賜祿有差. 云云. 攽位. 甲子, 車駕巡覽諸院, 於猪熊院令五位以上射. 賜中射錢. 射罷, 賜五位以上及内命婦帛有差. 丙寅, 陸奧國言, 斯波村夷膽澤公阿奴志等, 遣使請曰, 己等思歸王化, 何日忘之. 而爲伊治村俘等所遮, 無由自達. 願制彼遮鬪, 永開降路, 即爲示朝恩, 賜物放還. 夷狄之性, 虛言不實, 常稱歸服, 唯利是求. 自今以後, 有夷使者, 勿加常賜. 己巳, 先是, 藥物往往出, 公卿詣闕上表白, 云云. 庚午, 傳燈大法師位施曉奏曰, 竊以, 眞理無二, 帝道亦一. 敷化之門是異, 覆載之功乃同. 故衛護萬邦, 唯資佛化, 弘隆三寶, 靡非帝功. 夫沙門釋侶, 三界旅人. 離國離家, 無親無族. 或坐山林而求道, 或蔭松柏而思禪. 雖有避世出塵之操, 不忘護國利人之行. 而粮粒罕得, 飢餓常切. 伏望, 以本寺供, 給彼住處. 則緇徒獲各全百年之命, 聖化遠流千載之表. 又山城國百姓秦忌寸刀自女等三十一人, 俱發誓願, 奉爲聖朝, 自寶龜三年, 迄于今年, 每年春秋, 悔過修福. 顧其精誠, 實可隨喜. 伏望, 從其心願, 咸令得度. 竝許之. 壬申, 幸南院觀射. 乙亥, 遊獵于登勒野. 獵罷, 臨葛野川, 賜從臣酒. 戊寅, 山背國地四十町, 賜大納言紀船守. 壬午, 地震. 癸未, 大納言正三位藤原朝臣小黑麻呂奉獻. 五位以上及藤原氏六位以上, 賜物有差. 甲申, 白氣貫日.

○二月丙辰朔, 皇帝御大極殿, 聽朝禮也. 丁亥, 任官. 辛卯, 遊獵於水生野. 壬辰, 宴侍臣, 賜物有差. 乙未, 任官. 庚子, 伊豫親王冠. 癸卯, 遊獵于大原野. 甲辰, 以大和國高市郡水田一町, 施入長谷川原寺. 壬子, 遊獵于栗前野. 獵罷, 御右大臣藤原朝臣是公別業, 賜物有差. 癸丑, 率諸衛府, 守平城舊宮. 甲寅, 巡幸京中. 御兵部大輔從四位下藤原朝臣乙叡第, 宴飲奏樂. 父右大臣繼繩獻布帛, 賜從官有差. 大臣孫正六位上諸主從授從五位下. 乙卯, 大藏省奏請, 頃年所施善珠法師絁綿類, 以法師辭而不受, 物實在省. 伏望, 依數返納官庫. 上聞而驚焉.

○三月丁巳, 幸南園, 禊飲. 命群臣賦詩, 賜綿有差. 乙丑, 行幸楉谷. 壬申, 流內膳奉膳正六位上安曇宿禰繼成於佐渡國. 初安曇高橋二氏, 常爭爭供奉神事行立前後. 是以去年十一月新嘗之日, 有勅以高橋氏爲前. 而繼成不遵詔旨, 背職出去. 憲司請誅之. 特恩旨以減死. 乙亥, 美作國獻白雉. 戊寅, 造伊勢國天照大神宮, 以遭失火也. 曲宴, 賜五位以上錢有差.

○夏四月丙戌, 大納言紀船守薨. 天平寶字年中, 起家任授刀. 八年九月, 大師押勝謀反. 高野天皇遣使收中院鈴印. 押勝聞之, 令其子訓儒麻呂等奪之. 天皇, 遣使射殺之. 于時, 授刀從七位下船手, 令射殺之. 依此功, 授從五位下勳五等. 天皇甚哀悼, 不視事三日. 詔贈正二位右大臣. 在攝津國嶋上郡菅原寺野五町, 梶原僧寺野六町, 尼寺野二町, 或寺家自買, 或債家所償, 竝緣法制, 還與本主. 贈太政大臣正一位藤原朝臣不比等野八十七町, 贈太政大臣正一位藤原朝臣房前野六十七町, 故入唐大使贈從二位藤原朝臣清河野八十町, 或久載寺帳, 或世爲家野. 因隨舊給之. 乙巳, 任官. 從四位下大中臣朝臣諸魚爲近衛大將. 云云. 勅, 近衛中衛兩府大將, 元從四位官也. 去天平神護元年, 改爲正三位官. 宜依舊爲從四位上官. 己酉, 曲宴, 四五位以上帛有差.

○五月己未, 停馬射. 以頻年有旱災也. 宴侍臣, 奏樂, 賜物有差. 甲子, 唐女李自然授從五位下. 自然, 大春日朝臣清足之妻也. 入唐娶自然爲妻. 歸朝之日, 相隨而来. 庚午, 幸葛野川. 便御右大臣藤原繼繩別業.

○六月甲申朔, 寒, 人或著絮. 丙戌, 任官. 戊子, 奉幣於畿内名神. 以皇太子病也. 癸巳, 皇太子久病. 卜之崇道天皇爲祟. 遣諸陵頭調子王等於淡路國, 奉謝其靈. 庚子, 勅, 去延曆九年, 令淡路國充某親王守冢一烟, 兼隨近郡司, 專當其事. 而不存警衛, 致令有祟. 自今以後, 冢化置隍, 勿使濫穢. 乙巳, 雷雨. 潦水滂沱, 式部省南門爲之仆.

○秋七月乙卯, 勅, 頃年京職輒賜諸王姓, 即著籍帳, 以成常. 自今以後, 六世以下之王, 情願賜姓, 注所願姓, 先以申請, 然後行之. 戊午, 禁桑棗鞍橋. 但舊者申所司, 燒印用之. 丁丑, 曲宴. 賜五位以上衣. 戊寅, 勅, 今聞, 夷爾散南公阿破蘇, 遠慕王化, 情望入朝. 言其忠款, 深有可嘉. 宜路次之國, 撰壯健軍士三百騎, 迎接國堺, 專示威勢.

○八月丙戌, 禁葬埋山城國紀伊郡深草山西面. 緣近京城. 辛卯, 大雨洪水. 癸巳, 幸赤目埼, 覽洪水. 甲午, 遣使賑瞻百姓, 以遇水害也. 己亥, 曲宴, 賜五位以上帛有差. 壬寅, 制, 頃年隼人之調, 或輸或不輸. 於政事, 甚涉不平. 自今以後, 宜令偏輸.

○九月丙辰, 曲宴. 賜五位以上物有差. 辛酉, 遊獵于大原野. 癸酉, 遊獵于栗前野, 賜五位以上衣被. 丁丑, 遊獵于登勒野. 己卯, 任官. 庚辰, 遊獵於交野.

○冬十月癸未朔, 陸奧國俘囚吉彌侯部眞麻呂, 大伴部宿奈麻呂, 敍外從五位下. 懷外虜也. 乙未, 遊獵于大原野. 丁未, 停相模國獻橘, 伊豫國獻瓜. 以路遠也. 庚戌, 勅, 班京畿百姓田者, 男分依令給之, 以其餘給女, 其奴婢者, 不在給限.

○十一月壬子朔, 日有蝕. 甲寅, 饗陸奧夷俘爾散南公阿波蘇, 宇漢米公隱賀, 俘囚吉彌侯部荒嶋等於朝堂院. 阿波蘇, 隱賀, 竝授爵第一等, 荒嶋外從五位下. 以懷荒也. 詔曰. 蝦夷爾散南公阿波蘇, 宇漢米公隱賀, 俘囚吉彌侯部荒嶋等, 天皇朝〈爾〉參上仕奉〈弖〉, 今者己國〈爾〉罷去〈天〉仕奉〈牟止〉白〈止〉聞食行〈弖〉, 冠位上賜〈比〉, 大御手物賜〈久止〉宣. 又宣〈久〉. 自今往前〈母〉, 伊佐乎〈之久〉仕奉〈波〉, 益益〈須〉治賜物〈曾止〉宣大命〈乎〉, 聞食〈止〉宣. 乙丑, 廳捨故入唐大使贈正二位藤原朝臣清河家爲寺, 號曰濟恩院. 戊辰, 宴群臣, 賜物有差. 大歌彈琴人正六位上巨勢王 · 甘南備眞人國成 · 大宅朝臣廣足, 授從五位下. 乙亥, 雨雪. 近衛官人已下, 賜物有差. 丙子, 大雪. 駕輿丁巳上, 賜綿有差. 己卯, 永免出羽國平鹿 · 最上 · 置賜三郡狄田租.

○閏十一月壬午朔, 新彈例八十三條, 賜彈正臺. 文多不載. 任官. 癸未, 遊獵于水生野. 乙酉, 正四位下多治比眞人子姊卒. 故右大臣正二位大中臣朝臣清麻呂之妻, 參議從四位下守近衛大將兼神祇伯行式部大輔近江守諸魚之母也. 先是, 諸魚進家牒云, 中臣朝臣任神祇伯者, 是天照大神神主也. 累世相承, 遭喪不解者. 勅, 雖不躬喪紀, 不可供神事. 宜令修其服. 戊子, 巡幸諸院. 還宮賜從官祿有差. 庚寅, 遊獵于葛葉野. 壬辰, 勅, 今聞, 畿內百姓, 奸詐多端, 或競增戶口, 或浪加生年. 宜勘眞僞, 乃給其田. 若致疏略, 處以重科. 伊豫國獻白鹿. 丁酉, 遊獵于大原野. 日暮還宮. 賜五位已上綿有差. 己亥, 幸高橋津. 便遊獵于石作丘. 辛丑, 勅, 明經之徒, 不事習音, 發聲誦讀, 既致訛謬, 熟習漢音. 乙巳, 遊獵于登勒野. 己酉, 征東大使大伴乙麻呂辭見.

○十二月丁丑, 東大寺三綱言, 案去天平勝寶元年十二月二十七日勅曰, 以奴婢等, 奉施金光明寺, 其年至六十六已上及癈疾者, 准官奴婢, 依令行之. 雖非高年, 立性恪勤, 驅使無違, 衆僧矜請, 放免從良. 今奴廣前等, 恪勤非懈, 驅使合心. 伏請從良. 許之.

日本後紀 卷第一 (逸文)

일본후기 권제2 〈延曆 12년(793) 정월에서 동 13년 6월까지〉

좌대신 정2위 行左近衛大將을 겸직한 臣 藤原朝臣冬嗣 등이 칙을 받들어 편찬하다.

皇統彌照天皇 〈桓武天皇〉

◎ 延曆 12년(793) 춘정월 경진삭, 황제가 대극전에 어림하여 신년하례를 받았다. 근시하는 신하들에게 연회를 베풀고 前殿에서 물품을 하사하였다.

신사(2일), 대설이 내렸다.

임오(3일), (천황이) 연회를 열고 5위 이상에게 물품을 차등있게 내렸다.

병술(7일), 5위 이상에게 연회를 베풀었다. 女樂[1]을 연주하고 녹을 차등있게 내렸다. 서위가 있었다. 운운[2].

계사(14일), 궁중에 39인의 승을 청하여 처음으로 약사경[3]을 독경시켰다. 천하에 명하여 7일간 살생을 금지하였다.

갑오(15일), 大納言 藤原小黑麻呂, 左大弁 紀古佐美 등을 보내 山背國 葛野郡 宇太村의 땅을 살펴보게 하였다. 천도하기 위해서이다.

을미(16일), 5위 이상에게 연회를 베풀고 차등있게 녹을 내렸다.

병신(17일), 활쏘기를 정지하였다. 활쏘기 현장에 괴이한 일이 있었기 때문이다.

경자(21일), (천황이) 東院으로 이주하였다. (내리의) 궁을 해체하기 때문이다.

---

1 여성이 연주하는 음악. 「職員令」17 雅樂寮의 직원에 100인의 歌女가 나온다.

2 云云은 서위한 내용이다. 원래 기록된 내용이지만, 逸文으로 남아있기 때문에 채록과정에서 생략한 것으로 보인다.

3 藥師經은 약사여래의 本願과 공덕을 설파한 대승경전으로, 중생의 병고를 없애고 안락을 추구하는 현세이익의 경전으로 방생 및 살생금지를 주요 근거로 한다. 이때의 행위는 황태자의 병과 早良親王(崇道天皇)의 원혼을 달래주기 위한 의식으로 생각된다.

갑진(25일), 諱〈淳和[4] 태상천황〉가 봉헌하였다. 曲宴을 열었다. 종5위상 藤原朝臣繩主에게 정5위하를 내리고, 정6위상 板茂連浜主에게 외종5위하를 내렸다. 공봉한 5위 이상에게 차등있게 녹을 내렸다.

을사(26일), 임관이 있었다.

병오(27일), 大納言 정3위 藤原朝臣小黑麻呂가 봉헌하였다. 5위 이상에게 차등있게 녹을 내렸다.

○ 2월 신해(2일), 참의 겸 치부경 壹志濃王 등을 보내 賀茂大神[5]에게 천도의 일을 알렸다.

임자(3일), 운운. 高津内親王[6]이 봉헌하였다. 曲宴을 개최하였다. 외종5위하 雲飛宿禰浄水, 정6위상 坂上大宿禰廣人에게 종5위하를 내렸다. (高津内)親王의 외척이기 때문이다. 5위 이상에게 의복을 하사하였다.

계축(4일), (천황이) 栗前野에서 사냥을 즐겼다. 伊豫親王[7]의 별장에 들렀다. 친왕 및 山背國司 등이 봉헌하였다. 5위 이상에게 피복을 내렸다.

무오(9일), 播磨國에서 언상하기를, "고 좌대신 종1위 藤原朝臣永手의 位田[8] □ □町을 神護景雲 3년(769)에 칙이 내려져 사천왕사에 시입하였다. 무릇 位田은 1

---

4 桓武天皇의 황자, 異母兄인 嵯峨天皇의 양위를 받아 弘仁 14년(823)에 즉위하고 天長 10년 (833) 2월에 嵯峨天皇의 황태자인 正良親王(仁明天皇)에게 양위.

5 京都市에 있는 賀茂別雷神社(上賀茂神社)와 賀茂御祖神社(下鴨神社)에 진좌해 있는 신.

6 桓武天皇의 제12황녀, 嵯峨天皇의 妃가 되었지만, 후에 폐비되었다.

7 桓武天皇의 황자, 式部卿, 中務卿 등을 역임하였고, 延曆 23년(894)에는 近江國 蒲生郡의 荒田 53정을 받았다. 大同 2년(807) 10월에 모반을 기도한 藤原宗成이 주모자가 親王이라고 자백하여 유폐되고, 친왕의 호칭도 박탈되었다. 이듬해 음독하여 자살하였다. 이 사건은 황위 계승을 둘러싼 항쟁으로 弘仁 10년(809)에 무고임이 밝혀졌다.

8 「喪葬令」 15에는 薨은 3위 이상, 卒은 4위, 5위의 관인이 사망할 때 쓴다. 位田은 5위 이상 1품 이하에게 品位에 따라 지급한다. 「田令」 9 「應給位田」 조에는 "凡應給位田未請, 及未足而身亡者, 子孫不合追請"이라고 하여 위전은 본인이 사망하여 자손이 청하지 않으면 지급하지 않는다고 규정하고 있다. 위전은 사실상 본인의 사망과 함께 관에 회수되는 것이다. 다만 『속일본기』神龜 3년(726) 2월조에는 6년간 자손에게 상속된다는 조치도 보인다.

대에 한정되기 때문에 寺家에 영구히 시입하는 것은 국법에 어긋나는 일이다"라고 하였다. 칙이 내려져, 先朝[9]에서 이미 행한 것으로 환수해서는 안된다고 하였다.

기미(10일), 大隅國 曾於郡의 大領 외정6위상 曾乃君牛養에게 외종5위하를 내렸다. 隼人의 입조를 통솔했기 때문이다. 大學寮에서 언상하기를, "운운. 희생물 전체를 제사장에 올리는 것은 오로지 예법에 의한 것이다[10]"라고 하였다. (천황이) 이를 허락하였다.

임술(13일), (천황이) 水生野에서 사냥을 즐겼다.

병인(17일), 征東使를 고쳐 征夷使[11]로 하였다.

기사(20일), 임관이 있었다. 僧綱[12]을 임명하였다.

경오(21일), 征夷副使 近衛少將 坂上田村麻呂[13]가 (천황을) 배견하고 아뢰었다.

을해(26일), 황태자[14]가 봉헌하였다. 제왕 및 인척인 藤原氏 사람들이 여러 음악을 연주하였다. 물품을 차등있게 내렸다.

정축(28일), 우대신 종2위 藤原朝臣繼繩이 봉헌하였다. 연회를 베풀고 음악을 연주하였다.

○ 3월 기묘삭. (천황이) 葛野에 순행하고 新京[15]을 순시하였다.

---

9 稱德天皇朝.
10 大學寮에서 행하는 공자와 그 제자들에 대한 제례인 釋尊 의식에 관한 내용으로, 살아있는 가축을 죽여 바치는 犠牲物에 대해 예법을 말하고 있다.
11 동국지방의 蝦夷 정토군.
12 僧尼 통제의 최고기관, 승정, 승도, 율사로 구성된다. 「僧尼令」 14 任僧綱條에는 "凡任僧綱〈謂, 律師以上.〉, 必須用德行, 能伏徒衆道俗欽仰, 綱維法務者所举徒衆, 皆連署牒官…"이라고 하여 僧綱의 임용에 대한 규정이 있다.
13 백제계 도래씨족인 東漢氏의 후예, 延曆 10년(791)에 征東副使로서 蝦夷 정토에 참가하였고, 동 16년(797)에는 征夷大將軍이 되어 동북지방의 蝦夷 방비를 위한 膽澤城, 志波城을 축조하였다. 또한 鎭守府를 多賀城에서 膽澤城으로 옮기는 등 동북지방 경영에 기여하였다. 『日本三代実録』의 坂上瀧守 卒年 기사에는 "坂氏之先, 世伝將種, 瀧守幹略, 不墜家風"이라고 하여 坂上氏가 궁술, 騎射 등 무예를 가업으로 조정에 봉사한 씨족으로 기록되어 있다.
14 平城天皇으로 즉위한 安殿親王.
15 平安京

신사(3일), (천황이) 南園에서 禊齋[16]하였다. 문인들에게 시를 짓게 하고 5위 이상 및 문인에게 차등있게 녹을 내렸다.

을유(7일), 新京의 궁성 내에 들어간 백성의 땅 44정에 대해 3년간의 (임대차) 가치를 지급하였다.

정해(9일), 攝津職을 (攝津)國으로 고쳤다.

무자(10일), 참의 壹志濃王 등을 伊勢大神宮에 보내 봉폐하였다. 천도를 위해서이다.

경인(12일), 5위 이상 및 제관사의 主典[17] 이상에게 노역자를 바치게 하여 新京의 궁성 조영에 충당시켰다.

계묘(25일), 천도의 일을 (역대 천황의) 山陵에 고하였다.

기유[18], 正親司[19]의 大令史 정6위상 多治比眞人彌高, 산위 종6위상 櫻嶋部石守을 함께 제명하였다. 彌高는 감독의 임무에 있으면서 관물을 훔치고, 石守은 익명의 투서로 고발했기 때문이다[20].

○ 하4월 기유삭, 曲宴을 개최하였다. 5위 이상에게 차등있게 녹을 내렸다.

신해(3일), (천황이) 葛野에 순행하였다. 바로 우대신 별장에 들렀다.

을묘(7일), 5위 이상에게 연회를 베풀고 차등있게 녹을 내렸다.

무오(10일), 曲宴을 개최하고, 참의 이상에게 의복을 하사하였다.

병자(28일), 制를 내려, 年分[21]의 득도자는 漢音을 습득하지 않으면, 득도시키

---

16 神佛 의식 등 중요 행사를 앞두고 부정을 씻기 위해 몸을 청결히 하고, 술과 고기, 음욕 등을 삼가는 일.
17 율령제하의 4등관제에서 최하위 4등관, 공문서의 초안을 작성하고 문서의 관리를 담당.
18 이달의 기유 간지는 없다.
19 宮内省 소속으로 天皇의 2세 이하 4세 이상의 친족의 名籍과 季祿, 時服을 담당하였다. 직원은 正, 佑, 大少令史, 使部 등으로 구성되어 있다.
20 범죄를 인지한 사람은 고발할 의무가 있지만, 익명으로 투서하거나 제3자의 이름을 빌려 고발하는 경우에는 3년의 도형에 처한다고 되어 있다. 특히 부모, 조부모를 고발하는 경우에는 팔학의 불효죄에 해당하여 제명된다.
21 천황에게 주상해서 그해의 일정수의 得度者를 허가하는 일, 이를 年分度者라고 한다.

지 않도록 하였다.

ㅇ 5월 무인삭, 曲宴을 개최하고, 5위 이상에게 물품을 차등있게 내렸다.

신사(4일), 임관이 있었다.

무자(11일), 동전 30만량 및 長門, 阿波 양국의 벼 각각 1천속을 특별히 河內國 交野郡의 百濟寺[22]에 시입하였다.

계사(16일), 山背, 攝津 양국에 방생하게 하였다.

ㅇ 6월 을묘(8일), 기우제를 지냈다.

병인(19일), 5위 이상에게 동전을 차등있게 지급하였다.

기사(22일), 가뭄이 연일 계속되고 있다.

경오(23일), 제국에 명하여 新宮의 궁성문을 조영시켰다. 운운.

ㅇ 추7월 정축삭, 曲宴을 개최하고, 근시하는 신하들에게 의복을 하사하였다.

계미(7일), 천황이 馬埒殿[23]에 어림하여 씨름을 관람하였다[24].

신묘(15일), 칙을 내려, "葛野郡 백성의 구분전이 많이 京內로 (收公되어) 들어오고 있다. 마땅히 山背國의 雜色田[25]을 정지하고 그 대신에 畿內 4국[26]에 설치하도록 한다. 또 神田[27]에는 (인근의) 편리한 郡의 田을 충당하도록 한다. 다만 寺田은 관례에 따라 대신 충당해서는 안된다"라고 하였다.

을미(19일), (천황이) 大原野에서 사냥을 즐겼다.

---

22 百濟寺는 백제왕씨의 氏寺이다. 소재지는 현재 大阪府 枚方市이며, 발굴조사에 의하면, 가람배치는 1금당 2탑으로 확인되었다. 『續日本紀』延曆 2년(783) 10월 경신조에, 百濟寺에 近江, 播磨 2국의 정세인 벼 각각 5천속을 회사하였다는 기록이 나온다. 交野郡은 百濟王氏의 본거지이며 桓武天皇은 생모가 백제계인 까닭에 交野 지역에 자주 순행하였다.

23 平安宮의 武德殿.

24 相撲은 일본식 씨름인 스모이며, 매년 7월 7일에 거행된다. 『續日本紀』天平 6년(734)을 시작으로 弘仁 10년(820) 까지 13례가 나온다. 다만 國忌 등이 겹치면 변경되는 일도 있다.

25 職田, 位田, 功田 및 기타의 전지.

26 山城을 제외한 大和, 河內, 攝津, 和泉의 4國.

27 神社에 지급되는 不輸租田.

신축(25일), (천황이) 新宮을 시찰하였다. 造宮使 및 將領[28]에게 의복을 하사하였다.

○ 8월 계축(7일), 연잎을 감상하고 연회를 열고 음악을 연주하였다. 녹을 내렸다.

병진(10일), (平安)京 주변의 산에 매장하거나 벌목하는 것을 금지하였다.

임술(16일), 임관이 있었다.

정묘(21일), (천황이) 大原野에서 사냥을 즐겼다. 南園으로 돌아와 5위 이상에게 의복을 하사하였다. 이날 밤, 内舍人 山邊眞人春日, 春宮坊 帶刀舍人 紀朝臣嶋人이 공모하여 帶刀舍人 佐伯宿禰成人을 살해하였다. 다음날 사건이 발각되자 春日 등은 도주하여 숨었다. 황제가 대노하여 천하에 수배하였다. 후에 伊豫國에서 체포했다는 소식을 듣고, 左衛士佐 종5위상 巨勢朝臣嶋人을 보내 때려죽였다. 혹자는 말하기를, 春日 등은 황태자[29]의 밀명을 받았다고 한다.

무진(22일). 筑前國 那賀郡 사람 三宅連眞繼를 노상의 국들의 도움을 받아 본향으로 돌려보내고, 입경을 허락하지 않았다. 그는 왕경에 있을 때, 자주 외람된 행동을 했기 때문이다.

경오(24일), 衛門府의 門部[30] 壬生年은 (궁성의) 西門에 올라가 목매 자살하였다. 때의 사람들은 그 이유를 알지 못했다.

임신(26일), 천황이 경내를 순시하였다. 左京大夫 종4위하 藤原朝臣乙叡의 저택 정원에 들러, 4위 이상에게 의복을 내렸다. 날이 저물자 환궁하였다.

갑술(28일), (천황이) 葛野에서 사냥을 즐겼다. 우대신 藤原朝臣繼繩의 별장에 들렀다. 근시하는 신하 및 대신의 자제에게 의복을 하사하였다.

병자(30일), 지진이 있었다.

---

28 작업의 분야별 책임자. 『續日本紀』和銅 2년(709) 9월조에도 "賜造宮將領已上物有差"라는 사례가 나온다.

29 桓武天皇의 황자인 安殿親王, 후에 平城天皇으로 즉위.

30 衛門府 소속의 궁성의 경비, 개폐를 담당하는 직.

○ 9월 무인(2일), 菅野眞道[31], 藤原葛野麻呂[32] 등을 보내 新京의 택지[33]를 반급하였다.

계미(7일), (천황이) 大原野에서 사냥을 즐겼다.

병술(10일), 조를 내리기를, "운운. 재임중인 대신, 良家의 자손은 3世[34] 이하(의 여왕)를 취하는 것을 허가한다. 다만 藤原氏는 대대로 이어서 섭정의 직을 끊이질 않았다. 이것으로서 논하면, (타씨와) 동등하게 할 수는 없다. 특별히 2세[35] 이하를 취하는 것을 허락한다. 운운."

무술(22일), (천황이) 栗前野에서 사냥을 즐겼다. 바로 伊豫親王의 강가 정자에 들렀다. 親王, 左衛士督 종4위하 藤原朝臣雄友 등이 봉헌하였다. 친왕 및 雄友의 자제에게 의복을 하사하였다.

---

31 『新撰姓氏錄』右京諸蕃下에, "菅野朝臣은 百濟國 사람 都慕王의 10세손 貴首王으로부터 나왔다"라고 출자를 밝히고 있다. 관야조신의 씨성을 받은 津連眞道 즉 菅野朝臣眞道는 桓武天皇의 신임을 받아 동궁학사를 비롯하여 左大弁, 左兵衛督, 左衛士督 등 문무의 요직을 역임하였고, 造宮亮이 되어 평안경의 천도 사업에도 관여하였다. 그는 승진을 거듭하여 延曆 16년(787)에는 정4위하에 오르고, 동 13년(805)에는 참의가 되어 공경의 지위에 올랐다. 大同 4년(809)에는 종3위 동해도관찰사에 서임되었다. 특히 그는 藤原繼繩, 秋篠安人 등과 함께『속일본기』편찬에도 참여하여 연력 16년(797)에 전40권을 완성하였다. 『公卿補任』延曆 24년(805) 菅野津道 조에 "그 조상은 백제인이고 처음에 津連의 성을 받았다"라고 하고, 동 弘仁 3년(812)의 菅野眞道 조에도 "그 조상은 백제인이다"라고 하여 조상의 출자를 백제로 기록하고 있다.

32 大納言 藤原小黒麻呂의 장남, 延曆 12년(793)에 平安京 조영의 造宮使 장관에 임명되었다. 동 22년에 견당대사가 되어 당에 파견되었고, 동 24년에 귀국하였다.

33 平安京으로의 천도에 동반하여 관인들에게 택지를 반급하는 것. 직위에 따라 차등있게 배분되었다. 『日本書紀』持統紀 5년(677) 12월조에 나오는 藤原京으로 이전시에는 "우대신에게 택지 4町, 直廣貳 이상은 2정, 大參 이하에게는 1정을 하사한다. 勤 이하 무위까지는 호구에 따라 上戸는 1정, 中戸는 半町, 下戸는 4분의 1일을 하사한다. 왕들도 이에 준한다."라고 하였다. 또『續日本紀』天平 6년(734) 9월조에는 難波京의 택지 반급시에 3위 이상은 1町 이하, 5위 이상은 2분의 1정 이하, 6위 이하는 4분의 1정 이하로 나오고 있다.

34 親王으로부터 3세를 말한다.

35 2世의 여왕은 親王의 딸, 즉 천황의 형제 혹은 아들의 딸을 말한다. 藤原氏는 기타의 귀족과는 달리 천황의 직계 여왕과의 혼인이 가능하였다.

경자(24일), (천황이) 瑞野에서 사냥하였다.

○ 동10월 병오삭, 일식이 있었다.

신해(6일), 4세왕 深草가 부친을 때렸다. 율령에 의거하면 참형이다. 칙을 내려져 사형을 감하고 隱岐國으로 유배보내도록 하였다. 정4위하 和氣朝臣淸麻呂가 주청하기를, "能登國의 간전 58정을 神願寺에 시입하고자 한다"라고 하였다. 이를 허가하였다.

기미(14일), 大安寺[36]의 승 傳灯法師位[37] 行秀에게 봉호 50호를 내렸다.

경진(15일), 지진이 있었다.

을축(20일), 曲宴을 개최하고 5위 이상에게 녹을 차등있게 하사하였다.

○ 11월 정축(2일), 천황이 新京을 순시하였다. 우대신 종2위 藤原朝臣繼繩의 별장에 들려 5위 이상에게 의복을 하사하였다.

경진(5일), (천황이) 葛野에서 사냥을 즐겼다.

을유(10일), (천황이) 交野에서 사냥을 즐겼다. 우대신 종2위 藤原朝臣繼繩이 揩衣[38]를 바쳤다. (이를) 5위 이상 및 命婦, 采来 등에게 지급하였다.

정해(12일), 대설이 내렸다. 제관사에서 눈을 치웠다. 물품을 차등있게 내렸다.

신축(26일), (천황이) 栗倉野에서 사냥을 즐겼다.

○ 12월 신해(7일), 물새가 태정관의 曹司[39]에 들어와서 이를 잡았다.

---

36 大安寺의 창건 기원에 대해서는 『大安寺伽藍緣起幷流記資財帳』 등에 병상의 聖德太子를 田村皇子(후에 舒明天皇)가 병문환 시에, 태자의 의향을 묻고, 이후 즉위한 舒明天皇이 동 11년(639) 7월에 百濟川 주변에 大宮과 大寺의 터를 정했다고 한다. 이것이 백제대사의 기원이고, 일본 최초의 官寺이다. 이후 天武 2년(673)에 이 절을 百濟川 지역에서 高市로 이전하여 高市大寺가 되고, 동 6년에는 사명을 大官大寺로 개칭하였다. 和銅3년(710) 平城京의 천도로 飛鳥地方에 조영되었던 法興寺[飛鳥寺, 元興寺], 藥師寺, 山階寺[興福寺] 등이 이전하였고, 대관대사도 靈龜 2년(716)에 이전하여 大安寺가 되었다. 이들 제사원은 東大寺, 西大寺, 法隆寺와 함께 南都 7대사로서 번영하였다.

37 僧位 9단계의 首位. 율령관제의 3위에 해당.

38 염직한 의복.

39 태정관의 正廳.

갑인(10일), (천황이) 瑞野에서 사냥을 즐겼다.

임술(18일), 칙을 내려, "長岡京 백성의 택지의 가치의 반환을 구해서는 안된다⁴⁰"라고 하였다. 운운.

계해(19일), (천황이) 岡屋野에서 사냥을 즐겼다. 左大弁 종3위 紀朝臣古佐美, 右兵衛督 종4위하 紀朝臣木津魚가 봉헌하였다. 근시하는 신하 이상에게 차등있게 물품을 하사하였다.

◎ 延暦 13년(794) 춘정월 을해삭, 신년하례를 중지하였다. 궁전⁴¹의 해체가 시작되었기 때문이다. 이날, 정이대장군 大伴弟麻呂에게 節刀⁴²를 내렸다.

병자(2일), 근시하는 신하들에게 연회를 베풀고 차등있게 녹을 하사하였다.

정축(3일), 임관이 있었다.

계미(9일), 꿩이 主鷹司⁴³ 담장 위에 모여 있었다.

기축(15일), 지진이 있었다.

경인(16일), 5위 이상에게 연회를 베풀고 차등있게 녹을 내렸다. 征夷의 일을 산릉〈山階, 田原⁴⁴〉에 고했다.

---

40 長岡京의 천도에 즈음하여 왕경 부지에 거주하는 백성들을 퇴거시키고 그 대가를 지불했는데, 長岡京이 폐질된 후에 편입된 부시에 대한 대가를 파기하고 원래의 부지에 대한 반환 요청을 해서는 안된다는 것이다. 『속일본기』 延暦 3년(784) 6월조에는 長岡京 건설시에 백성의 택지 57町을 수용하고 山城國 正税 4만 3천속을 지급하였다. 宅地의 價値는 수용된 토지에 대한 현물 지급을 말한다. 동 慶雲 원년(704) 11월 임인조에도 藤原宮 조영시에 택지가 궁내에 들어간 백성 1505호에게 麻布를 지급한 바 있다.

41 長岡京, 延暦 13년(794) 10월에 平安京으로의 천도계획에 따라 平城京에서 천도 이후 10여년만에 해체되었다.

42 정토장군이나 견당대사에게 지급되는 천황대권을 위임하는 징표, 비상의 사태에 형사 처벌권을 갖는다.

43 主鷹司는 放鷹司라고도 쓴다. 매, 사냥개를 사육하고 조련하여 사냥에 이용한다. 鷹 사육은 품부인 鷹戸가 담당하였다.

44 山階는 天智天皇陵, 田原은 光仁天皇陵, 桓武天皇 입장에서 보면, 父王인 光仁朝부터 天武系에서 天智系로 바뀐 황통의 계승자라는 점에서 중시되었다고 보인다.

신묘(17일), 참의 大中臣諸魚를 보내 이세대신궁에 봉폐하였다. 蝦夷를 정토하기 위해서이다.

갑오(20일), 우대신 종2위 藤原朝臣繼繩이 봉헌하였다. 음악을 연주하고 5위 이상에게 피복을 하사하였다.

을미(21일), (천황이) 東垌殿에서 활쏘기를 관람하였다. .

기해(25일), (천황이) 栗前野에서 사냥을 즐겼다.

경자(26일), (천황이) 瑞野에서 사냥을 즐겼다. 이날, 대설이 내렸다.

○ 2월 병진(13일), (천황이) 葛野에서 사냥을 즐겼다.

을축(22일), 5위 이상에게 연회를 베풀고 물품을 차등있게 내렸다.

경오(27일), (천황이) 水生野에서 사냥을 즐겼다.

○ 3월 병자(3일), (천황이) 南園에서 연회를 베풀고 5위 이상에게 차등있게 녹을 내렸다.

정축(4일), (천황이) 大原野에서 사냥을 즐겼다.

무인(5일), 少僧都 傳燈大法師位 等定 등을 豐前國의 八幡, 筑前國의 宗形, 肥後國의 阿蘇 3곳의 신사에 보내 독경시켰다. 3神을 위해 7인을 득도시키기로 하였다.

신묘(18일), 大監物 종5위상 石淵王, 참의 종4위하 守兵部卿 겸 近衛大將 行神祇伯 近江守 大中臣朝臣諸魚 등을 보내 伊勢大神宮에 폐백을 올렸다.

○ 하4월 계미삭, 일식이 있었다.

경오(28일), (천황이) 新京을 순시하였다. 우대신 종2위 藤原朝臣繼繩의 高橋津의 별장에 돌아와 연회를 열고 5위 이상에게 의복을 하사하였다.

○ 5월 정축(6일), 기마 궁술을 정지하였다. (蝦夷 정토의) 대군의 징발을 위해서이다. 근시하는 신하들에게 연회를 베풀고 녹을 내렸다.

을미(24일), 甲斐國에서 백조 2마리를 바쳤다.

기해(28일), 황태자비 諱 帶子[45]가 갑자기 병이 들었다. 木蓮子院으로 옮겼으

---

45 平城天皇으로 즉위하는 安殿親王의 비, 藤原朝臣百川의 딸.

나 곧 서거하였다.

○ 6월 갑인(13일), 지진이 있었다. 부장군 坂上大宿禰田村麻呂[46] 이하(의 군사)가 蝦夷를 정토하였다.

임술(21일), 肥前國에서 흰 참새를 바쳤다.

계해(22일), 임관이 있었다.

병자[47], 제국의 인부 5천인을 징발하여 新宮을 청소시켰다.

일본후기 권제2 (逸文)

---

46 『新撰姓氏錄』右京諸蕃上에 최초로 坂上大宿禰가 나오듯이 도래계 씨족 중에서도 당대 유력한 가문이었다. 이 씨족의 출자에 대해, 後漢 靈帝의 아들 延王으로부터 나왔다고 한다, 坂上大宿禰의 옛 성은 漢直, 東漢直, 倭漢直, 東漢坂上直, 坂上直 등으로 나오고, 후에 連, 忌寸, 大忌寸 등으로 개성하였다. 『日本書紀』雄略紀 16년(472) 10월조에 漢使主 등이 直의 성을 받았다는 전승이 있다. 〈坂上系圖〉에 인용된『新撰姓氏錄』逸文에도 阿智使主와 아들 都賀使主가 웅략의 시대에 使主에서 直으로 개성하였고, 그 자손들의 성으로 삼았다고 한다. 이 씨족의 출자는 중국계로 나오지만, 실제로는 5세기후반 백제에서 이주한 都賀使主, 즉 東漢直掬이다. 坂上大宿禰田村麻呂의 최종 관직은 大納言 정3위 겸 右近衛大將 兵部卿이다. 桓武天皇의 군사권을 지탱한 1인이고, 2번에 걸쳐 征夷大將軍으로 蝦夷를 정벌하였다. 권제21의 그의 졸년기사 弘仁 2년(811) 5월 병진조 참조.

47 이달의 丙子 일간지는 없다.

日本後紀 卷第二〈起延曆十二年正月, 盡同十三年六月〉

左大臣正二位兼行左近衛大將臣藤原朝臣冬嗣等奉勅撰

皇統彌照天皇〈桓武天皇〉

◎延曆十二年 春正月庚辰朔, 皇帝御大極殿, 受朝賀. 宴侍臣於前殿賜被.
辛巳, 大雪. 壬午, 宴飲, 賜五位以上物有差. 丙戌, 宴五位已上, 奏女樂, 賜祿有
差. 紋位. 云云. 癸巳, 請三十九僧於宮中, 始讀藥師經, 令天下斷殺生七日. 甲
午, 遣大納言藤原小黒麻呂·左大弁紀古佐美等, 相山背國葛野郡宇太村之地.
爲遷都也. 乙未, 宴五位已上, 賜祿有差. 丙申, 停射. 以射場有恠也. 庚子, 遷御
於東院. 緣欲壞宮也. 甲辰, 諱〈淳和太上天皇〉奉獻曲宴. 從五位上藤原朝臣繩
主授正五位下, 正六位上板茂連濱主外從五位下. 其供事五位已上, 賜祿有差.
乙巳, 任官. 丙午, 大納言正三位藤原朝臣小黒麻呂奉獻, 賜五位已上祿有差.

○二月辛亥, 遣參議治部卿壹志濃王等, 告遷都於賀茂大神. 壬子, 云云. 高
津内親王奉獻, 曲宴. 外從五位下雲飛宿禰淨水, 正六位上坂上大宿禰廣人, 授
從五位下. 以親王外親也. 五位以上賜衣. 癸丑, 遊獵栗前野. 便御伊豫親王莊.
親王及山背國司奉獻. 五位以上賜衣被. 戊午, 播磨國言, 故左大臣從一位藤原
朝臣永手位田□□町. 神護景雲三年, 有勅入四天王寺, 夫位田者, 以身爲限,
永入寺家, 事乖國憲. 勅, 先朝既行, 宜莫收還. 己未, 大隅國曾於郡大領外正六
位上曾乃君牛養, 授外從五位下. 以率隼人入朝也. 大學寮言, 云云. 供牲全體,
令進祭庭, 一依禮法. 許之. 壬戌, 遊獵於水生野. 丙寅, 改征東使, 爲征夷使. 己
巳, 任官. 任僧綱. 庚午, 征夷副使近衛少將坂上田村麻呂辭見. 乙亥, 皇太子奉
獻, 諸王及藤原諸親等奏雜樂, 賜物有差. 丁丑, 右大臣從二位藤原朝臣繼繩奉
獻, 宴飲奏樂.

○三月己卯朔, 幸葛野, 巡覽新京. 辛巳, 禊于南園, 令文人賦詩. 五位已上及
文人賜祿有差. 乙酉, 新京宮城之内, 百姓地四十四町, 給三年價直. 丁亥, 改攝

津職爲國. 戊子, 遣參議壹志濃王等, 奉幣於伊勢大神宮, 告遷都之由. 庚寅, 令
五位已上及諸司主典已上, 進役夫, 築新京宮城. 癸卯, 告遷都由於山陵. 己酉,
正親大令史正六位上多治比眞人彌高, 散位從六位上櫻嶋部石守, 竝除名. 以
彌高監主取官物, 石守投匿名書也.

○夏四月己酉朔, 曲宴, 賜五位已上衣. 辛亥, 幸葛野, 便幸右大臣別業. 乙
卯, 宴五位已上, 賜祿有差. 戊午, 曲宴, 賜參議以上衣. 丙子, 制, 自今以後, 年
分度者, 非習漢音, 勿令得度.

○五月戊寅朔, 曲宴, 賜五位已上物有差. 辛巳, 任官. 戊子, 錢三十萬, 及長
門·阿波兩國稻各一千束, 特施入河內國交野郡百濟寺. 癸巳, 遣山背·攝津兩國
放生.

○六月乙卯, 祈雨. 丙寅, 賜五位已上錢有差. 己巳, 炎旱經日. 庚午, 令諸國
造新宮諸門, 云云.

○秋七月丁丑朔, 曲宴, 賜侍臣衣. 癸未, 御馬埒殿, 觀相撲. 辛卯, 勅, 葛野郡
百姓口分田, 多入都中. 宜停山背國雜色田, 班給百姓. 其代於四畿內置. 又神
田以便郡田充之. 但寺田准舊例, 莫充其代. 乙未, 遊獵于大原野. 辛丑, 巡覽新
宮, 賜造宮使及將領衣.

○八月癸丑〈7〉, 翫蓮葉, 宴飲奏樂, 賜祿. 丙辰, 禁葬瘞京下諸山, 及伐樹
木. 壬戌, 任官. 丁卯, 遊獵于大原野. 還御南園, 賜五位已上衣. 是夜, 內舍人山
邊眞人春日, 春宮坊帶刀舍人紀朝臣嶋人, 共謀殺帶刀舍人佐伯宿禰成人, 明
日事 覺, 春日等即逃隱. 帝大怒募求天下. 後伊豫國捕之以聞, 遣左衛士佐從
五位上巨勢朝臣嶋人挌殺. 或曰, 春日等承皇太子密旨. 戊辰, 遞送筑前國那賀
郡人三宅連眞繼於本鄉, 莫廳入京. 以其在京中屢有濫行也. 庚午, 衛門府門部
壬生年, 登西門自絞死. 時人不知其故. 壬申, 車駕巡覽京中, 御左京大夫從四
位下藤原朝臣乙叡園池. 賜四位已上衣. 日暮還宮. 甲戌, 遊獵于葛野. 御右大
臣藤原朝臣繼繩別業. 賜侍臣及大臣子弟衣. 丙子, 地震.

○九月戊寅, 遣菅野眞道, 藤原葛野麻呂等, 班給新京宅地. 癸未, 遊獵于大

原野. 丙戌, 詔曰, 云云. 見任大臣良家子孫, 許娶三世已下. 但藤原氏者, 累代相承, 攝政不絶. 以此論之, 不可同等. 殊可聽娶二世已下者. 云云. 戊戌, 遊獵于栗前野. 便御伊豫親王江亭. 親王, 左衛士督從四位下藤原朝臣雄友等奉獻. 親王及雄友子弟賜衣. 庚子, 遊獵於瑞野.

○冬十月丙午朔, 日有蝕. 辛亥, 四世王深草殿父, 據律合斬. 勅, 降死流隱岐國. 正四位下和氣朝臣清麻呂奏請, 能登國墾田五十八町, 施入神願寺. 許之. 己未, 大安寺僧傳灯法師位行秀, 賜封五十戶. 庚辰, 地震. 乙丑, 曲宴, 賜五位已上祿.

○十一月丁丑, 巡覽新京. 御右大臣從二位藤原朝臣繼繩庄, 賜五位已上衣. 庚辰, 遊獵于葛野. 乙酉, 遊獵於交野. 右大臣從二位藤原朝臣繼繩獻揩衣, 給五位已上及命婦采女等. 丁亥, 大雪. 諸司掃雪. 賜物有差. 辛丑, 遊獵於栗倉野.

○十二月辛亥, 有水鳥, 入太政官曹, 獲之. 甲寅, 遊獵于瑞野. 壬戌, 勅, 長岡京百姓, 宅地價直, 不可悔返. 云云. 癸亥, 遊獵於岡屋野. 左大弁從三位紀朝臣古佐美, 右兵衛督從四位下紀朝臣木津魚奉獻. 賜侍臣已上物有差.

◎延曆十三年春正月乙亥朔, 廢朝. 以宮殿始壞也. 是日, 賜征夷大將軍大伴弟麻呂節刀. 丙子, 宴侍臣, 賜祿有差. 丁丑, 任官. 癸未, 有雉集主鷹司垣上. 己丑, 地震. 庚寅, 宴五位以上, 賜祿有差. 告征夷事於山陵〈山階, 田原〉. 辛卯, 遣參議大中臣諸魚, 奉幣伊勢大神宮. 爲征蝦夷也. 甲午, 右大臣從二位藤原朝臣繼繩奉獻, 奏樂. 賜五位已上衣被. 乙未, 觀射於東塀殿. 己亥, 遊獵於栗前野. 庚子, 遊獵於瑞野. 是日, 大雪.

○二月丙辰, 遊獵于葛野. 乙丑, 宴五位已上, 賜物有差. 庚午, 遊獵於水生野.

○三月丙子, 宴於南園. 賜五位已上祿有差. 丁丑, 遊獵於大原野. 戊寅, 遣少僧都傳燈大法師位等定等於豐前國八幡, 筑前國宗形, 肥後國阿蘇三神社讀經. 爲三神度七人. 辛卯, 遣大監物從五以上石淵王, 參議從四位上守兵部卿兼近衛大將行神祇伯近江守大中臣朝臣諸魚等, 奉幣帛於伊勢大神宮.

○夏四月癸未朔, 日有蝕. 庚午, 巡覽新京. 還御右大臣從二位藤原朝臣繼繩高橋津莊, 宴飲, 賜五位已上衣.

○五月丁丑, 停馬射. 以發大軍也. 宴侍臣賜祿. 乙未, 甲斐國獻白烏二. 己亥, 皇太子妃諱帶子忽有病. 移木蓮子院, 頓逝.

○六月甲寅, 地震. 副將軍坂上大宿禰田村麻呂以下征蝦夷. 壬戌, 肥前國獻白雀. 癸亥, 任官. 丙子, 發諸國夫五千, 掃新宮.

日本後紀 卷第二 (逸文)

일본후기 권제3 〈延曆 13년(794) 7월에서 동 14년 윤7월까지〉

좌대신 정2위 行左近衛大將을 겸직한 臣 藤原朝臣冬嗣 등이 칙을 받들어 편찬하다.

皇統彌照天皇 〈桓武天皇〉

◎ 延曆 13년(794) 추7월 신미삭, (長岡京의) 동서의 市를 新京[1]으로 옮겼다. 또 점포[2]를 조영하고 市人[3]들을 이주시켰다.

기묘(9일), 山背, 河內, 攝津, 播磨 등 제국의 벼 1만1천속을 종3위 百濟王明信[4], 종4위상 五百井女王, 종3위상 置始女王, 종4위상 和氣朝臣廣虫 · 因幡國造淸成 등 15인에게 지급하였다. 新京에 집을 짓기 위해서이다.

경진(10일), 궁중 및 京畿 지역의 관사, 가옥에 지진이 일어났다. 지진으로 사망자가 있었다.

○ 8월 을사(5일), 安房國에 역병이 발생하였다.

경술(10일), (천황이) 大原野에서 사냥을 즐겼다.

계축(13일), 우대신 종2위 行皇太子傅 中衛大將 藤原朝臣繼繩[5] 등이 칙을 받들

---

1 平安京

2 「關市令」12 「每肆立標」 조에는, "凡市, 每肆立標題, 行名, 市司准貨物時價, 爲三等, 十日爲一簿在, 市案記, 季別各申本司"라는 규정이 있다. 즉 市에서는 점포마다 표식을 세워 물품을 이름을 적고, 市司는 화물의 시가에 따라 3등으로 나눈다. 품질에 따라 3등으로 구분하지만, 「義解」에 따르면 그 가격 또한 상중하가 있어 모두 9등급으로 구분된다. 또 10일에 1회 장부를 작성하여 관련사상을 기록하여 本司에 보고한다고 되어 있다.

3 市人은 東西 市司에서 매년 시장에서 판매하는 사람들의 명부를 만들어 장부에 등록한다.

4 우경대부 百濟王理伯의 딸, 조부는 百濟王敬福이고, 우대신 藤原朝臣繼繩의 부인이다. 寶龜 원년(770)에 정5위하, 동 6년에 정5위상, 延曆 2년(783)에 정4위상, 동 6년에 종3위에 이른다. 延曆 16년에 尙侍가 되었고, 동 18년에 정3위, 弘仁 6년(815)에 사망하여 종2위에 추증되었다. 桓武天皇은 백제계 도래씨족을 중용했는데, 특히 百濟王明信을 총애하였다.

어 國史[6]를 찬수하여 완성하였다. 궁궐에 나아가 상표하여 이르기를, "臣은 듣건대, '黃帝가 曆을 갖고 천하를 다스릴 때, 沮誦이 사관으로 봉사하고, 周의 시대가 열렸을 때 伯陽[7]이 사관을 담당하였다. 이런 까닭에 三墳五典[8]의 사서가 시작되고 역사의 추이를 살펴볼 수 있게 되었으며, 그 사서로부터 선을 권장하고 악을 징벌하는 일이 가능하게 되었다. 司馬遷과 班固가 서로 일어나 西京에서 실록을 저술하고, 范曄과 謝承이 사실에 즉해서 後漢의 역사를 편찬하여, 천자의 언동을 기록하여 전하고, 百王이 지켜야 할 길을 넓혔으며, 군주가 그 덕을 밝혀 신하가 과오에 빠지는 것을 방지하고 천년의 후에까지 명확하게 되었다'고 한다. 史籍의 유용함은 실로 대단한 것이다. 삼가 생각해 보면, 聖朝[9]는 바른 도리의 길을 구하여 황위를 계승하고, 그 德光은 天地人 3才를 꿰뚫어 군림하고, 태양과 같은 광명으로 八州에 채우고, 원근에 걸쳐 안락함을 누리고 천하는 태평하게 통치하며, 해의 곡물은 여물고 시후는 순조롭고, 현세와 사후에도 모두 평안하고 행복하게 되고 있다. 그 명성은 胥陸[10]을 넘었고, 덕은 요순을 능가하고 있다. 그런데 (환무천황은) 왕자로서 고좌에 앉아 마음을 곧게 하고 널리 사려하여, 국사 편찬의 단절을 바로잡아 帝典의 결문을 보완하도록 하여, 이에 신과 정5위상 行民部大輔 皇太子學士 左兵衛佐 伊豫守를 겸직한 臣 菅野朝臣眞道, 少納言 종5위하 侍從 守

---

5 『續日本紀』권제21 이하의 편집 책임자, 藤原繼繩은 菅野眞道와 함께 延曆 10년(821) 경부터 國史編纂에 들어가 淳仁朝에서 光仁朝에 이르는 20권을 보정하고 이를 14권으로 재편집하여 진상하였다. 『類聚國史』文部下 · 國史에도 國史 14권을 찬진했다는 기록이 있다. 延曆 15년 7월에 藤原繼繩의 사후에는 菅野眞道 등이 계속하여 전반부 20권 및 후반부 마지막 연력 10년까지의 6권을 증보하여 동 16년 2월에 최종본 전40권을 찬진하였다. 寶龜 11년(780) 2월에 中納言, 延曆 2년(783) 7월에 大納言에 임명되었고, 동 5년에 종2위, 동 9년에 우대신이 되고, 延曆 13년에 정2위에 오른다.

6 六國史의 2번째 칙찬 사서인 『續日本紀』.

7 道家의 창시자인 老子.

8 현존하지 않은 중국고대의 전설적인 사서, 제설이 존재하고 귀중한 사서를 의미.

9 桓武朝.

10 중국 고대의 전설상의 황제인 赫胥.

右兵衛佐 行丹波守를 겸직한 臣 秋篠朝臣安人[11] 등에게 명하여 그 사업을 추진하여 先典[12]을 잇게 하였다. 무릇 襲山[13]에 내려와 처음으로 터를 닦은 이래, 飛鳥淨御原 조정[14] 이전의 神代의 공적과 대대로 황제들이 백성들을 보살펴 온 대략의 일들은 前史에 기술된 바, 확연하게 알 수 있다. 文武天皇으로부터 시작하여 聖武皇帝에 이르기까지의 내용이 기술되어 천황의 공업이 정리되어 있다. 다만 天平寶字에서 寶龜에 이르기까지, 廢帝가 즉위하는 사적은 정리되지 않았고, 南朝에서 즉위한 일들의 사적도 자료로만 기록되어 있을 뿐 사서로서는 편찬되지 않았다. 이에 고 中納言 종3위 겸 行兵部卿 石川朝臣名足[15], 主計頭 종5위하 上毛野公大川[16] 등이 (光仁天皇의) 조를 받들어 편집하여 20권을 완성했지만, 단지 초안으로 존재할 뿐이고 사서로서는 정리되지 않았다. 신들은 천황의 칙을 받들어

---

11 延曆 8년(789)에 외종5위하, 동 10년에 종5위하에 서위되고 태정관의 실무관료인 少納言에 임명되었다. 이후 左中弁, 右兵衛佐, 中衛少將을 역임하였다. 延曆 16년에 菅野眞道 등과 함께 『續日本紀』 편찬을 완료하여 정5위상에 서위되고, 동 19년에 종4위하에 오른다. 延曆 24년(805)에는 菅野眞道에 이어서 참의에 임명되었고, 右大弁, 近衛少將을 겸직하였다. 이듬해 平城天皇이 즉위하면, 左大弁, 左衛士督이 되고 春宮大夫를 겸직하였다. 이후 실각되었다가 복권되어 大同 5년(810)에 參議에 복위하면서 左大弁, 左兵衛督을 겸직하였고, 弘仁 6년(815)에 종3위에 이른다. 嵯峨天皇의 칙명으로 편찬된 『弘仁格式』에도 관여하였다.

12 『日本書紀』

13 襲山은 熊襲의 산, 즉 천손인 니니기노미코토(瓊瓊杵尊)가 강림한 高千穗峯을 말한다.

14 天武와 持統天皇의 치세, 673년에서 696년.

15 天平寶字 5년(761)에 종5위하 下野守에 서임된 후, 淳仁朝에서 稱德朝에 걸쳐서 伊勢守, 備前守, 大和守를 역임하였고, 陸奧鎭守將軍, 陸奧守가 되어 蝦夷 정토를 담당하였다. 天平寶字 8년(764)에 종5위상, 天平神護 2년(766)에 정5위하, 神護景雲 원년(767)에 伊治城 축성으로 정5위상에 오른다. 寶龜 4년(773)에 종4위하에 서위되고, 大宰大貳, 右大弁, 동 11년에 참의가 되었다. 光仁朝에서 개시된 『續日本紀』 편찬사업에 淡海三船, 當麻永嗣과 함께 참여했으나 완성하지 못한채 菅野眞道 등으로 넘어갔다. 延曆 원년(782)에 정4위하, 동 2년에 정4위상, 동 3년에 종3위에 서위되고, 이듬해 중납언으로 승진하였다.

16 寶龜 8년(777)에 遣唐錄事로 파견되어 이듬해 귀국하였고, 동 10년에 견당사의 공로로 외종5위하에 서위되었다. 桓武朝에서 大外記, 山背介를 역임하였고, 延曆 3년(784)에 외종5위상, 동 5년에 종5위하 主計頭에 서임되었다. 『속일본기』 편찬사업에 참여했으나 완성하지 못했다.

¹⁷ 거듭 토론하여 잡다한 것을 생략하고 중요사항을 취하고, 산일된 것을 수집하여 보완하고 피차 전후의 모순을 없애고 수미의 차이를 교정하였다. 유사한 내용을 술하고 장문으로 그 사례가 많은 것들은 이번 편찬에서는 모두 취하지 않았다. 그 번국의 입조와 중요한 조칙, 천황의 교화에 관련이 있고 권선징악이 될만한 것은 모두 기술하여 전거로 삼고자 하였다. (淳仁에서 光仁에 이르는 국사) 14권을 겨우 완성하여, 前史의 末을 잇게 하였다. 그 목록은 좌기한 바와 같다. 신들은 학문을 충분히 연마하지 않아 내용이 부끄럽고 뜻이 충분히 전달되지 않았다. 조칙을 받들고 나서 오랜 세월이 흘렀다. 삼가 두려움이 심할 따름이다"라고 하였다. 칙이 내려져 秘府¹⁸에 수장하였다.

병진(16일), 천황이 大原野에서 사냥을 즐겼다.

○ 9월 신미삭, 지진이 있었다.

임신(2일), 지진이 있었다.

계유(3일), 천하제국에 명하여 3일내로 살생을 금지시켰다. 仁王經을 독경하기 때문이다.

을유(15일), 임관이 있었다.

임진(22일), (천황이) 交野에서 사냥을 즐겼다.

무술(28일), 제국의 명신에게 폐백을 올렸다. 新都로 천도하고 蝦夷를 정토하기 위해서이다.

기해(29일), 백명의 법사를 초청하여 新宮에서 인왕경을 강독시켰다.

○ 동10월 갑진(5일), 裝束司¹⁹, 次第司²⁰를 임명하였다. 장차 新京으로 순행하기 위해서이다.

---

17 延曆10년(791) 시기의 칙으로 보인다. 초안 20권의 수정, 보완을 명한 칙이다.

18 圖書寮, 唐의 관제에서는 秘書省, 이른바 천황의 서적을 수장하는 官府이다. 「職員令」6「圖書寮」조에 "頭一人. 〈掌, 經籍圖書, 修撰國史"라고 경적, 도서의 보관, 국사 편찬의 직무가 있다.

19 천황을 수행하고 葬儀, 大嘗祭 등의 행사에 물품 등을 조달하고 준비하는 임시 관직.

20 천황의 순행시에 거마 전후에 행렬을 지어 대열과 진행로를 조율하는 관직.

경술(11일), 越前國 사람 船木直安麻呂이 언상하기를, "父 외종5위하 (船木直)馬養은 공용에 바치기 위해 쌀 1천석[21]을 모았다. 그러나 그 뜻을 이루지 못하고 불행히도 일찍 사망하였다. 바라건대, 모은 물자는 (平安)宮 조영의 비용으로 공여하고자 한다. 망부의 마음도 저세상에서 기뻐할 것이다"라고 하였다. 이를 허락하였다.

임자(13일), (천황이) 交野에서 사냥을 즐겼다. 百濟王氏 등에게 물품을 하사하였다.

신유(22일), 천황이 新京으로 천도하였다.

갑자(25일), 造宮使 및 山背國에서 봉헌하였다. 5위 이상에게 피복을 하사하고, 아울러 삿갓 및 농기구를 지급하였다. 조를 내려, 운운.

을축(26일), 近江國에서 물품을 바쳤다.

병인(27일), 攝津, 河内 2국에서 물품을 바쳤다.

정묘(28일), 정이장군 大伴弟麻呂가 457급을 참수하고, 150인을 포로로 잡고, 말 85필을 노획하고, 부락 75곳을 불태웠다고 주상하였다. 鴨神, 松尾神에게 위계를 더하였다. (新京에) 가까운 郡에 (진좌해) 있기 때문이다. 종2위 鴨御祖神, 鴨別雷命 2神에게 정2위를 내렸다. 관위 수여가 있었다. 임관이 있었다. 천도하여 조를 내리기를(宣命體), "운운. 葛野의 대궁지는 산천도 수려하고 사방국의 백성이 올라오는데에 편리하다. 운운. 또 愛宕, 葛野 2군의 금년도 田租를 면제한다고 한 말씀을 모두 듣도록 하라"고 하였다.

기사(30일), 和泉國이 물품을 바쳤다.

○ 11월 신미(2일), (천황이) 北岡에서 사냥을 즐겼다.

병자(7일), 조를 내려, "옛 왕들은 教學을 우선으로 삼았다. 운운. 지난 天平寶字 원년에 설치한 대학료의 전지 30정은 학생들이 점점 많아지고 공여되는 비용은 부족하기 때문이다. 마땅히 더욱 越前國 수전 102정을 더한다. 종전의 것을

---

21 원문에는 '米一千斛'이다. 斛는 수량의 단위로 10말을 말한다. 쌀 10말은 1섬, 1석이므로, 이하 斛는 모두 石으로 통일한다.

더해 130여정으로 명칭은 勸學田이라고 한다"라고 하였다. 운운.

정축(8일), 조를 내려, 운운. "山背國의 지세는 종전에 들은 바와 합치한다. 운운. 이 국의 산과 하천은 옷깃의 띠와 같아[22] 자연의 성을 이루고 있다. 이러한 형세에 따라 새로운 칭호를 제정해야 한다. 마땅히 山背國을 고쳐서 山城國으로 하였다. 또 자식이 (부모에게) 안기듯이 백성이 천황을 칭송하는 사람들은 이구동성으로 平安京이라고 호칭하였다. 또 近江國 滋賀郡의 古津는 선제의 옛 도읍[23]이다. 지금 平安京에 인접해 있다. 옛 호칭을 따라 大津으로 개칭한다. 운운"이라고 하였다.

무인(9일), (천황이) 康樂岡에서 사냥을 즐겼다.

기묘(10일), 伊勢, 美作 양국에서 물품을 바쳤다.

병술(17일), 美濃, 但馬 2국에서 물품을 바쳤다.

을미(26일), 좌경인 海上眞人眞直이 하옥되어 죽었다. 고 大宰少貳 종5위상 三狩의 아들이다. 오랜 원한이 있어 부친의 첩의 여자 노비 1인을 죽었다.

무술(29일), 播磨國에서 물품을 바쳤다.

○ 12월 신축(2일), 齋宮寮에서 물품을 바쳤다. 曲宴을 개최하고, (齋宮)助 정6위상 三嶋眞人年繼, 齋内親王의 유모인 무위 朝原忌寸大刀自에게 종5위하를 내렸다.

병오(7일), 越前國에서 물품을 바쳤다.

경술(11일), 山城國 乙訓社의 불상을 大原寺에 옮겨 놓았다. 처음에 (平安京) 서쪽 산에서 땔감을 채취하고 있던 사람이 이 신사에 쉬고 있을 때, 나무를 조각해 불상을 만들었다. 신험이 있다는 평판이 있어 많은 사람들이 모여 이목을 집중시키고 놀라게 하였다. 그래서 옮기게 되었다.

병진(17일), (천황이) 大原野에서 사냥을 즐겼다.

계해(24일), (천황이) 山階野에서 사냥을 즐겼다.

---

22 山城國의 지세는 3면이 산으로 둘러싸여 있고 賀茂, 大堰 양천이 흐르고 있다.

23 天智天皇이 천도한 近江의 大津京.

◎ 延暦 14년(795) 춘정월 경오삭, 신년하례를 중지하였다. 대극전이 완성되지 않았기 때문이다. 근시하는 신하들에게 前殿에서 연회를 베풀고, 궁중가요와 여러 음악을 연주하였다. 연회를 마치고 피복을 하사하였다.

병자(7일), 군신들에게 연회를 베풀고 차등있게 묶은 명주를 하사하였다.

임오(13일), 대설이 내렸다. 공경 이하 諸衛府의 사람에게 차등있게 목면을 내렸다.

을유(16일), 근시하는 신하들에게 연회를 베풀고 踏歌[24]를 연주하며 (그 내용을) 말하기를, "山城國이 안락하다는 것은 예로부터 전해지고 있다. 천황의 궁이 새로 조영되니 최고의 축복이다. (왕경의) 교외에는 길이 평탄하게 천리를 바라본다. 산하는 그 아름다움을 마음껏 나타내고 사방의 주위를 둘러싸고 있다.〈新京은 안락하고, 平安京은 樂土이고, 만년의 봄이다.〉. (산성국의 풍취는) 인심을 온화하게 하고 팔방에 은혜를 주고, 머지않아 여기에 1억년의 궁의 열릴 것이다. 장려하고 규모에 어울려 불후의 궁으로 전해지고, 平安을 (궁의) 호칭으로서 무궁함을 보일 것이다.〈新年는 안락하고, 平安은 樂土이고, 만년의 봄이다.〉. 신년 정월을 맞이하여 북극성이 중심이 되어 우주에 가득찬 아름다운 빛은 어디에도 열려있다. 아름다운 여인들이 봄의 정취와 함께 행렬을 나누어 소매를 이어서 황성에서 춤을 추고 있다.〈新年은 안락하고, 平安은 樂土이고, 만년의 봄이다.〉. (신분의) 비천하거나 고귀한 자도 은택을 입어 기뻐하는 마음을 갖고, 내외에 온화함을 품으면서 칭송하는 소리가 가득차고 있다. 금일 新京의 태평악을 해마다 오래도록 우리 천황(궁)의 정원에서 받들 것이다〈新京은 안락하고, 平安은 樂土이고, 만년의 봄이다.〉."라고 하였다. 5위 이상에게 물품을 차등있게 내렸다.

무술(29일), 정이대장군 大伴弟麻呂[25]가 조정에 배견하고 節刀을 바쳤다.

---

24 踏歌는 발을 구르면서 박자를 맞추고 노래를 부르는 것을 주요 내용으로 하는 궁중연회, 일반적으로 이를 歌垣이라고 한다.

25 寶龜 10년(779)에 종5위하, 이듬해 衛門佐에 서임되고, 天應 원년(781)에 中宮亮이 되고 左衛士佐를 겸직하였다. 延暦 원년(782)에 常陸介, 이듬해 征東副將軍에 임명되었고, 동 6년

○ 2월 경자(2일), 임관이 있었다.

을사(7일), 조를 내려 말하기를, 운운. 정이대장군 이하에게 위계를 더했다.

정사(19일), 임관이 있었다.

갑자(26일), 出雲國 國造 외정6위상 出雲臣人長에게 특별히 외종5위하를 내렸다. 천도에 동반하여 神賀事[26]를 주상했기 때문이다.

을축(27일), 伊豫親王이 물품을 바쳤다. 주연을 베풀고 음악을 연주하였다. 5위 이상에게 목면을 하사하였다.

○ 3월 신미(4일), 칙을 내려, 사사로이 매 사육하는 것을 거듭 금지하였다.

계미(16일), (천황이) 日野에서 사냥하였다, 5위 이상에게 의복을 하사하였다.

임진(25일), 정4위상 藤原朝臣産子에게 비구나 11인을 득도시키는 인원을 주었다[27].

갑오(27일), (천황이) 交野에서 사냥을 즐겼다.

○ 하4월 무술삭, 일식이 있었다. 이보다 앞서 信濃國介 정6위상 石川朝臣淸主이 남이 쏜 화살에 피격되었는데 맞지는 않았다. 종5위하 藤原朝臣都麻呂 등을 보내 쏜 사람을 수색했지만, 찾지 못했다. 이에 衛門佐 大伴宿禰是成을 보내 小縣郡 사람 久米舍人望足을 추문하여 죄를 자백받았다. 讚岐國으로 유배보냈다.

무신(11일), 曲宴을 개최하였다. 천황이 옛 노래를 음송하며, "사람이 왕래하고 있는 野中의 옛길은 쉽게 바꿀 수는 없다. 마찬가지로 예로부터의 함께 해온 사람은 소중히 여기지 않으면 안된다"라고 하였다. (천황은) 칙을 내려 尚侍[28] 종3위 百濟王明信에게 (노래에) 화답하도록 했으나, 이루지 못했다. 천황은 스스로

에는 京官인 右中弁, 左中弁이 되었다. 연력 7년에는 皇后宮亮을 겸직하였고, 동 10년에 종
4위하, 征東大使에 서임되었다. 연력 13년(794)에 征夷大將軍으로 節刀를 받아 蝦夷에 대승
을 거두고 전승을 보고하였다. 이 군공으로 종3위 훈2등을 받았다.

26 神賀事는 出雲國造가 바뀔 때마다 신임 국조가 상경하여 천황의 치세를 축하하여 주상하는
    壽詞, 神賀詞라고도 한다. 여기서는 천도와 관련해서 신의 축하의 말을 주상한 것이다.

27 병 치료 등을 기원하는 방편으로 출가, 득도시키는 일이 있다.

28 후궁의 중추관사인 內侍司의 장관.

(明信에) 대신해서 노래를 읊기를, "군왕께서는 저를 잊고 계실지 모르겠으나, 저는 항상 빛이 변하지 않는 백진주와 같은 모양입니다"라고 하였다.

신해(14일), 伊豫國에서 물품을 바쳤다.

정사(20일), 大和國에서 벼 2천속을 菩提寺²⁹에 시입하였다. 화재를 당했기 때문이다.

경신(23일), 칙을 내려, "지난 延曆 4년(785)에 내린 制에서 '많은 승니들이 불법의 교지를 거스르고, 사사로이 檀越³⁰을 정하여 마을에 출입하기도 하고, 혹은 불교의 영험이라고 거짓되게 말하고, 어리석은 백성들을 오도시키고 있다. 이와 같은 부류는 畿外로 추방하라'고 하였다. 그러나 깨닫고 따르지 않아 위범자가 점점 많아지고 있다. 무릇 삭발하고 속세를 벗어나는 것은 원래 수도를 위해서이다. 떠돌아다니며 멋대로 하는 모습이 이와같아 오히려 불교를 파괴하고 함부로 법문을 더럽히고 있다. 실로 국법을 문란케 하는 것이다. 승강이 솔선하여 이를 바르게 하면, 누가 감히 따르지 않겠는가. 마땅히 거듭 가르쳐 깨닫게 하여 다시는 그러한 일이 없도록 한다"라고 하였다.

갑자(27일), 칙을 내려, 전택, 원지를 절에 시입하고 매매, 교환하는 일은 금지한 지 오래되었다. 지금 듣는 바로는 절이 타인의 명의를 빌려 부속시키는 일은, 실은 寺家에 들어가는 것이다. 이러한 일은 자주 일어나고 있다고 한다. 이를 바로잡지 않으면 어찌 국법이라고 할 수 있겠는가. 마땅히 앞서 (절에) 시입된 것은 조사하여 보고한다. 이후에는 관에서 몰수하여 뉘우쳐서 장래를 경계하도록 한다"라고 하였다.

○ 5월 정묘삭, 임관이 있었다.

기사(3일), 우경인 上毛野兄國女를 土佐國에 유배보냈다. 자신을 諸天³¹이라

---

29 聖德太子가 건립했다고 하는 7大寺의 하나로 橘寺라고도 한다. 『日本書紀』天武 9년(680) 4월조에 橘寺의 尼房에 화재가 발생하여 10房이 탔다고 하는 것이 문헌상의 초견이다. 佛頭山에 위치해 있어 정식칭호는 佛頭山上宮皇院菩提寺라고 한다.

30 승려에게 시주하는 불교의 후원자.

말하며 요언[32]으로 사람들을 미혹시켰기 때문이다.

신미(5일), (천황이) 馬埒殿에 어림하여 활쏘기를 관람하였다.

임신(6일), 筑後國의 高良神에게 종5위하를 주었다.

병자(10일), 俘囚[33] 大伴部阿弖良 등 처자, 친족 66인을 日向國으로 유배보냈다. 俘囚 외종5위하 吉彌侯部眞麻呂 부자 2인을 살해했기 때문이다.

기묘(13일), 造宮使 主典 이하 將領 이상 139인에게 각각 공로에 따라 서위하였다.

경진(14일), 정5위하 文室八多麻呂 등 18인에게 교대로 長岡京의 옛 궁을 지키게 하였다. 정4위하 藤原朝臣綿手에게 비구니 4인을 득도시키는 인원을 주었다.

○ 6월 병신삭, 周防國의 전지 1백정, 산 8백정을 茨田親王[34]에게 내렸다.

기해(4일), 丹後國介 정6위상 御長眞人仲嗣가 언상하기를, "국내에 (장부에 기록되지 않은) 잉여 벼 46,001속이 있다"고 하였다. 바로 仲嗣에게 주어 후배들을 권장하도록 하였다.

기유(14일), 칙을 내려, "지금 이후로는 左右大舍人은 蔭子孫[35]으로 보임한다. 位子[36]는 (軍防)슈에 따라 시험을 치고 용모단정하고 산술에 뛰어난 자를 보임한다. 마음대로 잡색 및 기외의 사람을 보임해서는 안된다"라고 하였다.

경술(15일), (천황이) 近東院에 순행하였다.

신해(16일), 칙을 내려, "정원 내의 散位[37] 및 雜色[38] 등으로 재능이 있는 자에

---

31 천상계에서 불법을 수호하는 諸神.

32 妖言은 妖書와 함께 국가의 풍기를 문란케 하고 모반과도 연관되어 있어 중죄로서 처벌받는다. 「賊盜律」21에서는 遠流에 처해지고, 「僧尼슈」21에서는 환속과 더불어 속세의 법으로 처벌받는다.

33 동북지방의 정벌과정에서 포로가 된 蝦夷, 夷俘이라고도 함.

34 桓武天皇의 제5황자, 延曆 23년(804) 정월에 萬多親王으로 고쳤다.『新撰姓氏録』대표편자로 이름을 올리고 있다.

35 蔭敍에 해당하는 5위 이상의 자손.

36 6위에서 8위 이하 관인의 嫡子.

37 관위만 있고 관직이 없는 자. 즉 職事官이 아닌 자를 말한다.

대해서는, 식부성과 병부성이 각각 시험을 행하고, 선발된 자를 태정관에 인솔하여 보고한다. 태정관에서는 통상의 절차를 거쳐 서위된 자에 준하여 관찰하고, 일정 시간이 지난 후에는 교체해서는 안된다"라고 하였다.

임술(27일), (천황이) 大堰[39]에 순행하였다.

○ 추7월 정축(12일), (천황이) 경내를 순행하였다.

무인(13일), (천황이) 佐比津에 순행하였다.

신사(16일), 唐人 등 5인에게 관을 수여하였다. 원방의 蕃人을 우대하기 위한 것이다.

계미(18일), 曲宴을 개최하고. 5위 이상에게 물품을 차등있게 내렸다. 7대사[40]에 사자를 보내 상주하는 승니를 조사하였다.

신묘(26일), 左兵衛佐[41] 橘入居를 보내, 近江, 若狹 양국의 역로를 조사하였다.

○ 윤7월 을미삭, 조를 내려, "백성을 부양하는 길은 불쌍히 여겨 재물로 구휼하고, 국가를 부강하게 하는 방법은 세금을 가볍게 하는 일에 있다. 짐은 삼가 천명을 받아 황위를 지키고, 몸은 궁전에 있어도 마음은 두루 전국에 있다. 콩, 조 등의 곡물을 큰 언덕과 같이 쌓아 예의와 겸양의 바람을 백성의 습속으로 일으키고자 한다. 전국은 아직 풍요와 기쁨에 이르지는 못하고 백성들은 궁핍한 상황에 있다. 지금 제국에서는 정세를 출거하여 (수확의) 반을 이자로 걷어들이고 있다. 빈궁한 백성들은 변제를 감당할 수 없어 가산이 파탄나는 일이 많고 자존할 수가 없다. 여기에 심히 불쌍한 마음을 갖게 된다. 옛 사람이 말하기를, "백성이 만족하면, 군주가 누구와 더불어 부족하다고 하겠는가"라고 하였다. 또 公廨稻[42] 및

---

38 5위 이상의 음서의 자손 및 位子(6위에서 8위 이상의 적자)를 제외한 하급관인 일반 백성.

39 山城國 葛野川에 설치된 관개용수 시설인 보. 신라계 도래씨족의 후예인 秦氏가 현지 개발을 위해 조영하였다.

40 奈良의 平城京 및 그 주변에 있던 사찰, 東大寺, 興福寺, 大安寺, 元興寺(飛鳥寺, 法興寺), 藥師寺, 西大寺, 法隆寺 등을 南都 七大寺라고 한다.

41 左兵衛府의 차관, 정6위 상당, 장관은 左兵衛督, 左右兵衛督이 있다.

42 제국의 관아에서는 일정액의 官稻를 농민에게 대출하고 그 이자를 租稅의 미수금 등에 충

雜色稻[43] 등의 출거의 이율을 논하여 (다시) 정해서 금년부터는 우선적으로 경감하여 10속 당 이자로 3속을 걷도록 한다. 많은 재물을 유용하게 이용하고, 백성을 피폐로부터 구제하여 집도 백성도 만족시켜 이제 풍성하고 태평을 맞이했으면 한다. 이를 두루 포고하여 짐의 뜻을 알리도록 한다"라고 하였다.

병신(2일), 畿內, 7도의 순찰사를 임명하였다.

신축(7일), (천황이) 大堰를 순행하였다.

을사(11일), 대풍이 불어 관사, 경내의 가옥이 파괴되었다.

정미(13일), 武藏國司 介[44] 종5위하 훈6등 都努朝臣筑紫麻呂, 기타의 관인 등을 함께 면직하였다. 관물을 훔쳐 숨겼기 때문이다.

기유(15일), 조를 내려, 운운. 雜徭[45]는 반드시 30일을 법으로 삼도록 하였다.

신해(17일), (近江, 若狹의 국 방면의) 역로를 폐지하였다.

을묘(21일), 칙을 내려," 제국의 백성은 출거의 날에는 많은 정세를 차입하지만, 상환할 때에는 사망했다고 신고하는 일이 있다. 따라서 (調庸를 부담하는) 課口가 없어지고, 정세에 많은 손실이 발생한다. 스스로 고치지 않으면 어떻게 간사한 행위의 근원을 근절하겠는가. 지금 이후로는 사망한 백성이 지고있는 官稻를 면제하지 않도록 한다"라고 하였다.

일본후기 권제3 (逸文)

당하고, 관아의 비용, 관인의 급여 나아가 국사의 수입에도 사용하였다.

43　正稅의 稻 중에서 특정의 용도로 사용하기 위해 出擧하는 稻, 예를 들면, 國分寺料, 修理驛家料, 池溝料 등이 있다.

44　지방국사의 4등관제의 차관인 2등관, 장관은 守.

45　율령제하에서 歲役 중에서 國司가 공민에게 부과하는 노역으로 正丁은 1년에 60일, 次丁은 30일, 中男은 15일이고, 관영, 토목공사 등에 동원된다.

日本後紀 卷第三〈起延曆十三年七月, 盡同十四年閏七月〉

左大臣正二位兼行左近衛大將臣藤原朝臣冬嗣等奉勅撰

皇統彌照天皇〈桓武天皇〉

◎延曆十三年秋七月辛未朔, 遷東西市於新京. 且造廛舍, 遷市人. 己卯, 以山背, 河內, 攝津, 播磨等國稻一萬一千束, 賜從三位百濟王明信, 從四位上五百井女王, 從五位上置始女王, 從四位上和氣朝臣廣虫, 因幡國造清成等十五人. 爲作新京家也. 庚辰, 震于宮中并京畿官舍及人家, 或有震死者.

○八月乙巳, 安房國疫. 庚戌, 遊獵於大原野. 癸丑, 右大臣從二位兼行皇太子傅中衛大將藤原朝臣繼繩等, 奉勅修國史成. 詣闕拜表曰, 臣聞, 黃軒御曆, 沮誦攝其史官. 有周闢基, 伯陽司其筆削. 故墳典新闡, 步驟之蹤可尋. 載籍聿興, 勸沮之議允備, 暨乎班馬迭起述實錄於西京, 范謝分門, 聘直詞於東漢. 莫不表言旌事. 播百王之通猷, 昭德塞違, 垂千祀之焗光. 史籍之用, 蓋大矣哉. 伏惟聖朝, 求道纂極, 貫三才而君臨, 就日均明, 掩八州而光宅, 遠安邇樂, 文軌所以大同. 歲稔時和, 幽顯於焉禔福. 可謂英聲冠於宵陸. 懿德跨於勳華者焉. 而負辰高居, 凝旒廣慮. 修國史之墜業, 補帝典之缺文, 爰命臣與正五位上行民部大輔兼皇太子學士左兵衛佐伊豫守臣菅野朝臣眞道, 少納言從五位下兼侍從守右兵衛佐行丹波介臣秋篠朝臣安人等, 銓次其事, 以繼先典. 若夫襲山肇基以降, 淨原御寓之前, 神代草昧之功, 往帝庇民之略, 前史所著, 粲然可知. 除自文武天皇, 訖聖武皇帝, 記注不昧, 餘烈存焉. 但起自寶字, 至寶龜, 廢帝受禪, 糒遺風於簡策, 南朝登祚, 闕茂實於從湧. 是以故中納言從三位兼行兵部卿石川朝臣名足, 主計頭從五位下上毛野公大川等, 奉詔編緝, 合成二十卷. 唯存案牘, 類無綱紀, 臣等更奉天敕, 重以討論, 芟其蕪穢, 以撮機要, 摭其遺逸, 以補闕漏, 刊彼此之枝梧, 矯首尾之差違. 至如時節恒事, 各有司存, 一切詔詞, 非可爲訓. 觸類而長, 其例已多. 今之所修, 竝所不取. 若其蕃國入朝, 非常制勅, 語關聲教, 理歸勸懲, 總而書之, 以備故實. 勒成一十四卷, 繫於前史之末.

其目如左. 臣等, 學謝研精, 詞慙質弁. 奉詔淹歲. 伏深戰恐. 有勅藏于秘府. 丙辰, 遊獵于大原野.

○九月辛未朔, 地震. 壬申, 地震. 癸酉, 令天下諸國, 三日之内, 禁斷殺生. 以講仁王經也. 乙酉, 任官. 壬辰, 遊獵于交野. 戊戌, 奉幣帛於諸國名神. 以遷于新都, 及欲征蝦夷也. 己亥, 請百法師, 講仁王經於新宮.

○冬十月甲辰, 任裝束司, 次第司. 以將幸新京也. 庚戌, 越前國人船木直安麻呂言, 父外從五位下馬養, 爲供公事, 收米一千斛. 而未遂其志, 不幸早亡. 伏望, 所收之物, 供造宮料, 亡父之情, 泉壤有悅. 許之. 壬子, 遊獵於交野. 賜百濟王等物. 辛酉, 車駕遷于新京. 甲子, 造宮使及山背國奉獻. 賜五位已上衣被, 幷笠及產業器物. 詔曰, 云云. 乙丑, 近江國獻物. 丙寅, 攝津河内二國獻物. 丁卯, 征夷將軍大伴弟麻呂奏, 斬首四百五十七級, 捕虜百五十人, 獲馬八十五疋, 燒落七十五處. 鴨松尾神加階, 以近郡也. 從二位鴨御祖神, 鴨別雷命二神, 奉授正二位, 授位. 任官. 遷都詔曰, 云云. 葛野〈乃〉大宮地者, 山川〈毛〉麗〈久〉, 四方國〈乃〉百姓〈乃〉參出来事〈毛〉便〈之弖〉. 云云. 又愛宕葛野二郡〈乃〉今年田租免賜〈布止〉宣〈布〉勅命〈乎〉, 聞食〈止〉宣. 己巳, 和泉國獻物.

○十一月辛未, 遊獵於北岡. 丙子, 詔曰, 古之王者, 教學爲先. 云云. 其去天平寶字元年所置大學寮田三十町, 生徒稍衆, 不足供費. 宜更加越前國水田一百二町, 通前一百三十餘町, 名曰勸學田. 云云. 丁丑, 詔, 云云. 山勢實合前聞. 云云. 此國山河襟帶, 自然作城, 因斯勝, 可制新號. 宜改山背國, 爲山城國. 又子来之民, 謳歌之輩, 異口同辭, 號曰平安京. 又近江國滋賀郡古津者, 先帝舊都, 今接輦下. 可追昔號改稱大津. 云云. 戊寅, 遊獵於康樂岡. 己卯, 伊勢美作兩國獻物. 丙戌, 美濃但馬二國獻物. 乙未, 左京人海上眞人眞直下獄死. 眞直, 故大宰少貳從五位上三狩之男, 以宿怨殺父妾婢一人. 戊戌, 播磨國獻物.

○十二月辛丑, 齋宮寮獻物. 曲宴. 助正六位上三嶋眞人年繼, 齋内親王乳母無位朝原忌寸大刀自授從五位下. 丙午, 越前國獻物. 庚戌, 遷置山城國乙訓社佛像於大原寺. 初西山採薪人, 休息此社. 便刻木成佛像, 稱有神驗, 衆庶會集驚耳目. 故遷. 丙辰, 遊獵於大原野. 癸亥, 遊獵于山階野.

◎延曆十四年春正月庚午朔, 廢朝. 以大極殿未成也. 宴侍臣於前殿. 奏大歌及雅樂. 宴畢賜被. 丙子, 宴群臣, 賜束帛有差. 壬午, 大雪. 公卿以下, 至于諸衛, 賜綿有差. 乙酉, 宴侍臣, 奏踏歌曰, 山城顯樂舊来傳. 帝宅新成最可憐. 郊野道平千里望, 山河擅美四周連.〈新京樂, 平安樂土, 萬年春.〉沖襟乃眷八方中. 不日爰開億歲宮, 壯麗裁規傳不朽. 平安作號驗無窮.〈新年樂, 平安樂土, 萬年春.〉. 新年正月北辰来, 満宇韶光幾處開. 麗質佳人伴春色. 分行連袂儛皇垓.〈新年樂, 平安樂土, 萬年春.〉卑高泳澤洽歡情. 中外含和満頌聲. 今日新京太平樂, 年年長奉我皇庭.〈新京樂, 平安樂土, 萬年春.〉賜五位已上物有差. 戊戌, 征夷大將軍大伴弟麻呂朝見, 進節刀.

○二月庚子, 任官. 乙巳, 詔曰, 云云, 征夷大將軍以下加爵級. 丁巳, 任官. 甲子, 出雲國國造外正六位上出雲臣人長特授外從五位下, 以緣遷都奏神賀事也. 乙丑, 伊豫親王奉物. 飲宴奏樂. 五位以上賜綿.

○三月辛未, 勅, 重禁私養鷹. 癸未, 獵於日野, 賜五位已上衣. 壬辰, 賜正四位上藤原朝臣産子度尼十一人. 甲午, 遊獵于交野.

○夏四月戊戌朔, 日有蝕. 先是, 信濃國介正六位上石川朝臣清主, 爲人被射而不中. 遣從五位下藤原朝臣都麻呂等, 勘捜射人不得焉. 更遣衛門佐大伴宿禰是成, 推問小縣郡人久米舍人望足服焉. 流讚岐國. 戊申, 曲宴. 天皇誦古歌曰, 以邇之弊能, 能那何浮流彌知, 阿良多米波, 阿良多麻良武也. 能那賀浮流彌知, 勅尚侍從三位百濟王明信令和之, 不得成焉. 天皇自代和曰, 記美己蘇波, 和主黎多魯羅米, 爾記多麻乃, 多和也米和禮波, 都禰乃詩羅多麻, 侍臣稱萬歲. 辛亥, 伊豫國獻物. 丁巳, 大和國稻二千束, 施入菩提寺. 以遭火災也. 庚申, 勅, 去延曆四年制, 僧尼等多乖法旨, 或私定檀越, 出入閭巷, 或誣稱佛驗, 詿誤愚民. 如此之類, 擯出外國. 而未有遵悛, 違犯彌衆. 夫落髮遯俗, 本爲修道. 而浮濫如此, 還破佛教. 非徒汙穢法門, 實亦紊亂國典. 僧綱率而正之, 誰敢不從. 宜重教喩, 不得更然. 甲子, 勅, 以田宅園地捨施, 及賣易與寺, 禁制久矣.
今聞, 或寺借附他名, 實入寺家, 如此之類, 往往而在. 此而不肅, 豈曰皇憲. 宜
其先既施捨, 勘錄申之. 以後皆没官, 以懲將来.

○五月丁卯朔, 任官. 己巳, 右京人上毛野兄國女流土佐國, 以自稱諸天, 妖言
或衆也. 辛未, 御馬埒殿, 觀騎射. 壬申, 筑後國高良神奉授從五位下. 丙子, 配俘
囚大伴部阿弖良等妻子親族六十六人於日向國. 以殺俘囚外從五位下吉彌侯部
眞麻呂父子二人. 己卯, 造宮使主典已下將領已上百三十九人, 各随其功敍位.
庚辰, 令正五位下文室八多麻呂等十八人遞守長岡舊宮. 賜正四位下藤原朝臣
綿手度尼四人.

○六月丙申朔, 周防國田百町, 山八百町賜茨田親王. 己亥, 丹後國介正六位
上御長眞人仲嗣言, 國内有乘稻四萬六千一束. 即賜仲嗣, 以勸後輩. 己酉, 勅,
自今以後, 左右大舍人, 以蔭子孫補之. 其位子者, 依令簡試, 以容止端正工於
書笇者補之. 不得妄以雜色及畿外人補之. 庚戌, 幸近東院. 辛亥, 勅, 定額散位
及雜色等, 有藝能者, 式兵二省各加簡試, 率將其身申太政官. 官准選人列見,
一定之後, 不得輒替. 壬戌, 幸大堰.

○秋七月丁丑, 巡幸京中. 戊寅, 幸佐比津. 辛巳, 唐人等五人授官. 以優遠蕃
人. 癸未, 曲宴. 賜五位已上物有差. 遣使七大寺檢校常住見僧尼. 辛卯, 遣左兵
衛佐橘入居, 檢近江若狹兩國驛路.

○閏七月乙未朔, 詔曰, 字民之道, 義資恤隱. 富國之方, 事在薄斂, 朕祗膺靈
命, 嗣守丕基. 身在巖廊, 心遍區域. 思俾菽粟之積等於京坻, 禮讓之風興於崩
俗. 而四海之内, 未洽雍熙. 百姓之聞, 致有罄乏. 如今諸國出擧正稅, 例收半倍
息利. 貧窮之民, 不堪備償, 多破家産, 或不自存. 興言於此, 深以閔焉. 古人有
言, 百姓足, 君孰與不足. 且其論定公廨及雜色等稻出擧息利, 始自今年, 一從
省減. 仍率十束, 收利三束. 庶阜財利用, 濟生民於頹弊, 家給人足, 緝隆平於當
今. 布告遐邇, 使知朕意. 丙申, 任畿内七道巡察使. 辛丑, 幸大堰. 乙巳, 大風,
官舍京中屋破壞. 丁未, 武藏國司介從五位下勳六等都努朝臣筑紫麻呂, 云云

等, 竝免官. 以隱截官物也. 己酉, 詔, 云云. 雜徭宜以三十日爲法. 辛亥, 廢驛
路. 乙卯, 勅, 諸國百姓, 出擧之日, 多受正稅, 收納之時, 競申死亡. 課口因斯
隱没, 正稅由其多損. 自非釐革, 何絶奸源. 自今以後, 身死百姓所負官稻, 不
合除免.

日本後紀 卷第三 (逸文)

일본후기 권제4 〈延曆 14년(795) 8월에서 동 15년 6월까지〉

좌대신 정2위 行左近衛大將을 겸직한 臣 藤原朝臣冬嗣 등이 칙을 받들어 편찬
하다.

皇統彌照天皇 〈桓武天皇〉

◎ 延曆 14년(795) 8월 정묘(3일), (천황이) 大堰에 순행하였다.

기사(5일), 천황이 柏原野에서 사냥을 즐겼다.

신미(7일), 陸奧鎭守將軍 百濟王俊哲[1]이 죽었다.

갑술(10일), 형부성에서 언상하기를, "수감자의 판결, 집행에 대해서는 (獄)令
에 규정이 있다. 사형 집행에는 (정해진) 때에 따라 행하고, 위반해서는 안된다[2].
지금 전례를 검토해 보면, 추분을 지나 입춘에 들어 (사형을 주상하거나 판결하
는) 일이 있고, 혹은 경범죄이면서 오랜 세월 구금되는 일이 있다. 이미 법식에
어긋나고, 모두 준거가 없는 상태이다. 삼가 청하건대, 令의 조문에 의거하여, 유
죄는 지체하지 말고 판결을 내리고, 사형수는 또한 추분에서 연말까지 기다려 판
결를 주상하고자 한다"라고 하였다. 이를 허가하였다.

병자(12), (천황이) 칙을 내려, "제국의 國師의 임기는 6년에 한하고, 國師라고
명명한다. 아울러 (승니의 감독 등의) 이외의 일도 맡고, (교체때의 인수인계 중

---

1 右京大夫 百濟王理伯의 아들이고, 百濟王敬福의 손이다. 寶龜 9년(778)에 훈5등을 받고, 동
   11년에 종5위하, 한달 뒤에 종5위상에 서위되었고, 이어서 陸奧鎭守副將軍에 임명되었다.
   天應 원년(781)에 정5위상으로 승진되었고 훈4등을 받았다. 延曆 6년(787)에 무언가의 사건
   으로 日向權介로 좌천되었으나, 그의 武官으로서의 능력을 높이 평가해 사면되었다. 또한 百
   濟王氏를 우대한 조정의 방침으로 下野守, 陸奧鎭守將軍에 임명되었다. 그의 딸 百濟王貴命
   은 嵯峨天皇의 후궁이 되어 忠良親王을 낳았다.
2 「獄令」 8에는 입춘부터 추분에 이르는 시기에는 사형의 주상과 판결을 할 수 없고, 이어 국
   가의 제사, 齋日 등의 날에는 사형의 판결을 주상할 수 없다고 규정하고 있다. 이 규정을 위
   반하는 경우에는 처벌받는다.

명서인) 解由를 주고받는 번거로운 일도 한다. 지금 이후로는 國師의 명칭을 고쳐서 講師로 하고, 국마다 1인을 둔다. 다만 讀師[3]는 國分寺 승려 중에서 서열에 따라 임명한다.

기묘(15일), 近江國 相坂[4]의 關所를 폐지하였다. .

경진(16일), (천황이) 大原野에서 사냥을 즐겼다.

임오(18일), (천황이) 北野에 순행하였다. (이날) 越中國의 高瀬神, 雄神, 二上神에게 종5위하를 서위하였다.

계미(19일), (천황이) 朝堂院에 순행하여 공사 현장을 시찰하였다.

병술(22일), (천황이) 柏原野에서 사냥을 즐겼다.

임진(28일), (천황이) 日野에서 사냥을 즐겼다.

계사(29일), 曲宴을 개최하고 5위 이상에게 목면을 차등있게 하사하였다.

갑오(30일), 궁중 및 좌우경, 畿内, 近江, 伊賀, 伊勢 등의 제국에 (부정을 씻는) 大祓을 행하였다. 伊勢大神宮에 裝束[5]의 물품을 봉납하기 위해서이다. (이날) 순찰사의 파견을 정지하였다.

○ 9월 무술(4일), (천황이) 東院[6]에 행차하였다.

기유(15일), 조를 내려 말하기를, "진리의 가르침에는 부속하는 것이 있다. 그 일을 융성하게 하는 자는 국왕이다. 불교의 가르침에는 끝이 없고, 그 요체를 밝히는 것은 불자[7] 이다. 짐은 천하를 다스림에 있어 수많은 백성들을 생각한다. 덕으로서 인도하고 예로서 구제하고, 나라를 다스리는 규범에 따른다고 해도, 불법이 이룬 훌륭한 인연이 보이는 더할 나위없는 우수한 도를 펼쳐 나가고자 한다. 이에 산수의 명승지를 열어 선원을 창건하고 토목의 묘미를 다해 제작하여 가람

---

3 國分寺에 설치된 僧官으로 講師의 하위에 있는 보좌역이다.

4 현재 滋賀縣 大津市 逢坂 부근.

5 국가의식의 때에 장식에 사용되는 각종 의상 등의 물품

6 大内裏 동쪽 방면의 左京에 소재하는 離宮.

7 僧侶.

을 장식하고 사명을 梵釋寺라고 칭한다. 청정한 수행 선사 10인을 두고, 3綱은 그 중에서 선임하도록 한다. 近江國 수전 1백정, 下總國 식봉 50호, 越前國 50호를 시 입하여 수리, 공양의 비용으로 한다. 바라는 바는, 빠르게 세월이 지나도 영원한 바른 불법을 전하고, 구릉과 계곡이 변할 정도의 시간이 흘러도 항상 이 절을 존 숭했으면 한다. 이것이 좋은 인연이 되어 위로는 7廟[8]를 받들고 (극락정토의) 寶 界에 나아가 존숭함을 더하고, 밑으로는 (불법이) 만방에 미치어 잘 다스린 세계 가 되고 두루 일체가 되어 기쁨을 누리게 될 것이다. 천황 통치의 기반은 영원히 굳건해지고, 국운의 햇수는 무궁하고, 본종과 지족은 능히 융성해지고, 내외 모두 안락하고, 이승과 현세도 이어서 행복하고, 주변의 모든 생명에게 미치어 자비의 구름을 바라보고 미로를 나와 일광과 같은 (불교의) 지혜를 따라 깨달음의 길로 나아가게 될 것이다"라고 하였다.

을묘(21일), 肥後國을 대국으로 삼았다.

병진(22일), (천황이) 登勒野에서 사냥을 즐겼다.

임술(28일), 금성이 낮에 보였다.

○ 동10월 갑자삭, (천황이) 紫野에서 사냥을 즐겼다.

기묘 (16일), (천황이) 交野에 순행하였다. 우대신 藤原嗣繩의 별장을 行宮으로 삼았다.

을유(22일), 이날 천황이 환궁하였다.

신묘(28일), (천황이) 栗栖野에서 사냥을 즐겼다. 近衛將監[9] 종5위하 住吉朝臣 綱主에게 종5위상을 내렸다.

계사(30일), 縫殿助[10] 板茂連浜主, 式部少輔 和氣朝臣廣世에게 칙이 내려져, 특 별히 兩人에게 검을 차게 하였다.

---

8 太祖 및 당대 천자의 부친부터 거슬러 올라가 6대조를 말한다.

9 궁중을 지키고 천황 순행시의 경호를 담당하는 近衛府의 3등관, 종6위상의 슈外官.

10 縫殿寮의 차관, 종6위상에 상당관. 縫殿寮는 中務省 소속으로 천황 및 천황 하사품 의복을 제봉하고 女官의 인사를 담당.

○ 11월 병신(3일), 出羽國에서 언상하기를, "渤海國使[11] 呂定琳[12] 등 68인이 蝦夷 지역인 志理波村에 표착하였다. 습격받아 인명과 물품이 손실되었다"라고 하였다[13]. 칙을 내려, 越後國으로 옮겨 관례에 따라 편의를 제공하도록 하였다.

무신(15일), 칙을 내려, "藥師寺의 노비를 천민으로부터 해방하여 양민이 된 자가 朝臣, 宿禰, 連 등의 성을 청하는 일은 일체 금한다. 모두 部 자를 쓰도록 한다"라고 하였다.

을묘(22일), 공경이 주상하기를, "제국에서 출거하는 7대사의 벼는 시입한 이래 세월이 경과하고 있고, 매년의 출거로 그 이익은 매우 많다. 참으로 대대의 성쇠에 따라 점차 변혁이 있어야 한다. 그러나 여전히 지난 시기의 (출거의) 수를 전적으로 고집하고 있어 금일의 경작민에게 대부하고 있다. 국사는 그로 인해 징납에 번거로움이 있고 백성은 이 때문에 상환을 감당할 수가 없다. (백성들은) 생업을 잃고 파산하는 사람이 실로 많이 있다. 무릇 중생은 자식과 같이 은혜와 사랑을 우선으로 한다. (출거의) 실시가 이와같으면, 어찌 부모라고 할 수 있겠는가. 삼가 바라건대, (7大)寺에 소재하는 승려가 필요로 하는 연중 사용하는 물품을 조사하고, 출거의 수를 줄여 백성의 시름을 덜고, 풍족하게 되기를 기다려 다시 전례대로 되돌렸으면 한다"라고 하였다. 이를 허락하였다.

무오(25일), 천황이 大原野에서 사냥을 즐겼다.

○ 12월 갑자삭, (천황이) 궁중을 순행하였다.

정묘(4일), 종4위하 多治比眞人大刀에게 득도자 7인을 주었다.

병자(13일), 참의 이상에게 백옥의 띠[14]의 착용을 허락하였다.

---

11 발해의 일본 사절단은 神龜 4년(727) 9월이 최초이고, 이때의 사절은 13차이다. 『延喜式』권제26, 「主稅寮」上에는, "凡渤海客食法, 大使, 副使日稻各五束, 判官, 錄事各四束, 史生, 譯語, 天文生各三束五把, 首領, 梢工各二束五把"라고 하여, 사절단의 구성은 大使, 副使, 判官, 錄事, 史生, 譯語, 天文生 등으로 되어 있다. 이들에 대한 식사 예법에 대해서도 기록하고 있다.

12 이듬해 延曆 15년(796) 4월 무자조에 발해왕의 書啓가 나오고 5월에 귀국한다.

13 『類聚國史』권193 「渤海」上 延曆 14년(795) 11월 병신조.

14 朝服에 착용하는 허리띠, 白玉의 요대는 『延喜式』권제41 「彈正臺」에, "凡白玉腰帶, 聽三位

무인(15일), 武藏國 安立郡의 大領 외종5위하 武藏宿禰弟總를 國造로 삼았다.

신사(18일), (천황이) 경내를 순행하였다.

임오(19일), 유배된 사람을 용서하고 입경하게 하였다.

계미(20일), 佐渡權守[15] 吉備朝臣泉[16]를 備中國으로 좌천시켰다.

을유(22일), 淡路國에 유배중인 不破内親王[17]을 和泉國으로 옮겼다.

기축(26일), 軍에서 도망친 제국의 군사 340인에 대해 특별히 사형죄를 용서하여 陸奧國으로 유배하고 영원히 柵戸[18]로 삼았다.

◎ 延曆 15년(796) 정월 갑오삭, 황제가 대극전에 어림하여 신년하례를 받았다. 石見國에서 흰 참새를 바치고, 長門國에서 흰 꿩을 바쳤다. 근시하는 신하에게 前殿에서 연회를 베풀고 피복을 하사하였다.

을미(2일), 曲宴을 개최하고 5위 이상에게 물품을 하사하였다.

경자(7일), 5위 이상에게 연회를 베풀고, 묶은 비단을 차등있게 하사하였다. 또 紀梶長을 참의로 삼았다.

계묘(10일), 伊豫親王에게 칼의 착용을 허가하였다.

갑진(11일), (천황이) 芹川野에서 사냥을 즐겼다.

기유(16일), 5위 이상에게 연회를 베풀고 물품을 차등있게 내렸다.

경술(17일), (천황이) 궁술을 관람하였다.

以上及四位參議著用. 玳瑁, 馬腦, 斑犀, 象牙, 沙魚皮, 紫檀, 五位已上通用"이라고 하여 3위, 4위 참의에게 착용이 허락되었다.

15　佐渡權守는 정식 임명된 佐渡(國)守에 대해 임시직으로, 비상시에 대행하는 역할임.

16　奈良朝, 平安時代 초기의 공경인 우대신 吉備眞備의 아들, 부친의 후광을 얻어 승진했으나, 伊豫守 재인 중에 부하에게 고소당하여 좌천되었다. 이후에 복귀되어 참의, 정4위상까지 올랐다.

17　聖武天皇의 황녀로 생모는 縣犬養廣刀自이고, 同母 형제로 安積親王, 井上内親王이 있다. 延曆 원년(781)에 아들 氷上川繼의 모반사건 때문에 유형에 처해졌다.

18　변경지역의 방비를 위해 설치된 戸, 주로 関東, 北陸, 信濃國에서 東北, 北陸, 九州 지역의 城柵에 이주시켜 토지를 개간하고 전시에는 城柵 방비를 담당하였다.

신해(18일), 大射가 행해졌다.

임자(19일), 임관이 있었다.

계축(20일), (천황이) 登勒野에서 사냥을 즐겼다. 4위 이상에게 의복을, 5위에게 중첩된 목면을 내렸다.

무오(25일), 임관이 있었다.

신유(28일), (천황이) 水生野에서 사냥을 즐기고, 5위 이상에게 피복을 하사하였다.

○ 2월 계해삭, 근시하는 신하에게 연회를 베풀고 물품을 차등있게 하사하였다.

경오(8일), 서위가 있었다.

갑술(12일), (천황이) 紫野에 순행하였다.

을해(13일), 齋內親王이 귀경하고자 하여, 대화국에 頓宮[19]을 조영하였다.

정축(15일), 사자를 이세대신궁에 보내 봉폐하였다. 齋內親王이 돌아가기 때문이다.

정해(25일), 칙을 내려, 남해도의 역로는 멀리 돌아가게 되어 있어 使令이 통하기 어렵다. 따라서 종전 역로를 폐지하고 새 도로를 통하게 하였다.

○ 3월 임진삭, 임관이 있었다.

계사(2일), (천황이) 日野에서 사냥을 즐겼다.

갑오(3일), (천황이) 근시하는 신하에게 연회를 베풀고 물품을 차등있게 하사하였다.

병신(5일), 종5위상 守左少弁 겸 左兵衛佐 橘朝臣入居 등을 보내, 齋內親王을 맞이하게 하였다. 처음으로 主稅, 主計 2寮[20]에 官印[21]을 주었다.

---

19 伊勢齋王이 伊勢大神宮에 내려가고, 귀경할 때 사용하는 도중의 숙박시설.

20 主計寮는 民部省 소속으로 調, 庸, 헌납물의 수량을 계산하고, 국비의 지출을 담당한다. 主稅寮는 諸國의 田租를 담당하고 창고의 곡물 출납을 감독한다.

21 천황의 內印, 太政官印, 8省印은 8세기부터 사용하기 시작했지만, 8성 소속의 寮, 司 등의

경자(9일), 唐人에게 성을 내렸다.

정미(16일), 임관이 있었다.

경술(19일), 제국에 명하여 무예에 우수한 자들을 추천하게 하였다. 칙을 내려, "北辰[22] 제사를 조정에서 금지한 지 이미 오래되었다. 관할 관사는 태만하여 금지하지 않고 있다. 지금 왕경과 기내의 관인과 백성들은 춘추의 시기가 올 때마다 직무를 포기하고 가업을 잊은채 그 장소에 모이고 남녀가 혼재되어 있어 청결한 상태를 유지하기 어렵다. (缺字), 그것은 도리어 재앙을 초래할 수 있다. 지금 이후로는 특히 금지한다. 만약 제사를 멈추지 않는다면 사람마다 날을 달리하여 모이지 못하게 한다. 이 명을 어기면 법사는 僧綱所[23]에 명단을 보내고, 속인은 위칙죄로 처벌한다"라고 하였다.

을묘(24일), (천황이) 조당 및 諸院을 돌아보고, 가까운 東院에 들려 종일 연회를 열었다. 근시하는 신하 및 諸衛府 사람에게 물품을 차등있게 하사하였다.

○ 4월 병인(5일), □庭에서 曲宴을 개최하였다. 주연이 무르익자 천황이 노래를 부르기를, "오늘 아침 운다고 한 두견새야, 지금은 울고있지 않지만, 연회석상에 있는 사람들이 들을 수 있도록 울어라"라고 하였다.

경오(9일), 5, 6마리의 새가 대학료에 날아왔다. 그 중의 한 마리가 대학료 남문에 떨어졌다. 그 형상은 두견새 같았고, 털은 쥐색과 유사하였고, 등에는 얼룩무늬 털이 있었다. 사람들은 그 이름을 알지 못했다.

신미(10일), 천황이 경내를 순행하였다.

을해(14일), 右大舍人 白鳥村主가 우물 안에서 白靑[24]을 얻어 바쳤다. (이에) 肥前國의 史生에 임명하였다.

관사는 9세기 이후에 지급되었다.

22 北辰은 북극성을 말하며, 北辰信仰에 의거하여 등불을 받들고 의식을 행하는 연중행사, 북진을 제사지내는 일을 北辰祭라고 한다.

23 僧綱이 불교행정을 보는 관사.

24 안료에 쓰이는 청색 광물질.

병자(15일), 우박이 내렸다.

무자(27일), 渤海國이 사자를 보내 방물을 바쳤다[25]. 그 왕[26]이 서계에서 말하기를, "슬픈 사연에 대해서는 이미 별도의 서계[27]에 기록되어 있다. 삼가 천황폐하는 일상에 만복이 가득하고, 침식도 평상보다 좋을 것으로 생각한다. (大)嵩璘은 하는 일도 없이 세월만 보내고 있는데, 갑자기 (先帝의) 상을 만나게 되었다. 관료들은 (정무의) 일을 생각하여 (복상의) 마음을 억누르고 있다. (나도) 즉위하여 왕통을 잇고 선대의 유업 계승해 다스리고, 조정의 법규는 종전대로 따르고 있고, 강역은 처음과 변함이 없다. 스스로 돌이켜 생각해 보면, 실로 (천황이 발해국왕에게) 관심을 가져 주었다. 그러나 창해의 지역으로 격절해 있고 파도는 하늘에 맞닿아 있어 봉공할 방법이 없으니, 단지 우러러 흠모하는 마음만 더할 뿐이다. 삼가 匡諫大夫 工部郎中 呂定琳 등을 보내 바다를 건너 옛 우호를 닦으려 한다. 조그마한 토산물이지만, 별도의 서장에 상세히 기록하였다. (문장이) 거칠고 흐트러져 두서가 없다"라고 하였다. 또 복상을 알리는 서계에서 말하기를, "하늘이 재화를 내려, 조부 大行大王[28]은 大興 57년[29] 3월 4일 흥거하여 (세상을) 등지었다. 선린의 의리는 반드시 길흉의 소식을 묻는다. 대해로 인해 제약을 받아 (복상의) 통지가 늦어지게 되었다. 嵩璘은 덕이 없어 재화를 초래했는데, 스스로는 죽지 못하고 불효의 죄를 짓고 혹독한 벌을 받아 괴로움에 있다. 삼가 별도로 (상을 고하는) 서계를 올린다. 거칠고 흐트러져 두서가 없다. 孤孫 大嵩璘이 (예로서) 머리숙인다"라고 하였다. 또 당 학문승 永忠[30] 등이 부탁한 서장을 바쳤다.

---

25 이하 戊子條의 문장은 『類聚國史』 권193 「渤海」 上 延曆 15년 4월 무자조 및 『日本紀略』 해당 조문.

26 발해의 제6대왕 康王(재위, 794~809), 이름은 大嵩璘, 文王 大欽茂의 손이고, 武王 大武藝의 아들이다. 즉위 후 正曆으로 연호를 개원하였다. 재임중에 일본에 2번 사자를 파견하였다.

27 文王 大欽茂의 죽음을 알리는 告喪啓.

28 아직 시호를 받지않은 康王 大嵩璘의 조부인 文王 大欽武를 말한다.

29 延曆 13년인 794년.

30 寶龜 연간(770-780)에 入唐하여 長安의 西明寺에서 공부하였다. 같은 시기의 유학승 最澄

渤海國은 高麗의 옛 땅이다[31]. 天命開別天皇[32] 7년, 高麗王 高氏가 당에 멸망되었다. 후에 天之眞宗豊祖父天皇[33] 2년에 大祚榮이 처음으로 渤海國을 건국하였다. 和銅 6년(713)에 당의 책봉을 받아 그 나라를 세웠다[34]. 이어진 변경은 2천여 리이고, 주현에 역관이 없으며, 곳곳에 촌리가 있는데 모두 말갈 부락이다. 그 백성은 말갈인이 많고, (고구려) 토착인은 적다. 촌장은 모두 토착 (고구려)인으로 삼았다. 大村은 都督이라 하고, 다음은 刺史이고, 그 밑에 백성은 모두 首領이라고 하였다. 토지는 매우 춥고 수전에는 적합하지 않다. 백성들은 자못 글을 알고 있다[35]. 高氏 이래 조공이 끊이질 않았다.

○ 5월 갑오(4일), 吉備魚主를 山陽道 제국에 보내 賊을 수색하여 체포하게 하였다.

을미(5일), (천황이) 馬埒殿에 어림하여 기마 궁술을 관람하였다.

임인(12일), 큰 비가 와서 홍수가 났다.

정미(17일), 渤海國使 呂定琳 등이 귀국하였다. 정6위상 行上野介 御長眞人廣岳, 정6위상 行式部大錄 桑原公秋成 등을 보내 (발해사를) 호송시켰다. 이에 그 왕에게 준 璽書[36]에 말하기를, "천황이 삼가 渤海國王에게 문안드린다. 짐은 선대를 이어서 천명을 지키는 과업을 맡고 있다. (짐의) 덕과 은택은 곳곳에 미치고,

---

과 함께 延曆 24년(805)에 귀국한다. 大同 원년(806)에 少僧都, 弘仁 6년(815)에 大僧都에 임명되었다.

31 이하의 문장은 『일본후기』 편자의 발해역사에 대한 略述이다.

32 天智天皇 7년은 668년으로 이해에 나당연합군에 의해 고구려 평양성이 함락되고 멸망하였다.

33 文武天皇 2년은 698년..

34 『新唐書』 발해전에, "睿宗 先天 연간(712-713)에 使臣을 보내 祚榮을 左驍衛大將軍渤海郡王에 제수하고, 통치하고 있는 지역을 忽汗州로 삼고 忽汗州都督을 겸임시켰다. 이로부터 비로소 靺鞨이라는 이름을 버리고, 오로지 渤海로만 불렀다"라는 책봉기사가 나온다.

35 일본에 온 발해사들은 일본의 文士들과 자주 시문을 교환하고 있듯이 문장에 능통한 인물들을 선발하여 보냈다고 생각된다. 이러한 인식이 발해인들이 글을 잘 알고 있다고 표현한 것이다.

36 천황의 內印이 날인된 國書.

이미 나라 안에 퍼지고 있으며, 명성이 펼쳐지는 바는 사방에 격절함이 없다. 왕께서는 새롭게 선왕의 기반을 계승하여 처음으로 옛 복속한 영토에 군림하고, 上國[37]에 좋은 계략을 구하고 (일본) 조정에 예의와 신의를 보내고 있다. (왕의) 정성을 되돌아 보면, 여기에 깊은 기쁨과 위안을 느낀다. 그러나 有司가 주상한 바를 보면, 天平勝寶 이전에 수차례의 서계는 자못 체제를 갖추고 언사에도 예의를 볼 수 있다. 이번 (呂)定琳이 올린 서계를 살펴보면, 수미가 반듯하지 않아 이미 종전의 예의에 위배되고 있다. 짐은 수호와 교빙의 길은 경예를 우선으로 한다. 진실로 이것이 어긋나면 어떻게 왕래를 바랄 수 있겠는가. 다만 定琳 등은 변경의 蝦夷 지역에 표착하여 모두 약탈당해 겨우 생명을 보존하였다. 이 고난을 생각하면, 연민의 마음을 갖게 된다. 따라서 물자를 넉넉하게 하여 걱정없이 출발하도록 한다. 또 선왕은 안타깝게도 수명을 다하지 못했다. 이 소식을 들으니 슬픈 마음을 억제할 수가 없다. 지금 定琳 등의 귀국길에, 특별히 명주 20필, 비단 20필, 견사 1백구, 목면 2백둔을 부쳐 먼 국가의 信物로 삼고자 한다. 도착하면 반드시 수령하시길 바란다. 혹서의 여름철에 왕 및 수령, 백성들은 평안하게 잘 지내시기 바란다. 간략히 이 서계를 보낸다. 한두마디에 그쳐 다하지 못한 바가 있다"라고 하였다. 또 定琳에게 부탁하여 태정관의 서신을 재당 승 永忠 등에게 보내면서 말하기를, "운운. 지금 定琳 등의 귀국편에 사금 3백량을 주어 永忠 등(의 생활비)에 충당하도록 한다"라고 하였다[38].

○ 6월 경신삭, 임관이 있었다.

임술(3일), 木工大允 上道廣成에게 외종5위하를 내렸다. 備前國의 은을 채취한 공적에 대한 포상이다. (이날) 肥前國에서 흰 참새를 바쳤다.

병인(7일), 정6위상 尋来津公關麻呂에게 외종5위하를 내렸다. 關麻呂는 箏[39] 악기에 능숙하였고, 또한 方磬[40] 제작에도 밝았다.

---

37 일본을 말함.
38 『類聚國史』 권193 「渤海」 上 延曆 15년 5월 정미조 및 『日本紀略』 해당 조문.
39 거문고와 유사한 현악기

무진(9일), 임관이 있었다.

을해(16일), (천황이) 葛野川에 순행하였다.

무자(29일), 고 右兵衛督 종4위상 紀朝臣木津雄에게 득도자 2인을 주었다.

일본후기 권제4 (逸文)

---

40 금속제의 판을 음률순으로 걸어 배열한 타악기.

日本後紀 第卷四〈起延曆十四年八月, 盡同十五年六月〉

左大臣正二位兼行左近衛大將臣藤原朝臣冬嗣等奉 勅撰

皇統彌照天皇〈桓武天皇〉

◎延曆十四年八月丁卯, 幸大堰. 己巳, 遊獵於柏原野. 辛未, 陸奧鎮守將軍百濟王俊哲卒. 甲戌, 刑部省言, 斷決囚徒, 令有正文. 順時肅殺, 不合虧違. 今檢前例, 或過秋分節, 延入立春. 或輕罪之徒, 禁經歲月, 既乖法式, 都無准的. 伏請, 依令條, 流罪者不待且斷, 其死刑者, 亦待秋分年終斷奏. 許之. 丙子, 勅, 諸國國師, 任限六年, 名曰國師. 兼預他事, 煩以解由. 自今以後, 宜改國師. 曰講師, 每國置一人. 但讀師者, 國分寺僧依次請之. 己卯, 廢近江國相坂剗. 庚辰, 遊獵於大原野. 壬午, 幸北野. 越中國高瀨神雄神二上神, 敍從五位上. 癸未, 幸朝堂院, 觀匠作. 丙戌, 遊獵於柏原野. 壬辰, 遊獵於日野. 癸巳, 曲宴. 賜五位已上綿有差. 甲午, 大祓宮中及左右京, 畿內, 近江, 伊賀, 伊勢等國, 爲伊勢大神宮裝束物也. 停遣巡察使.

○九月戊戌, 幸東院. 己酉, 詔曰, 眞教有屬, 隆其業者人王. 法相無邊, 闡其要者佛子. 朕位膺四大, 情存億兆, 導德齊禮, 雖遵有國之規, 妙果勝因, 思弘無上之道. 是以, 披山水名區, 草創禪院, 盡土木妙製, 裝飾伽藍. 名曰梵釋寺. 仍置清行禪師十人, 三綱在其中. 施近江國水田一百町, 下總國食封五十戶, 越前國五十戶, 以修理供養之費. 所冀還經馳騾, 永流正法, 時變陵谷, 恒崇仁祠, 以茲良因, 普爲一切, 上奉七廟, 臨寶界而增尊, 下覆萬邦, 登壽域而洽慶. 皇基永固, 卜年無窮. 本枝克隆, 中外載逸. 綿該幽顯, 傍及懷生, 望慈雲而出迷途, 仰惠日而趣 覺路. 乙卯, 以肥後國爲大國. 丙辰, 遊獵於登勒野. 壬戌, 太白晝見.

○冬十月甲子朔, 遊獵於紫野. 己卯, 幸交野, 以右大臣藤原嗣繩別業, 爲行宮. 乙酉, 是日, 車駕還宮. 辛卯, 遊獵於栗栖野. 近衛將監從五位下住吉朝臣綱主授從五位上. 癸巳, 縫殿助板茂連濱主, 式部少輔和氣朝臣廣世, 有勅, 特令兩人帶劍.

○十一月丙申, 出羽國言, 渤海國使呂定琳等六十八人, 漂著夷地志理波村. 因被劫略, 人物散亡. 勅, 宜遷越後國, 依例供給. 戊申, 勅, 藥師寺奴婢放賤從良之輩, 請朝臣宿禰連等姓, 宜一切禁止, 竝作部字. 乙卯, 公卿奏, 諸國擧七大寺稻, 施入以來, 經代懸遠, 每年出擧, 其利極多. 誠可隨代盛衰, 稍有沿革. 而猶執昔時之全數, 擧今日之耗民. 國司由其, 有煩於徵納, 百姓爲此, 無堪於酬償. 喪業破家, 寔繁有輩, 夫衆生一子, 恩愛爲先. 徵責如此, 豈稱父母. 伏望, 取寺家所在見僧, 支度年中雜用, 省出擧之數, 息百姓之愁. 待其豐給, 更復前例. 許之. 戊午, 遊獵大原野.

○十二月甲子朔, 巡幸宮中. 丁卯, 賜從四位下多治比眞人大刀自度七人. 丙子, 廳參議已上着玉帶. 戊寅, 武藏國安立郡大領外從五位下武藏宿禰弟總爲國造. 辛巳, 巡幸宮中. 壬午, 免流人, 令入京. 癸未, 佐渡權守吉備朝臣泉, 移備中國. 乙酉, 配淡路國不破內親王, 移和泉國. 己丑, 逃軍諸國軍士三百四十人, 特宥死罪, 配陸奧國, 永爲柵戶.

◎延曆十五年正月甲午朔, 皇帝御大極殿受朝. 石見國獻白雀, 長門國獻白雉. 宴侍臣於前殿賜被. 乙未, 曲宴, 賜五位以上物有差. 庚子, 宴五位已上, 賜束帛有差. 授位. 又紀梶長爲參議. 癸卯, 令伊豫親王帶劍. 甲辰, 遊獵于芹川野. 己酉, 宴五位以上, 賜物有差. 庚戌, 觀射. 辛亥, 大射. 壬子, 任官. 癸丑, 遊獵於登勒野. 賜四位以上衣, 五位帖綿. 戊午, 任官. 辛酉, 遊獵於水生野, 賜五位已上被衣.

○二月癸亥朔, 宴侍臣, 賜物有差. 庚午, 敍位. 甲戌, 幸紫野. 乙亥, 齋內親王欲歸京, 造頓宮於大和國. 丁丑, 遣使奉幣於伊勢大神宮. 以齋內親王退也. 丁亥, 勅, 南海道驛路迴遠, 使令難通. 因廢舊路通新道.

○三月壬辰朔, 任官. 癸巳, 遊獵于日野. 甲午, 宴侍臣, 賜祿有差. 丙申, 遣從五位上守左少弁兼左兵衛佐橘朝臣入居等, 迎齋內親王. 始賜主稅主計二寮印

也. 庚子, 唐人賜姓. 丁未, 任官. 庚戌, 令諸國舉武藝秀衆者. 勅. 禁祭北辰, 朝
制已久. 而所司侮慢, 不事禁止. 今京畿吏民, 每至春秋□月, 棄職忘業, 相集其
場, 男女混殽, 事難潔清. □□□祐, 反招其殃. 自今以後, 殊加禁斷, 若不獲已,
每人異日, 莫令會集. 若乖此制, 法師者送名綱所, 俗人者處違勅罪. 乙卯, 巡覽
朝堂及諸院, 御近東院, 宴飲終日, 侍臣及諸衛等, 賜物有差.

○四月丙寅, 曲宴□庭. 酒酣, 上乃歌曰, 氣左能阿沙氣, 奈呼登以非都留, 保
登登擬須, 伊萬毛奈加奴加, 比登能綺久倍久. 庚午, 有鳥五六, 飛過大學寮. 其
一落寮南門. 其形如鵜, 毛似鼠, 背有斑毛. 人不知其名也. 辛未, 巡幸京中. 乙
亥, 右大舍人白鳥村主, 得白青於井中獻之. 任肥前史生. 丙子, 雹. 戊子, 渤海
國遣使獻方物. 其王啓曰, 哀緒已具別啓. 伏惟, 天皇陛下, 動止萬福, 寢膳勝
常, 嵩琳視息苟延, 奄及祥制, 官僚感義, 奪志抑情, 起續洪基, 祗統先烈. 朝維
依舊, 封域如初, 顧自思惟, 實荷顧眷, 而滄溟括地, 波浪漫天, 奉膳無由, 徒增
傾仰. 謹差匡諫大夫工部郎中呂定琳等, 濟海起居, 兼修舊好. 其少土物, 具在
別狀. 荒迷不次. 又告喪啓曰, 上天降禍, 祖大行大王, 以大興五十七年三月四
日薨背. 善隣之義, 必問吉凶. 限以滄溟, 所以緩告, 嵩琳無狀招禍, 不自滅亡.
不孝罪咎, 酷罰罹苦. 謹狀, 另奉啓, 荒迷不次. 孤孫大嵩琳頓首. 又傳奉在唐學
問僧永忠等所附書. 渤海國者, 高麗之故地也. 天命開別天皇七年, 高麗王高
氏, 爲唐所滅也. 後以天之眞宗豐祖父天皇二年, 大祚 榮始建渤海國, 和銅六
年, 受唐冊立其國. 延袤二千里, 無州縣館驛, 處處有村里. 皆靺鞨部落. 其百姓
者, 靺鞨多, 土人少, 皆以土人爲村長. 大村曰都督, 次曰刺史, 其下百姓皆曰首
領. 土地極寒, 不宜水田. 俗頗知書. 自高氏以來, 朝貢不絶.

○五月甲午, 遣吉備魚主於山陽道諸國, 索捕賊. 乙未, 於馬埒殿, 觀騎射. 壬
寅, 大雨, 洪水. 丁未, 渤海國使呂定琳等歸蕃. 遣正六位上行上野介御長眞人
廣岳, 正六位上行式部大錄桑原公秋成等押送. 仍賜其王璽書曰, 天皇敬問渤
海國王, 朕運承下武, 業膺守天. 德澤攸覃, 既有洽於同軌, 風聲所暢, 庶無隔
於殊方. 王新纘先基, 肇臨舊服, 慕徽猷於上國, 輸禮信於闕庭. 眷言款誠, 載深

慶慰, 而有司執奏. 勝寶以前, 數度之啓, 頗存體制, 詞義可觀. 今檢定琳所上之啓, 首尾不愜, 既違舊義者. 朕以, 脩聘之道, 禮敬爲先. 苟乖於斯, 何須来往. 但定琳等, 漂着邊夷, 悉被刧掠, 僅存性命. 言念艱苦, 有憫于懷. 仍加優賞, 存撫發遣. 又先王不愍, 無終遐壽. 聞之惻然, 情不能止. 今依定琳等歸次, 特寄絹二十疋, 絁二十疋, 絲一百絢, 綿二百屯. 以充遠信. 至宜領之, 夏熱, 王及首領百姓, 平安好. 略此遣書, 一二無委. 又附定琳, 賜太政官書於在唐僧永忠等曰, 云云. 今因定琳等還, 賜沙金三百兩, 以充永忠等.

○六月庚申朔, 任官. 壬戌, 木工大允上道廣成授外從五位下. 襃採備前國銀之功也. 肥前國獻白雀. 丙寅, 正六位上尋来津公關麻呂授外從五位外. 關麻呂善彈箏, 亦解造方磐. 戊辰, 任官. 乙亥, 幸葛野川. 戊子, 賜故右兵衛督從四位上紀朝臣木津雄度二人.

日本後紀 卷第四 (逸文)

일본후기 권제5 〈延曆 15년(796) 7월에서 동 16년 3월까지〉

좌대신 정2위 行左近衛大將을 겸직한 臣 藤原朝臣冬嗣 등이 칙을 받들어 편찬하다.

皇統彌照天皇 〈桓武天皇〉

◎ 延曆 15년(796) 추7월 병신(7일), (천황이) 馬埒殿에 어림하여 씨름을 관람하였다.

무술(9일), (천황이) 南院에 행차하여 5위 이상에게 차등있게 물품을 하사하였다. 무품 朝原内親王[1]에게 3품을 내리고. 종4위상 五百井女王에게 정4위하를, 정5위하 高嶋女王에게 정5위상을, 종4위상 藤原朝臣雄友에게 정4위하를, 종5위하 石上朝臣宅子에게 종5위상을 내렸다. 외종5위상 物部多藝連建麻呂을 造宮大工으로 삼고. 외종5위하 秦忌寸都岐麻呂를 少工으로 삼았다.

을사(16일), 우대신 정2위 겸 行皇太子傅 中衛大將 藤原朝臣繼繩이 죽었다. 사자를 보내 장의를 감독시키고, 필요한 장례 용품은 관에서 지급하도록 하였다[2]. 조를 내려 종2위에 추증하였다. 繼繩은 우대신 종1위 豐成의 제2자이다. 天平寶字 말에 종5위하를 수여받고 信濃守가 되었다. 天平神護 초에 종5위상에 서위되고, 다음에 종5위하를 받아 참의에 보임되었다. 寶龜 2년(771)에는 이어서 정4위상에 서위되고 11월에 종3위를 수여받아 大藏卿, 左兵衛督을 역임하고, 갑자기 中納言에 보임되었다. 天應 원년(781)에 정3위를 수여받았다. 延曆 2년(783)에 大納言으로 전임되고, 5년에 종2위에 서임되고 中衛大將을 겸임하게 되었다. 동 9년에 우

---

1 桓武天皇의 제1황녀.
2 「喪葬令」4에는 우대신의 장례의 감독에는 治部省의 少輔를 보내고, 「喪葬令」8에는 좌우대신에게 지급되는 장례용품은 2품에 준하고, 鼓 80면, 大角 40구, 小角 80구, 幡 350竿 등이 지급된다고 규정하고 있다.

대신에 보임되고 정2위를 수여받았다. (우대신은) 7년을 재임하였다. 사망시의 나이는 70세였다. 繼繩은 문무의 관을 역임하고 수석의 중직에 있었다. 때로는 관사에 있었으며, 때로는 조정의 정무에 종사하였다. 겸손하고 삼가며 스스로를 지켰다. 정무의 치적은 듣지 못했고 비록 재식은 없었지만, 세상의 비난은 받지 않았다.

무신(19일), 尾張國에 기근이 들어 사자를 보내 구휼하였다. 大和國 사람 정6위상 大枝朝臣長人, 河內國 사람 정6위상 大枝朝臣氏麻呂, 정6위상 大枝朝臣諸上, 정7위하 菅原朝臣常人, 종7위상 秋篠朝臣全繼 등 11인에게 우경에 호적을 두게 하였다.

신해(22일), 조를 내려, "짐은 보잘 것 없는 몸이지만, 황공하게도 황위를 이어 해가 지도록 먹는 것도 잊고 한사람이라도 소외되면 불쌍히 여긴다. 동틀 무렵 일어나 의관을 챙기고, 오행의 질서가 어지러워지는 것을 두려워하고 있다[3]. 근자에 大宰府에서 언상하기를, '肥後國 阿蘇郡의 산상에 늪이 있는데[4], 이를 神靈池라고 한다. (이 신령지의 물은) 홍수와 가뭄이 해를 지나도 늘거나 줄어드는 일이 없다. 그런데 지금 이유도 없이 고갈되어 20여장이나 줄었다'고 한다. 점복을 쳐 살펴보니, 가뭄과 질병의 조짐에 해당하여, 백성이 죄없이 재앙을 입을까 두렵다. (이에) 바로 덕을 닦고 은혜를 베풀어 괴이를 없애어 백성을 구제하고자 한다. 천하의 홀아비, 과부, 고아, 자활할 수 없는 자에게 헤아려 진휼하고자 한다[5].

---

3 우주에 운행되고 있는 元氣로서 만물을 구성한다는 5개의 원소로 金, 木, 水, 火, 土를 말한다. 오행의 질서가 무너지면 바로 지상에 영향을 미쳐 자연재해 등이 일어나 천명을 받은 통치자에게 위기를 초래할 수 있다는 세계관이다.

4 현재의 九州 중부의 熊本縣 소재의 阿蘇山의 화구로 예전에는 물이 고여 있었던 것같다 .

5 「戶令」32 「鰥寡」조에는, "凡鰥, 寡, 孤, 獨, 貧窮, 老疾, 不能自存者, 令近親收養, 若無近親 付坊里安, 如在路病患, 不能自勝者, 當界郡司, 收付村里安養, 仍加医療, 并勘問所由, 具注貫屬患損之日, 移送前所"라고 하는 진휼의 규정이 있다. 이중에서 본문에 나오는 '鰥寡孤獨'의 해석이다. 「戶令」 6에 의하면, 61세 이상을 老라고 하듯이 鰥는 61세 이상의 처가 없는 홀아비를 말하고, 寡는 老이면서 남편이 없는 여인으로, 『禮記』 『王制』의 疏에서는 老를 50세 이상으로 보기 때문에 寡는 50세 이상의 과부를 가리킨다. 「戶令」 6에서는 16세 이하를 小로 규정하기 때문에 孤(惸)는 16세 이하의 아버지가 없는 자이고, 獨은 61세 이상의 老로서 아들이

아울러 사찰마다 3일간 재계, 독경, 회과를 행하도록 한다. 바라건대, 백성을 구휼하고자 하는 마음이 천상에 이르러 영묘한 감응이 통치하는 영토를 감쌌으면 한다"라고 하였다. (이날) 生江臣家道女를 고향으로 돌려보냈다. 家道女는 越前國 足羽郡 사람이고, 항상 (경내의) 시전에서 죄와 복을 망령되게 교설하고, 백성들을 현혹시키고 있다. 세간에서 이르기를, 越의 優婆夷[6]이라고 하였다.

계축(24일), 造宮職[7]의 관위를 中宮職[8]에 준하게 하였다. 다만 大屬은 특별히 7위의 관으로 하였다.

정사(28일), 종3위 神王, 정3위 紀朝臣古佐美를 大納言으로 삼았다. 정4위하 石川朝臣眞守・大中臣朝臣諸魚에게 정4위상을 내리고, 종4위상 藤原朝臣内麻呂, 종4위하 和朝臣家麻呂[9]에게 정4위하를 내렸다.

○ 8월 기미삭, 일식이 있었다.

갑자(6일), 大和國에 산사태가 일어나 물이 범람해 東大寺 담장이 무너졌다.

을축(7일), 장마로 날이 개지 않아 기내의 제신사에 봉폐하였다. 筑後國에 홍수가 나 조를 내려 구휼하였다.

병인(8일), 사자를 보내 경내의 백성을 구휼하였다. 장마가 계속되어 곡물 가격이 폭등하였다.

없는 경우이다.

6 출가하지 않은 속세의 여성 불교신자로 3보에 귀의하고 5계를 받은 자. 이에 대해 남자는 優婆塞라고 한다.

7 宮殿의 조영을 위해 설치한 임시 관사. 장관은 造宮大夫이고 종4위하 상당. 延曆 24년(806)에 木工寮에 병합되었다.

8 中務省 소속으로 中宮에 관한 문서사무 및 서무를 담당한다. 中宮은 본래 太皇太后, 皇太后, 皇后의 총칭이지만, 특정 개인을 위해 설치된 관사이다. 예컨대, 聖武天皇의 생모인 藤原宮子, 桓武天皇의 생모인 高野新笠을 위해 설치한 관사라고 할 수 있다.

9 桓武天皇의 생모인 高野新笠의 부친 和乙繼(高野朝臣弟嗣)의 손이고, 환무천황과는 종형제이다. 延曆 5년(786)에 종7위상에서 7단계 승진한 종5위하에 서위되고, 伊勢大掾에 임명되었다. 동 7년에 造酒正, 内廐助, 治部大輔를 거쳐 延曆 11년(792)에 종5위상, 동 12년에 종4위하, 동 15년에 정4위하 참의에 서임되어 公卿의 위치에 오르게 된다. 延曆 17년에 종3위, 中納言에 임명되었고, 이후 中務卿, 宮内卿을 겸직하였다.

무진(10일), 内兵庫[10] 장관 외정5위하 尾張連弓張을 보내 佐比川橋를 조영시켰다. 山城國 사람 정6위상 大野朝臣犬養의 호적을 우경에 편적시켰다.

갑술(16일), 上野國 山田郡의 賀茂神과 美和神, 那波郡의 火雷神을 모두 官社[11]로 삼았다.

기묘(21일), (천황이) 경내를 순행하였다. 처음으로 正親司[12]의 史生 2인을 두었다. 이날, 칙을 내려, "제국의 지도는 내용이 소략하고 (제작된 지) 연수가 오래되어, 문자가 결락되고 없어진 것이 있다. 마땅히 다시 제작해야 한다. 무릇 국군, 향읍과 驛道의 원근, 명산대천의 모습을 구체적으로 기록하여 누락이 없도록 한다"라고 하였다.

계미(25일), (천황이) 대장성에 행차하여 근시하는 신하 이하에게 삼베를 차등있게 하사하였다.

병술(28일), (천황이) 登勒野에서 사냥을 즐겼다.

정해(29일), 左兵衛佐 종5위상 橘朝臣入居에게 右中弁을 겸직시키고, 右兵衛佐 종5위상 秋篠朝臣安人[13]에게 左少弁을 겸직시켰다.

○ 9월 기축삭, 칙을 내려, "(平安京으로) 천도 이래 지금 3년이 되었다. 牡山의 봉화가 서로 연결이 되지 않는다. 비상에 대비한 것인데 잠시라도 방치할 수 없다. 山城, 河内 양국의 상호 적당한 장소를 헤아려 봉수를 설치하도록 한다"라고 하였다.

계사(5일), 종5위상 阿保朝臣人上을 陰陽頭로 삼고, 播磨守는 종전대로 하였다.

병신(8일), 山城國 紀伊郡의 밭 2정을 典侍 종4위상 和氣朝臣廣虫에게 내렸다.

---

10 천황의 의장용 무기, 실용 무기를 제작하고 보관하는 병부성 산하의 관사. 장관은 正.

11 神祇官으로부터 폐백을 받아 봉폐하는 신사, 神名帳에 등재되고 祈年祭, 月次祭, 新嘗祭 등을 행한다.

12 宮内省 산하의 관사, 천황의 2세 이하 4세 이상의 친족의 名籍 및 황족에게 지급되는 季祿, 時服 등을 관장한다.

13 104쪽, 延曆 13년(794) 8월 계축조 각주 11 참조.

계묘(15일), 越前國 坂井郡의 公田 2정, 荒田[14] 84정을 諱〈淳和太上天皇〉에게 내렸다.

무신(20일), 山城國 葛野郡의 공전 2정을 종3위 和氣朝臣清麻呂에게 내렸다.

기유(21일), (천황이) 栗前野에서 사냥을 즐겼다.

을묘(27일), 山城國 사람 정6위하 御犬連廣額 등에게 御坂連의 성을 내렸다.

○ 동10월 기미(2일), 정6위상 御長眞人廣岳 등이 渤海國에서 돌아왔다. 그 왕의 서계에서 말하기를, "(大)嵩璘이 말씀드린다. 거친 파도를 헤치며 사자를 보내 정성과 예의로 전하는 일을 귀히 여기는 바이다. 큰 은혜를 입으면서 덧없이 우러러 바라만 볼 따름이다. 천황께서는 문득 돈독한 후의를 내려 사자를 보내니[15], 아름다운 위로와 안부의 말씀은 귀에 가득차고, 진기한 물품은 눈에 넘치고 있다[16]. 위를 우러러 보고 아래를 내려다 보면서 스스로 기뻐하며 삼가 위안과 희열의 마음이 더할 따름이다. (呂)定琳 등은 변경의 포로가 될 줄을 헤아리지 못하고 적지에 빠졌는데, 불쌍히 여겨 도움을 내리니 살아서 본국으로 돌아갈 수 있었다. (이것은) 하늘이 해준 것이고, 머물고 떠나는 것도 같이 하늘에 의한 것이다. (大)嵩璘은 덕이 부족함에도 다행이 좋은 때를 만나 官은 선왕의 작위를 잇고, 토지는 구래의 봉토를 통치하고 있다. (당황제의) 칙명의 策書[17]는 이 (延曆14년, 795) 겨울 중에 이르렀고, 金印紫綬[18]는 멀리 외부에 까지 빛나고 있다. 훌륭한 나라와 예의를 닦아 귀국과 교린을 맺고, 세시로 배견하기 위해 범선을 보내고자 한다.

---

14 荒田은 홍수 등 자연재해나 용수시설를 관리하기 어려워 경작하지 않은 전지, 損田을 말한다. 미개간지인 황무지 즉 荒地와는 구별된다.

15 일본에 파견된 발해사를 본국으로 귀국시키는 送渤海客使을 말한다.

16 발해왕의 이 발언은 延曆 15년(796) 5월 정미조에 나오는 일본천황의 발해국왕에게 보내는 璽書를 가리킨다. 진기한 물품은 발해에 보낸 예물이다.

17 당 황제가 大嵩璘을 발해왕으로 임명한 사령장. 책봉관계를 말함. 『舊唐書』(貞元) 11년 (794) 2월조에, "遣內常侍 殷志瞻册大嵩璘, 爲渤海郡王"이라고 기술되어 있다.

18 중국의 漢代에서 제도화된 관인의 신분증명으로 印과 綬가 주어진다. 중국의 책봉체제에 있는 주변제국의 왕, 수장 등 에게도 수여되는데, 신분에 따라 金印紫綬, 銀印靑綬, 銅印의 黑綬, 黃綬가 있다.

(배의 자재로 쓸) 크고 좋은 목재는 이 영토에서는 구하기 어렵고, 작은 배를 바다에 띄우면 침몰할 위험이 있다. 또 바다로 이끌고 가도 순조롭지 않아 蝦夷의 해를 당하지 않을까 걱정이다. 비록 융성한 교화를 흠모해도 (교통이) 험난해 어찌할 바 모르겠다. 만약 예로부터의 오랜 수호를 이어서 다행이 왕래를 허락해 준다면, 보내는 사자의 숫자는 20인을 넘지 않고, 이것을 한도로 영원히 규칙으로 삼겠다. (사절파견의) 간격의 햇수는 그쪽의 재량에 맡기고, (기한의) 결정을 알리는 사자는 내년 가을까지 보내주었으면 한다. 왕래의 기한을 허락해 준다면, 선린관계를 항상 유지하고자 한다. 일이 바라는 바와 다르면, 신뢰관계에 도움이 되지 않는다. 보낸 명주 20필, 비단 20필, 견사 1백구, 목면 2백둔은 수량대로 수령하였다. 지금 (御長)廣岳 등은 대략 사자의 임무를 마치고, (귀국의) 뜻을 구할 때, (천황이) 새로 표시한 은혜에 감사의 답례로 사자를 보내려고 하는데, 사자 등은 본국의 뜻을 아직 받지 못했기 때문에 사양한다고 하였다. 따라서 감히 머물게 할 수 없어 뜻에 따르고 마음에 맡기도록 하였다. 삼가 (사자가) 돌아가는 편에 토산물을 보낸다. 구체적인 것은 별도의 서장에 기록하였다. 보잘 것 없는 것임을 스스로도 알고있어 부끄러움을 참을 길 없다"라고 하였다.

신유(4일), 정6위상 御長眞人廣岳에게 종5위하를 내리고, 정6위상 桑原公秋成에게 외종5위하를 내렸다. 함께 사자로서 (천황의) 뜻을 받든 공을 칭찬하기 위해서이다.

임술(5일), (천황이) 大原野에서 사냥을 즐겼다. 처음으로 典藥寮[19]에 史生 4인을, 造酒司[20]에 史生 2인을 두었다.

계해(6일), (천황이) 紫野에서 사냥을 즐기고 5위 이상에게 의복을 하사하였다.

병인(9일), (천황이) 日野에서 사냥을 즐기고 5위 이상에게 의복을 하사하였다.

---

19 국내성 소속의 典藥寮는 궁정관인의 치료, 의료인의 양성 및 약초재배 관리를 담당한다. 천황의 치료를 담당하는 內藥司와 대비를 이룬다. 寬平 8년(896)에 內藥司를 병합하여 조정의 의료를 총괄하였다.

20 宮内省 소속으로 술, 식초를 만들고 節會 등에 술을 제공하는 관사.

무진(11일), 造宮職 筭師[21]를 종8위관으로 삼았다.

신미(14일), 처음으로 主鷹司에 史生 2인을 두었다.

임신(15일), 이보다 앞서, 渤海國王이 올린 서계에는 문체에 정해진 형식이 없고, 말에 불손함이 많았다. 지금 올린 서계는 수미가 일관되어 있고 예를 잃지 않아 성의있는 말을 볼 수가 있다. 군신들이 표를 올려 축하하여 말하기를, "臣 神王[22] 등이 말씀드린다. 신이 듣건대, 대인이 지도자에 있을 때에는, 덕을 근본으로 삼고, 현명한 왕이 세상에 임할 때에는 원방의 사람까지 품는 일을 존숭한다. 따라서 은대에는 사방에서 어진 자비에 귀복하였고, 주 시대에는 九夷[23]가 귀순하였다. 삼가 생각하건대, 천황폐하는 하늘을 우러러 헌장을 만들고 지상을 지배하는 법규를 이루었다. 일본 전역에 (지배가) 미치니 흠모하는 소리가 자자하고, 구역마다 풍속의 교화를 펼쳐 화합으로 나아가게 한다. 실로 하늘의 제왕을 낳아 기르고, 백왕을 품에 안고 따르게 하는 분이다. 근자에 渤海使를 보낸 사절 御長廣岳 등이 돌아왔다. 삼가 그 나라에서 올린 서계를 보면, 말에 공손함과 마음에 예의를 볼 수가 있다. 중간의 잘못된 태도를 뉘우치고, 선조가 남긴 자취를 회복하였다. 더욱이 산을 따라 바다를 건너는 왕래의 험로를 생각하지 않고, 스스로를 극복하고 과오를 바로잡아 처음으로 조공의 연한을 청하였다. 무릇 (요임금 때에) 서방에서는 (戎이) 백옥의 가락지를 공상하고, (주 무왕 때에) 동방에서는 (肅愼이) 호(楛)나무로 만든 화살을 보낸 것과 같은데, 어찌 (종전의 조공과) 같은 날로

---

21 계산의 업무를 담당하는 算師. 주로 調, 庸 업무의 主計寮, 租稅 업무의 主稅寮 등에 배치되었다.

22 伯父인 光仁天皇이 즉위하면, 2세왕의 예우로 大藏卿, 참의에 오른다. 桓武朝에 들어가면, 議政官으로 활동하며, 中納言, 大納言을 거쳐 延曆 17년(798)에 종2위 우대신에 서임되어 태정관의 수반이 된다.

23 『後漢書』東夷傳에는 九夷에 대해, 畎夷, 于夷, 方夷, 黃夷, 白夷, 赤夷, 玄夷, 風夷, 陽夷가 나온다. 이와 유사한 사례로 『삼국유사』에도 「海東安弘記」에 인용된 日本, 中華, 吳越, 托羅, 鷹遊, 靺鞨, 丹國, 女狄, 穢貊이 기록되어 있다. 이들 제국은 황룡사 9층목탑의 9개 층에 대응하여 신라국이 극복, 복속해야 할 대상국으로 나온다.

(비교해) 말할 수 있겠는가. 신들은 다행히 황공스러운 것은 周의 조정에 가듯이 (천황의 조정에 출사하여) 특별한 경사를 만날 수 있었다. 기쁨을 참을 수가 없어 삼가 궁궐에 나아가 표를 올려 아뢴다"라고 하였다. (이에 천황이) 조를 내려 말하기를(宣命體), "바친 표문은 읽었다. 그런데 경들이 힘써 공봉함에 따라 해외의 국도 순종하여 섬기게 되었다고 생각하여, 기뻐한다고 하신 천황의 말씀을 모두 듣도록 하라"고 하였다. (이날) 정4위상 因幡國造 淨成女가 죽었다. 淨成女는 원래 因幡國 高草郡의 채녀였다. 천황이 특별히 총애하여 마침내 顯位에 이르렀다.

계유(16일), 志摩國에 기근이 들어 사자를 보내 진휼하였다. 이날, (천황이) 登勒野에서 사냥을 즐겼다.

기묘(22일[24]), 陸奧國의 박사, 의사의 관위는 少目에 준하게 하였다[25]. 陸奧國 多賀神에게 종5위하를 수여하였다. 이보다 앞서 40인의 승을 청하여 7일간 궁중에서 藥師悔過[26]를 행하였다. 이날, 행사를 마쳤다.

갑신(27일), 종5위상 橘朝臣安麻呂를 少納言으로 삼고, 정5위상 大原眞人美氣를 諸陵頭로 삼고, 외종5위하 尾張宿禰弓張을 主油正[27]으로 삼고, 외종5위하 桑原公秋成을 大和介로 삼고, 정5위하 巨勢朝臣野足을 下野守로 삼고, 종5위하 多治比宿禰眞淨을 肥後介로 삼고, 종5위하 三諸朝臣綿麻呂를 近衛將監으로 삼고, 종5위하 藤原朝臣最乙麻呂를 內兵庫正으로 삼았다. 近衛少將 종4위하 坂上大宿禰田村麻呂[28]에게 鎭守將軍을 겸직시키고, □□□을 軍監으로 삼았다. 鼓吹

---

24 『三代類聚格』5, 延曆 15년(796) 10월 乙酉에 陸奧國의 박사, 의사의 관위상당제 官符 기사가 나온다. 여기에는 일간지가 己卯가 아닌 乙酉로 되어 있다.

25 「職員令」80에는 제국의 박사, 의사는 국별로 1인씩 둔다고 되어 있다. 직무는 學生, 醫生을 가르치고, 국아의 행정사무도 담당하였다. 少目은 국사의 4등관, 少目의 관위 상당은 종8위하이다. 陸奧國과 같은 대국에서는 少目과 함께 大目도 설치되었다.

26 약사여래에 대한 죄과를 참회하는 의식.

27 主油司의 장관, 主油司는 궁내성 소속으로 제국에서 調의 副物로 공상되는 동물성 기름(猪油), 식물성 기름(胡麻油, 麻子油 · 荏油, 曼椒油)을 관리한다. 식용, 약용, 공예용 기름도 취급하고, 그 중심에는 등화용 기름이 있다.

28 97쪽, 延曆 13년(794) 6월 갑인조 각주 46 참조

司[29]의 피리부는 자의 명칭을 吹部로 정하고, 정원은 34인을 두었다. 大寶 이래 혹은 吹人이라고 주기하고, 혹은 角吹로 나타나기도 하고, 혹은 番上이라고 칭하고 혹은 吹部라고 호칭하였다. 명칭은 일정하지 않고 인원수도 또한 정해지지 않았다. 지금 명칭을 吹部라고 정하고, 雅樂寮의 雜色生에 준하여 호적을 조사하기로 하였다.

○ 11월 무자삭, 曲宴을 개최하고, 근시하는 신하 이상에게 피복을 내렸다.

기축(2일), 천황이 北野에서 사냥을 즐겼다. 河内國 志紀郡의 荒田 1정을 정7위하 秋篠朝臣清野에게 주었다. 陸奧國의 伊治城, 玉造塞은 거리가 35리나 된다. 중간에 역을 설치하여 긴급상황에 대비하게 하였다.

신묘(4일), 陸奧國 사람 종5위하 道嶋宿禰赤龍을 우경에 호적을 편적하였다.

임진(5일), 고 우대신 종1위 藤原朝臣繼繩에게 득도자 7인을 주었다. 외정6위상 上毛野朝臣益成·吉彌侯部弓取·巨勢部楯分·大伴部廣椅·尾張連大食에게 외종5위하를 내렸다. 전쟁의 공로가 있었기 때문이다.

을미(8일), 조를 내리기를, "周 왕조가 曆을 장악하여[30] 재화를 담당하는 9부를 열고, 漢 왕조의 시기가 되면, 鑄錢을 담당하는 3관을 설치하였다. 錢으로서 有無를 교역하여 균등하게 이익을 얻듯이 국의 내외를 통해 편의를 도모할 수 있었다. 백성을 구제하는 요체가 국익의 훌륭한 정책이다. 그러한 즉, 시의에 적절하게 화합하고, 현명하고 밝은 지도자는 힘써 성과를 이룬다. 가벼운 (재화인) 錢으로 큰 가치를 만들어 낸다. 여기에 원금과 이자가 병행한다[31]. 요즈음 私鑄錢이

---

29 병부성 소속으로 군대를 지휘하기 위해 鼓吹에 의한 신호체계의 陣法을 교습한다. 鼓吹戶, 鼓吹師, 鼓吹生이 소속되어 있다. 피리 종류에는 大角, 小角이 있고, 전투시에는 징, 북을 사용한다. 「喪葬令」에 의하면, 친왕, 3위 이상의 귀족, 大納言 이상의 장례에도 이들 악기가 사용된다. 大同 3년(808)에 治部省 喪儀司를 병합했는데, 寬平 8년(896)에 左右兵庫, 造兵 2司와 함께 兵庫寮로 통합되었다.

30 曆의 제작과 실행은 황제의 고유권한이기 때문에 曆의 장악은 권력을 장악하고 다스린다는 의미이다.

31 원문의 母子는 원금과 이자, 요컨대 錢을 빌려주고 이자를 받는 이른바 出擧가 원활하게 행

번성하여 악전으로 인해 분규가 발생하고, 교역을 행함에 이미 (그 가치가) 낮아지고 있어, 이를 축전해도 재보로 사용할 수 없다. 이를 금지하려고 해도 갑자기 정리하기가 어려워 모름지기 사안을 공평하게 헤아려 폐단을 구제하려고 한다. 이에 새롭게 新錢을 만들어 그 가치를 증가시키고자 한다. 문안은 隆平永寶라고 하고, 신전 1을 구전 10에 해당시켜 (신구전을) 아울러 통용시킨다. 다만 구전은 내년부터 시작하여 4년에 한정하고, 그 후에는 폐지하도록 한다"라고 하였다. 伊勢, 參河, 相摸, 近江, 丹波, 但馬 등에 국의 부녀 각 2인을 陸奧國에 보내, 2년을 기한으로 양잠을 교습시키게 하였다.

정유(10일), 무위 嶋野女王 · 百濟王孝法[32] · 百濟王惠信[33] · 和氣朝臣廣子 · 橘朝臣常子 · 紀朝臣内子 · 紀朝臣殿子 · 藤原朝臣川子 · 錦部連眞奴 등에게 종5위상을 내렸다. 무위 弓削宿禰美濃人에게 종5위하를 내렸다.

경자(13일), 칙을 내려, "공납의 근본은 토산물에 의한 것이다. 물자가 산출되지 않으면 백성에게 근심이 된다. 지금 備前國은 원래 가래와 철이 없어 調를 바칠 때마다 항상 주변국으로부터 구매한다. 지금 이후로는 철의 공납을 정지하고, 견직물이 아니면 명주실로 해서 편의에 따라 바치도록 한다"라고 하였다.

신축(14일), 처음으로 新錢을 통용하였다. (신전을) 伊勢神宮, 上下賀茂 2社, 松尾社에 바치고, 또 7대사 및 野寺에 시입하였다. 황태자 親王 이하의 직사관 정6위 이상, 승도, 율사 등에게 각각 차등있게 하사하였다.

갑진(17일), 군신에게 연회를 베풀고 각각 비단을 차등있게 하사하였다. 종4위상 和氣朝臣廣虫에게 정4위상을 내리고. 무위 藤原朝臣名子에게 종5위상을, 외종5위하 刀佩首廣刀自에게 종5위하를 내렸다.

무신(21일), (천황이) 日野에서 사냥을 즐겼다. 相摸, 武藏, 上總, 常陸, 上野, 下野, 出羽, 越後 등의 국의 백성 9천인을 징발하여 陸奧國 伊治城에 이주시켰다.

해지는 모습을 말한다. 당시 錢의 出擧는 月借錢이라고 한다.

32 延曆 16년 2월에 남자 관인과 동등하게 位田을 받았다.

33 延曆 16년 2월에 남자 관인과 동등하게 位田을 받았고, 동 23년 7월에 정5위상에 서위되었다.

기유(22일), 천하 제국에 명하여 도망친 飛驒工[34]을 수색하여 체포하고, 만약 숨겨준 자가 있다면, 위칙죄로 처벌하게 하였다. 安藝國 沼田郡의 채녀 佐伯直那賀女에게 외종5위하를 내렸다.

병진(29일), (천황이) 栗栖野에서 사냥을 즐겼다.

○ 12월 신유(4일), 종5위하 多治比宿禰眞淨을 內匠頭로 삼고, 정4위하 藤原朝臣雄友에게 中衛大將을 겸직시키고 참의는 종전대로 하였다. 종4위하 三嶋眞人名繼를 左衛士督로 삼고, 종5위하 藤原朝臣淸主를 內廐頭로 삼고, 종5위하 都努朝臣筑紫麻呂를 助로 삼고, 외종5위하 阿倍安積臣繼守에게 외종5위상을 내렸다. 동으로 만든 혁대 착용을 금지하였다. 錢을 주조하는데 (동을) 확보하기 위해서이다.

계해(6일), 大和國 十市郡의 荒田 1정을 左衛士督 종4위하 三嶋眞人名繼에게 주었다.

병인(9일), 조를 내리기를, "황친의 음서는 令 조문에 상세하다. 그런데 종실의 후사는 이미 지족이 많다. 고위 반열에 더하려고 해도 두루 미치기는 어렵다. 이에 출사하려고 해도 위계가 없고, 백발이 되어도 선택받지 못하고 있다. 이를 돌이켜 생각하면, 실로 불쌍히 여기지 않을 수 없다. 마땅히 4세, 5세왕 및 5세왕의 적자는 만 21세가 된 자에게는 정6위상에 서위한다. 다만 서자는 1단계 낮춘다. 지금 이후로는 영원히 통례로 한다"라고 하였다.

신미(14일), (천황이) 경내를 순행하였다. 바로 3품 朝原內親王의 저택에 들려, 5위 이상에게 물품을 내렸다.

무인(21일), 出雲臣家繼를 土左國에 유배보냈다. 家繼는 숙부 乙上과 불화하고, 서로 중상 모략하여 일이 발각되자 죄를 받게 되었다. 乙上은 (좌천되어) 佐渡國의 임시 目[35]에 임명되었다. 직무에는 참여하지 못하고 단지 公廨料를 지급

---

34 飛驒國의 농민이 노역으로 공상되어 木工寮 등의 건축관련 관사에 배속된 자를 말한다. 1 里에 10인씩 匠丁으로 징발하였다.

35 국사의 4등관, 大國에는 大目, 少目이 있다

받을 뿐이었다.

신사(24일), 소승도 行賀를 대승도로 삼았다.

병술(29일), 칙을 내려, 유배인 氷上川繼의 과역을 면제하였다. (이날) 陸奧國
사람 외소초위하 吉彌侯部善麻呂 등 12인에게 上毛野陸奧公의 성을 내렸다.

◎ 延曆 16년(797) 춘정월 무자삭, 황제가 대극전에 어림하여 신년하례를 받았
다. 大宰府에서 흰 참새를 바쳤다. 前殿에서 근시하는 신하 이상에게 연회를 베
풀고 피복을 하사하였다.

갑오(7일), 5위 이상에게 연회를 베풀고 묶은 비단을 차등있게 내렸다. 종5위
상 篠嶋王에게 정5위하, 정6위상 坂本王 · 安曇王에게 종5위하를, 종4위하 百濟
王玄鏡[36] · 藤原朝臣乙叡 · 多治比眞人海에게 종4위상을, 정5위하 紀朝臣作良 ·
羽栗臣翼 · 橘朝臣綿裳에게 정5위상을, 종5위상 阿保朝臣人上 · 藤原朝臣大繼 ·
紀朝臣□□에게 정5위하를, 종5위하 藤原朝臣仲成 · 藤原朝臣今川 · 蜷淵眞人岡
田 · 和朝臣入鹿麻呂[37]에게 종5위상을, 외종5위상 麻田連眞淨[38] · 伊勢朝臣諸人,
정6위상 多治比眞人道作 · 淡海眞人福良麻呂 · 多治比眞人今麻呂 · 大原眞人眞
福 · 藤原朝臣星雄 · 大中臣朝臣諸人 · 紀朝臣永繼 · 粟田朝臣入鹿 · 大野朝臣犬養
· 安倍朝臣家守 · 大伴宿禰大關 · 平群朝臣廣道 · 田口朝臣息繼 · 百濟王聰哲[39] ·

---

36 百濟王敬福의 아들, 桓武朝 延曆 2년(783)에 종5위상에 서위되고, 少納言, 右兵衛督을 거쳐
    연력 6년에 桓武天皇이 交野에 순행할 당시, 일족이 백제악을 연주하여 이때 百濟王玄鏡은
    정5위하에 서위된다. 연력 8년에는 上總守에 임명되었고, 동 18년에 刑部卿으로 승진하였다.

37 백제 무령왕을 조상으로 하는 和史氏의 후예 씨족, 大同 원년(806) 정월에 伊勢守에 임명되
    었고, 동년 2월에 神祇伯 겸 常陸守가 된다.

38 麻田連氏는 天智 2년(663) 백강전투에서 패배해 일본으로 망명한 백제의 달솔 答㳵春初의
    후손이다. 정7위상 答㳵陽春은 神龜 원년(724)에 麻田連으로 개성하여 그 일족은 麻田連의
    성을 갖게 되었다. 麻田連眞淨은 天平神護 3년(767)에 稱德天皇이 대학료에 와서 釋尊 의식
    을 행할 때에 直講으로 행사를 주관하였다. 이때 종8위하에서 8단계 승진한 종6위하가 되
    었다. 主稅助를 거쳐 延曆 7년에 대학박사에 임명되었다.

39 延曆 16년(797) 정월에 出羽守, 동 24년 9월에 主計頭, 大同 원년(806) 5월에 越後守에 임명

佐伯宿禰鷹成·石川朝臣道益·和朝臣建男[40]·安倍小殿朝臣野守·中臣丸朝臣 豊國에게 종5위하를, 정6위상 錦部連春人·民忌寸廣成·山口忌寸諸上·林宿禰 沙婆·中科宿禰巨都雄[41]에게 외종5위하를 내렸다.

무술(11일), 정6위상 槻本公奈弖麻呂·嵩山忌寸道光에게 외종5위하를 내 렸다.

경자(13일), 陸奥國 白川郡 사람 외□8위□ 大伴部足猪 등에게 大伴白河連의 성을 내렸다. 曰理郡 사람 五百木部黒人에게 大伴曰理連을, 黒河郡 사람 외소 초위상 大伴部眞守, 行方郡 사람 외소초위상 大伴部兄人 등에게 大伴行方連을, 安積郡 사람 외소초위상 丸子部古佐美·大田部山前·富田郡人丸子部佐美, 小 田郡 사람 丸子部稲麻呂 등에게 大伴安積連을, 遠田郡 사람 외대초위상 丸子部 八千代에게 大伴山田連을, 磐瀬郡 사람 □□□에게 大伴宮城連을 내렸다. 종4위 하 三嶋眞人名繼를 大和守로 삼고, 종5위하 淡海眞人眞直을 伊勢介로 삼고, 종5 위상 高橋朝臣祖麻呂를 駿河守로 삼고, 종5위하 百濟王元勝[42]을 安房守로 삼고, 종5위하 大野朝臣犬養을 上總介로 삼고, 大外記 외종5위하 中科宿禰巨都雄에게 常陸少掾을 겸직시키고, 종5위하 大神朝臣仲江麻呂를 美濃介로 삼고, 종5위하

되었고, 동 3년 정월에 정5위하에 서위되었고, 동년 6월에 刑部大輔를 역임하였다.

40 백제 무령왕을 조상으로 하는 和史氏의 후예 씨족, 延暦 16年(797)에 大宰大監에 서임되었 고, 동 24년에 近江介, 平城朝 大同 3년(808)에 治部少輔, 동 4년에 駿河守가 되었고, 弘仁 4 년(813)에 遠江守에 임명되었다.

41 延暦 10년(791)에 津連으로부터 中科宿禰로 개성하였다. 津連氏는 王辰爾를 조상으로 하는 백제계 도래씨족의 후예, 延暦 7년(788)에 少外記, 동 12년에 大外記에 임명되었다. 동 16 년에 외종5위하에 서위되었고, 동년 2월에 菅野眞道, 秋篠安人 등과 함께『續日本紀』편찬 을 완료하여, 종5위하에 서위되었다. 동 17년에 巨都雄에서 善雄으로 개명하였고, 동 19년 에 伊豫介로 지방관에 부임하였다. 嵯峨朝 弘仁 5년(814)에 황태자 大伴親王의 동궁학사에 임명되었고, 동 8년에 종5위상에 서위되었다. 한시문에도 밝아『凌雲集』,『經國集』에도 작 품이 수록되어 있다.

42 延暦 23년(804) 4월에 内兵庫正, 大同 원년(806) 2월에 鍛冶正에 임명되고, 동 3년 11월에 종5위상에 서위되었고, 동 4년에 大判事에 임명되었다. 弘仁 13년(822)에 정5위하, 天長 3 년(826)에 정5위상에 서위되었다.

百濟王聰哲[43]을 出羽守로 삼고, 종5위하 大枝朝臣眞仲을 能登守로 삼고, 종5위하 石川朝臣道益을 但馬介로 삼고, 종5위하 安倍朝臣家守를 伯耆介로 삼고, 종5위하 紀朝臣眞賀茂를 石見守로 삼고, 종5위하 石川朝臣嗣人을 備後守로 삼고, 외종5위하 山口忌寸諸上을 (備後)介로 삼고, 종5위하 巨勢朝臣訓備를 安藝守로 삼고, 외종5위하 林宿禰沙婆를 (安藝)介로 삼고, 종5위하 多治比眞人今麻呂를 肥後介로 삼았다.

신축(14일), 傳燈大法師位 善珠를 승정으로 삼고, 傳燈大法師位 等定을 대승도로 삼고, 傳燈大法師位 施曉를 소승도로 삼았다.

임인(15일), 長岡京의 토지 1정을 종4위하 菅野朝臣眞道[44]에게 주었다.

계묘(16일), 5위 이상에게 연회를 베풀고 祿을 하사하였다.

갑진(17일), (천황이) 朝堂院에서 활쏘기를 관람하였다.

병오(19일), (천황이) 水生野에서 사냥을 즐겼다.

정미(20일), (천황이) 경내를 순행하였다.

기유(22일), 大和國의 벼 3백속을 승정 善珠法師의 제자인 승 慈厚에게 시주하였다, 태만하지 않고 스승을 섬겼기 때문이다. 종5위하 粟田朝臣入鹿를 中務少輔로 삼고, 외종5위하 內藏宿禰賀茂麻呂를 主計助로 삼았다.

경술(23일), 칙을 내려, "참의 이상 좌우대변, 8성의 卿은 맡은 임무가 이미 높은 곳에 있고, 많은 관사에서 우러러 보는 바이다. 그런데 (이들 고관이) 국사를 겸직하고 있는 국에서 공문을 송부하면, 이로 인해 (고관이) 제관사에 가서 대면하게 되는데, (관할 관사에서는) 일처리에 어려움을 겪게 된다. 지금 이후로는 (겸직하는 고관에게) 공문을 보내는 것을 정지한다"라고 하였다. 壹伎嶋에 기근에 처해있는 백성에게 물품을 내려 구휼하였다.

신해(24일), 能登國의 羽咋, 能登 2군의 관에 몰수된 전지 및 야지 77정을 尙侍

---

43 145쪽, 延曆 16년(797) 춘정월 갑오조 각주 39 참조.
44 93쪽, 延曆 12년(793) 9월 무인조 각주 31 참조

종3위 百濟王明信[45]에게 주었다.

임자(25일), (천황이) 大原野에서 사냥을 즐겼다. 이날, 칙을 내려, "山城國의 愛宕郡, 葛野郡 사람은 매사 사람이 죽으면 편의적으로 집 근처에 매장하고 있는데, 쌓이고 상습화되어 있다. 지금 京師에 근접해 있어 부정을 피해야 한다. 마땅히 國郡에 알려 엄하게 금단한다. 만약 잘못을 범하면 畿外로 호적을 옮기게 한다"라고 하였다.

계축(26일), (천황이) 近東院으로 행차하여 5위 이상에게 연회를 베풀고 차등 있게 錢을 내렸다.

갑인(27일), 阿波國의 驛家□, 伊豫國 11개, 土左國 12개 역가를 폐지하고, 새로 土左國 吾椅, 舟川 2역을 설치하였다.

○ 2월 정사삭, (천황이) 경내를 순행하였다. 山城國 相樂郡의 전지 2정 6단을 내려 증 우대신 종2위 藤原朝臣百川의 묘지로 삼았다.

기미(3일), 內廐寮[46]에 史生 4인을 두었다. 이날, 曲宴이 있었다. 5위 이상에게 목면을 차등있게 내렸다.

신유(5일), (천황이) 北野에서 사냥을 즐겼다.

계해(7일), 칙을 내려, 종5위상 嶋野女王・百濟王孝法[47]・百濟王惠信[48]・和氣朝臣廣子・橘朝臣常子・紀朝臣內子・紀朝臣殿子・藤原朝臣川子・錦部連眞奴, 종5위하 弓削宿禰美濃人 등의 位田은 남자에 준해서 지급하게 하였다.

을축(9일), 외종5위하 內藏宿禰賀茂麻呂를 大外記로 삼고, 종5위하 淨野宿禰

---

45 우경대부 百濟王理伯의 딸, 조부는 百濟王敬福이고, 우대신 藤原朝臣繼繩의 부인이다. 寶龜 원년(770)에 정5위하, 동 6년에 정5위상, 延曆 2년(783)에 정4위상 동 6년에 종3위, 延曆 16년에 尙侍가 되었고, 동 18년에 정3위에 이른다. 弘仁 6년(815)에 사망하여 종2위에 추증되었다.

46 궁중의 의례, 병사에 사용되는 말을 관장하는 役所.

47 百濟王氏의 여성, 延曆 15년(796) 11월에 무위에서 종5위상에 서위되었다. 부친의 음서에 의해 서위된 것으로 보인다. 친족 계보에 대해서는 알 수 없다.

48 延曆 15년(795) 11월에 무위에서 종5위하에 서위되었고, 동 23년 7월에 정5위상에 서위되었다.

最弟에게 縫殿頭[49]를 겸직시키고, 左衛士大尉 近江國 掾은 종전대로 하였다. 외종5위하 槻本公奈弓麻呂를 內藏助로 삼고, 종5위하 淡海眞人福良麻呂를 治部少輔로 삼고, 외종5위하 上道朝臣廣成을 玄蕃助로 삼고, 종5위하 平群朝臣廣道를 主計助로 삼고, 참의 종4위상 藤原朝臣眞友에게 大藏卿을 겸직시키고, 우경대부는 종전대로 하였다. 종5위하 中臣丸朝臣豐國을 主殿助로 삼고, 종5위하 田中朝臣淨人을 造酒正으로 삼았다. 대납언 정3위 훈4등 紀朝臣古佐美에게 東宮傅를 겸직시키고, 식부경은 종전대로 하였다. 문장박사 외종5위하 賀陽朝臣豐年에게 (東宮)學士를 겸직시키고, 右大弁 종4위하 藤原朝臣葛野麻呂에게 春宮大夫를 겸직시켰다. 종4위상 藤原朝臣乙叡를 越前守로 삼고, 左京大夫, 中衛大將은 종전대로 하였다. 대판사 종5위하 藤原朝臣縵麻呂에게 因幡守를 겸직시켰다. 정5위하 橘朝臣入居를 播磨守로 삼고, 右中弁, 左兵衛佐는 종전대로 하였다. 종5위하 多治比宿禰眞淨을 讚岐介로 삼고, 참의 정4위하 藤原朝臣雄友를 大宰帥로 삼고, 종5위하 和朝臣建男[50]을 大尉로 삼았다.

기사(13일), 이보다 앞서 거듭 칙을 내려, 종4위하 行民部大輔 겸 左兵衛督, 皇太子學士 菅野朝臣眞道[51], 종5위상 守左少弁 겸 行右兵衛佐, 丹波守 秋篠朝臣安人[52], 외종5위하 行大外記 겸 常陸少掾 中科宿禰巨都雄 등에게 『續日本紀』를 편찬하게 하였다. 이에 이르러 완성되었다. (이에 菅野朝臣眞道가) 상표하여 말하기를, "신은 듣건대, '三墳五典[53]에는 上代의 모습이 전해지고 있고, 왕의 언동을 기록하는 左史, 右史로부터 중세의 사적이 기록되었다. 이후부터는 세상에 사관이 놓여지게 되었다. 선은 비록 작더라도 반드시 기록하고 악은 미세하더라도 은폐하지 않았다. 사적에 기록된 공업은 많은 왕자의 모범이 되고, 밝은 경계는 천

---

49 縫殿頭는 縫殿寮의 장관, 궁중의 의복 제조를 감독하고 後宮 女官의 인사를 담당하였다.
50 146쪽, 延曆 16년(797) 춘정월 갑오조 각주 40 참조.
51 93쪽, 延曆 12년(793) 9월 무인조 각주 31 참조
52 104쪽, 延曆 13년(794) 8월 계축조 각주 11 참조.
53 三皇五帝 때의 전설상의 전적을 말한다.

년에 걸쳐 도움이 된다'고 한다. 삼가 생각해 보면, 천황폐하는 주의 문왕보다도 밝게 비추고, 요임금과 같이 성도에 통달하고, 세상의 구석구석까지 비추는 明鏡 을 갖고 천하를 통치하고 깊은 도리를 체현하여 전국에 임하고, 자애는 渤海의 북쪽까지 미쳐 貊種을 심복시키고, 위세는 日河의 동쪽까지 떨쳐 蝦夷, 狄人을 진압하였다. 전대에 교화되지 않은 자들을 교화하였고, 不臣의 자들을 신종시켰다. 고산과 같은 높은 덕이 없으면 누가 능히 이를 해냈겠는가. 정치를 행하는 사이에 틈을 내어 국사에 관심을 갖고 (菅野朝臣)眞道 등에게 칙을 내려 국사를 편찬해서 이제까지의 (천황의) 공업을 칭송하도록 하였다. 무릇 天平寶字 2년(758)부터 延曆 10년(791)에 이르는 34년간의 일을 20권을 전년에 완성하여 주상하였다. 다만 文武天皇 원년(697)에서 天平寶字 원년(757)에 이르는 총 61년에 대해서는, 초안 30권이 있지만 내용이 일상적인 것이고, 사적 또한 소략하고 누락되어 있다. (이에) 前朝에서 고 중남언 종3위 石川朝臣名足, 형부경 종4위하 淡海眞人三船, 형부대보 종5위상 當麻眞人永嗣 등에게 조를 내려, 권을 나누어 찬수하여 前紀를 잇게 하였다. 그러나 舊案에 구애받아 끝내 간행하지 못하고 진상한 것은 29권 뿐이었다. 寶字 원년(770)의 紀는 완전히 없어져 존재하지 않는다. 臣등은 제관사에 있는 자료를 조사하고 옛 일을 故老에게 물어 산일된 부분을 철해 서술하고 결문을 보충하였다. 바른 의론과 책략으로 후세에 전해도 족한 것은 모두 기술하고, 작은 일이나 일상적인 일로 기록할 필요가 없는 것은 함께 생략하여 모두 20권으로 축소하여 간행하였다. 앞서의 것과 합쳐 95년 40권으로 하였다. 처음 草創부터 斷筆까지 7년이 걸렸고, 淨書를 모두 마쳤다. 목록은 별도로 기록하였다. 이제까지의 천황의 훌륭한 점을 명확히 하고, 천지와 함께 교화에 도움이 되고, 선을 권장하고 악을 징벌하는, 만대에 전하는 거울로 삼고자 하였다. 신들은 경솔하게 좁은 지견으로 국사를 편찬하였다. 어리석음으로 (오랜) 세월이 지나게 되어 삼가 두려움이 더한다. 삼가 봉진하여 궁중의 策府[54]에 수납하

---

54 延曆 13년(794) 8월조의 秘府, 圖書寮를 말한다.

고자 한다"라고 하였다.

이날, 조를 내려(宣命體), "천황의 詔旨로 말씀하기를, 菅野眞道朝臣[55] 등 3인은 전일『日本紀[56]』이래 아직 편수가 이어지지 않고 있는 오랜 천황의 시대의 일을 조사하여 편찬을 이루어『續日本紀』40권을 바친 노고에 대해, 공적을 기리고자 생각한다. 고로 이에 관위를 올려주고자 한다는 말씀을 듣도록 하라"고 하였다. 종4위하 菅野朝臣眞道에게 정4위하를 내리고, 종5위상 秋篠朝臣安人[57]에게 정5위상을, 외종5위하 中科宿禰巨都雄에게 종5위하를 내렸다.

신미(15일), 칙을 내려, "고 종3위 훈2등 坂上大宿禰苅田麻呂[58], 정4위상 훈2등 道嶋宿禰嶋足 등은 寶字의 해에 갑자기 예기치않은 사태[59]를 만나 몸을 돌보지 않고 분투하여 함께 공적을 올렸다. 이에 훈공을 서위하는 날에 2등을 내리고, 공전 20정을 더해 주고, 모두 그 아들에게 상속하게 하였다. 그런데 후에 특별히 (道嶋宿禰)嶋足에 대해 대공으로 준해서 사여받은 전지는 대대로 끊이질 않게 (상속)하였다. 공적은 (坂上大宿禰苅田麻呂와) 이미 동등한데, 어떻게 포상을 달리할 수 있는가. 공적에 보답하는 기준은 아마도 미비함이 있다. 마땅히 嶋足의 공전은 전년의 칙에 의거하여 아들에 한정해서 상속하도록 한다"라고 하였다.

(이날) 종5위하 多治比眞人八千足를 少納言으로 삼고, 종5위하 廣庭王을 시종

---

55 93쪽, 延曆 12년(793) 9월 무인조 각주 31 참조

56 日本書紀를 말한다. 日本紀란 용어는 여기서는 日本書紀의 별칭이지만, 일본의 國史, 正史라는 보통명사의 의미도 있다.

57 104쪽, 延曆 13년(794) 8월 계축조 각주 11 참조.

58 坂上大宿禰田村麻呂의 부친, 藤原仲麻呂의 난(764)의 공으로 中衛少將將, 陸奧鎭守將軍 등을 역임하였고, 延曆 4년(795)에 左京大夫, 越前守를 겸직하였다. 이듬해 연력 5년 1월에 59세로 사망하였다. 坂上氏는 백제계 東漢氏의 阿知使主를 시조로 하는 백제계 도래씨족의 후예이다. 이 씨족은 대대로 궁마의 도를 세습한 무예에 능한 일족으로 조정에 경비 등을 담당하였다. 坂上氏는 延曆 4년(785) 6월에 상표하여, 後漢 영제의 자손이라는 출자를 밝히고 개성을 청원하여 일족 11개 姓을 가진 16명이 忌寸에서 宿禰의 성으로 개성하였다.

59 奈良朝 天平寶字 2년(758)에 당대의 실권자 太師 藤原仲麻呂가 孝謙太上天皇, 道鏡과 대립하여 반란을 일으키다 실패한 사건. 藤原仲麻呂의 개명 후의 인명은 藤原惠美押勝.

겸 河内守로 삼았다. 시종 종5위하 大庭王에게 左大舍人頭를 겸직시키고, 讃岐守
는 종전대로 하였다. 종5위상 三諸朝臣眞屋麻呂를 右大舍人頭로 삼고, 内匠頭 종
4위하 川村王에게 □□正을 겸직시켰다. 종5위하 藤原朝臣二起를 雅樂頭로 삼고,
종5위하 田口朝臣息繼를 (雅樂)助로 삼고, 종5위하 大伴宿禰大關을 主計助로 삼고,
종5위하 田中朝臣清人을 宮内少輔로 삼고, 종5위하 田中朝臣大魚를 造酒正으로 삼
고, 종5위하 坂本王을 園池正으로 삼고, 종5위하 紀朝臣永繼를 左京亮으로 삼고,
종5위하 橘朝臣嶋田麻呂를 春宮亮으로 삼고, 종5위하 平群朝臣廣道를 攝津介로 삼
고, 종5위하 紀朝臣奧手麻呂를 土左守로 삼았다.

임신(16일), (천황이) 登勒野에서 사냥을 즐겼다. 이날, 畿内의 國司에게 주어
진 事力[60] 및 職田을 정지하였다.

계유(17일), 태정관의 史生 종7위하 安都宿禰笠主, 식부생의 史生 賀茂縣主立
長에게 관위 2계를 서위하고, 중무성의 史生 대초위하 勝繼成, 민부성의 史生 대
초위하 別公清成, 식부성의 書生[61] 무위 雀部豐公에게 관위 1계를 내렸다. 撰日本
紀所[62]에 봉사했기 때문이다.

갑술(18일), 朝原内親王이 물품을 바쳤다. 5위 이상에게 목면을 내렸다.

병자(20일), (천황이) 경내를 순행하였다.

정축(21일), 參議, 左大弁, 近衛大將, 神祇伯을 겸직한 정4위상 大中臣朝臣諸
魚가 죽었다. 諸魚는 고 우대신 정2위 清麻呂의 제4자이다. 寶龜 초에 종5위하를
받고 衛門員外佐가 되었다. 8년에 (원외 관인에서) 衛門佐가 되었다. 발탁되어
中衛少將으로 옮겼고 下野守를 겸직하고 정5위상에 이르렀다. 延曆 중에 式部大
輔로 옮기고 우경대부를 겸직하였다. 갑자기 정4위하를 받아 참의에 보임되었

---

60 大宰府의 관인 및 國司에게 지급되는 職田의 경작에 종사하는 丁男.
61 문서의 書寫를 담당하는 하급관인, 史生의 직무를 보완하는 역할을 한다. 令의 규정에 의하
    면, 圖書寮에 書寫手 20인이 있고, 大寶令에서는 書寫生이라고 한다. 書生은 大宰府, 國郡에
    도 배치되었다. 본조에서는 書生은 史生과 함께 續日本紀의 清書 작업을 했다고 보이며, 이
    공으로 관위 1계를 승진해서 받았다.
62 『續日本紀』를 편찬하기 위해 설치한 기구.

으며 近江守를 겸직하였다. 이어 종4위상을 받아 神祇伯에 임명되고 近衛大將을 겸직하였고, 정4위상에 서위되었다. 사망시의 나이는 55세였다. 諸魚는 歌琴을 좋아했으며 다른 재능은 없었다. 복상 중에도 흥에 도취되면 삼가는 것도 잊어 버렸다. 재화를 탐했으며 산업을 추구하였다. 당시의 세평은 그를 비천하다고 하였다.

무인(22일), 長岡京의 토지 2정을 諱〈淳和 태상천황〉에게 주었다.

경진(24일), 종5위하 中臣朝臣宅成을 雅樂助로 삼고, 종5위하 田口朝臣息繼를 鑄錢司 차관으로 삼았다.

갑신(28일), 칙을 내려, "조세의 근본은 홍수와 가뭄에 대비하는 것이다. 錢, 帛 의 재화는 굶주릴 때 먹지 못한다. 지금 듣건대, 京職은 전으로 (조세를) 수납하는 일이 많다고 한다. 사안은 모름지기 본래의 방식이 귀하고, 편의적인 방식은 천하니[63] 錢으로 수납하는 것을 중지해야 한다. 다만 백성은 빈부의 차가 있어, 반드시 곡물을 축적할 수는 없다고 생각한다. 마땅히 가난한 자가 전으로 납입하는 것을 허락하고, 통계하여 4분의 1을 초과하지 않도록 한다"라고 하였다.

○ 3월 무자(2일), 이보다 앞서 甲斐, 相摸 2국이 서로 국의 경계를 다투었다. 사자를 보내 甲斐國 都留郡 都留村의 동변인 砥澤을 양국의 경계로 정했다. 이서 를 甲斐國의 지역으로 삼고, 이동을 相摸國의 지역으로 삼았다.

기축(3일), 근시하는 신하들에게 연회를 베풀고, 음악을 연주하고 녹을 차 등있게 내렸다.

갑오(8일), 칙을 내려, "畿內의 국사로 새로 임지에 도착한 자에 대해서는, 모두 8월 30일[64]까지 규정에 따라 식량을 지급하기로 되어 있다. (그런데) 지

---

63 본래의 방식이란 곡물로 수납하는 것이고, 錢에 의한 방식은 편의적이고 천한 것이라는 말 이다.

64 8월 30일은 국사가 직전으로부터 나오는 수확물을 받을 수 있는 시기인 추수의 기점이다. 즉 추수기 이전에 부임한 국사에 대해서는 職田의 수입은 전임국사의 몫이다. 다만 4월 30 일 이전에 부임했다면 신임 국사의 수입이 된다. 『令集解』「田令」34「在外諸司」條의 令釋 소인의 養老 8년(724) 정월 22일 格에, "釋云, 養老八年正月廿三日格云, 凡新任外官, 五月一

금은 職田이 정지되어 있어[65] 田租를 할애하여 식량을 지급한다. 전조를 걷어들인 후에 모름지기 (그 수익에 상응하는) 분을 얻을 수 있다. 종전의 예를 고쳐서 기한을 11월 30일까지로 한다"라고 하였다.

정유(11일), 정4위하 菅野朝臣眞道[66]를 左大弁으로 삼고, 동궁학사 左兵衛督, 伊勢守는 종전대로 하였다. 참의 정4위상 石川朝臣眞守에게 형부경을 겸직시켰다. 종5위하 大伴宿禰大關을 春宮大進으로 삼았다. 참의, 형부경 정4위하 藤原朝臣內麻呂에게 近衛大將을 겸직시키고, 참의 좌경대부 종4위상 藤原朝臣乙叡에게 中衛大將을 겸직시키고, 참의 정4위하 和朝臣家麻呂[67]에게 衛門督을 겸직시켰다. 傳燈大法師位 勝虞, 如寶를 모두 律師로 삼았다. 長岡京의 토지 5정을 종4위하 多治比眞人邑刀自에게 주고, 동 京의 토지 1정을 大田親王에게 주었다.

계묘(17일), 信濃國 사람 외종8위하 前部綱麻呂[68]에게 安坂의 성을 내렸다. 遠江, 駿河, 信濃, 出雲 등의 국에 명하여 雇夫[69] 20,040인을 바치게 하였다. 궁의 조영 작업을 위해서이다.

병오(20일), (천황이) 北野에서 사냥을 즐겼다. 주연를 열고 음악을 연주하였다. 4위 이상에게 의복을 하사하였다. 정6위상 竝槻忌寸荻麻呂에게 외종5위하를 내렸다. 우경인 정7위상 刀西他麻呂 등에게 安野造의 성을 내렸다.

계축(27일), 甲斐, 下總 양국에 기근이 들어 사자를 보내 구휼하였다. 종4위하

日以後至任者, 職分田入前人. 其新人給粮限来年八月卅日. 若四月卅日巳前者, 田入後人, 功酬前人, 即粮料限当年八月三十日"이라는 관련 기사가 나온다.

65 앞의 동년 2월 임신조에 畿內 국사의 職田이 정지되었다는 기사가 나온다.

66 93쪽, 延曆 12년(793) 9월 무인조 각주 31 참조

67 136쪽, 延曆 15년(796) 추7월 정사조 각주 9 참조.

68 前部는 고구려 5부의 하나로 고구려계 씨족이 씨명으로 삼았다. 『일본서기』天智 5년(666) 정월조의 前部能婁, 天武 원년(672) 5월조에 前部富加抃 등이 나온다. 『新撰姓氏錄』좌경제번하에, "福當連은 高麗國人 前部能婁로부터 나왔다"라고 하는 선조의 출자를 기록하고 있다.

69 국가의 의무 노동인 歲役과는 달리 일정한 댓가를 받고 징발된 役夫, 「賦役令」 22의 「雇役丁」조에 관련 규정이 나온다.

多治比眞人繼兄을 中務大輔로 삼고, 종5위하 坂本王을 雅樂頭로 삼았다. 종5위상 笠朝臣江人을 民部大輔로 삼고, 信濃守는 종전대로 하고, 종5위하 藤原朝臣貞嗣를 (民部)少輔로 삼았다. 외종5위하 葛井宿禰松足[70]을 主計助로 삼고, 종5위하 紀朝臣千世를 刑部少輔로 삼고, 외종5위하 竝槻忌寸荻麻呂를 園池正으로 삼고, 종4위하 紀朝臣勝長을 우경대부로 삼고, 左衛士督, 造東大寺 장관, 美作守는 종전대로 하였다. 종4위하 百濟王英孫[71]을 右兵衛督으로 삼았다.

을묘(29일), 武藏, 土左의 양국에 기근이 들어 사자를 보내 구휼하였다.

일본후기 권제5

---

70 葛井宿禰는 白猪史, 葛井連으로 씨성의 변천이 있다. 『日本書紀』 欽明紀 30년(569)조에 王辰爾의 조카 膽津이 白猪史의 씨성을 받았고, 『續日本紀』 養老 4년(720) 4월에 白猪史가 葛井連으로 개성되었다고 한다. 또 『續日本紀』 延曆 10년(791) 정월 계유조에는 葛井連道依 등이 宿禰 성을 청원하여 승인받았다. 『日本三代實錄』 元慶 원년(877) 12월 임오조에 葛井連直臣은 동족인 船連副使麿, 津宿禰輔主 등과 함께 菅野朝臣의 씨성을 받았으며 자신의 선조가 백제국 사람이라고 기록하고 있다.

71 寶龜 11년(780)에 동북지방에서 일어난 반란사건의 진압의 공으로 天應 원년(781)에 종5위하에 서위되었고, 延曆 4년(785) 5월에 鎭守府權副將軍, 동 10월에 出羽守에 임명되었다. 延曆 10년에 종5위상, 이후 종4위하에 서위되었다. 延曆 16년에 右兵衛督, 동 18년에 右衛士督을 역임하였다.

日本後紀 卷第五〈起延曆十五年七月, 盡十六年三月〉

左大臣正二位兼行左近衛大將臣藤原朝臣冬嗣等奉 勅撰

皇統彌照天皇〈桓武天皇〉

◎延曆十五年秋七月丙申, 御馬埼殿觀相撲. 戊戌, 幸南院. 賜五位已上物有差. 無品朝原內親王授三品, 從四位上五百井女王正四位下, 正五位下高嶋女王正五位上, 從四位上藤原朝臣雄友正四位下, 從五位下石上朝臣宅子從五位上. 外從五位上物部多藝連建麻呂爲造宮大工. 外從五位下秦忌寸都岐麻呂爲少工. 乙巳, 右大臣正二位兼行皇太子傅中衛大將藤原朝臣繼繩薨. 遣使監護喪事. 葬事所須, 令官給焉. 詔贈從一位, 繼繩者, 右大臣從一位豐成之第二子也. 天平寶字末, 授從五位下, 爲信濃守. 天平神護初, 敍從五位上, 尋授從四位下, 拜參議. 寶龜二年隸敍正四位上. 十一月授從三位, 歷大藏卿左兵衛督, 俄拜中納言. 天應元年授正三位. 延曆二年轉大納言. 五年敍從二位, 兼中衛大將. 九年拜右大臣, 授正二位. 在任七年, 薨時年七十. 繼繩, 歷文武之任, 居端右之重. 時在曹司, 時就朝位, 謙恭自守. 政迹不聞, 雖無才識, 得免世譏也. 戊申, 尾張國飢, 遣使賑給. 大和國人正六位上大枝朝臣長人, 河內國人正六位上大枝朝臣氏麻呂, 正六位上大枝朝臣諸上, 正七位下菅原朝臣常人, 從七位上秋篠朝臣全繼等十一人, 貫付右京. 辛亥, 詔曰, 朕以眇身, 忝承司牧. 日旰忘食, 憫一物之向隅. 昧爽求衣, 懼五行之紊序. 比來, 大宰府言, 肥後國阿蘇郡山上有沼, 其名曰神靈池. 水旱經年, 未嘗增減. 而今無故涸, 減二十餘丈. 考之卜筮. 事主旱疫. 民之無辜. 恐蒙其殃. 方欲修德施惠, 消妖, 拯民, 其天下鰥寡獨不能自存者, 量加賑給. 兼令每寺三日, 齋戒讀經悔過. 庶恤隱之感, 格於上天, 靈應之徵, 被於率土焉. 生江臣家道女遞送於本國. 家道女, 越前國足羽郡人. 常於市廛, 妄 說罪福, 眩惑百姓. 世號曰越優婆夷. 癸丑, 造宮職官位准中宮職, 但大屬特爲七位官. 丁巳, 從三位神王, 正三位紀朝臣古佐美, 爲大納言. 正四

位下石川朝臣眞守・大中臣朝臣諸魚授正四位上, 從四位上藤原朝臣内麻呂,
從四位下和朝臣家麻呂正四位下.

○八月己未朔, 日有蝕之. 甲子, 大和國山崩水溢. 東大寺墻垣倒頹. 乙丑, 緣
淫雨不晴, 奉幣於畿内諸□. 筑後國潦, 詔令賑恤, 丙寅, 遣使賑給京中百姓. 以
霖雨經日, 穀價騰躍也. 戊辰, 遣内兵庫正外從五位下尾張連弓張, 造佐比川
橋. 山城國人正六位上大野朝臣犬養貫付右京. 甲戌, 上野國山田郡賀茂神美
和神, 那波郡火雷神竝爲官社. 己卯, 巡幸京中. 始置正親司史生二員. 是日,
勅, 諸國地圖, 事迹疎畧. 加以年序已久, 文字闕逸. 宜更令作之. 夫郡國郷邑,
驛道遠近, 名山大川形體廣狹, 具錄無漏焉. 癸未, 幸大藏省, 賜侍臣以下布有
差. 丙戌, 遊獵於登勒野. 丁亥, 左兵衛佐從五位上橘朝臣入居爲兼右中弁, 右
兵衛佐從五位上秋篠朝臣安人爲兼左少弁.

○九月己丑朔, 勅, 遷都以來, 于今三年. 牡山烽火, 無所相當. 非常之備, 不
可蹔闕. 宜山城河内兩國, 相共量定便處置彼烽燧. 癸巳, 從五位上阿保朝臣人
上爲陰陽頭, 播磨守如故. 丙申, 山城國紀伊郡陸田二町賜典侍從四位上和氣
朝臣廣虫. 癸卯, 越前國坂井郡公田二町, 荒田八十四町賜諱〈淳和太上天皇〉.
戊辰, 山城國葛野郡公田二町賜從三位和氣朝臣清麻呂. 己酉, 遊獵于栗前野.
乙卯, 山城國人正六位下御犬連廣額等賜姓御坂連.

○冬十月己未, 正六位上御長眞人廣岳等歸自渤海國. 其王啓曰, 嵩璘啓. 差
使奔波, 貴申情禮. 佇承休眷, 瞻望徒勞. 天皇頓降敦私, 貺之使命. 佳問盈耳,
珍奇溢目. 俯仰自欣, 伏增慰悅. 其定琳等, 不料邊虜, 被陷賊場, 俯垂恤存, 生
還本國. 奉惟天造, 去留同頼. 嵩璘猥以寡德, 幸屬時來, 官承先爵, 土統舊封.
制命策書, 冬中錫及, 金印紫綬, 遼外光輝. 思欲修禮勝方, 結交貴國, 歲時朝
覲, 梔帆相望. 而巨木楡材, 土之難長. 小船汎海, 不沒即危. 亦或引海不諳, 遭
罹夷害. 雖慕盛化, 如艱阻何. 儻長尋舊好, 幸許來往. 則送使數不過二十, 以茲
爲限, 式作永規. 其隔年多少, 任聽彼裁. 裁定之使, 望於來秋. 許以往期, 則德
隣常在, 事與望異, 則足表不依. 其所寄絹二十匹, 絁二十匹. 絲一百絇, 綿二百

屯, 依數領足. 今廣岳等, 使事略畢. 情求迨時. 便欲差人送使奉謝新命之恩, 使
等辭以未奉本朝之旨. 故不敢淹滯, 隨意依心. 謹因廻次, 奉付土物. 具在別狀.
自知鄙薄, 不勝羞愧. 辛酉, 正六位上御長眞人廣岳授從五位下, 正六位上桑原
公秋成外從五位下, 竝以奉使稱旨也. 壬戌, 遊獵於大原野. 始置典藥寮史生四
人, 造酒司史生二人. 癸亥, 遊獵于紫野, 賜五位已上衣. 丙寅, 遊獵於日野, 賜
五位已上衣. 戊辰, 造宮職竿師爲從八位官. 辛未, 始置主鷹司史生二人. 壬申,
先是, 渤海國王所上書疏, 體無定例, 詞多不遜. 今所上之啓, 首尾不失禮, 誠款
見乎詞. 群臣上表奉賀曰, 臣神等言, 臣聞, 大人馭時, 以德爲本, 明王應世, 懷
遠是崇. 故有殷代則四海歸仁, 周日則九夷順軌. 伏惟, 天皇陛下, 仰天作憲, 握
地成規. 窮日域而慕聲, 布風區而向化. 誠可以孕育千帝, 卷懷百王者矣. 近者,
送渤海客使御長廣岳等廻來. 伏見彼國所上啓, 辭義溫恭, 情禮可觀. 悔中間之
迷圖. 復先祖之遺跡. 況復緣山浮海, 不顧往還之路難, 克己改過, 始請朝貢之
年限. 與夫白環西貢, 楛矢東來, 豈可同日而道哉. 臣等幸忝周行, 得逢殊慶. 不
任鳧藻之至, 謹詣闕奉表以聞. 詔曰, 獻表〈波〉見行〈都〉, 然卿等〈乃〉勤〈之久〉
供奉〈爾〉依〈弖之〉, 水表〈乃〉國〈毛〉順仕〈良之止奈毛〉所思行〈之〉, 嘉〈備〉悅
〈備〉御坐〈止〉詔天皇詔旨〈乎〉, 衆聞食宣. 正四位上因幡國造淨成女卒. 淨成
女, 元因幡國高草郡之采女也. 天皇特加寵愛, 終至顯位. 癸酉, 志摩國饑, 遣使
賑給. 是日, 遊獵于登勒野. 己卯, 陸奧國博士醫師官位准少目. 奉授陸奧國多
賀神從五位下. 先是, 請四十僧, 一七日於宮中行藥師悔過. 是日, 事畢焉. 甲
申, 從五位上橘朝臣安麻呂爲少納言, 正五位上大原眞人美氣爲諸陵頭, 外從
五位下尾張宿禰弓張爲主油正, 外從五位下桑原公秋成爲大和介, 正五位下巨
勢朝臣野足爲下野守, 從五位下多治比宿禰眞淨爲肥後介, 從五位下三諸朝
臣綿麻呂爲近衛將監, 從五位下藤原朝臣最乙麻呂爲内兵庫正, 近衛少將從
四位下坂上大宿禰田村麻呂爲兼鎭守將軍, □爲軍監. 定鼓吹司吹部號. 置員
三十四人. 初大寶降, 或注吹人, 或著角吹, 或稱番上, 或號吹部. 名既不定, 數
亦無限. 今定名吹部, 准雅樂寮雜色生, 乃聽勘籍焉.

○十一月戊子朔, 曲宴. 賜侍臣已上被. 己丑, 遊獵於北野. 河内國志紀郡荒田一町賜正七位下秋篠朝臣清野. 陸奥國伊治城, 玉造塞, 相去三十五里, 中間置驛, 以備機急. 辛卯, 陸奥國人從五位下道嶋宿禰赤龍貫于右京. 壬辰, 賜故右大臣贈從一位藤原朝臣繼繩度七人. 外正六位上上毛野朝臣益成・吉彌侯部弓取・巨勢部楯分・大伴部廣椅・尾張連大食, 授外從五位下. 以戰功也. 乙未, 詔曰, 周朝撫曆, 肇開九府之珍, 漢室膺期, 爰設三官之貨. 用能遷有無以均利, 通華夷而得宜. 濟民之要須, 乃益國之嘉策. 然而□機適時, 賢哲所以成務. 權輕作重, 母子於是竝行. 頃者, 私鑪滋起, 奸鑄紛然. 施之交關, 既爲輕賤. 宛之貯蓄不堪實用. 即欲禁止, 卒難懲清. 事須平量以救流弊. 是以更制新錢, 仍增其直. 文曰隆平永寶. 宜以新錢一, 當舊錢十, 新舊兩色, 兼使行用. 但舊錢者, 始自來歲, 限以四年, 然後停廢. 遣伊勢, 參河, 相摸, 近江, 丹波, 但馬等國婦女各二人於陸奥國. 教習養□□以二年. 丁酉, 無位嶋野女王, 百濟王孝法, 百濟王惠信, 和氣朝臣廣子, 橘朝臣常子, 紀朝臣内子, 紀朝臣殿子, 藤原朝臣川子, 錦部連眞奴等授從五位上. 無位弓削宿禰美濃人從五位下. 庚子, 勅, 納貢之本, 任於土宜. 物非所出, 民以爲患. 今備前國, 本無鍬鐵, 每至貢調, 常買比國. 自今以後, 宜停貢鐵, 非絹則絲, 隨便令輸. 辛丑, 始用新錢. 奉伊勢神宮, 賀茂上下二社, 松尾社, 亦施七大寺及野寺. 賜皇太子親王已下職事正六位已上, 僧都律師等各有差. 甲辰, 宴羣臣, 賜帛有差. 從四位上和氣朝臣廣虫授正四位上, 無位藤原朝臣名子從五位上, 外從五位下刀佩首廣刀自從五位下. 戊申, 遊獵於日野. 發相摸, 武藏, 上總, 常陸, 上野, 下野, 出羽, 越後等國民九千人, 遷置陸奥國伊治城. 己酉, 令天下諸國, 搜捕逃亡飛驒工. 若有容隱, 科違勅罪. 安藝國沼田郡采女佐伯直那賀女授外從五位下. 丙辰, 遊獵於栗栖野.

○十二月辛酉, 從五位下多治比宿禰眞淨爲内匠頭, 正四位下藤原朝臣雄友爲兼中衛大將, 參議大藏卿如故. 從四位下三嶋眞人名繼爲左衛士督, 從五位下藤原朝臣清主爲内廏頭, 從五位下都努朝臣筑紫麻呂爲助, 外從五位下阿倍安積臣繼守授外從五位上. 禁鍮帶, 以支鑄錢也. 癸亥, 大和國十市郡荒田一町賜左衛士督從四位下三嶋眞人名繼. 丙寅, 詔曰, 皇親之蔭, 事具令條. 而宗室之胤, 枝族已衆. 欲加榮班, 難可周及. 是以, 進仕無階, 白首不調. 眷言於此, 實合矜恕. 宜其四世五世王, 及五世王嫡子年滿二十一者敍正六位上. 但庶子者降一階敍. 自今而後, 永以爲例. 辛未, 巡幸京中, 便御三品朝原内親王第, 賜五位以上物. 戊寅, 流出雲臣家繼於土左國. 家繼與叔父乙上不協, 謀相傷, 事覺及罪. 乙上任佐渡權目. 不預釐務, 唯給公廨而已. 辛巳, 少僧都行賀爲大僧都. 丙戌, 勅免流人氷上川繼課役. 陸奧國人外少初位下吉彌侯部善麻呂等十二人, 賜姓上毛野陸奧公.

◎延曆十六年春正月正月戊子朔, 皇帝御大極殿受朝賀. 大宰府獻白雀, 宴侍臣已上於前殿賜被. 甲午, 宴五位已上, 賜束帛有差. 從五位上篠嶋王授正五位下, 正六位上坂本王・安曇王從五位下, 從四位下百濟王玄鏡・藤原朝臣乙叡・多治比眞人海從四位上. 正五位下紀朝臣作良. 羽栗臣翼・橘朝臣綿裳正五位上. 從五位上阿保朝臣人上・藤原朝臣大繼・紀朝臣□□正五位下, 從五位下藤原朝臣仲成・藤原朝臣今川・蜷淵眞人岡田・和朝臣入鹿麻呂從五位上, 外從五位上麻田連眞淨・伊勢朝臣諸人, 正六位上多治比眞人道作・淡海眞人福良麻呂・多治比眞人今麻呂・大原眞人眞福・藤原朝臣星雄・大中臣朝臣諸人・紀朝臣永繼・粟田朝臣入鹿・大野朝臣犬養・安倍朝臣家守・大伴宿禰大關・平群朝臣廣道・田口朝臣息繼・百濟王聰哲・佐伯宿禰鷹成・石川朝臣道益・和朝臣建男・安倍小殿朝臣野守・中臣丸朝臣豐國從五位下, 正六位上錦部連春人・民忌寸廣成・山口忌寸諸上・林宿禰沙婆・中科宿禰巨都雄外從五位下. 戊戌, 正六位上槻本公奈弖麻呂・嵩山忌寸道光授外從五位下. 庚子, 陸奧國白川郡人外□八位□大伴部足猪等賜大伴白河連, 曰理郡人五百木部黑人大伴曰理連, 黑河郡人外少初位上大伴部眞守, 行方郡人外少初位上大伴部兄人等大伴行方連, 安積郡人外少初位上丸子部古佐美・大田部山前・富田郡人丸子部佐美, 小田郡人丸子部稻麻呂等大伴安積連, 遠田郡人外大初位上丸子部八千代大伴山田連, 磐瀬郡人□□大伴宮城連. 從四位下三嶋眞人名繼爲大和守, 從五位下淡海眞人眞直爲伊勢介, 從五位上高橋朝臣祖麻呂爲駿河守, 從五位下百濟王元勝爲安房守, 從五位下大野朝臣犬養爲上總介, 大外記外從五位下中科宿禰巨都雄爲兼常陸少掾, 從五位下大神朝臣仲江麻呂爲美濃介, 從五位下百濟王聰哲爲出羽守, 從五位下大枝朝臣眞仲爲能登守, 從五位下石川朝臣道益爲但馬介, 從五位下安倍朝臣家守爲伯耆介, 從五位下紀朝臣眞賀茂爲石見守, 從五位下石川朝臣嗣人爲備後守, 外從五位下山口忌寸諸上爲介, 從五位下巨勢朝臣訓備爲安藝守, 外從五位下林宿禰沙婆爲介, 從五位下多治比眞人今麻呂爲肥後介. 辛丑, 傳燈大法師位善珠爲僧正, 傳燈大法師位等定爲大僧都, 傳燈大法師位施曉爲少僧都. 壬寅, 長岡京地一町賜從四位下菅野朝臣眞道. 癸卯, 宴五位以上賜祿. 甲辰, 觀射於朝堂院. 丙午, 遊獵於水生野. 丁未, 巡幸京中. 己酉, 大和國稻三百束施僧正善珠法師弟子僧慈厚, 以事師無倦也. 從五位下粟田朝臣入鹿爲中務少輔, 外從五位下內藏宿禰賀茂麻呂爲主計助. 庚戌, 勅, 參議已上左右大弁八省卿, 委任既高, 群寮所仰. 而介帶之國, 遙附公文, 因茲參對諸司. 事不穩便. 自今以後, 宜停遙附焉. 賑給壹伎嶋飢民. 辛亥, 能登國羽咋能登二郡沒官田幷野七十七町, 賜尙侍從三位百濟王明信. 壬子, 遊獵於大原野. 是日勅, 山城國愛宕葛野郡人, 每有死者, 便葬家側, 積習爲常. 今接近京師, 凶穢可避. 宜告國郡, 嚴加禁斷. 若有犯違, 移貫外國. 癸丑, 幸近東院. 宴五位已上, 賜錢有差. 甲寅, 廢阿波國驛家□. 伊豫國十一, 土左國十二, 新置土左國吾椅舟川二驛.

○二月丁巳朔, 巡幸京中. 賜山城國相樂郡田二町六段, 爲贈右大臣從二位藤原朝臣百川墓地. 己未, 置內廄寮史生四員. 是日, 曲宴. 賜五位已上綿有差. 辛酉, 遊獵于北野. 癸亥, 勅, 從五位上嶋野女王·百濟王孝法·百濟王惠信·和氣朝臣廣子·橘朝臣常子·紀朝臣内子·紀朝臣殿子·藤原朝臣川子·錦部連眞奴, 從五位下弓削宿禰美濃人等位田, 宜准男給之. 乙丑, 外從五位下內藏宿禰賀茂麻呂爲大外記, 從五位下淨野宿禰最弟爲兼縫殿頭, 左衛士大尉近

江□掾如故. 外從五位下槻本公奈弖麻呂爲内藏助, 從五位下淡海眞人福良麻
呂爲治部少輔, 外從五位下上道朝臣廣成爲玄蕃助, 從五位下平群朝臣廣道
爲主計助, 參議從四位上藤原朝臣眞友爲兼大藏卿, 右京大夫如故. 從五位下
中臣丸朝臣豐國爲主殿助, 從五位下田中朝臣淨人爲造酒正, 大納言正三位勳
四等紀朝臣古佐美爲兼東宮傅, 式部卿如故. 文章博士外從五位下賀陽朝臣
豐年爲兼學士. 右大弁從四位下藤原朝臣葛野麻呂爲兼春宮大夫, 從四位上
藤原朝臣乙叡爲越前守, 左京大夫中衛大將如故. 大判事從五位下藤原朝臣
縵麻呂爲兼因幡守, 正五位下橘朝臣入居爲播磨守, 右中弁左兵衛佐如故. 從
五位下多治比宿禰眞淨爲讚岐介, 參議正四位下藤原朝臣雄友爲大宰帥, 從五
位下和朝臣建男爲大尉. 己巳, 先是, 重勅從四位下行民部大輔兼左兵衛督皇
太子學士菅野朝臣眞道, 從五位上守左少弁兼行右兵衛佐丹波守秋篠朝臣安
人, 外從五位下行大外記兼常陸少掾中科宿禰巨都雄等, 撰續日本紀. 至是而
成. 上表曰, 臣聞, 三墳五典, 上代之風存焉, 左言右事, 中葉之迹著焉. 自茲厥
後, 世有史官. 善雖小而必書, 惡縱微而無隱. 咸能徽烈絢絢絪, 垂百王之龜鏡,
炳戒昭簡, 作千祀之指南. 伏惟天皇陛下, 德光四乳, 道契八眉. 握明鏡以惣萬
機, 懷神珠以臨九域. 遂使仁被渤海之北, 貊種歸心, 威振日河之東, 毛狄屛息.
化前代之未化, 臣徃帝之不臣. 自非魏魏盛德, 孰能與於此也. 既而負餘閑, 留
神國典. 爰勅眞道等, 銓次其事, 奉揚先業. 夫自寶字二年至延曆十年, 三十四
年二十卷, 前年勒成奏上. 但却起文武天皇元年歲次丁酉, 盡寶字元年丁酉, 惣
六十一年, 所有曹案三十卷. 語多米鹽, 事亦踈漏. 前朝詔故中納言從三位石川
朝臣名足, 刑部卿從四位下淡海眞人三船, 刑部大輔從五位上當麻眞人永嗣
等, 分帙修撰, 以繼前紀. 而因循舊案, 竟無刊正. 其所上者唯二十九卷而已. 寶
字元年之紀, 全亡不存. 臣等搜故實於司存, 詢前聞於舊老, 綴敍殘簡, 補緝缺
文, 雅論英猷, 義關貽謀者, 惣而載之. 細語常事, 理非書策者, 竝從略諸. 凡所
刊削二十卷, 幷前九十五年四十卷. 始自草創, 迄于斷筆, 七年於茲, 油素惣畢.
其目如別, 庶飛英騰茂, 與二儀而垂風, 彰善瘅惡, 傳萬葉而作鑒, 臣等輕以管

窺, 裁成國史, 牽愚歷稔, 伏增戰兢. 謹以奉進, 歸之策府. 是日, 詔曰, 天皇詔旨〈良麻止〉勅〈久〉, 菅野眞道朝臣等三人, 前日本紀〈與利〉以來, 未修繼在〈留〉久年〈乃〉御世御世〈乃〉行事〈乎〉, 勘搜修成〈弖〉, 續日本紀四十卷進〈留〉勞, 勤〈美〉譽〈美奈毛〉所念行〈須〉. 故是以, 冠位擧賜治賜〈波久止〉勅御命〈乎〉, 聞食〈止〉宣. 從四位下菅野朝臣眞道授正四位下, 從五位上秋篠朝臣安人正五位上, 外從五位下中科宿禰巨都雄從五位下. 辛未, 勅, 故從三位勳二等坂上大宿禰苅田麻呂, 正四位上勳二等道嶋宿禰嶋足等, 寶字之歲, 卒遇不虞, 奮不顧身, 共著其効. 是以敍勳之日授二等, 加賜功田二十町, 竝傳其子. 而後特以嶋足准之大功, 所賜之田, 世世不絶. 功既同等, 賞何殊科. 疇庸之典, 恐有未允. 宜其嶋足功田, 依前年勅同傳子之限. 從五位下多治比眞人八千足爲少納言, 從五位下廣庭王爲侍從兼河內守, 侍從從五位下大庭王爲兼左大舍人頭, 讚岐守如故. 從五位上三諸朝臣眞屋麻呂爲右大舍人頭, 內匠頭從四位下川村王爲兼□□正, 從五位下藤原朝臣二起爲雅樂頭, 從五位下田口朝臣息繼爲助, 從五位下大伴宿禰大關爲主計助, 從五位下田中朝臣清人爲宮內少輔, 從五位下田中朝臣大魚爲造酒正, 從五位下坂本王爲園池正, 從五位下紀朝臣永繼爲左京亮, 從五位下橘朝臣嶋田麻呂爲春宮亮, 從五位下平群朝臣廣道爲攝津介, 從五位下紀朝臣奧手麻呂爲土左守. 壬申, 遊獵於登勒野. 是日, 停給畿內國司事力幷職田. 癸酉, 太政官史生從七位下安都宿禰笠主, 式部史生賀茂縣主立長敍位二階, 中務史生大初位下勝繼成, 民部史生大初位下別公清成, 式部書生無位雀部豐公一階, 以供奉撰日本紀所也. 甲戌, 朝原內親王獻物, 賜五位已上綿. 丙子, 巡幸京中. 丁丑, 參議左大弁近衛大將兼神祇伯正四位上大中臣朝臣諸魚卒. 諸魚者, 故右大臣正二位清麻呂之第四子也. 寶龜初, 授從五位下, 爲衛門員外佐. 八年爲眞. 擢遷中衛少將, 兼下野守, 至正五位上. 延曆中.遷式部大輔, 兼右京大夫. 俄授從四位下, 拜參議, 兼近江守. 尋授從四位上, 爲神祇伯, 兼近衛大將, 授正四位上. 卒時年五十五. 諸魚性好琴歌, 無他才能. 雖在哀制, 乘興忘忌. 貪冒財貨, 營求產業, 時議以此鄙之. 戊寅, 長岡京地二町賜諱.

〈淳和太上天皇〉. 庚辰, 從五位下中臣朝臣宅成爲雅樂助, 從五位下田口朝臣息繼爲鑄錢次官. 甲申, 勅, 租税之本, 備於水旱. 錢帛之財, 飢而不食. 今聞, 京職多有收錢. 事須賤末貴本, 一絶收錢. 但恐民有貧富, 不必蓄穀. 宜聽貧乏之徒進錢, 通計不得過四分之一.

○三月戊子, 先是甲斐相摸二國相爭國堺, 遣使定甲斐國都留郡都留村東邊砥澤爲兩國堺. 以西爲甲斐國地. 以東爲相摸國地. 己丑, 宴侍臣, 奏樂, 賜祿有差. 甲午, 勅, 畿内國司新至任者, 皆限八月三十日, 依式給粮. 今停職田, 割租爲料. 收租之後, 須得其分. 宜改舊例, 限十一月三十日. 丁酉, 正四位下菅野朝臣眞道爲左大弁, 東宮學士左兵衛督伊勢守如故. 參議正四位上石川朝臣眞守爲兼刑部卿, 從五位下大伴宿禰大關爲春宮大進, 參議刑部卿正四位下藤原朝臣内麻呂爲兼近衛大將, 參議左京大夫從四位上藤原朝臣乙叡爲兼中衛大將, 參議正四位下和朝臣家麻呂爲兼衛門督. 傳燈大法師位勝虞, 如寶, 並爲律師. 長岡京地五町賜從四位下多治比眞人邑刀自, 同京地一町賜大田親王. 癸卯, 信濃國人外從八位下前部綱麻呂賜姓安坂. 令遠江, 駿河, 信濃, 出雲等國進雇夫二萬四十人, 以供造宮役. 丙午, 遊獵於北野. 宴飲奏樂, 賜四位已上衣. 正六位上竝槻忌寸荻麻呂授外從五位下. 右京人正七位上刀西他麻呂等賜姓安野造. 癸丑, 甲斐下總兩國飢, 遣使賑給. 從四位下多治比眞人繼兄爲中務大輔, 從五位下坂本王爲雅樂頭, 從五位上笠朝臣江人爲民部大輔, 信濃守如故. 從五位下藤原朝臣貞嗣爲少輔, 外從五位下葛井宿禰松足爲主計助, 從五位下紀朝臣千世爲刑部少輔, 外從五位下竝槻忌寸荻麻呂爲園池正, 從四位下紀朝臣勝長爲右京大夫, 左衛士督造東大寺長官美作守如故. 從四位下百濟王英孫爲右兵衛督. 乙卯, 武藏土左所飢, 遣使賑給之.

日本後紀 卷第五

일본후기 권제6 〈延曆 16년(797) 4월에서 동 17년 3월까지〉

좌대신 정2위 行左近衛大將을 겸직한 臣 藤原朝臣冬嗣 등이 칙을 받들어 편찬하다.

皇統彌照天皇 〈桓武天皇〉

◎ 延曆 16년(797) 하4월 기미(4일), 정5위상 行左少弁 겸 右兵衛佐, 丹波守인 秋篠朝臣安人을 左京職[1]으로, 종5위상 守民部大輔 겸 行造西寺 차관, 信濃守인 笠朝臣江人을 右京職으로 보내어 延曆 5년(786) 이래 동 15년 이전의 여러 관물을 조사시켰다[2]. (이날) 大納言 紀古佐美가 죽었다.

임술(7일), 大和國의 벼 4백속을 승 延尊, 聖基, 善行, 文延 등 4인에게 시입하였다. 산중에 거주하면서 고행의 수도를 했기 때문이다.

계유(18일), 布勢內親王을 伊勢大神宮의 齋王으로 삼았다.

병자(21일), 승정[3] 善珠가 죽었다. 나이 75세였다. 황태자는 그 형상을 그려서 秋篠寺에 안치하였다. 황태자 병고에 있을 때, 대반야경을 독송하여 효험이 있어 이로 인해 포상을 받았다. 法師의 속성은 安都宿禰이고 왕경인이다. 세속에 떠도는 말로서, "승정 玄昉이 태황후 藤原宮子[4]와 밀통했는데, 善珠法師는 실제로 그 아들이다[5]"라고 하였다. 운운. 선주는 스승을 찾아 학문을 배웠지만, 더디고 둔하

---

1 平安京의 동쪽을 左京職, 서쪽을 右京職이라고 하고, 경내의 행정 전반을 장악한다. 大夫 이하 4등관으로 구성되며 각각 東市司, 西市司를 설치하여 물자의 매매하는 시장경제를 형성하고 있다.
2 延曆 5년(786)에서 15년 사이는 長岡京, 平安京의 천도가 있었고 그에 따른 관물의 이동도 있었을 것이다. 또한 좌우경직의 교체에 따른 관물의 점검 등 그 현황을 파악하기 위한 것으로 보인다.
3 延曆 16년(797) 정월에 僧正에 임명된 사실을 가리킨다.
4 藤原不比等의 딸, 文武天皇의 부인이고 聖武天皇의 생모.

여 익히기가 어려웠다. 처음에 유식론을 읽었는데, 무수히 반복하여 이내 삼장[6]의 교리를 터득하고, 6宗[7]을 통달하였다. 대기만성이란 대개 이를 일컬음이다.

○ 5월 임진(7일), (천황이) 경내를 순행하였다.

계사(8일), 彈正弼 文室波多麻呂을 보내 宇治橋를 조영시켰다.

병신(11일), 사자를 大和, 山城, 攝津, 河內 등의 제국에 보내 屯田[8]의 쌀을 빈민에게 (저가로) 주었다. 가난한 사람을 구제하고 권농을 위해서였다.

무술(13일), 꿩이 궁궐의 正殿에 모여 있었다.

신축(16일), 武藏, 下總 2국의 쌀을 내어 빈민에게 (저가로) 주었다.

갑진(19일), 궁궐과 동궁에서 금강반야경을 轉讀[9]하였다. 괴이한 일이 있었기 때문이다.

을사(20일), 승 2인을 淡路國에 보내 轉經, 회과하였다. 崇道天皇[10]의 혼령에 사죄하기 위해서였다.

정미(22일), 궁중에서 灌頂經의 법회를 열었다. 이날, 지난 19일부터 동서의 경내에 홍수가 나서 범람하여 자주 백성의 가옥이 침수되었다.

경술(25일), 曲宴을 개최하고, 5위 이상에게 피복을 하사하였다.

○ 6월 경신(6일), 조를 내려 말하기를, "옛적에는 조세는 (수확의) 10분의 1이 었다[11]. 이를 일컬어 正中[12]이라고 하고, (夏殷周) 3대는 이를 계승하여 칭송받았다. 국가는 조세를 가볍게 하여 농민에게 이익되게 하고, 백성의 고난을 힘써 구

5　善珠法師의 출생은 養老 7년(723)이다. 그런데 玄昉은 그보다 6년전에 당에 유학가서 天平 7년(735)에 귀국하였다. 父子 관계는 하나의 속설에 불과하다.

6　經藏, 律藏, 論藏, 불교경전의 총칭.

7　불교의 교리와 학설을 6개로 정리한 것. 당시 조정에서 공인된 학파는 三論, 成實, 法相, 俱舍, 華嚴, 律의 6宗이다.

8　畿內의 官田, 위의 4국은 기내의 관전이 설치된 국.

9　經題와 일부 내용을 발췌해서 전체를 독송하는 것.

10　早良親王.

11　중국고대의 夏殷周 시대 井田法에서 10분의 1의 조세를 부과한 것을 말한다.

12　中道

흌하는 것이다. 이에 (大寶)令을 제정하는 날, 전지 1정의 租는 22속으로 정했다. 그 후 칙을 내려 처분하여 15속으로 감했는데, 지금을 옛적과 비교하면, 가볍고 무거움에 차이가 있다. 그런데 지금 민부성이 조사한 조의 사례를 보면, 국중 전체를 통계해서, (수확물이) 7分 이상인 전지에 (과세를) 정하고, 나머지 3分은 국사가 임의대로 처분하도록 하였다. 지금 제국의 국사들은 이와같은 규정에 치우치게 고집하면서, 풍년이 들어도 (7分 이상의 전지) 전체를 조세로 징수한다. 그러나 관에 납입되는 것은 7分에 불과하고, 그 나머지는 유치시켜 두는 일을 일삼고 있어[13], 농민은 이로부터 피해를 입는다. 이에 따라 탐욕스런 관리는 이익을 편취하고 있다. 이것은 선정에 어긋나는 일이다. 지금 이후로는 조를 수취하는 법은 사람별로 경영하는 町段으로 계상하고[14], 10分을 만들어 8을 수취하고 2는 면제한다. 그 8分 중에 통계상으로 손실이 4分이거나 일족 모두가 피해를 입어 생업 전체가 무너지는 경우에는, 이러한 사례를 구체적으로 기록하여 언상하도록 한다. 그렇게 하면, 사람들이 전조를 납입하는 방법을 알게 되고, 부당한 고통으로부터 벗어날 수 있고, 관리가 사리를 채우는 일이 없어지게 되어 마침내 부정을 막을 수 있을 것이다. 마땅히 전국에 고시하여 짐의 뜻을 알리도록 한다"라고 하였다.

신유(7일), 3품 朝原内親王[15]이 흰 참새를 바쳤다. 御監[16] 및 家司[17] 등에게 물품을 차등있게 내렸다. (흰 참새를) 처음 발견한 伊勢直藤麻呂, 포획한 菅生朝臣魚麻呂에게 관위 1계를 올려 서위하였다.

계해(9일), 조를 내려 말하기를, "때를 보고 가르침을 행하는 것은, 국가를 유지하는 모범이고, 사안을 헤아려 법규를 세우는 것은 정치를 행하는 요체이다. 그

---

13 예를 들면 7分 이상의 수확물을 거두는 과세전에서 7分을 수취하여 관에 납입시키고, 7分 이상의 차액은 국사가 사복을 채운다는 것이다.

14 조세 납부의 책임자는 호주이기 때문에 호 단위로 조사한다는 것이다.

15 桓武天皇의 제1황녀.

16 親王의 家政機關에 종사하는 職으로 보이고, 家司 보다는 상급의 직.

17 親王家, 3위 이상의 직사관의 家政을 담당하는 직.

러한 즉, 官을 설치하고 職을 나누는 것은 업무의 정도에 있는 것이고, (그에 상응하는) 녹을 주고 관위를 내리는 것은 (관직의) 경중에 따르지 아니함이 없다. 지금 종3위 守大納言 겸 彈正尹 神王 등이 주상한 바 刪定令格[18] 45조를 보면, 시의에 적절하고 편리하며, 올바르게 절충하였다. 마땅히 관사에 내려보내 모두 시행하도록 한다"라고 하였다.

경오(16일), 칙을 내려, "상을 당한 관인들은 復任되기 이전에 출사하면, 신병을 체포하여 주상하도록 한다[19]"라고 하였다.

임신(18일), (천황이) 기내, 7국에 사자를 名神社에 보내 봉폐하게 하였다. 황제가 남원에서 친히 이들 사자를 배웅하였다. 만국의 안녕을 기원하기 위해서였다.

기묘(25일), 참의 藤原眞友가 죽었다. 나이 56세였다.

임오(28일), 조를 내려, 말하기를, "운운. 천하의 지역인 왕도의 건설에 만민의 고통이 매우 심하다. 거듭 (畿外 제국의) 금년의 전조를 면제한다. 또 기내는 경계가 왕도에 접해있고, (役夫의) 징발이 없지 아니함으로[20] (전조의) 반을 면제한다. 다만 大和國 平群郡, 河內國 高安郡은 작년에 장마를 만나 산사태를 당해 피해가 심해 특별히 (전조를) 전부 면제한다. 役夫의 징발이 없는 국은 이 (면제의) 범위에 포함하지 않는다"라고 하였다.

---

18 刪定이란 불필요한 자구를 삭제하고, 시의에 적합하지 않은 條文과 格을 개정하는 것이다. 이보다 앞서 『續日本紀』神護景雲 3년(769)에 吉備眞備, 大和長岡 등이 刪定律令 24조를 편찬하고, 延曆 10년(791) 3월에 반포된 바 있다.

19 「假寧令」 3, 「職事官」 조에는 "職事官, 遭父母喪竝解官. 自餘皆給假. 夫及祖父母, 養父母, 外祖父母三十日, 三月服二十日, 一月服十日, 七日服三日"이라고 하여, 부모상을 만나면, 解官하고 그 외의 근친에 대해서는 친족의 정도에 따라 휴가를 주고 있다. 해관된 관인은 복상 기간이 끝나면 復任된다. 「喪葬令」 17의 「服紀」 조에는, "凡服紀者, 爲君, 父母及夫, 本主一年. 祖父母, 養父母五月, 曾祖父母, 外祖父母, 伯叔姑, 妻, 兄弟姉妹, 夫之父母, 嫡子三月. 高祖父母, 舅姨, 嫡母, 繼母, 繼父同居, 異父兄弟姉妹, 衆子, 嫡孫一月. 衆孫, 從父兄弟姉妹, 兄弟子七日"이라고 하여 천황과 부모의 상은 1년이고, 그 외는 차등있게 복상 기한이 정해져 있다.

20 畿內의 백성은 歲役이 없지만, 대신에 雇役에는 차출된다.

○ 추7월 을유(2일), 陰陽允[21] 大津海成에게 비단 5필, 삼베 10단을 내렸다. 날이 갠다는 점괘로 효험이 있었기 때문이다.

병술(3일), 陰陽少屬[22] 종8위상 菅原朝臣世道, 음양박사 정6위상 中臣志斐連國守를 大和國 平群山, 河內國 高安山에 보내 제사지내게 하였다. 이보다 앞서 장마로 인해 두 산이 산사태가 일어나 사람과 가옥이 매몰되었기 때문이다.

무자(5일), 임관이 있었다.

갑오(11일), 칙을 내려, "남녀에게 분별이 있는 것은 예의를 존중하는 것이다. (신분상) 상하의 차별이 없으면, 인륜의 가르침은 이미 결한 것이다. 요즈음 우매한 자들이 예의를 모르고 집회에 이르러서 무분별하게 혼재되어 있다. 마땅히 금제하여 다시는 그러한 일이 일어나지 않도록 한다"라고 하였다.

신축(18일), 정5위하 藤原朝臣緒嗣에게 종4위하를 내렸다. 이날, 曲宴을 개최하고, 물품을 차등있게 하사하였다.

무신(25일), 任官이 있었다.

○ 8월 을묘(2일), (천황이) 葛野川에 순행하였다.

병진(3일), 칙을 내려, "부랑자들이 왕신가의 장원에 기거하면서 주인의 위세를 빌어 庸, 調를 완전히 면제받고 있다. 운운. 또 莊長[23]은 私田을 경영하는 자가 많고, 위세에 편승하여 백성에게 해를 끼치는 일이 실로 심하다. 간교의 근원을 근절하지 않으면 안된다. 마땅히 금제하도록 한다"라고 하였다.

경신(7일), (천황이) 近東院에 행차하였다.

갑자(11일), 칙을 내려, "제국의 講師는 승려를 교도하기 위함이다. 절을 조영하는 일을 제외하고, 절 내의 서무 및 승니를 바르게 규찰하는 일은 모두 강사에게 위임한다. 만약 따르지 않는 자가 있다면, 법에 준하여 처벌하도록 한다"라고 하였다.

21　陰陽寮의 3등관으로 종7위 상당관.
22　음양료의 4등관, 大屬과 少屬이 있다.
23　장원의 관리자.

을축(12일), (천황이) 葛野川에 순행하였다.

정묘(14일), 지진, 폭풍이 있었다. 좌우경의 坊門[24] 및 백성의 가옥이 많이 무너졌다.

기사(16일), 후궁의 연못에서 물고기를 잡았다. 길이가 1척 6촌으로 모양이 보통 물고기와 달랐다. 어떤 사람은 초어(椒魚)라고 하고 심산 계곡에 서식한다고 한다.

갑술(21일), 齋內親王이 葛野川에서 부정을 씻는 의식을 행하고 野宮[25]에 들어갔다.

병자(23일), 임관이 있었다.

무인(25일), 山城國의 國府를 長岡京의 남쪽으로 옮겼다. 葛野郡의 지세가 (일부 平安京에 편입되어) 좁아졌기 때문이다.

경진(27일), (천황이) 的野에서 사냥을 즐겼다.

○ 9월 병술(4일), 曲宴을 개최하고, 5위 이상에게 의복을 하사하였다.

기축(7일), (천황이) 北野에서 사냥을 즐기고, 5위 이상에게 의복을 하사하였다.

경인(8일), 曲宴을 개최하고, 5위 이상에게 목면을 차등있게 하사하였다.

임인(20일), 칙을 내려, "시절이 추수기가 되면, 백성은 수확에 종사하게 된다. 기내 제국에서는 (천황 순행지의) 行在所에 공봉하는 일이 없도록 한다"라고 하였다.

계묘(21일), (천황이) 北野에서 사냥을 즐겼다.

무신(26일), (천황이) 大原野에서 사냥을 즐겼다.

---

24 都城의 條坊制에서 동서와 남북으로 나눈 구획의 단위, 각 坊에는 坊長이 있고 平安京에는 70명의 존재하였다. 平安京에서의 坊門은 주작대로에 면한 3條에서 9條까지 각 坊 마다 동서 14門이 설치되어 있었다.

25 伊勢의 齋王으로 정해진 후 내려가기 전까지 궁성 내에서 1년간 심신의 부정을 씻고 정결히 하는 潔齋를 행하는 임시 궁전.

임자(30일), 종5위상 紀朝臣田村子에게 득도자 2인을 내려 주었다.

○ 동10월 경신(8일), 딱따구리가 前殿에 날아들었다. 다음날 천황이 交野에 순행할 예정이었으나 이로 인해 중지하였다.

계해(11일), 曲宴이 있었다. 주연이 무르익자, 황제가 노래하기를, "요즈음 이 따금 내리는 비에 국화꽃이 떨어져 버리겠구나. 그 향기가 애석하도다"라고 하였다. 5위 이상에게 피복을 하사하였다.

갑자(12일), (천황이) 北野에서 사냥을 즐겼다. 환궁해서 曲宴을 개최하고 5위 이상에게 의복을 하사하였다.

병인(14일), 칙을 내려, 운운. 또 祝部[26]가 죄를 범해, 부정을 씻는 의식을 할 수 가 없는 경우에 규칙에 따라 해임하도록 하였다.

무진(16일), 曲宴을 개최하고, 근시하는 신하에게 물품을 차등있게 내렸다.

병자(24일), (천황이) 日野에서 사냥을 즐겼다.

무인(26일), (천황이) 陶野에서 사냥을 즐겼다.

경진(28일), 꿩이 兵衛陣에 머물다 궁궐의 諱[27]의 방에 들어가다 포획되었다.

○ 11월 을유(4일), 천황이 来栖野에서 사냥을 즐겼다.

병술(5일), 종4위하 坂上大宿禰田村麻呂[28]를 정이대장군으로 삼았다〈副將軍 등이 설치되었다.〉.

갑진(13일), 5위 이상에게 연회를 베풀고 녹을 차등있게 하사하였다.

기유(28일), (천황이) 大原野에서 사냥을 즐겼다.

○ 12월 병진(2일), (천황이) 北野에서 사냥을 즐겼다.

을축(14일), 대설이 내렸다. 제관사에서 제설을 행하고, 차등있게 목면을 하사하였다.

---

26 神社의 神職.

27 후에 천황으로 즉위하는 인물의 실명을 꺼려 諱로 대칭, 여기서는 嵯峨天皇이 되는 神野親 王 혹은 淳和天皇으로 즉위하는 大伴親王으로 추정된다. 2인 모두 桓武天皇의 황자.

28 97쪽, 延曆 13년(794) 6월 갑인조 각주 46 참조

◎ 延曆 17년(798) 춘정월 임오삭, 황제가 대극전에서 신년하례를 받았다. 前殿에서 근시하는 신하들에게 연회를 베풀고 피복을 하사하였다.

무자(7일), 5위 이상에게 연회를 베풀고 녹을 차등있게 내렸다.

임진(11일), 河內國 벼 2천속을 百濟寺[29]에 시입하였다.

을미(14일), 唐僧 惠雲을 율사로 삼았다.

정유(16일), 5위 이상에게 연회를 베풀고 물품을 차등있게 내렸다.

경자(19일), 천황이 경내를 순행하였다.

갑진(23일), 운운. 公廨을 정지하고, 正稅에 혼합해서, 정세 (출거의) 이자로 國儲[30] 및 국사의 봉록을 설치하였다. 또 書生 및 事力[31]의 수를 정하고 公廨田을 정지하였다.

을사(24일), 칙을 내려, "신사를 청소하고 신을 공경하는 일은 화를 없애고 복을 부르기 위해서이다. 지금 듣건대, 神宮司 등은 한번 임명하면 종신이기 때문에 모욕하고 공경하지 않아도 자주 재앙이 일어나고 있다고 한다. 천하 제국의 神宮司, 神主, 神長 등은 제사 씨족 중에서 깨끗하고 진실된 자를 뽑아 보충하고 6년마다 교체하도록 한다"라고 하였다. 처음으로 신기관의 神封物[32]을 이세대신궁 宮司의 季祿으로 충당하기로 하였다.

정미(26일), 伊勢, 美作 등의 국에서 일찍 수확한 밤의 헌상을 정지하였다. 토끼가 朝堂院의 東道에서 나왔는데, 사람들에게 포획되었다.

기유(28일). 임관이 있었다.

---

29 百濟寺는 백제왕씨의 氏寺이다. 『續日本紀』 延曆 2년(783) 10월 경신조에, 百濟寺에 近江, 播磨 2국의 정세인 벼 각각 5천속을 희사하였다는 기록이 있다. 또 앞의 권2 延曆 12년 5월 무자조에, 동전 30만량 및 長門, 阿波 양국의 벼 각각 1천속을 百濟寺에 시입하였다는 기록이 있다.

30 朝集使, 임시파견의 사자, 帳籍의 잘못을 고쳐 淨書하는 書生 등의 식비에 사용하는 稻.

31 大宰府의 관인 및 國司에게 지급되는 職田의 경작에 종사하는 丁男.

32 神戶가 납부하는 租庸調. 국사의 관리하에서 신사의 조영, 수리, 신에게 바치는 예물에 사용되고, 일부는 神祇官에 보내 해당 관인의 급여로 충당된다.

○ 2월 임오삭, 美濃國 사람 村國連惡人을 淡路國으로 유배보냈다. 도둑의 무리를 숙박시키고 백성들에게 폐해를 주었기 때문이다.

갑인(3일), 우경인 정6위상 許曾部朝臣帶麻呂 등이 말하기를, "大和國 廣瀨郡은 논밭이 많고 관개용수가 부족하다. 바라건대, 公田 7정을 내어 제방을 쌓아 용수지를 만들어 공사 함께 이익이 되도록 한다. 그 공임 및 식료는 사재를 이용하기로 한다"라고 하였다. 이를 허락하였다.

정사(6일), 임관이 있었다.

기미(8일), (천황이) 경내를 순행하였다.

임술(11일), 近江守의 傔仗[33]을 정지하였다.

병자(25일), 임관이 있었다. 이날, (천황이) 경내를 순행하였다

○ 3월 신사삭, (천황이) 경내를 순행하였다.

계미(3일), 5위 이상에게 연회를 베풀었다. 문인에게 시를 짓게 하고 물품을 차등있게 하사하였다.

을유(5일), (천황이) 경내를 순행하였다.

병신(16일), 조를 내리기를, "옛적 難波朝廷[34]에서 처음으로 諸郡[35]을 설치하였다. 공로가 있는 자를 선발하여 郡領[36]에 보임하고, 그 자손이 서로 이어서 오래도록 그 관에 임명되었다. 운운. (금후에는) 그 가계에서 (군령을) 선임하는 것을 영원히 폐지하고, 재능이 알려져 있고 군령의 직을 감당하고 다스릴 수 있는 자를 취하여 군령으로 삼는다. 운운. 國造를 겸직하고 있는 兵衛[37]도 동일하게 정지한다. 다만 采女는 종전대로 바치도록 한다"라고 하였다.

---

33 율령제 하에서 변경의 국 혹은 군사적 요지에 있는 관인의 호위를 담당한 무관, 總管, 節度使, 按察使, 鎭守府將軍, 大宰帥, 大宰大貳, 三關國 國守, 陸奧國守, 出羽國守 등에게 주어졌다.

34 孝德朝(645-654), 孝德의 궁은 難波長柄豐崎宮.

35 이때의 郡은 大寶令 시행 이전의 7세기후반의 지방행정단위, 대보령 시행 후에 評에서 郡으로 바뀌었다. 大化改新의 郡 설치기사는 소급, 투영된 것이다.

36 권21, 弘仁 2년(811) 2월 기묘조에, "夫郡領者, 難波朝庭, 始置其職"라고 나온다.

37 「軍防令」38에 의하면, 兵衛는 郡令의 자제 중에서 채용한다고 규정되어 있다.

기해(19일), (천황이) 水生野에서 사냥을 즐겼다. 5위 이상에게 의복을 하사하였다.

계묘(23일), 曲宴을 개최하고 5위 이상에게 의복을 하사하였다.

정미(27일), 沙門 明一이 죽었다. 춘추 71세였다. 속성은 和仁部臣이고 大和國添上郡 사람으로 東大寺에 거주하였다. 법사는 부처의 가르침에 의거하여 성스러운 불교를 널리 퍼지게 했으며, 불교의 교설을 습득하여 천하에 이름이 알려졌다. 실로 불법을 깨달은 현인이고, 法王[38]의 큰 보물이다. 만년에 이르러 시중을 드는 부인을 두었다. 처마 밑에 핀 꽃이 시들어도 사방을 비추는 색을 함유하고 있고, 난초의 잎이 시들어도 10보 앞의 향기를 보낸다. 하물며 (법사의) 재능은 세상을 넘어서고, 그릇은 宗師[39]를 감당할 수 있었다.

일본후기 권제6 (逸文)

---

38 佛法의 宗主, 부처를 말한다.
39 불교의 교의에 통달하여 존경받은 지도자적 승려.

日本後紀 卷第六〈起延曆十六年四月, 盡十七年三月〉

左大臣正二位兼行左近衛大將臣藤原朝臣冬嗣等奉 勅撰

皇統彌照天皇〈桓武天皇〉

◎延曆十六年夏四月己未, 遣正五位上行左少弁兼右兵衛佐丹波守秋篠朝臣安人於左京職, 從五位上守民部大輔兼行造西寺次官信濃守笠朝臣江人於右京職, 檢延曆五年以来十五年以往雜官物. 大納言紀古佐美薨. 壬戌, 以大和國稻四百束, 施僧延尊, 聖基, 善行, 文延等四人. 以其在山中, 苦行修道也. 癸酉, 以布勢内親王, 爲伊勢大神宮齋. 丙子, 僧正善珠卒. 年七十五. 皇太子圖其形像安置秋篠寺. 皇太子病惱間, 施般若驗, 仍被抽賞. 法師俗姓安都宿禰, 京兆人也. 流俗有言, 僧正玄昉密通太皇后藤原宮子, 善珠法師實是其息也. 云云. 善珠, 尋師往學, 遲鈍難入. 初讀唯識論, 反復無數. 爾乃窮三藏之教旨, 分六宗之通衢. 大器晚成, 蓋是之謂也.

○五月壬辰, 巡幸京中. 癸巳, 遣彈正弼文室波多麻呂, 造宇治橋. 丙申, 遣使於大和, 山城, 攝津, 河内等國, 以屯田稻, 賣與貧民, 以救乏勸農也. 戊戌, 有雉, 集禁中正殿. 辛丑, 以武藏下總二國稻糶與貧民. 甲辰, 於禁中幷東宮, 轉讀金剛般若經, 以有恠異也. 乙巳, 遣僧二人於淡路國, 轉經悔過. 謝崇道天皇之靈也. 丁未, 於禁中, 行灌頂經法. 是日, 自去十九日, 東西洪水汎溢, 往往沒百姓家. 庚戌, 曲宴, 賜五位以上衣被.

○六月庚申, 詔曰, 古者, 什一而稅. 謂之正中, 三代因循, 頌聲作矣. 國家薄征利農, 勤恤民隱. 是以制令之日, 田一町租, 定爲二十二束. 其後有勅處分, 減爲十五束, 以今況古, 輕重相懸. 而今民部勘租之例, 通計國中, 以七分已上爲定. 所餘三分者, 任國司處分. 如今諸國之司, 偏執斯例, 雖遇年豐穣, 全徵其租. 而至納官不過七分, 其所餘者, 常事截留, 農夫以之受弊, 貪吏因茲擅利, 興言於此, 事乖善政. 自今以後, 收租之法, 宜計人別所營町段, 仍作十分, 收八免

二. 其八分之内, 計損四分, 若合門被害, 產業全亡, 如此之類, 具錄言上. 然則
人知輸法, 獲免枉徵之苦, 吏不私利, 終杜施奸之途. 宜班告率土, 知朕意焉. 辛
酉, 三品朝原内親王, 獻白雀. 御監及家司等賜物有差. 初見者伊勢直藤麻呂,
獲者菅生朝臣魚麻呂, 敍位一階. 癸亥, 詔曰, 觀時施教, 有國之彝範. 量事立
規, 爲政之要務. 然則設官分職, 是有閑繁, 錫祿命位, 非無輕重. 今覽從三位守
大納言兼彈正尹神王等所奏刪定令格四十五條, 事憑穩便, 義存折衷. 宜下有
司, 竝令遵用. 庚午, 勅, 遭喪之徒, 復任以前出仕, 捕身奏聞. 壬申, 遣使奉幣畿
内七道諸國名神. 皇帝於南庭, 親臨發焉. 以祈萬國安寧也. 己卯, 參議藤原眞
友卒. 年五十六. 壬午, 詔曰, 云云. 天下地, 建都者, 萬民勤苦殊甚. 重宜免今年
之租. 又畿内者, 堺接都下, 非無差發. 宜半免之. 唯大和國平群郡, 河内國高安
郡者, 去年遭霖, 山阜頹崩, 損傷已甚, 特全免之. 虛役之國, 不在是限.

○秋七月乙酉, 賜陰陽允大津海成絁五匹, 布十端. 以占霽有驗也. 丙戌, 遣
陰陽少屬從八位上菅原朝臣世道, 陰陽博士正六位上中臣志斐連國守, 鎭祭
大和國平群山, 河内國高安山, 先是, 霖雨, 二山崩頹, 埋人家也. 戊子, 任官. 甲
午, 勅, 男女有別, 禮典攸崇. 上下無差, 名教已闕. 頃者, 愚闇之輩, 不識禮儀,
至于會集, 混殽無別. 宜加禁制, 勿令更然. 辛丑, 正五位下藤原朝臣緒嗣授從
四位下. 是日, 曲宴, 賜物有差. 戊申, 任官.

○八月乙卯, 幸葛野川. 丙辰, 勅, 浮宕之徒, 寄住王臣之庄, 假勢其主, 全免
庸調. 云云. 又庄長多營私田, 假威乘勢, 蠹民良深. 奸猾之源, 不可不絶. 宜加
禁制. 庚申, 幸近東院. 甲子, 勅, 諸國講師, 所以教導緇徒也. 宜除造寺事之外,
寺内庶務, 及糾正僧尼, 皆委講師. 若有不遵者, 准法科斷. 乙丑, 幸葛野川. 丁
卯, 地震暴風. 左右京坊門, 及百姓舍屋, 倒仆者多. 己巳, 掖庭溝中獲魚. 長尺
六寸, 形異常魚. 或云椒魚, 在深山澤中. 甲戌, 齋内親王祓于葛野川. 即移入野
宮. 丙子, 任官. 戊寅, 選山城國治於長岡京南. 以葛野郡地勢狹隘也. 庚辰, 遊
獵于的野.

○九月丙戌, 曲宴, 賜五位已上衣. 己丑, 遊獵于北野, 賜五位已上衣. 庚寅,

曲宴, 賜五位以上綿有差. 壬寅, 勅, 時屬秋收, 民事收穫. 宜令畿内諸國, 勿供獻於行在所. 癸卯, 遊獵于北野. 戊申, 遊獵于大原野. 壬子, 賜從五位上紀朝臣田村子度二人.

○冬十月庚申, 有啄木鳥, 入前殿. 明日車駕將幸交野, 緣斯而止. 癸亥, 曲宴, 酒酣皇帝歌曰, 己乃己呂乃, 志具禮乃阿米爾, 菊乃波奈, 知利曾之奴倍岐, 阿多羅蘇乃香乎. 賜五位已上衣被. 甲子, 遊獵于北野. 還宮曲宴, 賜五位以上衣. 丙寅, 勅, 云云. 又祝部有犯, 潔齋無方, 依理解却. 戊辰, 曲宴, 賜侍臣物有差. 丙子, 遊獵于日野. 戊寅, 遊獵于陶野. 庚辰, 雉止兵衛陣, 入禁中諱房, 被獲.

○十一月乙酉, 遊獵于来栖野. 丙戌, 從四位下坂上大宿禰田村麻呂, 爲征夷大將軍〈有副將軍等〉. 甲辰, 宴五位已上, 賜祿有差. 己酉, 遊獵于大原野.

○十二月丙辰, 遊獵于北野. 乙丑, 大雪. 諸司掃雪, 賜綿有差.

◎延暦十七年春正月壬午朔, 皇帝御大極殿受朝賀. 宴侍臣於前殿, 賜被. 戊子, 宴五位已上, 賜祿有差. 壬辰, 河内國稻二千束, 施入百濟寺. 乙未, 唐僧惠雲爲律師. 丁酉, 宴五位以上, 賜物有差. 庚子, 巡幸京中. 甲辰, 云云. 停止公廨, 一混正稅, 割正稅利, 置國儲及國司俸. 又定書生及事力數, 停公廨田. 乙巳, 勅, 掃社敬神, 銷禍致福. 今聞, 神宮司等, 一任終身, 侮黷不敬. 崇咎屢臻. 宜天下諸國神宮司, 神主, 神長等, 擇氏中清慎者補之. 六年相替. 始神祇官神封物, 賜伊勢大神宮司季祿. 丁未, 停伊勢美作等國獻早栗. 有兔, 出朝堂院東道, 爲人所. 己酉(28日). 任官.

○二月壬午朔, 美濃國人村國連 惡人, 配流淡路國. 以停宿群盜, 侵犯百姓也. 甲寅, 右京人正六位上許曾部朝臣帶麻呂等言, 大和國廣瀬郡, 田疇多數, 灌漑乏水. 伏望, 以公田七町, 築堤爲池, 同利公私. 其功食等, 竝用私物. 許之. 丁巳, 任官. 己未, 巡幸京中. 壬戌, 停近江守傔仗. 丙子, 任官. 是日, 巡幸京中.

○三月辛巳朔, 巡幸京中. 癸未, 宴五位已上, 命文人賦詩. 賜物有差. 乙酉,

巡幸京中. 丙申, 詔曰, 昔難波朝廷, 始置諸郡. 仍擇有勞, 補於郡領. 子孫相襲,
永任其官. 云云. 宜其譜第之選, 永從停廢, 取藝業著聞堪理郡者爲之. 云云. 其
國造兵衛, 同亦停止. 但采女者依舊貢之. 己亥, 遊獵于水生野. 賜五位以上衣.
癸卯, 曲宴, 賜五位以上衣. 丁未, 沙門明一卒. 春秋七十一. 俗姓和仁部臣, 大
和國添上郡人也. 住東大寺. 法師依止釋門, 宣揚聖教. 心蘊海藏, 名高日下. 寔
謂佛乘之玄匠, 法王之大寶也. 及于晚年, 以備後房. 簷花全凋, 尚含四照之色,
蘭葉半落, 亦送十步之芳. 況乎才爲出世, 器堪宗師.

日本後紀 卷第六 (逸文)

일본후기 권제7 〈延曆 17년(798) 4월에서 동 12월까지〉

좌대신 정2위 行左近衛大將을 겸직한 臣 藤原朝臣冬嗣 등이 칙을 받들어 편찬하다.

皇統彌照天皇〈桓武天皇〉

◎ 延曆 17년(798) 하4월 갑인(4일), 칙을 내려, "지난 3월 16일 칙에 의거하여, 운운. 군령의 가계는 이미 정지되어 폐지되었고, 國造인 兵衛도 함께 정지되었다. 다만 먼저 국조에 보임된 후, 도검을 차고 숙위에 힘쓰는 자에 대해서는 불쌍히 여기지 않을 수 없다. 마땅히 국조의 이름을 제외시키고 병위로서 근무하도록 한다"라고 하였다.

기미(9일), 칙을 내려, "종전의 법식에서는 제신사의 宮司는 長上官에 준하여 4년을 (敍位의) 기한으로 하였다[1]. 지금 이후로는 番上官의 법식에 준하여 (6년으로) 고치도록 한다[2]"라고 하였다.

경신(10일), 지진이 있었다.

계해(13일), 대장성의 藏部[3]의 수를 정원 40인으로 하였다. (그중에) 20인에게 여름, 겨울 의복[4]을 지급하였다.

---

1 長上官의 근무평정으로부터 서위받을 수 있고, 근무연한은 원래 「選敍令」9에서는 6년으로 규정되어 있으나, 慶雲 3년(706) 2월에 개정되어 4년으로 되었다. 이후 天平寶字 원년(757) 5월에 養老律令의 시행으로 다시 6년으로 개정되었다.
2 「選敍令」11의 규정에는 번상관의 敍位 연한은 8년이 근무평정이 소요되지만, 역시 慶雲 3년(706) 2월에 개정되어 6년으로 되었다.
3 官庫의 출납을 담당하는 관인, 율령에 규정된 藏部의 정원은 大藏省에 60인, 內藏寮에 40인, 主藏監에 20인으로 되어 있다. 따라서 대장성의 경우는 이번 조치로 60인에서 20인이 감축되어 40인이 된 것이다.
4 이를 時服이라고 한다.

을축(15일), 칙을 내려, "(佛法은 인도의) 雙林[5]의 서쪽에서 이동하여, 3乘[6]이 동쪽으로 전파되어 등불을 밝히는 배의 노와 같은 것이다. 이것으로 가르침을 널리 알리고, 계율을 유지하기 위한 사업은 진실한 승려에 의한다. 세상을 구제하고 사람을 교화하는 데에는 덕이 있는 고승의 존재가 있다. 그러나 年分[7]의 득도 자는 나이 어린 사람을 취하는 것이 관례로 되어 있어, 자못 2經[8]의 음독을 배워도 불교의 가르침을 이해하지 못하고 있다. 겨우 승려가 되어 구차하게 과역을 기피하게 되었지만[9], 도리어 계율을 포기하고 학업을 그만두게 된다. 그러한 즉, 모습은 불가에 들어간 것과 비슷하지만, 행하는 것은 속세에 있는 것과 같다. (중국고대의) 鄭의 사람이 갈지 않은 옥을 璞이라 했듯이 정돈되지 않았고, 齊의 피리를 불지 못하는 자가 엉터리로 분 것과 같이 부실하다. 이와같은 혼돈한 상태를 생각하면, 참으로 (잘못된) 행적을 고쳐야 한다. 지금 이후로는 年分의 득도자는 나이 35세 이상으로 절조와 행장이 이미 정립되어 있고, 지식과 수행을 존중할만 하고, 아울러 (漢音인) 正音을 습득하여 승려로서 감당할 수 있는 자를 선발하여 정해야 한다. 매년 12월 이전에 僧綱과 소관 관사[10]에서는 학업을 쌓은 자를 불러, 마주하여 시험을 치르고 학습한 경론을 총 大儀 10조를 시험하여 5조 이상을 통과한 자를 취하여 상세한 문서로 태정관에 보고하고, 기일이 되면 득도시킨다. 수계의 날에는 재차 시문을 행하고 8조 이상을 통과하면 수계를 받을 수 있도록 한다. 또 沙門이 행함에는 계율을 護持하는 것이고, 진실로 이 불도를 어긴다면 어찌 불자라고 할 수 있겠는가. 그러나 지금 훌륭한 학업을 중시하지 않고, 혹은 경제적인 일로 마을을 돌아다니고 있어 (백성의) 編戶와 다름이 없다. 이 때문

---

5 雙林은 석가모니가 설교를 행한 沙羅雙林의 숲을 가리킨다.
6 3乘은 중생을 깨닫게 하고 인도하는 3종의 교법을 타는 물체로 비유한 것으로 聲聞乘, 緣覺乘, 菩薩乘을 말한다.
7 천황에게 주상해서 그해의 일정수의 得度者를 허가하는 일, 이를 年分度者라고 한다.
8 화엄경과 金光明最勝王經.
9 득도하게 되면 공민의 호적으로부터 승적으로 옮겨져 과역이 면제된다.
10 治部省, 玄蕃寮

에 많은 사람들이 (승려를) 경시하고 업신여겨 불교의 가르침이 쇠퇴하고 있다. (이러한 일은) 단지 불교의 진리를 욕되고 문란하게 하는 것만이 아니라 하는 국법도 위반하고 있는 것이다. 지금 이후로는 이와같은 무리들은 절에 거주시키거나 공양해서는 안된다. 무릇 齋食을 행하는 법회에도 참석해서는 안된다. 삼강은 이를 알면서 바로잡지 않으면 같은 죄로 (처벌)한다. 그 외의 금지사항은 (僧尼) 슈의 조문에 의거한다. 만약 잘못을 고치고 수행하는 자는 특별히 절에 돌아가 거주하는 것을 허락한다. 무릇 법을 지키는 승려는 두루 정진에 힘쓰도록 독려하고 불도에 싫증을 느끼는 자들에게는 마음에 부끄러움이 일게 한다"라고 하였다.

정묘(17일), 諱〈淳和 태상천황〉 및 葛原親王[11]이 궁중에서 元服[12]을 행하였다.

경오(20일), 공경이 주상하기를, "삼가 슈의 조문을 살펴보니, 左右京職에서는 條마다 坊슈[13] 1인을 두고, 소관 부서를 감독한다. 다만 사람이 필요하고 중요한 직책을 맡고 있지만, 작은 녹봉도 없어 보임이 되어도 앞다투어 사퇴를 일삼는다. 삼가 바라건대, 소초위하의 관에 준해서 봉록 및 직전 2정을 지급하여 그 신분을 우대하고, 직무에 힘쓰게 했으면 한다"라고 하였다. (천황이) 이를 허락하였다.

갑술(24일), 외종5위하 內藏宿禰賀茂麻呂[14]를 遣渤海使로 삼고, 정6위상 御使宿禰今嗣를 판관으로 삼았다.

○ 5월 갑신(5일), (천황이) 馬埒殿에 어림하여 마상의 궁술을 관람하였다.

---

11 桓武天皇의 황자, 治部卿, 大蔵卿, 式部卿, 大宰帥 彈正尹, 中務卿 등을 역임하였고 1품에 올랐다. 天長 2년(825)의 자녀가 平氏 성을 받아 臣籍으로 내려가 桓武平氏의 祖가 되었다.

12 元服의 元은 머리를 가리키고 服은 몸에 붙인다는 의미로 冠을 머리에 쓰는 것을 말한다. 원문에는 '冠' 자만 사용하여 元服을 표현하였다.

13 坊슈에 대해서는 「戶令」 4, 「取坊令」 조에, "凡坊令, 取正八位以下, 明廉強直, 堪時務者充"이라고 하여 정8위 이하 중에서 청렴하고 강직하며 시무를 할 수 있는 자를 취하여 충당한다고 되어 있다. 그러나 방령에게는 과역의 면제라는 특전이 있었지만, 별도의 녹봉이 없는 무급이었다.

14 延暦 2년(783)에 少外記, 동 6년에 大外記에 임명되었고, 동 16년에 主計助가 되었다. 延暦 15년에 送渤海客使 御長廣岳이 가져온 발해국왕의 서장 중에 양국간의 견사의 도항 간격을 6년으로 청하여 동 17년(798) 5월에 璽書를 갖고 발해에 파견되었다.

정해(8일), (천황이) 경내를 순행하였다.

신묘(12일), (천황이) 根東院에 행차하였다.

계사(14일), (천황이) 경내를 순행하였다.

정유(18일), (천황이) 葛野川에 행차하였다.

무술(19일), 遣渤海國使 內藏宿禰賀茂 등이 출발 인사를 위해 (천황을) 배견하였다. 그 왕에게 보내는 璽書에서 말하기를, "천황이 삼가 渤海國王¹⁵에게 문안드린다. 전년에 (御長眞人)廣岳 등이 돌아와서 (바친) 서계¹⁶를 보니 상세하게 알 수 있다. 위안의 마음이 더해질 따름이다. 저 渤海의 국은 창파의 바다로 격절해 있지만, 대대로 예빙하여 우호를 닦아 왔다. 지난 날, 高氏가 왕위를 잇고 늘 덕화를 흠모하여 찾아왔다. 大氏 왕가는 기반을 회복하고 바람을 관찰하여 교류를 끊이질 않았다. 중간에 서계에 오만함이 보이고 종전의 예의에 어긋남이 있어, 이 때문에 그 사절을 통상의 예로 대우하지 않았다. (발해)왕은 이전의 우호관계를 따라 지금에 빙례로서 수교하였다. (사절파견의) 햇수의 간격은 (일본조정의) 재량으로 할 것을 청하고, 영원한 세월의 법칙으로 정하기를 원했다. 마음의 정성이 현저하여 심히 기뻐하고 있다. 짐은 마침 치세를 맞이하여 神器를 받들고 황위를 이어서 위광과 덕이 널리 미치고, 북과 남 어느쪽에 치우침이 없다. (양국은) 지리적으로 달리하고 있지만, 어찌 마음에 격리가 있겠는가. 그런 까닭에 청한 바에 따라 왕래를 허락한다. 사인의 숫자는 많고 적음에 제한을 두지 않는다. 다만 끝없는 거대한 바다를 생각하면, 하나의 작은 배로서 항해할 수 있는 것은 아니다. 거친 풍랑으로 자칫하면 재난을 당할 수 있다. 만약 해마다 기한을 정하면, 어려움을 헤아리기 어렵다. 6년을 간격으로 하면, 시기적으로 적합하다. 따라서 종5위하 行河內國介 內藏宿禰賀萬 등을 사자로 파견하여 짐의 마음을 알리고 아울러 사자 편에 (國)信物을 올린다. 그 수량은 별기한 바와 같다. 한여름의

15 발해 6대 康王(재위, 794-809) 大嵩璘.
16 권5, 延曆15년(796) 10월 기미조에 발해왕 大嵩璘이 보낸 서계가 나온다..

날씨는 덥다. 왕께서는 심신이 쾌적하시길 바란다. 관리, 백성에게도 아울러 위문의 말을 전하고자 한다. 대략 이것으로 서간을 보낸다. 다하지 못한 말이 많다"라고 하였다. 또 재당 유학승 永忠 등에게 보내는 서간에서 말하기를, 운운.

을사(26일), 임관이 있었다.

병오(27일), 정5위하 羽栗臣翼이 죽었다. 운운. 부친 吉麻呂는 靈龜 2년(771)에 학생 阿倍朝臣中麻呂의 종자로 入唐하였다, 당 여인을 취하여 翼 및 翔[17]을 낳았다. 이듬해 16세가 된 天平 6년(734)에 부친을 따라 귀국하였다. 총명하다고 칭송되었다. 통달한 바가 많고, 출가하여 승려가 되었다. 얼마 지나지 않아 학업이 으뜸이 되었다. 조정에서는 그 재능을 아까워하여 환속시키고, 특별히 득도자 2인을 내렸다.

○ 윤5월 병인(17일), 임관이 있었다.

임신(23일), 조를 내려 말하기를, "운운. 슈에 의거하여, 5세왕은 비록 왕명을 가졌어도 황친의 범위에는 포함하지 않는다"라고 하였다.

계유(24일), 前殿에서 연회를 베풀고, 5위 이상 및 衛府의 판관 이상에게 녹을 차등있게 내렸다. 이보다 앞서 主鷹司는 北山에 새매[18] 둥지를 만들어 2마리의 새매를 방사하였다. 곧 3마리의 새끼를 낳아 궁중에서 키웠다. 천황이 매우 애지중지하며 갖고 놀았다. 조를 내리기를, 운운. 관위를 수여하였다. 군신들에게 시를 짓게 하였다.

갑술(25일), 丹生神社에서 기우제를 지냈다.

을해(26일), (천황이) 北野에 순행하였다.

○ 6월 임오(4일), 丹生神社에서 기우제를 지냈다.

---

17 羽栗臣翼의 동생, 天平寶字 3년(759) 2월에 唐朝에서 관직에 있던 藤原清河를 맞이하기 위해 사절단의 錄事로서 入唐하였다. 『續日本紀』天平寶字 5년(761) 11월 계미조에는 "그 錄事 羽栗翔는 藤原河清이 있는 곳에 머물고 돌아오지 않았다"라고 하여 당에 잔류하여 여생을 보낸 것으로 보인다.

18 매보다는 약간 작은 소형 맹금류.

을유(7일), 칙을 내려, "국사에게 官稻를 대부하는 것은 앞서 이미 금지하였다[19]. 위법이 있으면 법에서도 용서하지 않았다. 지금 듣는 바로는, 職田을 정지하고 나서 다만 식료를 기다릴 뿐이어서, 대부가 있지 아니하면, 다시 식량이 부족하다고 한다. 1년치 식량의 3분의 1을 差法[20]에 따라 대부하고 보충하도록 한다"라고 하였다.

신묘(13일), 曲宴을 개최하고, 5위 이상에게 차등있게 물품을 내렸다.

무술(20일), 칙을 내려, "唐人 외종5위하 嵩山忌寸道光[21], 大炊寮의 權大屬[22] 정6위상 淸川忌寸是麻呂[23], 鼓吹司의 權大令史 정6위상 淸根山忌寸松山[24], 官奴司의 權令史 정6위상 榮山忌寸諸依[25], 造兵司의 權大令史 정6위상 榮山忌寸千嶋 등

---

19 國司에게 官稻를 대부하는 것은 무이자로 빌려주는 것으로, 그 처분은 국사에게 위임하는 제도이고, 국사는 이를 出擧하여 이익을 올렸다. 이 제도는 天平 10년(738) 3월 9일 格의 포고로 정지되었다(『貞觀交替式』).

20 差法은 國司의 상하 신분에 따라 官稻를 무이자로 차등적으로 대부하는 것이다. 『續日本紀』 天平 6년(734) 정월조에 관도 대부의 수량은, 大國은 14만속 이하, 上國은 12만속 이하, 中國은 12만속 이하, 下國 은 8만속 이하로 되어 있다. 이 수량에서 3분의 1을 국사에게 대부한다.

21 『新撰姓氏錄』左京諸蕃에, "嵩山忌寸, 唐人外從五位下〈船典賜綠〉張道光入朝焉. 沈惟岳同時也"라고 하여 개성하기 이전의 이름은 張道光이다. 沈惟岳은 天平寶字 5년(761) 8월에 당에 체재중인 藤原河淸을 귀환시키기 위해 파견된 일본사절 高元度 일행을 다시 일본으로 보내기 위해 파견된 인물이다. 이때의 沈惟岳 등 당사절 일행은 九州의 大宰府에 머물다 귀국하지 못하고 일본에 정주하게 되고, 일본의 성을 받고 관인으로 출사하게 된다.

22 관직명에 權을 관칭한 것은 임시직, 한시적인 대행을 의미한다.

23 『續日本紀』延曆 5년(786) 8월조에, "唐人 盧呂津에게 淸川忌寸의 성을 내렸다"고 나온다. 『新撰姓氏錄』右京諸蕃上에는 "唐人 정6위상〈본래 賜綠이다〉盧如津이 입조하였다"라고 기록되어 있다. 그는 연력 18년 정월에 당조에서 내조한 것을 불쌍히 여겨 月俸을 지급받았고, 弘仁 13년(822) 정월에는 종5위하로 승진하였다.

24 『續日本後紀』承和 원년(834) 9월 임신조에, "勘解由主典阿直史福吉, 散位同姓核公等三人, 賜姓淸根宿禰, 核公之先, 百濟國人也"라고 하여, 阿直史核公이 淸根宿禰의 성을 받았고, 그의 선조가 백제국인으로 나온다. 따라서 唐人 선조설은 잘못이다. 勘解由 主典인 阿直史福吉 역시 백제계 씨족이다.

25 『續日本紀』延曆 3년(784) 6월 신축조에, "唐人賜綠晏子欽, 賜綠徐公卿等賜姓榮山忌寸"이라

은 멀리 본국을 떠나 (日本)國家에 귀화하였다. 비록 위계와 봉록을 지급받고 있으나 가계가 여전이 빈한하다. 특별히 우대하여 편의에 따라 稻를 지급하도록 한다'라고 하였다.

기해(21일), 칙을 내려, "相模, 武藏, 常陸, 上野, 下野, 出雲 등의 국에 귀복한 蝦夷는 (조정의) 은덕에 의지하여 생활하고 있다. 매사 위무하고 구휼하여 돌아갈 마음이 없도록 한다. 時服[26]과 祿物은 매년 지급하고, 식량이 떨어지면, 모름지기 넉넉히 구휼에 힘써야 한다. 계절마다 향응을 베풀고 국사에게 명하여 실행하고 보고한다. 그 외의 것은 먼저 보고하고 후에 실행하도록 한다'라고 하였다.

○ 추7월 임신(25일), 丹生神社에 봉폐하였다. 장마가 그치고 날이 맑기를 기원하기 위해서이다.

갑술(27일), 임관이 있었다.

을해(28일), 칙을 내려, 平城의 舊都는 원래 많은 절이 있고, 외설스런 승니가 많아 문란한 행위가 자주 발생하고 있다. 정5위하 右京大夫 겸 大和守 藤原朝臣 園人을 보내 검찰하게 하였다.

○ 8월 임오(5일), (천황이) 柏原野에서 사냥을 즐겼다.

병술(9일), 대풍이 불어 경내의 백성의 가옥이 무너졌다.

정해(10일), (천황이) 경내를 순행하였다.

경인(13일), (천황이) 北野에서 사냥을 즐겼다. 바로 伊豫親王의 산장에 들러 주연을 열었다. 날이 저물자, 천황이 노래를 부르기를, "오늘 아침에 운다고 하는 사슴의 소리를 들을 때까지 돌아갈 생각은 없다"라고 하였다. 그때에 사슴이 울었다. 천황은 기뻐하며 군신들에게 화답하게 하였다. 밤이 깊어지자 이에 (궁으로) 돌아갔다.

고 하여 唐人 晏子欽, 徐公卿 등에게 榮山忌寸을 사성한 기록이 나오고, 『新撰姓錄』左京諸蕃上에, "榮山忌寸, 唐人正六位上〈本國岳賜綠〉晏子欽入朝焉. 沈惟岳同時也"라고 하여 출자를 기록하고 있다.

26 時服은 관에서 지급된 의복료. 각국에서는 出擧한 官稻의 이자로 그 재원으로 한다.

계사(16일), 관위를 수여하였다.

신축(24일), (천황이) 柏原野에서 사냥을 즐겼다.

계묘(26일), (천황이) 內膳院[27]에 들려 曲宴을 개최하고, 물품을 차등있게 하사하였다.

갑진(27일), (천황이) 大原野에서 사냥을 즐겼다.

○ 9월 계축(7일), 祈年祭[28] 때에 (神祇官에서) 폐백을 배포하는 신사를 정했다. 이보다 앞서 제국의 祝部 등은 매년 입경하여 각각 폐백을 받았다. 그러나 도로가 치우쳐 있고 멀어 왕래하는데 어려움이 많다. 지금부터는 편의적으로 해당 국의 물품을 이용하기로 하였다[29].

을묘(9일), (천황이) 北野에서 사냥을 즐겼다.

임술(16일), 조를 내려 말하기를, "法相의 본질은 유식의 입장에서 보면 (모두가) 空이 아니라는 것이고, 三論에서는 空은 일시적인 것이고 본질적인 것이 아니다[30]. 수레를 나누어 함께 같은 말로 달리는 것이고, 실로 길은 달리하지만 같은 곳으로 돌아온다. 지혜의 횃불은 이로부터 점점 밝아지고, 깨달음의 바람은 더욱 부채질하게 된다. 요즈음 불자들은 법상에 치우쳐 힘쓰고, 삼론에 이르러서

---

27 천황의 식사를 담당하는 內膳司의 한 구역.

28 매년 2월 4일에 열리는 가을의 풍년을 미리 기대하는 결과를 모의 실연하는 豫祝神事, 폐백을 받는 신사는 官社에 해당한다. 기년제의 초견은 『續日本紀』慶雲 3년(706) 2월조에 나온다. 행사에는 대신 이하 백관들이 신기관에 모이고, 中臣氏가 祝詞를 하면 모여있던 제신사의 祝部에게 폐백을 분배한다.

29 『延喜式』卷第1 「四時祭」上・祈年祭에서는, "二月祭, 祈年祭神, 三千一百三十二座, 大, 四百九十二座.[三百四座, 案上官幣. 一百八十八座, 國司所祭.] 小, 二千六百四十座.[四百三十三座, 案下官幣. 二千二百七座, 國司所祭.]"라고 규정되어 있다. 즉 3132座의 官社 중에서 神祇官 관할의 大小 신사 737座(官幣社)와 國司 관할의 2395座(國幣社)로 나누고 있다. 이 중에서 후자인 國幣社가 해당국의 물품을 받는다.

30 法相宗은 만유는 唯識이 변화해서 이루어진 것으로 일체의 존재는 허상에 불과하고 오직 마음의 작용인 識이 緣起해 현상으로 나타난 것에 불과하다고 설하고, 三論宗은 일체의 만유는 본성적으로 허공과 같이 실체가 없다는 가르침을 주로 하는 종파.

는 학업을 그만두는 일이 많다. (法相의) 世親[31]의 설은 전하고 있지만, (三論의) 龍樹[32]의 논설은 바로 실추되고 있다. 참으로 승강의 가르침이 없어 후진이 이와 같이 되는 까닭이다. 마땅히 적절히 권유하고 지도하여 양종을 함께 학습시켜, 空(三論宗), 有(法相宗)의 論(의 가르침)을 좇아 매진하여 쇠퇴하지 않도록 하고, 대승, 소승(의 교설)이 언덕과 계곡이 변할 정도로 (시간이 지나도) 단절되지 않도록 한다. 두루 승려들에게 고지하여 짐의 뜻을 알리도록 한다'라고 하였다.

을축(19일), 越後國의 전지 250정을 3품 朝原内親王[33]에게 주었다.

기사(23일), 阿波國에 기근이 들어 사자를 보내 진휼하였다.

경오(24일), (천황이) 栗前野에서 사냥을 즐겼다.

계유(27일), (천황이) 日野에서 사냥을 즐겼다.

○ 동10월 정해(12일), 칙을 내리기를, "國造와 郡領은 그 직무가 각기 다르다. 지금 出雲, 筑前 양국은 慶雲 3년(706) 이래, 국조가 군령을 겸직하면서 神事를 우선으로 하여 자칫하면 (군령으로서의) 공무가 멈추게 된다. 비록 태만해도 조사하여 처분할 수가 없다. 지금 이후로는 국조는 군령을 겸할 수 없게 한다. 또 국조는 神主[34]를 겸하고 있어 새로 부임하는 날, 모든 처를 버리고 백성의 여자를 취하여 신궁의 采女[35]로 호칭하여 바로 (자신의) 처로 맞이한다. 망령되게 神事를 빙자하여 마침내 음란한 바람을 일으키고 있다. 이를 국법에 비추어 보면, 징벌하는 것이 이치에 맞다. 국사는 한 여자를 점복으로 정하여 (신궁의) 채녀로 보내도록 한다'라고 하였다.

임진(17일), 칙을 내려, "파계승 중에는 경제활동을 영위하는 자가 있는데, (이

---

31 4-5세기경 인도의 불교사상가.
32 2-3세기 인도의 불교사상가.
33 桓武天皇의 황녀, 天應 2년(782)에 伊勢齋宮이 되었고, 延曆 15년(796)에 귀경하여 2품을 받고, 平城天皇의 妃가 되지만, 弘仁 3년(812)에 妃를 사퇴하였다.
34 신사의 神職.
35 采女는 후궁에 봉사하는 여성의 직명이지만, 여기서는 出雲國 杵築大社, 筑前國 宗像大社에 봉사하는 여성 神職을 말한다.

들을) 절에 거주시키거나 공양을 주는 것을 허락하지 않는다. 죄를 범한 비구니는 비구에 준해서 규찰하여 바로잡고, 향기와 악취를 섞이지 않도록 하고, 청류와 탁류는 달리해야 한다"라고 하였다.

을미(20일), 칙을 내려, "(세금으로) 말린 밥과 곡³⁶을 수납하는데에 斗斛³⁷의 측량으로는 한계가 있다. 시간이 지나면, (자연적으로) 감소되는데, (이에 대한) 법령은 세우고 있다. (그러나) 현재 소관 관사에서는 규정량 이외의 재차 감소분을 더하고 있다. 말린 밥은 1俵³⁸에 2升 이상이고, 곡물은 1斛에 5升 이상 납입시키고 있다. 백성들은 항상 이 비용에 고통받고 있다. 지금 이후로는 수납된 말린 밥, 곡물을 조사하여 규정된 수량 이외의 소모분을 재차 추가하지 못하도록 한다. 만약 위반자가 있으면, 법에 의거하여 처벌한다. 저울 등 도량형에는 우선 정해진 표준이 있다. 검사받고 사용하는 것도 令의 조문에 상세하다³⁹. 그러나 소관 관사에서는 태만하고 일찍이 지키지 않는다. 대소는 임의대로 하고, 경중도 사람에 따라 달리하고 있다. (따라서) 수납시에 함부로 하는 일이 많아 피해가 매우심하다. 지금 이후로는 이 폐단을 고쳐서 升, 尺 등의 도량형은 대장성에 가서 법에 따라 검사를 받고 영원히 부정의 근원을 근절시켜야 한다. 만약 이 조치에 위반하면 엄벌에 처한다. 또 조세와 調錢⁴⁰의 출납은 한도가 있고, 잡요를 징수하고 용도에 충당하는데에는 다양하고 하나가 아니다. 악질의 관리들이 관물을 불법으로 유용하고 있다. 장부상(의 수취분)과 실제의 차액을 편취하고, 법규를 꺼리지 않고 마음대로 탐하고, 앞다투어 사물화하고 있다. 전조를 약간 올리기도 하

---

36 穀은 벼이삭인 稻束으로부터 이삭을 떼어낸 稻를 가리키고, 정미한 稻를 米라고 한다. 정미의 정도에 따라 현미, 혹미로 구분한다.

37 1斗는 1말, 1斛은 10斗로 10말.

38 1俵는 5斗 즉 5말.

39 「関市令」14「官私権衡」條, "凡官私権衡度量, 毎年二月, 詣大蔵省平校. 不在京者, 詣所在國司平校, 然後聴用"이라고 규정되어 있다. 도량형에 대해 왕경에 있는 자는 대장성에 가서 검사를 받고, 그 외의 자는 관할 국사에 가서 검사받도록 규정되어 있다.

40 성인 남자에게 부과되는 調(견직물, 목면 등의 물품) 대신에 錢으로 납부하는 것.

고, 調錢, 職寫田의 直[41], 徭錢[42] 등의 종류를 횡령하는데에 이르러서는 수법이 다양하고 습관적으로 쌓여 개전의 마음이 없다. 처벌을 위해 (법의) 조문을 세우지 않으면 무엇으로 징벌할 것인가. 내년 정월 이후, 만약 (횡령을) 범한 자는 법에 의거하여 처벌한다. 범죄가 경미해도 현직에서 해임하여 영원히 임용하지 못하도록 한다. 또 물건에는 귀천이 있고, 가격도 고하의 차이가 있다. 여름의 絁, 가을의 穀 등 다양한 종류의 물자가 많다. 제국의 교역[43]은 먼저 가격을 정하고, (가격이) 올라갈 때에는 강제적으로 저가에 매입하고, 낮아질 때에는 허위로 고가로 매긴다. 마침내 차액을 편취하고 법규를 왜곡하여 이윤을 챙긴다. 백성을 고통스럽게 하고 정치를 해치는데에 이보다 심한 것은 없다. 마땅히 앞의 과오를 고쳐 재차 죄를 범하지 않도록 한다. 때의 물가가 내려갈 때에 시세의 가격으로 구입하고 사실에 의거하여 언상하여, 부정한 횡령이 없도록 한다. 만약 여전히 고치지 않는다면, 칙을 위반한 죄로 처벌한다'라고 하였다.

무술(23일), (천황이) 大堰[44]에 순행하였다.

○ 11월 경술(5일), (천황이) 日野에서 사냥을 즐겼다.

을묘(10일), 任官이 있었다.

무오(13일), (천황이) 日野에서 사냥을 즐겼다.

경오(25일), (천황이) 水生野에서 사냥을 즐겼다.

신미(26일), 눈이 내렸다. 제관사에서 제설 작업을 하였다, 차등있게 녹을 내렸다.

임신(27일), 大和國의 황폐한 公田 24정, 옛 용수지 1곳을 秋篠寺[45]에 시입하여

---

41 職寫田은 京職이 計帳을 바치지 않은 戶로부터 압수한 전지이고, 이를 백성에게 대여하여 받는 이자인 賃租料를 直이라고 한다.

42 雜徭인 徭役 대신에 바치는 錢.

43 제국의 國衙에서 正稅를 재원으로 필요한 물품을 구입하게 위해 대가를 지불하고 교역하는 것. 이것은 백성에 대해 강제성이 있어 課稅物이라고도 하였다.

44 山城國 葛野川에 설치된 관개용수 시설인 深.

45 奈良時代 法相宗의 승려 善珠가 창건하고 현지의 호족 秋篠氏의 氏寺로서 알려져 있다. 『續

영원히 寺田으로 삼았다.

○ 12월 임오(7일), 畿内의 官稻를 내어 시가보다 내려서 백성에게 팔았다. 백성의 식량이 부족하기 때문이다.

임진(17일), (천황이) 北野에 순행하였다.

을미(20일), 鑄錢司에 史生 2인을 증원하였다.

임인(27일), 渤海國이 사자를 보내 토산물을 바쳤다. 그 서계에서 말하기를, "(大)嵩璘이 말씀드린다, (일본의 견발해사) (內藏宿禰)賀萬[46] 등이 와서 바친 書(啓) 및 信物의 명주 각 30필, 견사 2백구, 목면 3백둔을, (목록에 기록된) 수량대로 수령하였다. 실로 깊은 위로와 기쁨을 느낀다. 또 거대한 바다는 하늘과 맞닿아 있고, 창파는 햇볕으로 적시며, 노정은 끝없이 격해 있고, 간헐적인 구름과 노을을 바라볼 뿐이다. (견발해사는) 동남풍을 받아 범선을 보내 (발해의) 옛 포구를 향해 내항하였고, 서북단 (발해의) 기후를 살펴보았고, (항해의) 식량이 결핍되는 일이 없었다. 피차 (양국이) 일치해서 맹서를 맺어 사람의 도리에 부합하고, 남북의 의리를 느끼니, 특히 천심이 화합하지 않을 수 있겠는가. 嵩璘는 옛 봉토에 군림하여 선대의 사업을 잇고, 멀리서 좋은 격려를 받아 스스로 변함없이 통치를 행하고 있다. 천황은 멀리서 은덕의 音信을 내리고, 거듭 사자를 보냈다. 은혜는 거듭 가슴에 품고, 위로와 깨우침에 깊은 정을 느낀다. 하물며 간단한 서계를 보냈는데, 앞서의 요청을 받아들이고, 信物을 보내지 않았는데도[47] 年期[48]를 허락해 주었다. 서계에 실례가 없다면 기쁠 따름이다. (천황의) 비호하는 정이 다른 때와는 다름을 알았다. 그러나 작은 배로 항해하는 것이 어려워 6년을 기한으로 하라고 살펴준 것은 알고 있시만, 마음 속으로 그 간격이 길어서 꺼려진다. 재

日本紀』寶龜 11년(78)에 光仁天皇이 秋篠寺에 食封 1백호를 시입한 일이 있고, 延曆 25년 (806)에 사망한 桓武天皇 五七(35일) 기일의 법회가 秋篠寺에서 행해진 일이 있다.

46 일본의 견발해사인 內藏宿禰麻呂.

47 발해에서 일본국에 國信物을 보낸 사실이 있지만, 약소한 토산물이라는 의미의 겸양의 말로 생각된다.

48 사절 파견의 햇수의 간격.

차 좋은 안을 도모하고, 아울러 두루 통람하여 그 〈도항의〉 기한을 단축하고 주변의 소박한 마음에 부합했으면 한다. 그러한 즉 순풍을 받아 나아가 과인의 마음이 스스로 게으르지 않고, 덕화를 흠모하는데 힘쓰고 高氏[49]와 같이 (교류의) 자취를 찾아갈 것이다. 또 (천황의) 세계 중에서 허락한 바, 비록 (사절의) 숫자는 제한하지 않았지만, 사자에 대한 배려심을 생각하여, (접대의 부담을 덜고자) 가는 사람의 수를 줄이고자 한다. 삼가 慰軍大將軍 左熊衛都將 上柱將 開國子[50] 大昌泰[51] 등을 사자로서 (日本)國에 보낸다. 아울러 信物을 부쳐 올린다. 상세한 것은 별도의 서장에 기록한 바와 같다. 토산물이어서 진기한 것이 없어 스스로도 부끄러울 따름이다"라고 하였다[52].

일본후기 권제7 (逸文)

---

49 高句麗.

50 慰軍大將軍 左熊衛都將 上柱將 開國子이라는 긴 복수의 관직을 보면, 慰軍大將軍은 職掌이 없는 武散官이고, 문관은 文散官이라고 한다. 左熊衛都將은 禁衛府의 將이고, 上柱將은 勳官, 開國子는 爵名이다.

51 발해의 大氏 왕족으로 보인다.

52 『類聚國史』 권193 「渤海」 上 延曆 17년 12월 을미조 및 『日本紀略』 해당 조문.

日本後紀 卷第七〈起延曆十七年四月, 盡同十二月〉

左大臣正二位兼行左近衛大將臣藤原朝臣冬嗣等奉 勅撰

皇統彌照天皇〈桓武天皇〉

◎延曆十七年夏四月甲寅, 勅, 依去三月十六日勅, 云云. 郡領譜第, 既從停廢. 國造兵衛, 同亦停止. 但先補國造, 服帶刀杖, 宿衛之勞, 不可不矜. 宜除國造之名, 補兵衛之例. 己未, 勅, 承前之例, 諸神宮司, 准長上官, 四考爲限. 自今以後, 宜改准番上之例. 庚申, 地震. 癸亥, 大藏省藏部數, 定爲四十人, 仍給二十人夏冬衣服. 乙丑, 勅, 雙林西變, 三乘東流, 明譬炬灯, 慈同舟楫. 是以弘道持戒, 事資眞僧, 濟世化人, 貴在高德. 而年分度者, 例取幼童, 頗習二經之音, 未閱三乘之趣. 苟忌避課役, 纔忝緇徒, 還棄戒珠, 頓廢學業. 爾乃形似入道, 行同在家, 鄭璞成嫌, 齊竽相濫, 言念迷途, 寔合改轍. 自今以後, 年分度者, 宜擇年三十五以上, 操履已定, 智行可崇, 兼習正音, 堪爲僧者, 爲之. 每年十二月以前, 僧綱所司, 請有業者, 相 對簡試, 所習經論, 惣試大儀十條, 取通五以上者, 具狀申官. 至期令度. 其受戒之日, 更加審試, 通八以上, 令得受戒. 又沙門之行, 護持戒律, 苟乖此道, 豈曰佛子. 而今不崇勝業. 或事生産, 周旋閭里, 無異編戶. 衆庶以之輕慢, 聖教由其陵替. 非只顯 亂眞諦, 固亦違犯國典. 自今以後, 如此之輩, 不得住寺, 幷充供養. 凡厥齋會, 勿關法筵. 三綱知而不糾者, 與同罪. 自餘之禁, 宜依令條. 若有改過修行者, 特廳還住. 使夫住法之侶. 彌篤精進之行, 厭道之徒, 便起慚愧之意. 丁卯, 諱〈淳和太上天皇〉及葛原親王於殿上冠. 庚午, 公卿奏, 謹案令條, 左右京職每條置坊令一人, 督察所部. 惟人是憑. 而任居要籍, 秩無微俸, 至于除補, 競事避遁. 伏望, 准少初位下官, 給祿幷職田二町, 優恤其身, 令勤職掌. 許之. 甲戌, 以外從五位下內藏宿禰賀茂麻呂, 爲遣渤海使, 正六位上御使宿禰今嗣爲判官.

○五月甲申, 御馬埒殿, 觀騎射. 丁亥, 巡幸京中. 辛卯, 幸近東院. 癸巳, 巡幸

京中. 丁酉, 幸葛野川. 戊戌, 遣渤海國使内藏宿禰賀茂等辭見. 因賜其王璽書
曰, 天皇敬問渤海國王. 前年廣岳等還, 省啓具之. 益用慰意. 彼渤海之國, 隔以
滄溟, 世脩聘禮, 有自来矣. 往高氏繼緒, 每慕化而相尋, 大家復基, 亦占風而靡
絶. 中間書疏傲慢, 有乖舊儀. 爲此待彼行人, 不以常禮. 王追蹤曩烈, 脩聘于
今. 因請隔年之裁, 庶作永歲之則. 丹款所著, 深有嘉焉. 朕祗膺睿圖, 嗣奉神
器, 聲教傍洎. 既無偏於朔南, 區寓雖殊, 豈有隔于懷抱. 所以依彼所請, 許其往
来. 使人之數, 勿限多少. 但顧巨海之無際, 非一葦之可航. 驚風踊浪, 動罹患
害. 若以每年, 爲期. 艱虞叵測. 間以六歲, 遠近之宜. 故差從五位下行河内國介
内藏宿禰賀萬等, 充使發遣. 宣告朕懷, 幷附進物. 其數如別. 夏中已熱, 惟王清
好. 官吏百姓, 竝存問之. 略此遣書. 言無所悉. 又賜在唐留學僧永忠等書曰, 云
云. 乙巳, 任官. 丙午, 正五位下羽栗臣翼卒. 云云. 父吉麻呂, 靈龜二年,以學生
阿倍朝臣中麻呂傔人入唐, 娶唐女生翼及翔. 翼年十六, 天平六年, 随父歸國.
以聰頴見稱. 多所通涉, 出家爲僧. 未幾學業優長, 朝廷惜其才而還俗, 特賜度
二人.

○閏五月丙寅, 任官. 壬申, 詔曰, 云云. 依令, 五世之王, 雖得王名, 不在皇親
之限. 癸酉, 宴於前殿. 賜五位已上, 及衛府判官已上祿有差. 先是, 主鷹司於北
山造巣, 放二鶃子. 即生三雛. 於御前養長之. 天皇甚愛翫. 詔曰, 云云. 授位,
令群臣賦詩. 甲戌, 祈雨於丹生. 乙亥, 幸北野.

○六月壬午, 祈雨於丹生. 乙酉, 勅, 國司借貸官稻, 先已禁斷. 至有違犯, 法
亦不容. 今聞, 自停職田, 只待食料, 非有借貸, 更無資粮. 宜令一年之料三分之
一, 准其差法, 且借且補. 辛卯, 曲宴, 賜五位已上物有差. 戊戌, 勅, 唐人外從五
位下嵩山忌寸道光, 大炊權大屬正六位上清川忌寸是麻呂, 鼓吹權大令史正六
位上清根山忌寸松山, 官奴權令史正六位上榮山忌寸諸依, 造兵權大令史正
六位上榮山忌寸千嶋等, 遠辭本蕃, 歸投國家. 雖預品秩, 家猶□乏. 宜特優恤,
随便賜稻. 己亥, 勅, 相模, 武藏, 常陸, 上野, 下野, 出雲等國, 歸降夷俘, 德澤是
憑. 宜每加撫恤, 令無歸望. 時服祿物, 每年給之. 其資粮罄絶, 事須優恤. 及時

節饗賜等類, 宜命國司, 且行且申. 自餘所須, 先申後行.

○秋七月壬申, 奉幣於丹生, 祈霽. 甲戌, 任官. 乙亥, 勅, 平城舊都, 元来多寺, 僧尼猥多, 濫行屢聞. 宜令正五位下右京大夫兼大和守藤原朝臣園人, 便加檢察.

○八月壬午, 遊獵柏原野. 丙戌, 大風, 壞京中百姓廬舍. 丁亥, 巡幸京中. 庚寅, 遊獵於北野. 便御伊豫親王山莊, 飲酒高會. 于時日暮. 天皇歌曰, 氣佐能阿狹氣, 奈久知布之賀農, 曾乃己惠遠, 岐嘉受波伊賀之, 與波布奴止毛. 登時鹿鳴. 上欣然, 令群臣和之. 冒夜乃歸. 癸巳, 授位. 辛丑, 遊獵於柏原野. 癸卯, 御內膳院曲宴. 賜物有差. 甲辰, 遊獵於大原野.

○九月癸丑, 定可奉祈年幣帛神社. 先是, 諸國祝等, 每年入京, 各受幣帛. 而道路僻遠, 往還多艱. 今便用當國物. 乙卯, 遊獵於北野. 壬戌, 詔曰, 法相之義, 立有而破空, 三論之家, 假空而非有. 竝分轍而齊騖, 誠殊途而同歸. 慧炬由是逾明, 覺風以之益扇. 比来所有佛子, 偏務法相, 至於三論, 多廢其業. 世親之說雖傳, 龍樹之論將墜. 良爲僧綱無誨, 所以後進如此. 宜慇懃誘導, 兩家竝習, 俾夫空有之論, 經馳驟而不朽, 大小之乘, 變陵谷而靡絶. 普告緇侶, 知朕意焉. 乙丑, 越後國田地二百五十町, 賜三品朝原內親王. 己巳, 阿波國飢. 遣使賑給. 庚午, 遊獵於栗前野. 癸酉, 遊獵於日野.

○冬十月丁亥, 勅, 國造郡領, 其職各殊. 今出雲筑前兩國, 慶雲三年以来, 令國造帶郡領, 託言神事, 動廢公務. 雖有其怠, 無由勘決. 自今以後, 不得令國造帶郡領. 又國造兼帶神主, 新任之日, 例皆棄妻, 取百姓女子, 號爲神宮采女, 便娶爲妻. 妄托神事, 遂扇淫風. 稽之國典, 理合懲肅. 宜國司卜定一女供之. 壬辰, 勅, 破戒之僧, 或營生産, 不聽住寺幷充供養, 其有犯之尼, 宜准僧紀正, 使得薰蕕不雜, 涇渭異流. 乙未, 勅, 量收糒穀, 斗斛有限. 經年除耗, 法令立例. 今或所司斛斗之外, 更加耗分. 糒則一俵二升以上, 穀亦斛別五升已上輸納. 百姓常苦此費. 自今以後, 檢收糒穀, 不得數外更加耗分. 如有違犯, 依法科處. 度量權衡, 先有定製. 平校行用, 亦具令條. 然所司怠慢, 曾不遵行. 大小任意, 輕

重由人. 收納多濫, 蠹害尤甚. 自今以後, 宜改此弊, 升尺等類, 就大藏省, 依法
平校, 永絶奸源. 若違此制, □實嚴科. 又租稅調錢, 出納有限, 收徭充用, 色數
非一. 奸吏之輩, 犯用官物, 名公文乘, 不憚憲章. 心挾貪濁, 競事截留. 至有剰
徵田租奸折調錢, 職寫田直, 徭錢等類. 臟污多端, 積習無悛. 不設科條, 何以懲
肅. 其来年正月以後, 若有犯者, 依法科罪. 所犯若輕, 猶解見任, 永不敍用. 又
物有貴賤, 價異高下. 夏絇秋穀, 色類既多. 諸國交易, 先立估價. 貴時強與賤
價, 賤時詐注貴直, 遂事割截, 枉規利潤. 蠹民害政, 莫甚於斯. 宜改前過, 不得
重犯. 仍候物賤之時, 充和市之價, 依實言上, 不得奸截. 如猶不悛, 科違勅罪.
戊戌, 幸大堰.

○十一月庚戌, 遊獵於日野. 乙卯, 任官. 戊午, 遊獵於日野. 庚午, 遊獵於水
生野. 辛未, 雨雪. 諸司掃雪, 賜祿有差. 壬申, 大和國荒廢公田二十四町, 舊池
一處, 入秋篠寺, 永爲寺田.

○十二月壬午, 出畿内官稻, 減時價, 以糶與百姓. 爲民食乏也. 壬辰, 行幸北
野. 乙未, 加鑄錢司史生二員. 壬寅, 渤海國遣使獻方物. 其啓曰, 嵩璘啓, 使賀
萬等至. 所貺之書, 及信物絹各三十疋, 絲二百絇, 綿三百屯, 依數領之. 慰悅實
深, 雖複巨海漫天, 滄波浴日, 路無倪限, 望斷雲霞. 而巽氣送帆, 指期舊浦, 乾
涯斥候, 無闕糇粮. 豈非彼此契齊, 暗符人道, 南北義感, 特叶天心者哉. 嵩璘莅
有舊封, 續承先業, 遠蒙善狞, 聿脩如常. 天皇遙降德音, 重貺使命. 恩重懷抱,
慰喻慇懃. 況俯記片書, 眷依前請, 不遣信物, 許以年期. 書疏之間, 嘉免瘕纇,
庇廕之顧, 識異他時. 而一葦難航, 奉知審喻. 六年爲限, 竊憚其遲. 請更貺嘉
圖, 竝廻通鑑. 促其期限, 傍合素懷. 然則向風之趣, 自不倦於寡情, 慕化之勤,
可尋蹤於高氏. 又書中所許, 雖不限少多, 聊依使者之情, 省約行人之數. 謹差
慰軍大將軍左熊衛都將上柱將開國子大昌泰等, 充使送國, 兼奉附信物. 具如
別狀. 土無奇異, 自知羞惡.

日本後紀 卷第七 (逸文)

일본후기 권제8 〈延曆 18년(799) 정월에서 12월까지〉

　　좌대신 정2위 行左近衛大將을 겸직한 臣 藤原朝臣冬嗣 등이 칙을 받들어 편찬하다.

　　皇統彌照天皇〈桓武天皇〉

　　◎ 延曆 18년(799) 춘정월 병오삭, 황제가 대극전에 어림하여 신년하례를 받았다. 문무관 9품[1] 이하 渤海使[2] 등에게 표식된 位[3]에 자리하여, 4배의 예법을 2배로 줄이고 박수는 치지 않았다[4], 渤海國使가 있기 때문이었다. 諸衛府의 관인들이 함께 축하의 목소리를 내고, 예식을 마쳤다. 천황이 前殿에서 근시하는 신하들에게 연회를 베풀고 피복을 하사하였다.

　　임자(7일), 豐樂院[5]이 아직 완성되지 않아, 대극전 앞의 龍尾道[6] 위에 임시 전각을 세우고 채색한 비단으로 지붕을 덮었다. 천황이 임하고, 발해사가 바라보았다. 모습이 장관이었다. 5위 이상에게 명하여 연회와 음악회를 열게 하고, 발해국사 大昌泰 등도 참석하였다. (참석자에게) 차등있게 녹을 하사하였다.

　　갑인(9일), 5위 이상에게 新錢[7]을 지급하였다. 3위는 3천문, 4위는 2천문, 5위

1　唐의 관제의 표현, 일본 관제에서는 9품은 大少初位.
2　원문에는 蕃客으로 표기되어 있다. 이하 蕃客의 용어는 모두 발해사로 번역하였다. 이때의 발해사는 延曆 17년(797) 12월 임인(27일)에 온 大昌泰 일행.
3　조정의 외식의 장에 관인들의 자리를 표시하기 위해 둔 표찰인 版位를 말한다. 「儀制令」14 「版位」조에, "凡版位, 皇太子以下, 各方七寸, 厚五寸. 題云, 其品位, 竝漆字"이라고 규정되어 있다.
4　일본의 전통의식에서는 4拜인데, 2拜로 줄인 것은 唐의 방식으로, 당제를 받아들인 발해사를 의식했다고 본다. 박수치는 것 역시 일본식 의식인데, 중지하였다.
5　원단의 하례, 매 절기의 행사, 大嘗祭 등 국가적 행사에 거행되는 연회의 장.
6　대극전 앞뜰에 단을 높여 설치된 시설, 龍尾壇이라고도 한다.
7　延曆 15년(795) 11월에 주조한 隆平永寶.

는 1천문이었다.

정사(12일), 종5위하 多治比眞人豐繼·石上朝臣眞家에게 종5위상을 내리고, 종6위상 川邊朝臣宅에게 종5위하를, 정6위상 鷹高朝臣笠繼[8], 정7위상 谷忌寸家刀自[9], 정7위하 次田連宅足, 종7위상 山田連乙□[10], 종8위하 高安連眞笠[11]에게 외종5위하를 내렸다.

무오(13일), 칙을 내려, "蔭[12]을 사칭한 자들이 자수하는 경우에는 바르게 고쳐(원래의 家系에) 따르게 하고, 관인으로 있는 자[13]는 우선 근무에 전념하고 있게한다. 특별히 관용을 베풀어 용서하고 관위는 종전대로 한다"라고 하였다. 長岡

---

8 鷹高朝臣에 대해서는, 『新撰姓氏錄』 右京諸蕃下에 "백제국 貴首王으로부터 나왔다"라는 출자를 밝히고 있다. 또한 『續日本紀』 延曆 4년(784) 5월 무술조에, "右京人從五位下昆解宿禰沙彌麻呂等, 改本姓賜鷹高宿禰"라고 하여 우경인 종5위하 昆解宿禰沙彌麻呂 등에게 鷹高宿禰의 성을 주었다는 사성기사가 나온다. 개성하기 전의 昆解는 원래 백제계 성씨이다.

9 谷忌寸氏는 『新撰姓氏錄』 坂上系圖 「爾波伎直」 조에 인용된 逸文에 백제계 씨족인 倭漢氏 일족의 하나인 爾波伎直의 후예라고 생각된다.

10 山田連은 『新撰姓氏錄』 河內國諸蕃의 「山田連」 조에, "山田宿禰와 조상이 같으며, 忠意의 후손이다"라고 나온다. 동 「山田宿禰」 조에는 그 출자를 魏 司空 王昶으로부터 나왔다고 하여 중국출자로 나온다. 그의 일족 중에는 다음과 같은 인물도 있다. 『日本文德天皇實錄』 天安 2년(858) 6월 기묘 조에 山田連春城의 卒傳에는 증조부인 山田連白金은 명법박사로서 율령에 능통하였으며, 산전련춘성은 소년시절에 뛰어난 학문적 자질을 인정받아 황자와 함께 기거하며 제자백가의 학문을 공부하였다. 承和 12년(845)에 관리등용시험인 對策에 급제하고 동 13년에 少外記가 되었고, 그후 齊衡 3년(856)에 종5위하에 서임되었다. 그 후 玄蕃頭, 左京亮, 大學助 등 그의 관력을 기록하고 39세의 일기로 사망한 그의 덕목을 칭송하고 있다.

11 高安連은 도래계 씨족으로 일족으로는 高安下村主, 高安造, 高安忌寸 등이 있다. 河內國 高安郡이 본관으로 지명을 씨명으로 삼았다. 이 지역은 특히 백제계 도래인들이 많이 거주하였다.

12 蔭의 자격은 皇親, 5위 이상의 자손은 敍位 등 다양한 특권을 갖는다. 「選敍令」 35, 38에는 蔭敍에 대한 규정이 있다.

13 원문에는 把笏之色이다. 笏의 존재는 관인임을 증명하는 신분표시이고, 현재 관인으로 있는 자를 말한다. 笏은 관인들의 의장용 도구이며 장방형의 판으로, 5위 이상은 상아제 笏, 6위 이하는 목제 笏을 소지하였다.

京의 토지 1정을 종5위하 藤原朝臣奈良子에게 주었다.

　신유(16일), (천황이) 대극전에 어림하여 군신 및 渤海使에게 연회를 베풀고 음악을 연주하였다. 渤海使 이상에게 櫱揩衣[14]를 내렸다. 함께 정원에서 열을 지어 踏歌[15]를 하였다.

　(이날) 대학두 종4위하 紀朝臣作良이 죽었다. 어린 시절 대학에 놀러다니면서 자못 경전과 사서를 열람하였다. 관인으로 출사하여 少判事가 되고, 자리를 옮겨 式部大丞이 되었다. 寶龜 9년(778) 종5위하를 받았고, 延曆 4년(785)에 종5위상에 서위되었으며 上野, 丹波 2국의 장관을 역임하였다. 大學頭에 제수되었고, 후에 종4위하가 내려졌다. 사람된 자질이 정직하였다. 관용을 베풀지 않았으며 관리들이 조그만 잘못이 있어도 반드시 법에 따라 처분하였다. 이 때문에 부하들이 싫어하게 되었다. 공무에는 매우 힘썼으며, 동틀 때 출근하여 해가 지면 퇴근하였다. 노년이 되어도 (공무에) 태만하지 않았다.

　계해(18일), (천황이) 朝堂院에서 활쏘기를 관람하였다. 5위 이상의 관인이 활쏘기를 마치자, 다음에 渤海使가 활을 쏘았다. 정5위상 紀朝臣兄原에게 종4위하를 내렸다.

　을축(20일), 典侍[16] 정4위상 和氣朝臣廣虫이 죽었다. 종3위 行民部卿 겸 攝津大夫 淸麻呂의 누이다. 어려서 출가하여 비구니가 되었고, 高野天皇[17]에게 봉사하였다. 인품이 곧고 온순하였고, 절조가 흐트러짐이 없었다. 사적에 대해서는

---

14 「衣服令」7에 "揩衣, 櫱"라고 한다. 개암나무 껍질로 염색한 의복.

15 踏歌는 발을 구르면서 박자를 맞추고 노래를 부르는 것을 주요 내용으로 하는 궁중연회, 일반적으로 이를 歌垣이라고 한다. 『日本書紀』持統 7년(693) 정월조에 "漢人等奏踏歌", 동 8년 정월조에 "漢人奏請踏歌", "唐人奏踏歌"라고 하는 사례가 나온다. 『續日本紀』天平 2년(730) 춘정월조에도 "百官의 主典 이상이 踏歌를 행하면서, 행렬을 이루며 따라갔다"라고 하고, 天平寶字 7년(763), 춘정월조에는 일본에 온 발해사신이 踏歌에 참여한 바 있다.

16 後宮의 內侍司의 女官으로 차관직.

17 孝謙天皇, 이때의 孝謙은 출가하였고, 어린 和氣朝臣廣虫은 천황을 따라 출가한 것이다. 다음의 2월 을미조에 나온다.

清麻呂의 전기[18] 중에 있고, 皇統彌照天皇[19]이 매우 신임하여 중용하였다. 今上天皇[20]은 생전의 노고를 생각해서 정3위에 추증하였다. 사망시의 나이는 70세였다.

경오(25일), 칙을 내려, 귀갑을 소재로 한 허리띠는 앞서 3위 이상에게 착용을 허락했지만, 금후에는 5위 관인에게도 동일하게 착용할 수 있게 하였다.

계유(28일), 산위 종4위상 安倍朝臣東人이 죽었다.

갑술(29일), 외종5위하 桑原公秋成을 主計助로 삼고, 외종5위하 葛井宿禰松足[21]을 大和介로 삼고, 종5위하 内眞人他田을 伊賀守로 삼고, 近衛將監 종5위하 三諸朝臣綿麻呂에게 近江大掾을 겸직시키고, 종5위하 甘南備眞人國成을 若狹守로 삼고, 종5위상 石淵王을 越中守로 삼고, 외종5위하 村國連息繼를 (近江)介로 삼았다. 종5위상 藤原朝臣仲成을 越後守로 삼고, 内匠頭 종4위상 川村王에게 丹波守를 겸직시켰다. 종5위하 藤原朝臣眞野麻呂를 周防守로 삼고, 외종5위하 槻本公奈弖麻呂를 長門守로 삼고, 종5위상 淺井王을 伊豫守로 삼고, 종4위하 藤原朝臣葛野麻呂를 大宰大貳로 삼고, 종4위하 石川朝臣清直을 少貳로 삼았다. 종5위하 藤原朝臣河主를 豐前守로 삼았다. 唐人 大學寮의 權大屬 정6위상 李法珫, 大炊寮의 權大屬 정6위상 清川忌寸斯麻呂, 造兵司의 權大令史 정6위상 榮山忌寸千嶋, 官奴司의 令史 정6위상 榮山忌寸諸依, 鼓吹司의 權大令史 정6위상 清根忌寸松山 등에게 월봉을 지급하였다. 해외로부터 도래한 것을 불쌍히 여겼기 때문이다[22].

○ 2월 을해삭, 무위 安賀女王에게 종5위하를 내렸다.

병자(2일), 종8위하 佐味朝臣枚女에게 종5위하를 내렸다.

---

18 바로 다음에 나오는 2월 을미조에 和氣清麻呂의 卒年 기사에 和氣朝臣廣虫의 관련기사에 나온다.

19 桓武天皇.

20 淳和天皇

21 155쪽, 延曆 16년 3월 계축조 각주 70 참조.

22 延曆 17년(797) 6월 무술조에 관련 인물에 대해, "위계와 봉록을 지급받고 있으나 가계가 여전이 빈한하다. 특별히 우대하여 편의에 따라 稻를 지급하도록 한다"라는 기사가 나온다.

경진(6일), 종5위상 藤原朝臣繼彦을 左少弁으로 삼고, 종5위하 石川朝臣魚麻呂를 右少弁으로 삼고, 종5위하 三原朝臣弟平을 內藏助로 삼았다.

신사(7일), 휘[23]〈嵯峨 태상천황〉가 궁중에서 원복의 의식을 하였다. 5위 이상에게 피복을 하사하였다. 종5위하 淸野宿禰最弟에게 종5위상을 내리고, 종3위 百濟王明信[24]에게 정3위를, 정5위상 三嶋宿禰廣宅에게 종4위하를 내렸다. 종5위하 高倉朝臣殿嗣[25]을 主計頭로 삼았다.

임오(8일), (천황이) 交野에 순행하였다.

기축(15일), 칙을 내려, "私稻의 출거는 이미 금지되었다[26]. 위범자는 엄벌에 처하기로 되어 있다. 그런데 작년에는 곡식이 여물지 않아 백성들이 식량이 부족하였다. 제국에서 (官稻를) 출거해도 두루 구휼하기가 어렵다. 때에 따라 탄력적으로 운용하는 것은 고금의 상례이다. 마땅히 앞의 禁制를 완화하여 잠시 백성의 실정에 부합하도록 한다. 출거로 걷어들이는 이자는 10의 3 비율로 수납한다[27]. 이 한도를 초과하면 역시 종전과 같이 처벌한다"라고 하였다. 종5위상 行兵部大

---

23 桓武天皇의 제2 황자인 神野親王, 당시 14세로 후에 嵯峨天皇으로 즉위한다.

24 우경대부 百濟王理伯의 딸, 조부는 百濟王敬福이고, 우대신 藤原朝臣繼繩의 부인이다. 寶龜 원년(770)에 정5위하, 동 6년에 정5위상, 延曆 2년(783)에 정4위상 동 6년에 종3위에 이른다. 延曆 16년에 尚侍가 되었고, 弘仁 6년(815)에 사망하여 종2위에 추증되었다.

25 고구려 멸망 직후인 668년에 망명한 背奈福德의 후예씨족, 背奈公, 背奈王, 高麗朝臣, 高倉朝臣으로 씨성의 변화가 있다. 高倉朝臣殿嗣는 寶龜 8년(777)에 발해사의 送使에 임명되었다. 이때의 관위는 정6위상, 관직은 大學少允이었다. 동 9년에 정5위하에 서위되었고, 동 10년에 일족과 함께 高麗朝臣에서 高倉朝臣으로 개성하였다. 이후 桓武朝 말에서 平城朝에 걸쳐 大判事, 下總介, 玄蕃頭, 皇后宮亮, 大和介, 主計頭, 駿河守, 肥後守 등을 역임하였다.

26 『續日本紀』天平 9년(739) 9월 계사조. 사적 出擧의 폐해에 대해 금지령을 내린 바 있다.

27 「雜令」20 「以稻粟」조에는 "凡以稻粟出擧者, 任依私契官不爲理. 仍以一年爲斷. 不得過一倍其官半倍. 並不得因舊本更令生利, 及廻利爲本, 若家資盡, 亦准上條"라고 규정되어 있다. 이에 따르면, 出擧의 경우는 사적 계약이고, 관이 관여하지 않는다. 사출거의 이자는 원금의 1배를 넘을 수 없고, 공출거는 그 2분의 1로 하고, 이자를 원금으로 돌리는 복리는 허용하지 않는다고 한다. 다만 사출거도 『續日本紀』和銅 4년(711) 11월에 5할로 감하였다. 이번 조치는 이자가 5할이 3할로 내린 것이다.

輔 겸 中衛少將 春宮亮인 大伴宿禰是成, 傳燈大法師位 泰信 등을 淡路國에 보내, 폐백을 바치고 崇道天皇[28]의 혼령에 사죄하였다.

계사(19일), 主菓餠[29] 종7위하 尖人朝臣宮人은 허위로 蔭의 신분에 들어갔다. 이를 바로잡아 본래의 신분으로 되돌리고, 특별히 그 죄를 용서하여 본직으로 복귀시켰다.

갑오(20일), 정6위상 石川朝臣乙名을 本位 종5위하로 복귀하였다. 종4위하 多治比眞人繼兄을 神祇伯으로 삼고, 山城守는 종전대로 하였다. 중납언 종3위 藤原朝臣雄友에게 중무경을 겸직시키고, 종5위하 登美眞人藤津을 左大舍人助로 삼고, 종5위하 藤原朝臣岡繼를 도서두로 삼고, 종5위상 橘朝臣安麻呂를 內藏頭로 삼고, 중납언 종3위 和朝臣家麻呂[30]에게 치부경을 겸직시키고, 종5위하 百濟王鏡仁[31]을 (治部)少輔로 삼았다. 정5위하 文室眞人波多麻呂를 雅樂頭로 삼고, 종4위하 粟田朝臣鷹守를 大藏卿으로 삼고, 외종5위하 嵩山忌寸道光을 大炊權助로 삼고, 종5위상 小倉王을 典藥頭로 삼고, 정5위상 秋篠朝臣安人[32]을 中衛少將으로 삼고, 左中弁丹波守는 종전대로 하였다. 종5위하 菅原朝臣門守를 隼人正으로 삼고, 종4위하 百濟王英孫[33]을 右衛士督으로 삼고, 攝津守는 종전대로 하였다. 종4위하 紀朝臣勝長을 左兵衛督으로 하고 近江守는 종전대로 하였다. 종4위하 紀朝臣兄原을 右兵衛督으로 삼고, 肥後守는 종전대로 하고, 종5위하 安倍朝臣

---

28 光仁天皇의 제2황자인 早良親王, 延曆 4년(785)의 長岡京 조영의 추진자인 藤原種繼의 암살 사건에 억울하게 연루되어 폐위되고 淡路에 유배 도중 사망하였다. 이 사건 후, 불길한 일이 빈번히 발생하자, 早良親王의 원령이라는 점괘가 나오자 延曆 19년(800)에 崇道天皇으로 추증하고 淡路에서 大和로 이장하였다.

29 궁중의 음식을 관장하는 大膳職에 설치된 품관으로 과자나 떡 등을 담당하였다.

30 136쪽, 延曆 15년(796) 추7월 정사조 각주 9 참조

31 刑部卿 百濟王教德의 아들, 延曆 9년(790)에 종5위하 豊後介에 서임되었다. 동 18년에 治部少輔이어서 右少弁에 임명되었다. 이후 종5위상으로 승진되었고, 연력 24년에 右中弁, 이듬해 河內守가 되었다.

32 104쪽, 延曆 13년(794) 8월 계축조 각주 11 참조.

33 155쪽, 延曆 16년(796) 3월 계축조 각주 71 참조.

小笠을 (右兵衛)佐로 삼았다.

을미(21일), 陸奧國 新田郡의 백성 弓削部虎麻呂, 그의 처 丈部小廣刀自女 등을 日向國으로 유배보냈다. 오랫동안 蝦夷 지역에 거주하며 그 말을 배워, 자주 현혹시키는 말[34]로 하이의 마음을 선동하였다. 美濃, 備中 2국에 기근이 들어 사자를 보내 물품을 지급하여 구휼하였다. (이날) 증 정3위 行民部卿 겸 造宮大夫, 美作·備前國造인 和氣朝臣淸麻呂가 죽었다. 본성은 磐梨別公이고 우경인이다. 후에 藤野和氣眞人으로 개성하였다. 淸麻呂의 인품은 훌륭하고 곧았으며, 자신을 생각하지 않고 충절하였다. 누이 廣虫과 더불어 高野天皇을 섬겼으며 아울러 총애와 신임을 받아 右兵衛 少尉에 임명되었다. 神護 초에 종5위하를 수여받았고 近衛將監으로 전임하였으며, 특별히 봉호 50호가 내려졌다. 누이 廣虫이 성인이 되면, 종5위하 葛木宿禰戸主에게 시집갔다. 천황이 佛家에 입문하자[35], 따라서 출가하여 불제자가 되었다. 법명은 法均이고, 進守大夫의 尼位[36]를 받았다. 천황의 복심으로 위임받았으며, 4위 상당의 봉호 및 위전을 받았다. (天平)寶字 8년(764) 大保[37] 惠美忍勝[38]이 반역을 하여 주살되었다. 연루되어 참수에 해당되는 자는 375인이었다. 法均은 간절히 간언하였고, 천황은 이를 받아들여 사형을 감해서 유형, 도형에 처했다. 난이 수습된 후, 백성은 기아와 질병에 고통으로 자식을 초간에 유기하였다. (法均은) 사람을 보내 걷어들여 양육하였다. 83인의 고아를 얻어 함께 양자[39]로 삼았고, (천황으로부터) 葛木首라는 씨성을 받았

---

34 「盜賊律」21「造妖言」조에는 "凡造妖書及妖言, 遠流"라고 하여, 妖書를 소유하고 있거나 妖言을 하는 경우에는 遠流에 처한다고 규정되어 있다. 이것은 재앙과 상서 등 길흉을 예언하는 불온한 행위에 대해 엄단하는 법률이다.

35 『續日本紀』天平寶字 6년(762) 6월 경술조에 淳仁朝 당시 孝謙上皇이었던 高野天皇은 출가한다는 조서를 내린다. 원문에는 落飾이라고 나온다. 즉 머리장식을 없앤다, 삭발한다, 라는 의미로 출가의 일을 표현하였다.

36 비구니에게 주어지는 위계.

37 右大臣. 大保는 당의 관제를 모방한 것.

38 惠美忍勝은 藤原惠美押勝, 반역자로서의 인물을 비하하기 위해 '押' 대신에 잔인하다의 의미로 '忍'을 사용하였다. 개명 전의 藤原仲麻呂, 반역 시의 관직은 大師 즉 太政大臣이었다.

다. 이 당시 승 道鏡은 천황의 총애를 받아 궁중에 출입할 때에는 천황과 같은 예우를 받았고, 칭호는 법왕이라고 하였다. 大宰主神인 習宜阿蘇麻呂는 道鏡에 아첨하여 八幡神의 교시라고 속이고, 道鏡이 제위에 오른다면 천하가 태평할 것이라고 하였다. 도경은 이 말을 듣고 속으로 기뻐하며 자부심을 가졌다. 천황은 清麻呂를 옥좌 가까이 불러 말하기를, "꿈에 사람이 나타나 八幡神의 사자라고 하면서, '(천황에게) 주상할 일이 있어 비구니 法均을 보내고자 한다'고 말하였다. 이에 짐이 '法均은 연약하여 먼 거리를 가기 어렵다. 그 대신에 청마려를 보내려고 한다'고 답하였다. 그대는 빨리 가서 (八幡)神의 교시를 듣도록 하라"고 하였다. 도경은 다시 청마려를 불러, (팔번신의 교시를) 받아오면 大臣의 직위로 보답하겠다고 하였다[40]. 이보다 앞서 도경의 스승인 路眞人豐永은 청마려에 말하기를, "도경이 만약 황위에 오르면, 나는 무슨 면목으로 천황의 신하가 되겠는가. 나는 2, 3인과 함께 금일의 伯夷[41]가 될 것이다"라고 하였다. 清麻呂는 그 말이 매우 당연하다고 생각하여, 항상 (천황을 위해) 목숨을 다한다는 뜻을 품고 (宇佐)神宮에 나아갔다. 신의 탁선으로 "운운"이라고 하였다. 청마려가 기도하며 말하기를, "지금 大神[42]이 교시한 한 바는, 국가의 대사이다. 신의 게시한 내용은 믿기 어렵다. 神異를 보여주었으면 한다"라고 했더니, 신은 홀연히 모습을 드러냈다. 크기는 3장 정도였고, 모습은 만월과 같았다. 청마려는 넋이 나가 당황하며 쳐다볼 수 없었다. 이에 신이 게시를 하여, "우리나라는 군신의 신분이 정해져 있다. 그런데 도경은 (질서를) 거스르고 무도하여 자주 황위를 바라고 있다. 이에 신령이 진노하여 그 기원을 허락하지 않았다. 그대는 돌아가 나의 말을 주상하도록

---

39 「戶令」12 「聽養」 조에 규정된 양자의 자격은, 4등 이상의 친족으로 아들 세대에 한정한다. 다만 3세 이하의 고아의 경우에는 양부모의 성을 붙여 양자로 삼는 것을 허락하고 있다.

40 이 내용은 『續日本紀』 神護景雲 3년(769) 9월 기축조에 보인다.

41 『史記』 伯夷傳에 나오는 내용으로, 周의 武王이 殷을 토벌하자 천자를 공격한 신하라며 섬기기를 거부하고 수양산에 들어가 고사리를 먹으며 평생을 숨어살다가 굶어 죽었다고 하여 충신의 대명사로 전해오는 고사를 비유한 것이다.

42 宇佐八幡神.

한다. 황위는 반드시 천황의 자손이 계승한다. 그대는 도경의 원망을 두려워하지 말라. 나는 반드시 도울 것이다"라고 하였다. 청마려가 돌아와 신의 계시대로 주상하였다. 천황은 참지못하고 주살하려 했지만, (좌천시켜) 因幡國의 員外介로 삼고, 이어 성명을 別部穢麻呂로 고치고, 大隅國으로 유배보냈다. 비구니 法均은 환속시켜 別部狹虫으로 삼고 備後國으로 유배보냈다. 도경은 유배길의 청마려를 추격하여 살해하려 했지만, 벼락이 치고 비가 내려 컴컴해지자 실행에 옮기지 못했다. (이때) 갑자기 칙사가 와서 겨우 (죽음을) 면할 수 있었다. 이때 참의 우대변 藤原朝臣百川이 (청마려의) 충렬을 동정하여 備後國의 봉호 20호를 나누어 (그 수익을) 유배지에 보내 (생활비에) 충당하게 하였다. 寶龜 원년(770)에 聖帝[43]가 즉위하자, 칙이 내려져 입경하였다. 和氣朝臣의 성을 받았고, 원래의 위계와 이름으로 복귀하였다. 누이 廣虫도 (천황에 근시하며) 천황의 칙지를 전달하고, (관사의 문서를) 주청하는 일을 담당하고, 종4위하에 서위되어 典藏[44]에 임명되었고, 승진을 거듭하여 정4위하에 이르렀다. 帝[45]가 동요됨이 없이 칙을 내려, "여러 근시하는 신하들이 (남을) 비방하거나 칭송하는 소문이 분분한 중에서도 법균은 남의 잘못을 말하는 것을 들은 적이 없다"라고 하였다. 태어나면서부터 (淸麻呂와 法均은) 우애가 좋고 재물도 함께 하여 당시 사람들은 이들의 한마음을 칭송하였다. (法均은) 延曆 17년 (798) 정월 19일에 죽었다[46]. (法均은) 동생 청마려와 약속하기를, "초7재에서 7·7재(49재) 및 복상일에 추복하는 수고를 하지 말도록 하라. 다만 2, 3인의 승려와 더불어 조용한 방에서 예불과 참회하는 정도로 하라. 후세의 자손들이 우리 두사람을 추앙하고, 모범으로 삼도록 하라"고 하

---

43 光仁天皇.
44 後宮 12司 중의 최고인 藏司의 차관. 藏司는 神璽, 關契(3関의 통행시의 증표로서 중앙의 官印을 날인한 것을 2개로 분할하여 검문시에 맞추는 것), 그리고 천황, 황후의 의복을 관하는 일을 맡았다.
45 桓武天皇.
46 延曆 17년(797) 정월 19일의 法均의 사망했다는 내용은, 延曆 18년(799) 정월 을축조에 法均인 廣虫이 죽었다는 기록과 배치된다.

였다. 天長 2년(825)에 (淸和)天皇은 (法均의) 옛 사적을 상기하여 정3위의 位記를 내렸다. 동생 청마려는 다리에 마비가 와서 일어서지 못하게 되었다. (이에) 팔번신에게 예배하기 위해 마비 상태로 수레를 타고 길을 떠났다. 豐前國 宇佐郡의 楉田村에 이르렀을 때, 야생 돼지 3백여 마리가 나타나 길을 사이에 두고 열지어, 천천히 선도하며 10여리를 가더니, 산속에 들어가 버렸다. 이를 본 사람들이 기이하게 여겼다. 신사으로 참배하는 날, 비로소 일어나 걸을 수 있게 되었다. 신의 계시로부터 (宇佐八幡神의) 神封으로부터 목면 8만여둔을 받았다. 즉시 (신사의) 宮司 이하 나라 안의 백성에게 나누어 주었다. 처음에 수레를 타고 갔지만, 후에는 말을 타고 돌아왔다. 귀로에서 (청마려를) 본 사람은 기이함에 감탄하지 아니함이 없었다. 淸麻呂의 선조는 垂仁天皇의 황자 鐸石別命으로부터 나왔다. 그 3세손 弟彦王은 神功皇后를 따라 신라를 정벌하였다. 개선한 이듬해, 忍熊別皇子의 역모가 있었다. 황후는 弟彦王을 보내 針間, 吉備의 경계에서 산에서 그를 주살하였다. 이 군공으로 藤原縣의 봉지를 받아 가세를 일으켰다. 지금은 분할되어 美作, 備前 양국이 되었다. 고조부 佐波良, 증조부 波伎豆, 조부 宿奈, 부乎麻呂의 분묘는 본향에 있고, 아름드리 나무가 무성했는데, 淸麻呂가 유배되던 날, 사람들이 벌목하여 없애버린 바가 되었다. (청마려가 유배에서) 돌아와 상소하여 진상을 고하자, 천황은 조를 내려 佐波良 등 4인과 청마려를 美作, 備前 양국의 국조로 삼게 하였다. 天應 원년(781) 종4위하를 수여받고 民部大輔에 임명되었으며, 攝津大夫가 되고 이어 中宮大夫, 民部卿으로 옮기고, 종3위에 서위되었다. 延曆 17년(798) 상표하여 사직을 청했으나[47], 우대하는 조를 내려 허락하지 않았다. (천황은) 功田 20정을 내리고, 그 자손에게 상속하게 하였다. 淸麻呂는 서무에 익숙하였고, 특히 古事에 밝았다. 『民部省例』20권을 편찬했는데, 지금에도 전해지고 있다. 中宮[48]의 교시를 받들어 『和氏譜[49]』를 편찬하여 주상했는데,

---

47 「選叙令」21 「官人致仕」 조에는, "凡官人年七十以上, 聽致仕五位以上上表"라고 하여 5위 이상의 관인은 천황에게 상표하여 허락을 받는다.

48 桓武天皇의 생모인 高野新笠, 『新撰姓氏錄』左京諸蕃下에, 백제국 都慕王의 28세손 武寧王으

천황이 매우 칭찬하였다. 長岡京[50]의 새 도성은 10년이 지났지만, 아직 완성되지 못하고 비용은 가히 헤아리기 어려울 정도이다. 청마려는 은밀히 주상하여, 천황이 사냥하도록 청하여 葛野 지역을 시찰할 수 있도록 하고, 平安京으로 천도하였다. 淸麻呂는 攝津大夫가 되어 河內川을 굴삭하여 서해로 직접 통하게 하여 수해를 방지하려고 했으나[51], 비용이 너무 많이 소요되어 공사는 완성하지 못했다. 備前國에 있는 사적으로 개간한 전지 1백정을 영원히 賑給田[52]으로 하여 향리의 백성에게 혜택을 주었다. 사망시에 정3위로 추증되었다. 나이 67세였다. 6남 3녀를 두었고, 장자 廣世는 입신출세하여 文章生에 보임되었다. 延曆 4년에 (범죄에) 연루되어 금고형을 받았다. 특별히 은사를 받아 少判事에 임명되었다. 갑자기 종5위하에 제수되어 式部少輔가 되고, 大學別當[53]이 되었다. 간전 20정을 대학료에 기부하여 勸學料로 하였고, 또 明經道의 4등급[54]까지 서위하는 안을 재가해줄 것을 청했다. 또 대학료의 유자들을 불러 陰陽書, 新撰藥經, 大素 등을 강론하도록 하였다. 대학의 남변에 있는 사택을 弘文院으로 설치하여, 여러 종류의 경서 수천권을 수장하였다. 간전 40정을 영원히 學料로서 충당하여 부친의 유지를 이루었다.

신축(27일), (천황이) 栗前野에서 사냥을 즐겼다.

임인(28일), 大和國에 기근이 들어 사자를 보내 구휼하였다.

○ 3월 을사삭, 民部省의 (미곡) 창고가 흔들렸다.

병오(2일), 近江, 紀伊 2국에 기근이 들어 사자를 보내 구휼하였다,

로부터 나왔다고 전하고 있다.

49 桓武天皇의 외척인 和氏의 계보서. 앞의 해제 참조.
50 長岡京의 조영은 延曆 3년(784)에 시작되었지만, 동 12년(793)에 폐지되었다.
51 『續日本紀』延曆 7년(788) 3월 갑자조에 관련 기사가 나온다.
52 백성들을 진휼하기 위해 재원을 마련할 목적으로 정한 전지.
53 大學寮의 頭, 장관.
54 시험성적이 종전의 上上, 上中의 2등급만 서위한 것을 上下, 中上까지 확대하여 서위하도록 제안한 내용이다.

무신(4일), 陸奧國 柴田郡 사람 외소초위하 大伴部人根 등에게 大伴柴田臣의 성을 내렸다.

경술(6일), 近江園 淺井郡 사람 종7위하 穴太村主眞杖[55]에게 志賀忌寸의 성을 내렸다.

신해(7일), 陸奧國 富田郡을 色麻郡에 병합하고, 讚馬郡을 新田郡에 병합하고, 登米郡을 小田郡에 병합하였다.

임자(8일), 出羽國의 山夷[56]의 녹을 정지하였다. 山夷, 田夷[57]를 불문하고 공이 있는 자를 선발하여 녹을 지급하기로 하였다.

갑인(10일), 伯耆, 阿波, 讚岐 등의 국에 기근이 들어 사자를 보내 진휼하였다. 종5위하 入間宿禰廣成을 造東大寺 차관으로 삼았다. 정6위상 野王에게 淸瀧朝臣의 성을 내렸다.

정사(13일), 정4위하 行左大弁 겸 右衛士督 皇太子學士 伊勢守인 菅野朝臣眞道[58]

---

55 『新撰姓氏錄』未定雜姓 山城國「穴太村主」조에 曹氏寶德公의 후예로 나온다. 동 右京諸蕃下 의「雲梯連」조에는 운제련은 高向村主와 조상이 같으며 宗寶德公의 후손이라고 나온다. 고 향촌주는 백제계 씨족임을 생각할 때, 한반도계일 가능성도 있지만, 曹氏라는 씨명으로부 터 중국계로도 추정된다. 출자에 대해서는 의제적 동족관계를 맺는 일도 빈번하고, 한반도 계에서 중국계로 개변하는 일도 저견되고 있어 명확하지 않다.

56 수렵을 생업으로 하는 蝦夷, 이들을 위무하기 위해 祿을 지급하였다.

57 전지를 지급받아 농업에 종사하는 蝦夷.

58 『新撰姓氏錄』右京諸蕃下에, "菅野朝臣은 百濟國 사람 都慕王의 10세손 貴首王으로부터 나 왔다"라고 출자를 밝히고 있다. 개성하기 전의 이름은 津連眞道이다. 그는 桓武天皇의 신임 을 받아 동궁학사를 비롯하여 左大弁, 左兵衛督, 左衛士督 등 문무의 요직을 역임하였고, 造 宮亮이 되어 平安京의 천도 사업에도 관여하였다. 그는 승진을 거듭하여 延曆 16년(787)에 는 정4위하에 서위되었고, 동 13년(805)에는 참의가 되어 공경의 지위에 올랐다. 大同 4년 (809)에는 종3위 東海道觀察使에 서임되었다. 특히 그는 藤原繼繩, 秋篠安人 등과 함께『속 일본기』편찬에도 참여하여 延曆 16년(797)에 전40권을 완성하였다.『公卿補任』延曆 24년 (805)「菅野津道」조에 "그 조상은 백제인이고 처음에 津連의 성을 받았다"라고 하고, 동 弘 仁 3년(812)의 관야진도 조에도 "그 조상은 백제인이다"라고 하여 조상의 출자를 백제로 기 록하고 있듯이 백제계 도래씨족의 후예이다.

등이 언상하기를, "우리들의 선조인 葛井[59], 船[60], 津[61] 3氏의 묘지는 河內國 丹比郡
野中寺[62] 이남에 있고, 명칭은 寺山이라고 한다. 자손이 서로 지키면서, 대대로
침해받지 않았다. 그러나 지금 나무꾼들이 성시를 이루어 묘지 주변의 나무를 벌
채하고 있다. 선조의 혼령은 잠들어 있는 장소가 상실되어 있다. 삼가 청컨대 종
전의 (벌채금지) 슈에 의거하여 금지했으면 한다"라고 하였다. (천황은) 이를 허
락하였다.

○ 하4월 을해삭, 河內國에 기근이 들어 사자를 보내 진휼하였다. 종5위하 御
中眞人廣岳을 大學助로 삼았다. 攝津國 사람 정8위상 須美開德에게 葛澤造의 성
을 내렸다.

정축(3일), 고 정5위하 上毛野朝臣稻人의 천민[63] 宅敷女의 아들 2인에게 物部
의 성을 내렸다.

---

59 백제계 王辰爾의 후손으로 白猪史에서 葛井連으로 개성되었다. 일족 중에는『續日本紀』延
    曆 10년(791) 정월 계유조에는 葛井連道依 등이 宿禰 성을 받았고,『日本三代實錄』元慶 원
    년(877) 12월 임오조에 葛井連直臣은 동족과 함께 菅野朝臣의 성을 받았으며 자신의 선조
    가 백제국 사람이라고 기록하고 있다.

60 『日本書紀』欽明紀 14년(553) 7월조에, 蘇我大臣이 천황의 칙을 받들어 백제 도래씨족인 王
    辰爾를 파견하여 선박에 관련된 일을 기록하게 하였는데, 이때 왕진이는 船司로서 船史의
    씨성을 받아, 天武 12년(683)에 사성받아 船連氏가 되었다. 본거지는 河內國 丹比郡 野中鄕,
    현재의 大阪府 藤井寺市 野中 및 羽曳野市이다.

61 『日本書紀』敏達紀 3년(574)에 王辰爾의 弟인 牛가 津史의 성을 받았다. 이후 天平寶字 2년
    (758)에 津連氏가 되었고, 延曆 9년(790) 7월에는 津連眞道가 청원하여 菅野朝臣으로 개성
    하였다.

62 소재지는 河內國 丹比郡 野中鄕이고 지금의 大阪府 羽曳野市에 위치해 있다. 野中寺의 창건
    은 6세기중엽 大和朝廷에서 船舶 관련 직무를 담당하고 있던 백제계 도래씨족인 王辰爾를
    조상으로 하는 船史氏의 氏寺이다. 船, 津, 白猪는 왕진이로부터 분파된 동족으로 씨족 공
    동의 氏寺로서 번영해 나간다.『續日本紀』天平寶字 2년(758) 8월 병인조에는 외종5위하 津
    史秋主 등 43인이 船, 葛井, 津 3씨는 같은 조상에서 나온 일족이라고 주장하고 있다.

63 賤民은 良民의 상대적인 말이고, 陵戶, 官戶, 公奴婢, 사유의 家人, 私奴婢를 五賤이라고 부
    른다. 사노비는 매매, 증여의 대상이 되고, 과역이 면제되고 양민의 3분의 1의 구분전을 받
    는다.

계유(9일), 칙을 내려, "홍수가 여러날이 경과하여 벼의 모가 썩어가고 있다. 궁핍해진 백성들은 다시 파종할 여유가 없다. 마땅히 山城, 河內, 攝津, 등의 제국에 빈민을 살펴보게 하고, 正稅[64]를 지급하였다. 攝津國 사람 종7위상 乙麻呂 등에게 豐山忌寸의 성을 내렸다. 종5위하 和氣朝臣廣世의 본래의 관으로 복귀시켰다[65].

을유(11일), 종5위상 藤原朝臣繼彦을 上總介로 삼고, 陰陽頭는 종전대로 하였다. 종5위상 藤原朝臣繼業를 大學頭로 삼고, 侍從, 信濃介는 종전대로 하였다. 정4위하 藤原朝臣乙叡를 兵部卿으로 삼고, 中衛大將, 越前守는 종전대로 하였다. 종5위하 安倍朝臣家守를 刑部少輔로 삼고, 종5위하 紀朝臣千世를 彈正弼로 삼고, 정5위하 橘朝臣入居를 左京大夫로 삼고, 右中弁, 左兵衛佐, 播磨守는 종전대로 하였다. 참의 종4위하 藤原朝臣繩主를 春宮大夫로 삼고, 式部大輔, 近衛中將은 종전대로 하였다. 中納言 종3위 藤原朝臣內麻呂에게 造宮大夫를 겸직시키고, 近衛大將, 但馬守는 종전대로 하였다.

기축(15일), 좌우경의 빈민을 구휼하였다. 이날, 渤海國使 大昌泰 등이 본국으로 귀국하였다[66]. 式部少錄 정6위상 滋野宿禰船白[67] 등을 보내 (발해사의) 송사로 삼았다. 그 왕 앞으로 璽書를 보내며 말하기를, "천황이 삼가 渤海國王에게 문안드린다. 사자 昌泰 등은 賀萬[68]을 따라 (일본국에) 이르렀고, 서계를 보니 상세하게 알 수 있었다. 왕께서는 멀리서 (천황의) 덕화를 흠모하여 거듭 내빙의 기간을 청했다. 구름의 모습으로 판단하여 차례로 바다 건너 조공을 이어왔다. 매번 이름다운 뜻을 생각하니 기쁘기 그지없다. 따라서 專使를 보내 年期를 알리게 하였

---

64 國衙에서 걷어들인 租稅의 도곡.

65 그의 부친 和氣朝臣清麻呂의 服喪으로 解官되었다가 다시 복귀한 것이다. 「假寧令」 3 「職事官」 조에는, "凡職事官, 遭父母喪並解官"이라는 규정이 있다.

66 延曆 17년(797) 12월 27일에 일본에 온 발해사절. 일본에 3개월 반 정도 체류하다가 귀국한 것이다.

67 延曆 8년 9월에 발해로부터 귀국하다.

68 일본의 견발해사인 內藏宿禰賀茂麻呂.

다[69]. 그러나 의연 (내빙) 기한이 늦어지는 것을 싫어하여 다시 번복하도록 요청해 왔다. 무릇 6년으로 정한 것은 본래 거리가 멀기 때문이고, 발해측의 이와같은 요청을 사양하는 것은 아니다. 어찌 (일본측에서) 지체하고 단축하는 것을 말할 수 있겠는가. 발해의 내빙하는 사절의 연한은 신경쓰지 않아도 된다. 지금 (大)昌泰 등이 돌아가는 길에 式部省 少錄 정6위상 滋野宿禰船白을 사절로 삼아 보내고, 아울러 信物을 부친다. 물품의 목록은 별기한 바와 같다. 초여름이지만 덥다. 왕께서는 평안하시길 바란다. 대략 이것으로 생각한 바를 대신하고, 충분히 마음을 다하지 못하였다"라고 하였다.

경인(16일), 종5위하 中臣丸朝臣豊國을 齋宮頭으로 삼고, 정6위상 大伴宿禰峰麻呂를 遣新羅使로 삼고[70], 정6위상 林忌寸眞繼[71]를 錄事로 삼았다.

신축(27일), 칙을 내려, "近衛府의 대장은 원래 종4위상의 관이지만, 금후에는 종3위관으로 하고, 또 중장 1인을 증원한다. 中衛府의 대장은 원래 종4위상의 관인데, 금후에는 정4위상의 관으로 한다. 衛門督은 원래 정5위상의 관인데, 금후에는 종4위하의 관으로 하고, 종5위하의 관인 (衛門)佐는 금후에는 종5위상의 관으로 한다. 左右衛士, 左右兵衛 등의 督, 佐는 동일하게 衛門府에 준해서 한다. 左右兵衛府는 少尉 1인, 少志 1인을 증원하고, 그 관위는 동일하게 衛門府에 준해서 한다. 內藏寮의 主鑰[72] 4인을 감축하고, 少屬 1인을 증원한다. 大藏省의 主鑰, 大少 각 1인을 감원하고, 治部省의 解部[73] 4인을 감원하도록 한다"라고 하였다.

---

69 延曆 17년 5월 무술조에 일본의 견발해사 內藏宿禰賀茂를 통해 보낸 璽書에서 6년에 1회 내빙할 것을 말한 바 있다.

70 이때의 견신라사 파견은 이해 5월에 정지되었다. 파견 목적에 대해서는 알 수 없다.

71 林忌寸은 坂上系圖「志多直」조에 인용된『新撰姓氏錄』逸文에, "姓氏錄曰, 中腹志努直之第二子, 志多直, 是黑丸直, 於忌寸, 倉門忌寸, 吳原忌寸, 斯佐直, 石占忌寸, 國覓忌寸, 井上忌寸, 石村忌寸, 林忌寸等十姓之祖也"라고 하여, 志努直의 2자인 志多直은 林忌寸 등의 선조라고 나온다. 坂上系圖는 後漢 獻帝의 후손이라고 주장하는 倭漢氏의 후예 씨족인데, 후대에 중국계로 가탁한 것이고 실제는 백제계 씨족이다.

72 中務省 산하의 內藏寮에서 물품의 출납을 담당하는 직원, 大主鑰 2인, 少主鑰 2인이 있다. 大藏省에도 같은 수의 출납을 담당하는 직원이 배속되었다.

임인(28일), 공경이 주상하기를, "大和國守 종4위하 藤原朝臣園人[74]이 올린 문서에, '郡司의 직무는 가볍지 않다. 그런데 外考[75]의 官은 자손에 대한 혜택을 가져다 줄 수 없다. 국사와 비교해도, 역시 생활에 여유가 없다[76]. 이 때문에 임용되면 서로 다투어 사퇴한다. 郡의 업무가 마비되는 것은 대체로 이에 연유한다. 삼가 청컨대, 이들을 內位의 考選에 두어 장차 후속 관인을 권장하고자 한다'고 하였다. 신들이 헤아려보건대, 무릇 높은 작위로서 공적을 분명히 하고, 후한 상으로서 노고를 보상하는 것은, 사람들을 장려하여 적임자를 임용할 수 있기 때문이다. 그런데 기내의 제국은 왕도에 근접해 있어 해야 될 일이 많고, 타 지역과 달리 매우 심하다. 畿外의 국에 준해서 같은 선상에서 보는 것은 불가하다. 지금 상신한 내용은 온당하고 실로 인사관리에도 적합하다. 삼가 바라건대, (畿內) 5국의 郡司는 동일하게 內考[77]에 두었으면 한다"라고 하였다. (천황은) 이를 허락하였다.

○ 5월 을사(2일), 淡路國에 기근이 들어 사자를 보내 진휼하였다.

경술(7일), 정6위상 紀朝臣廣濱에게 종5위하를 내렸다.

신해(8일), 종5위상 藤原朝臣仲成, 종5위상 住吉朝臣綱主에게 정5위하를 내리

---

73 가계의 계승문제에 대해 소송의 사실 심리를 담당한 직원, 「養老令」의 「職員令」에는 刑部省에 大, 中, 少의 解部 60인이 배속되었는데, 大同 3년(808)에 폐지되었다. 治部省에서는 大, 少의 解部 10인이 배속되었다가 이번에 4인이 감축되었다.

74 寶龜 10년(779)에 美濃介를 시작으로 備中守, 安芸守, 豊後守, 大和守 등을 역임하였고 大同 원년(806)에 山陽道觀察使가 되었다. 嵯峨朝에서는 大納言, 右大臣으로 승진하였다. 『新撰姓氏錄』 편자의 1인이다.

75 外位의 관인에 대한 근무평정의 考課. 郡司, 군단의 少毅 이상, 國博士, 國醫師 등이 해당한다. 外考가 근무평정의 연한도 10년인데 비해, 內位의 6년이다. 외5위의 子는 음서의 혜택을 받지만, 內位 5위로 승진하기는 매우 어렵다.

76 郡司는 職分田 이외에는 수입이 없다. 반면 國司는 公解稻를 배분하여 얻는 出擧 수입이 있다.

77 長上官은 연간 240일 이상, 分番官은 140일 이상의 근무일수를 채워야 그해의 근무평정을 받을 수 있다. 이중에서 內長上官의 평가는 9등제이고, 內分番官은 3등제이다. 이 考選에 따라 內位에 서위되어 內考라고 한다. 外官에 해당하는 外長上官 중에서 郡司, 軍毅의 평가는 4등제이고, 國博士, 醫師는 3등제이다. 이들은 外位를 받기 때문에 평가방식을 外考라고 한다.

고, 정6위상 紀朝臣繩麻呂에게 종5위하를 내리고, 정6위상 日下部連得足, 정6위상 粟田臣蓑麻呂에게 외종5위하를 내렸다.

계축(10일), 정6위상 藤原朝臣城主, 정6위상 藤原朝臣藤嗣, 정6위상 藤原朝臣永貞, 정6위상 藤原朝臣廣河, 정6위상 紀朝臣咋麻呂·紀朝臣彌都麻呂·安倍朝臣象主에게 종5위하를 내렸다.

병진(13일), 앞서 渤海에 파견한 사절 외종5위하 內藏宿禰賀茂麻呂 등이 언상하기를, "귀향하는 날에, 해상의 어둠 속에서 표류하여 도착한 곳을 알지 못했다. 이때 멀리서 불빛이 보여, 그 빛을 따라 찾아갔더니, 홀연 섬의 연안에 도착하였다. 이를 물어보니 바로 隱岐國 智夫郡이었다. 그곳은 인가가 보이지 않았다. 혹자는 말하기를 比奈麻治比賣神은 항상 영험이 있어 상인들이 해상에서 표류하면 반드시 불빛을 올려 도움을 받은 자가 셀 수 없다고 한다. 신의 도움에는 실로 기쁜 마음으로 보답해야 한다. 삼가 바라건대, 官社에 편입되어 봉폐할 수 있었으면 한다"라고 하였다. (천황은) 이를 허락하였다.

임술(19일), 제국의 國司, 講師[78]에게 국분사의 승려를 감독하게 하였다.

기사(26일), 尾張國 海部郡의 主政 외종8위상 刑部粳虫이 언상하기를, "權掾 阿保朝臣廣成은 조정의 (禁)制를 꺼리지 않고, 멋대로 매, 새매를 기르고, 마침내 當郡의 少領 尾張宿禰宮守에게 六齋[79]의 날에 절의 산림에서 포획하게 하였다. 이에 매를 빼앗아 바치는 바이다"라고 하였다. (이에 대해 천황은) 칙을 내려, "모름지기 법을 위반한 자가 있으면, 우선 그 실상을 보고해야 한다. 그런데 國司를 능멸하고[80] 그 매를 빼앗았다. 마땅히 (刑部粳虫을) 杖刑에 처하고 그 직을 해임

---

78 國分寺에 설치된 上座의 승려.

79 불교에서 삼가하는 6齋의 날, 매월 8일, 14일, 15일, 23일, 29일, 30일로서 천계로부터 사천왕이 내려와 중생을 감시한다고 한다. 이날은 「雜令」에 살생을 금지하고, 「獄令」에는 사형집행도 중지한다고 규정되어 있다.

80 「類聚三代格」19 寶龜 2년(771) 8월 13일 官符에는 斷月, 6齋日 및 절 주변 2리 이내에서의 살생은 금지되어 있다. 또 매 사육의 일도 主鷹司의 주관으로 되어 있어 사적인 사육, 포획은 금지되어 있다. 또한 「鬪訟律」60에 따르면 위법자에 대한 관인의 고발이 의무로 되어

하도록 한다"라고 하였다.

경오(27일), 칙을 내려, "현지인을 위무하고 교화를 펼치는 일은 郡司의 임무이다. 이번에 대대로 군사를 배출하는 家系로부터의 임용을 정지하고[81], 재능을 기준으로 선발한다. 그러나 (궁중에서) 숙위하는 사람이나 番上官[82]으로 오랫동안 근무하여 자못 재능이 드러난 자는, 본적지의 국을 거치지 않고 式部省에서 시험을 보고 임용하도록 한다[83]"라고 하였다.

신미(28일), 神祇大祐 정6위상 大中臣朝臣弟枚를 보내, 이세대신궁의 正殿을 개축하게 하였다. 讚岐國에 기근이 들어 곡식 1만2천석을 방출하여 식량이 부족한 戶에게 (무이자로) 대여하여 진휼하였다.

임신(29일), 新羅使의 파견을 정지하였다[84].

○ 6월 갑술삭, 중위부와 좌우 위사부 3부의 의사 각 1인을 감축하였다.

정축(4일), 左衛士 志矢田部常陸麻呂를 平城京에 보내 內竪雀部廣道를 체포시키고 곤장 1백대에 처했다. 法華寺의 비구니를 강간했기 때문이다[85].

있다. 그럼 위법자를 처벌하지 않고 고발자가 처벌된 이유는 무엇인가. 상기 본문에 의하면, 선보고가 무시된 것이 지적되고, 여기에 국사를 능멸했다는 이유가 거론되고 있다. 國司는 郡司의 상급기관이고, 郡司의 임용시에는 國司의 전형을 거쳐 式部省에서 시험을 친후에 임용한다. 위계질서의 측면에서 보면 하극상의 행위에 해당한다. 포획한 매를 탈취한 것도 하급자가 상급자에 대한 능멸로 판단했다고 보인다. 반역의 행위가 아닌 사회 풍속상의 문제이기 때문에 이러한 조치를 내린 것이 아닌가 생각된다.

81 이를 譜第라고 함, 세습적으로 家系를 이어가는 순서를 기록한 계보. 郡司의 경우에는 토착호족으로 대대로 세습해 나가는 것을 인정하고 있다.

82 중앙의 관사에서 雜事에 종사하며 교대근무하는 番上官 중에는 지방출신자로서 郡司 임용을 희망하는 자가 적지 않았다고 보인다.

83 延曆 17년(798) 3월 병신의 조에 郡司의 임용시에 군사를 배출하는 가계로부터의 임용을 폐지한 바 있다.

84 앞의 4월 경인조에 견신라사의 임명이 있었다.

85 「雜律」22에는 강간의 경우에는 징역 1년이고, 화간은 남녀 모두 처벌한다. 僧尼가 강간 혹은 화간할 때에는 환속시켜 속계의 법으로 처리한다(「僧尼令」1, 「名例律」57). 상기 杖 1백대는 경감된 조치로 생각된다.

무인(5일), 조를 내려, "王이 나라를 다스리는 데에는 덕정을 우선으로 하고, 황제가 백성을 보살피는 것은 좋은 곡식을 근본으로 삼는다. 짐은 덕이 부족함에도 황공하게도 황위를 계승하였다. 빙판 위를 걷는 것과 같이 매우 두려운 느낌이고, 썩은 새끼줄로 말을 모는 것과 같이 위태로운 기분이다. 동틀 무렵부터 덕업을 생각하고, 해질 무렵까지 정무를 듣는다. 선정을 널리 펼치고 덕화가 미치기를 바라고 있다. 때에 백성을 윤택하게 하지 못하고, 음양의 조화는 순조롭지 않다. 작년에 곡물이 여물지 않아 농사에 피해를 입었다. 그 폐해를 생각하면 불쌍한 마음을 느낀다. 마땅히 넉넉한 은혜를 베풀어 작년의 재난에 대처해야 한다. 피해가 심한 美作, 備前, 備後, 남해도 제국, 肥前, 豊後 등 11국에 대해서는 작년 전조를 특별히 전부 면제하도록 한다"라고 하였다.

계미(10일), 칙을 내려, "앞서 公廨稻를 정지하고 正稅에 혼합시켰는데[86], 아울러 出擧稻의 수량을 감축하였다. 백성의 부담을 경감하기 위해서이다. 그러나 제국에서는 (국사는) 재임중의 미납을 빙자하여 공해도의 이자를 징수하고 있다, 백성들은 피해를 받아 고통은 매우 크다. 지금 이후로는 징수해서는 안된다. 이를 위반한 자가 있으면, 죄에 따라 처벌한다"라고 하였다.

을유(12일), 칙을 내려, "沙門이 멋대로 本寺를 떠나 산림에 숨어 지내거나 남의 부탁을 받아 耶法[87]을 행하고 있다. 이와같은 무리들이 종종 있다. 국법과 불교의 계율에서도 허용하지 않는 바이다. 마땅히 제국의 국사에게 관할 지역의 산림도장 및 거주하는 비구, 우바새[88]를 순검시켜서 상세히 기록하여 보고한다. 누

---

86 172쪽, 延曆 17년(798) 정월 갑진조 참조.
87 「僧尼令」1 「観玄象」조에는 "凡僧尼, 上観, 玄象, 假說, 災祥, 語及國家, 妖惑百姓, 并習読兵書, 殺人奸盜, 及詐稱得聖道, 竝依法律付, 官司科罪"라고 하여 금지행위에 대해 처벌규정이 있다. 이 중에서 耶法은 재앙, 상서를 예언이 국가에 미치고 백성을 요설로서 현혹시키는 행위이다. 「僧尼令」2 「卜相吉凶」조의 "凡僧尼, 卜相吉凶, 及小道巫術療病者, 皆還俗"라고 하여, 길흉을 점치는 행위, 도술이나 무속으로 질병을 치료하는 경우에는 환속시킨다고 나오는데, 이 역시 耶法에 속한다.
88 優婆塞는 在俗의 남자 불교신자. 여자 재속 신자는 優婆夷.

락하는 일이 없도록 한다"라고 하였다.

무자(15일), 칙을 내려, "제사를 지내는 데에는, 은덕과 경건함이 있어야 한다. 마음에 경건함이 없다면, 신은 어떻게 제사를 받아들이겠는가. 廣瀬, 龍田의 祭는 바람의 재앙을 진정시키고 풍년을 기원하는 것이다. 그러나 大和國의 국사는 무언가의 일로 태만하며 엄숙하고 경건한 마음이 없다. 이에 史生을 보내 조정의 대리로 하여 제사를 지내게 하였다. 제사에 응보가 없는 것은 이로부터 연유한다. 지금 이후로는 守, 介 1인이 몸을 재개하고 제사를 받들도록 한다. 만약 사정이 있으면, 판관[89]을 보내는 것을 허락한다"라고 하였다.

기축(16일), 종5위하 石川朝臣魚麻呂를 左少弁로 삼고, 종5위하 百濟王鏡仁[90]을 右少弁로 삼고, 中納言 종3위 和朝臣家麻呂[91]에게 中務卿을 겸직시키고 相摸守는 종전대로 하였다. 정5위하 大庭王을 (中務)大輔로 삼고, 종5위하 淡路眞人福良麻呂를 少輔로 삼았다. 시종 종4위하 中臣王에게 左大舍人頭를 겸직시키고, 종5위하 粟田朝臣入鹿을 治部少輔로 삼고, 중납언 종3위 藤原朝臣雄友에게 民部卿을 겸직시켰다, 종5위하 甘南備眞人眞野〈태상천황의 諱에 저촉된 까닭에 神을 眞으로 고쳤다[92]〉를 主稅頭로 삼았다. 정5위하 藤原朝臣大繼를 大藏大輔로 삼고, 下總守는 종전대로 하였다. 종4위하 大原眞人美氣을 大膳大夫로 삼고, 외종5위하 村國連息繼를 阿波權介로 삼았다.

계사(20일), 칙을 내려, "작년에 흉작으로 백성이 먹을 것이 부족하였다. 잠시 백성의 뜻에 위임하여 私稻의 출거를 허락하였다[93]. 압박하기도 하고 풀기도 하여 때의 상황에 따라 교시를 내리는 것이다. 재차 사출거를 엄단하고 앞서 내린 格에 의거하여 처벌한다"라고 하였다.

---

89 判官은 國司의 3등관 守, 介는 각각 장관, 차관.
90 201쪽, 延曆 18년(799) 2월 갑오조 각주 31 참조.
91 136쪽, 延曆 15년(796) 추7월 정사조 각주 9 참조.
92 嵯峨天皇의 諱가 神野였기 때문에 南備眞人神野를 眞野로 고친 것이다. 『令義解』「職員令」16 治部省의 職掌에 "諱〈謂, 諱避也. 言皇祖以下名號, 諱而避之也"라고 규정되어 있다.
93 앞의 2월 기축조 참조.

병신(23일), 종5위하 紀朝臣嗣梶, 종5위하 藤原朝臣綱主에게 종5위상을 내리고, 정6위상 桑田眞人甘南備에게 종5위하를 내렸다. 이날, 조를 내려, "짐은 삼가 대업을 이어 백성에게 다가가 어루만지고, 스스로를 극기하며 힘쓰고 있어 편안히 쉴 겨를이 없다. 사해가 화목하고 기쁨을 누릴 수 있도록, 형벌이 없는 날을 기약하고, 백성을 널리 구제하여 좋은 세상이 되기를 바라고 있다. 그러나 요즈음 경내를 돌아보면서, 堀川[94] 부근에 형구를 채우고 있는 죄인들이 노역으로 몸을 혹사당하고 있다. 여기에 애달픈 마음을 갖지 않을 수 없다. 비록 백성이 저질은 잘못은 스스로 죄악을 불러오지만, 그 부모를 생각하면, 정령 애처롭고 가련한 마음이 들지 않을 수 없다. 현재 노역중인 죄인 및 전국의 수감중인 미결수들은 죄의 경중을 묻지 않고 모두 죄를 용서하여 스스로 갱생할 수 있도록 한다. 사주전, 모의 살인, 고의 살인 및 問民苦使[95]가 적발한 여러 國, 郡의 관리, 백성 등은 사면의 범위에 포함하지 않는다. 모의 살인[96], 고의 살인으로 수감중인 자는 옥살이를 정지하고 유배보내도록 한다. 두루 전국에 고지하여 짐의 뜻을 알리도록 한다"라고 하였다.

무술(25일), 越中國에 기근이 들어 사자를 보내 진휼하였다.

기해(26일), 山城國의 乙訓, 葛野, 愛宕 3군의 백성이 (흉작, 도성 조영 등으로) 부담을 지고 있는 田租를 면제하였다.

경자(27일), 승 3백인, 사미[97] 50인을 궁중 및 동궁, 조당으로 불러 대반야경을 독경하게 하였다.

○ 추7월 계묘삭, 攝津國 사람 정7위상 大伴宿禰助 등을 右京에 편적시켰다.

---

94 平安京의 좌경, 우경의 거의 중앙을 흐르는 川을 堀川이라고 한다.

95 율령제하에서 國司, 郡司 등 지방행정을 감찰하고 백성들의 민생 시찰을 위해 파견된 임시 관찰관. 관인의 비리를 적발을 보고하지만, 판결은 내리지 않는다.

96 2인 이상이 살인을 모의하는 일, 실행에 옮기지 않아도 徒刑 2년이다. 살인에 옮기면 고의 살인에 해당되어 참형에 처해진다.

97 沙彌는 불교교단에 처음 입문하여 沙彌十戒를 받았지만, 정식으로 승려가 되는 具足戒를 받지 않은 남자 출가자.

기유(7일), (11월에 행해지는) 伊勢齋宮의 新嘗會를 정지하였다. 다만, 9월제 (神嘗祭)에는 歌舞伎를 공봉하기로 한다.

기미(17일), (형부성) 判事의 史生 4인, 掃部司[98]의 史生 2인을 두기로 하였다. 丹後國에 기근이 들어 사자를 보내 진휼하였다.

을축(23일), 越中國에 기근이 들어 사자를 보내 진휼하였다. 備中國의 작년의 전조를 면제하였다. 태풍과 가뭄으로 오곡이 여물지 않았기 때문이다. 이날, 曲宴을 개최하고 4위 이상에게 의복을 하사하였다.

경오(28일), 大和國 宇陀의 肥伊牧을 정지하였다. 민가에 근접하여 (가축들이) 전답에 피해를 주기 때문이다. 기내, 7도 제국에 사자를 보내 부정을 씻는 의식을 행하였다. 齋内親王이 伊勢(神宮)로 들어가기 때문이다.

이달, 작은 배를 탄 1인이 參河國에 표착하였다. 옷감으로 등을 감싸고, 속옷은 입었지만, 바지는 입지 않았다. 왼쪽 어깨에 감색 옷감을 걸쳐 모습이 가사와 비슷하였다. 나이는 20여세였고 신장은 5척 5분이고, 귀의 길이는 3촌 정도였다. 언어가 통하지 않아 어느 나라 사람인지 알지 못했다. 대당인이 이를 보고, 다같이 말하기를, 崑崙人이라고 하였다. 후에 자못 中國語[99]를 배워 스스로 天竺人이라고 하였다. 항상 1줄로 된 琴를 켰는데, 그 소리가 애잔하였다. 소지하고 있는 물건을 조사해 보니, 식물의 열매와 같은 것이 있었고, 이를 목면의 종자라고 하였다. 그가 원하는 대로 川原寺[100]에 거주하게 하였다. 바로 몸에 지닌 물건을 팔아 절의 서쪽 외곽 도로변에 집을 지어 궁핍한 사람을 쉬게 하였다. 후에 近江國의 국분사로 이주하였다.

○ 8월 계유(2일), 長岡京의 토지 1정을 民部少輔 종5위하 菅野朝臣池成[101]에게

---

98 大藏省 산하의 기관으로 궁중의 청소, 조정의 제행사시에 물품의 제작과 진열 등을 담당.
99 이때의 中國은 日本의 미칭. 일본어를 가리킨다.
100 73쪽, 延曆 11년(792) 2월 갑진조 각주 14 참조.
101 『日本書紀』敏達 3년(574)에 王辰爾의 弟인 牛가 津史의 성을 받았고, 天平寶字 2년(758)에 連으로 개성하여 津連氏가 된다. 延曆 9년(790) 7월에 津連眞道가 상표하여 菅野朝臣으로 개성하였다. 菅野朝臣池成은 그 일족이다.

주었다.

갑술(3일), 종5위하 登美眞人藤津을 少納言으로 삼았다.

병자(5일), 常陸國에서 언상하기를, "鹿嶋, 那加, 久慈, 多珂 4郡은 이번 달 11일에 새벽부터 밤 사이에 15번이나 쓰나미가 있었다. 만조일 때는 평상의 해안선보다 1정[102]이나 근접하였고, 간조일 때는 평상시보다 20여정이나 멀어졌다. 해안에 사는 노인들이 모두 말하기를, 예로부터 듣지도 보지도 못했다고 한다"라고 하였다.

무인(7일), (천황이) 경내를 순행하였다.

기묘(8일), (천황이) 埴川에서 부정을 씻기 위한 禊齋를 행하였다.

계미(12일), (천황이) 大堰에 순행하였다.

병술(15일), 사자를 기내의 제국에 보내 校田[103]을 행하게 하였다. 豐前國 宇佐郡 사람 酒井勝小常依가 악행을 했기 때문에 隱岐國으로 유배보냈다.

기축(18일), (천황이 北野에 순행하였다.

계사(22일), 伊豫國 사람 종7위하 越知直祖繼를 좌경으로 호적을 편적하였다. 이날, 천황이 栗前野에서 사냥을 즐겼다.

병신(25일), 이세대신궁에 폐백을 바쳤다. 齋内親王이 齋宮에 들어오기 때문이다.

정유(26일), 칙을 내려, "재능을 택해 발탁하여 임용하고, 반드시 蔭(의 특권)에 의하지는 않는다. 지금 衛府의 舍人 및 衛門府의 門部[104] 중에는 蔭을 사칭하는 자, 그 숫자가 많다. 그러나 (이들은) 용서받아 원래의 신분으로 되돌리면, (실직으로 고통받아) 용서의 취지에 어긋나는 일이다. (이런 까닭에) 특별히 관용을 베풀어 종전대로 임용하고, 계보를 사실에 의거하여 바르게 고친다. 사칭한 蔭에

---

102 1町은 108미터 정도.

103 校田은 班田을 준비하기 위해 전지의 현황을 파악하고 校田帳, 校田圖를 작성한다. 이때 파견된 사자를 校田使 라고 한다.

104 궁성문을 지키는 衛門府의 직원

의한 서위는 받지 못하고, 근무평정으로 서위된 자는 근무를 평가하고 位記를 몰수하지 않는다. 다만 蔭에 의해 서위받고, 재차 근무평정으로 위계가 더해진 자는 음서의 위계를 헤아려 후에 추가된 위계는 차감해야 한다"라고 하였다. 이날, 천황이 에서 사냥을 즐겼다.

○ 9월 계묘(2일), 종5위하 百濟王貞孫[105]에게 종5위상을 내렸다.

갑진(3일), 齋內親王이 野宮[106]을 출발하여 伊勢로 향했다. 시종 종4위하 中臣王, 참의 정4위하 藤原朝臣乙叡 등을 보내 호송하게 하였다.

무신(7일), 폭우가 내려, 경내에 무너진 가옥이 많았다.

신해(10일), 종4위하 藤原朝臣園人을 右大弁으로 삼고 大和守는 종전대로 하였다. 東宮傅 종3위 大伴宿禰弟麻呂에게 치부경을 겸직시키고, 정5위하 藤原朝臣仲成을 (治部)大輔 겸 山城守로 삼았다. 정5위하 阿倍朝臣弟當을 兵部大輔로 삼고, 정4위하 百濟王玄鏡[107]을 刑部卿으로 삼고, 종5위하 菅原朝臣門守를 主殿助로 삼고, 종5위하 石川朝臣道成을 左京亮으로 삼고, 神祇伯 종4위하 多治比眞人繼兄에게 우경대부를 겸직시켰다. 종5위상 百濟王教德[108]을 上總守로 삼고, 종5위하 都努朝臣筑紫麻를 (上總)介로 삼았다. 근위소장 종5위상 大伴宿禰是成에게 下野守를 겸직시키고, 종5위하 百濟王教俊[109]을 (下野)介로 삼았다. 式部少輔

105　延曆 10년(791) 10월에 정6위상에게 종5위하에 서위되었다.

106　皇女 혹은 女王이 伊勢齋王으로 정해진 후, 伊勢의 齋宮으로 갈 때까지 1년간 潔齋를 위해 머문 임시 궁전.

107　百濟王敬福의 아들, 寶龜 6년(775)에 종5위하에 서위되었고, 桓武朝 초기인 延曆 2년(783)에 종5위상으로 승서되었다. 少納言, 右兵衛督을 거쳐 延曆 6년(787)에 桓武天皇이 交野로 순행할 때, 일족을 데리고 백제악을 연주하여 정5위하를 받았다. 延曆 8년(789)에 정5위상, 上總守에 임명되었고 9년에 종4위하로 승서되었다. 延曆 16년(797)에 종5위상이 이르렀고, 상기 刑部卿에 임명된 것은 그의 마지막 관직으로 생각된다.

108　陸奧鎭守將軍 百濟王俊哲의 아들, 延曆 7년(788)에 右兵庫頭에 임명된 후, 이듬해 讚岐介가 되었고, 상기 본문에 보이듯이 上總守에 임명되고, 그후 大同 3년(808)에 宮內大輔에 보임되었다. 嵯峨朝에서는 治部大輔, 刑部卿의 요직을 거쳤다. 弘仁 3년(812)에 종4위하, 동 7년에 종4위상에 이르렀다.

종5위하 和氣朝臣廣世에게 阿波守를 겸직시키고, 외종5위하 村國連息繼를 介로 삼았다.

갑인(13일), 信濃國 伊那郡의 阿智驛의 驛子[110]는 영원히 調, 庸을 면제한다. 도로가 험난하기 때문이다.

정사(16일), 近江國 小神舊牧[111]을 諱〈嵯峨 태상천황〉에게 주었다.

신유(20일), 정6위상 式部少錄 滋野宿禰船代 등이 渤海國에서 돌아왔다. (발해)국왕의 서계에서 말하기를, "(大)嵩璘이 문안드린다. (遣渤海)使 船代 등이 도착하여, 일부러 보내온 반가운 소식에 황공하고 아울러 비단, 명주 각 30필, 견사 2백구, 목면 3백둔의 信物은 수량대로 수령하였다. 황공한 마음 실로 깊고, 보내준 감사의 후의는 삼가 거듭하고 있음을 알고 있다. 지난 해에 보낸 서계[112]에서 (사절의) 왕래의 연한을 판단해 줄 것을 청했다. 작년에 받은 서계에서는 마침내 연한을 半紀[113]로 정했는데, 嵩璘은 멀리서 정성을 다해 사모하는 마음으로 연기의 단축을 청했다[114]. 천황은 자신의 결정을 버리고, 남의 생각에 따라 (발해왕이) 청한 바대로 하였다. 보내는 물품은 비록 진기한 것은 없으나, 특별히 받아주신다면, 더할 나위없는 기쁨이다. 근자에 (唐) 天子의 조서가 내려져 사자가 (발해) 조정에 왔다. 아름다운 명령은 훌륭함을 더하고, (당황제의) 은혜는 빛을 발했

---

109 百濟王俊哲의 아들, 종5위하에 서위된 후, 左衛士佐의 京官이 되었고, 延曆 25년(806)에 美濃守를 겸직하였고, 동년에는 桓武天皇의 사망시 장의의 作路司에 임명되었다. 이어 齋內親王을 맞이하기 위해 伊勢神宮에 사자로 파견되었다. 平城天皇 때에는 陸奧鎭守將軍에 임명되어 근무하였고, 大同 3년(808) 6월에는 陸奧介를 겸직하였다. 大同 4년에 下野守, 弘仁 3년(812)에 出羽守 등 동북의 지방관을 역임하였다.

110 驛家에 소속된 驛戶의 丁男, 驛馬를 사육하고 驛使를 보내고 맞이하는 역할을 담당하였다. 「賦役令」19에는 驛子의 雜徭, 庸이 면제된다고 규정되어 있다.

111 현 滋賀縣 近江八幡市 牧町, 이곳에 설치된 목장. 『日本書紀』 天智 7년(679) 7월조에, "多置牧而放馬"라고 하듯이 주로 말 목장이다. 말은 교통수단, 전쟁, 의식에 주요한 수단이다.

112 182쪽, 延曆 17년(798) 5월 무술조 참조.

113 1紀는 12년으로 半紀는 6년.

114 190쪽, 延曆 17년(798) 12월 임인조 참조.

고, (발해왕을) 재상[115]의 반열로 예우하였다. 덕이 부족하다고 생각하지만, 특별히 비호와 은덕을 입고 있다[116]. 渤海 사자인 昌泰 등은 재능은 (일본조정을) 상대하기에는 부끄럽고 使命을 능히 해내지 못했다. 그럼에도 불구하고 감사한 예우를 받으니 기쁨과 위로가 배가되고 있다. 지금 가을의 햇살도 저물어가고, 서늘한 바람이 불고 있다. 먼 곳에서 온 손님은 돌아가려고 생각하고, 마음은 애타게 그날을 바라보고 있다. 적당한 시절에 맞춰 회항에 지체됨이 없도록 이미 원하는 대로 허락하였다. 마땅히 送使를 보내야 하지만, 아직 (발해사 파견의 연한인 6년의) 기한이 되지 않아서 굳이 동행하지 않기로 하였다. 삼가 귀국하는 사절 편에 사소한 물품을 보낸다. 상세한 것은 별도의 서장에 기록한 바와 같다"라고 하였다.

계해(22일), (천황이) 陶野에서 사냥을 즐겼다. 4위 이상에게 의복을 하사하였다.

을축(24일), (천황이) 的野에서 사냥을 즐겼다. 5위 이상에게 의복을 하사하였다.

이달, 경기의 백성이 북극성에 등불을 봉안하는 행사를 금지하였다[117]. 齋內親王이 伊勢齋宮으로 들어가기 때문이다.

○ 동10월 임신(2일), 信濃國 토지 1백정을 左大弁 정4위하 菅野朝臣眞道[118]에게

---

115 원문에는 端揆로 나오는데, 宰相을 의미한다. 白川静, 『字通』(平凡社, 1996) 참조.

116 이 부분은 일본 천황과 발해왕의 일로 생각할 수 있지만, 당과 발해의 관계로 보는 것이 타당하다. 앞에서 일본천황이 보낸 국서에 대한 내용을 기술하고 있는데, 다시 "근자에 天書가 내려져"라는 문장은 부자연스럽다. 天書는 중국고대의 황제의 詔書를 가리킨다고 생각된다. 즉 당의 책봉사가 발해에 와서 발해왕을 당의 재상의 반열에 두었다고 해석하는 것이 논리적으로 타당하다. 『舊唐書』 발해말갈전에도 이해 貞元 14년(798) 銀靑光祿大夫 檢校使司空을 加授하고 渤海國王으로 進封했다는 기록과도 부합한다.

117 북극성에 제사지내는 행사는 불교행사인데, 齋內親王이 伊勢齋宮에 들어가는 것은 神社 의식이기 때문에 부정이 타는 것을 방지하기 위한 조치이다. 佛事와 神事 의식은 습합하기도 하지만, 경계하는 측면도 있다.

118 207쪽, 延曆 18년(799) 3월 정사조 각주 58 참조..

주었다.

기묘(9일), (천황이) 交野에서 사냥을 즐겼다.

임진(22일), (천황이) 西野에서 사냥을 즐겼다.

○ 11월 갑진(4일), 지진이 있었다.

무신(8일), 종5위하 橘朝臣眞埼를 少納言으로 삼고, 종5위하 石川朝臣淨濱을 陰陽頭로 삼고, 종5위상 三諸朝臣眞屋麻呂를 宮內大輔로 삼고, 외종5위하 民忌寸廣成을 隼人正으로 삼았다. 淡路國의 금년의 調, 庸을 면제하였다. 태풍과 수해로 백성이 피해를 입었기 때문이다.

기유(9일), 曲宴을 개최하고 5위 이상에게 삼베를 차등있게 내렸다.

신해(11일), (천황이) 경내를 순행하였다.

갑인(14일), 備前國에서 언상하기를, "兒嶋郡의 백성들은 제염을 생업으로 삼고, 調, 庸(의 납부)에 대비하고 있다. 그러나 지금 格에 의하면[119], 산야와 물가, 섬은 公私가 함께 (이익을) 취한다고 되어 있는데, 권세가, 유력자가 다투어 방해하고 (用益權을) 빼앗고 있다. (이런 까닭에) 세력가는 점점 번영하고, 빈약한 백성은 날로 피폐해진다. 바라건대, 권세가에 독점되어있는 것을 빼앗아 백성들에게 주어야 한다"라고 하였다. 칙을 내려, "권세에 편승해 빈자를 압박하는 것은 공리에 거스르는 일이다. 마땅히 금지하는 制를 발효시켜 그러한 일이 없도록 한다"라고 하였다. 淡路國에 홍수가 발생하여 播磨國 근처에 있는 郡의 곡물을 내어 식량이 부족한 戶를 진휼하였다.

갑자(24일), 칙을 내려, "앞서 問民苦使를 파견하여 (지방관의) 정치의 실정을 조사하고[120], (관인을) 격려하여 근무에 힘쓰게 하고, (공과를 가려) 상벌을 엄하게 한다. 지금 사자의 조사 보고를 보면, 법을 위반한 자가 많다. 도리로서는 모름지기 준엄하게 형을 내려 오래도록 후대 사람들의 경계로 삼아야 한다. 다만

---

119 『類聚三代格』권16, 延曆 17년(798) 12월 8일 太政官符.

120 앞의 동년 6월 병신조에 問民苦使의 조사가 나온다.

허물을 보고 슬퍼하며[121] (법)망을 푸는 것은 현명한 제왕의 좋은 법규이다. 과오는 용서하고, 고의는 형벌로 다스리는 것이 고금의 通典이다. 지난 延曆 14년(795)의 순찰사를 파견하려고 했는데, 그들 스스로의 갱신을 기대하여, 파견하지 않았다. 그러나 법을 모멸하고 개전의 정이 없으며, 멋대로 하고 꺼리는 일이 없었다. 이렇게 해서 용서한다면, 누구도 처벌할 수 없다. 延曆 15년(796) 이래 위법이 있는 국사 이하는 마땅히 법에 따라 처벌하고, 장래를 경계하도록 한다. 다만, 전지 3정 이하를 사유화하거나[122], 병사를 사적으로 사역시킨 자는 특별히 관용을 베풀어 용서하도록 한다. (延曆) 14년 이전에 법을 위반한 것에 대해서는, 이미 오랜 시간이 지나 밝히는 것이 어렵다. 사안의 경중을 묻지말고 모두 면제하도록 한다"라고 하였다.

○ 12월 계유(4일), 칙을 내려, "山城國 葛野川은 도성 가까이 있다. 매번 홍수가 발생하여 건널 수 없고, 대한의 절기에는 사람과 말 모두 추위 때문에 왕래하는 사람들은 公私에 걸쳐 고통을 받는다. 楓, 佐比의 도항지 2곳에 각각 (배를 운항하는) 役夫를 두어 백성의 고통을 덜도록 한다"라고 하였다.

갑술(5일), 甲斐國 사람 止彌若虫, 久信耳鷹長 등 190인이 언상하기를, "우리들의 선조는 원래 百濟人이다. 성조를 모화하여 바다를 건너 투화하였다. 바로 天朝가 칙지를 내려 攝津國에 기주시켰다. 후에 丙寅年[123] 정월 27일 格에 의해, 다시 甲斐國으로 이주하였다. 이로부터 해가 이미 오래되었다. 삼가 지난 天平勝

---

121 중국 고대의 夏의 禹王은 죄인을 만나 자신의 부덕에 눈물을 흘렸다는 고사에서 유래, 제왕의 죄인에 대한 깊은 자애를 베푼다는 의미이다.

122 國司가 공한지 등의 경영을 통해 전지를 사유화하는 것, 「雜令」 36에는 국사의 전지 경영은 금지되어 있다. 다만, 「田令」 29에는 국사의 임기중에 공한지 경영과 동 31에 公廨田 경영은 용인되었는데, 延曆 17년(798) 정월 갑진에 국사의 공해전은 정지되었고, 동 19년 8월 정해에 다시 허용된다. 따라서 상기 延曆 18년(799) 11월 단계에서는 금지되어 있었다.

123 병인년은 天智 5년(666)으로 백제멸망 이후 망명한 백제인들. 『日本書紀』 天智紀 5년 "是冬, 以百濟男女二千餘人居于東國"이러고 하여 백제인 2천명을 동국지방으로 이주시킨 일이 있다.

寶 9년(757) 4월 4일의 칙을 보니, '高麗, 百濟, 新羅人 등은 멀리서 聖化를 흠모하여 우리의 풍속에 들어왔는데, 개성을 원하면, 모두 허락한다'고 하였다. 그러나 우리들의 선조는 아직 蕃姓[124]을 고치지 않았다. 삼가 청컨대, 개성을 허락했으면 한다"라고 하였다. (이에 천황은) 若虫에게 石川의 성을, 鷹長 등에게 廣石野의 성을 내렸다. 또 信濃國 사람 외종6위하 卦婁眞老[125], 後部黑足[126], 前部黑麻呂[127], 前部佐根人, 下部奈弖麻呂[128], 前部秋足, 小縣郡 사람 무위 上部豊人[129], 下部文代, 高麗家繼[130], 高麗繼楯, 前部貞麻呂, 上部色布知 등이 언상하기를, "우리들의 선조는 高麗人이다. 小治田[131], 飛鳥[132] 양 조정의 시절에 귀화, 내조하였다. 그 이후 대

---

124 망명 이전의 본국의 성.

125 卦婁는 고구려 5部의 하나인 桂婁部에서 나온 것으로 部名을 씨명으로 삼은 것이다.

126 고구려 멸망 후에 망명한 후예씨족, 後部는 고구려 5부의 하나로, 絶奴部, 北部와도 통한다. 자신이 선조가 속했던 後部名을 관칭한 고구려계 씨족은, 後部王, 後部, 後部高 등이 보인다.

127 前部는 고구려의 5부의 하나로, 『일본서기』 天智 5년(666) 정월조의 前部能婁, 天武 원년(672) 5월조에 前部富加抃 등이 나온다. 『新撰姓氏錄』 좌경제번하에, "福當連은 高麗國人 前部能婁로부터 나왔다"라고 하는 선조의 출자를 기록하고 있다. 前部黑麻呂와의 관계는 알 수 없다.

128 下部는 『翰苑』에 인용된 「魏略」에는 고구려의 5부 중에 西部, 右部이고 消奴部이다. 『日本書紀』 天武 8년(679) 2월조에 下部大相師需婁, 동 11년 6월조에 下部助有卦婁毛切 그리고 同 9년 5월조에는 西部大兄俊德의 인명이 나온다. 『續日本紀』 延曆 8년(789) 10월 을유조에, 高倉朝臣福信의 卒年 기사에 그의 본성은 背奈이고 고구려 평양성이 당군에 함락될 때 망명한 후예로 나온다. 背奈는 고구려 5부의 消奴部에서 유래하는 '肖奈'에서 나왔고 고구려 5부 중의 소노부 출신으로 생각된다. 背奈氏는 養老 5년(721)을 하한으로 하는 시기에 背奈公으로 바뀌었고, 天平 19년(747)에 背奈王으로, 天平勝寶 2년(750)에 高麗朝臣으로, 寶龜 10년(779)에는 다시 高倉朝臣으로 개성하였다. 下部를 씨명으로 하는 인물들도 같은 部의 출신에서 나왔을 가능성이 있지만, 高倉朝臣 계통과는 다르다고 생각된다.

129 上部는 고구려 출자로 5부의 하나로. 『翰苑』에 인용된 「魏略」에는 고구려의 5부 중에 順奴部이고 東部, 左部, 靑部라고도 한다. 『續日本紀』 天平寶字 5년(759) 3월 경자조에도 고구려인의 개사성 기사에 上部君足이 나오고, 동 神護景雲 원년(767) 정월 계유조에도 上部木의 인명이 나온다.

130 高麗를 씨명으로 갖는 고구려계 씨족으로 이 시기에 와서 일본의 씨성으로 개성하였다.

131 推古朝(593-628).

대로 평민으로 있으면서 본성을 고치지 않았다. 삼가 바라건대, 지난 天平勝寶 9년(757) 4월 4일 칙에 따라 본래의 姓을 고쳤으면 한다"라고 하였다. (이에 천황은) 眞老 등에게 須須岐의 성을, 黑足 등에게 豐岡의 성을, 黑麻呂에게 村上의 성을, 秋足 등에게 篠井의 성을, 豐人 등에게 玉川의 성을, 文代 등에게 淸岡의 성을, 家繼 등에게 御井의 성을, 貞麻呂에게 朝治의 성을, 色布知에게 玉井의 성을 내려주었다.

정축(8일), 伊賀, 伊勢, 尾張, 近江, 美濃, 若狹, 丹波, 但馬, 播磨, 備前, 紀伊 등의 제국에서 노역자를 징발하였다. (平安)宮 조영 공사에 조달하기 위해서였다.

을유(16일), (천황이) 水生野에서 사냥을 즐겼다. 陸奧國에서 언상하기를, "귀순한 蝦夷 吉彌侯部黑田와 그의 처 吉彌侯部田苅女, 吉彌侯部都保呂와 그의 처 吉彌侯部留志女 등은 야만의 성질을 고치지 않고 하이 거주지에 왕래하고 있다[133]"라고 하였다. 이에 신병을 구속하여 (태정관에) 압송하고, 土左國으로 유배보내기로 하였다.

경인(21일), 대승도 傳燈大法師位 等定이 언상하기를, "기력이 떨어지면 그만두는 것은 명확한데 丘典[134]에 나와있다. 마음이 혼미해져 극한 상황이 아니면, 인륜의 법도를 밝힐 수 있다. 等定은 출가하여 절에 머물고 있다. 계율은 優婆離[135]에 미치지 않아 부끄럽고, 지혜는 鶖子[136]에 미치지 않아 부끄럽다. 모름지기 황공하게도 승강의 직을 맡아 어찌 오래도록 그 임무를 어지럽게 할 수 있겠는가. 부끄러움이란 피리를 불지 못하는 자가 불었다고 하는 (南郭)濫吹[137]와 같고, 불을 지

---

132 舒明朝(629-641)

133 통행 허가증이 없이 關所를 지나는 것은 「衛禁律」에 위반된다.

134 丘典은 舊典의 오류일 것으로 생각된다.

135 釋迦의 10대 제자의 1인.

136 釋迦의 10대 제자인 1인 舍利弗.

137 『韓非子』 內儲說上 七術篇에 나오는 고사. 중국 제나라 국왕은 악사 300인을 연주시켰는데, 피리부는 것이 서투른 南郭은 악사들 틈에서 버틸 수 있었으나, 다음 왕이 개인별로 연주시키자, 도망쳤다고 한다. 즉 능력없는 자가 능력있는 것처럼 가장하는 일을 말한다.

르는 것과 같이 두렵다. 70세가 됐을 때, 수차 사직을 진정했으나[138], (천황의) 조가 내려져 허락받지 못했다. 이미 수년이 지나 금년 80세를 내려보고 있다. 보행도 바르지 않고, 동작도 예법을 잃어버리고 있다. 억지로 승강의 직에 있으면서 하늘과 땅에 부끄러워 몸둘 바를 모르겠다. 삼가 바라건대, 대승도를 사직하고 현명하게 (후진들에게) 길을 열어주고, 물러나는 노인의 마음을 쉬게 해 주었으면 한다. 아울러 바라건대, 필요로 하는 식량을 내려주었으면 한다. 위로는 (폐하의) 노인을 부양하는 덕을 숭모하며, 밑으로는 헛된 자리에서 있었다는 비난을 면하고자 한다. 북받치는 감정을 참을 수 없어 상표하는 바이다. (천황이) 조를 내려, "갑자기 올린 표문을 보니, 승강의 직을 사임하고자 하는 것을 알았다. (승강의 직을) 맡긴 지 얼마되지 않았는데, 나이들어 (사직을) 고하니, 어찌 (이렇게도) 빠른가. 그대의 덕망에 감탄하여 그리워하고 있는데, 슬픈 감정을 추스를 수 없다. 단지 재삼 사퇴하기를 청하니, 겸양의 빛을 물리치기 어렵다. 따라서 청한 바를 허락하니 앞으로의 뜻을 이루기를 바란다. 梵釋寺[139]의 일은 휴식기의 한가로운 때에 감독에 임하도록 한다. 추운 시절이니, 마음을 평온히 하고 쾌적하게 지내길 바란다. 마음 속의 못다한 말이 많다"라고 하였다.

신묘(22일), 종5위하 安曇宿禰大丘를 □大舍人助[140]로 삼고. 종5위상 小倉王을 內膳正으로 삼았다.

계사(24일), (천황이) 경내를 순행하였다. 攝津職의 옛 荒田[141] 57정을 大田親王에게 주었다.

병신(27일), 종5위하 小野朝臣田刀自에게 종5위상을 주었다.

---

138 「選敍令」 21에 「官人致仕」 조에는, "凡官人年七十以上, 聽致仕五位以上上表, 六位以下申牒官, 奏聞"이라고 하여 70세가 되면 사직을 청하여 허락받았다.

139 延曆 5년(786)에 桓武天皇이 長岡京의 성공적인 조영을 기원하고 증조부인 天智天皇의 명복을 빌기 위해 창건했다고 전한다. 처음에는 사천왕을 제사지낸다고 하여 사천왕사라고도 했지만, 延曆 14년(795)에 梵釋寺로 개칭되었다.

140 左大舍人助 혹은 右大舍人助

141 荒田은 홍수 등 자연재해나 용수시설를 관리하기 어려워 경작하지 않은 전지를 말한다.

정유(28일), 式部少輔 종5위하 和氣朝臣廣世가 언상하기를, "亡考 淸麻呂는 평소에 살면서 늘상 말하기를, '나 자신은 넉넉한 녹을 받아먹고 있는데, 국가에는 도움이 되지 않았다. 아울러 욕되게도 國造에 있으면서 백성에게는 덕을 베풀지 못했다. (그러나) 마음 속에 고향을 생각하는 사모의 정을 품으면서 저 궁핍한 백성을 불쌍히 여기고 잊지 않았다. 바라건대, 사적으로 개간한 전지 1백정을 和氣, 盤梨, 赤坂, 邑久, 上道, 三野, 津高, 兒嶋 등 8군 30여개의 향을 구제하는 재원으로 삼고자 한다. 그런데 한곳에 모아두면 여러 향으로 배분하기 어렵다. 만약 班田의 시기가 되면, (천황께) 주상하여 이 간전을 班田하여 口分田으로 삼고, 그 향에 있는 (公)田을 헤아려 서로 바꾸어, 명칭을 賑救田으로 했으면 한다. 그 전지의 임대료를 마지막 여름의 달에 식량이 부족한 사람에게 주어 백성의 생명을 구하고 국가의 은혜에 보답하고 싶다'라고 한다. 세월이 주마와 같이 지나가 (부친이) 바라는 결실을 이루지 못했다. 선친의 뜻을 상표하는 바이다"라고 하였다. (천황은) 이를 허락하였다.

무술(29일), 칙을 내려, "천하의 臣民은 씨족이 이미 많아졌다. 원류는 같으면서 별도의 지류로 되어 있고, 혹은 本宗은 달리하면서 성은 동일하다. 계보첩에 의거하려고 해도, 改姓을 거친 것들이 많고, 호적과 계장을 검토해도 본종과 지족을 분별하기 어렵다. 마땅히 천하에 포고하여 本系帳[142]을 바치도록 한다. 三韓 諸蕃도 동일하게 한다. 다만, 시조 및 別祖[143] 등의 이름은 기재하고, 지류 및 계승자의 이름은 명기하지 않는다. 만약 원래 귀족으로부터 나와 분파된 자는, 宗中 長者[144]의 서명을 받아 제출하도록 한다. 무릇 씨성은 대체로 허위, 조작한 것이 많다. 사

---

142 씨족의 계보서. 씨족의 시조명, 사적, 賜姓 기록, 本宗으로부터 분파된 지류의 씨족에 관한 내용을 기록한다. 『弘仁私記序』에 의하면, 天平勝寶 연간(749-757) 이전부터 역대의 조정에서는 제씨족의 본계장을 제출시키고, 이를 圖書寮에 보관시켰다고 한다.

143 枝族의 선조.

144 長者는 氏上, 氏宗(「繼嗣令」2)에 상당하는 위치이고, 씨족의 재산, 氏神의 제사, 氏寺, 氏社의 관리 등을 담당하는 씨족의 장에 해당하는 인물이다. 귀족의 신분에서 분파된 지족이라고 주장하는 씨족은 종중의 장이 보증한다는 서명이 필요하였다.

실대로 정확하게 기록하고 속이거나 부회해서는 안된다. 내년 8월 30일 이전까지 모두 제출을 완료하도록 한다. (제출된 본계장의) 편집에 들어가서, 이전에 (제출된) 기록과 다르거나 기한내에 제출하지 않은 경우에는, 사정을 조사하여 처벌하고, 영원히 수록하지 않도록 한다. 평범한 씨족들은 모두 모아 1권으로 편찬하고, 신분이 높은 씨족들은 별도로 권을 만들도록 한다"라고 하였다[145].

일본후기 권제8

---

145 『新撰姓氏錄』편찬을 위한 기초작업으로 각 씨족으로부터 씨족의 조상의 정보를 기록한 本系帳의 제출을 명하고 있다.

日本後紀卷第八〈起延曆十八年正月, 盡十二月〉

左大臣正二位兼行左近衛大將臣藤原朝臣冬嗣等奉勅撰

皇統彌照天皇〈桓武天皇〉

◎延曆十八年春正月丙午朔, 皇帝御大極殿受朝. 文武官九品以上蕃客等各陪位, 減四拜爲再. 不拍手. 以有渤海國使也. 諸衛人等竝擧賀聲, 禮訖. 宴侍臣於前殿賜被. 壬子, 豐樂院未成功, 大極殿前龍尾道上搆作借殿. 葺以彩帛. 天皇臨御, 蕃客仰望. 以爲壯麗. 命五位已上宴樂. 渤海國使大昌泰等預焉. 賚祿有差. 甲寅, 賜五位已上新錢. 三位三千文, 四位二千文, 五位一千文. 丁巳, 從五位下多治比眞人豐繼・石上朝臣眞家授從五位上, 正六位上川邊朝臣宅從五位下, 正六位上鷹高朝臣笠繼, 正七位上谷忌寸家刀自, 正七位下次田連宅足, 從七位上山田連乙□, 從八位下高安連眞笠外從五位下. 戊午, 勅, 冒蔭之徒, 若能自首, 宜從改正. 把笏之色, 先經馳策. 宜特寬恕. 官位如舊. 長岡京地一町賜從五位下藤原朝臣奈良子. 辛酉, 御大極殿, 宴群臣幷渤海客, 奏樂. 賜蕃客以上秦楷衣, 竝列庭踏歌. 大學頭從四位下紀朝臣作良卒. 少遊大學, 頗覽經史. 起家爲少判事, 遷式部大丞. 寶龜九年授從五位下. 延曆四年敍從五位上, 歷上野丹波二國守, 除大學頭. 後授從四位下. 爲人質直, 無所容舍. 吏有小過, 必糺以法. 以此爲下所惡. 尤勤公政, 晨出昏入. 老而無倦. 癸亥, 於朝堂院觀射. 五位已上射畢, 次蕃客射焉. 正五位上紀朝臣兄原授從四位下. 乙丑, 典侍正四位上和氣朝臣廣虫卒. 從三位行民部卿兼攝津大夫清麻呂姉也. 少而出家爲尼. 供奉高野天皇. 爲人貞順, 節操無虧, 事見清麻呂語中, 皇統彌照天皇甚信重焉. 今上思勞舊, 追贈正三位, 薨時年七十. 庚午, 勅, 玳瑁帶者, 先聽三位已上著用. 自今以後, 五位得同著. 癸酉, 散位從四位上安倍朝臣東人卒. 甲戌, 外從五位下桑原公秋成爲主計助, 外從五位下葛井宿禰松足爲大和介, 從五位下內眞人他田爲伊賀守, 近衛將監從五位下三諸朝臣綿麻呂爲兼近江大掾, 從五位下甘南備眞人國成爲若狹守, 從五位上石淵王爲越中守, 外從五位下村國連息繼爲介, 從五位上藤原朝臣仲成爲越後守, 内匠頭從四位上川村王爲兼丹波守, 從五位下藤原朝臣眞野麻呂爲周防守, 外從五位下槻本公奈弓麻呂爲長門守, 從五位上淺井王爲伊豫守, 從四位下藤原朝臣葛野麻呂爲大宰大貳, 從五位下石川朝臣清直爲少貳, 從五位下藤原朝臣河主爲豐前守. 唐人大學權大屬正六位上李法琬, 大炊權大屬正六位上清川忌寸斯麻呂, 造兵權大令史正六位上榮山忌寸千嶋, 官奴令史正六位上榮山忌寸諸依, 鼓吹權大令史正六位上清根忌寸松山等給月俸, 愍其覉旅也.

○二月乙亥朔, 無位安賀女王授從五位下. 丙子, 從八位下佐味朝臣枚女授從五位下. 庚辰, 從五位上藤原朝臣繼彦爲左少弁, 從五位下石川朝臣魚麻呂爲右少弁, 從五位下三原朝臣弟平爲内藏助. 辛巳, 諱〈嵯峨太上天皇〉於殿上冠. 賜五位已上衣被. 從五位下清野宿禰最弟授從五位上, 從三位百濟王明信正三位, 正五位上三嶋宿禰廣宅從四位下, 從五位下高倉朝臣殿嗣爲主計頭. 壬午, 行幸交野. 己丑, 勅, 出擧私稻, 先已禁制. 如或違犯, 即有嚴科. 而去年不稔, 百姓乏食. 諸國出擧, 定難周贍. 因時弛張, 古今通典. 宜寬前制, 暫任民情. 其收息利, 率十收三. 如過此限, 罪亦如前. 遣從五位上行兵部大輔兼中衛少將春宮亮大伴宿禰是成, 傳燈大法師位泰信等於淡路國, 令賷幣帛謝崇道天皇靈. 癸巳, 主菓餅從七位下宍人朝臣宮人, 假蔭入色. 改正還本, 特免其罪, 復本職. 甲午, 正六位上石川朝臣乙名復本位從五位下. 從四位下多治比眞人繼兄爲神祇伯, 山城守如故. 中納言從三位藤原朝臣雄友爲兼中務卿, 從五位下登美眞人藤津爲左大舍人助, 從五位下藤原朝臣岡繼爲圖書頭, 從五位上橘朝臣安麻呂爲内藏頭, 中納言從三位和朝臣家麻呂爲兼治部卿, 從五位下百濟王鏡仁爲少輔, 正五位下文室眞人波多麻呂爲雅樂頭, 從四位下粟田朝臣鷹守爲大藏卿, 外從五位下嵩山忌寸道光爲大炊權助, 從五位上小倉王爲典藥頭, 正五位上秋篠朝臣安人爲中衛少將, 左中弁丹波守如故. 從五位下菅原朝臣門守爲隼人正, 從四位下百濟王英孫爲右衛士督, 攝津守如故. 從四位下紀朝臣勝長

爲左兵衛督, 近江守如故. 從四位下紀朝臣兄原爲右兵衛督, 肥後守如故. 從五
位下安倍朝臣小笠爲佐. 乙未, 流陸奧國新田郡百姓弓削部虎麻呂, 妻丈部小
廣刀自女等於日向國. 久住賊地, 能習夷語, 屢以讒語騷動夷俘心也. 美濃備中
二國飢, 遣使賑給. 贈正三位行民部卿兼造宮大夫美作備前國造和氣朝臣淸麻
呂薨. 本姓磐梨別公, 右京人也. 後改姓藤野和氣眞人. 淸麻呂爲人高直, 匪躬
之節. 與姉廣虫共事高野天皇, 竝蒙愛信, 任右兵衛少尉. 神護初授從五位下,
遷近衛將監, 特賜封五十戶. 姉廣虫及笄年, 許嫁從五位下葛木宿禰戶主. 既而
天皇落飾, 隨出家爲御弟子. 法名法均, 授進守大夫尼位. 委以腹心, 賜四位封
幷位田. 寶字八年大保惠美忍勝叛逆伏誅. 連及當斬者三百七十五人. 法均切
諫, 天皇納之. 減死刑以處流徒. 亂止之後, 民苦飢疫, 棄子草間. 遣人收養, 得
八十三兒. 同名養子, 賜葛木首. 此時僧道鏡得幸於天皇, 出入警蹕, 一擬乘輿.
號曰法王. 大宰主神習宜阿蘇麻呂, 媚事道鏡, 矯八幡神教言, 令道鏡即帝位,
天下太平. 道鏡聞之, 情喜自負. 天皇召淸麻呂於牀下曰, 夢有人來, 稱八幡神
使云, 爲奏事請尼法均. 朕答曰, 法均軟弱, 難堪遠路. 其代遣淸麻呂. 汝宜早參
聽神之教. 道鏡復喚淸麻呂, 募以大臣之位. 先是路眞人豐永爲道鏡之師. 語淸
麻呂云, 道鏡若登天位, 吾以何面目可爲其臣. 吾與二三子共爲今日之伯夷耳.
淸麻呂深然其言, 常懷致命之志, 徃詣神宮. 神託宣云云. 淸麻呂祈曰, 今大神
所教, 是國家之大事也. 託宣難信. 願示神異. 神即忽然現形. 其長三丈許也, 相
如滿月. 淸麻呂消魂失度, 不能仰見. 於是神託宣, 我國家君臣分定. 而道鏡悖
逆無道, 輒望神器. 是以神靈震怒, 不聽其祈. 汝歸如吾言奏之. 天之日嗣必續
皇緒. 汝勿懼道鏡之怨. 吾必相濟. 淸麻呂歸來, 奏如神教. 天皇不忍誅, 爲因幡
員外介. 尋改姓名, 爲別部穢麻呂, 流于大隅國. 尼法均還俗, 爲別部狹虫, 流于
備後國. 道鏡又追將殺淸麻呂於道. 雷雨晦暝, 未即行. 俄而勅使來, 僅得免. 于
時參議右大弁藤原朝臣百川愍其忠烈, 便割備後國封鄉二十戶, 送充於配處.
寶龜元年聖帝踐祚. 有勅入京. 賜姓和氣朝臣, 復本位名. 姉廣虫又掌吐納, 敍
從四位下, 任典藏, 累至正四位下. 帝從容勅曰, 諸侍從臣, 毀譽紛紜, 未嘗聞法

均語他過. 友于天至, 姉弟同財, 孔懷之義, 見稱當時. 延暦十七年正月十九日
薨. 與弟卿約期云, 諸七及服闋之日, 勿勞追福. 唯與二三行者, 坐靜室, 事禮懺
耳. 後世子孫, 仰吾二人, 以爲法則. 天長二年, 天皇追思舊績, 贈正三位之告
身. 弟清麻呂脚痿不能起立. 爲拜八幡神, 輿病即路. 及至豊前國宇佐郡椹田
村, 有野猪三百許, 挾路而列. 徐步前驅十許里, 走入山中. 見人共異之. 拜社之
日, 始得起步. 神託宣, 賜神封綿八萬餘屯. 即頒給宮司以下國中百姓. 始駕輿
而往, 後馳馬而還. 累路見人, 莫不歎異. 清麻呂之先, 出自垂仁天皇皇子鐸石
別命. 三世孫弟彦王, 從神功皇后征新羅. 凱旋明年忍熊別皇子有逆謀. 皇后遣
弟彦王, 於針間吉備堺山誅之. 以從軍功, 封藤原縣, 因家焉. 今分, 爲美作備前
兩國也. 高祖父佐波良, 曾祖父波伎豆, 祖宿奈, 父乎麻呂墳墓, 在本郷者, 拱樹
成林. 清麻呂被竄之日, 爲人所伐除. 歸來上疏陳狀. 詔以佐波良等四人幷清麻
呂爲美作備前兩國國造. 天應元年授從四位下. 拜民部大輔, 爲攝津大夫, 異遷
中宮大夫民部卿, 授從三位. 延暦十七年上表請骸骨. 優詔不許. 仍賜功田二十
町, 以傳其子孫. 清麻呂練於庶務, 尤明古事. 撰民部省例二十卷, 于今傳焉. 奉
中宮教, 撰和氏譜奏之, 帝甚善之. 長岡新都, 經十載未成功, 費不可勝計. 清麻
呂潛奏, 令上託遊獵相葛野地, 更遷上都. 清麻呂爲攝津大夫, 鑿河内川, 直通
西海, 擬除水害. 所費巨多, 功遂不成. 私墾田一百町在備前國, 永爲振給田, 郷
民惠之. 薨時贈正三位. 年六十七. 有六男三女, 長子廣世, 起家補文章生. 延暦
四年坐事被禁錮. 特降恩詔, 除少判事. 俄授從五位下, 爲式部少輔, 便爲大學
別當. 墾田二十町入寮爲勸學料. 請裁闡明經四科之第. 又大學會諸儒, 講論陰
陽書, 新撰藥經, 大素等. 大學南邊以私宅置弘文院, 藏内外經書數千卷. 墾田
四十町永充學料, 以終父志焉. 辛丑, 遊獵於栗前野. 壬寅, 大和國飢, 遣使賑給.

○三月乙巳朔. 震民部省廩. 丙午, 近江紀伊二國飢, 遣使賑給. 戊申, 陸奥國
柴田郡人外少初位下大伴部人根等賜姓大伴柴田臣. 庚戌, 近江園淺井郡人從
七位下穴太村主眞杖賜姓志賀忌寸. 辛亥, 陸奥國富田郡幷色麻郡, 讚馬郡幷
新田郡, 登米郡幷小田郡. 壬子, 停出羽國山夷祿. 不論山夷田夷, 簡有功者賜

焉. 甲寅, 伯耆, 阿波, 讚岐等國飢, 遣使賑給. 從五位下入間宿禰廣成爲造東大寺次官. 正六位上野王賜姓清瀧朝臣. 丁巳, 正四位下行左大弁兼右衛士督皇太子學士伊勢守菅野朝臣眞道等言, 己等先祖, 葛井船津三氏墓地, 在河内國丹比郡野中寺以南, 名曰寺山. 子孫相守, 累世不侵. 而今樵夫成市, 採伐冢樹. 先祖幽魂, 永失所歸. 伏請依舊令禁. 許之.

○夏四月乙亥朔, 河内國飢, 遣使賑給. 從五位下御中眞人廣岳爲大學助. 攝津國人正八位上須美開德賜姓葛澤造. 丁丑, 故正五位下上毛野朝臣稲人賤宅敷女男二人賜姓物部. 癸未, 勅, 澇水經日, 苗稼腐損. 窮弊之民, 不得更播. 宜令山城河内攝津等國巡檢貧民. 以正稅給之. 攝津國人從七位上乙麻呂等給姓豐山忌寸. 起從五位下和氣朝臣廣世復本官. 乙酉, 從五位上藤原朝臣繼彦爲上總介, 陰陽頭如故. 從五位上藤原朝臣繼業爲大學頭, 侍從信濃介如故, 正四位下藤原朝臣乙叡爲兵部卿, 中衛大將越前守如故. 從五位下安倍朝臣家守爲刑部少輔, 從五位下紀朝臣千世爲彈正弼, 正五位下橘朝臣入居爲左京大夫, 右中弁左兵衛佐播磨守如故. 參議從四位下藤原朝臣繩主爲春宮大夫, 式部大輔近衛中將如故. 中納言從三位藤原朝臣内麻呂爲兼造宮大夫, 近衛大將但馬守如故. 己丑, 賑給左右京貧民. 是日, 渤海國使大昌泰等還蕃. 遣式部少錄正六位上滋野宿禰船白等押送. 賜其王璽書曰, 天皇敬問渤海國王, 使昌泰等隨賀萬至, 得啓具之. 王逖慕風化, 重請聘期. 占雲之譯交肩, 驟水之貢繼踵. 每念美志, 嘉尚無已. 故遣專使, 告以年期. 而猶嫌其遲, 更事覆請, 夫制以六載, 本爲路難. 彼如此不辭, 豈論遲促. 宜其修聘之使, 勿勞年限. 今因昌泰等還, 差式部省少錄正六位上滋野宿禰船白充使領送, 幷附信物. 色目如別. 夏首正熱, 惟王平安. 略此代懷. 指不繁及. 庚寅, 從五位下中臣丸朝臣豐國爲齋宮頭, 正六位上大伴宿禰峰麻呂爲遣新羅使, 正六位上林忌寸眞繼爲錄事. 辛丑, 勅, 近衛府, 大將元從四位上官, 今爲從三位官. 又加中將一員. 中衛府, 大將元從四位上官. 今爲正四位上官. 衛門督元正五位上官. 今爲從四位下官. 佐從五位下官. 今爲從五位上官. 左右衛士兵衛等一准衛門. 左右兵衛府, 加少尉一員, 少志一員. 其官位者一准衛門府. 廢内藏寮主鑰四人, 加少屬一員. 減大藏省主鑰大少各一員, 治部省解部四員. 壬寅, 公卿奏曰, 大和國守從四位下藤原朝臣園人解稱, 郡司之任, 所掌不輕. 而外考之官, 不得貽謀. 准於諸國, 亦無潤身. 是以擬用之日, 各競辭退. 郡務闕怠, 率由於此. 伏請, 居之内考, 將勸後輩者. 臣等商量, 夫高爵以之彰勳, 厚賞以之酬勞, 所以勸勵士庶, 任用得人者也. 而畿内諸國, 近接都下, 驅策之勞, 尤是殊甚. 准於外國, 不可同日. 如今所申穩便, 誠合進昇. 伏望, 五國郡司, 一居内考. 許之.

○五月乙巳, 淡路國飢, 遣使賑給. 庚戌, 正六位上紀朝臣廣濱授從五位下. 辛亥, 從五位上藤原朝臣仲成, 從五位上住吉朝臣綱主授正五位下, 正六位上紀朝臣繩麻呂從五位下, 正六位上日下部連得足, 正六位上粟田臣蓑麻呂外從五位下. 癸丑, 授正六位上藤原朝臣城主, 正六位上藤原朝臣藤嗣, 正六位上藤原朝臣永貞, 正六位上藤原朝臣廣河, 正六位上紀朝臣咋麻呂·紀朝臣彌都麻呂·安倍朝臣象主從五位下. 丙辰, 前遣渤海使外從五位下内藏宿禰賀茂麻呂等言, 歸鄉之日, 海中夜暗. 東西掣曳, 不識所著. 于時遠有火光. 尋逐其光, 忽到嶋濱. 訪之, 是隱岐國智夫郡. 其處無有人居. 或云, 比奈麻治比賣神常有靈驗. 商賈之輩, 漂宕海中, 必揚火光. 賴之得全者, 不可勝數. 神之祐助, 良可嘉報. 伏望, 奉預幣例. 許之. 壬戌, 令諸國司講師沙汰國分寺僧. 己巳, 尾張國海部郡主政外從八位上刑部粳虫言, 權掾阿保朝臣廣成, 不憚朝制, 擅養鷹鵠. 遂令當郡少領尾張宿禰宮守, 六齋之日, 獵於寺林. 因奪鷹奏進. 勅, 須有違犯, 先言其狀. 而凌慢國吏, 輒奪其鷹. 宜特決杖, 解却其任. 庚午, 勅, 撫俗宣風, 任屬郡司. 今停譜第, 妙簡才能. 而宿衛之人, 番上之輩, 久經駈□, 頗效才能. 宜不經本國, 令式部省簡試焉. 辛未, 遣神祇大祐正六位上大中臣朝臣弟枚, 改作伊勢大神宮正殿. 讚岐國飢. 出穀萬二千斛, 賑貸乏絶戸. 壬申, 停遣新羅使.

○六月甲戌朔, 省中衛左右衛士三府醫師一員. 丁丑, 遣左衛士志矢田部常陸麻呂於平城, 捕内竪雀部廣道, 決杖一百. 以強姦法華寺尼也. 戊寅, 詔曰, 惟王經國, 德政爲先, 惟帝養民, 嘉穀爲本. 朕以寡薄, 忝承洪基. 懼甚履氷, 懍乎御朽. 昧旦不顯, 日昃聽朝. 思弘政治, 冀宣風化. 時雍未洽, 陰陽失和. 去年不登, 稼穡被害. 眷言其弊, 有憫于懷. 宜敷寬恩, 答彼咎祥. 其被損尤甚之處, 美作備前備後南海道諸國肥前豐後等十一國, 去年田租, 特全免之. 癸未, 勅, 前停止公廨混合正稅, 兼減擧數. 以省民煩. 然諸國稱任中之未納, 徵公廨之息利. 百姓受弊, 艱苦實深. 自今以後, 宜停徵焉. 如有違者, 隨即科之. 乙酉, 勅, 沙門擅去本寺, 隱住山林, 受人屬託, 或行耶法. 如斯之徒, 往往而在. 國憲內教, 同所不許. 宜諸國司巡檢部內所有山林精舍并居住比丘優婆塞, 具錄言上. 不得疎漏. 戊子, 勅, 祭祀之事, 在德與敬. 心不致敬, 神寧享之. 廣瀨龍田祭, 所以鎭弭風災, 禱祈年穀也. 而大和國司, 觸事怠慢, 都無肅敬. 差遣史生, 祇承朝代. 祀無報應, 職此之由. 自今以後, 守介一人, 齋戒祇承. 若有事故, 聽遣判官. 己丑, 從五位下石川朝臣魚麻呂爲左少弁, 從五位下百濟王鏡仁爲右少弁, 中納言從三位和朝臣家麻呂爲兼中務卿, 相摸守如故. 正五位下大庭王爲大輔, 從五位下淡路眞人福良麻呂爲少輔, 侍從從四位下中臣王爲兼左大舍人頭, 從五位下粟田朝臣入鹿爲治部少輔, 中納言從三位藤原朝臣雄友爲兼民部卿, 從五位下甘南備眞人眞野〈觸太上天皇諱故改神爲眞〉, 爲主稅頭, 正五位下藤原朝臣大繼爲大藏大輔, 下總守如故. 從四位下大原眞人美氣爲大膳大夫, 外從五位下村國連息繼爲阿波權介. 癸巳, 勅, 去年不稔, 百姓乏食. 暫任民心, 出擧私稻. 一張一弛, 因時垂教. 宜更禁斷, 罪依前格. 丙申, 從五位下紀朝臣嗣梶, 從五位下藤原朝臣綱主授從五位上, 正六位上桑田眞人甘南備從五位下. 是日, 詔曰, 朕祇纂丕業, 撫臨黎元. 尠己勤躬, 不遑寧處. 思欲輯熙四海, 期之刑措, 弘濟百姓, 致之壽域. 而近巡京中, 過堀川處, 鉗鎖囚徒, 暴體苦作. 興言於茲, 愀然于懷. 雖生民之愚, 自招罪惡, 而爲彼父母, 寧不哀愍. 其在役見徒, 及天下見禁囚等, 罪無輕重, 竝宜赦除令得自新. 但私鑄錢謀殺故殺及被問民苦使推訪諸國郡官吏百姓等, 不在赦限. 其謀殺故殺配役者, 停役配流. 普告遐邇, 令知朕意. 戊戌, 越中國飢, 遣使賑給. 己亥, 免山城國乙訓葛野愛宕三郡負租. 庚子, 屈僧三百人沙彌五十人於禁中及東宮朝堂, 奉讀大般若經.

○秋七月癸卯朔, 攝津國人正七位上大伴宿禰助等貫于右京. 己酉, 停伊勢齋宮新嘗會. 但以歌舞伎供九月祭. 己未, 置判事史生四員, 掃部司史生二員. 丹後國飢, 遣使賑給. 乙丑, 越中國飢, 遣使賑給. 免備中國去年租. 以風旱爲災, 五穀不登也. 是日, 曲宴, 賜四位已上衣. 庚午, 停大和國宇陀肥伊牧. 以接民居損田園也. 遣使祓畿内七道諸國. 以齋内親王將入伊勢也. 是月, 有一人乘小船, 漂着參河國. 以布覆背, 有犢鼻, 不著袴, 左肩著紺布. 形似袈裟. 年可二十, 身長五尺五分, 耳長三寸餘. 言語不通, 不知何國人. 大唐人等見之, 僉曰, 崑崙人. 後頗習中國語, 自謂天竺人. 常彈一弦琴, 歌聲哀楚. 閱其資物, 有如草實者, 謂之綿種. 依其願令住川原寺. 即賣隨身物, 立屋西郭外路邊, 令窮人休息焉. 後遷住近江國國分寺.

○八月癸酉, 長岡京地一町賜民部少輔從五位下菅野朝臣池成. 甲戌, 從五位下登美眞人藤津爲少納言. 丙子, 常陸國言, 鹿嶋 · 那加 · 久慈 · 多珂四郡, 今月十一日, 自晨至晚, 海潮去來凡十五度. 滿則過常涯一町許, 洄則蹜常限二十餘町. 海畔父老僉云, 古來所未見聞也. 戊寅, 巡幸京中. 己卯, 禊於埴川. 癸未, 幸大堰. 丙戌, 遣使於畿内諸國以校田. 豊前國宇佐郡人酒井勝小常依有惡行, 配隱岐國. 己丑, 幸北野. 癸巳, 伊豫國人從七位下越知直祖繼貫于左京. 是日遊獵於栗前野. 丙申, 奉幣帛於伊勢大神宮. 以齋内親王將入齋宮也. 丁酉, 勅, 擇才擢用, 不必資蔭. 今衛府舍人及衛門門部, 僞蔭之侶, 其數資多. 而緣許還本, 事乖弘恕. 宜特寬宥, 任用如舊, 至于昭穆, 據實改正. 其詐蔭未經敍位, 任後依選得敍者, 矜彼勞効, 勿追位記. 但先後資蔭得敍, 或更歷選加階者, 宜計蔭敍之階, 追後加之階. 是日, 遊獵於水生野.

○九月癸卯, 從五位下百濟王貞孫授從五位上. 甲辰, 齋内親王發野宮, 赴伊勢. 遣侍從從四位下中臣王, 參議正四位下藤原朝臣乙叡等送焉. 戊申, 暴風, 京中屋舍倒壞者多. 辛亥, 從四位下藤原朝臣園人爲右大弁, 大和守如故. 東宮傅從三位大伴宿禰弟麻呂爲兼治部卿, 正五位下藤原朝臣仲成爲大輔兼山城守, 正五位下阿倍朝臣弟當爲兵部大輔, 正四位下百濟王玄鏡爲刑部卿, 從五

位下菅原朝臣門守爲主殿助, 從五位下石川朝臣道成爲左京亮, 神祇伯從四位
下多治比眞人繼兄爲兼右京大夫, 從五位上百濟王敎德爲上總守. 從五位下都
努朝臣筑紫麻呂爲介. 近衞少將從五位上大伴宿禰是成爲兼下野守, 從五位下
百濟王敎俊爲介. 式部少輔從五位下和氣朝臣廣世爲兼阿波守, 外從五位下村
國連息繼爲介. 甲寅, 信濃國伊那郡阿智驛驛子, 永免調庸. 以道路險難也. 丁
巳, 近江國小神舊牧賜諱〈嵯峨太上天皇〉. 辛酉, 正六位上式部少錄滋野宿禰
船代等到自渤海國. 國王啓曰, 嵩璘啓. 使船代等至, 枉辱休問, 兼信物絁絹各
三十匹, 絲二百絇, 綿三百屯, 准數領足. 懷愧實深, 嘉貺厚情, 伏知稠疊. 前年
附啓, 請許量載往還. 去歲承書, 遂以半紀爲限. 嵩璘情勤馳係, 求縮程期. 天皇
舍己從人, 便依所請. 筐篚攸行, 雖無珍奇, 特見允依, 荷欣何極. 比者天書降
渙, 制使莅朝. 嘉命優加, 寵章惣華. 班霑變理. 列等端揆. 惟念寡菲, 殊蒙庇蔭.
其使昌泰等, 才憨專對, 將命非能. 而承貺優容, 倍增喜慰. 而今秋暉欲暮, 序維
涼風. 遠客思歸, 情勞望日. 崇迨時節, 無滯廻帆. 既許隨心. 正宜相送, 未及期
限, 不敢同行. 謹因廻使, 奉附輕尠. 具如別狀. 癸亥, 遊獵於陶野. 賜四位以上
衣. 乙丑, 遊獵於的野. 賜五位以上衣. 是月, 禁京畿百姓奉北辰燈. 以齋內親王
入伊勢齋宮也.

　○冬十月壬申, 信濃國地百町賜左大弁正四位下菅野朝臣眞道. 己卯, 遊獵
于交野. 壬辰, 遊獵于西野.

　○十一月甲辰, 地震. 戊申, 從五位下橘朝臣眞甥爲少納言, 從五位下石川朝
臣淨濱爲陰陽頭, 從五位上三諸朝臣眞屋麻呂爲宮內大輔, 外從五位下民忌寸
廣成爲隼人正. 免淡路國今年調庸. 以風水爲災, 百姓被害也. 己酉, 曲宴, 賜五
位以上布有差. 辛亥, 巡幸京中. 甲寅, 備前國言, 兒嶋郡百姓等, 燒鹽爲業, 因
備調庸. 而今依格, 山野濱嶋, 公私共之. 勢家豪民, 競事妨奪. 強勢之家彌榮,
貧弱之民日弊. 伏望, 任奪給民. 勅, 乘勢迫貧, 事乖共利. 宜加禁制, 莫令更然.
淡路國澇, 以播磨國隨近郡穀, 賑給乏絶戶. 甲子, 勅, 先遣問民苦使, 採訪政
迹, 思明激揚, 以嚴黜陟. 今閱使狀, 違犯者多. 理須峻刑, 永懲後輩. 但以泣辜

解網, 叡哲良規, 宥過刑故, 古今通典. 去延曆十四年簡差使者, 擬遣巡察. 慮彼
自新, 未遽發遣. 而慢法不悛. 縱慾無厭. 此而可原, 孰不可恕. 其延曆十五年以
還, 有犯國司以下, 宜依法斷, 以懲將來. 但犯佃田三町以下, 及駈使兵士者, 特
從寬宥. 其十四年以往所犯, 積習已久, 卒難洗盪. 宜事無輕重, 一從原免.

○十二月癸酉, 勅, 山城國葛野川, 近在都下. 每有洪水, 不得徒涉. 大寒之
節, 人馬共凍, 來往之徒, 公私同苦. 宜楓佐比二渡, 各置度子, 以省民苦. 甲戌,
甲斐國人止彌若虫, 久信耳鷹長等一百九十人言, 己等先祖, 元是百濟人也. 仰
慕聖朝, 航海投化. 即天朝降綸旨, 安置攝津職. 後依丙寅歲正月二十七日格,
更遷甲斐國. 自爾以來, 年序既久. 伏奉去天平勝寶九歲四月四日勅稱, 其高麗
百濟新羅人等, 遠慕聖化, 來附我俗, 情願改姓, 悉聽許之. 而己等先祖, 未改蕃
姓. 伏請蒙改姓者. 賜若虫姓石川, 鷹長等姓廣石野. 又信濃國人外從六位下卦
婁眞老, 後部黑足, 前部黑麻呂, 前部佐根人, 下部奈弓麻呂, 前部秋足, 小縣郡
人無位上部豐人, 下部文代, 高麗家繼, 高麗繼楯, 前部貞麻呂, 上部色布知等
言, 己等先高麗人也. 小治田飛鳥二朝庭時節, 歸化來朝. 自爾以還, 累世平民,
未改本號. 伏望依去天平勝寶九歲四月四日勅, 改大姓者. 賜眞老等姓須須岐,
黑足等姓豐岡, 黑麻呂姓村上, 秋足等姓篠井, 豐人等姓玉川, 文代等姓清岡,
家繼等姓御井, 貞麻呂姓朝治, 色布知姓玉井. 丁丑, 發伊賀・伊勢・尾張・近
江・美濃・若狹・丹波・但馬・播磨・備前・紀伊等國役夫, 以充造宮. 乙酉,
遊獵于水生野. 陸奧國言, 俘囚吉彌侯部黑田, 妻吉彌侯部田苅女, 吉彌侯部
都保呂, 妻吉彌侯部留志女等, 未改野心, 住還賊地. 因禁身進送, 配土左國. 庚
寅, 大僧都傳燈大法師位等定言, 側力劣則止, 著在丘典. 心悟不極, 光于彝倫.
等定落髮玄門, 棲形檀林. 羞戒婆離, 恥智鶖子. 豈須辱帶綱任, 久亂維務哉. 恥
方濫吹, 恐同踐火. 是以懸車之歲, 數陳口辭, 不被詔許. 既經數年, 當今年垂
八十. 進行不正, 進退失儀. 強以抱任, 憨天愧地, 庸身無厝. 伏願, 去大僧都, 以
開賢路, 逃息耄情. 兼望當糧, 上崇養老之德, 下免尸位之刺. 不任瀝款之至, 上
表以聞. 詔報曰, 忽省來表, 知辭綱任. 委寄未幾, 告老何早. 歎慕其德, 感悽無

已. 但退讓再三, 謙光難逆. 故許所請, 以遂來意. 其梵釋寺事者, 休息之閑, 時加檢校. 時寒. 想和適也. 指不多云. 辛卯, 從五位下安曇宿禰大丘爲□大舍人助. 從五位上小倉王爲内膳正. 癸巳, 巡幸京中. 攝津職舊荒田五十七町賜大田親王. 丙申, 從五位下小野朝臣田刀自授從五位上. 丁酉, 式部少輔從五位下和氣朝臣廣世言, 亡考清麻呂, 平生常言, 身食厚祿, 無益於公. 兼忝國造, 無德於民. 懷抱戀戀, 願念故郷, 憐彼窮民, 不能忘焉. 願以私墾田一百町, 擬和氣・盤梨・赤坂・邑久・上道・三野・津高・兒嶋等八郡三十餘郷賑救之分. 然一處混置, 諸郷難及. 若遭班田, 奏聞, 以此墾田, 班田口分, 彼郷分田量換, 置名爲賑救田. 以仍其地子, 季夏之月, 賑給飢人, 以救民命, 以報國恩. 隙駒不駐, 所願未果. 仍表先志. 許之. 戊戌, 勅, 天下臣民, 氏族已衆. 或源同流別. 或宗異姓同. 欲據譜牒, 多經改易, 至檢籍帳, 難辨本枝. 宜布告天下, 令進本系帳. 三韓諸蕃亦同. 但令載始祖及別祖等名, 勿列枝流幷繼嗣歷名. 若元出于貴族之別者, 宜取宗中長者署申之. 凡厥氏姓, 率多假濫, 宜在確實, 勿容詐冒. 來年八月三十日以前, 惣令進了. 便編入錄, 如事違故記, 及過嚴程者, 宜原情科處, 永勿入錄. 凡庸之徒, 惣集爲卷. 冠蓋之族, 聽別成軸焉..

日本後紀 卷第八

일본후기 권제9 〈延曆 19년(800) 정월에서 동 20년 6월까지〉

좌대신 정2위 行左近衛大將을 겸직한 臣 藤原朝臣冬嗣 등이 칙을 받들어 편찬하다.

皇統彌照天皇〈桓武天皇〉

◎ 延曆 19년(800) 춘정월 경자삭, 황제가 大極殿에 임하였다, 前殿에서 근시하는 신하에게 연회를 베풀고 피복을 하사하였다.

계묘(4일), 中衛大將 정4위하 藤原朝臣乙叡가 (물품을) 바쳤다. 정6위하 藤原朝臣世繼에게 종5위하를 내렸다. 5위 이상에게 물품을 차등있게 하사하였다.

병오(7일), 관위를 수여하였다[1].

기유(10일), (천황이) 五百井女王의 별장에 행차하였다.

기미(20일), (천황이) 西島院[2]에 행차하였다.

계해(24일), 임관이 있었다.

갑자(25일), 藤原氏가 물품을 바쳤다. 4위 이상에게 피복을, 5위에게 의복을, 6위에게 목면을 하사하였다.

병인(27일), (천황이) 北野에 순행하였다.

○ 2월 신사(3일), 右中弁 종4위하 橘朝臣入居에게 득도자 2인을 내렸다[3].

임신(4일), 錢을 바쳐 작위를 구하는 것을 금지하였다[4].

무인(10일), 右中弁 종4위하 橘朝臣入居가 죽었다. 운운. 자주 상신하여 적절한

---

1 매년 정월 7일의 定例 관위 수여.
2 平安京 근처의 離宮.
3 橘朝臣入居는 7일 후에 사망한다. 쾌유를 위해 2인을 주어 득도시킨 것이다.
4 『類聚三代格』19, 延曆 19년(800) 2월 4일 태정관부에는, "禁斷, 民畜錢貨, 以求爵位, 自今以後, 嚴加禁止"라고 하여, 부유한 백성이 위계를 받기위해 錢貨를 축적하는 일이 많아 錢 부족을 초래하여, 納錢으로 敍位받는 일을 금지한 것이다.

대책을 건의하였다. 유익하고 도움이 되는 일이 많아, (그를) 불러 右中弁으로 삼았다. 정무에 대해서 말한 바는, 많이 받아들여졌다. 刪定令[5]의 편찬을 주상하였다.

신사(13일), 河內國 若江郡의 전지 1정 6단을 龍華寺에 시입하였다. 등불 설치의 비용을 위해서였다.

갑신(16일), 임관이 있었다. 외종5위하 堅部廣人을 大外記로 삼고, 左大史는 종전대로 하였다.

무자(20일), (천황이) 栗前野에서 사냥을 즐겼다.

○ 3월 기해삭, 出雲國介 종5위하 石川朝臣淸主가 언상하기를, "귀순한 蝦夷 등의 겨울철 의복은 종전의 예에 따라 모름지기 명주와 삼베를 섞어서 지급해 왔다. 그러나 (저) 淸主는 전례를 고쳐서 모두 명주로 지급하고자 한다. 또 사람 마다 乘田[6] 1정을 지급하고, 바로 富民으로 하여금 경작하도록 한다. 새로 도착한 하이 60여인은 추운 계절에 먼 곳에서 (귀복해) 왔다. 모름지기 우대하여 상을 내려야 할 일이다. 따라서 각각 명주 1필, 목면 1둔을 지급하고, 5, 6일을 간격으로 향응을 베풀고 녹을 지급하고, 매달 삭일에 이르면, 항상 위로하고 안부를 묻는다. 또 백성을 징발하여 과일과 야채를 경작시키고자 한다"라고 하였다. 천황이 칙을 내려, "하이를 위무하는 일은 이미 법규를 세웠다. 그러나 淸主는 취지를 잃어버리고 임의대로 하고 있다. 향응에는 비용이 많이 들고, 경작하는 것은 (백성들에게) 번거로움을 증가시킨다. 모두 조정이 내린 명령이 아니다. 또 하이의 성질은 탐욕이 큰 바다와 같이 끝이 없다. 만약 항상 예후하지 않으면, 원망의 마음을 일으킬 것이다. 지금 이후로는 그렇게 해서는 안된다"라고 하였다.

병진(18일), (천황이) 경내를 순행하였다.

○ 하4월 기사삭, (천황이) 대극전이 어림하여 告朔[7]의 의식을 행하였다.

---

5 율령의 미비점을 수정하거나 보완하는 것.

6 口分田을 지급하고 남은 전지.

7 매월 삭일에 천황이 대극전에서 각 관사에서 올린 관리의 근무, 출근일수를 기록한 문서를 어람하는 의식. 延喜 연간(901~923) 부터는 정월, 4월, 7월 10초에 행해지다가 그후에는

정축(9일), 칙을 내려, "산지나 야지는 모름지기 관민이 함께 이용해야 한다. 이에 따라 누차 (조정에서) 명확히 制를 내리고, 거듭 독점하는 것을 금지하였다. 그러나 伊賀國은 국법을 생각하지 않고 왕신가, 유력가들이 산림을 크게 점유하면서 백성이 벌채하는 것을 불허하였다. 國郡의 관사에서는 이를 알면서 금지하지 않았으며, 백성의 이용을 방해하고 이익을 빼앗고 있는데, 이보다 지나친 것은 없다. 만약 관례화되어 고치지 않는다면, 법에 따라 처벌한다. 지난 17년의 格[8]에 준하여 모두 국가에 몰수하고, 백성들에게 그 권리를 공유하도록 한다. 다만, 東西 2寺[9]는 건물을 조영하기 위해 거대한 수목을 벌채하는 것은 특별히 허가한다'라고 하였다.

무인(10일), (천황이) 경내를 순행하였다.

경진(12일), 표류해 온 崑崙人이 갖고 온 목면 종자는 紀伊, 淡路, 阿波, 讃岐, 伊豫, 土佐 및 大宰府 등의 제국에 나누어 심게 하였다. 그 파종법은 우선 양지 바른 비옥한 땅을 택하여, 깊이 1촌의 구멍을 4척 간격으로 판다. 이어 종자를 물에 불리고, 하루밤 지난 다음날 아침에 심는다. 1개의 구멍에 4개씩 묻고 흙을 덮어 손으로 눌러 다진다. 매일 아침에 물을 주어 항상 축축하게 한다. 싹이 트기를 기다리고, (상태가 안좋은 것은) 속아낸다.

을유(17일), 공경이 (太政官)奏를 올려, "美濃國이 언상하기를, '賀茂, 可兒, 土岐, 惠奈, 4군은 거주지에 산지가 많고 토지가 척박하다. 풍작의 해가 되어도 이 군은 항상 수확이 적거나 경작을 포기한 토지가 많다. 전체를 평균하여 헤아려보면, 불과 (전지의) 7分 정도 수확할 수 있다. 그러나 지금 8分의 법에 의거하여 징수하고 있어[10], (수확물) 전체를 징수해도 납입할 수 없다. 백성들은 감당할 수 없어 하소연이 끊이질 않는다. 삼가 賀茂, 惠奈 2군은 함께 (전지) 6分을 수확으로 하고, 土岐, 可兒 2군은 7分으로 하여 영원히 항례로 삼았으면 한다'고 하였다. 신

중지하였다.

8 『類聚三代格』권16, 延曆 17년(798) 2월 8일 태정관부.

9 平安京의 東寺, 西寺.

10 166쪽, 延曆 16년(797) 6월 경신조의 詔 참조.

들이 검토해 보니, 토지에는 비척이 있고, 상하가 균등하지 않다[11]. 풍작과 흉작의 해가 있어 득실에 차이가 있다. 세를 부과하는 법은 일괄적으로 하기는 어렵다. 또 슈에 의하면, 損田이 5分이면 전조를 면제한다고 되어 있다[12]. 그러나 지금 행하고 있는 바는, 5分 이하의 손실은 (전조의 면제를) 고려하지 않고, (戶 단위의) 개인별 경영을 계산하여 일괄적으로 8分을 (조세로) 걷어들이고 있다. 빈궁한 백성들은 납세를 감당할 수 없다. 많은 백성이 하소연하고 있고, 美濃 1국만의 문제가 아니다. 무릇 백성의 부역에 있어서, 불과 1分을 증가해도 매우 부담이 되고, 조금이라도 감소한다면 대단히 기뻐할 것이다. 삼가 바라건대, (8分의 법인) 新制를 개정해서 7分 수확의 전지에 대해 과세하고, 舊法에 따라 3分은 면제했으면 한다. 전체 전지의 수확을 계산하여 (조세를) 적용하지 말고, 일괄적으로 (호 단위의 개인별로 하는) 新制에 따랐으면 한다. 또 損田이 7分 이상의 호가 49호 이하이면, 국사가 실상을 조사해서 처분한 것은 慶雲의 해(704-707) 이래 지금까지 행해져 온 지 이미 오래되어[13], 순환적으로 관행이 되었다. 아울러 이것도 개정하여, 종전의 법령[14]에 따라 시행했으면 한다. 바라건대, 백성의 하소연이 영원히 종식되고, 帝德을 칭송하는 소리가 일어나고, 곡물이 언덕과 같이 섬과 같이 많이 축적되어 풍족하고 편안하게 다스려졌으면 한다. 신들은 어리석게도 감히 주상하지 않으며 안되었다'라고 하였다. (천황은) 칙을 내려 이를 허락하였다.

경인(22일), 칙을 내려, 象牙는 음양료 이외의 친왕 이하는 사용할 수 없도록 하였다[15].

신묘(23일), (천황이) 경내를 순행하였다. 和泉國에 우박이 내렸는데, 크기가 복숭아, 자두와 같았다.

11　田地의 비척에 따라 上, 中, 下, 下下의 4등급이 있다.
12　「賦役令」9,「水旱」조, "凡田, 有水旱虫霜, 不熱之處. 國司檢實, 具錄申官. 十分損五分以上, 免租. 損七分, 免租調損, 八分以上, 課役俱免".
13　『類聚三代格』권15, 慶雲 3년(706) 9월 20일 勅.
14　손실을 입은 戶에 대해 태정관에 보고하는 일.
15　상아로 만든 물건을 소유하는 것을 말한다.

○ 5월 무술삭, 曲宴을 개최하고 5위 이상에게 의복을 하사하였다.

임인(5일), (천황이) 馬埒殿[16]에 어림하여 기마 궁술을 관람하였다.

계축(16일), 칙을 내려, "천하의 田租는 전례를 개정해서 10分 중에 (경작한 전지의) 3을 면제하고 7을 징수하도록 하였다[17]. 무릇 조를 내려 법식을 고치는 것은, 원래 백성을 구제하기 위해서이다. 그런데 國郡의 관사에서는 혹은 반포하여 행하지 않고, 마침내 은덕을 베푸는 조를 시행하지 않아 (백성이) 은혜를 입지 못하고 있다. 관리들의 부정을 끊지 않으면, 백성은 피폐를 면하지 못한다. 제국에 알려 다시는 그렇게 하지 못하도록 한다. 부정을 고치지 않으면 반드시 중형에 처한다. 調를 바치는 날 백성들이 모일 때, 바로 칙사를 보내 상세하게 조사한다. 만약 詔를 위반한 자가 있으면 처벌하고 용서하지 않도록 한다"라고 하였다.

무오(21일), 陸奧國에서 언상하기를, "귀복한 蝦夷는 각각 성책을 지키면서 (陸奧國의) 관아에 계속해서 출입하는 노고가 많다. 무릇 야만을 길들이는 길은 위력과 함께 은덕에 있다. 만약 예우하지 않는다면 아마도 조정의 위세는 잃어버릴 것이다. 지금 하이의 식량은 이용하기에는 부족하다. 삼가 전지 30정으로 제반비용에 충당했으면 한다"라고 하였다. (천황은) 이를 허락하였다.

기미(22일), 甲斐國이 언상하기를, "蝦夷 등은 이리의 근성이 아직 고쳐지지 않았다. 야만성은 길들이기 어렵다. 혹은 백성을 폭압하여 충돌하고, 부녀자를 겁탈하거나 혹은 우마를 약탈하여 마음대로 몰고 다닌다. 조정의 법으로부터 다스리지 않으면, 폭력을 징벌할 수 없다"라고 하였다. 칙을 내려, "무릇 蝦夷를 불러내 (천황 지배의) 내지로 들어오게 하는 것은, 야만의 습속을 변화시켜 풍토에 동화되도록 하기 위해서이다. 어찌 (蝦夷의) 저런 성질을 멋대로 두어 양민에게 피해입게 하겠는가. 국사는 간곡히 깨우치도록 한다. 그런데도 개전하지 않으면 법에 따라 처벌한다. 하이가 거주하고 있는 제국도 또한 이에 준해서 동일하게 한

16　平安宮의 馬場의 正殿, 弘仁 4년(818) 4월에 武德殿으로 개칭, 매년 5월 5일의 단오절에 騎射를 거행한다.

17　앞의 4월 을유의 칙에서 이를 허락하였다

다"라고 하였다.

○ 6월 무진삭, 일식이 있었다.

계유(6일), 駿河國이 언상하기를, "지난 3월 14일부터 4월 18일까지 富士山 정상이 분화하였다. 낮인데도 연기로 어두워지고, 밤에는 화염이 하늘을 비췄다. 그 소리는 우레와 같았다. 화산재는 비내리듯 하였다. 산 아래 하천의 물이 모두 붉은 색이 되었다.

○ 추7월 을묘(19일), 천황이 神泉苑[18]에 행차하였다.

정사(21일), 임관이 있었다.

기미(23일), 조를 내려, "짐은 생각하는 바가 있어, 고 황태자 早良親王을 崇道天皇으로 추존하고, 고 폐위된 황후 井上內親王을 황후로 복위하고, 그 묘는 모두 山陵[19]으로 칭하도록 한다"라고 하였다. 종5위상 守近衛少將 겸 春宮亮 丹波守인 大伴宿禰是成에게 명하여 음양사, 승려들을 데리고 淡路國의 崇道天皇의 산릉에 (재를 올려) 위로하고 사죄하게 하였다.

임술(26일), 淡路國 津名郡의 2호를 내어 숭도천황릉의 守戸로 삼고, 大和國 宇智郡의 1호를 내어 황후릉의 守戸로 삼았다.

갑자(28일), 소납언 종5위하 稱城王 등을 보내, 숭도천황릉에 추존된 사실을 고하게 하고, 산위 종5위하 葛井王 등을 보내, 황후릉에 복위된 사실을 고하게 하였다.

○ 8월 기묘(13일), (천황이) 神泉苑에 행차하였다.

경진(14일), 丹生神社에 백마를 바쳐 비가 그치기를 기원하였다.

신사(15일), 藥師寺의 승 景國이 언상하기를, "나는 원래 攝津國 西成郡의 大國 忌寸木主라고 한다. 천성이 게으르고 우둔하여 학문을 닦기가 어렵다. 삼가 格旨[20]을 보니, 자식이 있는 승려는 모두 환속시켜 장래를 경계시킨다고 한다. 삼가 바라건대, 환속시켜 (일반 공민의) 장적, 호적에 편적시켰으면 한다"라고 하였다.

---

18 平安京의 左京에 소재한 離宮.

19 山陵을 칭할 수 있는 신분은, 천황, 황후, 황태후, 태황태후 등이다.

20 180쪽, 延曆 17년(798) 4월 을축조의 勅.

(천황은) 이를 허락하였다.

을유(19일), (천황이) 水生野에서 사냥을 즐겼다.

정해(21일), 종전대로 국사의 公廨田을 설치하였다[21].

무자(22일), (천황이) 葛野川에 순행하였다.

○ 9월 정유(2일), 제국의 정세에 포함되어 있던 公廨稻를 종전대로 출거하도록 하였다[22].

병진(21일), (천황이) 大堰에 순행하였다.

무오(23일), (천황이) 栗前野에서 사냥을 즐겼다.

계해(28일), (천황이) 大原野에서 사냥을 즐겼다.

○ 동10월 기사(4일), 山城, 大和, 河内, 攝津, 近江, 丹波 등의 제국의 백성 1만 인을 징발하였다. 葛野川의 제방을 수리하기 위해서이다.

신미(6일), (천황이) 的野에서 사냥을 즐겼다.

기묘(14일), 大安寺의 승 孝聖이 말하기를, "나는 원래 右京人 田中朝臣名貞이다. 천성이 허약하여 수행을 감당할 수가 없다. 노모가 집에 있어 돌볼 수가 없다. 환속하여 모시고자 한다"라고 하였다. 이를 허락하였다.

경진(15일), 외종5위하 伊與部家守가 죽었다. 寶龜 6년(775)에 견당사에 보임되어 五經大義[23] 및 切韻[24], 說文[25], 字體[26]를 배워 귀국하는 날, 直講[27]을 맡았고, 이어 조교로 전임되었다. 대신[28]이 주상하여 左氏, 公羊, 穀梁 3傳[29]의 뜻을 강의

---

21 延曆 17년(798) 정월 갑진조에 정지된 바 있다.

22 公廨稻는 延曆 17년(798) 정월에 정지되었는데, 다시 국사의 수입원인 공해도의 出擧를 허용한 것이다.

23 五經의 주석서인 五經正義로 추정된다.

24 隋의 陸法言 등이 한자를 韻으로부터 정리, 분류한 서적

25 後漢의 許愼이 저술한 說文解字, 문자의 部首로부터 분류하여 字義, 字形, 字音에 대해 설명한 것이다.

26 문자의 형태와 서체에 대해 설명한 서적.

27 대학의 令外官, 박사, 조교를 보좌하고 학생을 가르치는 교관.

28 우대신 神王.

하게 하였다[30]. 운운. 文宣王[31]의 화상 배치에 대해 유자들의 견해가 일치하지 않았다. 이에 경전의 내용을 조사하고, 당에 갔던 경험을 바탕으로 상세히 기록하여 봉진하고, (제왕과 같이) 남면에 배치하기로 정했다.

임오(17일), (천황이) 交野에 순행하였다.

경인(25일), (천황이) 환궁하였다.

임진(27일), 丹生神社에 月次祭의 폐백을 주기로 하였다.

계사(28일), 정이부장군을 임명하였다.

○ 11월 병신(2일), 조를 내려, 운운. 금년에 흉작이라고 언상한 국의 전조를 면제하도록 하였다.

경자(6일), 정이대장군 近衛權中將 陸奥・出羽按察使 종4위상 겸 行陸奥守 鎮守府將軍 坂上大宿禰田村麻呂[32]을 보내 제국의 蝦夷를 감독시켰다.

경신(26일), 칙을 내려, "京畿와 畿外의 백성은 (조세 등의) 부역이 동일하지 않다[33]. (호적, 계장에) 등재하거나 삭제하는 경우에도, 방법에 있어서 이미 달리하고 있다[34]. 지금 듣건대, 기외의 백성이 간교하게 앞다투어 京畿에 등재하려고 한

---

29 春秋의 주석서.

30 『令集解』「學令」5「經周易尙書」조에, "延曆十七年三月十六日官符云, 應以春秋公羊穀梁二傳. 各爲一經, 教授学生事. …而以去宝亀七年, 遣唐使明経請益直講博士正六位上伊与部連家守, 讀習還来, 仍以延曆三年申官, 始令家守講授三傳"이라고 하여 관련 내용이 나온다.

31 공자를 말한다. 唐 玄宗 開元 7년(719)에 내려진 시호.『續日本紀』神護景雲 2년(768) 7월 신축조에 견당사로 갔다 온 대학조교 정6위상 膳臣大丘에 보고에 의하면, "題曰文宣王廟, … 勅號, 文宣王"이라고 하여 국자감의 현판 표제에 文宣王廟라고 명기되어 있고, 국가에서 내린 칭호가 文宣王임을 말하고 한다.

32 97쪽, 延曆 13년(794) 6월 갑인조 각주 46 참조

33 「賦役令」1 調絹條에는 "凡調絹'糸綿布, …京及畿内, 皆正丁一人, 調布一丈三尺"이라고 하고, 「賦役令」4 歲役條에는 "庸者, 布二丈六尺, …畿内, 不在取庸之例"라고 규정되어 있다. 즉 왕경과 畿内의 調布는 畿外 지역의 布 2장 6척에 대해 1장 3촌으로 반이다. 왕경과 기내의 庸은 면제되었다.

34 畿外의 백성이 京畿 지역에 호적을 옮기는 데에는 제약을 받지만, 京畿의 백성이 畿外로 호적을 등재하는 것은 용이하다.

다. 숨어지내다 자수하거나, 적발되고 있는데, 두 부류가 이것이다. 단지 호구를 증가시켜 전지를 탐하는 것만 아니라[35], 실로 남의 명의를 사칭하여 거짓 蔭을 얻고 있다. 만약 이러한 행적을 고치지 않으면 어떻게 사칭과 위선을 근절시킬 수 있겠는가. 지금 이후로는 일절 금지하고 班田을 해서는 안된다"라고 하였다.

○ 12월 신미(7일), 大隅, 薩摩 양국의 백성이 개간한 간전을 국가에서 걷어들여 편의적으로 구분전으로 주었다[36]. 造宮大進[37]의 1인을 증원하였다.

계미(19일), 駿河守 종5위상 高橋朝臣祖麻呂가 면직되었다. 고집하여 전임 국사에게 주어야 할 解由[38]를 주지않은 비리를 저질렀기 때문이다.

병술(22일), 제를 내려, 神宮司가 상을 당하면, 대행자를 보충하지 않고, 복상이 끝나면 復任하도록 하였다.

◎ 延曆 20년(801) 춘정월 갑오삭, 황제가 대극전에 어림하여 신년하례를 받았다. 근시하는 신하들에게 前殿에서 연회를 베풀고 피복을 하사하였다.

정유(4일), 曲宴이 있었다. 이날, 눈이 내렸다. 천황이 和歌를 읊으며, "매화꽃을 연모하고 있는 나에게는 내리는 눈이 매화꽃이 떨어지고 있는 것같이 생각되는구나"라고 하였다. 5위 이상에게 각각 차등있게 피복을 내렸다.

경자(7일), 관위수여가 있었다.

기유(16일), 5위 이상에게 연회를 베풀고 물품을 하사하였다.

---

35 京畿의 백성 중에서도 畿外의 민을 호적에 등재시켜 호구를 늘리고 구분전을 받는 경우가 있다.

36 『續日本紀』天平 2년(730) 3월 신묘조에, "大隅, 薩摩 양국이 백성은 국을 세운 이래 아직 반전을 수급하지 못했다. 그 소유한 전지는 모두 간전으로 상속받아 경작하고 있다"라고 하여 관련 내용이 나온다.

37 궁전을 조영하는 造宮職의 3등관.

38 解由은 官人의 해임이 정해진 직후에 새로 부임하는 관인이 連署해서 전임자에게 주는 문서로서 후임자가 전임자에 대해 업무인계를 인정받는 증명서, 전임자는 이 문서를 태정관에 제출하여 재임중에 관물의 미납 등이 없었는가를 증명한다. 이 규정은 주로 국사들의 교체시에 행해진다.

경술(17일), (천황이) 馬埒殿에 어림하여 활쏘기를 관람하였다.

계축(20일), 大宰府의 大野山寺[39]에서 四天王法[40]을 행하는 것을 정지하였다.
사천왕상 및 堂舍, 佛具 등을 함께 인근의 절[41]로 옮겼다.

갑인(21일), 황태자가 물품을 바쳤다. 5위 이상에게 피복을 하사하였다.

○ 윤정월 갑자삭, 임관이 있었다.

계유(10일), 임관이 있었다.

무인(15일), 出雲國 國造가 神賀詞[42]을 주상하였다.

경진(17일), 出雲國의 神宮司를 폐지하였다.

기축(26일), 任官이 있었다.

○ 2월 병신(4일), 처음으로 住吉社의 神主에게 笏을 소지하게 하였다.

신축(9일), 左右京職의 관인에게 제국에 준하여 解由를 요구하도록 하였다.

병오(14일), 정이대장군 坂上田村麻呂에게 節刀를 내렸다.

무신(16일), 曲宴을 개최하고, 5위 이상에게 물품을 차등있게 내렸다.

경신(28일), (천황이) 大堰에 순행하였다.

○ 3월 □□, (천황이) 近江의 大津에 순행하였다. 국사가 가무를 공연하였다[43].
行宮 가까운 제사찰에 목면을 시입하였다.

○ 하4월 계사(2일), (천황이) 神泉苑에 행차하였다.

기해(8일), 越前國에서 소를 도살하여 신에게 제사지내는 것을 금지하였다[44].

---

39 四天王寺, 大宰府의 북쪽에 위치한 大野山에 소재.
40 四天王을 본존으로 하여 재앙을 없애고 복덕을 기원하는 修法.
41 筑前國 金光明寺.
42 神賀詞는 出雲國造가 바뀔 때마다 신임 국조가 상경하여 천황의 치세를 축하하여 주상하는 壽詞.
43 천황이 순행할 때에 현지의 국사가 와서 천황이 숙박하는 行宮에 와서 그 지역의 풍속 가무를 공연하는 행위를 말한다.
44 일부 결자가 있으나 대체의 뜻은 그대로이다. 『續日本紀』延曆 10년(791) 9월 갑술조에, "斷伊勢, 尾張, 近江, 美濃, 若狹, 越前, 紀伊等國百姓, 殺牛用祭漢神"라고 하여 伊勢國 등 제국에 殺牛 제사를 금지하고 있다.

임인(11일), (천황이) 大津에 순행하였다.

병오(15일), 칙을 내려, "전년에 칙이 있어[45], '年分[46]의 득도자는 나이 어린 사람을 취하는 것이 관례로 되어 있어, 자못 2經[47]의 음독을 배워도 아직 불교의 가르침을 이해하지 못하고 있다. 겨우 승려가 되어 구차하게 과역을 기피하게 되었지만, 도리어 계율을 포기하고 학업을 그만두게 된다. 지금 이후로는 年分의 득도자는 나이 35세 이상으로 절조와 행장이 이미 정립되어 있고, 지식과 수행을 존중할만 하고, 아울러 漢音을 습득하여 승려로서 감당할 수 있는 자를 선발하여 정해야 한다. 매년 12월 이전에 승강과 소관 관사에서는 학업을 쌓은 자를 불러, 마주하여 시험을 치르고 학습한 경론을 총 大儀 10조를 시험하여 5조 이상을 통과한 자를 취하여 기일이 되면 득도시킨다. 수계의 날에는 재차 시문을 행하고 8조 이상을 통과하면 수계를 받을 수 있게 하라'고 하였다. 그러나 지금 태어나면서 영민한 자와 우둔한 자가 있고, 성취하는 데에도 빠른 자와 늦은 자가 있다. 타고난 자질과 나이를 제한하면, 우수하고 재능이 있는 인물을 잃어버릴 우려가 있다. 또 삼론종과 법상종은 교의가 다르다. 양자가 가리키는 이치는 모름지기 변별해야 한다. 지금 이후로는 나이 20세 이상을 취하는 것을 허락하고, 시험보는 날에 양종의 차이에 대해 답하게 하고, 수계를 내릴 때에는 다시 시험을 보는 노고를 하지 말아야 한다. 기타의 조례는 오로지 앞의 제도에 따르도록 한다"라고 하였다.

기유(18일), 관위 수여가 있었다.

경술(19일), (천황이) 참의 紀朝臣勝長[48]의 山階의 저택에 행차하였다.

무오(27일), 左右京職의 健兒[49]를 정지하고, 다시 병사를 두기로 하였다.

---

45 180쪽, 延曆 17년(798) 4월 을축조.
46 천황에게 주상해서 그해의 일정수의 得度者를 허가하는 일, 이를 年分度者라고 한다.
47 화엄경과 金光明最勝王經.
48 대납언 紀船守의 아들, 延曆 4년(785)에 近江守에 임명되고, 동 5년에 蝦夷 정벌을 위해 東山道의 병기를 조사하였다. 兵部大輔, 造東大寺司 장관을 역임하였고, 동 15년에 參議, 동 25년에 中納言에 이른다.

○ 5월 임술삭, 일식이 있었다.

갑술(13일), 칙을 내려, "제국에서 調, 庸을 (京으로) 공진하는데, 하천에 다리가 없거나, 혹은 나루터에 배가 부족하여 백성의 걱정이 적지 않다. 노상에 있는 제국에 명하여 貢調의 때에는 도하의 장소에 배, 부교 등을 설치하고, 오래도록 항례로 한다"라고 하였다.

무인(17일), 丹生神社에 봉폐하였다. 비가 내리기를 기원하기 위해서이다.

○ 6월 계사(3일), 임관이 있었다. 備中國에서 慶雲[50]이 보였다고 언상하였다.

갑오(4일), (천황이) 神泉苑에 행차하였다.

임인(13일), 大宰府에서 隼人[51]을 공진하는 것을 정지하였다.

갑진(14일), (천황이) 大堰에 순행하였다. 參河國 碧海郡 사람인 漢人部千倉賣가 한번에 3명의 아들을 낳았다. 이에 벼 3백속을 내렸다.

정사(27일), 大和國의 벼 1천속을 정4위상 平群朝臣邑刀自에게 주었다. 出雲國의 嶋根郡 사람 외정6위상 大神掃石朝臣繼人, 出雲郡 사람 若和部臣眞常, 楯縫郡 사람 品治部首眞金 등을 長門國으로 유배보냈다. 出雲介 종5위하 石川朝臣淸主와 함께 악행을 저질렀기 때문이다.

일본후기 권제9 (逸文)

---

49 『日本書紀』皇極 원년 7월조, 天智 2년 8월조에 健兒를 '힘이 센 사람'으로 훈독하였다. 奈良朝에는 절도사의 관내에 배치되었다. 平安初期에는 군단을 폐지하고 제국의 國府, 關所의 경비에 병사로 근무하였다. 郡司의 子弟, 농민 중에서 선발되었다.

50 『延喜式』권제21 治部省「祥瑞」조에는 慶雲은 "狀若烟非烟, 若雲非雲"라고 하면서 大瑞의 범위로 규정하고 있다. 조정에서는 제왕의 덕이 하늘에 감응해서 나타난 것으로 인식하고 연호의 개정, 사면 등 민심에 부응하는 일련의 조치를 취하고 있다. 『續日本紀』神護景雲 원년 (767) 8월 계사조에 景雲이 나타나 天平寶字에서 神護景雲으로 개원한 바가 있다.

51 大隅, 薩摩를 중심으로 九州 남부에 거주한 종족, 6년 교대로 上番하여 조정에 근무하며 隼人司의 관할하에 궁성의 경비, 의식의 때에 참석하였다. 8세기에 들어가면 隼人의 저항이 일어나 중앙에서 진압군이 파견되기도 하였다. 隼人이 거주하는 大隅, 薩摩의 국사에 大宰府 관인이 임명되면서부터 율령국가의 지배체제에 들어오게 된다.

日本後紀 卷第九〈自延曆十九年正月，至同二十年六月〉

左大臣正二位兼行左近衛大將臣藤原朝臣冬嗣等奉勅撰

皇統彌照天皇〈桓武天皇〉

◎延曆十九年春正月庚子朔，皇帝御大極殿，宴侍臣於前殿，賜被。癸卯，中衛大將正四位下藤原朝臣乙叡奉獻。正六位下藤原朝臣世繼，授從五位下。賜五位已上物有差。丙午，授位。己酉，幸五百井女王庄。己未，幸西島院。癸亥，任官。甲子，藤原氏獻物。賜四位已上被，五位衣，六位綿。丙寅，幸北野。

○二月辛巳，賜右中弁從四位下橘朝臣入居度二人。壬申，禁輸錢以求爵。戊寅，右中弁從四位下橘朝臣入居卒。云云。屢上書言便宜。事多補益，徵爲右中弁。所言政務，甚被省納。奏撰刪定令。辛巳，河內國若江郡田一町六段，施入龍華寺，爲灯分。甲申，任官。外從五位下堅部廣人爲大外記，左大史如故。戊子，遊獵於栗前野。

○三月己亥朔，出雲國介從五位下石川朝臣清主言，俘囚等冬衣服，依例，須絹布混給。而清主改承前例，皆以絹賜。又每人給乘田一町，即使富民佃之。新到俘囚六十餘人，寒節遠來。事須優賞，因各給絹一匹，綿一屯，隔五六日，給饗賜祿，每至朔日，常加存問。又召發百姓，令耕其園圃者，勅，撫慰俘囚，先既立例。而清主任意失旨，饗賜多費，耕佃增煩。皆非朝制。又夷之爲性，貪同俘鞏。若不常厚，定動怨心。自今以後，不得更然。丙辰，巡幸京中。

○夏四月己巳朔，御大極殿視朔。丁丑，勅，山藪之利，公私須共。是以，屢下明制，重禁專檀。而伊賀國不顧朝憲，王臣豪民，廣占山林，不許民採。國郡官司，知而不禁，妨民奪利，莫過於斯。若慣常不悛，科處如法。宜准去十七年格，盡收還公，令百姓共貴利。但東西二寺，稱構堂宇，其巨樹直木，特廳禁斷。戊寅，巡幸京中。庚辰，以流來崑崙人齎綿種，賜紀伊淡路阿波讚岐伊豫土佐及大宰府等諸國，殖之。其法先簡陽地沃壤，掘之作穴，深一寸，衆穴相去四尺。乃洗種漬之. 令經る一宿, 明旦殖之. 一穴四枚, 以土掩之, 以手按之. 每旦水灌, 常令潤澤, 待生藝之. 乙酉, 公卿奏議曰, 美濃國言, 賀茂可兒土岐惠奈四郡, 居山谷際, 土地墝埆. 雖比郡有年, 而損荒常多. 通計彼此, 僅爲得七. 而今依收八法. 全徵無通. 百姓不堪, 申訴不息. 伏請, 賀茂惠奈二郡同收六, 土岐可兒二郡得七, 永爲恒例. 臣等商量, 地有沃埆, 上下不等. 年有穰荒, 損得已殊. 賦稅之法, 不可一概. 又依令, 損田五分者免租. 而今之所行, 不勘五分以下損, 計人別所營, 一概收八. 貧弊之民, 不堪弁備. 申訴繁多, 非獨美濃. 夫百姓之於賦役, 僅增一分, 則以甚重, 減片數, 則甚以易悅. 伏望, 改新制而收七, 依舊法, 而免三, 其不用通計, 一依新制. 又損田七分以上四十九戶, 國司檢實處分, 自慶雲之年迄于今, 行之已久. 因循爲常. 竝復改張, 依舊施行. 庶望申訴之辭永息, 何力之語斯起, 千箱萬庾, 如京如坻. 庶殷且富, 康哉易期, 臣等愚□, 不敢不奏. 勅許之. 庚寅, 勅, 象牙, 陰陽之外, 親王以下, 不得服用. 辛卯, 巡幸京中. 和泉國雨雹, 大如桃李.

○五月戊戌朔, 曲宴, 賜五位已上衣. 壬寅, 御馬埒殿, 觀騎射. 癸丑, 勅, 天下田租, 改張前例, 十分之內, 免三收七. 夫降詔革例, 本爲濟民. 而國郡官司, 或不頒行. 遂令恩渙空施, 惠澤未洽. 吏無絶姦, 民不免弊. 宜下知諸國, 不得更然. 如不改轍, 必實重科. 其貢調之日, 民集之時, 便遣勅使, 精加訪問. 若有違詔, 刑惟莫宥. 戊午, 陸奧國言, 歸降夷俘, 各守城塞, 朝參相續, 出入寔繁. 夫馴荒之道, 在威與德. 若不優賞, 恐失天威. 今夷俘食料, 充用不足. 伏請, 佃三十町以充雜用. 許之. 己未, 甲斐國言, 夷俘等狼性未改, 野心難馴. 或凌突百姓, 姧略婦女, 或掠取牛馬, 任意乘用. 自非朝憲, 不能懲暴. 勅, 夫招夷狄以入中州, 爲變野俗以靡風化. 豈任彼情, 損此良民. 宜國司懇懇教喻. 若猶不改, 依法科處. 凡厥置夷諸國, 又同准此.

○六月戊辰朔, 日有蝕. 癸酉, 駿河國言, 自去三月十四日, 迄四月十八日, 富士山巓自燒. 晝即烟氣暗暝, 夜即火光照天. 其聲若雷, 灰下如雨. 山下川水, 皆紅色也.

○秋七月乙卯, 幸神泉. 丁巳, 任官. 己未, 詔曰, 朕有所思, 宜故皇太子早良
親王, 追稱崇道天皇, 故廢皇后井上内親王, 追復稱皇后, 其墓竝稱山陵. 令從
五位上守近衛少將兼春宮亮丹波守大伴宿禰是成, 率陰陽師衆僧, 鎮謝在淡路
國崇道天皇山陵. 壬戌, 分淡路國津名郡戸二烟, 以奉守崇道天皇陵, 大和國宇
智郡戸一烟, 奉守皇后陵. 甲子, 遣少納言從五位下稱城王等, 以追尊事, 告宇
崇道天皇陵, 遣散位從五位下葛井王等, 以復位事, 告宇皇后陵.

○八月己卯, 幸神泉苑. 庚辰, 奉白馬於丹生. 祈晴. 辛巳, 藥師寺僧景國言,
己元攝津國西成郡大國忌寸木主也. 爲性遲鈍, 不堪修學. 謹案格旨, 息子之
僧, 一切還俗, 以懲戒將来者. 伏望, 還俗附帳. 許之. 乙酉, 遊獵於水生野. 丁
亥, 依舊, 置國司公廨田. 戊子, 幸葛野川.

○九月丁酉, 諸國論定公廨, 依舊出擧. 丙辰, 幸大堰. 戊午, 遊獵于栗前野.
癸亥, 遊獵于大原野.

○冬十月己巳, 發山城大和河内攝津近江丹波等諸國民一萬人, 以修理葛野
川隄. 辛未, 遊獵于的野. 己卯, 大安寺僧孝聖言, 己元右京人田中朝臣名貞也.
自性尩弱, 不堪修行. 老母在堂, 無由省覲. 還俗色養. 許之. 庚辰, 外從五位下
伊與部家守卒. 寶龜六年, 兼補遣唐, 習五經大義并切韻說文字體, 歸来之日,
任直講, 尋轉助教. 大臣奏, 令講左氏公羊穀梁三傳之義. 云云. 文宣王享座諸
儒諸, 說不同. 仍據勘經義, 及大唐所行, 具錄奉進, 定南面畢. 壬午, 幸交野. 庚
寅, 車駕還宮. 壬辰, 丹生□□□□月次祭. 癸巳, 任征夷副將軍.

○十一月丙申, 詔曰, 云云. 其今年不登. 言上之國, 宜免田租. 庚子, 遣征夷
大將軍近衛權中將陸奧出羽按察使從四位上兼行陸奧守鎮守府將軍坂上大宿
禰田村麻呂, 檢校諸國夷俘. 庚申, 勅, 都鄙之民, 賦役不同. 除附之事, 損益已
異. 今聞, 外民挾奸, 競貫京畿. 隱首括出, 二色是也. 非唯增口貪田, 實亦冒名
假蔭. 如不改轍, 何絶詐僞. 自今以後, 一切禁斷, 莫預班田.

○十二月辛未, 收大隅薩摩兩國百姓墾田, 便授口分. 加造宮大進一員. 癸
未, 駿河守從五位上高橋朝臣祖麻呂免. 以執非理不與前司解由也. 丙戌, 制,

神宮司遭喪, 不得補替. 服闋復任.

◎延曆二十年春正月甲午朔, 皇帝御大極殿, 受朝. 宴侍臣於前殿, 賜被. 丁酉, 曲宴. 是日, 雨雪. 上歌曰, 宇米能波那, 胡飛都都鄔黎囙, 敷留庾岐乎, 波那可毛知流屠, 於毛飛都留何毛, 賜五位已上物, 各有差. 庚子, 授位. 己酉, 宴五位已上, 賜物. 庚戌, 御馬埒殿, 觀射. 癸丑, 停大宰府大野山寺. 行四天王法, 其四天王像及堂舍法物等, 竝遷便近寺. 甲寅, 皇太子獻物. 賜五位已上衣被.

○閏正月甲子朔, 任官. 癸酉, 任官. 戊寅, 出雲國國造, 奏神賀詞事. 庚辰, 廢出雲國神宮司. 己丑, 任官.

○二月丙申, 始令住吉社神主把笏. 辛丑, 令左右京職官人, 准諸國, 責解由也. 丙午, 征夷大將軍坂上田村麻呂, 賜節刀. 戊申, 曲宴, 賜五位已上物有差. 庚申, 幸大堰.

○三月□□, 幸近江大津. 國司奏歌儛. 近行宮諸寺施綿.

○夏四月癸巳, 幸神泉. 己亥, 越前國, 禁行□加□□□, 屠牛祭神. 壬寅, 幸大津. 丙午, 勅, 前年有制, 年分度者, 令取幼童. 頗習二經之音, 未閱三條之趣. 苟避課役, 纔恭緇徒, 還棄戒珠, 頓廢學行. 自今以後, 年分度者, 宜擇年三十五已上, 操履已定, 智行可崇, 兼習漢音, 堪爲僧者, 爲之. 每年十二月以前, 僧綱所司, 請有業者, 相對簡試, 所習經論, 惣試大義十條, 取通五以上者, 至期令度. 受戒之日, 更加審試, 通八以上, 令得受戒者. 而今性有敏鈍, 成有早晚. 局以性年, 恐失英彦. 復三論法相, 義宗殊途. 彼此指揮, 理須粗弁. 自今以後, 廳取年二十已上者, 其簡試之日, 令辨二宗之別, 受戒之時, 勿勞更加審試. 自餘條例, 一依前制. 己酉, 授位. 庚戌, 幸參議紀朝臣勝長山階宅. 戊午, 停左右京職健兒, 更置兵士.

五月壬戌朔, 日有蝕. 甲戌, 勅, 諸國調庸入貢. 而或川無橋, 或津乏舟, 民憂不少. 令路次諸國, 貢調之時, 津濟之處, 設舟楫浮橋等, 長爲恒例. 戊寅, 奉幣丹生. 祈雨.

六月癸巳, 任官. 備中國言, 慶雲見. 甲午, 幸神泉. 壬寅, 停大宰府進隼人. 甲辰, 幸大堰. 參河國碧海郡人漢人部千倉賣, 一産三子. 賜稻三百束. 丁巳, 大和國稻一千束, 賜正四位上平群朝臣邑刀自. 流出雲國嶋根郡人外正六位上大神掃石朝臣繼人, 出雲郡人若和部臣眞常楯縫郡人品治部首眞金等於長門國. 以介從五位下石川朝臣清主共惡行也.

日本後紀 卷第九 (逸文)

일본후기 권제10 〈延曆 20년(801) 7월에서 동 22년 2월까지〉

좌대신 정2위 行左近衛大將을 겸직한 臣 藤原朝臣冬嗣 등이 칙을 받들어 편찬하다.

皇統彌照天皇 〈桓武天皇〉

◎ 延曆 20년(801) 추7월 무인(18일), 故 高橋王에게 (정원의) 득도자 2인을 내렸다.

갑신(24일), (천황이) 大堰에 순행하였다.

병술(26일), 參河國에서 慶雲이 보였다고 언상하였다.

무자(28일), 故 대승도 傳灯大法師位 等定에게 (정원의) 득도자 3인을 내렸다.

○ 8월 계사(3일), 관위 수여가 있었다.

경자(10일), 종4위하 藤原朝臣葛野麻呂[1]를 건당대사로 삼고, 종5위하 石川道益을 부사로 삼고, 判官, 錄事는 각 4인이었다.

신축(11일), 임관이 있었다. 權中納言 종3위 藤原乙叡를 山城守로 삼았다.

정미(17일), (천황이) 大原野에서 사냥을 즐겼다.

을묘(25일), (천황이) 栗前野에서 사냥을 즐겼다.

○ 9월 을축(6일), 천황이 的野에서 사냥을 즐겼다.

정묘(8일), (천황이) 神泉苑에 행차하였다.

갑신(25일), 秦人繼主女, 桑田廣刀自女, 生江浄女 등을 阿波國으로 유배보냈다. 모두 강도짓을 한 사람의 처이기 때문이다.

---

1 藤原北家의 大納言 藤原小黒麻呂의 장남, 延曆 22년(803) 견당사에 임명되었고, 동 23년에 平城天皇의 즉위시에 春宮大夫에서 參議로 승진하고 式部卿을 겸직하였다. 大同 3년(808)에 中納言, 이듬해 정3위에 서위되었다. 嵯峨天皇 치하에서 藤原冬嗣, 秋篠安人과 함께 『弘仁格式』의 편찬에도 관여하였다.

을유(26일), (천황이) 大原野에서 사냥을 즐겼다. 5위 이상에게 차등있게 물품을 내렸다.

병술(27일), 정이대장군 坂上田村麻呂 등이 말하기를, "신이 듣건대, 운운. 蝦夷를 토벌하였다"라고 하였다.

○ 동10월 임진(3일), (천황이) 栗前野에서 사냥을 즐겼다.

임인(13일), (천황이) 日野에서 사냥을 즐겼다.

무신(19일), (천황이) 水生野에서 사냥을 즐겼다. 伊勢國에서 언상하기를, "多氣, 度會 2군의 郡司 등은 神事에 종사한다고 말하면서 항상 태만함이 다반사다. 삼가 바라건대, 郡 경역 밖에서 처벌하도록 했으면 한다²"라고 하였다. (천황은) 이를 허락하였다.

정사(28일), 정이대장군 坂上田村麻呂가 (조정에) 소환되어 節刀를 바쳤다.

11월 을축(7일), 조를 내려, 말하기를(宣命體), "운운. 陸奧國의 蝦夷 등은 대대로 장기에 걸쳐서 변경을 침범하고 난을 일으켜 백성을 죽이고 약탈하였다. 이에 종4위상 坂上大宿禰田村麻呂 등을 파견해 토평하여 수습하게 하였다. 운운"이라고 하였다. 田村麻呂에게 종3위를 내리고, 이하 (토벌군에게도) 서위하였다.

정묘(9일), 茨田親王³이 元服 의식을 행하고, 황후〈今上后⁴〉, 高津內親王⁵, 大宅三內親王⁶에게 (성인의식에 장식하는) 비녀를 내렸다⁷.

○ 12월 신축(13일), 제를 내려, "(관직이 없는) 諸王의 녹봉을 지급하는 데에는 출근일수를 헤아리지 않는데⁸, 관인이 되면 일수를 계산하여 지급하고, 그 일수

---

2 伊勢國의 13군 중에 多氣, 度會 2군은 神事를 담당한 神領으로 신성시되어 이곳에서 처벌하는 것은 부정을 탄다고 생각하여 꺼린 것이다.

3 桓武天皇의 제5황자, 延曆 23년(804) 정월에 萬多親王으로 개칭하였다.

4 淳和天皇의 황후, 高志內親王.

5 桓武天皇의 제12황녀.

6 桓武天皇의 제8황녀.

7 남자 성인의식에는 머리에 冠을 쓰지만, 여자의 경우에는 비녀를 꽂아 머리를 묶는다. 이를 초계(初笄)라고 한다.

가 부족하면 법에 따라 지급하지 않는다"라고 하였다.

갑인(26일), 사자를 佐保山陵¹⁰에 보내 제사를 지내고, 僧, 尼 각 1천인을 득도시켰다.

◎ 延曆 21년(802) 춘정월 무오삭, 신년하례를 중지하였다. 눈이 내렸기 때문이다¹¹.

경신(3일), (신년의) 백관의 의례에 대해 칙이 내려져 의논하였다. 근시하는 신하들에게 前殿에서 연회를 베풀고 피복을 하사하였다.

임술(5일), 칙을 내려, "듣건대, 山城國 백성은 수전을 매매하는데 벼로서 가치를 정하고 있다. 錢에 준해서 이를 논하면, 1정은 1만전이 넘는다고 한다. 지금 이후로는 上田 1정의 가치는 4천전으로 하고, 中下의 田은 이에 준해서 차등적으로 감한다. 만약 위법이 있다면, 위칙죄로 처벌한다"라고 하였다.

갑자(7일), 5위 이상에게 연회를 베풀고 묶은 비단을 차등있게 하사하였다. 陸奧國의 3神에게 위계를 더하였다¹². 정이장군이 영험이 있다고 주상했기 때문이다.

을축(8일), 征夷軍監 이하 군사 이상에게 각각 등급을 나누어 훈위를 더하였

---

8 無官의 皇親은 출근과 관계없이 13세 이상이 되면 時服料라고 하여 春秋 2번 지급한다.

9 「祿令」 1 「給季祿」 조에는 "凡在京文武職事, 及太宰, 壹伎, 對馬, 皆依官位給祿, 自八月至正月, 上日一百二十日以上者, 給春夏祿"이라고 하여 반년에 120일 이상 출근자에 한하여 季祿을 지급한다. 「祿令」 2의 규정에는 계록은 1년에 2번 지급하는데, 春夏 2계절분은 2월 상순이고, 秋冬은 8월 상순에 지급한다.

10 『延喜式』 諸陵式에 佐保山西陵은 聖武天皇의 생모인 藤原宮子의 陵이고, 佐保山南陵은 聖武天皇의 陵이고, 佐保山東陵은 聖武天皇의 황후인 光明皇后의 陵이다. 여기서는 聖武天皇의 陵을 말한다.

11 폭설로 인해 조정에 관인들이 참석하기 어려운 사정에 있다. 폭우가 내려 땅이 진흙탕이 되면 또한 중지된다.

12 神에게 수여하는 위계, 神位라고도 한다. 神階의 品位는 4품에서 1품까지이고, 位階는 정6위상에서 정1위에 이르는 15계, 勳位는 12등에서 1등까지 12계로 구분된다. 영험이 있다고 판단되는 신사의 신에게 주어진다.

다. 이날, 칙을 내려, "駿河·相摸國에서 '駿河國의 富士山은 주야로 붉게 타들어 가고 싸락눈과 같은 모래, 조약돌이 떨어졌다'고 언상하였다[13]. 점을 쳐보니 가뭄과 역병이었다. 양국에 명하여 鎭祭을 지내고 독경하게 하여 재앙을 불식시키도록 한다'라고 하였다.

병인(9일), 종3위 坂上大宿禰田村麻呂을 보내 陸奧國의 膽澤城[14]을 축조하게 하였다.

무진(11일), 칙을 내려, "관군이 나아가 토벌하여, 영토를 열어 멀리까지 바라볼 수 있다. 마땅히 駿河, 甲斐, 相模, 武藏, 上總, 下總, 常陸, 信濃, 上野, 下野 등의 제국의 부랑인 4천인을 징발하여 陸奧國 膽澤城에 배치하도록 한다'라고 하였다.

경오(13일), 越後國의 쌀 1만6천석, 佐渡國의 소금 120석을 매년 出羽國의 雄勝城으로 운송하여 鎭兵의 식량으로 삼았다. 이날, 칙을 내려, "지금 듣건대, 삼론, 법상 2종이 서로 싸워 각각 一門에 전념한다고 한다. 피차 장단점이 있다. 만약 치우쳐서 억압한다면 아마도 쇠퇴할 것이다. 지금 이후로는 정월의 最勝王經[15]과 10월의 維摩經 2會[16], 6宗[17]의 승려를 초청하여 학업을 넓히도록 한다'라고 하였다.

갑술(17일), (천황이) 馬埒殿에 어림하여 활쏘기를 관람하였다.

을해(18일), 美作國에서 흰 사슴을 바쳤다. 포획한 사람에게 벼 5백속을 내렸다.

---

13 富士山의 분화는 延曆 19년(800) 6월 계유조에, "지난 3월 14일부터 4월 18일까지 富士山 정상이 분화하였다"라고 駿河國에서 보고한 내용이 나온다. 다음의 5월 갑신조에도 분화 기사가 이어진다.

14 陸奧國 膽澤郡 소재, 현재의 岩手縣 奧州市 水澤 일대이다.

15 정월의 最勝王經會는 정월 8일부터 7일간 대국전에서 金光明最勝王經을 강의하는 會式.

16 維摩經會는 10월 10일부터 藤原鎌足의 기일인 10월 16일까지 7일간 興福寺에서 維摩經을 강의하는 會式.

17 三論, 法相, 華嚴, 成實, 俱舍, 律의 6宗.

정축(20일), 참의 종3위 藤原朝臣乙叡, 近衛中將 종3위 坂上大宿禰田村麻呂[18], 참의 종4위상 藤原朝臣繩主, 율사 傳灯大法師位 勝虞, 傳灯大法師位 惠雲, 傳灯大法師位 如寶, 傳灯大法師位 安毓, 傳灯大法師位 光曉 등에게 각각 (정원의) 득도자를 내렸다.

무인(21일), 常陸國의 전 國守 종4위하 훈3등 三諸朝臣大原 등이 벼 216,090속을 몰래 빼돌린 것을 용서하였다.

기묘(22일), 임관이 있었다.

갑신(27일), 임관이 있었다.

○ 2월 무자삭, (천황이) 神泉苑에 행차하였다.

경인(3일), 승강이 언상하기를, "智行 2과[19]의 승 43인은 가람에 거주하며 경전의 연마에 뜻을 두고 있다. 佛法을 전하는 일에 태만함이 없고, 덕행에 힘쓰는 일에 게으르지 않다. 바라건대 물품을 시입했으면 한다"라고 하였다. 칙을 내려, "元興, 藥師 2사의 승 29인에게 각각 삼베 25단을 시입하고, 弘福寺 5인에게 각각 삼베 8단을 시입하고, 東大寺 9인에게 각각 비단 1필 10둔을 시입하도록 한다"라고 하였다.

계사(6일), (천황이) 神泉苑에 행차하여, 배를 띄우고 曲宴을 열었다.

기해(12일), (천황이) 神泉苑에 행차하였다.

계묘(16일), (천황이) 神泉苑에 행차하였다.

○ 3월 정묘(11일), (천황이) 神泉苑에 행차하였다.

기사(13일), (천황이) 水生野에서 사냥을 즐겼다.

계유(17일), 임관이 있었다.

○ 하4월 경자(15일), 造陸奧膽澤城使[20] 陸奧 · 出羽按察使 종3위 坂上大宿禰田村麻呂 등이 蝦夷 大墓公阿弖利爲, 盤具公母禮 등이 동족 5백여인을 이끌고

---

18 97쪽, 延暦 13년(794) 6월 갑인조 각주 46 참조

19 불교수행의 敎理와 實踐行 2분야.

20 陸奧國의 膽澤城을 축조하기 위해 파견된 사자라는 명칭..

투항했다고 언상하였다.

신해(26일), 임관이 있었다.

○ 5월 경신(5일), (천황이) 馬埒殿에 어림하여 기마 궁술을 관람하였다.

임신(17일), (천황이) 神泉苑에 행차하였다.

갑술(19일), 相摸國의 足柄路를 폐쇄하고 筥荷途를 개통하였다. 富士山의 화산으로 분출된 돌이 길을 메웠기 때문이다.

○ 6월 정유(12일), 실화로 左京의 백성의 가옥 42채가 소실되었다. 쌀과 소금을 각각 차등있게 지급하였다.

임인(17일), (천황이) 神泉苑에 행차하였다. 이날, 칙을 내려, "秀才[21](科의 성적)이 上下, 中下의 등급이면 모두 (式部)省에 남아 서위하지 않는다. 明經[22](科의 성적)이 上下, 中上의 등급이면 모두 (式部)省에 남아 서위하지 않는다"라고 하였다. (그러나 개정하여 서위하기로 하였다)[23].

정미(22일), 칙을 내려, 伊豫國에 유배되어 있던 五百枝王[24]을 (伊豫國) 國府 근처에 거주하도록 허락하였다.

○ 추7월 을묘삭, 大和國에서 소가 송아지를 낳았는데, 머리가 2개, 다리가 6개

---

21 秀才는 대학료의 4과 중의 하나,「選敍令」29에 秀才는 '博學高才'한 자를 취하고,「考課令」 70에는 난코스인 方略策 2조를 시험한다고 규정되어 있다.「選敍令」30에는 수재과 출신의 서위 방법은 上上 등급은 종8위상에, 上中 등급은 정8위하에 서위되고, 上下, 中上 등급은 식부성에 머물러있게 한다고 되어 있다.

22 明經科는 대학료 4과의 하나이고, 유교 경전을 배우는 과정이다.

23 이 부분은 다음의 문장이 생략되어 있다.『令集解』「選敍令」30의 延曆 21년(802) 6월 8일자 太政官符에, "秀才明経更開叙法. 并加減明法算生員事. 秀才上上第. 元叙正八位上. 上中第元叙正八位下 [已上依旧不改]. 上下第元留省不叙. 今定大初位上. 明経上上第. 元叙正八位下. 上中第元叙従八位 上[已上依旧不改]. 上下第元留省不叙. 今定大初位下. 中上第元留省不叙. 今定少初位上"이라고 하여, 秀才, 明経의 叙法을 개정하여, 上下, 中上의 등급을 받은 자도 각각 대초위하, 소초위하에 서위하도록 규정되어 있다.

24 延曆 4년(785) 9월에 藤原鍾繼 암살사건에 연좌되어 유배되었다. 光仁天皇의 황녀인 能登 內親王이 생모이다.

였다.

병진(2일), (천황이) 神泉苑에 행차하였다.

신유(7일), (천황이) 朝堂院에 어림하여 씨름을 관람하였다.

계해(9일), (천황이) 大堰에 순행하였다.

갑자(10일), 造陸奧國膽澤城使 (坂上)田村麻呂가 돌아왔다. 蝦夷 大墓公阿弖利爲 등 2인이 함께 따라왔다[25].

병인(12일), 이리가 주작대로를 달려가다 사람들에게 살해되었다.

정묘(13일), 朝堂院에 흰 해오라기 새가 모여 있었다.

기묘(25일), 백관이 표를 올려 蝦夷의 평정을 축하하였다.

○ 8월 을축삭, (천황이) 神泉苑에 행차하였다.

정해(3일), 相模, 播磨, 美作, 備中, 備後, 安藝, 紀伊, 淡路, 阿波, 讚岐 등 10국의 (수확이 감소된) 損田의 피해를 입은 백성의 세 부담을 면제하였다.

임진(8일), 豐後國에서 흰 참새를 바쳤다, 포획자에게 벼 5백속을 내렸다.

정유(13일), 하이 大墓公阿弖利爲, 盤具公母禮 등을 참하였다. 2인의 포로는 모두 (陸奧國) 오지의 적의 수괴이다. 2인의 포로를 참할 때, 장군 등이 말하기를, "이번에 (이들이) 원하는대로 (향리에) 돌아가 (귀순하지 않은) 蝦夷들을 불러오겠다"고 하였다. 그러나 공경들은 고집하여 말하기를, "(이들은) 짐승같은 야만성이 있어 (약속을) 반복하여 지키지 않는다. 이따금 조정의 위세로 잡은 이 적의 우두머리를 (그들이) 신청한 대로 오지로 돌려보낸다면, 이른바 범을 길러 화를 남기는 것이다"라고 하였다. 즉시 양 포로를 끌고가 河内國 植山에서 베었다.

신해(27일), (천황이) 的野에 순행하였다, 바로 親王 諱〈嵯峨〉의 별장에 들려, 5위 이상에게 피복을 하사하였다.

○ 9월 병진(2일), 讚岐國의 鵜足郡 사람 吉師部都麻呂, 分嶋[26] 사람 伊都甲麻

---

25 앞의 4월 경자조 참조.
26 讚岐國에 속해있는 섬.

呂 등을 伊豆國에 유배보내고, 丹波國 사람 秦乙成, 出雲國 사람 巨勢部益人, 岩見國 사람 弓部鎰主, 美作國 사람 曾禰繼 등을 安房國으로 유배보내고, 山城國 사람 若湯坐五月麻呂, 右京人 内藏氏人 · 三國嶋成 · 阿曇繼成 등을 隱伎國으로 유배보내고, 近江國 사람 秦繼成, 常陸國 사람 大伴繼守, 能登國 사람 羽咋彌公 등을 土佐國에 유배보냈다. 강간을 범했기 때문이다.

정사(3일), 伊賀, 伊勢, 尾張, 參河, 遠江, 駿河, 伊豆, 甲斐, 武藏, 上總, 下總, 常陸, 近江, 美濃, 上野, 下野, 越前, 越中, 能登, 越後, 丹波, 丹後, 但馬, 因幡, 伯耆, 出雲, 岩見, 周防, 長門, 伊豫, 土佐 등 31국의 損田의 피해를 입은 백성의 租稅를 면제하고 調는 징수하였다[27].

무오(4일), (천황이) 芹川野에서 사냥을 즐겼다.

정축(23일), (천황이) 北野에서 사냥을 즐겼다.

임오(28일), 河内國의 금년도 전조를 면제하였다.

계미(29일), 아악료의 歌師[28] 2인을 감원하였다.

○ 동10월 임진(9일), (천황이) 交野에 순행하였다.

무술(15일), (천황이) 交野에서 돌아왔다.

기유(26일), (천황이) 大原野에 순행하였다.

○ 11월 갑인삭, 일식이 있었다.

경신(7일), 大宰府에서 언상하기를, "關劃[29]의 시설은 본래 범죄를 근절시키기 위한 것이고, 解由[30]의 제도는 관물을 보존하기 위해서이다. 그러나 국사 중에는

---

27 앞서 8월 정해조에도 10국이 면세를 받고 있다. 이번에 면제받은 31국을 포함하면 총 41국이다. 이를 전국적으로 보면 東海道에서는 15국 중에 13국, 東山道는 8국 중에 4국, 北陸道는 6국 중 4국, 山陰道는 8국 중 7국, 山陽道는 8국 중 7국, 南海道는 6국 전체이다. 화산 폭발 등 전국적인 자연재해로 극심한 흉작이 되었다.

28 雅樂寮의 직원으로 歌人, 歌女의 교습을 담당한다.

29 「名例律」43의 疏에, "關謂, 檢判之處, 劃謂甄柵之所"라고 하여 군사, 교통상의 요지에 검문 및 방어시설인 城柵을 말한다.

30 解由은 새로 부임하는 관인이 전임자에 대해 업무인계를 인정받는 증명서, 전임자는 이 문

해유를 얻지 못한 채, 몰래 도망쳐 돌아가는 자가 있다. 따라서 (관물의) 결손과 (조세의) 미납에 대해 책임을 물을 수가 없다. 만약 이러한 자들이 있다면, 왕경에 도착하는 날, 특히 형벌에 처했으면 한다"라고 하였다. (천황은) 이를 허락하였다.

○ 12월 계미삭, 平城京의 토지 1정을 式部省에 지급하였다.

경인(8일), 鎭守軍監 외종5위하 道嶋宿禰御楯을 陸奥國 大國造로 삼았다.

계사(11일), 諸陵寮의 史生 4인을 증원하였다.

경자(18일), 佐味親王[31] 및 우대신 종2위 神王이 물품을 바쳤다.

◎ 延暦 22년(803) 정월 계축삭, 신년하례를 정지하였다. 비가 내렸기 때문이다.

갑인(2일), 신년하례를 받았다. 美作國에서 흰 사슴을 바치고, 豊後國에서 흰 참새를 바쳤다. 근시하는 신하들에게 前殿에서 연회를 베풀고 피복을 하사하였다.

정사(5일), 처음으로 伊勢의 齋宮寮의 史生 4인을 증원하였다.

기미(7일), 관위 수여가 있었다.

임술(10일), 외종5위하 槻本公奈弖麻呂에게 종5위상을, 동생 정7위상 豊人·豊成에게 종5위하를 내리고, 함께 宿禰의 성을 주었다. 奈弖麻呂의 부친 고 右兵衛佐 외종5위하 (槻本公)老는 天宗高紹天皇[32]의 옛 신하이다. 처음에 庶人[33]이 동

서를 태정관에 제출하여 재임중에 관물의 미납 등이 없었는가를 증명한다.

31 桓武天皇의 제9황자.

32 光仁天皇.

33 他戸親王을 말한다. 그는 天平寶字 원년(761)에 白壁王과 井上内親王과의 사이에서 출생하였다. 寶龜 원년(770)에 白壁王이 즉위하여 光仁天皇이 되자 이듬해 황태자가 되었다. 그러나 寶龜 3년(772)에 황후인 井上内親王이 천황을 저주했다는 혐의로 폐위되고, 이에 연좌되어 他戸親王도 황태자에서 庶人으로 강등되었다. 이후 유폐되었다가 급사하게 된다. 이 사건은 山部親王의 立太子를 지지하는 藤原式家에 의한 음모설이 유력하다.

궁으로 있을 때, 포악함이 매우 심했다. 帝와 화목하게 지내지 못하고, 만날 때에도 예의가 없었다. 老는 마음을 다해 帝를 섬기며, 은밀히 보필하려는 뜻을 품고 있었다. 庶人 및 廢后는 老가 帝와 가까이 지낸다는 것을 알고, 매우 분노하여 그를 불러 여러차례 가혹하게 질책하였다. 황후가 저주 사건의 혐의를 받자, 老는 그 범죄를 조사하여 다수의 간악한 일을 적발하였다. 이에 母子는 함께 폐위되었고, 사직은 편안해졌다. 帝는 그 정을 추모하여 이번에 관위를 수여한 것이다.

병인(14일), 임관이 있었다.

무진(16일), 5위 이상에게 연회를 베풀고 물품을 차등있게 내렸다.

기사(17일), (천황이) 馬埒殿에 어림하여 활쏘기를 관람하였다.

경오(18일), (천황이) 조당원에서 大射[34]를 관람하였다.

정축(25일), 大法師 善謝[35]에게 득도(의 정원) 3인을 내려주었다.

무인(26일), 칙을 내려, "승려들이 三論을 배우지 않고, 오직 法相 만을 존중하여 삼론의 학은 거의 단절되고 있다. 근년에 칙이 내려져[36], 2宗을 병행하라고 했는데, 得度에 대해서는 아직 법제화가 되지 않았다. 지금 이후로는 삼론, 법상 각각 5인을 득도시키는 것을 법으로 항례화한다"라고 하였다.

○ 2월 을유(4일), 견당대사 이하 水手 이상에게 물품을 차등있게 내렸다.

계사(12일), 越後國에 명하여 쌀 30석, 소금 30석을 造志波城所[37]에 보내게 하였다.

을미(14일), 우대신이 물품을 바쳤다. 曲宴을 개최하고 4위 이상에게 피복을 하사하였다.

---

34 「雜令」41에 "凡大射者, 正月中旬, 親王以下初位以上, 皆射之, 其儀式及祿, 從別式"이라는 규정이 있다.

35 美濃國 출신으로 俗姓은 不破勝, 奈良 興福寺의 승으로, 法相, 唯識을 배웠다. 天平勝寶 6년(754)에 鑑眞에게 수계받았다. 延曆 9년(790)에 율사가 되었다.

36 186쪽, 延曆 17년(737) 9월 임술조의 詔.

37 志波城 조영을 위한 임시 관사. 志波城은 정이대장군 坂上田村麻呂가 축조한 것으로 陸奧国 최북단의 城柵이다.

경자(19일), 제를 내려, "칙을 받들어 시행하는 것은, 반드시 令의 조문에 의거하고, 재차 중무성을 거치지 말아야 한다"라고 하였다.[38]

일본후기 권제10 (逸文)

---

38 「公式令」2에는 勅旨는 중무성의 장관 및 大輔, 少輔가 작성하고, 이어서 태정관에 보내 시행하는데, 이를 재차 태정관에서 중무성을 경유하여 시행할 필요가 없다는 의미이다.

日本後紀 卷第十〈自延曆二十年七月, 盡同二十二年二月〉

左大臣正二位兼行左近衞大將臣藤原朝臣冬嗣等奉勅撰

皇統彌照天皇〈桓武天皇〉

◎延曆二十年秋七月戊寅, 賜故高橋王度二人. 甲申, 幸大堰. 丙戌, 參河國言, 慶雲見. 戊子, 賜故大僧都傳灯大法師位等定度三人.

○八月癸巳, 授位. 庚子, 從四位下藤原朝臣葛野麻呂, 爲遣唐大使. 從五位下石川道益爲副, 判官錄事各四人. 辛丑, 任官. 權中納言從三位藤原乙叡, 爲山城守. 丁未, 遊獵于大原野. 乙卯, 遊獵于栗前野.

○九月乙丑, 遊獵于的野. 丁卯, 幸神泉苑. 甲申, 配秦人繼主女, 桑田廣刀自女, 生江淨女等, 於阿波國. 竝強盜人之妻也. 乙酉, 遊獵于大原野. 賜五位位上物有差. 丙戌, 征夷大將軍坂上田村麻呂等言, 臣聞. 云云. 討伏夷賊.

○冬十月壬辰, 遊獵于栗前野. 壬寅, 遊獵于日野. 戊申, 遊獵于水生野. 伊勢國言, 多氣度會二郡司等, 託言神事, 常多闕怠. 伏望, 於郡堺外, 將行決罰. 許之. 丁巳, 征夷大將軍坂上田村麻呂召進節刀.

十一月乙丑, 詔曰, 云云. 陸奧國〈乃〉蝦夷等, 歷代涉時〈天〉, 侵亂邊境, 殺略百姓. 是以, 從四位上坂上田村麻呂大宿禰等〈乎〉遣〈天〉, 伐平掃治〈之牟流爾〉, 云云. 田村麻呂授從三位, 已下敍位. 丁卯, 茨田親王冠, 贈皇后〈今上后〉, 高津大宅三內親王加笄.

○十二月辛丑, 制, 賜諸王祿, 無勘上日. 至于得官, 計日乃給, 其日不足者, 依法無賜. 甲寅, 遣使鎮祭佐保山陵, 度僧尼各一千.

◎延曆二十一年春正月戊午朔, 廢朝. 雪也. 庚申, 百官儀設, 有勅議之. 宴侍臣於前殿, 賜被. 壬戌, 勅, 如聞, 山城國百姓, 賣買水田, 以稻爲直. 准錢論之, 町過萬錢. 自今以後, 宜上田一町直錢四千, 中下田者, 准此差減..若有違法, 處違勅罪. 甲子, 宴五位已上賜束帛有差. 陸奧國三神加階, 緣征夷將軍奏靈驗也. 乙丑, 加征夷軍監已下軍士已上位勳, 各有等級也. 是日, 勅, 駿河相摸國言, 駿河國富士山, 晝夜恒燎, 砂礫如霰者. 求之卜筮, 占曰, 干疫. 宜令兩國加鎮謝, 及讀經, 以攘災殃. 丙寅, 遣從三位坂上大宿禰田村麻呂, 造陸奧國膽澤城. 戊辰, 勅, 官軍薄伐, 關地膽遠. 宜發駿河‧甲斐‧相模‧武藏‧上總‧下總‧常陸‧信濃‧上野‧下野等國浪人四千人, 配陸奧國膽澤城. 庚午, 越後國米一萬六百斛, 佐渡國鹽一百二十斛, 每年運送出羽國雄勝城, 為鎮兵粮. 是日, 勅, 今聞, 三論法相二宗相爭, 各專一門. 彼此長短. 若偏被抑, 恐有衰微. 自今以後, 正月最勝王經幷十月維摩經二會, 宜請六宗, 以廣學業. 甲戌, 御馬埒殿觀射. 乙亥, 美作國獻白鹿. 賜獲人稻五百束. 丁丑, 賜參議從三位藤原朝臣乙叡, 近衛中將從三位坂上大宿禰田村麻呂, 參議從四位上藤原朝臣繩主〈律師傳灯大法師位勝虞〈傳灯大法師位惠雲〈傳灯大法師位如寶〈傳灯大法師位安毓〈傳灯大法師位光曉等各度一人. 戊寅, 免常陸國前司守從四位下勳三等三諸朝臣大原等, 隱載稻二十一萬六千九十束. 己卯, 任官. 甲申, 任官.

○二月戊子朔, 幸神泉. 庚寅, 僧綱言, 智行二科僧四十三人, 身住伽藍, 志研聖教. 傳灯之勞無怠, 瑩珠之勤不倦. 望施物者. 勅, 宜元興藥師二寺僧二十九人, 各施布二十五端, 弘福寺五人各施布八端, 東大寺九人各絁一疋綿十屯. 癸巳, 幸神泉, 泛舟曲宴. 己亥, 幸神泉. 癸卯, 幸神泉.

○三月丁卯, 幸神泉. 己巳, 遊獵于水生野. 癸酉, 任官.

○夏四月庚子, 造陸奧國膽澤城使陸奧出羽按察使從三位坂上大宿禰田村麻呂等言, 夷大墓公阿弖利為, 盤具公母禮等, 率種類五百餘人降. 辛亥, 任官.

○五月庚申, 御馬埒殿, 觀騎射. 壬申, 幸神泉. 甲戌, 廢相摸國足柄路, 開筥荷途, 以富士燒碎石塞道也.

○六月丁酉, 失火, 燒左京百姓宅四十二烟, 賜米鹽各有差. 壬寅, 幸神泉. 是日, 勅, 秀才上下中下第, 竝元留省不敍. 明經上下中上第, 竝元留省不敍. 丁未, 勅, 令伊豫國配流人五百枝王, 聽居府下.

○秋七月乙卯朔, 大和國有牛産犢, 二頭六足. 丙辰, 幸神泉. 辛酉, 御朝堂院, 觀相撲. 癸亥, 行幸大堰. 甲子, 造陸奧國膽澤城使田村麻呂来. 夷大墓公二人竝從. 丙寅, 有狼, 走朱雀道, 爲人所殺. 丁卯, 白鷺集于朝堂院. 己卯, 百官抗表, 賀平蝦夷.

○八月乙丑朔, 幸神泉. 丁亥, 免相模播磨美作備中備後安藝紀伊淡路阿波讚岐等十國損田百姓負税. 壬辰, 豐後國獻白雀, 賜獲者稻五百束. 丁酉, 斬夷大墓公阿弖利爲, 盤具公母禮等, 此二虜者, 竝奧地之賊首也. 斬二虜時, 將軍等申云, 此度任願返入, 招其賊類. 而公卿執論云, 野生獸心, 反覆無定. 儻緣朝威, 獲此梟師, 縱依申請, 放還奧地, 所謂養虎遺患也. 即捉兩虜, 斬於河內國植山. 辛亥, 遊獵于的野, 便御親王諱〈嵯峨〉莊, 賜五位已上衣被.

○九月丙辰, 流讚岐國鵜足郡人吉師部都麻呂, 分嶋人伊都甲麻呂等于伊豆國, 丹波國人秦乙成, 出雲國人巨勢部益人, 岩見國人弓部鎰主, 美作國人曾禰繼人等于安房國, 山城國人若湯坐五月麻呂, 右京人内藏氏人・三國嶋成・阿曇繼成等于隱伎國, 近江國人秦繼成, 常陸國人大伴繼守, 能登國人羽咋彌公等于土佐國. 以犯強盜也. 丁巳, 伊賀・伊勢・尾張・參河・遠江・駿河・伊豆・甲斐・武藏・上總・下總・常陸・近江・美濃・上野・下野・越前・越中・能登・越後・丹波・丹後・但馬・因幡・伯耆・出雲・岩見・周防・長門・伊豫・土佐等三十一國, 損田百姓, 免租税徵調. 戊午, 遊獵于芹川野. 丁丑, 遊獵于北野. 壬午, 免河內國今年田租. 癸未, 省雅樂寮歌師二員.

○冬十月壬辰, 幸交野. 戊戌, 車駕, 歸自交野. 己酉, 幸大原野.

○十一月甲寅朔, 日有蝕. 庚申, 大宰府言, 關劘之設, 本絶奸僞, 解由之事, 爲全官物. 而或國司未得解由, 私竊逃歸. 缺負未納, 無由勘當. 若有此輩, 到京之日, 殊置刑科者. 許之.

○十二月癸未朔, 平城京地一町, 賜式部省. 庚寅, 鎮守軍監外從五位下道嶋宿禰御楯, 爲陸奧國大國造. 癸巳, 加置諸陵寮, 史生四人. 庚子, 佐味親王及右大臣從二位神王獻物.

◎延曆二十二年正月癸丑朔, 廢朝. 雨也. 甲寅, 受朝賀. 美作國獻白鹿, 豐後國獻白雀. 宴侍臣於前殿, 賜被. 丁巳, 始置伊勢齋宮寮史生四員. 己未, 授位. 壬戌, 外從五位下槻本公奈弓麻呂授從五位上, 弟正七位上豐人豐成從五位下, 竝賜姓宿禰. 奈弓麻呂父故右兵衛佐外從五位下老, 天宗高紹天皇之舊臣也. 初庶人居東宮, 暴虐尤甚. 與帝不穆, 遇之無禮. 老竭心奉帝, 陰有輔翼之志. 庶人及廢后, 聞老爲帝所昵, 甚怒喚之, 切責者數矣. 及后有巫蠱之事, 老按驗其獄, 多發奸伏. 以此, 母子共廢, 社禝以寧. 帝追思其情, 故有此授. 丙寅, 任官. 戊辰, 宴五位已上, 賜物有差. 己巳, 御馬埒殿觀射. 庚午, 於朝堂院, 觀大射. 丁丑, 賜大法師善謝度三人. 戊寅, 勅, 緇徒不學三論, 專崇法相. 三論之學, 殆以將絶. 頃年有勅, 二宗竝行, 至得度者, 未有法制. 自今以後, 三論法相, 各度五人, 立爲恒例.

○二月乙丑, 賜遣唐大使已下水手已上物有差. 癸巳, 令越後國米三十斛, 鹽三十斛, 造志波城所. 乙未, 右大臣獻物. 曲宴, 賜四位已上被. 庚子, 制, 奉行勅, 宜據令條, 不更經中務省.

日本後紀 卷第十 (逸文)

일본후기 권제11 〈延曆 22년(803) 3월에서 동 12월까지〉

좌대신 정2위 行左近衛大將을 겸직한 臣 藤原朝臣冬嗣 등이 칙을 받들어 편찬하다.

皇統彌照天皇 〈桓武天皇〉

◎ 延曆 22년(803) 3월 정사(6일), 조를 내려 말하기를, "입당대사 贈 종2위 藤原朝臣河清은 앞의 조정에서 명을 받들어 唐國에 파견되었다. 그러나 이미 귀국 도중에 조난당해 표류하여 타향에서 사망하였다[1]. 정2위에 추증한다"라고 하였다. 河清은 증 태정대신 (藤原)房前[2]의 제4자이다. 天平勝寶 4년(752), 참의, 민부 경이 되었고, 견당대사가 되어 파견되었다. 天寶[3] 12년(753), 유학생 朝衡[4]과 함께 배를 타고[5] 귀조하던 중에 해상에서 강풍을 만나 安南에 표착하였다. 天平寶字 3년(759)에 散位助[6] 高元度 등을 당에 보내 河清을 맞이하게 했으나, 唐朝의 난으로[7] 元度 등은 오래도록 황제를 알현할 수 없었다. (당황제가) 칙을 내려 말

1　『續日本紀』寶龜 10년(779) 2월 을해조에, "天平勝寶 5년(753) 대사가 입당할 때, 돌아오는 날에 역풍을 만나 당의 남변 驩州에 표착하였다. 이때 현지인을 만나 배를 포함해 피해를 입었다. 清河는 가까스로 죽음을 면했는데, 끝내 唐國에 머물러 돌아올 수가 없었다. 그후 10여년이 지나 당에서 죽었다"라고 하여 귀국과정과 추이에 대해 기술하고 있다.
2　藤原不比等의 차남, 藤原北家의 祖이다. 靈龜 3년(717)에 참의가 되고, 종3위에 올랐다. 天平 9년(737) 4월 17일 천연두로 사망후에 정1위, 좌대신, 태정대신으로 추증되었다.
3　唐 玄宗의 연호, 天寶 12년는 天平勝寶 5년(753)에 해당한다.
4　阿倍仲麻呂
5　견당대사 藤原朝臣河清과 阿倍仲麻呂는 제1선에 승선하고, 제2선에는 부사 大伴古麻呂와 唐僧 鑑眞이 승선하고, 제3선에는 부사 吉備眞備가 승선하였다.
6　式部省 산하의 散位寮의 2등관.
7　安祿山의 난, 절도사였던 안록산은 755년에 부하인 史思明과 함께 거병하여 이듬해 장안을 함락시켰다. 현종은 泗川으로 피난하였고, 대신 肅宗이 즉위하여 757년에 장안, 낙양을 탈환하였다. 763년에 내란은 종식되었다.

하기를[8], "河淸은 본국의 귀족이다[9], 짐이 총애하는 바이다. 따라서 또 머물게 하고, 귀국을 불허하였다. 국가가 안정되기를 기다려, (당) 사절을 동반해 보내려고 한다. 元度 등은 해가 지나도 귀국하지 않아 本朝[10]에서 이상하게 생각할 것이다. 남로를 취해 조속히 귀국을 명할 것이다"라고 하였다. 이에 河淸이 슬퍼하며 눈물을 흘렸다.

(阿倍朝臣의) 본명은 仲麻呂이고, 唐朝에서 姓은 朝氏, 名은 衡, 字는 仲滿을 받았다[11]. 천성이 총민하였고, 독서를 좋아하였다. 靈龜 2년(716)에 入唐留學問生에 선발되었는데, 때의 나이 16세였다. (開元) 19년(731), 京兆尹[12] 崔日知의 추천으로 포상의 조가 내려져 (통상을) 초월하여 左補闕에 임명되었다. (開元) 21년에 몸소 연로함을 이유로 귀국을 청했으나 허락하지 않았다. 시를 지어 읊기를, "義로서 봉사해도 명성은 덧없고, 忠을 다해도 孝는 이루지 못하네. 은혜에 보답하는 날이 없으니, 귀국은 어느 해가 되겠는가"라고 하였다. 天寶 12년(753)에 이르러 우리 조정의 사자 참의 藤原淸河와 함께 배를 타고 귀국길에 올랐으나, 표류하다가 安南에 도착하였다. 安祿山이 반란을 일으키는 시기에 도적들이 들끓었다. 더구나 오랑캐가 횡행하여 많은 사람들을 살해하였다. 같은 배에 탄 피해자는 170여인으로 불과 11인만 (살아) 남았다. 마침내 大曆 5년(770) 정월에 죽었다. 때의 나이 73세였다. 潞洲大都督으로 추증되었다.

이날, 造志波城使 종3위 行近衛中將 坂上田村麻呂[13]가 알현하고 출발인사를 하였다. (이에 천황은) 채색비단 50필, 목면 3백둔을 내렸다.

기미(8일), 大僧都 行賀가 죽었다. 춘추 70세였다. 속성은 上毛野公이고, 大和

---

8 당황제 肅宗, 동일 내용이 『續日本紀』 天平寶字 5년(762) 8월 갑자조에도 나온다.

9 藤原河淸은 唐朝로부터 散官 정2품인 特進 및 종3품의 祕書官을 받았다. 당 「名例律」 7에 職事官 3품 이상, 散官 2품 이상이면 貴로 칭했다.

10 日本을 말한다.

11 이하의 문장은 藤原朝臣河淸의 사망기사에 이어서 기술된 阿倍朝臣仲麻呂의 전기이다.

12 王京 長安의 京兆府의 장관.

13 97쪽, 延曆 13년(794) 6월 갑인조 각주 46 참조

國 廣瀨郡 사람이다. 나이 15세에 출가하여 20세에 具足戒[14]를 받고, 25세에 입당유학승으로 선발되어 唯識[15], 法華 양종을 배웠다. 당에 거주한 지 31년이 되었다. 귀국하는 날에 재능을 시험받게 되었다. 東大寺 승 明一은 兩宗의 교의에 대해 어려운 질문을 했는데, 자못 막히는 바가 있었다. (明一은) 바로 꾸짖으면 말하기를, "쌀은 양국에서 소비하면서, 학문은 평범하고 깊이가 없다. 어찌 조정의 기대와 어긋나게 성과를 거두어 돌아오지 못했는가"라고 하였다. 법사는 매우 부끄러워하며 비오듯이 눈물을 흘렸다. 오랫동안 타향에 살면서, 거의 언어를 잊어버렸다. 장도에 한번 넘어진다고 해서 어찌 천리의 행로가 방해를 받을 것인가. 깊은 산림에 마른 가지가 있다고 해서 어떻게 드넓은 그림자가 엷어지겠는가. (그렇다면 行賀가) 재당 시절에 百高座의 2위 자리에 어떻게 있었겠는가. 法華經疏, 弘贊略, 唯識僉議 등 40여권이 있고, 이것은 바로 行賀法師가 저술한 것이다. 또 聖經[16], 要文[17] 5백여권을 서사해서 갖고 왔다. 聖朝는 널리 이익이 되는 것을 기뻐하여 僧統[18]의 자리를 주고, 조를 내려 제자 30인을 부쳐 학업을 전수하도록 하였다.

을축(14일), 견당사에게 채색 비단을 각각 차등있게 내렸다. 右京人 정6위상 忌部宿禰濱成 등의 (씨명) 忌部를 고쳐서 齋部로 하였다.

기사(18일), 견당사[19]가 朝堂院에서 천황에게 출발인사를 하였다. 정6위상 民部少丞 齋部宿禰濱成 등을 新羅國에 파견하였다. 大唐의 소식을 듣기 위해서였다[20].

---

14 출가한 수행자가 준수해야 할 계율, 『四分律』에서는 남자 수행자는 250계, 여자 수행자는 348계로 전한다.

15 法相宗이라고도 한다.

16 佛敎經典.

17 경전의 주요 부분을 발췌, 요약한 論疏와 같은 문장.

18 僧綱.

19 257쪽, 延曆 20년(801) 8월 경자조에 임명기사가 나온다.

20 이 시기는 신라와의 공적 교류가 단절되어, 신라에서도 779년 이후에는 사절파견이 없었

을해(24일), (천황이) 近江國 志賀의 可樂埼에 순행하였다.

병자(25일), (천황이) 神泉苑에 행차하여, 하루가 지났다. 태자[21]가 여러 친왕을 데리고 춤을 추자, 호위하는 사람들이 모두 경하할 일이라고 하였다. 다음에 근시하는 신하들이 함께 춤을 추었다.

경진(29일), 견당대사 葛野麻呂, 부사 石川道益에게 전별회를 베풀었다. 연회의 석상에서는 오직 당의 법에 따랐다[22]. 주연이 무르익자, 천황이 葛野麻呂를 御床 가까이 불러 술을 내렸다. 천황이 和歌를 읊기를, "이 술은 그냥 술이 아니다. 무사 귀국할 수 있도록 기원을 담은 술이다"라고 하였다. 葛野麻呂는 눈물이 비오듯 흘렀다. 연회에 있던 군신들도 눈물을 흘리지 않는 사람이 없었다. 葛野麻呂에게 피복 3벌, 御衣[23] 1벌, 금 200량을, 道益에게는 어의 1벌, 금 150량을 내렸다[24].

○ 하4월 임오(2일), 견당대사 종4위상 藤原朝臣葛野麻呂, 부사 종5위상 石川朝臣道益 등이 출발 인사를 하였다. (천황이) 바로 節刀를 내렸다. 조를 내려, 운운.

갑신(4일), (천황이) 神泉苑에 행차하였다.

기축(9일), (천황이) 近江國 志賀의 可樂埼에 순행하였다.

신묘(11일), (천황이) 경내를 순행하였다.

다. 일본이 신라에 사자를 보낸 것은 당의 소식을 얻기 위해서라고 하듯이, 견당사 파견에 앞서 당의 상황을 파악하고, 견당사의 배가 조난당할 때를 대비하여 협조를 요청하기 위한 것으로 보인다.

21 황태자 安殿親王, 후에 平城天皇.

22 전별회의 석상에서 당의 예법을 따른 것은 견당사가 현지의 예법을 존중하라는 의미이다. 즉 당의 예법에 어긋나 실수하지 않도록 한 것이다.

23 御衣는 제왕, 군주의 옷을 가리킨다. 여기서는 천황이 입는 옷과 동일하게 제작해서 하사한 것으로, 천황을 대신해서 파견되었다는 상징성이 있다.

24 『續日本紀』寶龜 7년(776) 4월조에 견당사를 통해 당에 체류중인 藤原河清에게 사금 1백량을 보낸 적이 있다. 금은 고가의 교환수단으로 사절의 체재비용, 물품 구입비용 등으로 사용된다.

무술(18일), (천황이) 神泉苑에 행차하였다.

계묘(23일), 견당대사 葛野麻呂 등이 언상하기를, "금월 14일, 難波津 어귀에서 비로소 승선하여 16일 출발하였다. 운운. 때에 폭우와 질풍으로 닻이 작동하지 않았으며, 오후 1시경 未時 초에 풍향이 변하여 배를 때려 파손되었다. 운운. 明經請益生[25] 대학조교 豊村家長은 끝내 파도에 휩쓸려 행방을 모르겠고, 익사한 사람은 셀 수 없을 정도이다. 운운. 지금 右衛士少志[26] 日下三方을 보내 서둘러 조사하여, 돌아와 상세히 주상하도록 하였다.

을사(25일), 攝津國의 귀순한 하이 훈6등 吉彌侯部子成 등 남녀 8인, 陸奧國 훈6등 吉彌侯部押人 등 남녀 8인에게 雄谷의 성을 내렸다. 葛野麻呂가 상표하여 말하기를, 운운.

무신(28일), 典藥頭[27] 藤原貞嗣[28], 造宮大工 物部建麻呂 등을 보내 견당선 및 파손된 잡물을 조사시켰다.

○ 5월 갑인(5일), (천황이) 馬埒殿에 어림하여 기마궁술을 관람하였다.

정사(8일), 相摸國의 筥荷路를 폐쇄하고, 다시 足柄의 옛 도로를 복구하였다[29].

병인(17일), 임관이 있었다.

정묘(18일), 曲宴을 개최하고, 근시하는 신하 및 近衛[30], 內竪[31]에게 삼베를 차등있게 하사하였다.

신미(22일), 견당사가 節刀를 반환하였다. 선박이 파손되어 도해할 수 없었기 때

---

25 유교경전을 매우는 大學寮의 明經科 소속의 단기유학생.

26 右衛士府의 3등관 少志.

27 宮內省 소속인 典藥寮의 장관, 궁중의 의료, 약물제조 등을 담당한다. 典藥頭의 파견은 사망자의 확인, 부상자의 치료를 위한 것이다.

28 藤原南家의 藤原巨勢麻呂의 10男, 皇后宮大夫, 藏人頭를 거쳐 弘仁 10년(819)에 參議가 되었다. 이후 종3위에 서위되었고, 中納言, 宮內卿을 역임하였다. 『日本後紀』편자의 1인이었으나, 완성을 보지못하고 사망하였다.

29 延曆 21년(802) 5월에 富士山의 폭발로 足柄路가 폐쇄됐는데, 다시 복구한 것이다.

30 近衛府에서 잡사에 종사하는 舍人

31 內竪所의 감독하에서 궁중의 행사, 잡무에 종사하는 중소관인.

문이다.

　임신(23일), 임관이 있었다.

　○ 6월 경진삭, (천황이) 神泉苑에 행차하였다.

　신사(2일), 曲宴을 개최하고, 근시하는 신하들에게 차등있게 錢[32]을 주었다.

　계미(4일), 칙을 내려, "작년에 곡물이 여물지 않아 백성들의 생업이 끊겨 궁핍하였다. 부유한 사람들은 쌓아둔 여유분이 있어, 팔 때에는 비싼 가격을 매기고, 대부할 때에는 높은 이자를 바란다. 이로 인해, 빈민은 점점 가난해지고, 부유한 집안은 풍요가 넘치게 된다. 균등하게 구제해야 하는 도리에서 보면, 참으로 그렇게 해서는 안된다. 마땅히 大和國에 사자를 보내, 여유있는 자의 저장 곡물을 분할하여 부족한 사람에게 무이자로 대여하고, 수납의 때에는 우선적으로 갚도록 한다. 만약 흉년이 들어 미납자가 있으면, (국가에서 대신) 正稅로 지급하고, 후에 채무를 지고 있는 사람에게 징수하게 한다"라고 하였다.

　기축(10일), 임관이 있었다.

　계사(14일), 曲宴을 개최하고, 5위 이상에게 의복을 하사하였다.

　경자(21일), 丹生神社에 봉폐하였다. 장마를 멈추게 하기 위해서이다.

　○ 추7월 기유삭, (천황이) 神泉苑에 행차하였다.

　을묘(7일), (천황이) 씨름을 관람하였다.

　계해(15일), 임관이 있었다.

　○ 8월 경인(12일), (천황이) 梅原宮에 행차하였다.

　신묘(13일), 右京人 정6위상 長倉王을 多禰嶋로 유배하였다. (천황에게) 불경한 발언이 있었기 때문이다.

　을미(17일), (천황이) 柏野 및 水生野에서 사냥을 즐겼다.

　정유(19일), (천황이) 伊豫親王의 愛宕 별장에 행차하였다.

　갑진(26일), (천황이) 葛野川에 순행하였다.

32　延暦 15년(796) 11월에 주조된 新錢인 隆平永寶로 추정된다.

을사(27일), (천황이) 北野에서 사냥을 즐겼다. 바로 伊豫親王의 大井 별장에 들렀다.

○ 9월 임자(4일), 曲宴을 개최하고, 근시하는 신하 및 近衛府의 舍人에게 목면을 차등있게 하사하였다.

계축(5일), (천황이) 神泉苑에 행차하였다

정사(9일), (천황이) 西八條院³³에 행차하였다.

무오(10일), 종4위하 三嶋宿禰廣宅에게 (정원의) 득도자 2인을 내렸다.

갑자(16일), 曲宴을 개최하고, 근시하는 신하에게 의복을 하사하였다.

정묘(19일), (천황이) 藤原朝臣上子³⁴에게 (정원의) 득도자 4인을 내렸다.

계유(25일), (천황이) 的野에서 사냥을 즐기고, 5위 이상에게 차등있게 錢을 하사하였다.

갑술(26일), (천황이) 北野에서 사냥을 즐겼다.

○ 동10월 무인삭, (천황이) 神泉苑에 행차하였다

경진(3일), (천황이) 大原野에서 사냥을 즐겼다. 근시하는 신하들에게 피복을 하사하였다.

임오(5일), 藤原繩主를 裝束司 장관으로 삼고, 橘安麻呂, 池田春野를 차관으로 삼고, 종3위 藤原乙叡를 御前長官으로 삼았다. 和泉國 日根野로 순행하기 위해서이다.

임인(25일), 大德親王이 죽었다. 황제의 제11자이고 때의 나이 6세였다.

병오(29일), 제를 내려 崇福寺³⁵는 선제가 세운 것이다. 梵釋寺의 別當³⁶ 大法師

---

33 右京 8條에 있는 離宮 혹은 後院.

34 정3위 大納言 藤原小黑麻呂의 딸이자 桓武天皇의 제7황자 滋野內親王의 생모, 延曆 23년 (804) 7월에 無位에서 종5위상에 서위되고, 이듬해 정5위하에 올랐다.

35 滋賀縣 大津市 滋賀里町에 소재, 天智天皇 7년(668)에 칙명으로 창건. 長寬 원년(1163)에 화재로 불타 현재는 초석, 기단 등이 남아있다.

36 절의 사무를 총괄하는 승관.

常騰[37]에게 아울러 감독하게 하였다.

○ 윤10월 무신삭, 참의 左兵衛督 겸 造東大寺司 장관 紀朝臣勝長[38]을 近江國 蒲生野에 보내 行宮을 조영하게 하였다.

계해(16일), (천황이) 近江國 蒲生野에 순행하였다.

경오(23일), 最澄和上[39]은 大宰府의 竈門山寺[40]에서 도해하는 (견당사) 선박 4척이 무사히 도달할 수 있도록, 단향목의 약사불 4구를 만들었다. 높이는 6척 정도이다. 그 名號를 無勝淨土善名稱吉祥王如來[41]라고 하였다.

갑술(27일), 조를 내려(宣命體), "운운. 近江의 行宮所를 살펴보니, 산들이 수려하고 들판은 평지로 이어져 짐의 마음도 평온해진다. 까닭에 여기에 자리잡고 있는 栗太, 甲賀, 蒲生 3군의 금년도 전조를 면제한다. 또 봉사에 힘쓰고 있는 (현지의) 國司, 郡司에게 관위를 올려 주도록 한다. 또 介, 掾[42] 등에게도 상을 내린다"라고 하였다. 이날, 천황이 近江國에서 돌아왔다.

---

37 天平 12년(740) 출생하여 弘仁 6년(815) 9월에 사망하였다. 俗姓은 高橋氏이다. 大安寺의 학승이 된 후, 興福寺에서 永嚴에게 사사하여 法相敎學을 배우고, 그후 奈良의 西大寺로 이주하였다. 延曆 24년(805)에 律師에, 동 9월에 少僧都에 임명되었다. 학승으로 63권의 경론을 주석하였고, 『註金光明最勝王經』등의 저작이 있다.

38 議政官으로서 左兵衛督, 造東大寺長官, 右京大夫를 겸직하였고, 延曆 19년(800)에 종4위상, 이듬해 정4위하, 동 21년에 정4위상, 동 22년에는 종3위에 오른다. 延曆 25년(806)에 平城天皇의 즉위시에 中納言으로 승진하였다.

39 일본 천태종의 開祖이고, 傳敎大師로서 알려져 있다. 近江國 滋賀郡 古市鄕 출신으로 俗名은 三津首廣野이다. 당에 유학승으로 갔다 온 후, 比叡山 延曆寺를 창건하여 天台宗을 열었다. 씨성인 三津首에 대해서는 『傳敎大師和讚』등에 後漢 황제의 자손인 登萬貴王의 末裔로 전하고 있는데, 그의 출생지인 古市鄕에는 많은 도래인이 거주하고 있었고, 특히 백제계 도래씨족의 거주지이기도 하다. 중국의 저명한 황제를 출자로 하는 씨족의 대부분은 백제 등 한반도계가 많아 후에 개변했을 가능성도 있다.

40 大宰府 동북방의 寶滿山에 진좌.

41 無勝淨土는 더할 나위없이 훌륭한 석가모니불의 정토를 말하고, 善名稱吉祥王如來는 東方佛土를 살명하고 있는 七藥師佛의 하나.

42 介는 國司의 2등관, 掾은 3등관.

○ 11월 무인삭, 초하루가 동지이다[43]. 이날, 백관이 궁궐에 나아가, 상표하기를, "신이 듣건대, '德이 있는 자는 하늘을 감동시키고 (이로부터) 땅의 영령은 상서를 나타내고, 천자가 지상을 다스리면 천체 중에 상서가 나타난다'고 한다. 삼가 생각하건대, 천황 폐하는 도리에 밝고 지혜를 모범으로 제왕의 업을 계승하였고, 무극의 능력으로 교화를 밝히었다. 공은 국내에 두루 미치고, 덕은 사방에 빛났다. 삼가 금년의 曆을 조사해 보니, 11월 무인은 초하루 동지이다. 또 有司[44]가 주상하기를, '老人星[45]이 보였다'고 한다. 신 등이 삼가 조사해 보니, '元命苞[46]에 老人星은 상서로운 별이다. (이 별이) 출현하면 통치가 평온해지고 수명을 주관한다'고 한다. 『史記』에, '한 무제는 신사 초하루에 冬至를 얻었다. (이때) 孫卿[47]이 黃帝가 寶鼎과 神策[48]을 얻은 것이 기유삭 동지의 해이고, (이것은) 天의 기년을 얻은 것이고, (천체의 운행이 일순되어) 종료되고, 다시 (새로운 시대가) 시작되는 것이다. 지금 黃帝의 시대와 더불어 동일하다'는 기록이 나온다. 이에 天子는 기뻐하며, (동지의) 제례를 행하고, 泰一[49]에 제사지냈다. (초하루 동지가 되면) 玉律[50]이 음계를 정리하듯이 복을 맞이하는 경사는 더해지고, 금채와 같이 빛

---

43 음력으로 11월 1일인 朔旦이 冬至가 되면 축하의 날로 인식되어, 조정에서는 형벌의 은사, 조세의 면제, 관인에 대한 敍位 등을 행한다. 역법상으로 20년에 1회씩 돌아오는데, 朔旦冬至의 해로부터 다음 삭단동지의 전년도까지의 19년을 1章이라고 한다. 『續日本紀』延曆 3년(784) 11월 무술삭(1일), 칙을 내려, "11월 1일은 동지가 되는 것은, 이것은 역대에서도 드물게 만나는 현상이고, 王者의 상서로운 표시이다. 짐은 부덕하여 지금에야 길상을 얻어 축하하여 선물을 내리고자 한다. 모두가 이 상서를 기뻐해야 할 것이다. 王公 이하에게 물품을 내리고, 경기 지역의 당해년 전조를 모두 면제한다"라고 하였다. 권제30 弘仁 13년(822) 11월 정사삭조에도 관련 기록이 나온다.
44 陰陽寮의 관리.
45 天空의 남극에 위치한 星으로 南極星이라고 한다. 인간의 수명을 관장한다고 전한다.
46 길흉화복을 예언한 춘추시대의 讖緯書.
47 漢 武帝 때의 方士인 公孫卿.
48 『史記』五帝本紀에 나오는, "獲寶鼎, 迎日推策"에서 인용한 것으로 黃帝가 寶鼎, 神策을 얻어 점을 치고, 날을 헤아리고 曆을 만들어 문물제도를 정비했다고 전한다.
49 우주를 주재한다는 신으로 北極星이 신격화되어 漢代에 숭배되었다. 太一星이라고도 한다.

을 내어 훌륭한 정치는 점점 오래도록 이어질 것이다. 어찌 天이 밝게 비추어 보고, 그 도리를 사랑하지 않으며, 천황의 마음이 분명하게 들어나는데, 이에 감응하여 통하지 않을 수 있겠는가. 신 등이 생애 참으로 행복하고, 창성한 기운을 만나 윤택함을 누리는 것은, 실로 천황의 영력에 있다. 누가 손뼉치고 뛸 듯이 기뻐하지 않겠는가. 이 기쁨을 참을 수 없어 삼가 궁궐에 나아가 표를 봉정하여 말씀드리는 바이다"라고 하였다. 和泉國에서 물품을 바쳤다. 주연을 베풀고 4위 이상에게 피복을 하사하였다.

기묘(2일), 칙을 내려, "지금 듣자하니 말타는 자들은 도로를 이용하지 않고, 담장 아래(의 좁은 통로)로 다니길 좋아한다[51]. 지반이 무너지기 쉽고, 사람이 다니는데 방해가 된다. 무릇 상태를 조사하여, 실로 합당한 징계를 내려야 한다. 그렇게 된 것은 바로 금해야 할 것을 금하지 않은 소관 관사의 태만에 있다. 지금 이후로는 좌우 양 京職은 엄중히 단속하고 아울러 거리에 표찰을 세워 다시는 그렇게 하지 못하도록 한다"라고 하였다.

임진(15일), 조를 내려, "천지가 (만물을) 감싸고 떠받치며 순리에 따라 기운을 내린다. 천신은 만백성을 양육하고, 만물을 이롭게 하며 자애를 베푼다. 짐은 덕이 부족한데도, 대업을 이어 황위에 올라, 천하를 다스리고 만민을 편안하게 보살폈다. (그러나 짐의) 다스림은 흡족하지 못하고, 바야흐로 남풍의 훈기[52]를 생각하고 있는데, 혜택은 아직 흠뻑 적시지 못하여, 여전히 (중국 고대의 명군인) 東戶에 미치지 못해 부끄럽다. 근래 有司가 주상하기를, '老人星이 보였다'고 하고, 또 금년 11월 삭일이 동지가 되었다. 황태자 某[53] 및 백관들이 축하의 표를 올

---

50 옥으로 만든 표준 定音器. 黃帝 때 伶倫이 대나무를 잘라 통을 만들었는데, 통의 장단점으로 음성의 청탁 고하를 구분하였다. 재질로는 竹律, 銅律, 玉律이 있는데, 玉律이 가장 드물어 천년동안 한 번도 만날 수 없다고 한다.

51 『延喜式』권제42, 「左右京職」, "凡騎馬之輩, 不得輒就垣下往還"라고 하여 말타고 담장 아래로 다니는 것을 금지하는 규정이 있다.

52 南風之薰, 중국의 전설상의 제왕인 순임금, 虞舜의 작이라고 하는 詩篇名에 천하가 다스려지고, 백성들이 풍요로움을 노래한 것을 말한다.

려 말하기를, '黃帝의 시대에 하늘에서 寶鼎을 나타나게 하고, 堯의 시대에는 축복의 星이 보였다. 이를 전대의 일과 아울러 생각하면, 참으로 아름다운 상서에 부합한다. 天이 도운 것은 고금에 다르지 않다. (폐하의) 장구한 공업은 부르지 않아도 사방에서 이르렀고, 태평하고 한결같은 교화는 말을 안해도 스스로 이루어졌다'고 한다. 짐은 생각하건대, 영묘한 조짐이 나타난 것은 필히 두터운 덕화에 따른 것이고, 천명에 감응하여 仁에 통하게 되었다. (그러나 짐의) 어리석은 허물을 생각하면, 단지 마음이 아프고 탄식이 더할 뿐이다. 은택을 베풀어 天의 마음에 보답하고자 생각한다. 延曆 22년 11월 15일 동트기 이전에 徒罪 이하는 죄의 경중을 막론하고 모두 사면하도록 한다. 다만, 팔악, 고의 살인, 모의 살인, 강도와 절도, 사주전, 통상의 사면에서 면제되지 않는 자는 사면의 범위에 포함하지 않는다. 굳이 사면하기 이전에 일어난 사건을 고발한 자는 그 죄로서 죄를 묻는다[54]. 王公 이하는 마땅히 포상을 더해 내린다. 다만 충성을 다하고, 앞서 근무성적이 좋은 자에게는 특별히 작위를 더해 칭송하도록 한다. 내외 문무관의 主典 이상에게 1급을 서위하고, 정6위상에게는 헤아려 물품을 지급한다[55]. 천하의 고령자 100세 이상에게는 곡물 2석, 90세 이상은 1석, 80세 이상은 5두를 내린다. (짐이 백성을) 불쌍히 여기는 뜻을 하늘이 감응하여 표시한 상서에 보답하는 은택이 국중에 미치기를 바라고자 한다. 두루 원근에 포고하여, 짐의 뜻을 알리도록 한다'라고 하였다. 이날, 서위가 있었다. 운운.

○ 12월 정미삭, 曲宴을 개최하고, 5위 이상에게 피복을 하사하였다.

무신(2일), 밤에 야생 여우가 궁중에서 울었다.

---

53 安殿親王.

54 사면령이 발효되기 이전에 일어난 범죄를 고발한 자는 처벌한다는 것이다. 즉 사면 대상이 되는 자를 고발하는 행위는 무고죄에 해당한다. 다만 통상의 사면에서 제외된 범죄에 대해서 고발한 경우에는 고발이 수리되고, 고발자는 죄를 묻지 않는다.

55 정6위상의 관인에게 서위하면, 종5위하가 되어 귀족의 반열에 들어가게 된다. 5위 이상은 천황이 직접 수여하는 것으로 6위 이하가 진입하기 어려운 장벽이다. 따라서 관위 대신에 물품을 지급하는 것이다.

신해(5일), 우대신 종2위 神王[56]이 물품을 바쳤다. 주연이 하루종일 열렸다. 근시하는 신하들에게 의복을 하사하고, 近衛將監[57] 이하 近衛의 舍人 이상에게 물품을 차등있게 내렸다.

일본후기 권제11 (逸文)

---

56   天智天皇의 손 榎井王의 아들, 桓武天皇의 근친으로 우대받았다. 天平神護 3년(767)에 무위에서 종5위하에 오른 후, 美作守, 下總守, 大藏卿, 彈正尹, 大納言 등 내외의 관직을 두루 역임하였고, 延曆 17년(798)에는 우대신 종2위에 이른다.
57   近衛府의 4등관 중에 3등관인 判官에 상당.

日本後紀 卷第十一〈自延暦二十二年三月，盡同十二月〉

左大臣正二位兼行左近衛大將臣藤原朝臣冬嗣等奉勅撰

皇統彌照天皇〈桓武天皇〉

◎延暦二十二年三月丁巳，詔曰，入唐大使贈從二位藤原朝臣河清，銜命先朝，修聘唐國．既而歸舳迷津，漂蕩物故於他鄉．可贈正二位．河清，贈太政大臣房前之第四子也．天平勝寶四年，以參議民部卿，爲聘唐大使，天寶十二載，與留學生朝衡，同舟歸朝，海路逢風，漂泊安南．天平寶字三年，遣散位助高元度等於唐國，迎河清，唐朝亂故，元度等久不得朝見．勅云，河清，是本國貴族，朕所鍾愛．故且留之，不許放還．待國家寧定，差使發遣．元度等經年不歸，本朝爲恠．宜取南路，早歸命．於是，河清，悲傷流涕．本名仲麻呂，唐朝，賜姓朝氏，名衡，字仲滿．性聰敏，好讀書．靈龜二年，以選爲入唐留學問生，時年十有六．十九年京兆尹崔日知薦之，下詔褒賞，超拜左補闕．二十一年以親老上請歸，不許．賦詩曰，慕義名空在，愉忠孝不全，報恩無有日，歸國定何年．至于天寶十二載，與我朝使參議藤原清河同船溥歸．任風掣曳，漂泊安南．屬祿山構逆，群盜蜂起．而夷撩放橫，劫殺衆類．同舟遇害者一百七十餘人，僅遺十一人．遂以大暦五年正月薨．時年七十三，贈潞洲大都督．是日，造志波城使從三位行近衛中將坂上田村麻呂辭見．賜彩帛五十疋，綿三百屯．己未，大僧都行賀卒．春秋七十有五也．俗姓上毛野公，大和國廣瀬郡人也．生年十五出家，二十受具足戒，二十五被充入唐留學，學唯識法華兩宗．住唐三十一年，歸来之日，歷試身才，東大寺僧明一，難問宗義，頗有所塞．即罵曰，費粮兩國，學植庸淺．何違朝寄，不實歸乎．法師大愧，涕泣滂沱．久在他鄉，粗忘言語．長途一躓．豈妨千里之行．深林枯枝．何薄萬畝之影，何則在唐之時，居百高座之第二．有法華經疏，弘賛略，唯識僉議等四十餘卷，是即行賀法師之筆削也．又寫得持来聖經，要文五百餘卷．聖朝深喜弘益，授以僧統．詔付門徒三十人，令傳其業矣. 乙丑, 賜遣唐使彩帛, 各有差. 右京人忌部宿禰濱成等, 改忌部爲齋部. 己巳, 遣唐使等, 於朝堂院拜朝. 遣正六位上民部少丞齋部宿禰濱成等於新羅國. 大唐消息. 乙亥, 幸近江國志賀可樂埼. 丙子, 幸神泉, 終日. 太子, 率諸親王起儛, 侍衛之人, 盡稱慶. 次侍臣共起舞. 庚辰, 遣唐大使葛野麻呂, 副使石川道益賜餞. 宴設之事, 一依漢法. 酒酣, 上喚葛野麻呂於御床下, 賜酒. 天皇歌云, 許能佐氣波, 於保邇波安良須, 多比良可爾, 何倍理伎末勢止, 伊婆比多流佐氣. 葛野麻呂涕淚如雨, 侍宴群臣, 無不流涕. 賜葛野麻呂, 御被三領, 御衣一襲, 金二百兩. 道益, 御衣一襲, 金一百五十兩.

○夏四月壬午, 遣唐大使從四位上藤原朝臣葛野麻呂, 副使從五位上石川朝臣道益等辭見. 即授節刀. 詔曰, 云云. 甲申, 幸神泉. 己丑, 幸近江國志賀可樂埼. 辛卯, 巡幸京中. 戊戌, 幸神泉. 癸卯, 遣唐大使葛野麻呂等言, 今月十四日, 於難波津頭, 始乘船, 十六日進發. 云云. 時暴雨疾風, 沈石不禁. 未初風變打破舟. 云云. 其明經請益大學助豐村家長, 遂波沒, 不知所著. 沈溺之徒, 不可勝計. 云云. 今遣右衛士少志日下方三方, 馳問消息, 廻委曲奏上. 乙巳, 攝津國俘囚勳六等吉彌侯部子成等男女八人, 陸奧國勳六等吉彌侯部押人等男女八人, 賜姓雄谷. 葛野麻呂上表曰, 云云. 戊申, 遣典藥頭藤原貞嗣, 造宮大工物部建麻呂等, 理遣唐舶幷破損雜物.

○五月甲寅, 御馬埒殿觀馬射. 丁巳, 廢相摸國筥荷路, 復足柄舊路. 丙寅, 任官. 丁卯, 曲宴, 賜侍臣及近衛內豎布有差. 辛未, 遣唐使奉還節刀. 以船舶損壞, 不得渡海也. 壬申, 任官.

○六月庚辰朔, 幸神泉. 辛巳, 曲宴, 賜侍臣錢, 各有差. 癸未, 勅, 去年不登, 民業絶乏. 富贍之輩, 唯有餘儲. 糴則要以貴價, 借則責之大利. 因茲貧民彌貧, 富家逾富. 均濟之道, 良不須然. 宜遣使大和國, 割折有餘之貯, 假貸不足之徒, 收納之時, 先俾報之. 若遭凶年, 有未納者, 賜以正稅, 後徵負人. 己丑, 任官. 癸巳, 曲宴, 賜五位已上衣. 庚子, 奉幣丹生, 爲止霖雨也.

○秋七月己酉朔, 幸神泉. 乙卯, 觀相撲. 癸亥, 任官.

○八月庚寅, 幸梅原宮. 辛卯, 右京人正六位上長倉王, 配多襧嶋. 以言語不諱也. 乙未, 遊獵于柏野及水生野. 丁酉, 幸伊豫親王愛宕庄. 甲辰, 幸葛野川. 乙巳, 遊獵北野. 便過伊豫親王大井莊.

○九月壬子, 曲宴, 侍臣及近衛賜綿有差. 癸丑, 幸神泉. 丁巳, 幸西八條院. 戊午, 賜從四位下三嶋宿禰廣宅度二人. 甲子, 曲宴, 賜侍臣被衣. 丁卯, 賜藤原朝臣上子度四人. 癸酉, 遊獵于的野. 賜五位已上錢, 有差. 甲戌, 遊獵于北野.

○冬十月戊寅朔, 幸神泉. 庚辰, 遊獵大原野. 賜侍臣被衣. 壬午, 藤原繩主爲裝束司長官, 橘安麻呂池田春野爲副. 從三位藤原乙叡爲御前長官. 爲幸和泉國日根野. 壬寅, 大徳親王薨. 皇帝第十一子, 時年六歳. 丙午, 制, 崇福寺者, 先帝之所建也. 宜令梵釋寺別當大法師常騰, 兼加檢校.

○閏十月戊申朔, 遣參議左兵衛督兼造東寺長官紀朝臣勝長於近江國蒲生野, 造行宮. 癸亥, 行幸近江國蒲生野. 庚午, 最澄和上, 於大宰府竈門山寺, 爲渡海四船平達, 敬造檀像藥師佛四軀, 高六尺餘, 其名號無勝淨土善名稱吉祥王如來. 甲戌, 詔曰, 云云. 近江行宮所〈乎〉御覽〈爾〉, 山山〈毛〉麗〈久〉, 野〈母〉平〈弓〉, 御意〈毛〉於太比爾〈志弓〉御坐之. 故是, 以御坐〈世留〉栗太甲賀蒲生三郡〈乃〉今年田租免賜〈不〉. 又勤仕國郡司〈爾〉, 官冠上賜〈不〉. 又介掾等有賞. 是日, 車駕歸自近江國.

○十一月戊寅朔, 朔旦冬至. 是日, 百官詣闕, 上表曰, 臣聞, 惟德動天, 則靈祇表瑞. 乃神司契, 則懸象呈祥. 伏惟, 天皇陛下, 則哲承基, 窮神闡化. 功被有截, 德輝無方. 伏檢今年曆, 十一月戊寅朔旦冬至. 又有司奏稱, 老人星見. 臣等勤案元命苞曰, 老人星者, 瑞星也. 見則治平主壽. 史記曰, 漢武帝, 得辛巳朔旦冬至. 孫卿曰, 黃帝得寶鼎神策. 是歳己酉朔旦冬至. 得天之紀, 終而復始. 今與黃帝時等. 於是, 天子悅之, 如郊拜泰一, 玉律諧序, 迎福之慶方長, 金彩舒暉, 延曆之期逾遠. 非天鑒照明, 不愛其道, 神心顯著, 在感斯通. 臣等, 生涯信幸, 沾奉會昌, 允在人靈. 疇無抃躍. 不任鳬藻之至, 謹詣闕奉表以聞. 和泉國獻物. 宴飲, 賜四位已上衣被. 己卯, 勅, 今聞, 騎乘之輩, 不由道路, 好就垣下. 基地易崩, 徒步有妨. 量夫景迹, 良合懲肅. 然則, 應禁不禁, 怠在所由. 自今以後, 左右兩職, 嚴加捉搦, 兼牓街巷, 勿令更然. 壬辰, 詔曰, 天地覆燾, 順時播氣. 皇王亭育, 利物弘仁. 朕以寡昧, 嗣登鴻基, 臨馭八紘, 綏撫萬類. 政道無洽, 方思南薰, 惠澤未淳, 尙慙東戶, 比有司奏稱, 老人星見. 又今年十一月, 朔旦冬至. 皇太子某, 及百官表賀曰, 軒轅之年, 寶鼎呈祉, 陶唐之世, 金精表圖. 稽之前修, 誠合嘉瑞. 天之所祐, 古今寧殊. 可久可長之功, 不召而方至, 太平大同之化, 不言而自成. 朕以, 靈徵之臻, 必資厚德, 休命之所感, 乃通至仁. 顧惟庸虛, 但增惨歎. 思施凱澤, 以答天情. 自延曆二十二年十一月十五日昧爽以前, 徒罪以下, 罪無輕重, 悉皆赦除. 但犯八虐, 故殺人, 謀殺人, 強竊二盜, 私鑄錢, 常赦所不免者, 不在赦限. 敢以赦前事相告言者, 以其罪罪之. 其王公以下, 宜加賞賜. 但能盡忠力, 先有勳效者, 特加爵賞, 用申褒寵. 內外文武官 主典已上, 敍爵一級. 正六位上者, 宜量賜物. 天下高年百歲以上穀二斛, 九十以上一斛, 八十以上五斗. 庶恤隱之旨, 感於上玄, 珍覵之應, 被於中壤. 布告遐邇, 知朕意焉. 是日, 敍位云云.

○十二月丁未朔, 曲宴, 賜五位已上被衣. 戊申, 夜, 野狐鳴禁中. 辛亥, 右大臣從二位神王奉獻. 宴飲終日. 賜侍臣衣, 及近衛將監以下, 近衛以上, 物有差.

日本後紀 卷第十一 (逸文)

일본후기 권제12 〈延曆 23년(804) 정월에서 24년 6월까지〉

좌대신 정2위 行左近衛大將을 겸직한 臣 藤原朝臣冬嗣 등이 칙을 받들어 편찬하다.

皇統彌照天皇 〈桓武天皇〉

◎ 延曆 23년(804) 춘정월 정축삭, (천황이) 대극전에 어림하여 신년하례를 받았다. 武藏國에서 木連理[1]가 있다고 언상하였다. 近江國에서 흰 참새를 바쳤다. 次侍從[2] 이상에게 前殿에서 연회를 베풀고 물품을 내렸다.

무인(2일), 茨田親王의 이름을 고쳐서 萬多(親王)이라고 하였다.

신사(5일), 그 內親王[3]의 거소에서 曲宴을 개최하였다. (高志內)親王에게 3품을 내렸다〈淳和가 황후로 추증하였다.〉. 종6위하 池田朝臣種守에게 종5위하를 내리고, 3위 이상에게 피복을, 5위 이상 및 6위 이하에게 藤原氏 등에게 목면을 내렸다.

계미(7일), 칙을 내려, "불교의 진리는 오직 하나이고 둘은 없다. 그러나 삼론, 법상 양종의 보살[4]은 상대를 보면 논쟁을 한다. 대저 후대의 배우는 자에게 교리를 겨누게 하여 각각 그 학문을 심화시키려고 생각하고 있다. 듣는 바와같이, 제

---

1 木連理은 連理木으로 서로 다른 나무의 줄기가 자연적으로 접목되어 연결된 것, 『延喜式』式部省式에는 祥瑞 중의 下瑞에 해당한다. 「儀制令」8 「祥瑞」 조에는 "凡祥瑞應見, 若麟鳳龜竜之類, 依圖書合大瑞者, 随即表奏, …治部若有不可獲, 及木連理之類, 不須送者, 所在官司, 案驗非 虛, 具畫圖上, 其須賞者, 臨時聴勅"이라고 하여 왕경으로 보내기 어려운 連理木 등은 소관 관사에서 도상으로 그려서 보내도록 규정하고 있다.

2 율령제 하에서 정식 직원인 侍從 이외에 8省 및 제관사에서 4위, 5위 중에서 연공이 있는 자들을 선발하여 시종과 동등하게 어전에서 잡사에 종사한 직. 정식 시종인 正侍從에 대해 상대적인 칭호.

3 高志內親王, 桓武天皇의 황녀이고 생모는 황후 藤原乙牟漏이다. 淳和天皇이 大伴親王 시절 妃였으나, 21세에 사망하였다. 淳和天皇은 즉위 후에 황후로 추증하였다.

4 여기서 보살은 깨달은 자, 훌륭한 승려를 말한다.

사찰의 학생들은 삼론을 배우는 자가 적고, 법상으로 나가는 자가 많다. 마침내 도당을 만들어 능멸하고 공격하여 그 道를 추구하는데에 소홀해지고 있다고 한다. 한해의 득도자는 매년 종파별로 5인씩 정한다. 만약 당해년에 득도를 감당할 자가 없으면, 결원이 되어도 채우지 않는다. 이 종파의 사람을 저 종파의 인원수에 보충할 수 없다. 다만, 두 종의 학생은 여러 경전 및 논소[5]를 함께 읽도록 한다. 법화경, 최승경[6]은 옛 관례에 따라 함께 읽고, 화엄경과 열반경은 각각 한 宗을 택한다. 경전과 논소에 통달하면 바로 득도시키도록 한다. 비록 여러 논소를 읽어도 경전을 읽지 못한다면 역시 득도를 허락하지 않는다. 경전과 논소를 널리 섭렵하고 그 뜻을 배워 특히 높은 수준에 오른 자는 漢音[7]에 제한을 두지 말도록 한다. 지금 이후로는 영원히 항례로 삼는다"라고 하였다.

갑신(8일), 5위 이상에게 연회를 베풀고 물품을 차등있게 내렸다.

정해(11일), 칙을 내려, "근년 제국의 승려들은 계율에 따른 행동을 어기는 자가 많다. 불교의 가르침을 더럽히면, 앞서의 추방 조치에 따른다[8]. 그러나 특별히 관대한 조치를 내려 용서하고, 학덕있는 노승을 우대한다. 그 과오를 고치는 자는 본래 있던 절에 거주하는 것을 허락한다. 또 아는 것과 행함이 칭송받을 수 있고, 남에게 스승이 될만한 자를 선택하고, 강사로 임명하여 승려를 교화하고 인도하도록 한다. 듣는 바와같이, '참으로 강사로서 욕되게도, 문란한 행위를 하거나 잘못을 고쳤다고 거짓으로 칭하고, 처자와 연을 끊지 않고 있다'고 한다. 이것은 승강이 (講師의) 선택을 잘못한 것이고[9], 國司가 아첨을 받아 임의대로 용인한

---

5 論疏는 경전의 주석서.
6 金光明最勝王經, 일본에서는 당의 義淨이 漢譯한 金光明最勝王經이 전하고 있다. 奈良時代 聖武天皇은 이 경전을 사경해서 전국에 배포하고 國分寺를 세워 金光明四天王護国之寺라고 칭하고, 호국불교의 하나로서 번성하였다.
7 延曆 12년(793) 4월 병자조에 年分 득도자에게 漢音의 습득을 의무사항으로 했으나, 경전, 논소에 통달한 자에게는 漢音 독법에 규제를 두지 않는다는 것이다.
8 延曆 17년(798) 10월 임진조에 파계승에 대해 절에서 추방조치 등 이들에 대한 규찰을 행한다는 칙이 내려졌다.

것이다. 교리에 어긋나고 불법을 모독하는 행위는 이보다 심한 것은 없다. 마땅히 이러한 부류는 모두 추방해야 한다. 그 승강과 국사는 여전히 고치지 않으면, 실정을 조사하여 처벌하도록 한다"라고 하였다. (이날) 정5위하 藤原朝臣今川 · 藤原朝臣縵麻呂 · 藤原朝臣繼業에게 정5위상을 내렸다.

기축(13일), 좌경인 정6위상 □□朝臣今繼 등에게 三棟朝臣의 성을 내렸다.

신묘(15일), 蝦夷 제1등 浦田臣史□儺에게 외종5위하를 내렸다.

임진(16일), 5위 이상에게 연회를 베풀고 물품을 차등있게 내렸다.

계사(17일), (천황이) 馬埒殿에 행차하여 활쏘기를 관람하였다.

을미(19일), 武藏, 上總, 下總, 常陸, 上野, 下野, 陸奧 등 제국의 말린 밥 14,315석, 쌀 9,685석을 陸奧國 小田郡 中山柵으로 운반하였다. 蝦夷를 정토하기 위해서이다.

병신(20일), (천황이) 水生野에서 사냥을 즐겼다. 이날은 날씨가 추워 들판에서 5위 이상에게 의복을 지급하였다.

무술(22일), 율사 傳燈大法師位 如寶[10]가 언상하기를, "招提寺[11]는 당의 대화상 鑑眞[12]이 성조[13]를 위해 세운 것이다. 天平寶字 3년(759)에 칙으로 관에서 몰수한

---

9 『延喜式』권제21「玄蕃寮」46,「講讀師」조에는 僧綱이 적당한 인물을 講師로 선출하여 式部省에 보내면, 다시 문서를 검토하여 太政官에 올려 임명된다.

10 『唐大和上東征伝』에 의하면, 胡國人으로 나온다. 보통 서역을 가리키지만, 당에서 볼 때 異域人으로 특정하기는 어렵다. 唐에서 유소년기를 보내고, 753년 鑑眞과 함께 일본에 온 渡來僧이다.

11 唐招提寺.

12 『續日本紀』天平寶字 7년(763) 5월 무신조에 鑑眞의 卒年 기사가 있다. 이를 인용하면 다음과 같다. "화상은 楊州 龍興寺의 고승이었다. 경론을 두루 섭렵하였고, 계율에 매우 정통하였고, 長江과 淮水 사이에서 유일한 고승이었다. 天寶 2년(743)에 유학승 榮叡, 業行 등이 화상에게, '불법은 동으로 퍼져 본국에 이르렀다. 비록 그 가르침은 있지만, 전수할 사람은 없다. 화상께서 동방으로 오셔서 교화를 일으켜 주시기를 원한다'고 하였다. 말의 취지는 정성을 다했고, 쉴새없이 간곡하게 청했다. 이에 楊州에서 배를 사서 바다로 나갔다. 그러나 도중에 풍랑을 만나 표류하였고 배는 파손되었다. 화상은 일심으로 염불하여 사람들은 모두 이에 의지하여 죽음을 면할 수 있었다. 天寶 7년(748)에 이르러 다시 도해하였

토지[14]를 주어 (절을 세우고), 招提寺로 명명하였다. 또 越前國 수전 60정, 備前國 전지 13정을 (招提寺의) 경비로 충당하게 하였다. 계율을 학습시킨 지 거의 50년이 되었다. 비록 경전과 계율은 있어도 경전의 강독은 행하지 않았다. (이것은) 和上의 평소의 뜻에 어긋나고, 불교가 추구하는 뜻이 결여되어 있는 것이다. 삼가 바라건대, 영원히 대대로 강독을 전수하고, 시입된 전지를 이용하여 율을 강독하는데 충당했으면 한다. 그렇게 하면 招提寺의 종파는 오래도록 쇠퇴하지 않고 先師의 뜻에 열중하여 보존될 것이다"라고 하였다. (천황은) 이를 허락하였다.

기해(23일), 제를 내려, "延曆 11년(792) 7월 3일 格에, 6세 이하의 왕은 改姓을 원하는 마음이 있는 자는, 원하는 성을 주기하여 먼저 태정관에 신청하고, 결과를 통보받은 연후에 고치도록 하고, 갑자기 (다른 방법으로) 행할 수 없다고 하였다. 근년에 (사성을) 신청하지 않고, 格의 취지를 위반하고 있다[15]. 지금 이후로는

으나, 또 풍랑을 만나 日南에 표착하였다. 이때 榮叡은 사망하였고, 화상은 슬피 울어 실명하였다. 天平勝寶 4년(752), 본국사절이 당에 조빙하러 갔을 때, 業行이 속마음을 털어놓았다. 드디어 제자 24인과 더불어 견당부사 大伴宿禰古麻呂의 배로 귀조하였다. 동대사에 주지시키고 공양하였다. 때에 칙이 내려져 일체경론을 교정하였는데, 곳곳에 틀린 글자가 있었지만, 제사본이 모두 동일하게 되어 있어 정정할 수 없게 되었다. 이에 화상은 암송하였고 많은 자구를 수정하였다. 또 여러 약물에 대해서도 명칭의 진위를 분별하게 했는데, 화상은 일일이 냄새를 맡고 하나도 실수가 없었다. 聖武皇帝가 스승으로 삼아 수계를 받았다. 황태후가 병이 났을 때에도 진상한 의약이 효험이 있었다. 대승성의 위를 내렸는데, 갑작스런 승강의 직무가 번잡하여 다시 大和上의 칭호를 내리고, 備前國의 논 100정을 시입하고 또 新田部親王의 구저택을 시입해서 戒院으로 삼았다. 금일의 招提寺가 이것이다. 화상은 자신의 죽음을 예기하고 기일에 이르자 단좌한 채로 편안히 세상을 떠났다. 때의 나이는 77세였다".

13 日本을 말한다.

14 新田部親王의 구 저택지, 그의 사후 아들에게 상속되었는데, 天平寶字 원년(757) 7월에 橘奈良麻呂의 난에 관련되어 몰수되었다.

15 延曆 17년(798) 윤5월 임신조의 詔에서, 황친의 범위를 令의 규정(「繼嗣令」1, 「皇兄弟子」조, "凡皇兄弟皇子, 皆爲親王〈女帝子亦同.〉以外竝爲諸王, 自親王五世, 雖得王名, 不在皇親之限")에 따라 5세손 이하는 황친의 범위에서 제외하고, 사성받아 王의 칭호를 사용할 수 없는 諸臣이 된다. 여기서는 6世 이하가 사성을 신청하지 않고 공공연히 왕의 호칭을 쓰는 사태에 대한 대책이다.

(부친의 왕의 칭호를) 계승하는 적자를 제외하고, 여전히 개성하지 않는 자는 計帳에 등재하는 것을 억제한다[16]. 소홀히 하여 누락되지 않도록 한다'라고 하였다. 淡路國의 궁핍한 백성이 (公出擧의) 미납한 세 93,900속을 면제하였다.

경자(24일), 종5위하 笠朝臣庭麻呂를 大和介로 삼고, 외종5위하 津宿禰源[17]을 山城介로 삼고, 종5위하 大中臣朝臣弟枚를 伊賀守로 삼고, 종5위하 大荒城臣忍國을 遠江介로 삼고, 종5위상 高倉朝臣殿繼[18]를 駿河守로 삼고, 종5위하 藤原朝臣眞雄을 近江權介로 삼고, 大内記 종5위하 平群朝臣眞常에게 大掾을 겸직시켰다. 종5위하 和朝臣弟長[19]을 信濃介로 삼고, 中衛少將 종4위하 巨勢朝臣野足에게 下野守를 겸직시켰고, 종5위하 大中臣朝臣常麻呂를 (下野)介로 삼았다. 종5위하 佐伯宿禰社屋을 出羽守로 삼고, 종5위하 藤原朝臣山人을 越中權介로 삼고, 종5위하 和朝臣氏繼[20]를 越後介로 삼고, 종4위하 安倍朝臣弟當을 丹波守로 삼고, 종5위하 淡海眞人有成을 (丹波介)로 삼았다. 종5위하 大秦公宿禰宅守[21]를 因幡介

---

16 計帳은 매년 작성되는 과세대장으로 여기에 등재되면, 황친에 속하지 않는 6세, 7세왕도 사성받아 諸臣이 되어도 음서의 혜택을 받아 과세되지 않는다. 그러나 계장에 없으면 호구에서 누락된 絶戶田이 되어 과세되어 불이익을 받게된다.

17 『新撰姓氏錄』右京諸蕃下에, "津宿禰은 菅野朝臣과 同祖이고, 鹽君의 아들 麻侶君의 후예이다"라고 나온다. 菅野朝臣의 개성 전의 씨성은 津, 津史, 津連으로의 변화가 있고, 6세기전반 백제에서 이주한 王辰爾의 후손이다. 津宿禰도 이 씨족과 동족으로 백제계 도래씨족임을 알 수 있다.

18 고구려 멸망 직후 망명한 背奈福德의 후예씨족. 이 씨족은 背奈公, 背奈王, 高麗朝臣, 高倉朝臣으로 개성하였다. 『新撰姓氏錄』좌경제번하에 "高麗朝臣은 고구려왕 好台의 7세손 延典王으로부터 나왔다"라고 하는 선조의 출자를 밝히고 있다. 高麗朝臣殿繼은 寶龜 9년(778) 9월에 귀국한 후, 동 10년에 종5위하에 서위되고, 高麗福信과 함께 高麗朝臣에서 高倉朝臣으로 개성하였다. 高麗朝臣殿繼은 동 11년에 治部少輔에 임명되었고, 桓武朝에서 大判事, 下總介, 玄蕃頭, 皇后宮亮, 大和介, 主計頭, 駿河守, 肥後守 등을 역임하였다.

19 『新撰姓氏錄』左京諸蕃下에, "和朝臣은 백제국 都慕王의 18세손 武寧王으로부터 나왔다"라고 하듯이 백제계 후예 씨족이다. 이 인물의 행적은 그 외에 보이지 않는다.

20 大同 원년(806) 춘정월에 和朝臣氏繼는 越後守에 임명되었다.

21 개성하기 전의 太秦公忌寸, 『新撰姓氏錄』에 秦始皇의 3세손 孝武王으로부터 출자를 전하고 있으나, 신라계일 가능성이 높다. 延曆 4년(785)에 太秦公忌寸宅守가 太政官院의 담장을 축

로 삼고, 종5위하 石川朝臣宗成을 備後守로 삼고, 종5위하 百濟王忠宗[22]을 伊豫介로 삼고, 종5위하 藤原朝臣藤繼를 大宰少貳로 삼고, 정5위상 藤原朝臣縵麻呂를 豊前守로 삼고, 종5위하 藤原朝臣眞書를 豊後守로 삼았다.

신축(25일), (천황이) 神泉苑에 행차하였다.

임인(26일), 但馬國의 國府를 氣多郡의 高田鄕으로 이전하였다.

갑진(28일), 刑部卿 陸奥出羽按察使 종3위 坂上大宿禰田村麻呂[23]를 정이대장군으로 삼고, 정5위하 百濟王教雲[24], 종5위하 佐伯宿禰社屋, 종5위하 道嶋宿禰御楯을 부장군으로 삼았다. 軍監은 8인이고, 軍曹는 24인이다.

을사(29일), 安藝國 야지 3백정을 甘南備内親王[25]에게 주었는데, 이를 목장지로 하였다.

○ 2월 병오삭, 中務大輔 종4위상 三嶋眞人名繼에게 衛門督을 겸직시켰다.

무신(3일), (천황이) 西八條 및 五條院에 행차하였다. 5위 이상에게 의복을 하사하였다.

경술(5일), 大和國 石上社[26]의 무기를 山城國 葛野郡으로 옮겨 수장하였다.

갑인(9일), 종5위하 淨宗王을 少納言으로 삼았다.

계해(18일), 종5위하 大宅眞人繼成을 大監物[27]로 삼고, 종4위하 大庭王을 内匠頭[28]로 삼고, 종5위하 大中臣朝臣魚取를 (内匠)助로 삼고. 종5위상 下毛野朝臣年

조한 공로로 종7위상에서 종5위하에 서위되었고, 主計助, 左兵庫助 등을 역임하였다.

22 桓武朝에서 종5위하에 서위되었고, 嵯峨朝에서 少納言, 左兵衛佐를 거쳐, 弘仁 4년(813)에 종5위상, 이듬해 정5위하, 淳和朝 天長 6년(829)에 종4위상에 올랐다.

23 97쪽, 延暦 13년(794) 6월 갑인조 각주 46 참조

24 百濟王氏의 일족이지만, 기타의 사료에는 보이지 않는다.

25 桓武天皇의 제12황녀.

26 石上神宮, 大和政權의 군사씨족이었던 物部氏의 氏社로서 제사지냈고, 대화정권의 무기고로서 역할을 해 왔다. 七支刀가 소장되어 있는 신사이다.

27 中務省 4등관 외의 관직의 하나로, 大藏省, 内藏寮 등의 수장고 물품의 출납을 감독하였다. 大監物 2인, 中·少監物 각 4인, 史生 4인으로 구성된다.

28 中務省 산하의 内匠寮의 장관, 内匠寮는 궁중의 기물, 조영, 건물 장식 등을 담당.

繼를 諸陵助로 삼고, 종5위하 大伴宿禰久米主를 主稅頭로 삼고, 종5위하 大宅眞
人淨成을 造兵正으로 삼고, 종5위하 藤原朝臣城主를 宮內少輔로 삼고, 종5위하
大野朝臣犬養을 左京亮으로 삼고, 春宮權亮 종5위하 藤原朝臣眞夏를 (春宮)亮으
로 삼고, 中衛權少將은 종전대로 하였다. 참의 종4위하 藤原朝臣諸嗣에게 山城
守를 겸직시키고, 右衛士督은 종전대로 하였다. 종4위하 三諸朝臣大原을 播磨
守로 삼았다. 大和國 전조 및 地子[29]를 면제하였다. 가뭄의 재난 때문이었다.

을축(20일), (천황이) 경내를 순행하였다. 式部卿 3품 伊豫親王의 저택에 들려
4위 이상에게 의복을 하사하였다.

기사(24일), 천황이 近江國 志賀郡의 可樂埼에 순행하였다.

경오(25일), 攝津國에 기근이 들어 사자를 보내 구휼하였다. 외종5위하 殖栗連
宗繼를 美濃權介로 삼았다.

○ 3월 무인(3일), 次侍從 이상에게 연회를 베풀었다. 문인에게 시를 짓게 하고
차등있게 물품을 내렸다.

경진(5일), 遣唐使가 (출발을 위해) 조정에 인사를 하였다[30].

신묘(16일), 5위 이상에게 쌀을 차등있게 내렸다. 장마 때문이었다.

임진(17일), 종5위하 藤原朝臣永眞을 權右少弁으로 삼았다.

경자(25일), 大宰府에서 언상하기를, "大隅國 桑原郡의 蒲生驛과 薩摩國 薩摩
郡의 田尻驛은 서로 가는 거리가 멀어 체송[31]하는데 어려움이 많다. 삼가 바라건
대, 薩摩郡 櫟野村에 역을 설치하여 백성의 고통을 덜어주었으면 한다"라고 하였
다. (천황이) 이를 허락하였다. 이날, 견당대사 종4위상 藤原朝臣葛野麻呂[32], 부
사 종5위상 石川朝臣道益 등 양인을 불러 전별회를 열었다. 천황의 자리 가까이

---

29 口分田을 반급하고 남은 公田(乘田)을 농민에게 경작시켜 수확의 일부를 받는 賃租料를 말
   한다.
30 延曆 22년(803) 4월에 藤原葛野麻呂를 대사로 하는 견당사가 폭풍우로 도항이 실패하여 이
   날 출발하기 위해 천황에게 인사한 것이다.
31 통신이나 물자를 사람의 손으로 이어서 보내는 일.
32 257쪽, 延曆 20년(801) 8월 경자조 각주 1 참조.

불러 진심을 담은 마음을 전하고, 특별히 恩酒 1잔, 寶琴 1면을 내리고, 기분이 가라앉자 음악을 연주하였다. 차등있게 물품을 하사하였다.

계묘(28일), 대사 (藤原)葛野麻呂에게 節刀를 내렸다.

○ 하4월 기유(5일). 종5위하 桑田眞人木津魚麻呂를 主計助로 삼고, 종5위하 多治比眞人氏守를 主稅助로 삼고, 종5위하 田中朝臣八月麻呂를 右衛士佐로 삼았다.

임자(8일), 종5위하 紀朝臣國雄을 右大舍人助로 삼고, 종5위하 藤原朝臣城主를 民部少輔로 삼고, 종5위하 三嶋眞人眞影을 宮内少輔로 삼고, 종5위하 安倍朝臣宅麻呂를 主殿頭로 삼고, 외종5위하 豐山忌寸眞足을 助로 삼았다. 외종5위하 壬生公足人을 園池正으로 삼고, 종5위하 多治比眞人家繼를 造東司 차관으로 삼고, 외종5위하 日下部得足을 造西司 차관으로 삼고, 시의 외종5위하 倭廣成에게 遠江權掾을 겸직시켰다. 시의 외종5위하 難波連廣名[33]에게 因幡權掾을 겸직시키고, 종5위하 秋篠朝臣全繼를 右衛士權佐로 삼고, 시종 종4위하 葛野王에게 主馬頭를 겸직시키고, 종5위하 紀朝臣田上을 内廏助로 삼고, 종5위하 百濟王元勝[34]을 内兵庫正으로 삼았다.

정묘(23일), 칙을 내려, "염색한 바지[35] 착용을 허용하는 것에 대해서는 앞서 규제가 있었다[36]. 지금 이후로는 엷은 감색은 신분의 고하를 막론하고 특별히 허용

33　大同 4년(809) 3월에 丹波掾에 임명되었다. 難波連氏는 고구려에서 백제로 망명한 후 다시 일본으로 이주한 德來의 후손인 藥師惠日의 계통으로, 그의 후손인 難波藥師奈良이 天平寶字 2년(758) 4월에 難波連의 성을 받았다. 『新撰姓氏錄』右京諸蕃下의 「難波連」조에 "出自高麗國好太王也"라고 하여 난파련의 출자가 고구려 광개토왕임을 기록하고 있다. 『日本三代實錄』貞観 5년(863) 8월 21일조에 難波連繦麻呂 등이 朝臣의 성을 받을 때에 "其先高麗國人也"라고 하였다. 일족 중에는 의술 분야에 두각을 나타낸 인물이 다수 보인다. 한편 백제 멸망 직후 망명한 谷那晉首의 후예인 神龜 원년(724) 5월에 谷那庚受가 받은 難波連氏가 있다.

34　延暦 16년(797) 정월에 安房守에 임명되었다. 이후 大同 원년(806) 2월에 鍛冶正에 임명되고, 동 3년 11월에 종5위상에 서위되었고, 동 4년에 大判事가 되었다. 弘仁 13년(822)에 정5위하, 天長 3년(826)에 정5위상에 서위되었다.

35　일본식 전통 바지인 하카마(袴).

한다. 다만, 朝服을 입을 때에는 (바지와) 같은 색의 상의는 착용을 허용하지 않는다. 진한 염색 및 통상 금지하고 있는 색은 허용하지 않는다"라고 하였다.

신미(27일), 제를 내려, "수몰되어 하천이 된 토지[37]는 田籍으로부터 제외되는 일이 많은데, 새로 생긴 토지의 실태에 대해서는 아직 보고를 들은 적이 없다. 만약 하천의 서안이 붕괴되어 公田이 손실되면, 동변에는 새로운 토지가 생기고, 사유지로서 점하게 된다[38]. 이와같이 햇수가 경과하면, 공전의 손실은 어찌 될 것인가. 天平 14년(742) 이래 새로 생긴 전지의 수를 자세히 조사하여 언상하고, 누락하는 일이 없도록 한다"라고 하였다.

(이날) 中納言 종3위 和朝臣家麻呂[39]가 죽었다. 조를 내려, 종2위 大納言으로 추증하였다. 家麻呂는 증 정1위 高野朝臣弟嗣[40]의 손이다. 그 선조는 百濟國 사람이다. 사람됨이 어눌하고 재학이 없으며, 帝의 외척으로 특별히 발탁되어 승진하였다. 蕃人이 재상에 오른 것은 이로부터 시작되었다. 신하로서 분에 넘치는 위계였지만, 타고난 자질은 부족하다고 일컬을 만하였다. 비록 고위직에 있어도 옛 지인을 만나면, 신분이 낮아도 꺼리지 않고 악수하고 말을 걸었다. 이를 본 사람이 감동을 받았다. 때의 나이는 71세였다.

임신(28일), 종4위하 紀朝臣兄原에게 정원의 득도자 1인을 내렸다. 右兵衛 대

---

36 「衣服令」1~5에 신분에 따른 禮服, 朝服 색깔의 구별이 있다.

37 홍수 등의 수해로 인해 하천으로 변한 토지.

38 「田令」28 「爲水侵食」조에는 "凡田, 爲水侵食, 不依舊派. 新出之地, 先給被侵之家"라는 규정이 있다. 이에 따르면, 새로 생긴 토지에 대해서는 피해를 입은 집에 우선적으로 지급한다고 되어 있다. 이 경우의 전지는 구분전으로 분류되는데, 사적인 개간지로 은폐하는 일이 많았다.

39 桓武天皇의 생모인 高野新笠의 부친 和乙繼(高野朝臣弟嗣)의 손이고, 환무천황과는 종형제이다.

40 高野新笠의 부친 和乙繼이다. 和乙繼는 土師眞妹와 결혼하여 딸 和新笠를 낳았다. 和新笠은 天智系 황통인 白壁王과 결혼한 후, 光仁天皇으로 즉위하자, 寶龜 원년(770)에 和乙繼는 和新笠과 함께 高野朝臣의 씨성을 받았다. 延曆 9년(790)에 桓武天皇의 외조부로서 정1위에 추증되었다. 高野朝臣弟嗣의 이름 弟嗣는 和乙繼의 별명이다.

초위하 山村曰佐駒養이 흰 참새를 바쳤다. 近江國의 벼 5백속을 내렸다.

○ 5월 무인(5일), (천황이) 馬埒殿에 행차하여 기마 궁술을 관람하였다.

계미(10일), 陸奧國에서 언상하기를, "斯波城과 膽澤郡는 거리가 162리이다. 험준한 산곡이 있어 왕래하는데 어려움이 많다. 郵驛을 설치하지 않으면, 긴급한 사태에 대응하지 못할까 걱정이다. 삼가 청하건대, 小路[41]의 사례를 참고하여 역 1곳을 설치했으면 한다'라고 하였다. (천황이) 이를 허락하였다.

갑신(11일), (천황이) 式部卿 3품 伊豫親王의 저택에 행차하였다.

무자(15일), 播磨國 荒廢田[42] 82정을 □□□親王에게 주었다.

경인(17일), 칙을 내려, "정월의 齋會[43]에 득도하려는 자는 모름지기 전년에 재능을 시험하여 신년에 득도해야 한다. 그러나 소관 관사[44]는 항상 태만하여 재회가 끝날 때까지 (득도자의) 이름을 정하지 않고 있다. 지금 이후로는 전년 12월 중순 이전까지는 시험을 종료하고 그 상황을 (태정관에) 상신하도록 한다. 시험을 마치고 (득도자가) 정해진 후에는 변경하는 것은 허락하지 않는다. 그렇게 하면, 本願은 어그러지지 않고, 청탁 또한 정지될 것이다"라고 하였다.

신묘(18일), 傳燈大法師位 善謝가 죽었다. 법사의 俗姓은 不破勝이고, 美濃國 不破郡 사람이다. 처음에 同寺[45]의 고승 理教에게 法相의 학문을 전수받았으며 불도의 수행이 날로 진보하였고 특히 俱舍宗[46]에 탁월하였다. 마침내 3학[47]에 조예가 깊어 6종[48]에 통달하였다. 이러한 심오한 불교 지식으로부터 의문점

---

41 「厩牧令」16 「置駅馬」조에, "凡諸道置駅馬, 大路二十疋, 中路十疋, 小路五疋"이라고 규정되어 있듯이 도로에는 大路, 中路, 小路가 있다.

42 荒田, 荒廢田은 홍수 등 자연재해나 용수시설를 관리하기 어려워 경작하지 않은 전지.

43 매년 정월 8일부터 14일까지 7일간 궁중에서 金光最勝王經을 강설하는 법회.

44 式部省과 玄蕃寮.

45 寺名으로 보이는데, 혹은 善謝가 興福寺의 승이었다는 사실로부터 홍복사로 보는 설도 있다.

46 인도의 唯識派 世親의 阿毘達磨俱舍論 및 그 주석을 중심으로 여러 경론을 연구, 강의하고 학단을 형성한 종파, 중국 13종의 하나이고, 일본의 南都 6宗의 하나.

47 불교수행에 반드시 갖춰야 3개의 항목인 戒律, 禪定, 智慧

48 三論宗, 成實宗, 法相宗, 俱舍宗, 華嚴宗, 律宗을 말한다.

을 해결하였다. 延曆 5년(786)에 彌照天皇[49]이 발탁하여 율사로 임명하였다[50]. 영화를 좋아하지 않았으며 사직해서는 한적한 생활을 하였다. 무릇 그 행업은 틀림없이 열반의 경지였다. 일생의 마지막은 梵福山에서 마쳤다. 마침내 극락에서 환생하여 동문 수행자의 꿈에 나타났다. 때의 나이 81세였다. (이날) 散事[51] 종3위 藤原朝臣延福이 죽었다.

계사(20일), 山城國의 곡물 4천석을 좌우경의 고령자에게 지급하였다.

병신(23일), 齋宮寮[52]에서 흰 참새를 바쳤다. 攝津國에서 언상하기를, "잦은 흉작으로 백성들의 식량이 부족하고, 더구나 춘하의 수해로 자산도 식량도 떨어졌다. 삼가 정세의 벼 2만속을 임시로 빈궁한 백성에게 (무이자로) 대부하여 (생업을 이어) 가산을 구제했으면 한다"라고 하였다. 이를 허락하였다.

○ 6월 임자(9일), 종5위하 藤原朝臣貞嗣를 左少弁으로 삼고, 종5위하 豊野眞人村을 大監物으로 삼고, 종5위하 石上朝臣乙名을 散位頭[53]로 삼고, 종5위상 藤原朝臣道雄을 宮內大輔로 삼고, 종5위상 中臣朝臣道成을 典藥頭로 삼았다.

계축(10일), 越中國을 上國으로 정하였다.

병진(13일), 제를 내려, "常陸國의 鹿嶋神社, 越前國의 氣比神社, 能登國의 氣多神社, 豊前國의 八幡神社 등의 宮司의 직에는 사람들이 다투어 들어가기를 바라고, 서로 (宮司를 배출하는) 가계라고 한다. 지금 이후로는 神祇官이 舊記[54]를 검토하여 항상 자격있는 가계 중에서 일을 감당할 수 있는 자를 선발하여 태정관에 상신

---

49 桓武天皇. 和風 시호가 日本根子皇統彌照尊이다.
50 『續日本紀』에는 善謝가 律師에 임명된 시기가 延曆 9년(780) 9월조에 나온다.
51 여성의 散位.
52 齋宮寮는 伊勢神宮에 봉사하는 미혼의 황녀인 伊勢齋王을 위한 관사. 齋宮寮는 伊勢國 多気郡에 설치되었다.
53 散位寮의 장관. 산위료는 式部省 산하 기구로, 散位의 명부를 관리하고 그 고과를 담당한다. 散位는 관직이 없는 관으로 京官, 外官, 文武官에 모두 있다. 5위 이상의 산위는 산위료에 상근하고, 6위 이하는 번상관으로 교대 출근한다. 武官의 산위는 兵部省 관리하에 있다.
54 宮司의 임관 절차를 기록한 서류.

하도록 한다"라고 하였다.

임술(19일), (천황이) 大堰에 행차하였다.

계해(20일), 산위 종3위 石上朝臣家成이 죽었다. 좌대신 증 종1위 麻呂의 손이고, 정6위상 東人의 자이다. 재능은 없었지만, 공무에는 태만함이 없었다. 사망 시의 나이는 83세였다.

갑자(21일), 산위 정5위하 小倉王[55]이 상표하여, "신이 듣건대, 하늘이 세상을 열고, 태양과 달이 운행하게 되니 비로소 성인이 기틀을 만들고, 이로부터 9족의 질서가 이루어졌다. 이에 따라 존비의 서열이 있게 되었고, 위로는 성진의 질서와 같음을 알 수 있다. 상하서열의 질서는 바꿀 수 없는 것이고, 씨성을 내려 교화를 세웠다. 삼가 폐하께서는 품위를 정하고 사람들을 덕치로서 훈도하였다. 사람들에게 이름을 (주어) 바르게 하고 사물의 본성을 편하게 하였다. 小倉은 다행히도 천황의 덕화가 미치는 시대를 맞이하여 받지 못할 은택을 온몸에 적셨다. 천지의 은덕은 널리 퍼지고, (천황의) 큰 은혜에 감사하지 않을 수 없다. 다만 어리석은 자식 内舍人 繁野 및 小倉의 형 別王[56]의 손인 内舍人 山河 등이 서장에서 말하기를, '신들은 지혜를 보인 일이 드물고, 기량과 지식이 보잘 것 없음에도 황송하게도 황실의 끝자락에 있으면서 높은 황친을 우러러 보며 두려울 따름이다. 삼가 지난 延曆 17년(788) 12월 24일 友上王이 받은 성의 전례에 따라, 동일하게 清原眞人의 성을 내려주었으면 한다. 또 繁野의 이름은 皇子[57]에 저촉되니, '繁'을 고쳐 '夏'라고 칭했으면 한다'라고 하였다. 小倉은 자식에 대한 정을 잊을 수가 없어, 이를 들어 주었으면 한다. 특별히 천은을 바라며 삼가 허락해 주었으면 한다. 사성을 원하는 사람들의 목록은 별기한 바와 같다. 절박한 마음을 참을 수가

55　天武天皇의 증손이고, 舍人親王의 손, 延曆 3년(784) 정월에 무위에서 종5위하에 서위되었고, 이듬해 종5위상으로 少納言에 임명되었다. 이후 延曆 연간에 阿波守, 典藥頭, 內膳正을 역임하였고, 정5위하에 올랐다.

56　舍人親王의 손인 和氣王.

57　繁野의 이름이 桓武天皇의 황녀인 滋野內親王의 滋野와 같은 '시노'이기 때문에 이를 피하기 위해 夏野로 고친다는 것이다.

없어 삼가 상신하는 바이다"라고 하였다. (천황은) 이를 허락하였다. 大宰府에서
언상하기를, "壹伎嶋의 防人의 식량은 筑前國의 곡물로 충당하는데, 조운하는 어
려움 때문에 자주 유실되고 있다. 바라건대, (서해도) 6국으로부터 배분되어 오
는 방인 20인을 폐지하고, 해당 嶋의 병사 3백인을 분번하여 배치하면 식량 보급
에 따른 노고는 없어진다"라고 하였다. (천황은) 이를 허락하였다.

기사(26일), 山城國의 山科驛을 정지하고, 역마는 近江國 勢多驛에 편입하
였다.

경오(27일), 칙을 내려, "근년에 渤海國使가 내착하는데, 많은 경우는 能登國이
다. 정박하는 곳은 소홀히 해서는 안된다. 조속히 객관을 세우도록 한다[58]"라고
하였다.

○ 추7월 계유삭, (천황이) 神泉苑에 행차하였다.

병자(4일), (천황이) 大堰에 행차하였다.

기묘(7일), (천황이) 씨름을 관람하였다. 무위 明□女王에게 종5위상를 내리
고, 종5위상 紀朝臣内子 · 川上朝臣眞奴 · 百濟王惠信[59] · 藤原朝臣川子 · 紀朝臣
殿子에게 정5위상를 내리고. 무위 藤原朝臣上子 · 橘朝臣御井子 · 紀朝臣乙魚 ·
坂上大宿禰春子[60]에게 종5위상를 내렸다.

---

58 『續日本紀』寶龜 3년(772) 9월 무술조에, "送渤海客使 武生鳥守 등이 닻줄을 풀어 바다로 향
했다. 돌연 폭풍을 만나 能登國에 표착하였다. (발해국) 대사는 겨우 목숨을 건졌다. 이에
福良津에 안치하였다"라는 내용이 나온다. 能登國 福良津은 현재의 石川縣 羽咋郡 富來町에
있는 항구이다. 『日本三代實錄』元慶 7년(883) 10월 29일조에 발해사의 귀국선을 목재를 준
비하기 위해 福良泊의 산의 대목을 벌채하지 못하도록 금지하고 있다. 상기 본문의 객관을
세운 곳은 바로 福良津이고 이곳은 선박의 건조, 수리, 발해에의 출항기지로서의 성격을 갖
추고 있다.

59 延曆 15년(796) 11월에 무위에서 종5위하에 서위되었고, 동 16년 2월에 남자 관인과 동등
하게 位田을 받았다.

60 『日本文德天皇實錄』嘉祥 3년(850) 4월 기유조의 葛井親王의 卒年 기사에, "大宰帥三品葛井
親王薨, 親王, 桓武天皇第十二子也. 母大納言贈正二位坂上大宿禰田村麻呂之女, 從四位下春子
也"라고 하여, 葛井親王을 낳은 생모는 大納言 중 정2위 坂上大宿禰田村麻呂의 딸인 종4위

계미(11일), (천황이) 葛野川에 행차하였다.

병신(24일), (천황이) 與等津에 행차하였다.

기해(27일), (천황이) 大堰에 행차하였다.

신축(29일), 우경인 門部連松原을 土左國에 유배보냈다. 불효했기 때문이다.

○ 8월 계묘삭, (천황이) 大堰에 행차하였다.

정미(5일), (천황이) 葛野川에 행차하였다.

기유(7일), 정이대장군 종3위 行近衛中將 겸 造西寺 장관, 陸奧·出羽按察使 陸奧守 훈2등 坂上大宿禰田村麻呂, 종4위상 行衛門督 겸 中務大輔 三嶋眞人名繼 등을 보내, 和泉·攝津 양국의 行宮地를 정하게 하였다. 장차 和泉, 紀伊 2국을 순행하기 위해서이다.

경술(8일), (천황이) 葛野川에 행차하였다,

임자(10일), 폭우와 대풍으로 中和院의 西樓가 무너지고 소가 (여기에) 맞아 죽었다. 또 神泉苑의 좌우의 누각, 경내의 가옥이 무너지고, 제국에서도 많은 피해가 있었다. 천황의 출생년이 丑이었다[61]. (천황은) 한탄하여 말하기를, '짐에게 이롭지 못한 일이 일어나는가'라고 하였다. 얼마 지나지않아 (천황은) 병이 들어 마침내 천하를 포기하였다[62].

계축(11일), 지진이 있었다. 중 大納言 종2위 和朝臣家麻呂[63], 종4위하 尾張女 王에게 득도자 2인을 내렸다.

을묘(13일), (천황이) 北野에서 사냥을 즐겼다.

하 (坂上大宿禰)春子라고 나온다. 坂上氏는 백제계 東漢氏의 阿知使主를 시조로 하는 백제계 도래씨족의 후예이다. 이 씨족은 대대로 궁마의 도를 세습한 무예에 능한 일족으로 조정에 경비 등을 담당하였다. 延曆 4년(785) 6월에 상표하여, 後漢 靈帝의 자손이라는 출자를 밝히고 개성을 청원하여 일족 11개 姓의 16명이 忌寸에서 宿禰의 성으로 개성하였다.

61 천황의 출생년은 天平 9년(737) 丁丑年으로 소의 해에 해당한다. 건물의 무너져 소가 죽은 것은 불길한 징조로 인식되었다.

62 桓武天皇의 사망은 大同 원년(806) 3월 신사이다.

63 이해 4월 신미에 사망하였다.

신유(19일), (천황이) 경내를 순행하였다.

계해(21일), (천황이) 大原野에서 사냥을 즐겼다.

정묘(25일), (천황이) 栗前野에서 사냥을 즐겼다.

무진(26일), 천황이 오는 겨울에 和泉國에 순행하게 되었다. 참의 式部大輔 春宮大夫 近衛中將 정4위하 藤原朝臣繩主를 裝束司[64] 장관으로 삼고, 정5위상 橘朝臣安麻呂, 종5위하 池田朝臣春野를 차관으로 삼았다. 참의 左兵衛督 종3위 紀朝臣勝長을 御前長官[65]으로 삼고, 종5위상 藤原朝臣繼彦을 차관으로 삼고, 左大弁 東宮學士 左衛士督 但馬守 정4위하 菅野朝臣眞道[66]를 御後長官으로 삼고 종5위하 紀朝臣咋麻呂를 차관으로 삼았다.

경오(28일), 종5위하 大枝朝臣須賀麻呂를 主計助로 삼고, 외종5위하 檜原宿禰鑵作[67]을 造西寺 차관으로 삼았다.

○ 9월 갑술(3일), 近江國 蒲生郡의 荒田 53정을 式部卿 3품 伊豫親王에게 주었다.

을해(4일), (천황이) 大堰에 행차하였다.

기묘(8일), (천황이) 神泉苑에 행차하였다.

---

64 조정의 의식, 천황의 순행 및 장의 등의 피복 조달 등의 업무를 맡는다. 4등관제로 장관 1인, 차관 2인, 판관 3인, 주전 3인으로 구성된다.

65 천황의 순행시 車馬의 전후에서 행렬의 정비와 위용을 과시하기 위해 설치된 次第司의 장관, 前後의 2개 次第司에 御前長官, 後御長官이 각각 1인씩 배치되어 있다. 「宮衛令」 26, 「車駕出入」조에, "凡車駕出入, 諸從駕人, 當按次第, 如鹵簿圖去, 御三百步內, 不得持兵器, 其宿衛人, 從駕者聽之"라고 하여, 호위자를 제외하고는 천황의 행렬 3백보 이내에는 무기를 소지할 수 없다고 규정하고 있다.

66 207쪽, 延曆 18년(799) 3월 정사조 각주 58 참조.

67 檜原宿禰는 『新撰姓氏錄』右京諸蕃下에, "坂上大宿禰와 同祖이고, 都賀直의 손 賀提直의 후예이다"라고 나온다, 都賀直은 『日本書紀』應神紀 20년 9월조에 倭漢直의 조상 阿知使主, 그의 아들 都加使主가 백성 17현을 이끌고 내귀하였다고 한다. 都賀直은 都加使主이고, 倭漢氏는 백제계 도래씨족의 후예이다. 『續日本紀』延曆 4년(785) 6월 계유조에 坂上氏 등 11성 16인의 동족이 昆寸에서 宿禰로 개성한 기록이 있다.

신사(10일), 종5위하 紀朝臣田上을 相摸介로 삼았다.

정해(16일), 정6위상 善原忌寸□依에게 외종5위하를 내렸다.

기축(18일), 兵部少丞 정6위상 大伴宿禰岑萬里를 新羅國에 보냈다. 太政官牒에서 말하기를, "唐國에 사자를 보내 예빙을 닦는 상황에 대해서는, 지난해 大宰府에 명해서 (신라국에) 소식을 전하게 하였다[68]. 때에 순풍이 불지 않아 마침내 (시간이 지나) 계절이 바뀌었다, 지난 7월초, 4척의 선박이 출항했으나, 2척의 선박이 해풍을 만나 표류하다 돌아오고, 2척은 도착지를 알 수 없었다. 바람의 형세를 살펴보니, 新羅에 도착했다고 생각되어, 兵部省 少丞 정6위상 大伴宿禰岑萬里 등을 보내 탐문하게 하였다. 만약 표착했다면, 사정에 따라 물자를 지급하여 귀국시켰으면 한다. 그 경계에 도착하지 않았으면, 사자를 당에 보내 (조난선의 상황을) 조사하여 자세히 통보해 주었으면 한다"라고 하였다[69].

임진(21일), (천황이) 北野에서 사냥을 즐겼다.

계사(22일), 丹波國에서 언상하기를, "格에 의하면[70], 勳位[71]를 가진 자를 차출하여 관아, 창고를 호위시키고 있다. 그러나 白丁[72]의 잡요는 단지 30일인데, 勳位者의 출근 일수는 140일이다[73]. 훈위자와 백정 간의 노고가 불균형하다"라고 하였다. 制를 내려, 白丁을 健兒[74]로 기용하여 지키도록 하였다.

---

68 延曆 20년(801) 8월에 藤原葛野麻呂를 대사로 하는 견당사가 임명되고, 동 22년 4월에 출발하였다.

69 延曆 22년(803) 4월 계묘조에는 難波津에서 출발한 견당사 선박이 폭풍우로 파손되었고, 익사자가 셀수 없을 정도였다고 한다. 이때 견당대사를 포함한 2척은 파손되어 되돌아왔고, 2척은 행방불명되어 신라국에 표착했는지 그 사정을 알기위해 파견한 것이다. 그러나 延曆 24년(805) 6월 을사조에 의하면, 조난된 것으로 생각했던 일본의 견당사 제1선은 대마도에 도착하여 일본사절은 당에서의 일정을 주상하였다.

70 『類聚三代格』권18 延曆 16년(797) 11월 29일 太政官符.

71 국가에 공훈이 있는 자에게 내리는 관위, 勳 1등에서 12등까지 있다.

72 무위, 무관의 공민으로 庸, 調를 부담하는 正丁, 구체적으로는 蔭子孫이나 位子가 아닌 자.

73 勳位者는 교대근무하는 番制이다. 「考課令」59에는 分番은 考課를 받기 위해서는 1년에 최대 140일 출근해야 한다.

갑오(23일), 式部省에서 언상하기를, "公式令 (牒式)을 살펴보니, 친왕 1품 이하 직사관 초위 이상은 모두 스스로 제관사에 牒狀을 보낼 수 있다. 여기에는 3위 이상이라도, 家司[75]의 牒狀 및 解文을 관사에 보낸다는 (규정된) 문구는 없다. 그러나 지난 延曆 21년(802) 9월 23일 格에서, 친왕, 내친왕은 모두 나이 4세가 되면, 비로소 帳內[76]를 지급하는데, 현재 친왕, 내친왕 중에는 아직 성인이 되지 않았거나, 혹은 문필에 서투르면 첩장을 작성하여 관사에 보내기가 어렵다. 또 同令의 牒式에는 3위 이상은 서명하지 않는다고 되어 있다. 그렇다면 친왕 4품 이상은 이름을 명기하지 않는데, 산위가 여러 사람이고, 같은 품계, 같은 관위로 같은 姓을 가진 자가 서명을 하지 않으면, 어떻게 구별하여 알 수 있겠는가. 이에 法家[77]에게 문의해 보니, 이와같은 유형에는 別式이 있어야 한다고 답하였다. (식부성에서는) 어떻게 해야 할지 심의하기 어렵다"라고 하였다. 칙을 내려, "어린 친왕은 문필에 서툴고, 3위 이상은 또한 서명하지 않는다고 하는, 令, 格에 의거하면, 도리어 불합리가 생긴다. 스스로 첩장을 작성하게 하면, 온당하지 않은 일이다. 지금 이후로는 친왕, 4품 이상 및 직사관 3위 이상은 모두 家司가 작성한 첩장을 제관사에 보내도록 한다. 그 첩장의 서두에는 친왕가는 관품, 家名을, (신하는) 관위, 성명, 家牒을 주기한다. 이에따라 그 異同을 구별할 수 있을 것이다. 첩장의 말미에는 家令[78] 이하 2인이 서명한다[79]. 품계가 없는 친왕, 내친왕은 모두 別當[80] 관인이 서명하여 첩장을 (관사에) 보낸다. 牒式은 위에서 정한 법칙에 준

---

74 251쪽, 延曆 20년(801) 4월 무오조 각주 49 참조.

75 親王家, 職事官 3위 이상의 공경 등의 家에 설치된 家政機關에 종사하는 직원.

76 율령제하에서 親王, 內親王의 경호와 잡사에 종사하는 하급관인, 舍人의 일종이다. 式部省에서 6위 이상의 자, 혹은 적자, 적손이 아닌 庶人 중에서 채용한다.

77 율령에 밝은 明法家.

78 4품 이상의 親王, 內親王家 및 3위 이상의 公卿家에서 사무를 총괄하는 직원.

79 관사에 보내는 문서는 원칙적으로 장관과 主典이 서명하게 되어있기 때문에, 이에 준하여 가정기관에서도 家令과 書吏가 연서하는 것이다.

80 親王家, 공경 등의 家政을 담당하는 家司의 공적인 장관이었으나, 후에 이들의 집에 사적으로 설치하여 家務의 처리를 담당하였다. 이들 別當이 제관사에 보내는 첩장 등의 문서를 작

한다[81]. 別當 (선임)은 칙에 의거하여 처분한다. (관직이 없는) 散事 3위는 원래 家司가 없어 제관사에 첩장을 보낼 때에는 스스로 서명한다. 항례의 법식으로 세우도록 한다"라고 하였다.

무술(27일), 지진이 있었다.

○ 동10월 갑진(3일), 천황이 和泉國에 순행하였다. 저녁에 이르러 難破行宮[82]에 도착하였다.

을사(4일), (천황이) 攝津國 국사에게 피복을 내렸다. 천황이 배를 타자 강에 띄웠다. 사천왕사에서 음악을 연주하였다. 국사가 물품을 바쳤다.

병오(5일), (천황이) 和泉國에 이르러, 大鳥郡 惠美原에서 사냥을 즐겼다. 산위 종5위하 坂本朝臣佐太氣麻呂가 물품을 바치고, 목면 1백근을 하사받았다.

정미(6일), (천황이) 城野에서 사냥하였다. 날이 저물자 日根行宮에 들어갔다.

무신(7일), (천황이) 垣田野에서 사냥하였다. 阿波國에서 물품을 바쳤다. (천황이) 국사들에게 차중있게 물품을 하사하였다. 左大弁 정4위하 菅野朝臣眞道[83]가 물품을 바쳤다. (천황이) 목면 2백근을 하사하였다.

기유(8일), (천황이) 繭生野에서 사냥하였다. 近衛中將 종3위 坂上大宿禰田村麻呂[84]가 물품을 바쳤다. (천황이) 목면 1백근을 하사하였다.

경술(9일), (천황이) 日根野에서 사냥하였다. 河內國에서 물품을 바쳤다.

신해(10일), 조를 내리기를(宣命體), "천황이 조를 내려 하신 말씀을, 和泉, 攝津 2국의 國司, 郡司, 공민, 수행한 제관사의 사람들은 모두 듣도록 하라고 분부하였다. 금년은 풍작이 되어 사람들의 생업도 넉넉히 수확하였다. 이달은 농한기에 들어 국의 풍속, 경치를 볼 수 있는 때라고 항상 듣고 있는 바이다. 지금 行宮所에

성하였다.

81 無品 親王, 內親王의 牒式도 친왕, 4품 이상 및 職事官 3위 이상과 같은 書式으로 한다는 의미.

82 難波에 조영된 行宮.

83 207쪽, 延曆 18년(799) 3월 정사조 각주 58 참조.

84 97쪽, 延曆 13년(794) 6월 갑인조 각주 46 참조

서 바라본 산야의 수려함, 해변의 푸른 정경은 짐의 마음을 평온하게 한다. 따라서 짐이 순행중에 있는 和泉國 및 攝津國의 東生, 西成, 2군의 백성의 금년도 전조를 면제하도록 한다. 또 봉사에 힘쓴 국사, 군사 및 1, 2인 등에게 冠位를 올려주려고 한다. 目[85] 이하 및 군사로서 정6위상인 사람에게는 아들 1인을 관위 1계를 내린다[86]. 또 힘써 봉사한 일로부터 三嶋名繼眞人에게 (관위를) 올려주도록 한다. 또 行宮의 주변에 사는 고령자 80세 이상 및 (순행에) 따라온 사람들에게 大物[87]을 내린다고 한 말씀을 모두 듣도록 하라"고 하였다. 攝津守 종3위 藤原朝臣雄友에게 정3위를, 衛門督 종4위상 三嶋眞人名繼에게 정4위하를, 산위 종5위하 坂本朝臣佐太氣麻呂에게 종5위상을, 攝津介 외종5위하 尾張連粟人, 和泉守 외종5위하 中科宿禰雄庭, 攝津掾 정6위상 多治比眞人船主, 和泉掾 정6위상 小野朝臣木村, 산위 정6위상 大枝朝臣萬麻呂에게 종5위하를 내렸다. 또 황태자[88] 이하에게 물품을 차등있게 하사하였다. 사자를 和泉, 日根의 2郡의 제사찰에 보내, 목면을 시입하였다. 播磨國司가 물품을 바치고, 풍속의 노래를 연주하였다.

임자(11일), (천황이) 紀伊國 玉出嶋에 순행하였다.

계축(12일), 천황이 배를 타고 유람하였다. 賀樂內親王[89] 및 참의 종3위 紀朝臣勝長, 國造 紀直豐成 등이 봉헌하였다. 조를 내려(宣命體), "천황이 말씀하신 칙명을, 紀伊國의 국사, 군사, 공민, 수행한 제관사의 사람들은 모두 들으라고 하였다. 이달은 농한기에 들어 국의 풍속, 경치를 볼 수 있는 때라고 항상 듣고 있는 바이다. 지금 순행중에 있는 곳에서 바라보니, 礒嶋는 수려하고, 해변의 푸른 정경은 조용하고, 짐의 마음을 평온하게 한다. 따라서 짐이 체재하고 있는 名草, 海部 2

---

85 國司의 4등관.

86 정6위상에게 관위를 더하면 5위로 승진하여 귀족의 반열에 들어가게 되는데, 5위와 6위 사이에는 각종 특권에서 커다란 차별이 있고, 진입하기 어려운 장벽이 있다. 따라서 본인 대신에 아들에게 관위를 수여하는 것이다.

87 천황이 내리는 물품이라는 것을 강조한 것.

88 安殿親王, 후에 平城天皇으로 즉위.

89 桓武天皇의 황녀.

군의 백성에게 금년도 전조를 면제하도록 한다. 또 國司, 國造, 2군의 郡司에게 관위를 올려주고자 한다. 目 이하 및 군사 정6위상의 사람에게는 아들 1인에게 관위 1계를 내린다. 또 어재소가 있는 근처의 고령자 80세 이상의 사람에게는 대물을 내린다고 하신 말씀을, 모두 듣도록 하라"고 하였다. (紀伊國)守 종5위하 藤原朝臣鷹養에게 종5위상을, 介 외종5위하 葛井宿禰豐繼[90], 掾 종6위하 小野朝臣眞野, 刑部大丞 정6위상 紀朝臣岡繼, 中衛將監 정6위상 紀朝臣良門에게 종5위하를 내렸다. 名草, 海部 2군의 제사찰에 사자를 보내, 목면을 시입하였다.

갑인(13일), (천황이) 雄山道에서 日根行宮으로 돌아왔다.

을묘(14일), (천황이) 熊取野에서 사냥을 즐겼다.

병진(15일), (천황이) 難破行宮에 행차하였다.

정사(16일), 國司가 봉헌하였다. 西成, 東生 2군의 제사찰에 사자를 보내 목면을 희사하였다.

무오(17일), (천황이) 難破에서 환궁하였다.

임술(21일), (천황이) 神泉苑에 행차하였다.

갑자(23일), 칙을 내려, "사사로이 매, 새매를 사육하는 것은 금제한 지 이미 오래되었다[91]. 듣는 바와 같이 많은 臣民들은 사육하고 멋대로 사냥을 하고 있다. 이것은 고의로 칙명을 위반하는 일이고, 심히 죄를 물어야 한다. 엄히 금단하고 두번 다시 위반하지 않도록 한다. 다만, 1, 2인[92]의 王臣은 신분에 따라 사육을 허

---

90 葛井宿禰는 白猪史, 葛井連으로 씨성의 변천이 있다. 『日本書紀』欽明紀 30년(569)조에 王辰爾의 조카 膽津이 白猪史의 씨성을 받았고, 『續日本紀』養老 4년(720) 4월에 白猪史가 葛井連으로 개성되었다고 한다. 외종5위하 葛井宿禰豐繼는 백제계 도래씨족으로 大同 원년(806) 2월에 安藝介, 동 3년 6월에 右京亮 弘仁 2년(811) 2월에 造東寺次官에 임명되었다.

91 매 사육은 兵部省에 소속된 主鷹司에서 관할한다.

92 『類聚三代格』권19, 大同 3년(808) 9월 23일부「禁斷飼鷹鷁事」에, "右撿案内, 太政官去寶龜四年正月十六日下彈正臺左右京職五畿内七道諸國騰, 勅符俑, 養鷹者先旣禁斷, 頃年以來無事棄日, 時覽遊覽。特聽一二陪侍者令得養。欲送無戞之餘景". 태정관부에 인용된 寶龜 4년(773) 정월 16일에 탄정대, 좌우경, 기내, 7도제국에 내린 칙에서, "特聽一二陪侍者令得養"라고 하여 매 사육을 특별히 허가한 내용 중에 1, 2라고 나온다. 즉 원문의 '三'은 '一二'의 오기로 보인다.

락한다. (이들에게는) 날인된 문서를 주어 인증서로 삼는다. 그 외의 자들이 사육하면 중죄로 처벌한다. 인증서에 기록된 숫자를 넘겨 사육하면, (그중의) 매사냥[93]을 하는 자를 체포하여 압송한다. 그 외의 王, 臣 5위 이상은 이름을 기록하여 보고한다. 6위 이하 및 매사냥하는 사람은 勅法에 의거하여 옥에 가두고, 모두 위칙죄로 처벌한다. 또한 사자를 보내 조사하여 위반한 사실이 있다면, 國郡의 관사도 같은 죄로 한다"라고 하였다.

무진(27일), 越前, 能登 2국의 금년도 調의 10분의 7을 면제한다[94]. 뽕나무, 삼베 재배의 손실이 있었기 때문이다.

○ 11월 무인(7일), 陸奧國 栗原郡에 새로 3역을 설치하였다.

기묘(8일), (천황이) 日野에서 사냥을 즐겼다.

임오(11일), 제를 내려, 筑前國 志麻郡은 지금 이후로는 調를 목면으로 바치는 것을 정지하고, 錢으로 납입하게 하였다.

갑신(13일), (천황이) 神泉苑에 행차하였다. 좌경인 종7위하 大俣連三田次에게 大貞連의 성을 내렸다.

정해(16일), (천황이) 神泉苑에 행차하였다.

무자(17일), 山城國 乙訓郡 白田[95] 6정을 甘南備內親王[96]에게 주었다.

기축(18일), (천황이) 神泉苑에 행차하였다.

계사(22일), 出羽國에서 언상하기를, "秋田城[97]을 세운 이래 40여년이 되었는

---

93 수렵용 매를 말한다

94 「賦役令」9 「水旱」조에, "凡田, 有水旱虫霜, 不熟之處, 國司檢実, 具錄申官. 十分損, 五分以上免租. 損七分, 免租調, 損八分以上, 課役俱免. 若桑麻損盡者, 各免調. 其已役已輪者, 聽折来年"이라고 하여 자연재해로 인해 피해를 입을 경우에, 국사가 조사하여 태정관에 보고하고, 그 결과에 따라 처리한다. 桑, 麻의 손실이 전체일 경우에는 調를 면제한다고 규정되어 있다. 상기 본문에서는 7할 손실을 면제 대상으로 하고 있다. .

95 白田은 畠이라고도 쓴다. 수전과는 달리 땅이 건조하여 희게 보여 白田이라고 하고, 밭을 가리킨다.

96 桓武天皇의 제12황녀.

97 出羽國 秋田에 있던 고대 성책으로 현재의 秋田縣 秋田市이다. 秋田城의 창건은 天平 5년

데, 토지는 메마르고 오곡의 재배에 적당하지 않다. 게다가 북쪽 구석에 고립되어 있어 주변에 도움을 청할 만한 곳이 없다. 삼가 바라건대, 영구히 폐쇄하고 (그 기능을) 河邊府로 이전해 보존했으면 한다'라고 하였다. 이에 (秋田)城을 정지하고, 토착인, 유랑인을 불문하고 그 지역에 사는 자는 (秋田)城에 호적을 편입하게 하였다.

무술(27일), (천황이) 神泉苑에 행차하였다. 左大弁 정4위하 行皇太子學士, 但馬守를 겸직한 菅野朝臣眞道[98], 木工頭 종5위상 行造宮亮, 播磨介를 겸직한 石川朝臣河主에게 승강의 사무를 감독시켰다.

○ 12월 임인삭, (천황이) 神泉苑에 행차하였다.

병오(5일), 칙을 내려, "지금 이후로는 左右大弁[99], 8省의 卿, 彈正尹은 참의 이상에 준하게 하고, 궁성문이 열린 이후에도 조당원 회의에 참여할 수 있도록 한다[100]"라고 하였다.

정미(6일), (천황이) 神泉苑에 행차하였다.

---

(733)의 出羽柵 설치가 기원이 되고 있지만, 天平寶字 연간(757-763)에 秋田城으로 개칭하여 이로부터 계산하면 본문에서 말하듯이 40여년이 지난 것이다. 몇차례 개폐의 과정을 거치면서 10세기중엽까지 出羽國 북부의 행정, 군사, 외교의 거점으로 역할을 담당해 왔다. 한편, 秋田城의 발굴조사 결과로부터 발해와의 교류를 엿볼 수 있는 사실도 나오고 있다. 발해사의 내착 지점은 다양하지만, 出羽國도 그중의 하나로 사절단에 대한 현지의 대접은 秋田城의 역할이었다고 생각된다.

98 207쪽, 延曆 18년(799) 3월 정사조 각주 58 참조.

99 태정관을 구성하는 주요 부서인 弁官局이 左右 2개 있고 그중의 최고위 관인이다. 議政官 (大臣, 大納言, 中納言, 參議) 밑에서 태정관의 실무를 담당한다. 종4위상의 상당관으로 8성의 장관과 동일한 수준이다.

100 관인들이 조정에 출근할 때에는, 궁성문이 열리기 전에 궁문 앞에 모여있다가 개방과 동시에 朝堂에 들어간다. 조당회의는 대신 이하 백관이 모여 정무사항을 상신하거나 결재하는 중요한 국정회의이다. 종전에는 의정관인 參議 이상에게만 허용하던 궁성문이 열린 이후에 개별적인 출입을 左右大弁, 8省의 卿, 彈正尹에게도 확대한 것이다. 『延喜式』 권제41 彈正臺, "凡開門時者, 令忠已下立宮闔門糾彈非違"라고 하여 궁성문 개방시에는 탄정대 관인의 검문을 받는다.

임술(21일), 칙을 내려, "소를 이용하는 것은 국가에 있어서 중요하다. 무거운 짐을 먼 곳까지 운반할 수 있어 그 효용이 실로 크다. 듣는 바와같이, 무뢰한들이 다투어 교만하고 사치스러운 일을 하고 있는데, 더욱이 송아지의 가죽을 벗겨 경쟁적으로 말안장에 사용하고 있다고 한다. 참으로 폐해가 매우 심하여 모름지기 근절해야 할 일이다. 지금 이후로는 도살하여 가죽을 벗기거나 말안장 및 활통으로 사용하는 일은 일체 금단한다. 만약 위반하는 자가 있으면 위칙죄로 처벌한다. 주관 관사에서 아첨을 받아 용인한다면 또한 동일한 죄로 처벌한다"라고 하였다.

병인(25일), 천황의 건강이 악화되었다. 平城京 7대사에 사자를 보내 목면 560 근을 시입하고, 경전을 암송하였다. 또 평성경내의 궁핍한 승려, 속인들을 구휼하였다.

정묘(26일), 조를 내려, "짐이 생각하는 바가 있어, 은택을 베풀고자 한다. 천하에 대사면을 내린다. 延曆 23년 12월 26일 통트기 이전에 일어난 사형죄 이하는 죄의 경중을 불문하고 모두 사면시킨다. 다만 강도와 절도, 사주전, 통상의 사면에서 면제되지 않는 자는 이 사면의 범위에 포함하지 않는다. 굳이 사면 이전에 일어난 사건을 고발한 자는 그 죄로서 죄를 묻는다. 천하에 두루 포고하여 짐의 뜻을 알리도록 한다. 이날, 3품 식부경 諱〈淳和〉에게 득도자 1인을 내렸다.

◎ 延曆 24년(805) 춘정월 신미삭, 신년하례를 중지하였다. 천황의 건강이 좋지않기 때문이다.

계유(3일), 제를 내려, "定額寺[101]는 檀越[102]의 이름을 流記[103]에 기록하고 고쳐서

---

101 官大寺, 國分寺, 國分尼寺에 이어 국가의 통제를 받는 사찰, 조정이 私寺의 폐단을 시정하기 위해 황족이나 귀족, 호족이 세운 사원 중에서 寺額을 주어 定額寺로 정했다. 半官半私의 성격을 갖는 사원으로 특히 私寺에 대한 통제가 강화되는 延曆 연간인 780년대 이후 定額寺가 급증하기 시작한다. 私寺에서 官寺로 편입을 신청하여 억압으로부터 회피하여 국가의 지원을 받으려는 움직임이 나타났다. 定額寺는 국가로부터 수리료, 燈分料 등을 지원받는다. 『續日本紀』 天平勝寶 원년(749) 7월조에 寺院의 간전지의 규제를 정한 "定額寺, 寺別一百町"라고 하여 定額寺 용어가 처음 나온다.

는 안된다. 그러나 어리석은 사람들이 다투어 氏寺를 권문세가에 가탁하여 이를 단월이라고 사칭하고 있다. 寺家의 전지는 임의대로 매매하여 문란해지는 일이 많다[104]. 반드시 엄단하도록 한다"라고 하였다.

정축(7일), 정5위상 橘朝臣安麻呂에게 종4위하를 내렸다. 5위 이상에게 물품을 차등있게 하사하였다.

갑신(14일), 날이 밝자 천황이 급히 황태자를 불렀으나 지체되었다. 다시 참의 右衛士督 종4위하 藤原朝臣緒嗣를 보내 불렀다. 바로 황태자가 들어와 침전으로 올라갔다. 침상 가까이 부름을 받자, 천황의 말은 잠시 침묵이 흘렀다. 우대신 정4위하 菅野朝臣眞道[105], 종4위하 秋篠朝臣安人[106]을 참의로 삼았다. 또 대법사 勝虞를 불러 매와 개를 방생하게 하였다[107]. 근시하는 신하들이 눈물을 흘리지 않는 자가 없었다. 崇道天皇[108]을 위해 淡路國에 절을 세웠다.

이날, 칙을 내려, "근년 불교의 흥륭을 위해 법을 위반하는 승려가 자주 나오고 있다[109]. 지금 듣건대, 앞의 과오를 스스로 참회하고 각각 수행하는 자가 있다고

---

102 원래 시주의 의미가 있고, 절 조영시의 재정적인 도움을 주고 승려에게 보시하는 신자.

103 流記資財帳, 사원의 현황을 기록한 장부로 매년 국가에 보고한다. 여기에는 절의 3綱, 國師(혹은 僧綱), 國司, 승려, 檀越의 입회하에 사원의 부지, 건물, 불상, 경전, 寺領, 승려 등을 기록한다.

104 「田令」26에는 관인, 백성이 전원, 택지를 절에 희사하거나 매매하는 일을 금지하고 있다.

105 207쪽, 延曆 18년(799) 3월 정사조 각주 58 참조.

106 104쪽, 延曆 13년(794) 8월 계축조 각주 11 참조.

107 매와 개는 수렵용으로 사용되어 살상을 금지하려는 의도였다. 『續日本紀』養老 5년(721) 7월 경오조의 詔에도, "放鷹司의 매, 개, 大膳職의 가마우지, 제국의 닭, 돼지 등을 모두 본 거지로 방생하여 본성을 되찾을 수 있도록 한다"라고 하여 방생 기록이 보인다.

108 光仁天皇의 제2황자인 早良親王, 延曆 4년(785)의 長岡京 조영의 추진자인 藤原種繼의 암살사건에 억울하게 연루되어 폐위되고 淡路에 유배 도중 사망하였다. 이 사건 후, 불길한 일이 빈번히 발생하자, 早良親王의 원령이라는 점괘가 나오자 연력 19년(800)에 崇道天皇으로 추증하고 淡路에서 大和로 이장하였다.

109 延曆 23년(804) 정월 정해조의 칙에서, "근년 제국의 승려들은 계율을 훼손시키는 자가 많다. 불교의 가르침을 더럽히면 앞서의 추방 조치에 따른다"라고 하여 승려의 추방 사실을 전하고 있다.

한다. 반드시 그 잘못을 용서하고 본래 수행하던 절에 거주하도록 한다. 만약 다시 죄를 범하면 항례의 법으로 처벌한다. 또 천하제국에 국내 사원의 탑을 수리하도록 한다"라고 하였다.

을유(15일), 교대로 출사하고 있는 隼人의 풍속의 가무를 정지하였다[110]. 이날, 대법사 勝虞를 소승도로 삼고, 均寵을 율사로 삼았다.

병술(16일), 참의 종4위하 秋篠朝臣安人[111]을 右大弁으로 삼고, 近衛少將 및 勘解由[112] 장관, 阿波守는 종전대로 하였다. 종4위하 橘朝臣安麻呂를 左中弁으로 삼고, 종5위상 百濟王鏡仁[113]을 右中弁으로 삼았다. 종4위상 藤原朝臣葛野麻呂[114]를 형부경로 삼고 越前守는 종전대로 하였다. 5위 이상에게 연회를 베풀고 물품을 차등있게 하사하였다.

정해(17일), 어재소 남단의 문 밖에서 大射를 행했으나, 천황은 참석하지 않았다[115].

신묘(21일), 산위 종4위하 住吉朝臣綱主에게 득도자 1인을 내렸다.

임진(22일), (병상에서) 숙직하는 친왕 이하 5위 이상에게 의복을 내렸다. 이날, 미시[116]에 큰 유성이 떨어졌다.

을미(25일), 지진이 있었다.

---

110 薩摩, 大隅 2국의 隼人은 『續日本紀』靈龜 2년(716) 5월조에 6년마다 한번씩 교대로 조정에 출사하고 있다. 2국으로부터의 공진은 延曆 20년(801) 6월에 정지되었는데, 잔류하고 있던 隼人들의 풍속가무를 중지시킨 것이다.

111 104쪽, 延曆 13년(794) 8월 계축조 각주 11 참조.

112 律令制 하에서 국사의 임기가 만료되었을 때, 인수인계를 위해 후임국사가 전임국사에게 解由狀을 교부해 왔다. 8세기말이 되면 桓武天皇은 해이해진 지방행정을 강화하기 위해 감사, 감독하는 勘解由使의 직을 신설하였다. 관사는 勘解由使廳이다. 구성은 장관, 차관, 판관, 주전 등 4등관제이다.

113 201쪽, 延曆 18년(799) 2월 갑오조 각주 31 참조.

114 257쪽, 延曆 20년(801) 8월 경자조 각주 1 참조.

115 桓武天皇을 위해 침전 가까운 곳에서 개최했으나 병중으로 참석할 수 없었다.

116 오후 2시경.

무술(28일), 외종5위하 吉水連神德[117]에게 종5위하를, 정6위상 出雲連廣貞[118]에게 외종5위하를 내렸다. 천황의 진료를 위해 약을 바치고, 밤낮으로 태만하지 않았기 때문이다.

○ 2월 을사(5일), 相摸國에서 언상하기를, "근년에 鎭兵 350인을 차출하여 陸奧, 出羽 양국에 수비시켰다. 그러나 傜丁[119]이 부족하고 훈위자가 다수이다. 삼가 청컨대, 鎭兵을 양분해서 1분은 훈위자를 차출하고, 1분은 白丁으로부터 차출했으면 한다'라고 하였다. (천황은) 이를 허락하였다.

병오(6일), 승려 150인에게 궁중 및 春宮坊 등에서 대반야경을 강독하게 하였다. 靈安寺[120]에 1동의 작은 창고를 만들어 벼 30속을 수납하였다. 또 별도로 調의 목면 50근, 庸의 목면 50근을 수납하여 신령[121]의 원혼을 위로하였다.

경술(10일), 造石上神宮使 정5위하 石川朝臣吉備人 등이 신사의 조영에 공정을 계산해서 연인원 15만 7천인이 (필요하다고) 상신하고, 太政官에서 (천황에게) 주상하였다. 칙을 내려, "이 신궁이 다른 신사와 다른 이유는 무엇인가"라고 묻자, 어느 臣이 주상하기를, "많은 무기가 수납되어 있는 일이다"라고 하였다. 칙을 내려, "무슨 연고로 병기를 수장하고 있는 것인가"라고 하자, 받들어 답하기

---

117 『新撰姓氏錄』左京諸蕃下에 "吉水連은 前漢의 魏 郡人 蓋寬饒로부터 나왔다"는 출자를 주장하고 있다.

118 桓武天皇의 사후 平城朝에서는 中內記, 典藥助, 侍醫를 역임하였고, 동시에 美作權掾, 但馬權掾, 近國의 국사도 겸직하였다. 平城天皇의 명으로 제약법을 편찬하였고, 大同 3년(808)에는 일본 최초의 의약서인 『大同類聚方』을 찬진하였다. 이어 嵯峨朝에서도 시의로 봉사하였고, 弘仁 2년(811)에는 內藥正을 겸직하였다. 그의 자손들도 의약에 종사하는 사람이 많았다. 『三代實錄』貞觀 12년(870) 3월조에는 出雲連에서 菅原朝臣으로 개성한 기록이 나온다.

119 연간 60일 부과되는 雜傜인 노역에 징발되는 正丁.

120 井上內親王과 安殿親王의 혼령을 위로하기 위해 세운 절.

121 억울하게 폐위된 井上內親王과 安殿親王의 혼령. 이들의 폐위에는 桓武天皇을 옹립한 藤原百川 등의 음모가 있었다고 보이고, 천황이 중병에 있는 것도 이에 연유한다는 인식에서 절을 지어 사죄의 의식을 행하는 것이다.

를, "예로부터 천황이 신궁에 어림할 때 수납하였다. (平安京 천도로) 왕도에서 멀어져 비상시에 대비해야 한다. 삼가 점을 쳐 (왕도 근처로) 옮겼으면 한다"라고 하였다. 이때, 문장생 종8위상 布留宿禰高庭가 바로 解文을 작성하여 태정관에 상신하기를, "(石上神宮의) 神戸인 백성들의 서장에서 말하기를, '요즈음 (石上의) 大神이 자주 소리나는 화살을 쏘고 있어 마을 사람들이 모두 괴이하게 생각하고 있는데, 무슨 징조인지 알 수 없다'고 한다. (그리고) 얼마 지나지 않아 신보를 옮기게 되었다[122]. 바라건대, 이 解狀을 (천황에게) 주상하여, 정지했으면 한다"라고 하였다. 이에 태정관에서는 (이 解狀을) 주상하였다. 解狀에 대한 宣旨가 내려져, "점괘에 吉에 부합한다. 방해해서는 안된다"라고 하였다. 소관관사에서 모두 와서 신보를 감시하여 운반하였고, 山城國 葛野郡에 수장하였다. 그러나 창고는 이유없이 무너져, 다시 (兵庫寮의) 병기고에 수납하였다. (그러나) 이미 천황의 건강은 악화되었다. 典闈[123] 建部千繼는 春日祭使[124]에 임명되었는데, 平城京의 松井坊에 새로운 신이 나타나 무녀에게 신탁[125]하였다는 것을 알고, 바로 달려가 물었더니, 무녀가 말하기를, "지금 물은 것은 범용한 사람의 일이 아니다. 그 분의 상태를 들어야 한다. 그렇게 하지 않으면 물은 것에 답할 수 없다"라고 하였다. 이에 천황의 건강 상태를 고하자, 즉시 탁선하여 말하기를, "역대 천황이 간절한 의지를 갖고 보내 수납한 신보이다. 지금 나의 뜰을 오염시켜 운반하는 것은 온당하지 않다. (그래서) 천하의 신들을 부르는 까닭이고, 천황의 한 일을 기록하여 天帝에게 보내는 것이다"라고 하였다. 바로 경에 들어가 (천황에게) 은밀히 주상하였다. 바로 神祇官 및 소관 관사에 조를 내려, 석상신궁에 2개의 휘장을 설치하여 은상자에 음식을 담고, 어의 한 벌을 갖추어 천황의 수레에 수납

---

122 293쪽, 延曆 23년(804) 2월 경술조 참조.
123 後宮 12司 중의 하나인 闈司의 차관.
124 春日祭에 春日大社에 神馬를 본헌하기 위해 近衛府에서 파견되는 사자를 말하고, 藤原氏의 近衛少將, 中將에 재직 중인 자가 많다.
125 石上新宮의 祭神인 布留御魂의 神意.

하고, 典鬮 千繼充使를 보내 무녀를 불러 (石上神宮의 神인) (布留)御魂을 진혼하게 하였다. 무녀는 밤새 분노하며 이전과 같이 신탁을 말했는데, 날이 밝자 이내 온화해졌다. (이에) 칙이 내려져, 천황의 나이에 준해서 오랜 덕을 쌓은 69인[126]의 승을 초청하여, 석상신궁에서 독경을 행하였다.

(천황은 다음과 같이) 조를 내렸다(宣命體). "천황의 어명으로 石上의 大神에게 말씀하기를, 大神의 궁에 수납되어 있는 무기를, 京都에서 멀리 있어 가까운 곳에 두려고 생각하여, 작년 이곳으로 옮겨 수장하였다. 그러나 근자에 몸이 평상과 같이 않고, 꿈에 (무기 반출의 부당함을) 깨닫게 하여 大神이 원하는대로 本社에 되돌려 놓게 되었다. 놀랄 일도 없고, 질책할 일도 없이 평안하게 계시기를 염원하고자 한다. 이에 鍛冶司正 종5위하 作良王, 神祇大副 종5위하 大中臣朝臣全成, 典侍 정5위상 葛井宿禰廣岐[127] 등을 보내고, 예물의 폐백 및 거울을 소지시킨다고 하신 어명을 말씀드린다. 말을 바꾸어 神으로서 황손인 짐을 견고한 반석과 같이 변함없이 지켜 행운을 가져다 주기를 바란다고 하신 말씀을 아룁니다". 典藥頭 종5위상 中臣朝臣道成 등을 보내, 石上神社의 무기를 반납하였다. (이날) 산위 종4위하 住吉朝臣綱主가 죽었다. 綱主는 궁술에 능해 近衛가 되었고, 후에 將曹, 將監을 역임하였다. 사람됨이 근면하였고 宿衛에도 태만하지 않았다. 매, 개를 애호하였고, 많은 사졸의 신임을 얻었다. 출사하여 (近衛)少將에 이르렀다. 사망시의 나이는 77세였다. (이날) 大和國 사람 정6위상 曰佐方麻呂[128], 近江國

---

126 桓武天皇의 출생은 天平 9년(737)으로, 延曆 24년(805) 2월의 시점에서 69세였다. 즉 환무천황의 나이에 준해서 69인의 승려를 초청하여 독경시킨 것이다.

127 葛井宿禰氏는 백제계 도래씨족으로, 이 씨족에 대해서는 延曆 15년(794) 3월 계축조 해당 각주 참조. 葛井宿禰廣岐는 이달 갑인에 종4위하에 서위되고, 동년 11월 기사에는 山城國 紀伊郡의 토지 1정을 받았다고 한다. 한편 大同 4년(809) 7월 신유조의 卒年 기사에 나오는 葛井宿禰廣致는 葛井宿禰廣岐를 말한다.

128 曰佐는『新撰姓氏錄』左京皇別上에 "紀朝臣과 조상이 같고, 武內宿禰의 후손이다. 欽明天皇 대에 동족 4인과 國民 35인을 이끌고 귀화했다"라는 시조전승을 전한다. 원래 曰佐라는 씨명은 통역을 맡던 직능에서 유래하고, 대화정권에서 통역을 전문적으로 담당하던 씨족이기 때문에 譯語라고도 한다.『日本書紀』欽明紀 15년(554) 정월조에서 백제가 前部施德

사람 정6위상 曰佐人上에게 紀野朝臣의 성을 내렸다.

갑인(14일), 備後國에 기근이 들어 사자를 보내 진휼하였다. 정5위상 葛井宿禰 廣岐에게 종4위하를 내렸다.

을묘(15일), 脩行大法師位 榮興에게 득도자 1인, 脩行傳燈法師位 聽福에게 득도자 2인을 내렸다. 左京人 多王, 登美王 등 17인에게 三園眞人의 성을 내렸다. 吉竝王. □竝王 등 17인에게 近江眞人의 성을, 駿河王, 廣益王 등 16인에게 淸海眞人의 성을, 池原王, 嶋原王 2인에게 志賀眞人의 성을, 貞原王, 眞貞王 2인에게 淨額眞人의 성을, 坂野王, 石野王 등 16인에게 淸岳眞人의 성을, 篠井王, 坂合王 등 5인에게 淨原眞人의 성, 十二月王, 小十二月王 등 3인에게 室原眞人의 성을, 永世王, 末成王, 末繼王에게 春原眞人의 성을, 田邊王, 高槻王 등에게 美海眞人의 성을, 般木王, 長井眞人, 岡山女王, 廣岡女王 등 4인에게 岡原眞人의 성을, 廣永王, 益永王 등 4인에게 豐岑眞人의 성을, 田村王, 小田村王, 金江王, 眞殿王, 河原王 등 8인에게 長谷眞人의 성을, 八上王, 八嶋王에게 山科眞人의 성을 내렸다.

기미(19일), 제국의 國分寺에 명하여 藥師悔過[129]를 행하게 하였다. 천황의 몸이 아직 평안하게 않기 때문이다.

임술(22일), 傳燈大法師位 安曁에게 득도자, 승니 각 1인을 내리고, 脩行大法師位 榮興에게 승 1인을 내리고, 脩行大法師位 慈窓 등 7인에게 각각 승 2인을 내렸다. 종5위상 平群朝臣廣道를 土左守로 삼았다.

○ 3월 신미(2일), 宿侍[130]의 승 및 5위 이상에게 피복을 하사하였다.

계유(4일), 소승도 傳燈大法師位 勝虞에게 득도자 2인을 내렸다.

을해(6일), 播磨國의 蝦夷 제2등 去返公嶋子에게 浦上臣의 성을 내렸다.

曰佐分屋 등을 축자에 보낸 기사에서도 알 수 있듯이 백제계 이주민 집단으로 생각된다.

129 悔過는 불교에서 삼보에 대해 자기가 지은 죄나 과오를 참회하고 고치는 일을 말한다. 佛事의 대상이 되는 본존에 따라 藥師如來인 경우에는 藥師悔過, 阿彌陀佛이면 阿彌陀悔過, 釋迦如來이면 釋迦悔過, 觀音菩薩이면 觀音悔過라고 한다.

130 내리에서 桓武天皇의 간병을 위해 숙박하며 봉사하는 승. 승려 중에는 의학에 능한 醫僧도 있었고, 독경 등을 佛力을 통해 마음을 안정시키는 역할로 생각된다.

병자(7일), 律師大法師位 均寵, 脩行滿位 僧 勤盍에게 각각 득도자 2인을 내리고, 脩行滿位 僧 常江 · 壽全에게 각각 1인씩 내렸다.

기묘(10일), 傳燈法師位 勤操에게 득도자 2인을 내리고, 脩行滿位 僧 壽全에게 1인을 내렸다.

계미(14일), 종5위하 多治比眞人八千足에게 종5위상을 내렸다.

병술(17일), 정6위상 下毛野公小建에게 외종5위하를 내렸다.

기축(20일), 종4위하 吉備朝臣泉 및 五百枝王, 藤原朝臣淨岡, 藤原朝臣雄依, 山上船主 등의 죄를 면제하여 입경하도록 하였다.

임진(23일), 伊豆國에 유배중인 氷上眞人河繼의 죄를 면제하였다. 사자를 伯耆國에 보내, 玄賓法師를 초청하였다[131].

병신(27일), 殿上[132]에서 灌頂法[133]을 행했다. 이날, 조를 내려, "법의 그물망을 풀고 지은 죄에 눈물을 흘리는 것은 어진 군주의 훌륭한 가르침이다. 잘못을 씻고 부정한 것을 없애는 것은 대대로 성왕이 행해온 규범이다. 짐은 군주로서 천하에 군림하여 백성을 자식과 같이 보살폈다, 流刑, 移鄕[134]의 처분을 받고 오랫동안 형기에 빠진 이들을 생각하면, 심히 측은한 마음이 들어 잠자리에 들어도 깨어있어도 잊을 수가 없다. 은택을 베풀어 그들로 하여금 잘못을 고치게 하려고 생각한다. 延曆 24년 3월 이전에, 모반, 대역죄 및 그 외의 이미 유형 및 移鄕

---

131 桓武天皇의 간병을 위한 것이다. 玄賓法師의 俗姓은 弓削氏이고, 興福寺의 승 宣敎에게 法相敎學을 배웠다. 延曆 24년(806)에 大僧都에 임명됐지만 사퇴하였다. 嵯峨天皇의 신임이 두터웠고, 大同 4년(809)에 平城上皇의 치유를 위해 기도하였다. 弘仁 2년(811)부터 7년간 천황은 서신과 물품을 보내 예의를 표한 바 있다.

132 前殿, 후의 內裏의 正殿인 紫宸殿.

133 菩薩이 부처가 될 때, 머리에 물을 흘려 부처의 위치에 도달했음을 증명하는 의식, 여기서는 桓武天皇의 쾌유를 기원하여 천황의 머리 위에 물을 흘리는 의식을 하는 것이다.

134 본적지를 떠나 타향에 강제 이주되는 것, 사람을 죽여 사형에 처해진 자가 은사를 받아 사형에서 1등 면제된 경우에 행해진다. 사면 후 상대에 대한 복수를 우려해 일종의 격리를 행하는 것이다. 일반적인 유배형과는 성격이 다르다. 유배형은 1년 내지 3년의 복역 기간이 끝나면, 그 후에는 현지에서 공민으로서 생활하도록 되어 있다.

에 처해진 자들은 승, 속인을 불문하고 모두 사면하도록 한다. 만약 본인이 사망하여 은택을 받을 수 없는 경우에는, 그 처자의 귀향을 허락한다[135]. 다만 惡逆[136], 造畜蠱毒[137], 살인 내지는 다른 죄를 범해서 사면되지 않고 유형, 移鄕에 처해진 자, 절도와 강도는 사면의 범위에 포함하지 않는다. 두루 원근에 고지하여 짐의 뜻을 알리도록 한다"라고 하였다.

○ 하4월 신축(2일), 산위 종6위상 江沼臣小竝에게 외종5위하를 내렸다.

임인(3일), 시의 등에게 의복 및 목면, 삼베를 차등있게 내렸다[138].

계묘(4일), 칙을 내려, "듣는 바와같이 調를 공상하는 운송자는[139] 길에서 지체되기도 하고 혹은 굶어서 사망하는 자가 많다고 한다. 참으로 가는 도중의 國, 郡에서는 법령[140]을 따르지 않고, 필요에 따라 도와야 할 촌리에서는 마음이 없다는 데에 이유가 있다. 지금 이후로는 이러한 관인이 있으면 해당 지역의 관사에서는 법에 따라 처벌하도록 한다. 郡, 國의 관사에서는 구제하는 마음을 가져야 한다. 의료, 물품을 지원하는 것은 오로지 법령에 따른다"라고 하였다.

---

135 「名例律」24, 「玉令」11에 의하면, 流刑이나 移鄕에 처해질 경우에 妻妾도 유배지에 동행하게 되어 있고, 아들도 원하면 동행이 허락된다. 「名例律」25에는, 유형을 받은 본인이 사망할 경우에는 사망 후 6년 이내이면 남은 가족은 귀향이 허락된다.

136 律令이 정한 팔학 중에서 주군을 죽인 大罪.

137 毒蟲을 이용해서 독약을 제조하거나 소지하고 있는 자.

138 桓武天皇의 병 치료를 위해 봉사한 시의 등 의료진에게 감사의 표시를 한 것이다.

139 調를 운송하는 일은 調를 납부하는 자가 담당한다. 「賦役令」3 「調庸物」조에는 "其運脚均出, 庸調之家"라고 하여 운송에 필요한 비용은 庸, 調를 납입하는 집에서 균등하게 지출한다고 규정되어 있다.

140 『續日本紀』養老 4년(720) 3월 기사조에, 太政官奏에서, "養老 2년 6월 4일자 문서의 안을 살펴보니, 庸, 調의 운송자는 노정의 원근, 수하물의 경중을 헤아려 각 戶에서 운송비를 균등하게 내어 인부의 노비로 사용하도록 하였다. …귀향길에 식량에 떨어지기 때문에 노상에서 심한 고통에 시달린다. 청컨대, 경내에 관물을 비축해 두고 공적인 일로 물건을 보내고 돌아갈 때마다 그 여정에 따라 식량을 지급하여 굶주림에 고통받지 않고 빨리 고향으로 돌아가게 해야 한다"라고 하여 庸, 調의 운송자에 대한 대책이 나오고 있다. 동 天平寶字 원년(757) 10월 경술조에는 관인이 운송자에 대한 조치를 태만히 한다면 위칙죄로 처벌한다고 규정하고 있다.

갑진(5일), 제국에 명하여 崇道天皇을 위해 작은 창고를 세우고, 정세의 벼 40 속을 납입하게 하였다[141]. 아울러 (천황에 준하는) 國忌[142] 및 봉폐를 행하게 하였다. (崇道天皇의) 원령에 사죄하기 위해서이다. 土左國의 역로를 통과하는 郡에 傳馬[143] 5필을 추가로 배치하도록 하였다. 새로 개통되는 도로가 험준한 산곡지 대이기 때문이다.

을사(6일), 천황이 황태자 이하 참의 이상을 불렀다. 후사를 부탁하기 위해서 이다.

기유(10일), 근위대장 藤原朝臣内麻呂, (근위)중장 藤原朝臣繩主 등에게 명하여 兵仗殿[144]의 열쇠를 황태자에게 주도록 하였다. 賀茂神社[145]에 사자를 보내 봉폐하였다.

경술(21일), 崇道天皇을 개장하는 관사를 두었다[146]. 외종5위하 豐山忌寸眞足을 主殿助로 삼았다.

○ 5월 기사삭, 시종 및 시의 등에게 의복을 하사하였다.

---

141 『類聚三代格』권12, 承和 9년(842) 2월 25일자 太政官符에는 "右案太政官去延暦二十四年四月四日符偁. 右大臣宣。奉勅, 奉爲崇道天皇諸國造正倉收納正税者"이라고 하여 지난 延暦 24년(805) 4월 4일 태정관부에, 崇道天皇을 위해 제국에 正倉을 만들어 정세를 수납하고, 이어 國司 掾 이상 1인이 전담하고 郡 별로 창고를 만들어 벼 40속을 수납하도록 하는 조치를 취하고 있다.

142 「儀制令」7에 의하면, 國忌日은 先皇의 기일이다. 崇道天皇으로 추증된 早良親王의 원령을 위로하기 위해 天皇에 준하는 의례를 행하고 있다.

143 「廐牧令」16에는 傳馬는 郡마다 5필씩 두며 모두 官馬로 한다. 공용의 교통, 통신을 위해 설치하였다. 傳馬는 諸道에 두는 驛馬와 구별된다. 역마는 大路에 20두, 中路에 10두, 小路에 5두씩 둔다.

144 병기의 수장고는 율령제 하에서 左右兵庫寮, 内兵庫寮에서 관장한다. 兵仗殿이라는 명칭은 정사인 六國史에서도 유일한 사례이며, 앞의 2개의 兵庫寮를 가리키는 말일 수도 있고, 한편으로는 천황 자신이 소장하는 별도의 무기고일 가능성도 있다.

145 賀茂御祖神社(下鴨神社)와 賀茂別雷神社(上賀茂神社). 고대의 賀茂氏의 氏神을 모시는 신사이다. 양 신사의 제례에는 천황의 칙사를 맞이하는 3칙제의 하나이다.

146 早良親王의 陵을 개장하기 위해 설치, 淡路國에서 八島陵으로 개장, 『延喜式』諸陵式에 의하면, 동서 5町, 남북 4町, 守戸 2煙이라고 한다. 현재의 奈良縣 奈良市 八島町에 소재.

신미(3일), 종5위상 藤原朝臣上子에게 정5위하를 내렸다.

무인(10일), 土左國 香美郡의 少領 외종6위상 物部鏡連家主에게 관위 2계를 내렸다[147]. 郡의 백성들을 잘 보살피고, 공무에 태만하지 않았기 때문이다.

기묘(11일), 山城, 大和, 河内, 攝津 등 4국에 史生 1인의 증원하였다. 이날, 脩行傳燈法師位 聽福을 紀伊國 伊都郡에 보내 3중탑을 세웠다. 천황의 쾌유를 빌기 위해서이다.

갑오(26일), 甲斐, 越中, 石見 3국에 기근이 들어 사자를 보내 구휼하였다.

○ 6월 을사(8일), 견당사 제1선이 對馬島 下縣郡에 도착하여 정박하였다. 대사 종4위상 藤原朝臣葛野麻呂[148]가 상주하여 말하기를, "臣 葛野麻呂 등은 작년 7월 6일, 肥前國 松浦郡 田浦에서 출발하여 4척의 배로 해상으로 나갔다. 7일 술시[149]에 제3, 제4 양선이 화염 신호에 응답이 없었다. 생사를 넘나드는 상황에서 파도에 표류한 지 34일이 되었다. 8월 10일에 福州 長溪縣 赤岸鎭 이남의 해구에 도착하였다. 鎭將 杜寧, 縣令 胡延沂 등이 서로 맞이하여 말하기를, '(福)州의 刺史 柳冕은 병으로 사직하고, 새로 임명된 자사는 아직 부임하지 않았다. (唐) 국가는 매우 평온하다'고 하였다. 그 州[150]로 향하는 길은 험준한 산곡이어서 짐을 갖고 가는 데에는 적당하지 않았다. 이런 까닭에 배로 돌아서 (福)州로 향했다. 10월 3일에 (福)州에 도착하였다. 새로 임명된 관찰사 겸 자사 閻濟美는 판단하여 (황제에게) 주상하고, 또 일행 23인을 왕경으로 가도록 하였다. 11월 3일에 臣 등은 上都[151]로 출발하였다. 이 (福)州는 京에서부터 거리는 7,500리이다. 별을 보고 출발해서 별을 보고 숙박하고, 동트고 해질 때까지 나아가 12월 21일에 上都 長樂驛에 도착하여 묵었다. 23일 (궁중에서 보낸) 内使 趙忠이 飛龍家[152]의 양마 23

---

147 외종5위상에서 2단계 승진한 외정6위상.

148 259쪽, 延曆 20년(801) 8월 경자조 각주 1 참조.

149 오후 8시경.

150 州의 治所가 있는 福州의 州都. 현재의 福建省 福州市.

151 長安.

152 飛龍은 양마를 사육하는 집안.

필[153]을 몰고 와서 맞이하였고, 아울러 갖고 온 술과 말린고기를 베풀면서 위로하였다. 말을 타고 경성에 들어가, 外宅[154]에 여장을 풀고 도움을 받았다. 특히 監使인 환관[155] 劉昴은 사절단의 숙소를 담당하였다. 제2선의 판관 菅原朝臣清公 등 27인은 지난 9월 1일 明州로부터 京에 들어갔다. 11월 15일에 長安城에 도착하여 같은 숙소에서 기다리고 있었다. 24일에 國信物, 별도의 공물 등을 監使 劉昴에 부탁하여 천자[156]에게 진상하였다. 劉昴는 돌아와서 천황의 칙을 전하기를, '卿 등은 멀리서 모화하여 조공하였다. 바친 진상물은 매우 훌륭하다. 짐은 특히 기뻐하는 바이다. 추운 시절인데, 경들은 편히 쉬기를 바란다'고 하였다. 25일에 宣化殿[157]에서 알현할 예정이었는데, 천자는 어림하지 않았다. 같은 날 麟德殿[158]에서 배견하였다. (일본사절이) 청한 바를 모두 윤허하였다. 바로 內裏에서 연회를 베풀고, 관의 물품을 신분에 따라 하사하였다. 별도로 內使가 사절단의 숙소에서 연회를 베풀어 하루종일 음주를 즐겼다. 內使는 시종일관 후히 대접하였다. (貞元) 21년(805) 정월 원단에, 含元殿[159]에서 신년하례가 있었다. 2일에는 천자의 몸이 악화되었다. 23일에 천자 雍王 适[160]이 죽었다. 춘추 64세였다. 28일에 臣 등은 承天門에서 애도의식에 열석하였다. 처음으로 소복의 의관을 착용하였

---

153 말 23필은 일본의 사절단 23인을 태우기 위한 준비한 것.

154 외국사절의 숙박시설.

155 원문에는 高品으로 나온다. 품관이 높은 관인으로 해석되는데, 여기서는 환관에 해당한다. 『新唐書』百官志 內侍省에, "天寶十三載置內侍監, 改內侍曰少監, 尋更置內侍, 有高品一千六百九十六, 品官, 白身二千九百三十二, 令史八人, 書令史十六人"이라고 나온다.

156 당 9대 황제 德宗.

157 宣化殿은 宣政殿을 말한다. 長安城 大明宮의 含元殿의 북쪽에 있고, 황제가 정무를 보는 殿舍. 『續日本紀』寶龜 9년(778) 10월 을미조의 견당사의 귀국 보고에도 나온다.

158 唐의 長安의 황제의 궁성인 大明宮의 부속건물, 近臣, 외국사절을 응접하는 연회의 장소로 사용되었다.

159 唐 황제의 궁성인 大明宮의 正殿으로 元日, 동지의 의식, 改元, 즉위 의례, 외국사절의 알현, 열병 등 국가의식이 행해지는 곳이다.

160 唐 12대 황제인 德宗(742-805) 李适.

다. 이날, 태자[161]가 제위에 올랐다. 복상 중에 정무를 감당할 수 없어[162], 황태후 王氏[163]가 조정에 나아가 칭제하였다. 臣 등은 3일간 숙소에서 조석으로 애도하였다. 諸蕃은 3일이고 (외국사절) 이외는 27일이고, 그 후부터는 평상의 날로 돌아간다. 2월 10일에 監使 환관 宋惟澄이 답례의 信物을 갖고 왔다. 아울러 (일본) 사절에게 (당황제가 내리는) 관작 사령장을 주었다. 황제의 칙을 말하기를, '경들은 본국의 왕명을 받들어 멀리서 조공하러 왔는데, 국가의 상을 만났다. 모름지기 편히 쉰 후에 귀국하도록 하라. 경들이 빨리 귀국하기를 자주 주상했기 때문이다. 이에따라 축의물을 내리고 아울러 연회를 베푸는 것이니, 이를 알았으면 한다. 본국으로 돌아가면 이 국상을 전하도록 한다. 다시 만나고 싶지만, 이 중대한 복상으로 기회를 가질 수가 없다. 잘 돌아가길 바란다'라고 하였다. 일을 마치고 장도에 오르려고 했는데, 칙이 내려져, 內使 王國文에게 호송하여 보내도록 하였다. 明州에 이르러 출발하였다. 3월 29일에 越州 永寧驛에 도착하였다. 越州는 바로 관찰사의 관부가 있는 곳이다. 監使 王國文은 역관에서 臣들을 불러 (황제의) 勅書函을 주고, 바로 長安으로 돌아갔다. 越州에서는 다시 사자를 보내 호송하게 하였다. 관내인 明州에 이르러 출발하였다. 4월 1일, 이보다 앞서 작년 11월에 배를 타고 명주로 돌아가기 위해 錄事 山田大庭 등도 머물렀는데, 지난 2월 5일에 福州를 출발하였다. 해상의 노정 56일째, 이날 (4월 1일) 도착하였다. 3일에 明州 郭下[164]에 도착하였다. 절 안으로 안내받아 여장을 풀었다. 5월 18일에 明州 下鄮縣에서 양선 모두 닻을 풀었다. 6월 5일에 臣이 탄 배가 對馬島 下縣郡 阿禮村에 도착하였다. 그 당 소식은 지금 천자의 諱는 誦이고, 大行皇帝[165]의 아들은 오직 한사람뿐이다. 춘추 45세이고, 40여명의 자녀가 있다. 황태자 廣陵

---

161 唐 10대 황제 順宗, 諱는 誦.
162 順宗은 즉위한 지 얼마지나지 않아 뇌출혈로 쓰러져 언어장애가 생겨 사실상 정무가 불가능하여 즉위 7개월만에 양위하였다. 이듬해 46세의 일기로 사망하였다.
163 德宗의 황후이자 順宗의 생모.
164 浙江省 寧波市.
165 사망한 당황제 德宗의 시호.

王 純[166]은 나이 28세이다. 황태후 王氏는 今上[167]의 모친이고, 大行皇帝의 황후이다. 연호 貞元 21년은 延曆 24년(805)에 해당한다. 淄青道節度使 青州刺史 李師古〈正己[168]의 손이고, 納의 아들이다〉는 병마 50만을 양성하였다. 조정에서는 국상을 諸道의 절도사에게 고지하기 위해, 青州에 들어갔으나, (李)師古의 거부로 들어가지지 못했다. 국상을 조문한다는 명목으로 10만의 병력으로 스스로 鄭州를 습격하였다. 이에 諸州는 연합하여 반격해 죽고 죽이는 싸움을 벌였다. (조정에서는) 즉시 師古를 달래기 위해 內使 환관, 臣 希倩[169]을 보냈다. 또 蔡州節度使 吳少誠은 많은 갑병을 양성하여 몰래 반역을 엿보고 있었다, 또 지난 貞元 19년(803) 龍武將軍 薛審을 보내, 吐蕃과 화친을 맺으려고 했는데, 도착하자 감금당하여 임무를 수행하지 못했다. 薛審은 거짓으로 말하기를, '화친하러 온 것은 (당의) 공주[170]를 (吐蕃에) 시집보내기 위한 것이다'라고 하였다. 토번은 바로 (薛)審에게 공주를 데려오라고 하였다. 천자는 이를 듣고 분노하여 말하기를, '공주를 (토번에) 시집보내는 것은 짐이 아는 바가 아니다. 다시 돌아가 앞서의 취지를 말하도록 하라. 만약 일이 성사되지 못하면, 돌아오지 말라'고 하였다. (薛)審은 토번의 국경에 도착했지만, 거부당해 들어가지 못하고, 지금도 여전히 양국의 경계에 거주하고 있다. 작년 12월 토번의 사절이 귀국했는데, (당에) 갔다 온 사유를 물었더니 공주를 취하기 위해서였다. 天子는 분노하여 허락하지 않았다. 그 때문에 (토번사절은) 신년하례에는 참석하지 못했다. 토번은 장안의 서북에 있고, 자주 兵을 일으켜 중국을 침략하였다. 지금 장안성은 토번의 국경으로부터 5백리에 있다. (당나라는) 안으로는 절도사를 의심하고, 밖으로는 토번를 혐오하고 있다. 경사는 소요 상태에 있고 잠시도 편안할 날이 없다"라고 하였다.

166　唐 11대 황제 憲宗.

167　현재의 황제인 順宗.

168　李正己, 고구려 멸망후 당에 이주한 인물.

169　이 인물도 환관.

170　前漢, 唐 시대에 화친정책의 일환으로 공주를 이민족의 수장에게 시집보내는 것을 和蕃公
　　主라고 한다.

정미(10일), 近江, 丹波, 丹後, 但馬, 播磨, 美作, 備前, 備後, 紀伊, 阿波, 伊豫 등 11국에 채색비단을 바치는 것을 정지하고, 종전대로 명주를 공진하도록 하였다.

신해(14일), 정6위상 難波連廣成[171] · 若江造家繼에게 외종5위하를 내렸다.

계축(16일), 伊賀國에 기근이 들어 사자를 보내 구휼하였다.

갑인(17일), 견당사 제2선 판관 정6위상 菅原朝臣清公이 肥前國 松浦郡의 鹿嶋[172]에 도착하였다. 역마로 상주하였다. 내용이 많아 기재하지 않는다.

병진(19일), 종5위하 紀朝臣廣濱에게 종5위상을, 정6위상 犬上朝臣望成에게 외종5위하를 내렸다.

경신(23일), 近衛中將 종3위 훈2등 坂上大宿禰田村麻呂[173]를 참위로 삼았다.

신유(24일), 傳燈大法師位 常騰을 율사로 삼았다.

일본후기 권제12

---

171 大同 3년(808) 8월에 內藥正에 임명되었다. 難波連氏는 고구려에서 백제로 망명한 후 다시 일본으로 이주한 德來의 후손인 藥師惠日의 계통으로, 그의 후손인 難波藥師奈良이 天平寶字 2년(758) 4월에 難波連의 성을 받았다. 『新撰姓氏錄』右京諸蕃下의 「難波連」 조에 "出自高麗國好太王也"라고 하여 난파련의 출자가 고구려 광개토왕임을 기록하고 있다.

172 현재의 長崎縣 五島列島, 北松浦郡 鹿町 부근으로 추정된다.

173 97쪽, 延曆 13년(794) 6월 갑인조 각주 46 참조.

日本後紀卷第十二〈起延曆二十三年正月, 盡二十四年六月〉

左大臣正二位兼行左近衛大將臣藤原朝臣冬嗣等奉勅撰

皇統彌照天皇〈桓武天皇〉

◎延曆二十三年春正月丁丑朔, 御大極殿, 受朝賀. 武藏國言, 有木連理. 近江國獻白雀. 宴次侍從已上於前殿, 賜被. 戊寅, 改茨田親王名爲萬多. 辛巳, 曲宴其内親王之房. 授親王三品〈淳和贈皇后也.〉. 從六位下池田朝臣穉守授從五位下, 賜三位以上被. 五位以上及六位以下藤原氏等綿. 癸未, 勅, 眞如妙理, 一味無二. 然三論法相, 兩宗菩薩, 目擊相諍. 蓋欲令後代學者, 以競此理, 各深其業歟. 如聞, 諸寺學生, 就三論者少, 趣法相者多. 遂使阿黨凌奪, 其道疎淺. 宜年分度者, 每年宗別五人爲定. 若當年無堪業者, 闕而莫填, 不得以此宗人, 補彼宗數. 但令二宗學生, 兼讀諸經幷疏. 法華最勝, 依舊爲同業, 華嚴涅槃, 各爲一業. 經論通熟, 乃以爲得. 雖讀諸論, 若不讀經者, 亦不得度. 其廣涉經論, 習義殊高者, 勿限漢音. 自今以後, 永爲恒例. 甲申, 宴五位以上, 賜物有差. 丁亥, 勅, 頃年, 諸國緇徒, 多虧戒行. 既污法教, 先從擯出. 然而特降弘恕, 厚優耆宿. 其有改過者, 聽住本寺. 又簡智行可稱, 堪爲人師者, 擢任講師, 化導釋侶. 如聞, 苟忝講師, 或事奸濫, 詐稱改過, 未捨妻孥. 此乃僧綱簡擇所失, 國司阿容任意. 違教慢法, 莫過斯甚. 宜有是類, 一從擯却. 其僧綱國司, 猶不悛革, 量情科貶. 正五位下藤原朝臣今川 · 藤原朝臣縵麻呂 · 藤原朝臣繼業授正五位上. 己丑, 左京人正六位上□□朝臣今繼等賜姓三棟朝臣. 辛卯, 夷第一等浦田史□儺授外從五位下. 壬辰, 宴五位已上, 賜物有差. 癸巳, 幸馬埒殿, 觀射. 乙未, 運武藏 · 上總 · 下總 · 常陸 · 上野 · 下野 · 陸奧等國, 糒一萬四千三百十五斛, 米九千六百八十五斛, 於陸奧國小田郡中山柵. 爲征蝦夷. 丙申, 遊獵水生野. 是日天寒, 於野中賜五位已上衣. 戊戌, 律師傳燈大法師位如寶言, 招提寺者, 斯唐大和上鑑眞奉爲聖朝所建也. 天平寶字三年勅, 以沒官地賜之, 名爲招提寺. 又以越前國水田六十町, 備前國田地十三町, 充給供料. 令學戒法, 以來殆五十年. 雖有經律, 未經披講. 一則乖和上之素意, 一則闕佛道之至志. 伏望, 令永代傳講, 便用賜田, 充律供儲. 然則招提之宗, 久而無廢, 先師之旨沒而不朽. 許之. 己亥, 制, 延曆十一年七月三日格, 六世已下王, 情願改姓者, 注所願之姓, 先申官待報, 然後改之, 不得輒行者. 頃年之間, 未有申請, 既違格旨. 自今以後, 除承嫡之外, 猶不改者, 宜抑止計帳, 不得疎漏. 免淡路國窮民負稅九萬三千九百束. 庚子, 從五位下笠朝臣庭麻呂爲大和介, 外從五位下津宿禰源爲山城介, 從五位下大中臣朝臣弟枚爲伊賀守, 從五位下大荒城臣忍國爲遠江介, 從五位上高倉朝臣殿繼爲駿河守, 從五位下藤原朝臣眞雄爲近江權介, 大内記從五位下平群朝臣眞常爲兼大掾, 從五位下和朝臣弟長爲信濃介, 中衛少將從四位下巨勢朝臣野足爲兼下野守, 從五位下大中臣朝臣常麻呂爲介. 從五位下佐伯宿禰社屋爲出羽守, 從五位下藤原朝臣山人爲越中權介, 從五位下和朝臣氏繼爲越後介, 從四位下安倍朝臣弟當爲丹波守, 從五位下淡海眞人有成爲介. 從五位下大秦公宿禰宅守爲因幡介, 從五位下石川朝臣宗成爲備後守, 從五位下百濟王忠宗爲伊豫介, 從五位下藤原朝臣藤繼爲大宰少貳, 正五位上藤原朝臣綬麻呂爲豐前守, 從五位下藤原朝臣眞書爲豐後守. 辛丑, 幸神泉苑. 壬寅, 遷但馬國治於氣多郡高田郷. 甲辰, 刑部卿陸奧出羽按察使從三位坂上大宿禰田村麻呂爲征夷大將軍, 正五位下百濟王教雲, 從五位下佐伯宿禰社屋, 從五位下道嶋宿禰御楯爲副. 軍監八人, 軍曹二十四人. 乙巳, 安藝國野三百町賜甘南備内親王, 以爲牧地.

○二月丙午朔, 中務大輔從四位上三嶋眞人名繼爲兼衛門督. 戊申, 幸西八條幷五條院. 賜五位已上衣. 庚戌, 運收大和國石上社器仗於山城國葛野郡. 甲寅, 從五位下淨宗王爲少納言. 癸亥, 從五位下大宅眞人繼成爲大監物, 從四位下大庭王爲内匠頭, 從五位下大中臣朝臣魚取爲助. 從五位上下毛野朝臣年繼爲諸陵助, 從五位下大伴宿禰久米主爲主稅頭, 從五位下大宅眞人淨成爲造兵正, 從五位下藤原朝臣城主爲宮内少輔, 從五位下大野朝臣犬養爲左京亮, 春宮權亮從五位下藤原朝臣眞夏爲亮, 中衛權少將如故. 參議從四位下藤原朝臣諸嗣爲兼山城守, 右衛士督如故. 從四位下三諸朝臣大原爲播磨守. 免大和國田租幷地子. 緣旱災也. 乙丑, 巡行京中. 御式部卿三品伊豫親王第, 賜四位以上衣. 己巳, 幸近江國志賀郡可樂埼. 庚午, 攝津國飢, 遣使賑給. 外從五位下殖栗連宗繼爲美濃權介.

○三月戊寅, 宴次侍從以上. 命文人賦詩. 賜物有差. 庚辰, 遣唐使拜朝. 辛卯, 賜五位以上米各有差. 以霖雨也. 壬辰, 從五位下藤原朝臣永眞爲權右少弁. 庚子, 大宰府言, 大隅國桑原郡蒲生驛與薩摩國薩摩郡田尻驛, 相去遙遠, 遞送艱苦. 伏望, 置驛於薩摩郡櫟野村, 以息民苦. 許之. 是日, 召遣唐大使從四位上藤原朝臣葛野麻呂, 副使從五位上石川朝臣道益等兩人.賜饌殿上. 近召御床下, 綸旨慇懃. 特賜恩酒, 一杯寶琴一面. 酣暢奏樂. 賜物有差. 癸卯, 授大使葛野麻呂節刀.

○夏四月己酉(五). 從五位下桑田眞人木津魚麻呂爲主計助, 從五位下多治比眞人氏守爲主稅助, 從五位下田中朝臣八月麻呂爲右衛士佐. 壬子, 從五位下紀朝臣國雄爲右大舍人助, 從五位下藤原朝臣城主爲民部少輔, 從五位下三嶋眞人眞影爲宮內少輔, 從五位下安倍朝臣宅麻呂爲主殿頭, 外從五位下豐山忌寸眞足爲助. 外從五位下壬生公足人爲園池正, 從五位下多治比眞人家繼爲造東寺次官, 外從五位下日下部得足爲造西寺次官, 侍醫外從五位下倭廣成爲兼遠江權掾, 侍醫外從五位下難波連廣名爲兼因幡權掾, 從五位下秋篠朝臣全繼爲右衛士權佐, 侍從從四位下葛野王爲兼主馬頭, 從五位下紀朝臣田上爲內廐助, 從五位下百濟王元勝爲內兵庫正. 丁卯, 勅, 聽著染袴, 先有限制. 自今以後, 淺杉染, 不論高卑, 宜特聽之. 但著朝服時, 不得同襲. 其深染, 及常所禁, 不在聽限. 辛未, 制, 頹壞成川之地, 屢事除籍, 新出爲田之狀, 未聞言上. 若西岸壞流, 既損公田, 則東邊新成, 點爲私地. 如此經年, 公損幾何. 宜天平十四年以降新出田數, 細勘言上. 不得疎漏. 中納言從三位和朝臣家麻呂薨. 詔贈從二位大納言. 家麻呂, 贈正一位高野朝臣弟嗣之孫也. 其先百濟國人也. 爲人木訥,無才學, 以帝外戚, 特被擢進. 蕃人入相府, 自此始焉. 可謂人位有餘, 天爵不足. 其雖居貴職, 逢故人者, 不嫌其賤, 握手相語. 見者感焉. 時年七十一. 壬申, 賜從四位下紀朝臣兄原度一人. 右兵衛大初位下山村曰佐駒養獻白雀. 賜近江國稻五百束.

○五月戊寅, 御馬埒殿, 觀馬射. 癸未, 陸奧國言, 斯波城與膽澤郡, 相去一百六十二里. 山谷嶮峻, 往還多艱. 不置郵驛, 恐關機急. 伏請准小路例, 置一驛. 許之. 甲申, 幸式部卿三品伊豫親王第. 戊子, 播磨國荒廢田八十二町賜□□□親王. 庚寅, 制, 正月齋會, 得度之輩, 理須舊年試才, 新歲得度. 而所司常致慢闕, 迄于會畢, 其名不定. 自今以後, 舊年十二月中旬以前試定, 申送其狀. 簡定之後, 不聽改替. 然則本願無虧, 屬託亦止. 辛卯, 傳燈大法師位善謝卒. 法師, 俗姓不破勝, 美濃國不破郡人也. 初就同寺理教大德, 稟學法相. 道業日進, 尤善俱遮. 遂乃超詣三學, 通達六宗. 滋此智牙, 決彼疑網. 延曆五年, 彌照天皇擢任律師. 榮華非好, 辭職閑居. 凡厥行業, 必於菩提. 一生期盡, 終於梵福山中. 遂生極樂, 入同法夢. 時年八十一. 散事從三位藤原朝臣延福薨. 癸巳, 山城國穀四千斛賑給左右京高年. 丙申, 齋宮寮獻白雀. 攝津國言, 頻歲不登, 百姓乏食, 加以春夏水害, 資粮亦盡. 伏請, 正稅二萬束, 假貸貧民, 令済家產, 許之.

○六月壬子, 從五位下藤原朝臣貞嗣爲左少弁, 從五位下豐野眞人村爲大監物, 從五位下石上朝臣乙名爲散位頭, 從五位上藤原朝臣道雄爲宮内大輔, 從五位上中臣朝臣道成爲典藥頭. 癸丑, 定越中國爲上國. 丙辰, 制, 常陸國鹿嶋神社, 越前國氣比神社, 能登國氣多神社, 豐前國八幡神社等宮司, 人懷競望, 各稱譜第. 自今以後, 神祇官檢舊記, 常簡氏中堪事者, 擬補申官. 壬戌, 幸大堰. 癸亥, 散位從三位石上朝臣家成薨. 左大臣贈從一位麻呂之孫, 正六位上東人之子也. 才藝無取, 恪勤在公. 薨時年八十三. 甲子, 散位正五位下小倉王上表曰, 臣聞, 上天開象, 兩曜以之盈虚, 聖人肇基, 九族由其差降. 是故尊卑有序, 仰星辰而可知. 親疎無替, 命氏姓而立教. 伏惟陛下, 彫鏤品彙, 陶冶生靈. 人正其名, 物安其性. 小倉幸屬淳化, 謬霑霈澤. □乾云弘, 大造無謝. 但得愚息内舍人, 繁野及小倉兄別王之孫内舍人山河等款稱, 臣等智効罕施, 器識庸微. 忝天潢之末流, 仰瓊枝而悚懼. 伏請, 依去延曆十七年十二月二十四日友上王賜姓故事, 同蒙清原眞人姓. 又繁野名語, 觸皇子. 改繁曰夏. 小倉不忘舐犢. 聞斯行諸, 特望天恩, 伏聽進止. 其應賜姓人等, 具目如別. 不任懇迫之至, 謹以申聞. 許之. 大宰府言, 壹伎嶋防人粮, 受筑前穀, 運漕艱苦, 屢致漂失. 伏望, 廢六國所配防人二十人, 以當嶋兵士三百人, 分番配置, 不勞給粮. 許之. 己巳, 停山城國山科驛, 加近江國勢多驛馬數. 庚午, 勅, 比年渤海國使來着, 多在能登國. 停宿之處, 不可疏陋. 宜早造客院.

○秋七月癸酉朔, 幸神泉苑. 丙子, 幸大堰. 己卯, 觀相撲. 授無位明□女王從五位上, 從五位上紀朝臣内子・川上朝臣眞奴・百濟王惠信・藤原朝臣川子・紀朝臣殿子正五位上. 無位藤原朝臣上子・橘朝臣御井子・紀朝臣乙魚・坂上大宿禰春子從五位上. 癸未, 幸葛野川. 丙申, 幸與等津. 己亥, 幸大堰. 辛丑, 右京人門部連松原流土左國. 以不孝也.

○八月癸卯朔, 幸大堰. 丁未, 幸葛野川. 己酉, 遣征夷大將軍從三位行近衛中將兼造西寺長官陸奧出羽按察使陸奧守勳二等坂上大宿禰田村麻呂, 從四位上行衛門督兼中務大輔三嶋眞人名繼等, 定和泉攝津兩國行宮地. 以將幸和泉紀伊二國也. 庚戌, 幸葛野川, 壬子, 暴雨大風. 中院西樓倒, 打死牛. 又墮壞神泉苑左右閣京中盧舍, 諸國多蒙其害. 天皇生年在丑. 歎曰, 朕不利歟. 未幾不豫. 遂棄天下. 癸丑, 地震. 賜贈大納言從二位和朝臣家麻呂, 從四位下尾張女王度各二人. 乙卯, 遊獵北野. 辛酉, 巡行京中. 癸亥, 遊獵大原野. 丁卯, 遊獵栗前野. 戊辰, 天皇以來冬可幸和泉國. 參議式部大輔春宮大夫近衛中將正四位下藤原朝臣繩主爲裝束司長官, 正五位上橘朝臣安麻呂, 從五位下池田朝臣春野爲副. 參議左兵衛督從三位紀朝臣勝長爲御前長官, 從五位上藤原朝臣繼彥爲副. 左大弁東宮學士左衛士督但馬守正四位下菅野朝臣眞道爲御後長官, 從五位下紀朝臣咋麻呂爲副. 庚午, 從五位下大枝朝臣須賀麻呂爲主計助, 外從五位下檜原宿禰鑺作爲造西寺次官.

○九月甲戌, 近江國蒲生郡荒田五十三町賜式部卿三品伊豫親王. 乙亥, 幸大堰. 己卯, 幸神泉苑. 辛巳, 從五位下紀朝臣田上爲相摸介. 丁亥, 正六位上善原忌寸□依授外從五位下. 己丑, 遣兵部少丞正六位上大伴宿禰岑萬里於新羅國. 太政官牒曰, 遣使唐國, 脩聘之狀, 去年令大宰府送消息訖. 時無風信, 遂變炎涼. 去七月初, 四船入海, 而兩船遭風漂廻, 二船未審到處. 即量風勢, 定着新羅, 仍遣兵部省少丞正六位上大伴宿禰岑萬里等尋訪. 若有漂着, 宜隨事資給, 令得還郷. 不到彼堺, 冀遣使入唐, 訪覓具報. 壬辰, 遊獵北野. 癸巳, 丹波國言, 依格, 差動位衛護府庫. 而白丁之徭, 唯三十日, 動位所直, 百四十日. 有位白丁, 勞逸不均者. 制, 宜以白丁爲健兒. 甲午, 式部省言, 案公式令, 親王一品已下, 職事初位已上, 並可自牒諸司. 雖是三位已上, 曾無以家司牒及解向官司之文. 而案去延曆二十一年九月二十三日格云, 親王内親王, 並年滿四歲, 始充帳内者. 今親王内親王, 或年未成人, 或不便文筆, 至經官司, 若爲申牒. 又同令牒式, 三位已上去名. 然則親王四品已上, 去名明矣. 而散事數人. 同品及同官位姓之類, 既不署名, 何以辨知. 仍問法家. 答云, 如此之類, 可有別式者. 未審所從者. 勅, 幼稚親王, 既不便筆. 三位已上, 亦無可署. 准據令格, 還成疑滯. 必須自牒, 事有不穩. 自今以後, 宜親王四品已上及職事三位已上, 並聽以家司牒申牒諸司. 其牒首, 並具注其官品, 其親王家及其官位姓名家牒. 以別同異. 牒尾, 家令已下兩人署之. 無品親王内親王者, 並別當官人, 署名申牒. 牒式准上定. 別當人, 依勅處分. 其散事三位, 元無家司. 至牒諸司, 宜令自署. 立爲恒式. 戊戌, 地震.

○冬十月甲辰, 行幸和泉國. 其夕至難破行宮. 乙巳, 賜攝津國司被衣. 上, 御舟泛江. 四天王寺奏樂. 國司奉獻. 丙午, 至和泉國, 遊獵于大鳥郡惠美原. 散位從五位下坂本朝臣佐太氣麻呂獻物. 賜綿一百斤. 丁未, 獵于城野. 日暮, 御日根行宮. 戊申, 獵垣田野. 阿波國獻物. 賜國司等物有差. 左大弁正四位下菅野朝臣眞道獻物. 賜綿二百斤. 己酉, 獵蘭生野. 近衛中將從三位坂上大宿禰田村麻呂獻物. 賜綿二百斤. 庚戌, 獵于日根野. 河内國獻物. 辛亥, 詔曰, 天皇詔旨

〈良萬止〉, 勅命〈乎〉, 和泉攝津二國司郡司公民陪從司司人等諸聞食〈止〉宣.
今年〈波〉年實豐稔〈弖〉人人産業〈毛〉取收〈弖〉在, 此月〈波〉閑時〈爾之弖〉, 國
風御覽〈須〉時〈止奈毛〉, 常〈毛〉聞所行〈須〉. 今行宮所〈乎〉御覽〈爾〉, 山野〈毛〉
麗, 海瀲〈毛〉清〈之弖〉, 御意〈毛〉於太比爾〈之弖〉御坐坐. 故是以御坐坐〈世
留〉和泉國, 幷攝津國東生西成二郡〈乃〉百姓〈爾〉, 今年田租免賜〈比〉, 又勤仕
奉國郡司及一二〈能〉人等〈爾〉, 冠位上賜〈比〉治賜〈布〉. 目以下及郡司〈乃〉正
六位上〈乃〉人〈爾波〉, 男一人〈爾〉位一階賜〈布〉. 又行宮勤仕奉〈爾〉依〈弖〉,
三嶋名繼眞人〈乎〉, 上賜〈比〉治賜〈布〉. 又行宮〈乃〉邊〈爾〉近〈岐〉高年八十已
上幷陪從人等〈爾〉, 大物賜〈波久止〉詔〈布〉勅命〈乎〉, 衆聞食〈止〉宣. 授攝津
守從三位藤原朝臣雄友正三位, 衛門督從四位上三嶋眞人名繼正四位下, 散位
從五位下坂本朝臣佐太氣麻呂從五位上, 攝津介外從五位下尾張連粟人, 和泉
守外從五位下中科宿禰雄庭, 攝津掾正六位上多治比眞人船主, 和泉掾正六位
上小野朝臣木村, 散位正六位上大枝朝臣萬麻呂從五位下. 又皇太子已下賜物
有差. 遣使於和泉日根二郡諸寺, 施綿. 播磨國司奉獻. 奏風俗歌. 壬子, 幸紀伊
國玉出嶋. 癸丑, 上, 御船遊覽. 賀樂内親王及參議從三位紀朝臣勝長, 國造紀
直豐成等奉獻. 詔曰, 天皇詔旨〈良萬止〉勅命〈乎〉, 紀伊國司郡司公民陪從司
司人等諸聞食〈止〉宣. 此月〈波〉, 閑時〈爾之弖〉, 國風御覽〈須〉時〈止奈毛〉, 常
〈母〉聞所行〈須〉. 今御坐所〈乎〉御覽〈爾〉, 礒嶋〈毛〉奇麗〈久〉, 海瀲〈毛〉清晏
〈爾之弖〉, 御意〈母〉於多比爾御坐坐. 故是以御坐坐〈世留〉名草海部二郡〈乃〉
百姓〈爾〉, 今年田租免賜〈比〉, 又國司國造二郡司〈良爾〉, 冠位上賜〈比〉治賜
〈布〉. 目已下及郡司〈乃〉正六位上〈乃〉人〈爾波〉, 男一人〈爾〉位一階賜〈布〉.
又御座所〈爾〉近〈岐〉高年八十已上人等〈爾〉, 大物賜〈波久止〉詔〈布〉勅命
〈乎〉, 衆聞食〈止〉宣. 授守從五位下藤原朝臣鷹養從五位上, 介外從五位下葛
井宿禰豐繼, 掾從六位下小野朝臣眞野, 刑部大丞正六位上紀朝臣岡繼, 中衛
將監正六位上紀朝臣良門從五位下, 遣使於名草海部二郡諸寺, 施綿. 甲寅, 自
雄山道還日根行宮. 乙卯, 遊獵熊取野. 丙辰, 御難破行宮. 丁巳, 國司奉獻. 遣

使於西成東生二郡諸寺, 捨綿. 戊午, 車駕至自難破. 壬戌, 幸神泉苑. 甲子, 勅,
私養鷹鷗, 禁制已久. 如聞, 臣民多蓄, 遊獵無度. 故違綸言, 深合罪責. 宜嚴禁
斷, 勿令重犯. 但三王臣, 聽養有差. 仍賜印書, 以爲明驗. 自餘輒養, 將實重科.
其印書外過數者, 捉臂鷹人進上. 自餘王臣五位已上, 錄名言上. 六位已下及臂
鷹人, 竝依勅法禁固, 科違勅罪. 遣使搜檢, 如有違犯, 國郡官司, 亦與同罪. 戊
辰, 免越前能登二國, 今年調十分之七. 以桑麻有損也.

○十一月戊寅, 陸奧國栗原郡, 新置三驛. 己卯, 遊獵日野. 壬午, 制, 筑前國
志麻郡, 自今以後, 停止綿調, 以令輸錢. 甲申, 幸神泉苑. 左京人從七位下大
俣連三田次賜姓大貞連. 丁亥, 幸神泉苑. 戊子, 山城國乙訓郡白田六町賜甘南
備内親王. 己丑, 幸神泉苑. 癸巳, 出羽國言, 秋田城建置以來四十餘年, 土地磽
塙, 不宜五穀. 加以孤居北隅, 無隣相救. 伏望, 永從停廢, 保河邊府者. 宜停城
爲郡, 不論土人浪人, 以住彼城者編附焉. 戊戌, 幸神泉苑. 令左大弁正四位下
兼行皇太子學士但馬守菅野朝臣眞道, 木工頭從五位上兼行造宮亮播磨介石
川朝臣河主, 監僧綱政.

○十二月壬寅朔, 幸神泉苑. 丙午, 勅, 自今以後, 左右大弁, 八省卿, 彈正尹,
准參議已上, 雖開門以後, 聽就朝堂. 丁未, 幸神泉苑. 壬戌, 勅, 牛之爲用, 在
國切要. 負重致遠, 其功實多. 如聞, 無賴之輩, 爭事驕侈, 尤剝斑犢, 競用鞍韉.
爲弊良深, 事須禁絶. 自今已後, 殺剝, 及用鞍幷胡祿等之具, 一切禁斷. 若有
違犯, 科違勅罪. 主司阿容, 亦與同罪. 丙寅, 聖體不豫. 遣使平城七大寺, 齋綿
五百六十斤誦經. 又賑恤舊都飢乏道俗. 丁卯, 詔曰, 朕有所思, 欲施恩澤. 宜赦
天下. 自延曆二十三年十二月二十六日昧爽以前, 大辟已下, 罪無輕重, 皆咸赦
除. 但強竊二盜及私鑄錢, 常赦所不免者, 不在赦限. 敢以赦前事, 相告言者, 以
其罪罪之. 普告天下, 知朕意焉. 是日, 賜三品式部卿諱〈淳和〉度一人.

◎延曆二十四年春正月辛未朔, 廢朝. 聖體不豫也. 癸酉, 制, 定額諸寺, 檀越
之名, 載在流記. 不可輒改. 而愚人爭以氏寺, 假託權貴, 詐稱檀越. 寺家田地,

任情賣買, 事多奸濫. 宜加禁斷. 丁丑, 正五位上橘朝臣安麻呂授從四位下. 賜五位已上物各有差. 甲申, 平明, 上, 急召皇太子遲之. 更遣參議右衞士督從四位下藤原朝臣緖嗣召之. 即皇太子參入, 昇殿. 召於牀下, 勅語良久. 命右大臣以正四位下菅野朝臣眞道, 從四位下秋篠朝臣安人, 爲參議. 又請大法師勝虞, 放却鷹犬. 侍臣莫不流淚. 奉爲崇道天皇, 建寺於淡路國. 是日, 勅, 頃年爲興釋教, 擯出違法之僧. 今聞, 自悔前過, 各有修行. 宜赦其過, 聽住本寺. 若更有犯, 處以恒科. 又令天下諸國, 修理國中諸寺塔. 乙酉, 永停大替隼人風俗歌舞. 是日, 大法師勝虞爲少僧都. 均寵爲律師. 丙戌, 參議從四位下秋篠朝臣安人爲右大弁, 近衞少將勘解由長官阿波守如故. 從四位下橘朝臣安麻呂爲左中弁, 從五位上百濟王鏡仁爲右中弁, 從四位上藤原朝臣葛野麻呂爲刑部卿, 越前守如故. 宴五位已上, 賜物有差. 丁亥, 於御在所南端門外射. 但乘輿不御. 辛卯, 賜散位從四位下住吉朝臣綱主度一人. 壬辰, 賜宿侍親王已下五位已上衣. 是日, 未時, 大星隕. 乙未, 地震. 戊戌, 外從五位下吉水連神德授從五位下, 正六位上出雲連廣貞外從五位下. 以供奉御藥, 晝夜不怠也.

○二月乙巳, 相摸國言, 頃年差鎭兵三百五十人, 戍陸奧出羽兩國. 而今徭丁乏少, 勳位多數. 伏請, 中分鎭兵, 一分差勳位, 一分差白丁. 許之. 丙午, 令僧一百五十人, 於宮中及春宮坊等, 讀大般若經. 造一小倉於靈安寺, 納稻三十束. 又別收調綿百五十斤, 庸綿百五十斤, 慰神靈之怨魂也. 庚戌, 造石上神宮使正五位下石川朝臣吉備人等, 支度功程, 申上單功一十五萬七千餘人, 太政官奏之. 勅曰, 此神宮所以異於他社者何. 或臣奏云, 多收兵仗故也. 勅, 有何因緣所收之兵器. 奉答云, 昔來天皇御神宮, 便所宿收也. 去都差遠, 可愼非常. 伏請, 卜食而運遷. 是時, 文章生從八位上布留宿禰高庭, 即脩解申官云, 得神戶百姓等款稱, 比來, 大神頻放鳴鏑, 村邑咸恠. 不知何祥者. 未經幾時, 運遷神寶. 望請, 奏聞此狀, 蒙從停止. 官即執奏. 被報宣稱, 卜筮吉合. 不可妨言. 所司咸來, 監運神寶, 收山城國葛野郡訖. 無故倉仆, 更收兵庫. 既而聖體不豫. 典鑰建部千繼, 被充春日祭使. 聞平城松井坊有新神託女巫. 便過請問, 女巫云, 今所問, 不是凡人之事. 宜聞其主. 不然者, 不告所問. 仍述聖體不豫之狀, 即託語云, 歷代御宇天皇, 以慇懃之志, 所送納之神寶也. 今踐穢吾庭, 運收不當. 所以唱天下諸神, 勒諱贈天帝耳. 登時入京密奏. 即詔神祇官幷所司等, 立二幄於神宮, 御飯盛銀笥, 副御衣一襲, 竝納御輿. 差典鬮千繼充使, 召彼女巫, 令鎮御魂. 女巫通宵忿怒, 託語如前, 遲明乃和解. 有勅, 准御年數, 屈宿德僧六十九人, 令讀經於石上神社. 詔曰, 天皇御命〈爾〉坐, 石上〈乃〉大神〈爾〉申給〈波久〉, 大神〈乃〉宮〈爾〉收有〈志〉器仗〈乎〉, 京都遠〈久〉成〈奴流爾〉依〈弖〉, 近處〈爾〉令治〈牟止〉爲〈弖奈母〉, 去年此〈爾〉運收有〈流〉. 然〈爾〉比來之間, 御體如常不御坐有〈流爾〉, 大御夢〈爾〉覺〈志〉坐〈爾〉依〈弖〉, 大神〈乃〉願坐〈之〉任〈爾〉, 本社〈爾〉返收〈弖之〉. 無驚〈久〉無咎〈久〉, 平〈久〉安〈久〉可御坐〈止奈母〉念〈志〉食, 是以鍛冶司正從五位下作良王, 神祇大副從五位下大中臣朝臣全成, 典侍正五位上葛井宿禰廣岐等〈乎〉差使〈弖〉, 禮代〈乃〉幣帛幷鏡令持〈弖〉, 申出給御命〈乎〉申給〈止〉申. 辭別〈弖〉申給〈久〉, 神〈那我良母〉皇御孫〈乃〉御命〈乎〉, 堅磐〈爾〉常磐〈爾〉, 護奉幸〈閇〉奉給〈閇止〉稱辭定奉〈久止〉申. 遣典藥頭從五位上中臣朝臣道成等, 返納石上神社兵仗. 散位從四位下住吉朝臣綱主卒. 綱主, 以善射爲近衛, 後歷將曹將監. 爲人恪勤, 宿衛不怠. 好愛鷹犬, 多得士卒心, 仕至少將. 卒時年七十七. 大和國人正六位上曰佐方麻呂, 近江國人正六位上曰佐人上賜姓紀野朝臣. 甲寅, 備後國飢, 遣使賑給. 正五位上葛井宿禰廣岐授從四位下. 乙卯, 賜脩行大法師位榮興度一人, 脩行傳燈法師位聽福二人. 左京人多王, 登美王等十七人賜姓三園眞人. 吉竝王.□竝王等十七人近江眞人. 駿河王, 廣益王等十六人清海眞人. 池原王, 嶋原王二人志賀眞人. 貞原王, 眞貞王二人淨額眞人. 坂野王, 石野王等十六人清岳眞人. 篠井王, 坂合王等五人淨原眞人. 十二月王, 小十二月王等三人室原眞人. 永世王, 末成王, 末繼王春原眞人. 田邊王, 高槻王等美海眞人. 般木王, 長井眞人, 岡山女王, 廣岡女王等四人岡原眞人. 廣永王, 益永王等四人豐岑眞人. 田村王, 小田村王, 金江王, 眞殿王, 河原王等八人長谷眞人. 八上王, 八嶋王山科眞人. 己未, 令諸國

國分寺, 行藥師悔過. 以聖躬未平也. 壬戌, 賜傳燈大法師位安曁度僧尼各一
人, 脩行大法師位榮興僧一人, 脩行法師位慈窓等七人各二人. 從五位上平群
朝臣廣道爲土左守.

○三月辛未, 施賜宿侍僧及五位已上被衣. 癸酉, 賜少僧都傳燈大法師位勝
虞度二人. 乙亥, 播磨國夷第二等去返公嶋子賜姓浦上臣. 丙子, 賜律師大法師
位均寵, 脩行滿位僧勤盖各度二人, 脩行滿位僧常江, 壽全各一人. 己卯, 賜傳
燈法師位勤操度二人, 脩行滿位僧壽全一人. 癸未, 從五位下多治比眞人八千
足授從五位上. 丙戌, 正六位上下毛野公小建授外從五位下. 己丑, 免從四位下
吉備朝臣泉, 幷五百枝王, 藤原朝臣淨岡, 藤原朝臣雄依, 山上船主等罪入京.
壬辰, 免伊豆國流人氷上眞人河繼罪. 遣使伯耆國, 請玄賓法師. 丙申, 於殿上
行灌頂法. 是日, 詔曰, 解網泣辜, 哲王嘉訓, 滌瑕蕩穢, 列聖通規. 朕君臨區宇,
子育黔黎. 念彼流移久陷刑憲, 情深惻隱, 無忘寢興. 思播凱澤, 令彼改過, 其延
曆二十四年三月以前, 犯謀反大逆及自餘緣犯, 已配流及移鄉者, 不論道俗, 悉
赦除之, 若身先亡, 恩渙不逮者, 原其妻子, 但惡逆, 造畜蠱毒, 殺人會赦猶流移
鄉之色, 及犯盜者, 不在赦限. 普告遐邇, 知朕意焉.

○夏四月辛丑, 授散位從六位上江沼臣小竝外從五位下. 壬寅, 賜侍醫等衣
幷絁布有差. 癸卯, 勅, 如聞, 貢調脚夫, 在路留滯, 或飢橫斃者衆. 良由路次國
郡不存法令, 隨便村里無意撫養也. 自今以後, 如有此色, 當界官司, 據法科處.
郡國官司, 存情相救, 其醫療供給, 一依法令. 甲辰, 令諸國, 奉爲崇道天皇建小
倉, 納正稅四十束, 幷預國忌及奉幣之例. 謝怨靈也. 令土左國帶驛路郡, 加置
傳馬五匹. 以新開之路山谷峻深也. 乙巳, 天皇召皇太子已下參議已上, 託以後
事. 己酉, 使近衛大將藤原朝臣內麻呂, 中將藤原朝臣繩主等, 賜兵仗殿鎰於東
宮. 遣使奉幣帛於賀茂神社. 庚戌, 任改葬崇道天皇司. 外從五位下豐山忌寸眞
足爲主殿助.

○五月己巳朔, 賜侍從及侍醫等衣. 辛未, 授從五位上藤原朝臣上子正五位
下. 戊寅, 授土左國香美郡少領外從六位上物部鏡連家主爵二級. 以撫育有方,

公勤匪怠也. 己卯, 加山城大和河内攝津等四國, 史生一員. 是日, 遣脩行傳燈法師位聽福於紀伊國伊都郡, 立三重塔. 爲聖躬平善也. 甲午, 甲斐越中石見三國飢, 遣使賑給.

○六月乙巳, 遣唐使第一船, 到泊對馬嶋下縣郡. 大使從四位上藤原朝臣葛野麻呂上奏言, 臣葛野麻呂等, 去年七月六日, 發從肥前國松浦郡田浦, 四船入海. 七日戌剋, 第三第四兩船, 火信不應. 出入死生之間, 掣曳波濤之上, 都三十四箇日. 八月十日到福州長溪縣赤岸鎮已南海口, 鎮將杜寧縣令胡延沂等相迎, 語云, 當州刺史柳冕, 緣病去任, 新除刺史未來. 國家大平者. 其向州之路, 山谷嶮隘, 擔行不穩. 因廻船向州. 十月三日到州. 新除觀察使兼刺史閻濟美處分, 且奏, 且放二十三人入京. 十一月三日臣等發赴上都. 此州去京七千五百二十里. 星發星宿, 晨昏兼行, 十二月二十一日到上都長樂驛宿. 二十三日内使趙忠, 將飛龍家細馬二十三匹迎來, 兼持酒脯宣慰. 駕即入京城, 於外宅安置供給. 特有監使, 高品劉昂, 勾當使院. 第二船判官菅原朝臣清公等二十七人, 去九月一日從明州入京. 十一月十五日到長安城, 於同宅相待. 二十四日國信別貢等物, 附監使劉昂, 進於天子. 劉昂歸來, 宣勅云, 卿等遠慕朝貢, 所奉進物, 極是精好. 朕殊喜歡. 時寒, 卿等好在. 二十五日於宣化殿禮見. 天子不衙, 同日於麟德殿對見. 所請並允. 即於内裏設宴. 官賞有差. 別有中使. 於使院設宴, 酣飲終日. 中使不絕, 頻有優厚. 二十一年正月元日於含元殿朝賀. 二日天子不豫. 二十三日天子雍王适崩. 春秋六十四. 二十八日臣等於承天門立仗. 始着素衣冠. 是日, 太子即皇帝位. 諒闇之中, 不堪萬機. 皇太后王氏, 臨朝稱制. 臣等三日之内, 於使院朝夕舉哀. 其諸蕃三日, 自餘二十七日而後就吉. 二月十日監使高品宋惟澄, 領答信物來. 兼賜使人告身. 宣勅云, 卿等銜本國王命, 遠來朝貢, 遭國家喪事. 須緩緩將息歸鄉. 緣卿等頻奏早歸. 因茲賜纏頭物, 兼設宴. 宜知之. 却廻本鄉, 傳此國喪. 擬欲相見, 緣此重喪, 不得宜之. 好去好去者. 事畢首途. 勅, 令内使王國文監送. 至明州發遣. 三月二十九日, 到越州永寧驛. 越州即觀察府也. 監使王國文, 於驛舘喚臣等, 附勅書函, 便還上都. 越州更差使監送. 至管內明州發遣. 四月一日先是去年十一月爲廻船明州, 留錄事山田大庭等, 從去二月五日發福州. 海行五十六日, 此日到來. 三日到明州郭下. 於寺裏安置. 五月十八日於州下鄮縣, 兩船解纜. 六月五日臣船到對馬嶋下縣郡阿禮村. 其唐消息, 今天子, 諱誦, 大行皇帝之男只一人而已. 春秋四十五, 有四十餘男女. 皇太子廣陵王純, 年二十八. 皇太后王氏, 今上之母, 大行皇帝之后也. 年號貞元二十一年, 當延曆二十四年. 淄青道節度使青州刺史李師古〈正己孫納之男〉. 養兵馬五十萬. 朝廷以國喪告于諸道節度使, 入青州界, 師古拒而不入. □兵十萬以弔國喪爲名, 自襲鄭州. 諸州勠力, 逆戰相殺. 即爲宣慰師古, 差中使高品臣希倩發遣. 又蔡州節度使吳少誠, 多養甲兵, 竊挾窺窬, 又去貞元十九年遣龍武將軍薛審, 和親吐蕃, 到則拘□, 不得復命. 審欺之云, 所以來和者, 欲嫁公主也. 吐蕃即令審歸娶. 天子瞋之曰, 嫁娶者, 非朕所知. 宜更廻允前旨. 若事不遂, 不得入來. 審還到吐蕃界. 拒而不入. 在於今日, 猶住兩界頭. 去年十二月吐蕃使等歸國. 尋彼來由, 在娶公主. 天子瞋之不聽. 故不曾賀正也. 其吐蕃在長安西北, 數興兵侵中國. 今長安城, 去吐蕃界五百里. 內疑節度, 外嫌吐蕃. 京師騷動, 無暫休息. 丁未, 近江丹波丹後但馬播磨美作備前備後紀伊阿波伊豫等十一國, 停進彩帛, 依舊貢絹. 辛亥, 正六位上難破連廣成, 若江造家繼授外從五位下. 癸丑, 伊賀國飢, 遣使賑給. 甲寅, 遣唐使第二船判官正六位上菅原朝臣清公, 來到肥前國松浦郡鹿嶋. 附驛上奏, 事多不載. 丙辰, 授從五位下紀朝臣廣濱從五位上, 正六位上犬上朝臣望成外從五位下. 庚申, 近衛中將從三位勳二等坂上大宿禰田村麻呂爲參議. 辛酉, 傳燈大法師位常騰爲律師.

日本後紀 卷第十二

일본후기 권제13 〈延曆 24년(805) 7월에서 大同 원년 5월까지〉

좌대신 정2위 行左近衛大將을 겸직한 臣 藤原朝臣冬嗣 등이 칙을 받들어 편찬하다.

皇統彌照天皇 〈桓武天皇〉

◎ 延曆 24년(805) 추7월 무진삭, 견당대사 종4위상 藤原朝臣葛野麻呂가 節刀를 바쳤다.[1]

병자(9일), 尾張國 智多郡의 토지 13정을 중납언 종3위 藤原朝臣內麻呂에게 주었다.

신사(14일), 葛野麻呂 등이 唐의 답례품인 信物을 바쳤다.

임오(15일), 傳燈大法師位 常騰 · 安曇 · 玄賓 등 37인 및 3품 美努摩內親王[2]에게 득도자 59인을 내렸다. 사람마다 3인 이하 1인 이상이었다.

계미(16일), 대재부에서 언상하기를, "견당사 제3선이 금월 4일 肥前國 松浦郡의 庇良島[3]를 출발하여 遠値嘉島[4]를 향하고 있었는데, 갑자기 남풍을 만나 외딴 섬에 표착하였다. 배는 (좌초되어) 바위 사이에 있고 물이 배에 차서 넘치고 있다. 판관 정6위상 三棟朝臣今嗣 등이 탈출하여 해안에 도착하였다. 관물, 사물은 수거할 겨를이 없다. 방비하는 병사[5] 여러명이 선상에 남아 있다. (배를) 연결하는 밧줄이 끊어져 배가 표류하여 어디로 갔는지 알 수 없다"라고 하였다. 칙을 내

---

1 전년도인 延曆 23년(804) 3월에 계묘(28일)에 대사 (藤原)葛野麻呂에게 節刀를 내렸다. 이해 6월 을사(8일)에 藤原朝臣葛野麻呂가 승선한 견당사선 제1선이 대마에 도착하여 복명서를 제출하였다.
2 光仁天皇의 황녀.
3 현 長崎縣 平戶市 平戶島.
4 九州의 五島列島의 동반부를 가리킨다.
5 射手라고 칭하는 사람은 사절단의 선박에 동승하여 외부로부터의 침입에 대응하는 역할이다.

려, "사신의 사명은 國信[6]을 중시하는 것이다. 배의 물품은 인력으로 모름지기 보존해야 한다. 그러나 지금 공무를 생각하지 않고 오로지 살길만을 찾고 있고, 배에 물이 차는데 사람은 보이지 않는다. 어찌 (선적한 물품을) 건질 수 있는가. 봉사하는 사자의 도리가 어찌 그러한가. 반드시 책임을 묻고, 엄중히 징벌할 것이다[7]"라고 하였다.

갑신(17일), 지진이 있었다.

정해(20일), 常陸國 사람 生部連廣成에게 특별히 종8위하를 내렸다. 사물을 내어 자주 빈민을 구제했기 때문이다[8].

기축(22일), 能登國에서 언상하기를, "배 1척이 珠洲郡[9]에 표착하여, 사자를 보내 선상의 물품들을 조사했다"라고 하였다.

신묘(24일), 친왕 이하 참의 이상 및 내시에게 당의 채색비단을 차등있게 하사하였다[10].

임진(25일), 칙을 내려, "듣는 바와같이, 역병이 일어날 때에, 백성들은 서로 꺼리고 물불을 다루는 (일상생활의) 접촉을 하지 않는다고 한다. 구제하고 치료할

---

6 國信은 국가간의 신뢰를 말하는데, 여기서는 당에서 보낸 물품을 가리키고 특히 서신, 서적 등을 포함한다. 國信은 信物, 國信物라고도 나오며, 발해와의 교류에서도 보인다.

7 「職制律」29에는 "凡受詔出使, 不返詔命, 輒干他事者, 徒一年"이라고 하여 친황이 내린 詔를 이행하지 않는 경우에는 1년형에 처한다고 규정되어 있다. 많은 인력과 재정이 투입된 견당사의 파견은 일본국의 국가적 대사이다. 당은 일본에게 있어 신문물의 창구이고 각종 서적의 유입은 제도와 행정, 학문에 크게 기여하였다. 당문물을 탑재한 선박이 유실되는 것은 크나큰 손실이었다고 보인다. 사자의 생명보다도 물자의 상실이 일본 지배층에게는 더 중시되고 있었음을 알 수 있다.

8 『續日本紀』天平寶字 8년(764) 3월 기미조에는 紀政臺의 정8위상 土師宿禰嶋村이 私物을 내어 빈자를 도와주어 관위 1계를 받았다고 나온다. 이에 조정에서는 이러한 사례를 태정관에 신고하면, "1년 이내에 20인 이상을 돕는 자는 관위 1계를 더하고, 50인 이상에게는 관위 2계를 더한다. 다만 정6위 이상의 자는 예에 들어가지 않는다"라고 하였다. 사물을 내어 빈자를 구제하는 일은 국가의 장려책이다. 동시에 신분상승의 요인이 되고 있다.

9 현재의 北陸地方의 石川縣 珠洲郡.

10 견당사가 갖고온 물자의 일부이다.

마음이 있다면 어찌 사망에 이르겠는가. 부자, 친족 조차도 두려워하고 기피하여 가까이 하지 않는다. 이웃 마을이나 소원한 인척은 새삼 무슨 말을 하겠는가. 죽는 자가 많이 나오는 사태의 본질은 여기에 있다. 소관 관사를 일깨워서 구제에 힘써야 한다. 만약 고쳐 준수하지 않으면, 즉시 법에 따라 처벌한다"라고 하였다. 이날, 견당대사 종4위상 藤原朝臣葛野麻呂에게 종3위를 내리고, 판관 정6위상 菅原朝臣清公에게 종5위하를, 고 부사 종5위상 石川朝臣道益[11]에게 종4위하를 추증하고, 판관 정6위상 甘南備眞人信影[12]에게 종5위하를 내렸다. 道益는 종3위 中納言 石足[13]의 손이고 종5위상 人成의 자이다. 서적을 거의 섭렵하였으며 자못 재능이 있었고 풍모가 수려하였다. 大唐 明州에서 사망하였다. 조정에서는 이를 애석해 하였다. 사망시의 나이는 43세였다.

계사(26일), 사자를 보내 畿内의 名神에게 봉폐하였다. 비가 내리기를 기원하기 위해서이다.

갑오(27일), 唐國의 물품을 山科[14], 後田原[15], 崇道天皇[16] 3릉에 바쳤다[17].

○ 8월 정유삭, 山城國 相樂郡의 白田 13정을 葛井親王[18]에게 주었다.

---

11 『續日本後紀』承和 3년(836) 5월 무신조에, "故入唐使贈從四品下石川朝臣道益可贈從四品上"이라고 하여 고 입당사 종4위하 石川朝臣道益可을 종4위상으로 추증하였다. 사후 30여년이 지난 시점에서도 추모하여 공로를 기리고 있음을 볼 수 있다.

12 『續日本後紀』承和 3년(836) 5월 무신조에, "余如故入唐判官從五品下甘南備眞人信影可贈從五品上"이라고 하여 종5위하에서 종5위상으로 추증되었다. 이날은 고인이 된 견당 사절단들에게 관위의 추서가 있었다.

13 石川石足, 蘇我氏 계통의 씨족, 和銅 원년(708) 3월에 河内守가 되고, 左大弁, 大宰大貳를 역임하였다.

14 天智天皇陵.

15 光仁天皇陵.

16 早良親王.

17 상기 3陵에 봉폐한 것은 주관자인 桓武天皇에 있어서, 종전 天武系 황위 계승에서 부친 光仁天皇 이후 天智系 황통의 계승자라는 인식이 강했고, 崇道天皇은 早良親王의 원령을 위로하기 위한 것이다. 즉 天智→光仁→桓武로 이어지는 황통의 계승의식이 강하게 반영된 것으로 보인다.

계묘(7일), 종5위하 川原女王·上道朝臣千若에게 정5위하를 내리고, 정6위상 安太女王·賀茂毎臣□女, 종6위상 縣犬養宿禰淨濱·丈尼或圖에게 종5위하를, 정6위하 小槻連濱名·服部三船·凡直古刀自, 종6위상 朝野宿禰宅成, 종6위하 船連志賀[19], 종7위상 勝部造眞上·因幡國造苗取, 정8위상 平群黑虫, 종8위하 田邊史東女[20]에게 외종5위하를 내렸다.

을사(9일), 지진이 있었다. 이날, 입당구법승 最澄[21]을 궁중으로 초청하여 悔過[22]의 독경을 하게 하였다. 最澄은 唐國의 불상을 바쳤다.

정미(11일), 傳燈法師位 肆闥, 傳燈滿位僧 景飾을 供奉師[23]에 보임하였다.

임자(16일), 정4위상 藤原朝臣産子에게 득도자 2인을 내리고, 고 입당부사 중 종4위하 石川朝臣道益에게 (득도자) 1인을 내렸다. 安藝國 賀茂郡의 토지 50정을 仲野親王에게 내렸다.

병진(20일), 종5위하 菅原朝臣淸公을 大學助로 삼았다.

정사(21일), 攝津國 사람 외종5위하 豊山忌寸眞足의 호적을 우경에 편적하고, 近江國 사람 정6위상 林朝臣茂繼, 肥後國 사람 종6위하 中篠忌寸豊次 등을 좌경에 편적시켰다.

기미(23일), 大納言 정3위 壹志濃王이 표를 올려 사직을 청했으나, 우대하는 조를 내려 허락하지 않았다.

---

18 桓武天皇의 황자.

19 船連氏의 백제계 도래씨족의 후예이다. 『日本書紀』欽明紀 14년(553) 7월조에, 蘇我大臣이 천황의 칙을 받들어 백제 도래씨족인 王辰爾를 파견하여 선박에 관련된 일을 기록시켰는데, 이때 왕진이는 船司로서 船史의 씨성을 받았다. 天武 12년(683)에 連으로 개성하여 船連氏가 되었다. 본거지는 河內國 丹比郡 野中鄕, 현재의 大阪府 藤井寺市 野中 및 羽曳野市이다. 野中寺는 이 씨족의 氏寺이다.

20 田邊史는 河內國 安宿鄕의 田邊 지역을 본거지로 하는 백제계 도래씨족이다. 『新撰姓氏錄』左京皇別에는 황족의 후예로 나와 있으나 후에 개변된 씨성이다.

21 279쪽, 延曆 22년(803) 윤10월 경오조 각주 39 참조.

22 悔過는 불교에서 삼보에 대해 자기가 지은 죄나 과오를 참회하고 고치는 일을 말한다.

23 宮中의 佛敎 道場인 內道場에서 供奉하고 讀師 등 국가진호의 임무를 맡은 승.

계해(27일), 금성과 토성이 동방에 보였다. 常陸守 종4위하 紀朝臣直人이 죽었다. 直人은 中納言 종3위 麻路의 손이고, 정5위하 廣名의 자이다. 사람됨이 온화하고 자못 文才가 있었다. 내외의 관직을 역임하였고, 세평은 좋지도 나쁘지도 않았다. 천명을 다하였다. 사망시의 나이는 59세였다.

○ 9월 경오(5일), 曲宴을 개최하고, 친왕 이하[24]에게 의복을 하사하였다.

신미(6일), 禪師 등에게 의복을 시주하였다[25].

임신(7일), 5위 이상에게 차등있게 목면을 내렸다.

계유(8일), 좌경인 永嗣王 등에게 河上眞人의 성을 내렸다.

임오(17일), 승 最澄에게 궁중에서 毘盧舍那法[26]을 행하게 하였다.

기축(24일), 傳燈大法師位 常騰을 少僧都로 삼고, 종5위상 百濟王聰哲[27]을 主計頭로 삼고, 종4위하 橘朝臣安麻呂를 常陸守로 삼고, 종5위하 大伴宿禰眞城麻呂를 能登守로 삼았다.

임진(27일), 越前國 小虫神에게 종5위하를 내리고, 出雲國造 외정6위상 出雲臣門起에게 외종5위하를 내렸다.

○ 동10월 정유(2일), 들판의 새가 궁전 안으로 날아 들어왔다.

기해(4일), 종5위상 藤原朝臣繼彦을 左中弁으로 삼고, 讚岐守는 종전대로 하였다. 종5위하 多治比眞人今麻呂를 式部權少輔로 삼고, 종5위하 安倍朝臣犬養을 大藏少輔로 삼았다. 종5위상 和氣朝臣廣世를 美作守로 삼고, 式部少輔, 대학두는 종전대로 하였다. 종4위하 橘朝臣安麻呂를 備前守로 삼고, 종5위하 巨勢朝臣諸成을 (備前)介로 삼고, 종5위하 讚岐公千繼를 權介로 삼았다.

---

24 원문의 '以上'은 '以下'의 오기로 생각된다. 친왕 이하에게 물품을 하사하는 것은, 曲宴에 참석한 사람 전원에게 수여하는 것이고 관례이다.

25 궁중의 內道場에서 桓武天皇의 쾌유를 기도한 十禪師에게 답례한 것이다.

26 화엄경의 교주인 盧舍那佛을 본존으로 하여 기도를 행하는 밀교의 수법으로, 桓武天皇의 쾌유를 기원하고 있다.

27 145쪽, 延曆 16년(797) 춘정월 갑오조 각주 39 참조.

계묘(8일), 정6위상 笠臣田作 · 千葉國造[28] 大私部直善人에게 외종5위하를 내렸다.

갑진(9일), (천황은) 하루종일 연회와 음악으로 보냈다, 5위 이상에게 錢을 차등있게 하사하였다.

병오(11일), 종4위하 훈3등 三諸朝臣大原을 備前守로 삼고, 종4위하 橘朝臣安麻呂를 播磨守로 삼았다.

갑인(19일), 입당 유학생 무위 粟田朝臣飽田麻呂에게 정6위상을 내렸다.

을묘(20일), 神祇伯 종4위상 多治比眞人繼兄에게 右兵衛督을 겸직시켰다.

무오(23일), 播磨國의 蝦夷 吉彌侯部兼麻呂, 吉彌侯部色雄 등 10인을 多襧嶋로 유배보냈다. 야만적 심성을 고치지 않아 자주 국법을 위반했기 때문이다.

경신(25일), 佐渡國 사람 道公全成을 伊豆國으로 유배보냈다. 관 소유의 접동새[29]를 훔쳤기 때문이다. 下總國 印播郡의 鳥取驛, 埴生郡의 山方驛, 香取郡의 眞敷, 荒海 등의 역을 폐지하였다. 필요가 없어졌기 때문이다. (이날) 정6위상 安倍朝臣眞勝에게 종5위하를 내렸다. 崇道天皇을 위해 일체경을 서사했기 때문이다. 그 사경생은 공에 따라 서위하고 得度를 허락하였다.

계해(28일), 궁전에서 3일간 독경하였다.

○ 11월 병인삭, 제를 내려, "요즈음 제관사 제국에서 올린 解文은 관인의 서명란에 서명하지 않는 일이 많다[30]. (解文의 내용에) 불만을 품거나, 찬성하지 않아 침묵하고 있거나, 해당 사안에 각각 견해가 달라 상하가 일치하지 않기 때문인가. 예컨대, (解文의) 내용에 대해서 (상급관청으로부터) 심문을 받으면, 모 아무개는 解文에 서명하지 않았다고 해명하고 있다. 관인의 직무에 있으면서 어찌 그렇게

---

28 千葉國造는 下總國 千葉郡의 토착호족으로 보인다.
29 두건새라고도 한다. 大膳司 소속의 雜供戶 중에는 鵜 사육을 위한 鵜戶가 설치되었다.
30 「公式令」11에 의하면, 8성 이하의 내외 관사가 태정관 혹은 관할 관사에 올리는 상신문서를 解文이라고 한다. 문서의 하단에는 장관 이하 4등관 전원이 連署하게 되어 있다. 관인의 서명은 이름만 자필 서명하고, 연월일, 관직, 관위, 성은 담당 서기가 기록한다. 자필 서명을 하지 않은 이유는 어떤 사안에 대해 책임을 회피하기 의한 목적으로 생각된다.

할 수 있겠는가. 지금 이후로는 모두 서명하도록 한다. 병이나 휴가, 사자로서의 출장 등의 사유가 있는 경우에는 (형식에) 따라 명확히 주기해서 서명란을 비워두어 의심을 받는 일이 있어서는 안된다"라고 하였다.

정묘(2일), 唐人 정6위상 淸河忌寸斯麻呂에게 외종5위하를 내렸다.

기사(4일), 山城國 紀伊郡의 토지 1정을 典侍 종4위하 葛井宿禰廣岐[31]에게 하사하였다. 무위 紀朝臣弟魚에게 정5위상을 내리고, 무위 石川朝臣伊勢子에게 종5위하를 내렸다.

임신(7일), 이보다 앞서 伊豆國 掾 정6위상 山田宿禰豐濱[32]이 사자로서 입경하였다. 伊勢國의 榎撫, 朝明 2역 사이에 이르러, 끓인 물을 구하려고 마을에 들렀다. 마을 사람이 물을 주었고, 게다가 함께 술을 데워서 마셨다. 그 후 구토가 나 伊賀國 경계에 이르자 豐濱의 종자가 죽었다. 豐濱은 독이 든 술인 것을 알고 치료에 노력했지만, 경에 이르자 마침내 죽었다. (조정에서는) 左兵衛 少志 종6위하 紀朝臣濱公을 사자로서 보내 조사했지만, (아무런) 소득도 없었다. 隱岐國 사람 외종8위상 飾部松守, 采女 외종5위하 服部美船女 등 3인에게 臣 성을 내렸다.

정축(12일), 大納言 정3위 겸 彈正尹 壹志濃王이 죽었다. 조를 내려 종2위에 추증하였다. 壹志濃王은 田原天皇[33]의 손이고, 湯原親王[34]의 제2자이다. 태생은 존귀한데 예법은 지키지 않았다. 음주 중에는 떠들기를 좋아하였다. 늘상 주기가 오르면 帝[35]에 대해 옛 일을 말했다. 帝는 이를 즐거워했다. 사망시의 나이는 73세였다.

무인(13일), 陸奧國 관내의 바다에 연해있는 諸郡의 傳馬를 정지하였다. 필요

---

31 315쪽, 延曆 24년(805) 2월 경술조 각주 127 참조.
32 『新撰姓氏錄』 우경제번상에 山田宿禰의 출자는 周靈王의 태자 晋으로부터 나왔다고 한다. 주유왕은 東周(BC571-545)의 10대왕으로 나오고 있다. 이 조상의 계보는 출자개변으로 생각된다. 동 河內諸蕃에도 山田宿禰은 魏의 司空王 昶으로부터 출자를 구하고 있다.
33 天智天皇의 제7황자이고, 光仁天皇의 부친.
34 天智天皇의 손이고, 光仁天皇의 동생.
35 桓武天皇.

성이 없어졌기 때문이다.

경진(15일), 曲宴을 개최하고, 次侍從 이상에게 의복을 하사하였다. 相模國 大住郡의 전지 2정을 종4위하 百濟王教法[36]에게 주었다.

갑신(19일), 좌경인 정7위하 淨村宿禰源이 언상하기를, "父 賜綠 袁常照는 지난 天平寶字 4년(760) (당의) 사자로서 입조하여, 다행히도 은택을 입어 마침내 황민이 되었다. 그 후 불행한 일로 사망하여 源 등은 일찍이 고아가 되어 의지할 곳이 없게 되었다. 외조부 고 종5위상 淨村宿禰晋卿[37]이 양육하여 양자가 되었다. 지난 延曆 18년 3월 22일 格에 의거하여, 이미 자수하여 밝혔는데,[38] 만약 천은이 있다면 位記를 몰수하지 않았으면 한다. 하늘로부터 도움을 받는다면 기쁨과 행복을 어찌 말로 다할 수 있겠는가. (백성에게) 성을 내려주는 것은 사물의 질서를 바르게 일이고, 국가의 징표이다. 삼가 성명을 고쳐 春科宿禰道直으로 했으면 한다"라고 하였다. (천황은) 이를 허락하였다.

을유(20일), 攝津國의 치소[39]를 江頭로 옮기는 것을 허락하였다.

무자(23일), 坂本親王[40]이 궁중에서 원복을 행하였다. 참의 종3위 坂上大宿禰田

---

36 陸奧鎭守將軍 百濟王俊哲의 딸로 桓武天皇의 女御이다. 이 시기가 되면 율령제하에서 夫人, 嬪 대신에 女御, 更衣라는 신분으로 천황에 입실하게 된다. 女御의 지위도 높아져 藤原氏, 皇親이 대부분이다. 百濟王氏로부터 百濟王教仁, 百濟王貞香이 桓武天皇의 후궁으로 들어 갔지만, 女御는 되지 못했다. 延曆 24년(805)에 相模國 大住郡의 전지 2정, 弘仁 2년(811)에 山城國 乙訓郡의 白田 1정을 嵯峨天皇으로부터 받았다. 承和 7년(840) 11월 29일에 사망.

37 袁晉卿, 天平 7년(735)에 당에 파견된 견당사의 귀국시에 일본에 와서, 정주하였다. 文選, 爾雅의 음을 배워 대학의 音博士가 되었다. 天平神護 2년(766)에는 法華寺에서 열린 舍利會에서 唐樂을 연주하여 그 공로로 종5위하에 서위되었다. 이듬해 釋奠 의례에서 音博士로 직무를 맡아 종5위상에 서위되었다. 神護景雲 3년(769)에는 日向守를 역임하였고, 寶龜 9년(778) 2월에는 玄蕃頭에 임명되었다. 동년 12월에 袁에서 淸村宿禰로 개성하였다. 桓武朝 延曆4년(785)에는 安房守에 임명되었다.

38 原文의 首路는 관헌에 자수한다는 의미, 양자가 되는 것은 아들 세대에 해당하는데, 『令義解』「戸令」12에 따르면 손자가 양자가 되는 것은 위법이다. 이에 대한 자수이다.

39 國府.

40 桓武天皇의 황자.

村麻呂, 大藏卿 종4위상 藤原朝臣園人, 소납언 종5위하 多朝臣入鹿 등에게 피복을 하사하였다.

갑오(29일), 攝津國 사람 외종5위하 出雲連廣貞 등의 호적을 좌경에 편적시켰다.

○ 12월 경자(5일), 지진이 있었다.

임인(7일), 공경이 주상하기를, "삼가 칙지를 받드니, '(平安)宮 조영은 아직 완료되지 않았고, 백성들이 피폐해지고 있어 그들의 노고를 생각하면, 모름지기 긍휼해야 할 것이다. 게다가 재해와 역병을 만나 농잠이 자못 피해를 입었다. 금년은 수확이 있었으나, 아직 생업을 회복했다는 말은 듣지 못했다. 사태를 헤아려 넉넉히 베풀어 구제해야 한다'는 것이다. 신 등은 조사해 보니, 삼가 바라건대, 징발된 仕丁 1,281인을, 인원수에 따라 정지했으면 한다. 또 위문부의 위사 400인은 70인을 감하고, 좌우위사부는 각각 600인은 100인씩 감하고, (隼人司의) 隼人은 남녀 각각 40은 20인씩을 감한다. 아악료의 歌女 50인은 30인을 감하고 仕女[41] 110인은 28인을 감한다. (神祇官의) 卜部[42]의 (취사를) 담당하는 委男女廝丁 등의 식량의 공납을 정지했으면 한다. 또 諸家의 봉호가 부담하는 田租는 잠시 용미로 납부하는 것을 정지하고, 경화로 바꾸어 납입하게 했으면 한다. 또 제국에서 調를 공납하는 운송자는 어느 국은 5일을 노역하고 어느 국은 3일이어서 노역이 균등하지 않고, 노역의 내용도 각각 다르다. 모름지기 모두 노역을 2일로 하여 그 강도를 동일하게 했으면 한다. 또 備後國의 神石, 奴可, 三上, 惠蘇, 甲努, 世羅, 三谿, 三次 등 8군의 調로 바치는 絲는 가래, 철로 바꾸도록 한다. 또 伊賀, 伊勢, 尾張, 近江, 美濃, 若狹, 越前, 越中, 丹波, 丹後, 但馬, 因幡, 播磨, 美作, 備前, 備中, 備後, 紀伊, 阿波, 讚岐, 伊豫 등의 제국은 당해년의 庸을 면제했으면 한다"라고 하였다. (천황은) 이를 허락하였다.

이날, 中納言 近衛大將 종3위 藤原朝臣內麻呂가 궁중에서 근시하고 있었는데,

---

41 여자 仕丁으로 각 관사에 소속되어 잡무에 종사한다.

42 卜部는 神祇官에서 龜卜을 담당하는 직원.

칙이 내려져 참의 右衛士督 종4위하 藤原朝臣緒嗣, 참의 左大弁 정4위하 菅野朝臣眞道[43]와 함께 천하의 덕정을 의논하게 하였다. 이때, 緒嗣가 의견을 말하기를, "지금 천하의 백성이 고생하고 있는 것은 군사와 조영에 있다. 이 양 사업을 중지하여 백성을 편안하게 해야 한다"라고 하였다. 眞道는 이의를 고집하며 받아들이지 않았다. 帝는 緒嗣의 의견이 좋다고 하여 즉시 정폐하기로 하였다. 유식자는 이를 듣고 감탄하지 않는 자가 없었다.

계묘(8일), 淡路國의 유랑인의 금년도 調, 庸을 면제하였다.

을사(10일), 造宮職을 폐지하였다.

기유(14일), (천황에) 근시하는 승려와 숙직하는 5위 이상에게 大袍[44]를 내렸다. 종5위하 文室眞人長谷을 周防守로 삼았다.

경술(15일), 종5위하 和朝臣建男[45]을 近江介로 삼고, 종5위하 藤原朝臣友人을 播磨權介로 삼았다.

갑인(19일), 종5위하 岳田王을 甲斐守로 삼고, 외종5위하 紀朝臣廣河를 阿波介로 삼았다.

을묘(20일), 甲斐國 巨麻郡의 弓削社를 官社로 하였다. 영험이 있기 때문이다. 河內國 交野郡의 밭 2정을 仲野親王에게 주었다.

정사(22일), 칙을 내려, "大和國의 畝火, 香山, 耳梨 등의 산을 백성들이 마음대로 벌목하고 있다. 국의 관리가 너그럽게 허용하고, 금제하지 않고 있다. 지금 이후로는 다시는 그렇게 해서는 안된다"라고 하였다.

무오(23일), 山城國 乙訓郡의 밭 1정을 大判事 종5위하 讚岐公千繼에게 주었다.

경신(25일), 僧綱이 언상하기를, "延曆 연중에 제국의 國師를 고쳐 講師라고 하였다. 한번 임명한 후에는 쉽게 교체하지 말고, 강설 이외에는 다른 일을 맡기지 않도록 한다. 불교의 교리를 널리 펼쳐서 남을 이롭게 하기 위해서이다. 지금 들

---

43 207쪽, 延曆 18년(799) 3월 정사조 각주 58 참조.
44 朝服의 상의.
45 146쪽, 延曆 16년(797) 춘정월 갑오조 각주 40 참조.

는 바로는, 몸은 늙어서 죽음에 이르러도 마음에 만족함이 없고, 강설에도 게을러서 어찌 가르치고 인도할 수 있겠는가. 마침내 불법을 더럽히고 죄에 떨어져 스승을 배반하고 불교의 가르침을 저버리게 된다. 뿐만 아니라 해당국의 國司 등은 사원을 감독하는 직무에 있어[46], 제사찰의 승강은 (청탁을 위해) 國府에 달려간다. 이것은 승려와 속인을 구분하고, 물고기와 새의 성질이 다르다고 하는 뜻에 위배되는 것이다. 삼가 바라건대, 큰 지혜를 가진 자를 선발해 講師로 임명하고, 다음의 지식있는 자를 추거하여 讀師[47]로 임명하고, 임기는 6년을 한도로 한다. 사찰(의 서무)는 講師에게 위임하면 될 것이다. 그렇게 하면 사람을 쓰는 방책은 영원히 유지되어 승려가 세속에 아첨하는 수치는 스스로 없어질 것이다"라고 하였다. 칙을 내려, "강사의 연한은 오직 청한대로 한다. 다만 학문 수준이 낮고 계율을 배우지 않은 젊은 사람들은 때로는 잘못을 범한다고 한다. 연령은 45세 이상으로 심지가 굳고 시종일관 흔들리지 않는 자를 임명한다. 재능을 가려서 양보심이 있는 자를 등용하고, (太政)官에 신고하고 주상을 거치는 절차에 대해서는, 오로지 앞의 格[48]과 동일하게 한다. 만약 스스로의 능력을 과시하며 멋대로 추천을 바라는 자는, 오랫동안 배척하여 후배들에게 경계로 삼도록 한다. 승강이 청탁을 받으면, 또한 사정을 조사하여 조치한다. 강사의 임용은 종전대로 한다. 또 관내의 제사찰은 講師와 國司가 함께 감독한다. 어느 한쪽이 마음대로 하지 않도록 한다"라고 하였다.

◎ 大同 원년(806) 춘정월 병인삭, 신년하례를 중지하였다. 천황이 병중이기 때문이다. 次侍從 이상에게 궁전에서 연회를 베풀고 의복을 하사하였다.

---

46 「職員令」70에 國司의 직무에는 사원의 "寺, 僧尼名籍事"라고 하여 사원의 승려의 명적을 관리하고 있다.
47 讀師는 講師의 하위직으로 제국의 國分寺에 설치된 僧官, 法會할 때 經文, 經題를 읽는 역할을 한 승.
48 『類聚三代格』권3, 延曆 24년(805) 12월 25일 太政官符「應簡任諸國講讀師及相替六年爲限事」에 인용된 延曆 14년(794) 8월 13일 太政官符를 말한다.

경오(5일), 우경인 외종5위하 堅部使主廣人에게 豐宗宿禰의 성을 내렸다. 대법사 永忠에게 득도자 2인을 내리고, 승 最澄에게 3인을, 치부경 4품 葛原親王에게 2인을 내렸다.

임신(7일), 칙을 내려, 5위 이상이 오랫동안 행해온 장식말의 진상을 정지하였다.

임오(17일), 활쏘기 행사가 있었다. 천황은 어림하지 않았다. 좌경인 정7위상 阿倍小殿朝臣眞直, 종5위하 阿倍小殿朝臣眞出 등에게 阿倍朝臣의 성을 내렸다.

신묘(26일), 칙을 내려, "재앙을 없애고 복을 가져오는 데에는 불교가 가장 훌륭하다, 선을 권유하여 삶을 이롭게 하는 데에는 佛道와 같은 것이 없다. 다만 諸佛이 세상에 출현하는 까닭은 일체중생으로 하여금 변함없는 진리로 깨닫게 하기 위해서이다. 그러나 중생의 (깨달음에 이르는) 능력은 빠른 자도 있고 늦는 자도 있다. 따라서 여래가 설했듯이 빨리 깨닫게 하는 설법과 (이해의 정도에 따라) 천천히 깨닫게 되는 설법이 있다. (불교의 가르침을) 담고 있는 경론은 설법이 동일하지 않다. 가르침으로 들어가는 문은 비록 다르지만, 종국에는 보살에 이르게 된다. 비유하자면, 뛰어난 의사가 병에 따라 약 처방이 제각기 다르지만, 모두 생명을 구제한다는 점에서는 동일하다. 지금 불법을 홍륭시켜 중생들을 이롭게 하고자 한다. 무릇 여러 (종파의) 학업은 하나라도 폐지할 수 없다. 華嚴業 2인, 天台業 2인, 律業 2인, 三論業 3인, 法相業 3인으로 정해져 있는 득도자가 (분야별로) 학업을 나누어 노력하고, 함께 학문에 경주해야 한다. 따라서 각각의 경전의 주석서에 따라 法華經, 金光明最勝王經 2부의 經은 漢音 및 訓으로 읽도록 한다. 경론 중에 大義 10조를 묻고 5조 이상을 통과한 자는 득도를 허락한다. 만약 2經 중에서 급제자가 없으면 결원대로 두고, 당해년에는 득도시키지 않는다. 治部省, 玄蕃寮, 僧綱이 서로 기록해 놓고 해당자가 있기를 기다려, 후년에 다시 득도시킨다. (결원으로 인해) 득도의 정원을 서로 빼앗아 (해당 종파의) 학업이 폐절되는 일이 없도록 한다. 만약 교의의 학습에 뛰어난 자는 漢音에 한정하지 않는다[49].

---

49 漢音 이외의 경전의 독법을 구사해도 무방하다는 의미이다,

수계받은 후에는 모두 우선적으로 2부의『二部戒本[50]』을 독송하고,『一卷羯摩四分律鈔[51]』를 암송하도록 한다. 다시 12조를 시험하여 本業 10조, 戒律 2조 중에서 7조 이상을 통과한 자는 순서에 따라 立義[52], 複講[53] 및 제국의 講師에 임용한다. 비록 本業을 통과해도 계율을 습득하지 못하면 임용을 허락하지 않는다. 지금 이후로는 영원히 항례로 삼도록 한다'라고 하였다.

계사(28일), 종4위하 藤原朝臣仲成을 大和守로 삼고, 종5위상 百濟王鏡仁[54]을 河內守로 삼고, 종5위하 紀朝臣南麻呂를 (河內)介로 삼았다. 兵部大輔 정5위상 藤原朝臣繼業에게 山城守를 겸직시키고, 종4위하 和朝臣入鹿麻呂[55]를 伊勢守로 삼고, 齋宮頭 종5위하 中臣丸朝臣豊國에게(伊勢)介를 겸직시켰다. 종5위하 藤原朝臣眞川을 尾張守로 삼고, 종5위하 菅原朝臣清公을 (尾張)介로 삼았다. 종5위하 路眞人年繼를 參河介로 삼고, 종5위하 大枝朝臣菅麻呂를 遠江守로 삼고, 종5위하 大宅眞人繼成을 駿河介로 삼고. 中納言 종3위 藤原朝臣内麻呂에게 武藏守를 겸직시키고 近衛大將은 종전대로 하고, 종5위하 桑田眞人甘南備를 (武藏)介로 삼았다. 종5위상 安曇宿禰廣吉을 安房守로 삼고, 宮内大輔 종5위상 藤原朝臣道雄에게 上總守를 겸직시키고, 종5위하 石川朝臣道成을 (上總)介로 삼고, 右衛士佐 종5위하 田中朝臣八月麻呂를 (上總)權介로 삼고, 외종5위하 千葉國造 大私部直善人을 (上總)大掾로 삼았다. 참의 종3위 紀朝臣勝長에게 下總守를 겸직시키고 左兵衛督은 종전대로 하고, 종5위하 藤原朝臣城主를 (下總)介로 삼았다. 종

---

50 比丘, 比丘尼가 갖추어야 할 禁戒의 조목을 집성한 것.

51 인도의 部派佛敎의 일파인 曇無德部(法藏部)가 전한 律典으로 4단계로 구분하여 계율을 설명하고 있다. 羯摩는 교단의 조직운영, 제의 수계 등을 종합적으로 설명한 책.

52 교리를 논의 때, 자기의 의견을 세우고 질의응답을 행하는 자.

53 강연할 때 강사가 설한 내용을 다시 설명하여 의미를 명확히 하는 역.

54 刑部卿 百濟王教德의 아들, 延曆 9년(790)에 종5위하 豊後介에 서임되었다. 동 18년에 治部少輔 이어서 右少弁에 임명되었다. 이후 종5위상으로 승진되었고, 연력 24년에 右中弁에 되었다.

55 백제 무령왕을 조상으로 하는 和史氏의 후예 씨족, 延曆 16년(797) 춘정월에 종5위상에 서위되고, 大同 원년(806) 2월에 神祇伯 겸 常陸守가 된다.

4위하 葛野王을 常陸守로 삼고 主馬頭는 종전대로 하였다. 左兵衛權佐 종5위하 安倍朝臣益成을 (上陸)權介로 삼고, 大内記 종5위하 平群朝臣眞常에게 近江權介를 겸직시켰다. 左衛士佐 종5위하 百濟王教俊[56]에게 美濃守를 겸직시키고, 종5위상 坂本朝臣佐太氣麻呂를 信濃介로 삼고, 시종 종4위하 大庭王에게 上野守를 겸직시키고, 정4위하 三嶋眞人名繼를 越前守로 삼고, 종5위하 和朝臣氏繼를 越後守로 삼고. 종5위하 紀朝臣百繼를 (越後)介로 삼고, 近衛將監은 종전대로 하였다. 左少弁 종5위하 藤原朝臣貞嗣에게 丹後守를 겸직시키고, 외종5위하 山田造大庭을 (丹後)介로 삼았다. 참의 右衛士督 종4위하 藤原朝臣緖嗣에게 但馬守를 겸직시키고, 종5위하 佐伯宿禰淸岑을 (但馬)介로 삼았다. 内廐頭 종5위하 坂上大宿禰石津麻呂에게 因幡介를 겸직시키고, 종5위하 作良王을 伯老守로 삼고, 종5위하 大中臣朝臣全成을 出雲守로 삼고, 종5위하 安倍朝臣宅麻呂를 (出雲)介로 삼았다. 종5위하 秋篠朝臣全繼를 石見守로 삼고, 종5위하 藤原朝臣友人을 播磨介로 삼고, 中内記 외종5위하 出雲連廣貞에게 美作權掾을 겸직시키고, 종5위하 藤原朝臣諸主를 備中守로 삼고, 외종5위하 掃守宿禰弟足을 安藝介로 삼고, 종5위하 紀朝臣國雄을 讚岐介로 삼고, 참의 정4위하 菅野朝臣眞道[57]에게 大宰大貳를 겸직시키고, 종5위하 大野朝臣犬養을 肥前守로 삼고, 종5위하 多治比眞人氏守를 (肥前)介로 삼고, 종5위상 高倉朝臣殿繼[58]를 肥後守로 삼고, 종5위하 小野朝臣木村을 豐前介로 삼았다.

갑오(29일), 칙을 내려, "이전에 雜稻[59]를 出擧할 때는 이자로 (원금의) 2분의 1을 수취하는 것은 항례의 법령이고[60], 바뀌지 않는 규범이었다. 延曆 14년(795)에

---

56 220쪽, 延曆 18년(799) 9월 신해조 각주 109 참조

57 207쪽, 延曆 18년(799) 3월 정사조 각주 58 참조.

58 292쪽, 延曆 23년(804) 정월 경자조 각주 18 참조.

59 正稅의 稻 중에서 특정의 용도로 사용하기 위해 出擧하는 稻, 예를 들면, 國分寺料, 修理驛家料, 池溝料 등이 있다

60 「雜令」 20 「以稻粟」 조에, "凡以稻粟出擧者, 任依私契, 官不爲理. 仍以一年爲斷. 不得過一倍, 其官半倍"라고 하여, 出擧 시에는 1년 단위로 계약을 맺으며 私出擧의 이율은 원금의 1배

이율을 개정해서 10속을 대부하면 이자로 3속을 수납하였다[61]. 이것은 백성의 재산을 풍족하게 하는 것이고, 세상이 융성해지기를 기약하는 일이다. 듣는 바와같이, 부호들은 다투어 많은 이익을 얻고자 하고[62], 빈궁한 집안은 모두 고통을 받고 있다. 관리 중에는 어리석고 도리를 몰라 청렴하고 공평한 원칙에 어긋나게 처리하고 있다. 마침내 백성은 빈곤에서 벗어나지 못하고, 국가의 창고는 덧없이 줄어들어 손실에 이르게 된다. 이러한 폐해를 개혁하는 일이 절실해진다. 뿐만 아니라 官稻를 수납하는데에 사망한 사람에게도 면제가 되지 않고 있다. 그 유족을 생각하면, 심히 불쌍한 마음이 든다. 지금 이후로는 公廨稻 및 雜色稻의 대부의 이자를 논의하여 (원금의) 반을 이자로 걸어들이고, 사망자가 부담하는 稻는 종전과 같이 면제하도록 한다'라고 하였다.

○ 2월 병신(2일), 외종5위하 秦宿禰都伎麻呂를 少工으로 삼았다.

정유(3일), 造宮職을 폐지하고 木工寮에 합병하였다. 이에 사무가 많아져서 史生 6인을 증원하여 도합 12인으로 하였다. 종4위하 藤原朝臣大繼를 伊勢守로 삼고, 神祇伯 종4위하 和朝臣入鹿麻呂[63]에게 常陸守를 겸직하게 하였다.

갑진(10일), 종5위상 多治比眞人八千足를 少納言으로 삼고, 종5위하 安倍朝臣鷹野를 治部少輔로 삼고, 종5위하 路眞人年繼를 兵部少輔로 삼고, 종5위하 高澄眞人名守를 左京亮으로 삼고, 종5위하 大中臣朝臣諸人을 右京亮으로 삼고, 종5위하 佐伯宿禰鷹成을 參河介로 삼고, 외종5위하 豐山忌寸眞足을 駿河介로 삼고, 종5위하 御長眞人仲繼를 伊豆守로 삼고, 종5위하 大伴宿禰長村을 安房守로 삼았다.

정미(13일), 칙을 내려, 令에 준하면 大宰大貳는 바로 정5위상 官인데, 종4위하

를 넘지 못하고, 公出擧는 半倍로 원금의 5할이다.

61 『續日本紀』延曆 14년(795) 윤7월 을미조.

62 公出擧의 이율이 5할에서 3할로 저리가 되자, 부호가들은 경쟁적으로 이를 대출받아, 역으로 私出擧를 하여 고리의 이자로 막대한 이익을 얻게 되는 것이다. 반면 일반 백성들은 대부받을 수 없게 되어 빈궁해지는 사태가 발생한다.

63 백제 무령왕을 조상으로 하는 和史氏의 후예 씨족, 延曆 16년(797) 정월에 종5위상에 서위되었고, 大同 원년(806) 정월에 伊勢守에 임명되었다.

官으로 고치도록 하였다.

무신(14일), 종5위하 藤原朝臣貞嗣에게 종5위상을 내렸다.

기유(15일), 정6위상 下道朝臣繼成·安都宿禰豐永에게 외종5위하를 내렸다.

경술(16일), 참의 정4위하 藤原朝臣繩主를 左大弁으로 삼고, 近衛中將은 종전대로 하였다. 정5위하 御長眞人廣岳을 左中弁으로 삼고, 종5위상 藤原朝臣貞嗣를 右中弁으로 삼고, 丹後守는 종전대로 하였다. 종5위하 石川朝臣清直을 左少弁으로 삼고, 종5위하 多治比眞人今麻呂를 右少弁으로 삼고, 종5위하 文室眞人乙直을 左大舍人助로 삼고, 종5위하 紀朝臣岡繼를 右大舍人助로 삼았다. 참의 정4위하 藤原朝臣繩主를 음양두로 삼고, 左大弁 近衛中將은 종전대로 하였다. 종5위상 和氣朝臣廣世를 식부대보로 삼고, 대학두 美作守는 종전대로 하였다. 종5위하 藤原朝臣永貞을 (式部)少輔로 삼고, 종5위하 紀朝臣良門을 大學助로 삼고, 종5위하 藤原朝臣綱繼를 治部少輔로 삼고, 종5위하 大春日朝臣魚成을 玄蕃助로 삼고, 종5위하 乙野王을 諸陵頭로 삼고, 종5위상 藤原朝臣繼彥을 민부대보로 삼고, 종5위하 大伴宿禰久米主를 (民部)少輔로 삼고, 외종5위하 日下部連得足을 主税助로 삼고, 종4위하 藤原朝臣仲成을 兵部大輔로 삼고, 종5위상 藤原朝臣道雄을 형부대보로 삼고, 上總守는 종전대로 하였고, 종5위하 淡海朝臣貞直을 (刑部)少輔로 삼았다. 종4위상 藤原朝臣園人을 宮内卿으로 삼고, 相模守는 종전대로 하였고, 종5위상 石川朝臣吉備人을 (宮内)大輔로 삼았다. 종5위하 和朝臣男成[64]을 主殿頭로 삼고, 외종5위하 出雲連廣貞을 典藥助로 삼고 美作權掾은 종전대로 하였다. 종5위하 百濟王元勝[65]을 鍛冶正으로 삼고, 종5위상 下毛野朝臣年繼를 官奴正으로 삼고, 종5위하 藤原朝臣千引을 彈正弼로 삼고, 종3위 藤原朝臣

---

64 『新撰姓氏錄』左京諸蕃에 和朝臣은 백제국 都慕王의 18세손 무령왕으로부터 나왔다고 한다. 和朝臣男成은 桓武天皇의 생모인 高野新笠의 일족이다. 大同 3년(806) 6월에 大監物이 되었다.

65 延曆 16년(797) 정월에 安房守에 임명되었고, 동 23년 4월에 内兵庫正, 大同 3년(806) 11월에 종5위상에 서위되었고, 동 4년에 大判事에 임명되었다. 弘仁 13년(822)에 정5위하, 天長 3년(826)에 정5위상에 서위되었다.

葛野麻呂를 春宮大夫로 삼고, 종5위하 大伴宿禰人益을 伊豆守로 삼고, 종5위하 安倍朝臣鷹野를 下總介로 삼고, 종5위하 葛井宿禰豐繼[66]를 安藝介로 삼고, 종5위하 小野朝臣眞野를 紀伊介로 삼고, 종5위하 安倍朝臣兄雄을 中衛少将로 삼고, 종5위하 平群朝臣加世麻呂를 隼人正으로 삼고, 종4위하 巨勢朝臣野足을 左衛士督으로 삼고, 下野守는 종전대로 하였다. 종5위하 紀朝臣眞鴨을 (左衛士)權佐로 삼고, 종5위하 紀朝臣八原을 主馬助로 삼았다.

신해(17일), 황태자[67]가 봉헌하였다. 증 황후〈淳和天皇의 后〉의 황손[68]이 탄생하였다.

갑인(20일), 종3위 行皇太子傳 大伴宿禰弟麻呂가 상주하여 말하기를, "臣은 다행히도 천운이 창성한 시대를 만나 귀족의 반열에 오르고, 개가 처마밑 섬돌이 엎드려 있듯이 충성을 다한 지 지금 30여년이 되었다. 마침내 관위는 3위에 오르고, 관직은 8省의 卿에 들어가게 되었다. 또 황공하게도 황태자의 사부에 선임되어 귀족으로서 가문을 이어오고 있다. 성은은 헤아리기 어려운데 자신의 모습을 되돌아보면 심히 부끄럽다. 마음속으로 생각하기를, 말을 채찍질하듯이 앞으로 나아가고, 목숨을 바쳐 국가에 봉사하고, 사명을 받아 성의를 다하고 집이 파산되어도 죽음을 감내하였다. 그러나 금년 80세가 되어 걸어다니는 것도 편치 않고, 스스로가 늙은 이리와 같이 서글픈 심정이다. 나아가고 물러나는 근거도 상실한 채 질병이 찾아와 기력이 쇠해지고 있다. 하는 일도 없으면서 책임은 무겁고, (생의 마지막) 종소리가 울리고 漏刻의 물이 다하고 있어 해골만 남은 몸 사직하기를 바라고자 한다. (삶의 여정이) 일몰에 이르고 해가 동천하는 것을 보면서 모습을 감춘다. 쇠미해진 몸은 죽음에 가까워지고 있어, 北闕[69]을 바라보고 말

---

66 307쪽, 延曆 23년(804) 10월 계축조 각주 90 참조.

67 安殿親王, 후에 平城天皇으로 즉위.

68 恒世親王, 淳和天皇의 제1황자. 생모는 桓武天皇의 황녀 高志内親王(贈 皇后, 淳和天皇의 異母妹.

69 북쪽에 위치한 朝廷.

씀을 올린다. 삼가 조당에 나아가 사직을 구하고자 한다"라고 하였다. (이에 천황은) 중납언 겸 근위대장 종3위 藤原朝臣内麻呂를 자택에 보내 (사직을) 허락하고, 춘추로 조정에 參内하도록 하였다.

정사(23일), 이보다 앞서, 尙縫[70] 정4위하 五百井女王이 천황의 쾌유를 기원하고, 약사불상을 조영하고 법화경을 서사하였다. 이에 이르러 완성하였다. 승 21인을 초청하여 궁전에서 設齋[71]의 법회를 열었다. 백관이 봉사하였다.

무오(24일), 종5위하 藤原朝臣城主를 典藥頭로 삼았다.

경신(26일), 和泉國 사람 陵戸村主黑人[72]에게 村主의 성을 내렸다. 고 종5위하 箭集宿禰虫麻呂의 功田 5정을 국가에 귀속시켰다. 養老 6년(722)에 율령을 편찬한 공로로 받은 것이다[73]. 대를 이를 아들이 없어 걷어들인 것이다.

○ 3월 무인(14일), 우경인 종8위하 物部首藁麻呂에게 高狩忌寸의 성을 내렸다.

기묘(15일), 천황의 병이 매우 위중해 五百枝王[74]을 불렀다.

경진(16일), 五百枝王을 본래의 관위인 종4위상에 복위시켰다[75]. 氷上眞人川

---

70 後宮 12司의 하나인 縫司에서 의복의 재봉, 편물 등에 종사하고, 女官의 出仕, 천황의 알현 등을 관리하는 직원, 尙縫은 縫司의 장관, 그 밑에 典縫 2인, 掌縫 4인이 있다.

71 음식을 만들어 승려에게 공양하는 일.

72 陵戸村主의 씨성은 기타의 사료에는 보이지 않는다. 陵戸村主의 씨성에서 陵戸를 삭제하여 능호의 신분에서 벗어난 것으로 생각된다. 村主는 도래계 씨족에게 많이 보이는 성으로 出自와 관련이 있는지는 불명이다.

73 『續日本紀』 養老 6년(722) 2월 무술조에, "정6위상 矢集宿禰虫麻呂에게 전지 5정을, 종6위하 陽胡史眞身에게 4정을 종6위상 大倭忌寸小東人에게 4정을, 종7위하 鹽屋連吉麻呂에게 5정을, 정8위하 百濟人成에게 4정을 내렸다. 모두 율령을 찬정한 공이 있기 때문이다"라고 하는 내용이 나온다. 箭集宿禰虫麻呂는 矢集宿禰虫麻呂와 동일인이다. 율령 찬정의 필두로 나와 있어 실무적 책임자로 생각된다. 그는 大判事, 大學頭를 역임하였고 養老 5년(721)에는 학업이 우수하고 사범이 될만한 관인으로 선발되어 포상받았다.

74 光仁天皇의 황손. 市原王과 能登女王 사이에서 출생, 宮内卿, 參議, 刑部卿, 中務卿 등을 역임하였다.

75 延曆 4년(785) 藤原種繼 암살사건에 연루되어 伊豫國으로 유배되었는데, 사면받아 復位된

繼, 藤原朝臣清岡에게 종5위하를 내렸다.

신사(17일), 칙을 내려, "延曆 4년(785)의 사건에 연루되어 유배된 사람들은 앞서 이미 방면되었다. 지금 생각하는 바가 있어 사망이나 생존한 자를 불문하고 본래의 관위에 서위한다. 大伴宿禰家持를 종3위로, 藤原朝臣小依를 종4위하로, 大伴宿禰繼人ㆍ紀朝臣白麻呂를 정5위상으로, 大伴宿禰眞麻呂ㆍ大伴宿禰永主를 종5위하로, 林宿禰稻麻呂를 외종5위하로 복위하도록 한다"라고 하였다. 崇道天皇을 위해 제국의 국분사 승으로 하여금 춘추의 2번째 달 7일에 금강반야경을 독경하게 하였다. 잠시 후에 천황이 내리의 正殿에서 붕어하였다. 춘추 70세였다. 황태자가 슬피울며 가슴을 치고 혼돈에 빠져 일어나질 못했다. 참의 종3위 近衛中將 坂上大宿禰田村麻呂, 春宮大夫 종3위 藤原朝臣葛野麻呂가 (황태자를) 단단히 부축하여 내리 正殿의 방에서 내려가 동쪽 행랑으로 이동했다. 다음으로 황태자에게 어새와 보검을 담은 함을 봉정하였다. 여기에는 近衛將監 종5위하 紀朝臣繩麻呂, 종5위하 多朝臣入鹿이 함께 따랐다. 伊勢, 美濃, 越前 3국의 옛 關所에 사자를 보내 굳건히 지키게 하였다. 이날, 황태자궁의 정전에 피가 흘러 청소하였다.

임오(18일), 중납언 종3위 藤原朝臣內麻呂가 참의 정4위하 藤原朝臣繩主, 종4위하 藤原朝臣緖嗣, 종4위하 秋篠朝臣安人, 산위 종4위상 五百枝王 등을 인솔하여 시신을 입관하였다. 정3위 藤原朝臣雄友, 종3위 藤原朝臣內麻呂ㆍ藤原朝臣葛野麻呂, 종4위상 五百枝王, 정4위하 藤原朝臣繩主, 종4위상 藤原朝臣園人, 정5위하 御長眞人廣岳, 종5위상 藤原朝臣繼彦ㆍ石川朝臣河主, 종5위하 池田朝臣春野ㆍ藤原朝臣永貞ㆍ紀朝臣咋麻呂ㆍ息長眞人家成, 그리고 6위 이하 7인[76]을 御裝束司[77]로 삼았다. 종3위 藤原朝臣乙叡ㆍ紀朝臣勝長, 종4위상 吉備朝臣泉, 종4위하 藤原朝臣仲成ㆍ文室眞人八太麻呂, 정5위하 藤原朝臣黑麻呂ㆍ布勢朝臣尾張麻

것이다.

76 6위 이하의 인명은 생략하였다

77 천황의 수행, 葬儀, 대상제 등의 행사에 물품 등을 조달하고 준비하는 임시 관사.

呂, 종5위상 淡海眞人福良麻呂, 종5위하 路眞人年繼, 그리고 6위 이하 8인을 山作司[78]로 삼았다. 종5위하 田口朝臣息繼・田中朝臣八月麻呂 그리고 6위 이하 6인을 養役夫司[79]로 삼았다. 종5위하 安倍朝臣益成, 외종5위하 秦宿禰都伎麻呂 그리고 6위 이하 3인을 作方相司[80]로 삼았다. 정5위상 大野朝臣直雄, 종5위하 百濟王教俊[81] 그리고 6위 이하 3인을 作路司[82]로 삼았다. 좌우경, 5畿内, 近江, 丹波 등의 제국에서 잡역부 5천인을 징발하였다. 종3위 藤原朝臣葛野麻呂, 종4위상 藤原朝臣園人을 함께 權參議[83]로 삼았다.

계미(19일), 山城國 葛野郡의 宇太野를 산릉지로 삼았다. 이날, 上[84]은 상복을 입었다. 상복은 遠江에서 산출된 삼베를 이용하였고, 두건은 검고 두터운 명주를 이용하였다. 백관들은 모두 소복을 입었다. 서산과 북산에서 자연 화재가 발생하였다.

갑신(20일), 有司[85]가 生年[86] 및 重復日[87]은 고사에 의거하여 곡하는 의례[88]를 정지해야 한다고 언상했으나, (천황은) 이를 불허하였다.

을유(21일), 이날 밤, 월식이 있었다.

---

78 陵墓 조영을 위해 설치된 임시관사.

79 陵墓 조영에 동원되는 사역민의 식량, 노임 등을 관리하기 위해 설치한 임시 관사.

80 造方相司, 악령을 물리치기 위해 4개의 눈을 가진 황금가면을 쓰고 손에는 창과 방패를 들고 상여를 이끄는 역할을 담당하는 관사.

81 220쪽, 延曆 18년(799) 9월 신해조 각주 109 참조.

82 장송 의례시에 통과하는 도로, 교량 등을 점검, 정비를 담당, 稱德天皇 장의 때 시작되었다.

83 임시로 공경회의에 참석하는 관인, 권한과 대우는 정식 參議와 동일하다.

84 즉위하기 전의 황태자 安殿親王. 平城天皇으로 즉위.

85 여기서는 公卿 이하의 관인을 말한다.

86 桓武天皇의 出生年인 丁丑에 해당하는 日의 간지가 동일하면 그날은 哀擧 의식을 피해야 한다는 故事이다.

87 重復日은 重日과 復日, 重日은 陽陰이 겹치는 날은 善惡이 함께한다는 의미이고, 復日은 그 달을 지배하는 五行의 날과 日의 五行이 일치하는 일이다. 이 경우도 역시 哀擧 의식을 피해야 한다는 것이다.

88 소리를 내어 울면서 애도하는 哭泣의 禮를 '擧哀'라고 하며, 發哀, 奉哀라고도 한다.

병술(22일), 태양의 붉은 빛이 없어졌다. 병기고가 밤에 울렸다[89]. 이날 밤, 월식이 있었다. 上(황태자)이 공경들에게 말하기를, "갑자기 (짐의) 병이 심해져 뜨거운 물과 불에 데인 것과 같다. 지금 재앙이 자주 보이고 있는데, 책임은 심히 나에게 있다. 다만 덕을 숭모하여 재앙을 없앤 일은 앞서도 보이고 있다. 내외의 관인들은 힘써 다스림의 도를 바로잡아 나의 미치지 못하는 부분을 보완하도록 한다. 근위대의 무장은 해제한다. 제국의 관소, 나루의 경비는 정지한다"라고 하였다. 이에 공경들이 "근위대의 무장 및 관소, 나루를 지키는 일은 예로부터의 항례이고 금일만의 일이 아니다"라고 하였다. (황태자가) 답하기를, "大行天皇[90]은 성덕이 널리 미치고 국내는 평안해졌다. 어찌 두마음을 의심하겠는가. 상복에 무장하여 묘소에 애도의 마음을 나타내서는 아니되는 까닭이다. 또 관소, 나루를 굳게 차단하여 사람의 통행을 막고, 백성을 번거롭게 하여 농업에 피해를 주게 되는 일, 이보다 심한 것은 없다. 소관관사에 지시하여 모두 개통하도록 한다"라고 하였다.

정해(23일), 大行天皇의 초칠재는 경내 제사찰에서 지냈다. 이날, 태양의 붉은 빛이 없어졌다, 大井, 比叡, 小野, 栗栖野 등 산이 모두 화재가 났다. 연기와 재가 사방에 가득하였고, 경내는 낮인데 어두워졌다. 황태자는 "산릉지가 정해진 곳은 賀茂神社[91]에 가까운데, 이 신사의 신이 재앙의 불을 일으켰을까"라고 생각하여, 즉시 점을 쳐보니 과연 (신에 의한 재앙) 그대로였다. 황태자가 말하기를, "처음에 산릉지의 점을 보았는데, 댓개비 점은 좋다고 나오고, 귀복점은 불가하다고 나왔다. 지금 재이가 자주 나타나고 있다. 삼가하지 않으면 안된다"라고 하였다. 바로 스스로 기도하니, 화재가 소멸되었다.

무자(24일), 신임 국사는 公廨稻의 4분의 1에 준해서, 官稻를 (무이자로) 대부

---

89 불길한 징조를 예기하는 현상으로 光仁天皇의 죽음을 예고하는 동일한 현상이 『續日本紀』 天應 원년(781) 3월, 4월조에도 보인다.

90 선제 桓武天皇의 시호.

91 京都市에 소재한 賀茂別雷神社(上賀茂神社)와 賀茂御祖神社(下鴨神社). 매년 5월15일(음력 4월 중의 酉日)에 例祭를 행한다.

할 수 있게 하였다. (그러나) 그 이익을 얻기 전에 이임하면 후임이 보전하여 납입하게 하였다[92].

기축(25일), 이보다 앞서 소관 관사[93]로 하여금 매일 쌀죽을 올리고, 기타의 음식은 진상하지 말고 하였다. 이날, 군신들이 어찬의 진상을 간청하자 이를 허락하였다.

계사(29일), 大和, 伊賀 양국에 명하여 行宮을 조영시켰다. 齋內親王[94]이 귀경하기 때문이다.

○ 하4월 갑오삭, 중납언 정3위 藤原朝臣雄友, 조사를 담당한 관인으로서 좌측에 중납언 종3위 藤原朝臣内麻呂, 참의 종3위 坂上大宿禰田村麻呂, 시종 종4위하 中臣王, 시종 종4위하 大庭王, 참의 종4위하 藤原朝臣緖嗣, 우측에 權中納言 종3위 藤原朝臣乙叡, 참의 종3위 紀朝臣勝長, 산위 종4위상 五百枝王, 참의 정4위하 藤原朝臣繩主, 종4위하 秋篠朝臣安人 등을 인솔하여, 弔詞를 바쳐 말하기를(宣命體), "황공하게도, 平安宮에 계신 천황의 황위에 관한 일을 삼가 말씀올린다. 신 某는 황송한 일본국 천황의 천지와 함께 오래도록, 일월과 함께 멀리까지 전하는 시호를 말씀드리는 바, 日本根子皇統彌照尊이라고 칭한다고, 삼가 조사로서 아뢴다. 臣 某"라고 하였다.

경자(7일), 山城國 紀伊郡 柏原山陵에 안장하였다. 천황의 諱는 山部이고, 天宗高紹天皇의 장자이다〈前史[95]에서는 누락되어 기록하지 않았다. 따라서 여기

---

92 公廨는 관아를 의미하며 공해도는 官稻를 말한다. 지방 관아에 근무하는 관인(大宰府, 國司, 史生 이상의 官人)에게는 職田에 해당하는 公廨田이 지급된다. 이와는 별도로 公廨稻라고 하여, 조세로 걷어들인 官稻의 일부를 出擧라고 하는 이름으로 백성들에게 5할의 이자를 받고 대부하여 이익을 얻는다. 이 이익금은 관아의 운영비용 및 국사의 봉록을 보충해주는 용도로 사용하였다. 공해도는 제국의 크기에 따라 出擧의 수량이 정해져 있다. 상기 본문에서는 현임 국사가 공해도의 이익을 얻지 못한채 이임하는 경우에는 후임국사는 대여한 공해도를 걷어들여 관고에 수납해야 한다는 것이다.

93 천황의 음식을 준비하는 內膳司, 造主司, 主水司 등을 말한다.

94 伊勢大神宮에 齋王으로 가 있던 내친왕이 부친인 桓武天皇의 상을 당해 귀경하는 것이다.

95 『續日本紀』를 말한다. 桓武天皇에 대한 논찬은『續日本紀』에는 기록되어 있지 않다. 자신의

에서 상세히 기록한다〉. 모친은 高野大皇太后이다. 즉위하기 전에 종4위하를 받았다. 시종, 대학두를 역임하고. 寶龜 원년(770)에 4품을 받았으며 동 2년에 中務卿에 임명되었고 동 4년에 황태자가 되었다. 天宗天皇[96]은 정무에 피로감을 느껴 황위에서 벗어나려는 생각이 깊어져 마침내 (桓武)천황에게 양위하였다. 처음에 동요에서 노래하기를, "궁성에 단지 마주한 8중의 언덕[97]을 그냥 흙이라고 하면서 밟지 않는구나"라고 하였다. 유식자들이 생각하기를, 천황 즉위의 전조라고 하였다. 천황은 천성이 효심이 지극하였다. 天宗天皇이 죽음에 이르자 거의 상심을 극복할 수 없을 정도였고, 해를 넘겨서도 상복을 벗지 못했다. 천황의 덕은 높고 풍모가 훌륭하였다. 화려한 것은 좋아하지 않았으며 멀리까지 위풍있는 덕을 베풀었다. 황위에 오르면서 정치에 힘써 안으로는 (平安京 등의) 조영사업을 하고, 밖으로는 夷狄을 정토하였다. 비록 당시에는 비용이 들었지만, 후세에는 은혜가 되었다.

신축(8일), 산릉에서 3·7재를 행하였다.

을사(12일), 종5위하 大中臣朝臣眞廣을 神祇大副로 삼고, 종5위하 藤原朝臣綱繼를 少納言으로 삼고, 종5위하 高村忌寸田使를 大外記로 삼고, 종5위하 野倍王을 大監物로 삼고, 외종5위하 下道朝臣繼成을 主計助로 삼고, 中衛少將 종5위하 安倍朝臣兄雄에게 內膳權正을 겸직시키고, 종5위하 石川朝臣魚麻呂를 左京大夫로 삼고, 종5위하 藤原朝臣城主를 下總介로 삼고, 右衛士佐 종5위하 田中朝臣八月麻呂에게 越後守를 겸직시키고, 종5위하 藤原朝臣伊勢人을 安藝守로 삼았다.

병오(13일), 우대신 神王 등이 啓[98]를 올려 말하기를, "天은 위대하여 4계절을

　재임 중에 편찬된 사서에 이를 기록하는 것은 적절하기 않기 때문이다.

96　光仁天皇.

97　8重의 坂은 山部의 坂으로 桓武天皇을 의미한다.

98　「公式令」 7 「啓式」 조에는 3后(태황태후, 황태후 황후) 및 황태자에게 올리는 문서 형식이다.

운행하여 때의 (이익을) 준다. 천자는 天을 받들어 (天地人) 3才를 통괄하고 만물을 보살핀다. 따라서 훌륭한 정책을 펼쳐 만국을 조공하게 하고, 황위에 올라 팔방을 다스리게 된다. 제왕의 과업은 영원히 융성해지고 인망과 명성은 스스로 멀리까지 미친다. 大行天皇[99]은 3才에 통하여 아름다운 사명을 받고 유일의 도를 얻어 (帝德을) 창궐하게 하였다. 軒昊[100]를 모범으로 하여 공적을 이루었고, 殷周의 전철을 밟아 정치를 행하였다. (그러나) 돌연 통치하는 국토를 버리고 일찍이도 선계에 올랐다. 우리들은 (남겨진 천황의) 궁, 검만을 바라보니, 극한 시련을 넘어야 하는 고통뿐이다. 삼가 생각하건대, 황태자 전하는 우수한 容姿를 받아 帝業을 계승하였고, 효성은 예를 넘어섰고 애모의 정은 따를 수 없었다. 우리들은 이전의 冊書를 보고, 멀리 전례를 검토해 본 바, 큰 법규에 따르지 아니함이 없었다. 삼가 바라건대, 전하께서는 애도하는 고통을 억제하고 公으로 나아가 법전에 따라 보위에 올라 사해를 주재하고 온 지역을 구제했으면 한다. 마음에 담은 생각대로 삼가 啓을 올리는 바이다'라고 하였다.

이날, 종4위하 藤原朝臣緖嗣·秋篠朝臣安人[101]에게 종4위상을 내리고, 종5위상 和氣朝臣廣世·石川朝臣河主에게 정5위하를 내리고, 종5위하 平群朝臣眞常·池田朝臣春野에게 종5위상을 내렸다. 모두 선제에 봉사하고 아울러 산릉을 감독했기 때문이다.

정미(14일), 무위 和氣朝臣嗣子에게 종5위하를 내렸다. 정5위하 和氣朝臣廣世의 모친이다. 廣世는 위를 모친에게 양보하기를 청했다. 황태자는 그 뜻을 가상히 여겨 (모친에게) 수여한 것이다. 이날, 참의 종4위상 行右衛士督 겸 但馬守 藤原朝臣緖嗣, 정5위하 行侍從 겸 左兵衛佐 藤原朝臣嗣業 등은 先帝가 내린 별칙의 봉호 2백호를 반납하였다. 바로 종5위하 中衛權少將 겸 春宮亮 藤原朝臣眞夏에게 칙을 내려, "선제가 특별히 상으로 내린 봉호이다. 다시 반납하는 것은 불가하

99 桓武天皇.
100 軒昊는 중국고대의 전설상의 제왕인 黃帝 軒轅과 그의 아들 白帝 少昊.
101 104쪽, 延暦 13년(794) 8월 계축조 각주 11 참조.

다"라고 하였다.

무신(15일), 4·7재를 佐比寺, 鳥戸寺, 崇福寺에서 열었다. 이날, 右兵庫頭 종5위하 佐伯王, 左衛士佐 종5위하 百濟王教俊[102] 등이 伊勢國에서 齋内親王을 맞이하였다

기유(16일), 이세대신궁에 사자를 보내 봉폐하였다. 齋内親王이 귀경했기 때문이다.

신해(18일), 백관이 거듭 啓를 올려 "무릇 令[103]은 (천황의) 代가 바뀜에 따라 제도, 법규를 정비하고 때에 따라서 의논하여 정하는 것이다. 사안에 따라 개정하거나 편의에 따라 적절히 대비해야 한다. 삼가 禮典을 살펴보니, 先君이 사망하면, 장례 초기에 후사가 정해지고, 즉위하는 것은 이미 명확하여 의심없이 따르고 있다. 신 등은 금월 13일에 啓를 올려 종전의 규범에 따라 예전을 말씀드렸는데, 복상을 애도하는 초기라고 하여 청한 바를 허락하지 않았다. 삼가 생각하건대, 전하는 천자의 일에 대한 깊은 정은 명확하고, 효심은 마음으로부터 우러나애도하고 추모하고 있지만, 예에 따라 (황위에 올라야 하는데도) 억제하고 따르지 않는다. 칙지를 令이라고 하고, 상신하는 奏를 매번 啓라고 한다. 이를 예전에 비추어 보면, 어긋나는 일이다. 사람의 일 속에서 찾아보아도 적절하지 않은 것이다. 신 등은 어리석지만 속으로 (즉위하지 않는 일이) 온당하지 않다고 생각한다. 삼가 바라건대, 令을 고쳐 勅이라고 하여 시행했으면 한다"라고 하였다. (이에 황태자가) 대답하기를, "나는 아직 帝로 호칭하는 것을 받아들이기 어렵다. 그러나 경들은 자주 啓를 올리고 있다. (즉위를 구하는) 義는 거부하기는 어렵지만, 추모하는 마음을 떨치지 못하고 다만 억누르는 마음만 늘어날 뿐이다"라고 하였다.

---

102 220쪽, 延曆 18년(799) 9월 신해조 각주 109 참조

103 令은 令旨. 황태자, 황후, 황태후, 태황태후의 명령을 전하기 위해 발행하는 문서의 형식, 「公式令」 6 「令旨式」 조에, "皇太子令旨式〈三后亦准, 此式〉, 令旨云云"이라고 규정되어 있다.

이날, 정3위 藤原朝臣雄友, 종3위 藤原朝臣内麻呂를 大納言으로 삼았다. 종3위 藤原朝臣乙叡·坂上大宿禰田村麻呂[104]·紀朝臣勝長을 中納言으로 삼고, 종3위 藤原朝臣葛野麻呂, 종4위상 藤原朝臣園人을 참의로 삼았다. 문장박사 종5위하 賀陽朝臣豊年에게 陰陽頭를 겸직시키고, 종3위 藤原朝臣葛野麻呂를 式部卿으로 삼았다. 정5위상 三諸朝臣綿麻呂를 播磨守로 삼고, 종5위하 多朝臣入鹿, 종5위하 藤原朝臣眞雄을 近衛少將으로 삼았다. 종5위하 安倍朝臣鷹野를 衛門權佐로 삼고, 右大弁 종4위상 秋篠朝臣安人에게 左衛士督을 겸직시켰다. 종5위하 紀朝臣百繼를 右衛士權佐로 삼고 越後介는 종전대로 하였다. 종4위하 巨勢朝臣野足을 左兵衛督으로 삼고, 下野守는 종전대로 하였다. 종5위하 紀朝臣繩麻呂를 (左兵衛)佐로 삼았다. 종4위하 藤原朝臣仲成을 右兵衛督으로 삼고 兵部大輔는 종전대로 하였다. 종5위하 藤原朝臣山人을 主馬權助로 삼았다.

갑인(21일), 종5위하 安倍朝臣鷹野를 少納言으로 삼고, 衛門權佐는 종전대로 하였다. 종3위 藤原朝臣乙叡를 兵部卿으로 삼고, 중납언은 종전대로 하였다. 近衛少將 종5위하 多朝臣入鹿에게 武藏權介를 겸직시키고, 중납언 종3위 坂上大宿禰田村麻呂에게 中衛大將을 겸직시켰다.

을묘(22일), 5·7재를 大安寺[105], 秋篠寺 등에서 열었다.

병신(23일), 소승도·대법사 勝虞, 대법사 玄賓을 대승도로 삼았다. 율사·대법사 如寶, 대법사 泰信을 소승도로 삼았다. 대법사 永忠을 율사로 삼았다. 정6위상 錦部足人에게 외종5위하를 내렸다.

정사(24일), 攝津國 住吉郡의 住吉大神에게 종1위를 봉정하였다. 견당사를 위해 기원했기 때문이다. 시의 외종5위하 出雲連廣貞에게 但馬權掾을 겸직시키고, 외종5위하 若江造家繼를 典藥允으로 삼았다.

이날, 우대신 종2위 神王이 죽었다. 조를 내려 정2위로 추증하였다. 대신은 田

---

104 97쪽, 延曆 13년(794) 6월 갑인조 각주 46 참조
105 94쪽, 延曆 12년(793) 10월 기미조 각주 36 참조.

原天皇[106]의 손이고, 榎井親王[107]의 자이다 天平神護 3년(767)에 종5위하를 받았다. 天宗高紹天皇[108]이 즉위시에 종4위하를 받고, 美努摩内親王을 부인으로 맞이하였고, 左大舍人頭에 임명되었다. 延曆 초기에 정4위하를 받고 彈正尹에 제수되었다. 동 12년(793)에 종3위를 받고 중납언에 임명되었다. 동 15년에 대납언에 보임되고, 이어서 우대신이 되었다. 성품이 공손하였고 꾸미는 것을 좋아하지 않았다. 물건에 집착하지 않았으며 소박하였다. 고위직에 있었으나 마지막까지 잘 유지하였다. 때의 나이 70세였다.

기미(26일), 大和國 葛上郡의 정4위상 高天彦神을 사시로 폐백을 반급하는 신사로 삼았다. 이것은 吉野皇大后[109]의 청원에 의한 것이다.

임술(29일), 6·7재를 崇福寺에서 열었다.

○ 5월 갑자삭, 諱[110]〈淳和天皇〉가 상표하여 말하기를, "臣은 듣건대, 숭고한 사람은 天의 이치로 보아 충만함을 꺼리게 되고, 비천한 사람은 그 겸허함으로 신의 도움을 받는다. 이것은 고금으로 통하고, 성인의 유훈이라고 듣고 있다. 臣 諱는 天의 강과 통하고, 동해의 神木의 가지이다[111]. 늘 조용히 한발 물러나 두려워하는 마음을 갖고 있다. 지금 폐하는 천황의 덕을 이어서 큰 帝業을 융성하게 하고, 만물이 날마다 새로워지고 천년의 장수가 오래도록 이어지며, 천하의 통솔하는 국토에 두루 은택이 미칠 것이다. 무릇 신하된 자로서 그 누가 행복하지 않겠는가. 다만 신이 스스로 품고 있던 낮추고자 하는 마음이 있다. 그 일을 따르는데

---

106 天智天皇의 제7황자인 芝基皇子(施基皇子)이고 光仁天皇의 부친. 光仁天皇의 즉위 후에 春日宮御宇天皇으로 추존되었다. 능묘가 있는 田原西陵의 지명을 따 田原天皇으로도 칭해진다.

107 형인 光仁天皇의 즉위 후에 親王이 되었다.

108 光仁天皇.

109 光仁天皇의 황후였던 井上内親王, 여기서 황태후는 황후의 오기로 보인다.

110 천황의 실명을 언급하는 것을 꺼리는 忌諱, 천황이 즉위전의 이름은 모두 諱로 처리한다. 여기서 諱는 淳和天皇, 즉위 전의 大伴親王, 桓武天皇의 제3황자이다. 平城天皇, 嵯峨天皇과는 異母兄弟이고 嵯峨天皇의 양위로 즉위하였다.

111 자신이 皇統과 이어져 있다는 의미.

에는 지금이 적당한 때이다. 삼가 바라건대, 폐하가 신분을 구별하는 臣의 발언을 받아들여, 親王의 호를 포기하는 것을 허락하고, 신이 바라는 어리석은 뜻을 살피시어 諸臣의 姓과 동일하게 내려주었으면 한다. 군주를 섬기는 도는 감히 숨기는 바가 없다. 삼가 마음 속의 진심을 말하고, 실로 겉으로 꾸미는 것이 아니고 간절한 마음을 묻어둘 수 없어 삼가 표를 올리는 바이다"라고 하였다. (천황은) 칙을 내려 불허하였다.

이날, 정5위하 和氣朝臣廣世를 左中弁으로 삼고, 대학두 및 美作守는 종전대로 하였다. 종4위하 吉備朝臣泉을 式部大輔로 삼고, 정5위상 三諸朝臣綿麻呂를 시종으로 삼고, 播磨守는 종전대로 하였다. 정5위상 藤原朝臣繼業을 兵部大輔로 삼고, 종5위상 百濟王聰哲[112]을 越後守로 삼고, 종5위하 安倍朝臣小笠을 (越前)介로 삼았다.

정묘(4일), 칙을 내려, 天應 원년(781)에 詔가 내려져, 종4위상 五百枝를 2世王으로 삼았다. 延曆 4년(785)에 죄가 있어 강등되었는데[113], 앞서의 詔에 의거하여 2세왕으로 삼은 것이다.

무진(5일), 尙殿[114] 종4위하 和朝臣家吉[115]이 죽었다.

기사(6일), (桓武天皇의) 7·7어재[116]를 正殿에서 지냈다. 이날, 칙을 내려, "지금 듣건대, 이해 빈번히 곡물이 어물지 않아 백성의 식량이 부족하다. 비록 公稻를 출거하고 있지만, 여전히 굶주리는 자가 많다. 이로 인해 사사로이 민간에게

---

112 백제계 도래씨족인 和氏의 후예, 桓武天皇의 생모인 高野新笠의 부친이 和乙繼로 백제 무령왕으로부터의 출자 전승을 갖고 있다. 和史, 和朝臣으로의 씨성의 변천이 있다.

113 五百枝王은 光仁天皇의 황녀 能登內親王을 생모로 둔 황손으로『續日本紀』延曆 4년(785)에 藤原種繼의 암살사건에 연루되어 伊豫國으로 유배되었다. 延曆 24년(805) 3월에 사면되었고, 大同 원년(806)에 원래의 관위인 종4위하에 복위되었다.

114 後宮 12司의 하나인 殿司의 장관에 상당, 尙殿 1인, 典殿 2인, 女孺 6인으로 구성.

115 백제계 도래씨족의 후예, 개성하기 전에 和史氏, 桓武天皇의 생모인 高野新笠과는 동족이다. 延曆 2년(783) 정월에 무위에서 외종5위하를 받고 동년 8월에 종5위하에 서위되었다.

116 49재.

부탁하여 대부를 구하고 있는데, 갚을 때에는 이자가 배가 되어버린다. 부강한 자들은 여유가 있지만, 빈궁한 집은 술찌꺼기나 쌀겨를 먹지 않을 수 없다고 한다. 마땅히 정세의 벼를 대부하여[117] 그 빈궁함을 구제해야 한다. 모름지기 사자를 보내 궁핍한 사람들의 실상을 기록하고, 保[118]를 결정하여 벼를 지급한다. 만약 (지급받은 후에) 도망가는 자에 대해서는 保 내에서 보전하도록 한다. (대부하는 관인이) 불공평한 자세로 약자를 물리치고 강자를 우대하고[119], (백성의) 미납분을 보전하는데 사용하거나 아울러 (관인의) 사적인 채권의 회수에 사용하는 자는, 발각되는 날에는 반드시 중벌에 처한다. 백성들이 점차 넉넉해지기를 기다리고, 그에 따라 (무이자 대부를) 정지하도록 한다"라고 하였다,

경오(7일), 대극전 및 동궁에서 대반야경을 독경하였다. 이날, 군신이 상표하여 말하기를, "신 등은 예로부터의 규범에 따라서 제위에 오르기를 청했으나, 폐하는 아직 받아들이지 않았다. (폐하의) 성체는 지극히 훌륭한 모습이지만, 실로 여러 논의를 해보면 정무에 곤란함이 있고 속으로 불안함을 느낀다. (폐하의) 은덕이 사방에 미치게 된다면 하찮은 인간이라도 따르게 되고, 교화가 행해지게 되면 천황의 큰 규범을 혼란시키는 일은 없어질 것이다. 방대한 천하의 정무는 많아지게 되고, 하루의 정무는 잠시라도 비워둘 수 없다. 삼가 바라건대, 폐하는 위로는 사직의 중요함을 생각하고, 밑으로는 백성들의 바라는 바에 따라 조정에 어림하여 정사를 펼쳤으면 한다. (그리하면) 백성의 마음은 진실로 화목해지고,

---

117 官稻를 公出擧하여 무이자로 대부하는 것이다. 공출거의 이율은 원금의 5할로 되어 있다.

118 「公式令」78「須責保」조에, "凡須責保者, 皆以五人爲限"이라고 하여 5인으로 保를 구성한다고 규정되어 있다. 또 「戶令」9「五家」조에는, "凡戶, 皆五家相保, 一人爲長. 以相檢察, 勿造非違, 如有遠客来過止宿, 及保内之人有, 所行詣, 竝語同保知"이라고 하여 하여 5家로 保를 구성하며 서로 비위를 감시하고 외출시에는 保에 알려야 한다. 요컨대 연대책임을 지도록 하는 제도인데, 상기 본문의 국가의 관도 대부 시에도 적용하고 있다.

119 궁핍한 백성에게 대부하지 않고 부유한 자에게 특혜를 주어 무언가의 대가를 받는 행위를 말한다. 무이자 대부를 받은 자들은 이를 다시 私出擧하여 이익을 얻게 되는 것이다. 사출거는 『續日本紀』天平 9년(737) 9월 21일의 내린 詔에서 금지되었으나, 현실적으로는 공공연히 행해지고 있었다.

구석구석까지 화합의 정이 스며들어 국가는 편안해지고, 천하는 행복으로 가득 차게 될 것이다. 신 등은 좋은 일진을 택해 (즉위의 날을) 有司에게 반포하려 한 다. 우려하는 마음을 참을 수 없어 삼가 궁궐에 나아가 말씀올리는 바이다"라고 하였다. 칙을 내려, "최근의 공경 등이 상표한 청원을 보니, 종묘사직의 일이 중 요하다. 애도하는 마음은 멈추거나 잊을 수가 없다. 그러나 재삼 (탈상을) 간곡 히 청했다. 청한 바에 따라 좌우경 및 천하제국은 大祓使의 도착을 기다려 부정 을 씻는 의식을 한 연후에 상복을 벗도록 한다. 이로 인해 주연이나 음악 및 아름 다운 옷을 입어서는 안된다"라고 하였다.

임신(9일), 3품 伊豫親王을 中務卿 및 大宰帥로 삼고, 3품 諱〈淳和〉를 治部卿으 로 삼고, 4품 葛原親王을 大藏卿으로 삼고, 3품 諱〈嵯峨〉를 彈正尹으로 삼았다. 좌경대부 종4위하 藤原朝臣大繼에게 典藥頭를 겸직시키고, 종5위하 大中臣朝臣 諸人을 伊勢介로 삼았다.

계유(10일), 산위 종4위하 粟田朝臣鷹守가 죽었다.

정축(14일), 칙을 내려, 備後, 安藝, 周防, 長門 등 제국의 역관은 원래부터 해외 사절에 대비하여 기와를 잇고 벽을 단장하고 있다. 이 때문에 근년 백성들이 피 폐해져 수리하기 어려워졌다. 혹은 蕃客이 입조할 때 해로를 취하고 있다. 파손 된 역가는 농한기에 수리하도록 한다. 다만 長門國의 역관은 해안에 가까워 사람 의 눈이 띈다. 특별히 수고를 더하여 종전의 규범을 따르도록 한다. 새로 조영하 는 경우에는 정해진 양식을 지시받은 후에 만들도록 한다"라고 하였다.

기묘(16일), 종4위상 五百枝王[120]이 상표하여 말하기를, "臣은 쓸모없고 자질이 부족한데, 황공하게도 황족의 마지막 지류이다. 대대로 천황의 총애를 받아 높은 지위에 올랐지만, 수여받은 관위는 재능에 의한 바가 아니었다. 외람되게 과분한 영화를 누렸고, 국가에 봉사한 공적은 없다. 기쁨과 두려움이 교차되어 혼이 나

---

120 光仁天皇의 황손, 延曆 4년(785)의 藤原種繼 암살사건에 연루되어 유배되었다가 사면받아 宮內卿에 임명되었고, 이후 參議, 刑部卿, 中務卿을 역임하였고, 天長 5년(828)에는 종3위 에 이른다.

간 상태이다. 신 五百枝는 지난 해에 위험한 운명에 조우하여 돌연 남해로 유배되었다[121]. 스스로의 운명을 비통해 하면서 오래도록 변방의 땅에서 지내게 되었다. 그러나 지금 외람되게 용서받는 은혜를 입어 천황을 알현할 수 있었다. 수없이 죽었다 살아남아 신은 행복하고 이미 부족함이 없다. 하물며 예전의 관위에 다시 설 수 있게 되어, 과거에 누렸던 영화로움을 넘어선 기분이다. 기쁘기 이를 데 없어 마음은 평상시의 백배나 된다. 다만 생각하건대, 폐하를 향한 충정은 간절해서, 발길을 멈추고 아직 말씀드리지 못했다. 스스로 쇄신하지 않으면 일족을 욕보이는 것은 아닐까 두렵다. 신은 진실로 종전의 규범을 살펴보니, 제왕은 스스로 원하면 개성하여 신하의 성으로 삼을 수 있어, 청한 바에 따라 허락하도록 되어 있다. 삼가 바라건대, 이 황친을 고쳐서 저 신하의 성을 따라 春原朝臣의 성을 내려받았으면 한다. 삼가 오랜 은택을 입고 一門이 끝까지 길운을 유지하고, 멀리까지 자손이 전해지는 일을 도모하여 일족이 만대에까지 번영하기를 바라고자 한다. 간절한 마음을 견딜 수가 없어 삼가 조정에 나아가 표를 봉정하는 바이다"라고 하였다. 칙을 내려 허락하였다. 이날, 제국이 잡요로서 바치는 腹赤魚[122], 木蓮子[123] 등을 정지하였다. 백성의 부담을 줄이기 위해서이다.

일본후기 권제13

---

121 앞의 5월 정묘조 각주 113 참조.
122 배 부위가 붉은 색의 물고기로, 주로 신이나 천황에게 공물로 바쳤다.
123 활엽수 교목으로 크기가 30m 이상인 거목이다. 30cm 이상의 겹잎이고, 꽃은 적갈색이다. 열매 껍질은 비누 대용품으로 사용했으며 열매에 들어있는 1개의 씨는 크고 단단하여 사찰에서는 염주를 만들었다. 주로 사찰 주변에서 많이 재배되었다. 불교 전설에서 나타나는 이름을 따 無患子라고도 부른다.

日本後紀 卷第十三 〈起延曆二十四年七月, 盡大同元年五月〉

左大臣正二位兼左近衛大將臣藤原朝臣冬嗣等奉勅撰

皇統彌照天皇 〈桓武天皇〉

◎延曆二十四年秋七月戊辰朔, 遣唐大使從四位上藤原朝臣葛野麻呂上節刀. 丙子, 尾張國智多郡地十三町賜中納言從三位藤原朝臣內麻呂. 辛巳, 葛野麻呂等上唐國答信物. 壬午, 賜傳燈大法師位常騰安曁玄賓等三十七人, 幷三品美努摩內親王度五十九人. 每人三人已下一人已上. 癸未, 大宰府言, 遣唐使第三船, 今月四日發自肥前國松浦郡庇良島, 指遠值嘉島, 忽遭南風, 漂著孤嶋. 船居巖間, 淹水盈溢. 判官正六位上三棟朝臣今嗣等脫身就岸. 官私雜物, 不遑下收. 射手數人, 留在船上. 纜絕船流, 不知何去者. 勅, 使命以國信爲重. 船物須人力乃全. 而今不顧公途, 偏求苟存, 泛船無人. 何以能濟. 奉使之道, 豈其然乎. 宜加科責, 以峻懲沮. 甲申, 地震. 丁亥, 常陸國人生部連廣成特授從八位下. 以出私物, 屢救貧民也. 己丑, 能登國言, 舶一艘漂著珠洲郡, 遣使檢船上雜物. 辛卯, 賜親王已下參議已上及內侍唐國彩帛各有差. 壬辰, 勅, 如聞, 疫癘之時, 民庶相憚, 不通水火. 存心救療, 何有死亡. 父子至親, 畏忌無近. 隣里疏族, 更復何言. 亡者衆多, 事在於此. 宜喻所司, 務存恤匐. 若不遵改, 隨即科處. 是日, 遣唐大使從四位上藤原朝臣葛野麻呂授從三位, 判官正六位上菅原朝臣清公從五位下, 故副使從五位上石川朝臣道益贈從四位下, 判官正六位上甘南備眞人信影從五位下. 道益者, 從三位中納言石足之孫, 從五位上人成之子也. 略涉書記, 頗有才幹, 美於風儀. 卒於大唐明州. 朝廷惜之. 卒時年四十三. 癸巳, 遣使奉幣於畿內名神. 祈雨也. 甲午, 獻唐國物于山科後田原崇道天皇三陵.

○八月丁酉朔, 山城國相樂郡白田十三町賜葛井親王. 癸卯, 從五位下川原女王, 上道朝臣千若授正五位下, 正六位上安太女王・賀茂毎臣□女, 從六位上縣犬養宿禰淨濱・丈尼或圖從五位下, 正六位下小槻連濱名・服部三船・

凡直古刀自, 從六位上朝野宿禰宅成, 從六位下船連志賀, 從七位上勝部造眞
上・因幡國造苗取, 正八位上平群黑虫, 從八位下田邊史東女外從五位下. 乙
巳, 地震. 是日, 請入唐求法僧最澄於殿上, 悔過讀經. 最澄獻唐國佛像. 丁未,
傳燈法師位肆闍, 傳燈滿位僧景飾補供奉師. 壬子, 賜正四位上藤原朝臣產子
度二人, 故入唐副使贈從四位下石川朝臣道益一人. 安藝國賀茂郡地五十町賜
仲野親王. 丙辰, 從五位下菅原朝臣清公爲大學助. 丁巳, 攝津國人外從五位下
豐山忌寸眞足附于右京, 近江國人正六位上林朝臣茂繼, 肥後國人從六位下中
篠忌寸豐次等附于左京. 己未, 大納言正三位壹志濃王抗表請骸骨. 優詔不許.
癸亥, 太白與鎭星見東方. 常陸守從四位下紀朝臣直人卒. 直人者, 中納言從三
位麻呂之孫, 正五位下廣名之子也. 爲人溫潤, 頗有文藻. 歷官內外, 無有毀譽.
終以天命. 卒時五十九.

○九月庚午, 曲宴, 賜親王以上衣. 辛未, 施禪師等衣. 壬申, 賜五位已上綿有
差. 癸酉, 左京人永嗣王等賜姓河上眞人. 壬午, 令僧最澄於殿上行毘盧舍那
法. 己丑, 傳燈大法師位常騰爲少僧都, 從五位上百濟王聰哲爲主計頭, 從四位
下橘朝臣安麻呂爲常陸守, 從五位下大伴宿禰眞城麻呂爲能登守. 壬辰, 奉授
越前國小虫神從五位下, 出雲國造外正六位上出雲臣門起授外從五位下.

○冬十月丁酉, 野鳥飛入殿中. 己亥, 從五位上藤原朝臣繼彥爲左中弁, 讚岐
守如故. 從五位下多治比眞人今麻呂爲式部權少輔, 從五位下安倍朝臣犬養爲
大藏少輔, 從五位上和氣朝臣廣世爲美作守, 式部少輔大學頭如故. 從四位下
橘朝臣安麻呂爲備前守, 從五位下巨勢朝臣諸成爲介, 從五位下讚岐公千繼爲
權介. 癸卯, 正六位上笠臣田作・千葉國造大私部直善人授外從五位下. 甲辰,
宴樂終日, 賜五位已上錢有差. 丙午, 從四位下勳三等三諸朝臣大原爲備前守,
從四位下橘朝臣安麻呂爲播磨守. 甲寅, 授入唐留學生無位粟田朝臣飽田麻呂
正六位上. 乙卯, 神祇伯從四位上多治比眞人繼兄爲兼右兵衛督. 戊午, 播磨國
俘囚吉彌侯部兼麻呂, 吉彌侯部色雄等十人配流於多褹嶋. 以不改野心, 屢違
朝憲也. 庚申, 佐渡國人道公全成配伊豆國. 以盜官鵜也. 廢下總國印播郡鳥取

驛, 埴生郡山方驛, 香取郡眞敷, 荒海等驛. 以不要也. 授正六位上安倍朝臣眞
勝從五位下. 奉爲崇道天皇寫一切經. 其書生隨功敍位及得度. 癸亥, 於前殿讀
經三日.

○十一月丙寅朔, 制, 頃年之間, 諸司諸國所進解文, 官人等名下, 或多不署.
若情懷不穩, 忍而默爾, 爲當執見各殊, 上下不慊歟. 縱使託事應被勘問, 則稱
某甲不署解文. 既備員品, 豈合得然. 自今以後, 宜令盡署. 其緣病及假使等類,
隨即顯注, 不得令名下空, 有所疑涉. 丁卯, 授唐人正六位上清河忌寸斯麻呂外
從五位下. 己巳, 山城國紀伊郡地一町賜典侍從四位下葛井宿禰廣岐. 授無位
紀朝臣弟魚正五位上, 無位石川朝臣伊勢子從五位下. 壬申, 先是伊豆國掾正
六位上山田宿禰豐濱奉使入京. 至伊勢國榎撫朝明二驛之間, 就村求湯. 有人
與之. 更復煖酒相飮. 其後嘔吐, 至伊賀國堺, 豐濱從者死. 豐濱情知毒酒, 勤加
療治, 至京遂死. 遣使左兵衛少志從六位下紀朝臣濱公勘之, 無得. 隱岐國人外
從八位上飾部松守, 采女外從五位下服部美船女等三人賜姓臣. 丁丑, 大納言
正三位兼彈正尹壹志濃王薨. 詔贈從二位. 壹志濃王者, 田原天皇之孫, 湯原
親王之第二子也. 質性矜然, 不護禮度. 杯酌之間, 善於言咲. 每侍酣暢, 對帝道
疇昔. 帝安之. 薨時年七十三. 戊寅, 停陸奧國部内海道諸郡傳馬. 以不要也. 庚
辰, 曲宴, 賜次侍從已上衣. 相模國大住郡田二町賜從四位下百濟王教法. 甲
申, 左京人正七位下淨村宿禰源言, 父賜綠袁常照, 以去天平寶字四年奉使入
朝, 幸沐恩渥, 遂爲皇民. 其後不幸, 永背聖世, 源等早爲孤露, 無復所恃. 外祖
父故從五位上淨村宿禰晋卿養而爲子. 依去延曆十八年三月二十二日格, 首露
已訖. 儻有天恩, 無追位記. 自天祐之, 欣幸何言. 但賜姓正物, 國之徽章. 伏請,
改姓名, 爲春科宿禰道直. 許之. 乙酉, 遷攝津國治於江頭, 許之. 戊子, 坂本親
王於殿上薨. 賜參議從三位坂上大宿禰田村麻呂, 大藏卿從四位上藤原朝臣園
人, 少納言從五位下多朝臣入鹿等衣被. 甲午, 攝津國人外從五位下出雲連廣
貞等附于左京.

○十二月庚子, 地震. 壬寅, 公卿奏議曰, 伏奉綸旨, 營造未已, 黎民或弊, 念

彼勤勞, 事須矜恤. 加以時遭災疫, 頗損農桑. 今雖有年, 未聞復業. 宜量事優
矜, 令得存濟者. 臣等商量, 伏望, 所點加仕丁一千二百八十一人, 依數停却. 又
衛門府衛士四百人, 減七十人, 左右衛士府各六百人, 每減一百人, 隼人男女各
四十人, 每減二十人, 雅樂歌女五十人, 減三十人, 仕女一百十人, 減二十八人.
停卜部之委男女厮丁等粮. 又諸家封租, 蹔停春米, 交易輕貨. 又諸國貢調脚
夫, 或國役五箇日, 或國三箇日, 役限不均, 勞逸各殊. 須共役二日, 以同苦樂.
又備後國神石・奴可・三上・惠蘇・甲努・世羅・三谿・三次等八郡調絲, 相
換鍬鐵. 又伊賀・伊勢・尾張・近江・美濃・若狹・越前・越中・丹波・丹後
・但馬・因幡・播磨・美作・備前・備中・備後・紀伊・阿波・讚岐・伊豫等
國, 殊免當年庸, 許之. 是日, 中納言近衛大將從三位藤原朝臣内麻呂侍殿上,
有勅, 令參議右衛士督從四位下藤原朝臣緒嗣, 與參議左大弁正四位下菅野朝
臣眞道相論天下德政. 于時緒嗣議云, 方今天下所苦, 軍事與造作也. 停此兩
事, 百姓安之. 眞道確執異議, 不肯聽焉. 帝, 善緒嗣議. 即從停廢. 有識聞之, 莫
不感歎. 癸卯, 免淡路國浪人今年調庸. 乙巳, 廢造宮職. 己酉, 施賜僧幷宿侍五
位以上大袍. 從五位下文室眞人長谷爲周防守. 庚戌, 從五位下和朝臣建男爲
近江介, 從五位下藤原朝臣友人爲播磨權介. 甲寅, 從五位下岳田王爲甲斐守,
外從五位下紀朝臣廣河爲阿波介. 乙卯, 甲斐國巨麻郡弓削社預官社. 以有靈
驗也. 河内國交野郡白田二町賜仲野親王. 丁巳, 勅, 大和國畝火・香山・耳梨
等山, 百姓任意伐損. 國史寬容, 不加禁制. 自今以後, 莫令更然. 戊午, 山城國
乙訓郡白田一町賜大判事從五位下讚岐公千繼. 庚申, 僧綱言, 延曆年中改諸
國國師曰講師. 一任之後, 不聽輒替, 講說之外, 莫預他事. 欲能弘道教, 以利人
也. 今聞, 或身期老死, 情無知足. 旣倦講席, 何堪誨導. 遂使污法墮罪, 背師棄
資. 加以當國司等, 檢掌伽藍, 諸寺綱維, 趨走府廳. 此非道俗異形, 魚鳥殊性之
意. 伏望, 簡大智而任講師, 擧小識而補讀師, 限六年以爲期. 其寺委寄講師. 然
則用人之策永存, 媚俗之辱自息. 勅, 其講師年限, 一依來請. 但淺學之輩, 未練
戒律, 年少之人, 時聞違犯. 宜簡年四十五已上心行已定, 始終不易者補之. 簡

才用讓, 申官經奏等, 一同前格. 若有自事衒賣, 妄求俗舉者, 永從擯出, 以懲後輩. 如綱維受囑, 亦揆情論之. 其讀師者, 依舊用之. 又部內諸寺者, 講師國司, 相共檢校. 不得獨恣.

◎大同元年春正月丙寅朔, 廢朝. 聖躬不豫也. 宴次侍從已上於前殿, 賜衣. 庚午, 右京人外從五位下堅部使主廣人賜姓豐宗宿禰. 賜大法師永忠度二人, 僧最澄三人, 治部卿四品葛原親王二人. 壬申, 勅, 永停五位以上進裝馬. 壬午, 射, 天子不御. 左京人正七位上阿倍小殿朝臣眞直, 從五位下阿倍小殿朝臣眞出等賜姓阿倍朝臣. 辛卯, 勅, 攘災植福, 佛教最勝. 誘善利生, 無如斯道. 但夫諸佛所以出現於世, 欲令一切衆生悟一如之理. 然衆生之機, 或利或鈍, 故如來之說, 有頓有漸, 所有經論, 所趣不同. 開門雖異, 遂期菩提. 譬猶大醫隨病與藥, 設方萬殊, 共期濟命. 今欲興隆佛法, 利樂群生. 凡此諸業, 廢一不可. 宜華嚴業二人, 天台業二人, 律業二人, 三論業三人, 法相業三人, 分業勸催, 共令競學. 仍須各依本業疏, 讀法華金光明二部經, 漢音及訓. 經論之中, 問大義十條, 通五以上者, 乃聽得度. 縱如二業中無及第者, 闕置其分, 當年勿度. 省寮僧綱, 相對案記, 待有其人, 後年重度, 遂不得令彼此相奪廢絕其業. 若有習義殊高, 勿限漢音. 受戒之後, 皆令先必讀誦二部戒本, 諳案一卷羯摩四分律鈔. 更試十二條, 本業十條, 戒律二條, 通七以上者, 依次差任立義複講及諸國講師. 雖通本業, 不習戒律者, 莫聽任用. 自今以後, 永爲恒例. 癸巳, 從四位下藤原朝臣仲成爲大和守, 從五位上百濟王鏡仁爲河內守, 從五位下紀朝臣南麻呂爲介. 兵部大輔正五位上藤原朝臣繼業爲兼山城守, 從四位下和朝臣入鹿麻呂爲伊勢守, 齋宮頭從五位下中臣丸朝臣豐國爲兼介. 從五位下藤原朝臣眞川爲尾張守, 從五位下菅原朝臣清公爲介. 從五位下路眞人年繼爲參河介, 從五位下大枝朝臣菅麻呂爲遠江守, 從五位下大宅眞人繼成爲駿河介. 中納言從三位藤原朝臣內麻呂爲兼武藏守, 近衛大將如故, 從五位下桑田眞人甘南備爲介. 從五位上安曇宿禰廣吉爲安房守, 宮內大輔從五位上藤原朝臣道雄爲兼上總守,

從五位下石川朝臣道成爲介. 右衛士佐從五位下田中朝臣八月麻呂爲兼權介,
外從五位下千葉國造大私部直善人爲大掾. 參議從三位紀朝臣勝長爲兼下總
守, 左兵衛督如故, 從五位下藤原朝臣城主爲介. 從四位下葛野王爲常陸守, 主
馬頭如故. 左兵衛權佐從五位下安倍朝臣益成爲兼權介. 大内記從五位下平群
朝臣眞常爲兼近江權介, 左衛士佐從五位下百濟王教俊爲兼美濃守, 從五位上
坂本朝臣佐太氣麻呂爲信濃介, 侍從從四位下大庭王爲兼上野守, 正四位下三
嶋眞人名繼爲越前守, 從五位下和朝臣氏繼爲越後守. 從五位下紀朝臣百繼爲
介, 近衛將監如故. 左少弁從五位下藤原朝臣貞嗣爲兼丹後守, 外從五位下山
田造大庭爲介. 參議右衛士督從四位下藤原朝臣緒嗣爲兼但馬守, 從五位下佐
伯宿禰清岑爲介. 内厩頭從五位下坂上大宿禰石津麻呂爲兼因幡介, 從五位下
作良王爲伯老守, 從五位下大中臣朝臣全成爲出雲守, 從五位下安倍朝臣宅麻
呂爲介. 從五位下秋篠朝臣全繼爲石見守, 從五位下藤原朝臣友人爲播磨介,
中内記外從五位下出雲連廣貞爲兼美作權掾, 從五位下藤原朝臣諸主爲備中
守, 外從五位下掃守宿禰弟足爲安藝介, 從五位下紀朝臣國雄爲讚岐介, 參議
正四位下菅野朝臣眞道爲兼大宰大貳, 從五位下大野朝臣犬養爲肥前守, 從五
位下多治比眞人氏守爲介, 從五位上高倉朝臣殿繼爲肥後守, 從五位下小野朝
臣木村爲豐前介. 甲午, 勅, 承前出擧雜稻, 收半倍利, 法令恒規, 不易之典. 延
曆十四年改率十束, 利收其三. 此欲民阜財用, 俗期隆泰也. 如聞, 富豪之輩, 競
求多得, 貧弊之家, 俱苦不贍, 吏或愚闇, 治乖清公. 遂令百姓不免罄乏, 倉廩徒
致減損. 革弊之途, 於此爲切. 加以收納官稻, 不免死人. 思彼孤遺, 深以矜愍.
自今以後, 論定公廨及雜色稻, 出擧息利, 收半倍利, 死者負稻, 依舊免除.

○二月丙申, 外從五位下秦宿禰都伎麻呂爲少工. 丁酉, 停造宮職併木工寮.
事務繁多, 因加史生六員, 合前十二員. 從四位下藤原朝臣大繼爲伊勢守, 神祇
伯從四位下和朝臣入鹿麻呂爲兼常陸守. 甲辰, 從五位上多治比眞人八千足爲
少納言, 從五位下安倍朝臣鷹野爲治部少輔. 從五位下路眞人年繼爲兵部少
輔, 從五位下高澄眞人名守爲左京亮, 從五位下大中臣朝臣諸人爲右京亮, 從

五位下佐伯宿禰鷹成爲參河介, 外從五位下豐山忌寸眞足爲駿河介, 從五位下
御長眞人仲繼爲伊豆守, 從五位下大伴宿禰長村爲安房守. 丁未, 勅, 准令, 大
宰大貳是正五位上官. 宜改爲從四位下官. 戊申, 從五位下藤原朝臣貞嗣授從
五位上. 己酉, 正六位上下道朝臣繼成・安都宿禰豐永授外從五位下. 庚戌, 參
議正四位下藤原朝臣繩主爲左大弁, 近衛中將如故. 正五位下御長眞人廣岳爲
左中弁. 從五位上藤原朝臣貞嗣爲右中弁, 丹後守如故. 從五位下石川朝臣清
直爲左少弁, 從五位下多治比眞人今麻呂爲右少弁, 從五位下文室眞人乙直爲
左大舍人助, 從五位下紀朝臣岡繼爲右大舍人助. 參議正四位下藤原朝臣繩主
爲陰陽頭, 左大弁近衛中將如故. 從五位上和氣朝臣廣世爲式部大輔, 大學頭
美作守如故. 從五位下藤原朝臣永貞爲少輔, 從五位下紀朝臣良門爲大學助,
從五位下藤原朝臣綱繼爲治部少輔, 從五位下大春日朝臣魚成爲玄蕃助, 從五
位下乙野王爲諸陵頭, 從五位上藤原朝臣繼彦爲民部大輔, 從五位下大伴宿禰
久米主爲少輔, 外從五位下日下部連得足爲主稅助, 從四位下藤原朝臣仲成爲
兵部大輔. 從五位上藤原朝臣道雄爲刑部大輔, 上總守如故. 從五位下淡海朝
臣貞直爲少輔. 從四位上藤原朝臣園人爲宮內卿, 相模守如故. 從五位上石川
朝臣吉備人爲大輔. 從五位下和朝臣男成爲主殿頭, 外從五位下出雲連廣貞爲
典藥助, 美作權掾如故. 從五位下百濟王元勝爲鍛冶正, 從五位上下毛野朝臣
年繼爲官奴正, 從五位下藤原朝臣千引爲彈正弼, 從三位藤原朝臣葛野麻呂爲
春宮大夫, 從五位下大伴宿禰人益爲伊豆守, 從五位下安倍朝臣鷹野爲下總
介, 從五位下葛井宿禰豐繼爲安藝介, 從五位下小野朝臣眞野爲紀伊介, 從五
位下安倍朝臣兄雄爲中衛少將, 從五位下平群朝臣加世麻呂爲隼人正. 從四位
下巨勢朝臣野足爲左衛士督, 下野守如故. 從五位下紀朝臣眞鴨爲權佐. 從五
位下紀朝臣八原爲主馬助. 辛亥, 皇太子奉獻. 以贈皇后〈淳和后也〉誕皇孫也.
甲寅, 從三位行皇太子傅大伴宿禰弟麻呂上表言, 臣幸遇昌運, 見列貴班, 如狗
伏砌, 于今三十有餘年. 遂位昇三品, 職參八卿. 又東宮之傅, 忝當此選, 續門華
族. 聖恩難測, 顧影捫躬. 靦顏亦甚. 心謂, 策駑引涇, 奉國損生, 授命輸誠, 破家

甘死. 而今年逮八十, 進退不便, 自悲老狼. 前却失據, 疾侵力衰. 素食責重, 鐘
鳴漏盡. 骸骨願歸. 連石餘輝, 願東天而匿影. 就木危魄, 仰北闕而奉辭. 謹詣朝
堂, 陳乞以聞. 遣中納言近衛大將從三位藤原朝臣內麻呂就第宣. 許之. 令奉朝
請. 丁巳, 先是, 尚縫正四位下五百井女王爲令聖躬平善, 造寫藥師佛像幷法華
經. 至是功畢. 因屈僧二十一人, 設齋於前殿. 百官供事. 戊午, 從五位下藤原朝
臣城主爲典藥頭. 庚申, 和泉國人陵戶村主黑人賜姓村主. 收故從五位下箭集
宿禰虫麻呂功田五町. 養老六年以刪定律令功所賜也. 依無胤子收焉.

○三月戊寅, 右京人從八位下物部首蘊麻呂賜姓高狩忌寸. 己卯, 上病大漸
彌留. 召五百枝王. 庚辰, 復五百枝王本位從四位上, 氷上眞人川繼 · 藤原朝臣
清岡從五位下. 辛巳, 勅, 緣延曆四年事配流之輩, 先已放還. 今有所思, 不論存
亡, 宜敍本位. 復大伴宿禰家持從三位, 藤原朝臣小依從四位下, 大伴宿禰繼人
· 紀朝臣白麻呂正五位上, 大伴宿禰眞麻呂 · 大伴宿禰永主從五位下, 林宿禰
稻麻呂外從五位下. 奉爲崇道天皇, 令諸國國分寺僧春秋二仲月別七日, 讀金
剛般若經. 有頃天皇崩於正寢. 春秋七十. 皇太子哀號, 擗踊, 迷而不起. 參議從
三位近衛中將坂上大宿禰田村麻呂, 春宮大夫從三位藤原朝臣葛野麻呂, 固請
扶下殿而遷於東廂. 次璽幷劍橫奉東宮. 近衛將監從五位下紀朝臣繩麻呂, 從
五位下多朝臣入鹿相副從之. 遣使固守伊勢, 美濃, 越前三國故關. 是日有血,
灑東宮寢殿上. 壬午, 中納言從三位藤原朝臣內麻呂率參議正四位下藤原朝臣
繩主, 從四位下藤原朝臣緒嗣, 從四位下秋篠朝臣安人, 散位從四位上五百枝
王等奉御歛. 正三位藤原朝臣雄友, 從三位藤原朝臣內麻呂, 藤原朝臣葛野麻
呂, 從四位上五百枝王, 正四位下藤原朝臣繩主, 從四位上藤原朝臣園人, 正五
位下御長眞人廣岳, 從五位上藤原朝臣繼彥 · 石川朝臣河主, 從五位下池田朝
臣春野 · 藤原朝臣永貞 · 紀朝臣咋麻呂 · 息長眞人家成, 六位以下七人爲御
裝束司. 從三位藤原朝臣乙叡 · 紀朝臣勝長, 從四位上吉備朝臣泉, 從四位下
藤原朝臣仲成 · 文室眞人八太麻呂, 正五位下藤原朝臣黑麻呂 · 布勢朝臣尾
張麻呂, 從五位上淡海眞人福良麻呂, 從五位下路眞人年繼, 六位以下八人爲

山作司. 從五位下田口朝臣息繼·田中朝臣八月麻呂, 六位以下六人爲養役夫司. 從五位下安倍朝臣益成, 外從五位下秦宿禰都伎麻呂, 六位以下三人爲作方相司. 正五位上大野朝臣直雄, 從五位下百濟王教俊, 六位以下三人爲作路司. 發左右京五畿内, 近江, 丹波等國夫五千人. 從三位藤原朝臣葛野麻呂, 從四位上藤原朝臣園人, 竝爲權參議. 癸未, 以山城國葛野郡宇太野爲山陵地. 是日, 上着服. 服用遠江貨布, 頭巾用皂厚繪. 百官惣素服. 西北兩山有火自焚. 甲申, 有司言上, 生年及重復日, 竝依故事停擧哀. 不許. 乙酉, 是夜月蝕之. 丙戌, 日赤無光. 兵庫夜鳴. 是夜月蝕之. 上, 謂公卿曰, 奄丁酷疢, 若寘湯火. 今災眚頻見. 責深在予. 但崇德消災, 著在前修. 内外群官, 勤匡治道, 以補不逮. 其近仗之甲, 盡從脫却. 其諸國關津, 宜停其守. 公卿言, 近仗著甲, 及固守關津, 往古恒制, 不唯今日. 報曰, 大行天皇, 聖德弘茂, 海内清平. 有何疑貳. 喪服加甲, 非所以枕伏草土, 攀慕, 哀號者也. 又固絶關津, 令人擁滯, 煩民害農, 無深於此. 宜下所司, 咸以開通. 丁亥, 行大行天皇初七齋於京下諸寺. 此日, 日赤無光. 大井, 比叡, 小野, 栗栖野等山共燒. 煙灰四滿, 京中晝昏. 上以爲, 所定山陵地, 近賀茂神. 疑是神社致災火乎. 即決卜筮, 果有其祟, 上曰, 初卜山陵, 筮從龜不從也. 今災異頻來. 可不愼歟. 即自禱祈, 火災立滅. 戊子, 新任國司, 准公廨四分之一, 聽貸官稻. 未及得分有遷代者, 於後任填納. 己丑, 先是, 命所司, 每日進米粥, 勿進餘味. 是日, 群臣固請進膳. 從之. 癸巳, 令大和, 伊賀兩國造行宮. 爲齋内親王歸京也.

　〇夏四月甲午朔, 中納言正三位藤原朝臣雄友, 率後誄人左方中納言從三位藤原朝臣内麻呂, 參議從三位坂上大宿禰田村麻呂, 侍從從四位下中臣王, 侍從從四位下大庭王, 參議從四位下藤原朝臣緒嗣, 右方權中納言從三位藤原朝臣乙叡, 參議從三位紀朝臣勝長, 散位從四位上五百枝王, 參議正四位下藤原朝臣繩主, 從四位下秋篠朝臣安人等, 奉誄曰, 畏哉, 平安宮〈爾〉御坐〈志〉天皇〈乃〉, 天〈都〉日嗣〈乃〉御名事〈袁〉, 恐〈牟〉恐〈母〉誄白, 臣未, 畏哉日本根子天皇〈乃〉天地〈乃〉共長〈久〉, 日月〈乃〉共遠〈久〉, 所白將去御諡〈止〉, 稱白〈久〉,

日本根子皇統彌照尊〈止〉稱白〈久止〉, 恐〈牟〉恐〈母〉誄白, 臣未. 庚子, 葬於山城國紀伊郡柏原山陵. 天皇, 諱山部, 天宗高紹天皇之長子也〈前史闕而不載. 故具於此也.〉母曰高野大皇太后. 龍潛之日授從四位下. 歷官侍從大學頭. 寶龜元年授四品, 二年拜中務卿, 四年爲皇太子. 天宗天皇, 心倦萬機, 慮深釋重, 遂讓位于天皇. 初有童謠曰, 於保美野邇, 多太仁武賀倍流, 野倍能佐賀, 伊太久那布美蘇, 都知仁波阿利登毛. 有識者以爲, 天皇登祚之徵也. 天皇性至孝. 及天宗天皇崩, 殆不勝喪. 雖踰歲時, 不肯釋服. 天皇德度高峙, 天姿嶷然. 不好文華, 遠照威德. 自登宸極, 勵心政治, 内事興作, 外攘夷狄. 雖當年費, 後世賴焉. 辛丑, 行三七齋於山陵. 乙巳, 從五位下大中臣朝臣眞廣爲神祇大副, 從五位下藤原朝臣綱繼爲少納言, 從五位下高村忌寸田使爲大外記, 從五位下野倍王爲大監物, 外從五位下下道朝臣繼成爲主計助, 中衛少將從五位下安倍朝臣兄雄爲兼内膳權正, 從五位下石川朝臣魚麻呂爲左京大夫, 從五位下藤原朝臣城主爲下總介, 右衛士佐從五位下田中朝臣八月麻呂爲兼越後守, 從五位下藤原朝臣伊勢人爲安藝守. 丙午, 右大臣神王等上啓曰, 惟天爲大, 運四序以授時. 惟辟奉天, 括三才而育物. 故能據龍圖而朝萬國, 握鳳紀而撫八荒. 斯業於是永隆, 風聲所以自遠. 大行天皇, 膺通三之嘉命, 乘得一之昌期. 籠軒昊而功成, 蹋殷周而治定. 奄棄率土, 遄及登仙. 徒仰弓劒, 痛踰湯火. 伏惟, 皇太子殿下, 稟惟叡之神姿, 承元嗣之洪渚. 誠孝過禮, 哀慕靡追. 神等遐觀往册, 緬歷前脩, 莫不俯就弘規, 式纂洪業. 伏乞, 殿下, 可割荼毒而存至公, 率典章而昇寶位, 裁成四海, 字濟萬方, 無任懇性之至. 謹奉啓以聞. 是日, 從四位下藤原朝臣緒嗣, 秋篠朝臣安人授從四位上, 從五位上和氣朝臣廣世, 石川朝臣河主正五位下. 從五位下平群朝臣眞常, 池田朝臣春野從五位上, 竝以奉侍先帝.兼監護山陵也. 丁未, 無位和氣朝臣嗣子授從五位下, 正五位下和氣朝臣廣世之母也. 廣世請以位讓母. 上愍其志. 故有此授. 是日, 參議從四位上兼行右衛士督但馬守藤原朝臣緒嗣, 正五位下行侍從左兵衛佐藤原朝臣嗣業等, 返上先帝所賜別勅封二百戸. 即令從五位下中衛權少將兼春宮亮藤原朝臣眞夏勅曰, 先帝特

所賞封也. 不可更納之. 戊申, 行四七齋於佐比鳥戶崇福寺. 是日. 遣右兵庫頭
從五位下佐伯王, 左衛士佐從五位下百濟王敎俊等, 迎齋內親王於伊勢國. 己
酉, 遣使奉幣於伊勢大神宮. 以齋內親王歸京也. 辛亥, 百官重復上啓曰, 夫令
者, 隨代垂制, 臨時定議. 依事改張, 備於權宜. 謹案禮家, 先君崩, 嗣子位定於
初喪. 卽位旣明, 無疑遵行. 臣等今月十三日奉啓, 率迪舊章, 欲申禮典. 荼毒之
始, 不許所請. 伏惟殿下, 叡情天縱, 孝心自然. 哀痛攀慕, 抑禮不從. 綸旨尙稱
令, 敷奏每曰啓. 稽之禮家, 當爲違失. 求於人事, 亦有不愜. 臣等愚情, 竊懷不
穩. 伏望, 改令稱勅, 使易施行. 報曰, 餘小子, 未忍卽稱帝號. 然卿等數有上啓,
義在難違. 不果窮心. 唯增摧感. 是日, 正三位藤原朝臣雄友, 從三位藤原朝臣
內麻呂爲大納言. 從三位藤原朝臣乙叡‧坂上大宿禰田村麻呂‧紀朝臣勝長
爲中納言, 從三位藤原朝臣葛野麻呂, 從四位上藤原朝臣園人爲參議, 文章博
士從五位下賀陽朝臣豐年爲兼陰陽頭, 從三位藤原朝臣葛野麻呂爲式部卿. 正
五位上三諸朝臣綿麻呂爲播磨守, 從五位下多朝臣入鹿, 從五位下藤原朝臣眞
雄爲近衛少將. 從五位下安倍朝臣鷹野爲衛門權佐, 右大弁從四位上秋篠朝臣
安人爲兼左衛士督, 從五位下紀朝臣百繼爲右衛士權佐, 越後介如故. 從四位
下巨勢朝臣野足爲左兵衛督, 下野守如故. 從五位下紀朝臣繩麻呂爲佐. 從四
位下藤原朝臣仲成爲右兵衛督, 兵部大輔如故. 從五位下藤原朝臣山人爲主馬
權助. 甲寅, 從五位下安倍朝臣鷹野爲少納言, 衛門權佐如故. 從三位藤原朝臣
乙叡爲兵部卿, 中納言如故. 近衛少將從五位下多朝臣入鹿爲兼武藏權介, 中
納言從三位坂上大宿禰田村麻呂爲兼中衛大將. 乙卯, 行五七齋於大安秋篠等
寺. 丙辰, 少僧都大法師勝虞, 大法師玄賓爲大僧都. 律師大法師如寶, 大法師
泰信爲少僧都. 大法師永忠爲律師. 正六位上錦部足人授外從五位下. 丁巳, 攝
津國住吉郡住吉大神奉授從一位, 以遣唐使祈也. 侍醫外從五位下出雲連廣貞
爲兼但馬權掾, 外從五位下若江造家繼爲典藥允. 是日, 右大臣從二位神王薨.
詔贈正二位. 大臣者, 田原天皇之孫, 榎井親王之子也. 天平神護三年授從五位
下, 及天宗高紹天皇登極, 授從四位下, 尙美弩摩內親王爲左大舍人頭. 延曆

初授正四位下, 除彈正尹. 十二年授從三位, 拜中納言. 十五年轉大納言, 拜右大臣. 性恭謹少文, 接物淡若. 雖居顯貴, 克有終焉. 時年七十. 己未, 大和國葛上郡正四位上高天彦神預四時幣帛. 緣吉野皇大后願也. 壬戌, 行六七齋於崇福寺.

○五月甲子朔, 諱〈淳和〉. 上表曰, 臣聞, 崇高者, 天理忌其滿盈, 卑下者, 神道祐其謙虛, 古今之攸同, 聖哲之遺訓. 臣諱疏潤天津, 分景扶木, 每以沖退爲心, 悚懼爲念. 今陛下龍德嗣興, 鴻基紹構, 萬物改旦, 千齡配長. 普天率土, 沐浴恩波. 凡厥臣子, 孰不幸甚. 唯臣之私情, 宿懷降抱. 事隨宜制, 當在今辰. 伏願, 陛下納臣揆分之言, 許捨親王之號, 矜臣竭愚之志, 垂同諸臣之姓. 事君之道, 無敢所隱. 伏瀝中誠, 實非外飾, 無任懇款之至. 謹奉表以聞. 有勅不許. 是日, 正五位下和氣朝臣廣世爲左中弁, 大學頭美作守如故. 從四位下吉備朝臣泉爲式部大輔, 正五位上三諸朝臣綿麻呂爲侍從, 播磨守如故. 正五位上藤原朝臣繼業爲兵部大輔, 從五位上百濟王聰哲爲越後守, 從五位下安倍朝臣小笠爲介. 丁卯, 勅, 天應元年有詔, 從四位上五百枝爲二世王. 而延曆四年有罪降貶. 宜依先詔爲二世王. 戊辰, 尚殿從四位下和朝臣家吉卒. 己巳, 行七七御齋於寢殿. 是日, 勅, 今聞, 頻年不登, 民食惟乏. 雖出擧公稻, 而猶多阻飢. 因茲私託民間, 更事乞貸, 報償之時, 息利兼倍. 遂使富強之輩, 膏粱有餘, 貧弊之家, 糟糠不厭. 宜貸正稅, 濟彼絕乏. 須差使實錄貧人, 結保給之. 若有亡者, 令保內填. 其情涉愛憎, 退弱進強, 及補填未納, 兼收私債者, 發覺之日, 必處重科. 待民稍給, 乃從停止. 庚午, 奉讀大般若經於大極殿幷東宮. 是日, 群臣上表曰, 臣等近稽之舊章, 請以昇朝位. 陛下不垂省納, 未允翹誠. 在於聖躬, 實雖盡美, 議諸凡厥, 竊恐未安. 豈有德被無方者, 殉疋夫之小節, 化罩有截者, 略皇王之宏規哉. 天下至大, 庶政至殷. 一日萬機, 不可蹔曠. 伏願, 陛下, 上念社稷之重, 下從黎元之望, 負扆臨朝, 凝旒布政, 則小大之心允睦, 遠近之情克諧, 國家惟寧, 天下幸甚. 臣等請, 擇良辰, 班示有司. 不勝憂惶之至, 謹詣闕以聞. 勅, 近省公卿等表請, 以宗社事重. 哀慟之情, 不能弭忘. 而再三敦逼. 因依來請. 其左右京

幷天下諸國, 待大祓使到祓清, 然後釋服. 不得因此飲宴作樂幷着美服. 壬申,
三品伊豫親王爲中務卿大宰帥, 三品諱〈淳和〉爲治部卿, 四品葛原親王爲大藏
卿, 三品諱〈嵯峨〉爲彈正尹. 左京大夫從四位下藤原朝臣大繼爲兼典藥頭, 從
五位下大中臣朝臣諸人爲伊勢介. 癸酉, 散位從四位下粟田朝臣鷹守卒. 丁丑,
勅, 備後‧安藝‧周防‧長門等國驛館, 本備蕃客, 瓦葺粉壁. 頃年百姓疲弊,
修造難堪. 或蕃客入朝者, 便從海路. 其破損者, 農閑修理. 但長門國驛者, 近臨
海邊, 爲人所見. 宜特加勞, 勿減前制. 其新造者, 待定樣造之. 己卯, 從四位上
五百枝王上表曰, 臣禀散樗之微質, 忝天潢之末流. 世依寵昇, 位非才授. 叨榮
過分, 奉國無効. 喜懼交幷, □魂飛越. 臣五百枝往年運値長險, 忽放海南. 自悲
革命, 永淪邊壤. 而今猥蒙恩宥, 重謁宸嚴. 萬死百生, 臣幸已足. 況復列昔日之
周行, 飛故年之華蓋. 抃躍之至, 倍百恒情. 但慮葵藿之誠徒切, 止足之道未申.
若不自新, 恐黷戚族. 臣誠檢舊章, 諸王自願改爲臣姓, 依請聽之. 伏望, 改此皇
親, 就彼臣氏, 被賜春原朝臣姓. 伏冀, 長沐霈澤, 保終吉於一門, 遠貽孫謀, 榮
宗枝於萬葉. 無任懇情之至, 謹詣闕庭, 奉表以聞. 勅許之. 是日, 停諸國雜贄腹
赤魚木蓮子等. 以息民肩也.

日本後紀 卷第十三

일본후기 권제14 〈大同 원년(806) 5월에서 9월까지〉

좌대신 정2위 行左近衛大將을 겸직한 臣 藤原朝臣冬嗣 등이 칙을 받들어 편찬
하다.

日本根子天推國高彦天皇[1]〈平城天皇〉

천황의 諱는 安殿이고 皇統彌照天皇[2]의 장자이다. 모친은 藤原 贈 太皇大后[3]이
다. 寶龜 5년(774)에 平城宮에서 태어났다. 延曆 4년(785) 10월, 황태자가 폐위되
어[4] 諱를 세워 황태자로 삼았다. 성장하면서 정신이 총민해졌고, 예지력이 뛰어
나 두루 꿰뚫고 있었으며, 널리 경서를 배우고 문장에도 재능이 있었다.

◎ 大同 원년(806) 5월 신사(18일), 대극전에서 즉위하였다. 조를 내려, "제신
사의 禰宜, 祝 및 제사찰의 지혜와 수행에 뛰어난 승니, 효행과 의리가 돈독한 사
람들을 불러 관위 1계를 내린다. 또 畿內 5국의 홀아비, 과부, 고아, 독거노인[5] 등
자활하기 어려운 사람들에게 물품을 지급한다. 또 보고된 세금 미납분을 면제하
도록 한다"라고 하였다.

(금일) 大同으로 개원한 것은 예가 아니다. 군주가 즉위하여 해를 넘긴 후에 개
원하는 것은[6] 신하의 마음에 1년에 2명의 군주를 받드는 일이 되어 부담이 되기

---

1 平城天皇의 일본식 시호.
2 桓武天皇.
3 藤原乙牟漏. 藤原良繼의 딸이고 平城天皇과 嵯峨天皇의 생모.
4 황태자는 早良親王. 藤原種繼의 암살사건으로 연루되어 廢太子 되었다.
5 「戸令」 6에 의하면, 61세 이상을 老라고 하듯이 鰥는 61세 이상의 처가 없는 홀아비를 말하
   고, 寡는 老이면서 남편이 없는 여인으로, 50세 이상의 과부를 가리킨다. 孤(惸)는 16세 이하
   의 아버지가 없는 자이고, 獨은 61세 이상의 老로서 아들이 없는 경우이다.
6 踰年紀年法에 의한 改元이다.

때문이다. 지금 해를 넘기기 전에 개원하는 것은 선제의 (사후에) 남은 해를 (새로) 즉위한 군주의 연호로 하는 것이다. (선제의 사후를) 삼가하여 개원하지 않는다는 의의를 잃어버리는 것이고, 효자의 마음과도 어긋나는 것이다. 옛 전적을 살펴보면, 잘못이라고 해야 할 것이다[7]. 이날 신분에 따라 서위가 있었다.

임오(19일), 황태후를 태황태후로, 황후를 황태후로 추존하였다. 조를 내려, 彈正尹 某〈嵯峨〉를 皇太弟[8]로 정했다. 궁내경 藤原朝臣園人을 皇太弟傅로 삼고, 林宿禰沙婆를 동궁학사로 삼고, 秋篠朝臣安人[9]을 춘궁대부로 삼았다.

정해(24일), 처음으로 6도[10]에 관찰사를 두었다.

기축(26일), 칙을 내려, "공무를 수행하는 사자[11]에게는 일정한 기한이 세워져 있고, 사적인 휴가의 기한도 반드시 일수가 정해져 있다. 듣는 바로는, 제국의 국사들은 사자로서 왕경에 들어가 공무가 이미 끝났는데도, 무슨 이유를 들어 집으로 돌아가거나, 휴가일이 다 되었어도 궁궐 주변을 지나다니고, 마을에 계속 머무르고 있다고 한다. 그들의 행적을 조사해 보면, 태도가 바르지 않다. 또 상하의 등급이 다르고 각각 별도의 직무가 있다. 만약 장관이 출장을 가면, 모름지기 차관이 머물러 지켜야 한다. 그러나 掾[12] 이상의 관인이 모두 집무의 장소를 떠나 主典[13]에게 國印을 맡기고 있다[14]. 심각한 사태에 이르렀고, 하나같이 이와같은 일

---

7 이 부분은 『日本後紀』 편자의 논찬이다. 이 논찬에는 즉위년 개원이 고전에 어긋나는 행위로 보고 있다.

8 다음 황위 계승자가 동생일 경우에는 皇太弟라고 하였다.

9 104쪽, 延曆 13년(794) 8월 계축조 각주 11 참조.

10 7도 중에 西海道를 제외한 6도. 大同 2년 4월에는 畿內 및 7道에 관찰사를 설치하였다.

11 公使之政은 朝集使, 計帳使, 稅帳使, 貢調使 등 공적 임무를 수행하기 위해 파견된 사자를 말한다.

12 掾은 國司의 3등관.

13 國司의 4등관.

14 율령관제에는 중앙과 지방의 모든 관사는 장관, 차관, 판관, 주전으로 구성되는 4등관제이고, 각각의 소관 역할을 달리하고 있다. 장관의 부재시에는 차관이 대행하여 사무를 결재하고 차관 부재시에는 판관이 하도록 규정되어 있다.

이 반복되고 있다. 사자로 봉사하여 기한을 넘기면 사유를 조사하여 보고한다. 휴가를 채웠는데 돌아오지 않으면 이름을 기록하여 동일하게 올린다. 만약 숨기고 신고하기를 꺼리는 경우에는 일이 발각되는 날에 죄상에 따라 처벌한다. 비호하고 용인해서는 안된다"라고 하였다.

○ 6월 계사삭, 산양도관찰사 정4위하 藤原朝臣園人이 언상하기를, "서해도는 1년 내내 왕경으로 들어가는 다양한 사절의 수가 너무 많다. 이 서해도가 피폐해진 것은 다른 지역과는 다르다. 그 이유를 조사해 보니, 사절을 보내고 맞이하는데에 쉴틈이 없어 자신을 되돌아 볼 여유가 없기 때문이다. 삼가 바라건대, 서해도의 大宰府와 (관내의) 제국의 5위 이상에게는 지금 이후로는 임기를 채우고 해임된 자가 아니면, 입경을 허락하지 않았으면 한다"라고 하였다. (천황은) 이를 허락하였다.

이날, 칙을 내려, "저수지를 이용하기 위해서는 반드시 관개용이어야 한다. 밤나무 숲의 용도는 실로 열매를 얻기 위해서이다. 지금 제국이 소유하고 있는 蓮池 및 산림 등은 관개용 물을 이용하여 조성되어 있고, 연지에 물을 대고 있다. 과수를 재배하지 않는 산림을 점유하면서 조정에 바치는 용도라고 말하고 있다. 이러한 일들은 백성들을 방해하는 것이다. 사자를 보내 자세히 조사하도록 한다. 또 東宮舍人[15]은 令에 따라 蔭의 자손 및 位子[16]로서 용의단정하고 문서와 산술에 뛰어난 자를 취하여 보임한다고 되어 있다. 그러나 근래 令에 따르지 않고 白丁을 취하고 있다. 이런 사례를 고쳐 오로지 令의 조문에 의거하도록 한다"라고 하였다.

무술(6일), 정3위 守右大臣 겸 行近衛大將 藤原朝臣內麻呂[17]가 상표하여 말하기를, "삼가 군신이 論奏[18]한 것을 보면, 대신의 식봉 1천호를 증가하는 것은 높은

15　春宮坊에 근무하는 舍人.

16　6위에서 8위 이하 관인의 嫡子.

17　藤原北家의 嫡流가 되어 桓武 · 平城 · 嵯峨朝를 섬기며 신임받아 중용되었다. 관력을 보면, 甲斐守, 左衛門佐, 越前守, 右衛士督, 刑部卿, 參議, 陰陽頭, 造東大寺 장관, 勘解由長官, 中納言, 武藏守, 大納言 등을 역임하였고, 大同 원년(806)에 정3위 우대신에 오르고 동 4년에 종2위로 승진하였다. 첫째 부인은 백제계 씨족인 百濟永繼였으며, 그녀는 후에 桓武天皇의 후궁으로 들어갔다.

덕을 존승하고 대우하기 위해서이고, 역대로 바뀌지 않는 규범이다. 신은 운좋게
도 커다란 명성을 얻고, 외람되게도 천황의 큰 은택을 받았다. 관직은 차례로 올
라 역임하였고, 욕되게도 책임을 다하지 못한채 이 위치에 있다. 천황의 깊은 은
총은 넘치고 있어, 사람과 신에 의해 재앙이 일어날까 두렵다. 지금은 또한 봉록
을 풍족하게 받아 앞서의 갑절이 되었다. 물자가 극에 달하면 변하는 것이 법칙
이고, 즐거움이 가면 슬픔이 오는 것이다. 신은 덕이 부족한데, 어찌할 바를 모르
겠다. 삼가 청컨대, 명목상으로는 받은 2천호[19]는 뒤에 오는 賢臣를 기다려 내리
시고, (1천호를 반납하여) 실제로 1천호만 받아 아무것도 한 일이 없는 책임을 덜
고자 한다. 이것은 간곡한 충심으로부터 나온 것이고, 감히 꾸미거나 거짓이 아니
다. 특히 영험으로 살피시어 천황께서 허락해 주시기를 바라고자 한다. 이 진심을
감내할 수 없어 삼가 표를 올리는 바이다"라고 하였다. (천황은) 이를 불허하였다.

　기해(7일), 공경이 주상하기를, "사안을 헤아려 적절하게 제도를 두는 것은 聖
皇의 훌륭한 법칙이다. 때에 따라 관직을 두는 것은 현명한 군주의 규범이다. 근
년 大宰府가 筑前國의 조직을 겸병하여 품관을 폐지하였다[20]. 이것은 간소화의
필요에 따른 것이다. 그러나 지금 관장하는 일이 많아지고 충원되는 사람은 적
다. 삼가 바라건대, 관원을 증치하여 번잡한 상황을 해소했으면 한다"라고 하였
다. 칙을 내려, 大ㆍ少監, 大ㆍ少典 각각 1인을 증원하였다[21].

18　太政官에서 올리는 문서양식의 하나, 太政官奏에는 論奏式, 奏事式, 便奏式이 있다. 「公式令」3
　　「論奏式」 조에는 大祭祀, 支度國用, 관원의 증감, 유형죄 이상의 단죄, 國郡의 폐지와 설치, 100
　　필 이상의 병마의 징발 등 국사의 대사를 태정관에서 발의하여 상주하는 경우이다. 太政大臣
　　이하 議政官이 서명한다.
19　「禄令」10에는 태정대신을 3천호, 좌우대신은 각각 2천호의 식봉을 받도록 규정되어 있다.
20　「職員令」69 「大宰府」 조에는, "大宰府〈帶筑前国〉"라고 하여 大宰府는 筑前國의 조직을 겸하
　　고 있다. 그러나 天平 12년(740)에 大宰大貳 藤原廣嗣의 난으로 동 14년 2월에 大宰府는 폐
　　지되었다. 그 사이 大宰府의 행정기능은 筑前國司가 담당하였고, 군사기능은 새로 설치된
　　鎭西府가 관할하였다. 그후 天平 17년(745) 6월에 다시 부활되었다.
21　율령제에 규정된 大宰府의 관제는 4등관제로, 장관은 帥, 차관은 大貳, 少貳, 3등관 判官은
　　大監, 少監, 4등관 主典은 大典, 少典이다. 그 외에 大判事, 少判事, 大工, 防人正, 大宰博士,

신축(9일), 조를 내려, "선조를 존숭하고 영예를 추구하는 것은 선왕의 규범이고, 친족에게 높은 칭호를 증정하는 것은 이전의 현인들의 아름다운 모범이다. 짐은 덕이 부족한데도 황위를 이어 수호하고 있다. 종전의 규범에 따라 신실하게 예도를 존숭하고자 한다. 짐의 외조부 종1위 內大臣 藤原朝臣良繼에게 정1위 태정대신에 추증하고, 외조모 증 종1위 尙藏 安倍朝臣古美奈에게 증 정1위를 내린다"라고 하였다. 또 조를 내려, "藤原 某 朝臣을 황후로 추증한다"라고 하였다. 伊勢守 藤原朝臣大繼 등을 보내 皇后陵에 고했다. 諱는 帶子이고 증 태정대신 정1위 藤原朝臣百川의 딸이다. 帝가 황태자에 있을 때 입실하여 비가 되었다.

임인(10일), (천황이) 직접 작성한 조를 내려, "짐은 범용하고 보잘 것 없는데도, 그릇되게 선대의 사업을 계승하였다. 비록 큰 가르침을 받들고 있으나, 여전히 정치는 어둠속에 있다. 무거운 짐을 지고 봄날의 얼음판을 걷는 것이 정치를 행하는 것보다 쉽고, 썩은 새끼줄로 수레달린 말을 모는 것이 (정치하는) 두려움에 비하면 어려운 것이 아니다. 삼가 생각하건대, 선제는 국토를 다스려 풍속을 교정하고, 천하를 이끌어 교화를 정립하였고, 요임금의 마음으로 위무하고 보살폈으며, 우임금의 눈물로 사랑을 베풀었다. 삼가 延曆 5년(786) 4월 21일 내린 조[22]를 읽어보면, 제국의 庸, 調 등의 물자는 매사 미납분이 있어 국가의 용도에 부족이 생긴다. 이

陰陽師, 醫師, 算師 등 50여명으로 구성되어 있다.

22 『續日本紀』延曆 5년(786) 4월 경오조, "제국에서 공진한 용, 조 및 연간 소요되는 물자 등은 매번 미납분이 있고, 국가의 용도에 부족을 초래하고 있다. 누적되어 습관화된 지 점차 오래되어 그 폐해가 이미 심각해졌다. 실로 국사와 군사가 서로 태만한데에 원인이 있고, 종국에는 물자를 민간으로 빼돌려, 관의 창고를 결핍시키고 있다. 또 정치에 임하여 백성을 다스리는 일이 조정에서 위임한 취지에 어긋나고 있다. 청렴하고 공평하게 직무를 수행하는 자는 백에 하나도 듣지 못했다. 타인의 재물을 침해하여 사욕을 채우는 자가 열 중의 아홉은 있다. 부끄럽게도 官司라고 칭하면서 어떻게 이와같이 할 수 있겠는가. 그 행적을 조사하여 사안에 따라 해임이나 강등시키도록 한다. 그 정치적인 치적에 평판이 있고, 직무에 부패하지 않은 자는 또한 명확히 기록하여 영예로운 지위로 발탁한다. 소관 관사에서는 상세하게 행적의 옳고 그름, 선악을 분별하여 확실하게 개조의 서식으로 규정을 작성하여 주상하도록 한다"라고 하여 장문의 詔의 내용이 실려있다.

것은 실로 국사, 군사가 서로 태만하기 때문이다. 또 정사에 임하여 백성을 다스린다고 하는 조정의 위임에 어긋나고 있다. 마땅히 그 상황을 조사하여 사안에 따라 처벌한다. 소관 관사에서는 조례를 만들어 주상하도록 한다"라고 하였다. 공경들은 制칙에 따라 16조의 조문[23]을 올렸다. 이로부터 그 후 이미 세월이 지났으나 법규의 제정은 공문화되고 실행했다는 소식은 듣지 못했다. 이것은 바로 國, 郡의 관사가 (정무에) 익숙해있지 않기 때문이다. 지금 16조를 행하기 위해서는 조사하여 6도에 관찰사를 설치한다. 도별로 관찰사 1인, 판관 1인, 주전 1인으로 하고, 풍속을 미풍양속으로 바꾸고, 선악을 명확히 하여 부정한 자를 척결하고 깨끗한 자를 추천한다. 일에는 대소가 있고 (觀察)使의 직무에는 경중이 있다[24]. 국의 흥폐와 정무의 성패에 관한 사안이 아니면 관찰사가 판관 이하를 파견해 감독, 규찰하고, 아울러 소관 관사에서는 청렴하고 실무에 밝은 자를 취하고, 관에서는 (이들을) 보내 감독시키도록 한다. 백성을 풍요롭게 한다는 말은, 옛 성현의 가르침에 있고, 인민을 평안하게 살게 한다는 말은 고전에 있다. 무릇 관찰사의 임무를 맡은 자들은 짐의 뜻에 따르도록 한다"라고 하였다. 또 칙을 내려, "제왕 및 5위 이상의 자손으로 10세 이상인 자는 모두 대학에 입학하여[25] 학업은 분야별로 학습

---

23 『續日本紀』延曆 5년(786) 4월 경오조에 태정관이 올린 문서에 다음과 같이 기록되어 있다. "백성을 위무하고 보살피는데에 방책을 세워 호구를 증가시킬 것, 농업과 양잠을 장려하고 (세금을) 부과하여 창고를 충실하게 할 것, 각종 물자를 공진하는 경우에 기한에 따라 운송하여 납입할 것, 관내를 엄하게 단속하여 도적이 발생하지 않도록 할 것, 소송의 판결에 도리에 맞고 재판에 억울함이 없도록 할 것, 직무에 공평하고 생활이 청렴하고 신중하게 할 것, 방비하면서 경작하고 군량을 비축해 둘 것, 변경을 평온하게 다스리고 성과 해자를 수리하는 일 등이다. …(이와는 반대로) 재임 중에 탐욕하고 청렴하지 않거나 일 처리에 공평하지 않고, 멋대로 간교한 일을 행하며 명예를 추구하고, 사냥을 제한없이 행하여 백성들의 생활을 어지럽히고, 술을 좋아하고 빠져들어 공무를 지체시키고, 공무에 절조가 있다는 평판이 없으면서 청탁이 날로 늘어나고, 방종한 자제가 공공연히 청탁을 행하고, (관내의 백성이) 도망하여 유실됨이 많은데 붙잡은 인원은 소수이고, 통솔의 방법이 부적절하여 수비의 병졸이 명령을 위반하는 경우이다".
24 관찰사에 대한 근무평정에는 사항에 大小가 있고, 관찰사 직원에게는 중임을 맡은 자와 그렇지 않은 자가 있다는 의미이다.

한다. 蔭에 따른 출신자도[26] 또한 (大學)寮에 입학하여 일정 기간을 거쳐 大舍人에 임용한다. 학업을 계속하기를 원하는 자는 허용하도록 한다"라고 하였다.

이날, 정3위 守右大臣 겸 行近衛大將 藤原朝臣內麻呂가 상표하여 말하기를, "신은 진심을 피력하고 상표하여 충심을 간절히 기원하였다. 궁문을 두드리는 정성은 멀어지고 간절한 청원을 허락받지 못했다. 몸을 굽혀 두려운 마음이고, 화염속에 있는 것과 같다. 정신이 혼돈한 상태이고 살얼음을 밟고 있는 듯하다. 臣內麻呂는 참으로 황공하고 두려워 머리를 조아리고 조아려 죽을 죄를 짓고 또 지었다. 신은 듣건대, '덕이 부족한데도 고위에 오르고, 공은 적은데 상을 크게 받으면, 옛 사람은 그 사태를 깨닫고 현자들은 재앙에 이르는 것을 경계했다'고 한다. 하물며 때와 날이 지나도 位는 人臣의 극에 달하고, 순서를 넘어 주변 사람과 알력이 생긴다. 은총을 한몸에 받는다는 것은 하늘의 도를 물어야 하는 일이고, 죄를 부르는 원인이 된다. 매양 이 일을 생각하면, 영예로운 자리에 있으면서 근심이 된다. (폐하의) 엄명을 배반해서는 안되고, 성은에 마땅히 따라야 되는 것을 알지만, 고루한 마음을 견딜 수가 없다. 겸양의 말이 아니다. 어찌 감히 가식이 있겠는가. 삼가 굽어살피어 허락해 주시고, 앞서의 청을 가상히 여겨, 신의 생전의 뜻을 받아주었으면 한다. 두렵고 쫓기는 마음 견딜 수가 없어 삼가 거듭 표를 올리는 바이다"라고 하였다. (천황이) 손수 작성한 조를 내려, "거듭 올린 표를 보니, 봉호의 증액을 고사하였다. 겸양은 존중하지만, 동의하기는 어렵다. 왜냐하면, 가문이 귀하고, 신분이 높으면, 位를 존숭하여 祿을 후하게 내리는 것은 고금을 통해 생각해도 바뀌지 않는 것이다. 대신은 명망이 높고 우대신의 위치에 있는 군신, 제후의 귀한 신분이다. 관급에 따른 질록의 수는 명백히 국가의 법전에

---

25 「學令」 2 「大學生」 조에는, "凡大學生, 取五位以上子孫, 及東西史部子爲之. 若八位以上子, 情願者聽, 國學生, 取郡司子弟位爲之.〈大學生式部補, 國學生國司補.〉並取年十三以上, 十六以下. 聽令者爲之"라고 하는 규정이 있다. 여기에는 대학 입학의 연력이 13세 이상 16세 이하로 되어 있다.

26 蔭敍의 신분에 있는 자는 21세가 되면 서위받아 출사할 수 있다. 즉 대학에 입학하지 않아도 관인이 될 수 있으나, 대학에 입학하여 학업을 할 수 있다는 것이다.

실려 있다. 또 봉록을 받은 것은 앞서의 대신도 사양하지 않았다. 하물며 금일 봉호의 추가는 원래의 수량으로 되돌린 것이다. 이 뜻을 명확히 알고, 표를 올린 청원을 중지하도록 한다"라고 하였다.

계묘(11일), 율사 永忠이 언상하기를, "삼가 公私의 齋會를 보면, 미리 음식을 준비하기 때문에 열기가 가득찬 한여름에는 음식이 상해 곰팡이가 피기도 하고, 혹은 한겨울의 심한 추위 때에는 끓인 음식이 얼기도 한다. 먼 곳이나 가까운 곳에서 달려와 바친 재물을 사용해도, 음식이 변질되어 먹을 수가 없다. 원래 (佛事는) 복을 가져오길 바라는데서 시작하지만, 오히려 비난과 혐오를 일으키게 된다. 삼가 청컨대, 지금 이후로는 오직 본래의 취지에 따라 (승려에게 제공하는) 식사는 공평하게 했으면 한다. (齋食을) 베푸는 자의 마음이 공평하게 행해지면, 받는 자도 욕심이 적어지고 족함을 알게 된다. 또 佛法의 본의는 믿음을 깊게 하고, 삼가고 맑은 마음을 갖는 것이다. 設齋의 날에 반드시 음식의 질, 양을 준비하여 부족함이 없도록 한다. 또 청하기를, 천하에 반포하여 백성들에게 잘 깨우쳐 주었으면 한다"라고 하였다. (천황은) 이를 허락하였다.

을사(13일), 선제[27]을 위해 僧 150인, 尼 50인을 득도시켰다.

신해(19일), 制를 내려, "근년에 효도를 위해 추선공양하는 자들은 애모의 정이 있어, 풍성하게 차리는데에 힘쓰고 있다. 남의 이목에 현혹되어 서로 다투어 과시하고 있다. 가난한 자는 전택을 팔아 오히려 가산이 파탄되기도 한다. 무릇 공덕의 길은 신심이 근본이다. 물건의 많고 적음에 따라 어찌 (공덕의) 경중이 있을 것인가. 독경을 위한 보시는 친왕과 1품은 商布[28] 5백단 이하, 2품은 3백단 이하 3품과 4품은 각각 2백단 이하로 한다. 제왕과 제신의 1위는 5백단 이하, 2위는 3백단 이하, 3위는 2백단 이하, 4위는 1백단 이하, 5위는 50단 이하, 6위 이하는 30단 이하로 한다. 이상의 차이에 의거하여 서로 초과하지 않도록 한다. 또 세간에서

---

27   桓武天皇.

28   교역용 마포. 공물로 바치는 庸布, 調布가 있으며 각각 규격이 정해져 있다.

는 (死後) 매 7일마다 불사를 하여 명복을 빌고 있는데, 분별없이 행해지고 있어 폐해가 적지 않다. 3·7일 혹은 7·7일(49재)에 한번만 보시해야 한다. 商布가 아닌 경우에는 또한 이 수량에 준해서 보시한다"라고 하였다.

○ 윤6월 기사(8일), 칙을 내려, "王臣의 신사 및 사찰이 점유하고 있는 산, 하천, 바다, 섬, 해안, 야지, 숲, 들판 등은 을해년[29]부터 延曆 20년(801)에 이르기까지 127년간 詔旨[30]를 반포하거나 혹은 格, 符를 내려 수차 겸병을 금지하였고, 이익을 독점하는 것을 금지하였다. 뿐만 아니라 氏들의 조상묘 및 백성의 집 주변에 나무를 심어 숲을 조성하는 데에는 면적에 제한이 있어 상세히 명문화되어 있다[31]. 또 5위 이상 6위 이하 및 승니, 神主 등이 법을 위반하면 처벌하도록 되어 있다[32]. 지금 산양도관찰사 참의 정4위하 守皇太弟傅 藤原朝臣園人이 언상하기를, '산과 바다의 이익은 公私가 함께 공유해야 한다. 그런데 권세가가 오로지 독점하여 백성의 생업을 막고있다. 어리석은 관리가 아첨을 용인하여 감히 시정하지 못하고 있다. 힘없는 백성은 망해가는데 이보다 심한 것은 없다. 삼가 바라건대, 慶雲 3년(706)의 詔旨에 의거하여 일체 금지해야 한다'고 하였다. 지금 언상한 바와같이, 알 수 있는 것은, 다만 국법을 제정했지만, 일찍부터 준수하지 않았고, 소관 관사가 용인하여 백성을 방해했다는 점이다. 일체의 수입은 公私가 함께 한다. 만약 위반하는 자는 延曆 연중의 格[33]에 의거하여 반드시 용서하지 않는다. 지금 이후로는 바로 세워 항례로 한다. 다만, 산악이 제국에서 신성시되면 그

---

29 天武 4년(675), 『日本書紀』 天武 4년 2월 기축조에, "또 親王, 諸王 및 諸臣과 아울러 諸寺에게 내려준 벌목, 어로, 관개는 때의 전후 모두 몰수하도록 하라"고 한 내용을 말한다.

30 『續日本紀』 慶雲 3년(706) 3월조에 王臣家의 산택의 점유 금지 조치, 동 延曆 3년(784) 11월조의 國司에 의한 산림, 원야 점유 금지와 동년 12월조 왕신가, 제관사, 사원이 산림 겸병 및 이익 독점 금지, 延曆 10년 6월조, 동 17년 12월조에도 관련 조치가 내려지고 있다.

31 『續日本紀』 慶雲 3년(706) 3월 정사조에 "각 씨의 조상묘와 백성의 집 주변에 나무를 심어 임야로 하는 경우, 주위가 2, 3십보는 허락하고 금지의 범위에 포함하지 않는다"라고 하였다.

32 『類聚三代格』 권16, 延曆 17년(798) 12월 8일 太政官符.

33 『類聚三代格』 권16, 延曆 17년(798) 12월 8일 太政官符.

대로 둔다. 옻나무, 과실수는 이용에 즈음하여 채취한다. 열매가 무성해지기를 기다린 후에 벌채하여 손실이 없도록 한다. 그 과실은 함께 이용해야 한다. 또 山城國 葛野郡의 大井山³⁴의 강물이 범람하여 보, 제방이 물에 잠긴다. 목재를 먼곳에서 채벌해도 수몰되어 관개기능은 상실하게 된다. 이로 인해 國司 등은 상황을 헤아려 하천 주변을 규제하여 벌목하지 못하도록 한다. (그러나) 만약 다른 제국에서 이러한 사례가 있으면 公私를 불문하고 금제의 범위에 포함하지 않는다³⁵. 유용한 개간지라고 빙자하여 (개간의 목적이 아닌) 무용한 토지를 점유하는 자는, 사실이 발각되는 날에는 반드시 중죄로 처벌한다'라고 하였다.

정축(16일), 勘解由使³⁶를 폐지하였다.

무자(27일), 諸道의 관찰사 印³⁷을 지급하였다.

○ 추7월 임진삭, 북륙도관찰사 우대변 종4위상 秋篠朝臣安人을 周忌御齋會司³⁸로 삼았다.

을미(4일), 칙을 내려, "關津³⁹의 제도는 사람들의 위법을 감독하기 위해서 만들어졌다. 하물며 이를 용인한다면 어찌 국법을 만들겠는가. 지금 듣건대, 長門國司는 관소의 관리감독이 부실하여 많은 백성의 분노를 일으키고 있다고 한다. 지금 이후로는 다시는 그렇게 해서는 안된다. 만약 위법이 있다면 특히 중죄에 처한다"라고 하였다.

무술(7일), 칙을 내려, "지금 듣건대, 畿內의 勅旨田⁴⁰은 公水⁴¹를 이용하여 새로

---

34 大井山은 京都 서북지역에 위치한 산으로, 이 산기슭으로부터 경도분지에 葛野川(桂川, 大堰川)이 흐르고 있다.

35 大井山과는 달리 홍수에 범람하지 않는 하천 주변의 산림을 점유하고 벌채하는 것을 용인한다는 것이다.

36 국사의 임기가 만료되었을 때, 인수인계를 위해 후임국사가 전임국사에게 解由狀을 교부한다. 勘解由使는 이를 감독하기 위해 설치한 관직으로 관사는 勘解由使廳이다.

37 「公式令」40에 보이는 諸司의 官印이다.

38 桓武天皇의 1주기 齋會를 담당하는 임시관.

39 육상, 수상교통의 요지에 검문을 위해 설치한 關所.

40 8세기말부터 황실 독자의 재원에 충당하기 위해 개간된 전지로 不輸租田이다.

운 전지를 개발하거나, 척박한 토지를 개간하여 양전과 바꾸고 있다고 한다. 뿐만 아니라 칙지를 빙자하여 私田을 개간하고 있다. 마땅히 사자를 보내 조사하여 규찰해야 한다. 만약 王臣家가 이러한 행위를 한다면 역시 동일하게 조사한다"라고 하였다. 紀伊國 安諦郡을 在田郡으로 고쳤다. 천황의 諱[42]와 통하기 때문이다.

임인(11일), 白丁 1백인을 東宮舍人[43]으로 임용하는 것을 허락하였다. 이를 영구히 항례로 삼았다. 칙을 내려, "民部省에 수납되어 있는 호적은 오래된 것과 근년의 것이 섞여있어 사무처리에 번잡하다. 오로지 令의 조문에 의거하여, 경오년[44] 및 5회분[45]의 호적 이외에는 순차적으로 폐기한다"라고 하였다.

갑진(13일), 조를 내려, "요즈음 공경들이 주상하기를, '일월이 경과하여 천황의 기일이 돌아온다. (선제의) 복상이 끝난 후에 (새로 즉위한 천황이) 新宮으로 이주하는 것은 국가의 항례이다. 청컨대 새로 궁전을 조영하고자 한다'고 하였다. 이 上都[46]는 선제가 세운 바이다. 수륙교통의 요지이고, 평지가 넓게 펼쳐져 있다. 따라서 조금이라도 노동력을 개의치 않고 (공사를 진행하여), 오래도록 평안을 기약할 수 있게 되었다. 건물은 즐비하게 하여 서로 바라보고 있고, 규모도 (왕도에) 어울린다. 후세의 자손으로 하여금 더 추가할 필요가 없도록 하였다. 짐은 황공하게도 황위를 계승하여 神器를 수호하고 있는데, 다시 조영사업을 일으키면 (선제가) 정해놓은 규범에 어긋날까 두렵다. 무릇 漢代의 (文帝가) 누각을 조영하는데, 10가의 자산에 해당된다고 하고, 대규모의 건물을 조영하

---

41 이때의 公水는 국가의 공적 재원을 투입하여 조영한 용수지를 말한다. 『延喜式』 권제22 民部省上 「公水」 조에는, "凡私墾田用公水者, 論多少, 收爲公田. 但水饒無妨處者, 不論年之遠近, 聽爲私田"라고 하여 사적인 간전에 公水를 이용하면 公田으로 몰수하지만, 수량이 풍부하면 私田도 이용할 수 있다고 규정하고 있다.

42 平城天皇의 諱 실명은 安殿으로 '安' 자에 저촉되기 때문이다.

43 황태자의 주변에서 경호와 잡사에 근무하는 하급직원, 春宮坊舍人이라고도 한다.

44 天智 9년(670)에 작성된 호적. 庚寅年籍, 이때의 호적이 기준이 되어 후의 氏姓의 옳고 그름을 판단하는 기준이 되어 영구히 폐기하지 않도록 규정되어 있다.

45 호적은 6년마다 작성하는 데 5회분은 30년분의 호적으로 30년이 지나면 폐기하라는 것이다.

46 平安京.

려고 하면, 이 역시 하나의 목재로는 불가능하다. 짐은 백성의 부모가 되어, 번거롭고 힘들게 하고 싶지 않아 종전의 궁에 거주하려고 생각한다. 이것은 예에 맞는 일이다. 경들은 짐의 이러한 뜻을 알았으면 한다"라고 하였다. 이에 백관이 표를 올려 경하하여 말하기를, "복상이 끝난 후에 신궁을 조영하는 것은 고금으로 모범으로 삼고 있다. 신 등은 종전의 관례에 의거하여, 미리 처분을 내려줄 것을 청했다. (그런데) 삼가 금월 13일에 칙을 내려, '짐은 백성의 부모가 되어, 번거롭고 힘들게 하고 싶지 않고, 종전의 궁에 거주하려고 생각한다. 이것은 예에 맞는 일이다'라고 하였다. 신 등은 황송하게도 그 말씀을 듣고 (백성의 노고를 줄이는) 기쁨과 (선제를 추모하는) 슬픔이 교차하고 있다. 참으로 효자는 부친의 뜻을 이루어 마침내 창성하게 하는 것이고, 무릇 우리 백료들은 행복하기 그지없다. 신들은 듣건대, '明王은 풍속을 잘 지도하고, 따듯하고 공손하게 보듬어 주고, 현명한 군주는 나라를 다스림에 소박함을 덕으로 삼는다'고 한다 삼가 생각하기를, 황제폐하의 명성은 우임금을 잇고, 사업은 (周의) 문왕을 계승하여 문물제도를 정비하였다. 타고난 품성과 재능으로 법규를 만들고 빛나는 위엄을 드높였다. 자비로운 마음은 만물에 미치고 천지로 통하는 덕을 몸에 익혔다. 큰 공적을 세우고, 크고 바른 풍속을 일으키고, 신통력을 두루 미쳐 온화한 즐거움을 베풀었다. (정치의) 道는 융화하여 정리되었고, 교화는 땅끝까지 넘쳐흘렀다. 아름답고 위대하도다. 더없이 훌륭하고 훌륭하도다. (新宮 조영을 중지하여) 해외에까지 태평을 바라는 (원망하는) 노래소리가 들리지 않게 되고, 이 세상 끝까지 외진 구석에서 한탄하는 자를 걱정하고 있는 것이다. (그리하여) 마침내 귀한 보물을 공납하는 것에 대해 사무를 간편하게 행하고, 행정문서와 과역은 힘써 간소함을 기약하였다. 궁전에 손을 대지 않아 工匠의 수고를 덜고, 누각의 조영을 중지하여 지출을 억제하였다. 이끼가 낀 황량한 곳으로 다시 천황을 맞이하고, 적막하고 초라한 궁전으로 천황의 수레는 거듭 들어간다. 신 등은 나날이 태평하게 지내고 천황의 은택을 흠뻑 받고 있다. 동해의 큰 거북이 있다고 해도, 천황의 높은 덕에 비유할 수 없고, 남산의 대나무를 베어도 천황의 은혜를 다 적을 수는 없다. 이 기쁨을 참을 수가 없어 삼가 궁전에 나아가 표를 봉정하여 경축의 말씀을 드리는 바이다"라고 하였다.

경술(19일), 制를 내려, "蔭 자손은 먼저 호적을 조사한 후에 서위한다. 무릇 5위 이상은 신분이 높다. 자손의 호적을 조사하는 것은, 세세하여 번거로운 일이다. 지금 이후로는 호적의 조사를 정지한다. 다만 이름을 가탁하여 蔭의 특혜를 받거나 [47], 孫을 子로 하여 (이익을 보려는) 자들에 대해, 소관 관사에서 조사하지 않고 있다. 만약 이러한 자들이 있다면, 해당 관인은 법에 따라 처벌한다"라고 하였다.

임자(21일), 中內記[48]를 폐지하였다.

경신(29일), 內記의 史生 4인을 두었다.

○ 8월 계해(3일), 조를 내려, "짐은 부족한 몸인데도, 황위를 계승하여 천하의 중임을 맡아 국내에 깊은 책임을 지고 있다. 항상 얼음 위를 걷는 두려운 마음이고, 백성에게 은택이 미치고 힘써 스스로를 이겨나가 이를데 없는 정치를 영원히 펼치고자 한다. 그러나 진실로 하늘을 감동시키지 못했고, (덕화의) 정치는 백성에게 미치지 않았고 음양의 조화는 순조롭지 않고 장마로 재난을 맞았다. 이 재앙을 속으로 자문하면, (그 책임은) 나 한사람에게 있다. 정치의 은택은 베풀지 못하고, 자애의 바람은 아직 미치지 못했다. 어떻게 해서 이러한 수해가 초래되었고, 백성에게 피해가 미치게 되었는가. 무릇 (군주의) 수족(인 관인)의 임무는 음양의 이치를 바르게 하는 일이다[49]. 공경은 마땅히 짐을 보좌하여 그 미치지 않는 곳을 바로 구해야 한다. 함께 재앙을 없애고, 하늘의 마음에 답해야 한다. 수해로 자산을 잃어버린 백성에게는 상황을 조사하여 물품을 지급한다. 필요한 사안을 구체적으로 파악하여 주상한다. 두루 전국에 고지하여 짐의 뜻을 알리도록 한다"라고 하였다.

---

47 延曆 19년(800) 11월 경신조 참조.
48 內記는 「職員令」 3에 의하면, 中務省의 품관으로 조칙의 작성 및 內裏에서 천황의 공적인 활동기록을 담당한다. 직원은 大內記, 中內記, 少內記가 있다.
49 「職員令」 3에 태정대신의 직무에는 '變理陰陽'이 있다.

갑자(4일), 畿內에 수해를 입은 백성의 調, 잡요를 면제하였다. (대부한) 正稅에 대해서는 내년에 납입하고, 7도 제국은 재차 구제에 나서게 하였다.

경오(10일), 이보다 앞서, 中臣, 忌部 양씨는 서로 고소가 있었다. 中臣氏가 말하기를, "忌部氏의 직무는 본래 폐백을 만드는 일이고, 축사[50]하는 일이 아니다. 그러한 즉, 忌部氏를 폐백사[51]로 삼는 것은 불가하다"고 하였다. 忌部氏가 말하기를, "봉폐와 기도는 본시 忌部의 직무이다. 그러한 즉, 忌部氏가 폐백사가 되고, 中臣氏는 祓使[52]를 맡아야 한다"라고 하였다. 피차의 논쟁에는 각각의 근거가 있다. 이날, 칙명이 내려져, 『日本書紀』에 근거하면, '天照大神이 天磐戶에 은신해 있을 때, 中臣連의 먼 조상인 天兒屋命과 忌部氏의 먼 조상인 太玉命은 天香山의 5백개의 眞坂樹를 뿌리채 뽑았다. 그리고 위의 나뭇가지에는 八坂瓊의 5백개의 연주를 걸어놓고, 중간 가지에는 八咫鏡을 걸어놓고, 아래 가지에는 靑和幣과 白和幣[53]를 걸어 함께 기도한다'고 되어 있다. 그러한 즉, 기도의 일은 中臣, 忌部가 함께 맡아야 한다. 또 「神祇令」에는 '祈年, 月次祭에서는 中臣氏가 축사를 하고, 忌部氏는 폐백을 나눈다. 천황 즉위의 (대상제) 날에는, 中臣氏가 천신의 壽詞를 주상하고[54], 忌部氏는 신새인 거울과 칼을 바친다. 6월 12일 그믐날의 大祓에서는 中臣氏가 御祓麻[55]를 진상하고, 동서의 文部[56]가 祓刀를 바치고 祓詞를 읽는다. 끝나면 中臣氏가 祓詞를 한다. 통상의 제례 이외에는 모름지기 제신사에 나아가 폐백을 바치는 경우에는, 모두 5위 이상의 卜占에 적합한 자를 취하여 충당

---

50 祝詞는 제례의 장에서 신을 친송하고 신의 은덕을 바라는 말.

51 神社에서 행하는 제례 시에 신에게 폐백을 바치는 역할.

52 祝詞(祓詞)를 올리는 役.

53 靑和幣, 白和幣은 삼베나 목면 등의 직물로 만들어 神木에 거는 봉폐물.

54 『日本書紀』持統紀 4년(690) 정월조에, 中臣大島가 天神壽詞를 읽었다는 기록이 나온다.

55 부정을 씻는 의식인 祓祈禱 때에 사용하는 大麻(祓串)을 和紙로 포장하여 願主에게 건네주는 것.

56 阿智使主를 조상으로 하는 전승을 갖는 東文直과 王仁을 조상으로 하는 전승을 갖는 西文氏. 모두 백제계 도래씨족의 후예이다.

하도록 한다'고 규정되어 있다. 마땅히 통상의 제례가 아니면 봉폐사는 양씨에게
맡기고, 반드시 서로 반이 되도록 한다. 그 외의 일은 오로지 슈의 조문에 의거하
도록 한다'라고 하였다.

기묘(19일), 武藏國이 흰 까마귀를 바쳤다. 포획한 伊福部淨主에게 벼 5백속을
주었다.

임오(22일), 칙을 내려, "무릇 공덕을 행하는 것은, 개개인의 마음으로부터 기
인한다. 왜냐하면, 甲이 堂을 조영하다고 하면, 乙을 위해서가 아니고 자신을 위
해서이다. 이에 크고 작은 제사찰에서는 항상 檀越이 있어, 전지와 자재를 지분
에 따라 희사하고, 대대로 이어져 존숭되어 지금에 이르고 있다. 듣는 바로는, 王
臣의 세력가는 (건립의 시주자인) 本願主를 도외시하고, 단월을 내쫓거나, 3綱
등의 직책을 해임하고, 전답을 임의대로 매각하거나 경작하고 있다. 자신의 절
이라고 말하면서 오히려 (사찰을) 더럽히고 있다. 만약 이와같은 자가 있다면, 5
위 이상은 이름을 기록하여 주상하고, 6위 이하의 자는 신병을 구속하고 압송하
도록 한다. 또 단월의 자손이 사찰의 전지의 영유하면서 오로지 처자를 부양하면
서, 승려에게 제공하지 않는다면, 氏 중에서 마음에 불교를 널리 펼치고자 하는
사람을 택하여 (단월에) 충당하도록 한다'라고 하였다.

을유(25일), 참의 겸 동해도관찰사 종3위 藤原朝臣葛野麻呂[57]가 언상하기를,
"延曆 17년(798) 格에는, '出擧하는 정세는 穀[58]으로 대부하고 穀으로 수납하는 것
을 항례로 한다'고 나온다. 그러나 지금 칙에서는, '稻에는 일찍 수확하는 종자와
늦게 수확하는 종자가 있어[59], 각각 토지에 적합하게 재배하고 있다. 그런데 (이
삭이 붙은) 穎稻를 (이삭을 제거하여) 穀으로 하면, 종자의 구별이 어려워진다.
(대부하는) 원금은 穎稻로 걷어들이고, 이자는 穀으로 수납한다. 穎稻가 없어지
지 않도록 하고, 종자로 돌려 충당한다. 本稻 이외에는 穎稻로 수납할 수 없다.

---

57   257쪽, 延曆 20년(801) 8월 경자조 각주 1 참조.
58   稻束으로부터 분리한 벼의 낟알.
59   『슈集解』「田令」2에 "早晚者, 九月爲早, 十一月爲晚也"라고 해설하고 있다.

만약 기한을 넘겨 穎稻를 수납하는 경우에는, 國郡의 관인은 위칙죄로 처벌한다'
고 되어 있다. 지금 國司 등은 이 格에 집착하여 公廨稻의 이자 및 연중 다양한 용
도의 出擧稻를 모두 糙[60]로 수납하고 있다. 穎穀을 수납하는 의미는 원래 오래 보
관하기 위해서이다. 그러나 금일 糙로 수납하면 내년에는 모두 사용하게 되어 백
성에게 폐해를 주게 되고 공공에 무익하게 된다. 삼가 바라건대, 延曆 11년(792)
11월 28일 格에 따라 연중 雜用稻 및 公廨稻 등은 糙로 하는 것을 정지하고, 백성
이 피폐해지는 것을 방지했으면 한다'라고 하였다. (천황은) 이를 허락하였다.

정해(27일), 칙을 내려, "듣는 바와같이, 7도 제사찰의 檀越 등은 寺田을 경작
하면서, 租를 수납하지 않고 연등용 稻를 사용하면서 연등은 하지 않는 일이 있
다. 혹은 錢을 빌리면서 해가 지나도 값지 않는다. 혹은 절의 노비와 우마를 사적
으로 이용하고 있다. 이와같은 일이 빈번히 일어나고 있다. 뿐만 아니라 산사의
수목을 마음대로 벌목하고, 감정에 따라 일방적으로 3綱을 해임, 임명하고 있다.
(이래서야) 어떻게 단월이라고 할 수 있겠는가. 지금 이후로는 위범자가 있다면,
위칙죄로 처벌한다. 국사, 3綱, 승려가 이를 알면서 용인하고 숨겨준다면, 또한
동범죄로 처벌한다'라고 하였다.

이달, 장마가 그치지 않았다. 홍수로 범람하여 천하 제국이 많은 피해를 입었다.

○ 9월 계사(4일), 칙을 내려, "수해는 작은 것이 쌓여 해를 입는다. 작은 균열
에는 적은 노력으로 막을 수 있다. 그러나 감독하고 수리하는 사람이 없으면 큰
붕괴로 이어질 수 있다. 衛門府, 衛士府에 좌우경의 제방과 도랑을 담당시켜 보
수에 힘쓰도록 한다'라고 하였다.

임자(23일), 좌우경 및 山埼津, 難破津에 사자를 보내 주막의 항아리를 밀봉하
였다. 수해와 가뭄으로 미곡이 폭등했기 때문이다.

일본후기 권제14

---

60 쌀겨를 제거한 玄米

日本後紀 卷第十四〈起大同元年五月, 盡九月〉

左大臣正二位兼左近衛大將臣藤原朝臣冬嗣等奉勅撰

日本根子天推國高彦天皇〈平城天皇〉

天皇諱安殿, 皇統彌照天皇之長子. 母曰藤原贈太皇大后. 寶龜五年, 生於平城宮. 延曆四年十月, 皇太子被廢, 即立諱爲皇太子. 及長精神聰敏, 玄鑒宏達. 博綜經書, 工於文藻.

◎大同元年五月辛巳, 即位於大極殿. 詔給諸社禰宜祝, 及諸寺智行僧尼, 孝義人等, 位一階. 又五畿內鰥寡孤獨之不能自存者給物. 又免天下言上未納. 改元大同, 非禮也. 國君即位, 踰年而後改元者, 緣臣子之心不忍一年而有二君也. 今未踰年而改元. 分先帝之殘年, 成當身之嘉號, 失愼終無改之義, 違孝子之心也. 稽之舊典, 可謂失也. 是日, 敍位有差. 壬午, 追尊皇太后爲太皇太后, 皇后爲皇太后. 詔, 彈正尹某〈嵯峨〉定賜皇太弟. 宮內卿藤原朝臣園人爲皇太弟傅. 林宿禰沙婆爲學士, 秋篠朝臣安人爲春宮大夫. 丁亥, 始置六道觀察使. 己丑, 勅, 公使之政, 即立程限, 私暇之期, 必有日數. 如聞, 諸國牧宰之輩, 或就使入京, 公務已畢. 或緣事歸舍, 暇日方滿. 而經過宮闕, 留連閭里. 量彼景迹, 不可不肅. 又上下殊等, 所掌各別. 若長官出行, 須佐職留守. 而或有擧已上官, 共離任所, 付印主典. 泰甚之至, 一復如此. 其奉使過限者, 勘由申之. 暇滿未來者, 錄名同言. 若隱忍不告者, 事覺之日, 准狀科附, 不得阿容.

○六月癸巳朔, 山陽道觀察使正四位下藤原朝臣園人言, 西海道年中入京雜使, 其數繁多. 而此道疲弊, 殊於他堺. 檢察其由, 率緣迎送無息, 不得顧私. 伏望, 西海道府國五位已上, 自今以後, 自非秩滿解任者, 不聽輒入京者. 許之. 是日, 勅, 池之爲用, 必由灌漑. 栗林之用, 良爲得實. 今諸國所有蓮池幷栗林等, 或決灌田之水, 潤彼芙蓉, 或占無實之林, 寄言供御. 如此之類, 必妨百姓. 宜遣使子細勘定之. 又東宮舍人者, 依令, 取蔭子孫及位子, 儀容端正, 工於書算者補之. 而頃年乖令, 兼取白丁. 宜改此例, 一依令條. 戊戌, 正三位守右大臣兼行近衛大將藤原朝臣内麻呂上表曰, 伏見群臣議奏, 大臣食封増加千戸, 所以崇優高徳, 歴代不易之典也. 臣運遇聞泰, 曲荷鴻貸. 起歴等次, 辱尸斯位. 恩深寵盈, 待災人神. 今復厚祿豐秩, 一倍前數. 物極則變. 樂往哀來. 臣之昧徳, 不知所爲. 伏請, 名帶二千, 俟後來之賢臣, 實食千戸, 省素食之切責. 率由懇衷, 非敢詭餙. 特願靈鑒, 以降天從. 無任悾款之至, 謹奉表以聞. 勅不聽. 己亥, 公卿奏言, 量事制宜, 聖皇茂典. 隨時分職, 哲后良規. 頃年令大宰府帶筑前國, 兼廢品官. 庶存簡要. 而今管攝多事, 充用少人. 伏望, 増置官員, 得濟繁劇者. 勅, 増加大少監大少典各一員. 辛丑, 詔曰, 尊祖追榮, 先王之茂範. 敦親贈號, 曩哲之嘉猷. 朕以菲薄, 嗣守洪基. 思欲率脩舊章, 篤崇典禮. 宜朕外祖父贈從一位内大臣藤原朝臣良繼追贈正一位太政大臣, 外祖母贈從一位尚藏安倍朝臣古美奈贈正一位. 又詔, 藤原某朝臣追贈皇后. 遣伊勢守藤原朝臣大繼等告於皇后陵. 皇后, 諱帶子, 贈太政大臣正一位藤原朝臣百川之女也. 帝在儲宮, 納之爲妃. 壬寅, 手詔曰, 朕以庸虚, 謬承先業. 雖奉丕訓, 猶暗政治. 負重春氷, 取喩方易, 御朽秋駕, 比懼非難. 伏惟, 先帝, 括地宣風, 統天立化. 布堯心而撫育, 垂禹泣而哀矜. 謹讀延曆五年四月十一日詔下者稱, 諸國庸調支度等物, 每有未納, 交闕國用. 良由國郡司遞相怠慢. 又苞政治民, 多乖朝委. 宜量其狀迹, 隨事貶黜. 所司宜作條例奏聞. 公卿即依制旨, 上一十六條事. 自茲厥後, 既經年所, 空設憲章, 未聞遵行, 是則國郡官司不練之所致也. 今爲行十六條, 量置六道觀察使. 道別一人, 判官一人, 主典一人. 所以移風淳風, 易俗雅俗, 激揚清濁, 黜陟幽明也. 其事有大小, 使有輕重, 自非國由廢興, 政關成敗, 宜遣判官以下督察, 兼復取所司清廉幹了, 官差發檢校. 庶富之詞, 聞諸先聖, 安集之語, 在於風人. 凡厥使手, 副朕意焉. 又勅, 諸王及五位已上子孫, 十歲以上, 皆入大學, 分業教習. 依蔭出身, 猶合上寮, 經一選□□□大舍人. 但情願遂業者聽之. 是日, 正三位守右大臣兼行近衛大將藤原朝臣内麻呂上表曰, 臣瀝款露丹, 上表祈哀. 叩閽之誠靡遠, 聽卑之意未徹. 是用蹎影脩形, 如實炎熾. 銷神驚魂, 若履輕氷. 臣内麻呂誠惶誠恐頓首頓首死罪死罪. 臣聞, 德薄位尊, 功微賞重, 古人知其因濟, 前哲誠其終凶. 況乎累日駢時, 人臣位極, 超倫軼輩, 寵光惣萃, 訪諸天道, 速戻之府. 每興斯思, 居榮爲感. 雖知嚴命不可違, 聖恩宜祗貳, 而固陋之情, 莫能自奪. 非曰鳴謙, 豈敢矯餝. 伏乞, 曲廻鑒許, 賜矜前請, 臣之在生志願足矣, 不任悚迫之至. 謹重奉表以聞. 手詔報曰, 重省表□, 固辭益封. 雖崇沖讓, 未允□情. 何者堂高階遠, 位尊祿厚, 問古稽今, 有因無替. 其大臣者, 望高端右, 貴冠群后. 禮數秩服, 明載國典. 又祿之所得, 先哲不辭. 況今日增戶, 是復本數. 明知此意, 宜斷表請. 癸卯, 律師永忠言, 伏見公私齋曾, 預先備擬造食. 或炎夏盛熱, 鬱爛醸生, 或正冬嚴寒, 熱羹凍陵. 遠近馳逐, 糜費資財, 飲食麁惡, 不堪入口. 元擬招福, 反致譏嫌. 伏請, 自今以後, 一依本教, 均平行食. 施者心行平等, 受者少欲知足. 又佛法本意, 深信肅清. 設齋之日, 必須飲食豐濃, 不得輕尠不足. 亦請, 頒示天下, 曉喻百姓者. 許之. 乙巳, 奉爲先帝, 度僧一百五十人, 尼五十人. 辛亥, 制, 頃年追孝之徒, 心存哀慕, 事務豐厚. 眩人耳目, 各競求名. 至於貧者, 或賣却田宅, 還滅家途. 凡功德之道, 信心爲本. 因物多少, 寧有輕重. 宜誦經布施者, 親王, 一品商布五百段已下, 二品三百段已下, 三品四品各二百段已下. 諸王諸臣, 一位五百段已下, 二位三百段已下, 三位二百段已下, 四位一百段已下, 五位五十段已下, 六位已下三十段已下. 宜依件差, 莫令相超. 又世俗之間, 每至七日, 好事修福. 既無紀極, 爲弊不少. 宜三七日, 若七七日, 一度施捨. 其非商布者, 亦宜准此數.

○閏六月己巳, 勅, 王臣神寺, 占山河海嶋濱野林原等者, 從乙亥年暨于延曆二十年, 一百二十七歲之間, 或頒詔旨, 或下格符, 數禁兼占, 頻斷獨利. 加以, 氏氏祖墓及百姓宅邊, 栽樹爲林等所許步數, 具有明文. 又五位已上六位已下, 及僧尼神主等違犯之類, 復立科法. 今山陽道觀察使參議正四位下守皇太弟傅藤原朝臣園人言, 山海之利, 公私可共. 而勢家專點, 絕百姓活. 愚吏阿容, 不敢諫正. 頑民之亡, 莫過此甚. 伏望, 依慶雲三年詔旨, 一切停止者. 今如所言, 則知徒設憲章, 曾無遵行, 率由所司阿縱, 而令百姓有妨. 宜一切收入, 公私共之.

若有犯者, 依延曆年中格, 一無所宥. 自今已後, 立爲恒例. 但山岳之體, 或於國爲禮. 漆菓之樹, 觸用亦切. 事須蕃茂, 竝勿伐損. 其菓實者, 復宜相共. 又山城國葛野郡大井山者, 河水暴流, 則堰堤淪沒. 採材遠處, 還失灌漑. 因茲國司等量便, 禁制河邊, 無令他斫. 諸國若有斯類者, 不論公私, 不在收限. 其寄語有要, 輒占無要者, 事覺之日, 必處重科. 丁丑, 廢勘解由使. 戊子, 賜諸道觀察使印.

○秋七月壬辰朔, 北陸道觀察使右大弁從四位上秋篠朝臣安人爲周忌御齋會司. 乙未, 勅, 關津之制, 爲察衆違. 苟有阿容, 何設朝憲. 今聞, 長門國司, 勘過失理, 衆庶嗷嗷. 自今以後, 不得更然. 若有違犯, 特實重科. 戊戌, 勅, 今聞, 畿內勅旨田, 或分用公水, 新得開發, 或元墾塉地, 遂換良田. 加以託言勅旨, 遂開私田. 宜遣使勘察. 若王臣家有此類, 亦宜同檢. 改紀伊國安諦郡, 爲在田郡. 以詞涉天皇諱也. 壬寅, 聽以白丁百人補東宮舍人, 永以爲例. 勅, 如聞, 民部省所收戶籍, 遠近粉雜, 觸事多煩. 宜一依令條, 庚午年幷五比籍之外, 依次除之. 甲辰, 詔曰, 比公卿奏, 日月云除, 聖忌將周. 國家恒例, 就吉之後, 遷御新宮. 請預營搆者. 此上都先帝所建. 水陸所湊, 道里惟均. 故不憚暫勞, 期以永逸. 棟宇相望, 規摸合度. 欲使後世子孫, 無所加益. 朕忝承聖基, 嗣守神器. 更事興作, 恐乖成規. 大漢代露臺, 尙愛十家之産, 大廈層搆, 亦非一木之枝. 朕爲民父母, 不欲煩勞, 思據舊宮. 禮亦宜之. 卿等合知朕此意焉. 於是, 百官奉表拜賀曰, 亮陰之後, 更建新宮, 古往今來, 以爲故實. 臣等准據舊例, 預請處裁. 伏奉今月十三日勅稱, 朕爲民父母, 不欲煩勞, 思據舊宮, 禮亦宜之. 臣等忝聞綸旨, 載喜載悲. 誠以孝子充成父志, 遂昌堂搆者也. 凡厥百僚, 幸幸甚甚. 臣聞, 明王軌俗, 溫恭實懷, 哲后經邦, 澹泊爲德. 伏惟, 皇帝陛下, 聲韜嗣禹, 業劭纂文. 順稟成規, 揄揚郁烈. 亭毒被於萬品, 燾載苞於兩儀. 玄功胖饗, 而激大雅之風, 神用周流, 以布中和之樂. 道融有截, 化溢無垠. 猗歟偉歟, 盡善盡美. 仍恐環瀛之表, 無擊壤歌, 浹字之涯, 有向隅歎. 遂乃苞軌貢珍, 事從簡寔. 文書調役, 務期單踈. 雲搆非加, 省□於梓匠, 露臺輟作, 愛費於金直. 苔砌之荒涼, 再迎鳳蓋,

栢梁之寂寞, 重轉鸞輿. 臣等就日喰和, 望霓沐霈. 抃東海鼈, 而無喩仰德, 伐南
山竹, 而未足書恩. 無任鳬藻之至. 謹詣闕奉表, 陳賀以聞. 庚戌, 制, 蔭子孫, 先
勘籍, 後敍位. 夫五位以上, 冠蓋惟貴. 子孫勘籍, 事涉細碎. 自今以後, 宜停勘
籍. 但冒名被蔭, 登孫爲子之類, 所司不存檢察. 若有此類, 所貢官人, 依法科
罪. 壬子, 廢中內記. 庚申, 置內記史生四員.

○八月癸亥, 詔曰, 朕以眇眇, 嗣奉丕基, 負天下之重任, 當海內之深責. 常以
履永疢懷, 惟溝軫慮. 勵精克己, 詳永至治. 而誠未動天, 卑聽罔照, 陰陽僣度,
霖雨爲災. 靜言厥咎, 在予一人. 或由政道不洽, 仁風未靡. 何用招此漂損, 害及
黎元. 夫股肱之任, 燮理斯存. 公卿宜扶輔朕躬, 匡其不逮. 共除妖祥, 庶答靈
心. 其百姓因水流失資産者, 量加支給. 所須事條, 具狀奏聞. 普告遐邇, 知朕意
焉. 甲子, 免畿內被水害百姓調徭. 其正稅者, 聽明年納之. 七道諸國, 且令賑
給. 庚午, 先是, 中臣忌部兩氏各有相訴. 中臣氏云, 忌部者, 本造幣帛, 不申祝
詞. 然則不可以忌部氏爲幣帛使. 忌部氏云, 奉幣祈禱, 是忌部之職也. 然則以
忌部氏爲幣帛使. 以中臣氏可預祓使. 彼此相論, 各有所據. 是日, 勅命, 據日本
書紀, 天照大神閉天磐戸之時, 中臣連遠祖天兒屋命, 忌部遠祖太玉命, 掘天香
山之五百箇眞坂樹, 而上枝懸八坂瓊之五百箇御統, 中枝懸八咫鏡, 下枝懸青
和幣白和幣, 相與致祈禱者. 然則至祈禱事, 中臣忌部竝可相預. 又神祇令云,
其祈年月次祭者, 中臣宣祝詞, 忌部班幣帛. 踐祚之日, 中臣奏天神壽詞, 忌部
上神璽鏡劔. 六月十二月晦日大祓者, 中臣上御祓麻. 東西文部上祓刀, 讀祓
詞. 訖, 中臣宣祓詞. 常祀之外, 須向諸社供幣帛者, 皆取五位以上卜食者充之.
宜常祀之外, 奉幣之使, 取用兩氏, 必當相半. 自餘之事, 專依令條. 己卯, 武藏
國獻白烏. 賜獲者伊福部淨主稻五百束. 壬午, 勅, 夫功德之興, 因心各別. 何則
或甲搆堂宇, 乙寧得爲己. 是以大小諸寺, 每有擅越. 田畝資財, 隨分施捨. 累世
相承, 崇敬至今. 如聞, 王臣勢家, 不顧本願, 而追放檀越, 改替綱維. 田園任意,
或賣或耕. 名稱己寺, 還致損穢. 若有斯類者, 五位已上錄名奏聞, 六位已下禁
身進上. 又其檀越子孫, 惣攝田畝, 專養妻子, 不供衆僧, 宜簡氏中情在弘道者

充. 乙酉, 參議東海道觀察使從三位藤原朝臣葛野麻呂言, 延曆十七年格, 出舉正稅, 給穀收穀, 立爲恒例者. 而今奉勅, 稻有早晚, 各任土宜. 而盡穎爲穀, 種子難辨. 宜本者收穎, 利者納穀. 不絶本穎, 迴充種子. 本稻之外, 不得收穎. 若有過限收穎者, 國郡官司, 科違勅罪者. 今或國司等, 偏執此格, 公廨利稻幷年中雜用, 皆悉令糙, 其收穎穀之意, 本爲遠貯. 而今日勞糙, 明年盡用, 從有民弊, 曾無公益. 伏望, 依延曆十一年十一月二十八日格, 年中雜用幷公廨等稻, 不勞爲糙, 以省民弊者. 許之. 丁亥, 勅, 如聞, 七道諸寺檀越等, 或佃寺田, 不納租米. 或費燈分稻, 不事燃燈. 或貸用錢物, 經年不還. 或奴婢牛馬, 役用私家. 如此之流, 觸類繁多. 加以寺山樹木, 任意斫損. 愛憎自由, 改補三綱. 有一於此. 豈謂檀越. 從今而後. 若有犯者, 科違勅罪. 國司三綱衆僧知而容隱, 亦與同罪. 是月, 霖雨不止. 洪流汎濫, 天下諸國, 多被其害.

○九月癸巳, 勅, 水之浸損, 積微爲害. 屬于小決, 功在一簣. 而無人監修, 致此多壞. 宜衛門衛士府專當左右京堤溝, 勤加修補. 壬子, 遣使封左右京及山埼津難破津酒家甕. 以水旱成災, 穀米騰躍也.

日本後紀 卷第十四

일본후기 권제15 〈大同 원년(806) 10월에서 2년 6월까지〉

좌대신 정2위 行左近衛大將을 겸직한 臣 藤原朝臣冬嗣 등이 칙을 받들어 편찬하다.

日本根子天推國高彦天皇〈平城天皇〉

◎ 大同 원년(806) 동10월 신유(2일), 천하제국에 명하여, 금월 11일에 소복을 입고 곡하며 애도하기로 하였다. 皇統彌照天皇의 능묘를 개장하기 때문이다[1].

임술(3일), 칙을 내려, "蝦夷들은 (천황의) 덕화를 그리워하여 내속하였다. (이들을 군사적인) 요충지에 거주시키면, 불온한 사태에 충분히 대비할 수 있다. 近江國 하이 640인을 大宰府로 이주시켜 防人으로 배치시키도록 한다. 국마다 掾 이상 1인을 그 일에 전담시킨다. 사역이나 범죄의 조사는 일반 백성과 동일하게 해서는 안된다. 실정에 따라 적절히 대처하고, 야만적인 심성을 자극해서는 안된다. 祿物, 의복, 식량, 구분전의 지급은 남녀 불문하고 오로지 앞의 格[2]에 따른다. 다만 방인의 식량은 종신시키고, 영구히 구분전을 지급하는데, 이전 방인의 乘田[3] 등을 지급한다. 작년 설치한 防人 411인은 모두 정지하도록 한다"라고 하였다.

(이날, 紀勝長이 사망하였다[4]). 성품이 유순하고 아량이 있었다. 손님을 좋아하여 접대하는데에 소홀함이 없었다. 향연의 비용은 얼마를 지출했는지도 묻지

---

1 桓武天皇의 산릉은 大同 원년(806) 3월에 山城國 葛野郡 宇太野 지역으로 정해졌지만, 주변 산에 화재가 발생하는 불길한 일이 일어나, 동년 4월에 紀伊郡 柏原山陵으로의 개장을 결정하였다.

2 延曆 17년(798) 6월 기해조에 칙을 내려, 相摸國 이하의 제국의 蝦夷에게 매년 時服, 祿物을 지급하도록 하고, 동 19년 3월조에도 出雲國에서 겨울철 의복으로 絹布를 지급하고 있다.

3 口分田, 位田, 職田 등을 지급하고 남은 잉여의 田, 國司의 관리하에 班田農民이 임대해 賃租를 받고 경영하였다.

4 『公卿補任』大同元年條, "中納言從三位紀勝長, 五十三, 四月十八日任. 改名勝長, 元梶長, 十月三日薨(三木十一年。中納言一年)"라는 기록이 나온다.

않았다. 걸으면서 활쏘는 자세는 세인의 모범이 되었다. 다만 개, 말을 기르는 취미에 이르러서는 탐욕의 정도가 심하였다.

갑자(5일), 칙을 내려, "불교의 경전에서는 계율을 으뜸으로 삼는다. 진실로 (승려가 계율을) 파괴하는 일이 있다면, 누가 불교의 가르침을 펼칠 것인가. 그러한 즉, 불도의 가르침은 사람으로부터 나오는 것이어서 국가를 보호하는 데에는 여기에 따르지 않으면 안된다. 승려의 금지사항은 법조문에 상세히 기록되어 있다. 무릇 비리가 있으면 법에 따라 조사받아야 한다. 지금 소승도 忠芬가 올린 서장을 보면, '승니의 품행이 법에 위배되는 일이 있다. 계율 중에는 이미 명확하게 규정되어 있다. 금지사항은 教旨[5]에 준해서 (처벌하는 것을) 청한다'고 하였다. 무릇 승려와 속인은 (따라야 할) 계율이 다르고, 법계와 속계는 나아가는 방향이 다르다. 마땅히 청한 바에 따라 이행하도록 한다. 다만 살인, 강간, 강도는 죄가 가볍지 않기 때문에, 계율을 위반한 규정에 따라 환속시키고[6], 오로지 속계의 법으로 처벌한다'라고 하였다.

경오(11일), 皇統彌照天皇을 柏原陵으로 개장하였다. 천황이 前殿의 東廂[7]으로 나갔다. 군신들은 앞뜰에서 곡하며 애도하였다. 춘궁방의 관인은 坊 안에서 조석으로 2번 애도하였다. 문무백관은 하루 소복을 입었다. 각각 관사에서 업무 중인 관인은 애도에 참여하지 못했다.

신미(12일), 典履[8] 2인, 百濟手部[9] 10인, 典革[10] 1인, 狛部[11] 6인, 百濟戶[12], 狛戶[13]

---

5 戒律을 말한다.

6 「僧尼令」 21 「准格律」 조에는, "凡僧尼有犯, 准格律合, 徒年以上者, 還俗. 許以告牒当, 徒一年. 若有余罪, 自依律科斷. 如犯百杖以下, 每杖十, 令苦使十日"이라고 하여 금고형 1년 이상이면 환속시킨다고 규정되어 있다.

7 前殿 좌우에 있는 작은 건물. 東廂과 西廂.

8 內藏寮 소속의 피혁의 염색, 제작을 감독하는 직원, 정8위상 상당관.

9 피혁제품을 제조하는 伴部. 백제의 수공업 집단에서 기원을 갖고, 大化前代로부터 職業部로서 활동하였으며, 율령제하에서는 각 관사에 소속되어 각종 피혁, 봉제의 일에 종사하였다.

10 피혁을 염색, 제조하는 공인.

11 피혁을 염색, 제작하는 伴部. 大和朝廷에서 피혁 등의 기술을 갖고 봉사한 고구려계 도래인

를 內藏寮에 소속시키는 것을 허락하였다[14].

임신(13일), 칙을 내려, "무릇 氏女의 공진에 대해서는, 슈의 조문에 명확히 나와 있고, 모두 40세 이하 13세 이상으로 제한한다. 지금 모름지기 氏長者는 氏 중에서 용모단정한 여자를 공진해야 한다. 13세 이상의 사람은 마음이 불안정하고 진퇴가 정해져 있지 않다. 따라서 여자의 나이 30세 이상 40세 이하로서 배우자가 없는 자를 선임한다. 공진된 후에 결혼하면, 반드시 교체하여 공진한다. 관인 생활은 일이 많아 홀로 처리하기 어렵다. 일이 제대로 안될 때는 지원해야 한다. 氏長者가 서로 도와서 역할을 잘 수행할 수 있도록 한다"라고 하였다. 中務, 治部, 民部, 刑部, 大藏, 宮內 등 6省의 省掌[15]은 式部, 兵部 2省에 준해서 笏[16] 소지를 허가하였다[17].

정축(18일), 藤原朝臣佐禰子에게 득도자 2인을 내려주었다. 河內, 攝津 양국 경계에 있는 제방의 관할지를 결정하였다.

기축(30일), 야간의 제례에서 琴을 연주하고 노래하는 것을 금지하였다. 천하 제국의 租 징수에 있어서 損田 3分, 得田 7分의 법으로 되돌렸다.

○ 11월 경인삭, 제국으로부터 공진하는 명주, 비단 등은 크기 6장 이외에 다시

집단에 연원이 있으며 율령제 하에서는 잡호 혹은 品部로서 대장성, 내장료에 소속하였다.

12 피혁 제품을 제조하는 品部. 狛部와 같이 고구려계 도래인 집단에 연원을 갖고, 율령제 하에서는 잡호 혹은 品部로서 봉사하였다.

13 피혁을 염색, 제조하는 品部.

14 「職員令」33 「大藏省」조에, 「大藏省〈管司五〉, 卿一人. …, 典履二人.〈掌, 縫作靴履鞍具, 檢校百濟手部, 百濟手部十人.〈掌, 雜縫作事.〉, 典革一人.〈掌, 雜革染作, 檢校狛部〉, 狛部六人.〈掌, 雜革染作.〉, 省掌二人, 使部六十人, 直丁四人, 驅使丁六人, 百濟戶, 狛戶」라고 규정되어 있다.

15 율령관제에서 太政官 내의 左右弁官 및 8省에 掌이 배치되었다. 8省의 掌을 省掌이라고 하며, 史生의 아래이고, 使部의 위에 있다. 하급직원으로 정원은 각각 2인이다.

16 관인이 위용을 갖추기 위한 服制의 하나로서, 養老 衣服令에서 처음으로 把笏이 규정되었다. 실질적으로는 大寶令制 하의 養老 3년(719) 2월에 職事官에게 把笏의 소지가 명해지고, 5위 이상의 귀족관인에게는 牙笏, 6위 이하에게는 木笏를 소지하게 하였다.

17 『續日本紀』神護景雲 2년(768) 11월 계미조에도 "(천황은) 式部, 兵部의 省掌에게 조를 내려 처음으로 笏를 소지하게 하였다"라는 내용이 나온다.

2척을 추가하는 일을 금지하였다. (2척은) 이를 포장하는 것으로 했기 때문이다.

을미(6일), 칙을 내려, "伊賀, 紀伊, 淡路 등 3국은 빈번히 한해의 곡물이 여물지 않아 백성들의 폐해가 특히 심하다. 금년부터 6개년의 田租는 (損田) 4分를 면제하고 (得田) 6分을 수납한다. 大宰府에서 언상하기를, "관내 제국은 수해와 가뭄, 질병이 매년 반복되고 있다. 백성들은 쇠망해 가고, 전답은 황폐해지고 있다. 삼가 바라건대 특별히 전조를 면제하여 궁핍해지는 폐해에서 구제했으면 한다. 다만 손해의 정도에 따라 햇수를 정했으면 한다"라고 하였다. 칙을 내려, "筑前, 肥前의 국은 2년을 면제하고, 筑後, 肥後, 豐前, 日向, 大隅, 薩摩, 壹岐 등의 제국은 모두 1년을 면제한다"라고 하였다.

병신(7일), 備後, 安藝, 周防 3국의 전조는 6개년에 한해서, (損田) 4를 면제하고 (得田) 6을 수납하도록 하였다. 백성이 피폐해졌기 때문이다.

무술(9일), 산위 종4위하 三諸朝臣大原이 죽었다. 2품 長親王의 손이고, 종3위 智努王의 제9자이다. 智努王은 天平勝寶 4년(752)에 文室眞人의 성을 받았다. 大原은 延曆 11년(792)에 三諸朝臣으로 개성하였다. 자주 지방관으로 나갔지만, 解由[18]가 교부되지 않은 일이 없었다. 마지막에는 자택에서 죽었다.

임인(13일), 大原内親王[19]을 伊勢齋内親王으로 삼았다.

기유(20일), 近衛權中將 종4위하 藤原朝臣眞夏 등을 伊勢大神宮에 보내, 齋内親王의 교체에 대해 보고하였다.

을묘(26일), 현재 근시하고 있는 5위 이상 및 近衛, 中衛 2府의 관인 이하에게 차등있게 목면을 하사하였다.

○ 12월 계해(4일), 칙을 내려, "左右大舍人[20]은 지금 이후로는 蔭 자손으로 임

---

18 解由는 새로 부임하는 관인이 전임자와 連署해서 전임자에게 주는 문서로서 업무인계를 인정받는 증명서이다. 이것은 주로 국사들의 교체시에 행해진다.
19 平城天皇의 제3황녀.
20 中務省의 左右大舍人寮에 소속하고, 궁중에서 숙직하며 경호, 잡사에 근무하는 하급직원, 교대근무하는 번상관으로, 주로 4위, 5위의 자손으로부터 채용하였다.

명한다. 그 외에는 일체 임명하는 것을 정지한다. 시험을 보고, 용모단정하며 문서와 산술에 뛰어난 자를 임명한다. 다만, 별칙인 경우를 제외하고는 멋대로 雜色 및 畿外의 사람을 임용해서는 안된다'라고 하였다.

을축(6일), 고 우대신 중 정2위 神王에게 득도자 10인을 내렸다.

임신(13일), 견당사 판관 정6위상 高階眞人遠成에게 종5위상을 내렸다. 遠成은 험난한 견당사로 봉사하며 여장을 풀 여유도 없었다[21]. 그 마음을 위로해야 한다. 따라서 귀국한 날에 특별히 내린 것이다.

계유(14일), 칙을 내려, "이 해에 제국에서 조사해 올린 位田을 (田)帳에 의거하여 새로 서위받은 사람들에게 반급하고 있다. 그러나 모두가 말하기를, '반급받은 位田이 무너져내려 하천으로 되어 있으며, 혹은 황폐한 野地를 위전으로 이용할 수 없다'고 한다. 무릇 위전을 둔 것은 그 소유자를 예우하기 위해서이다. 만약 말한 바와 같다면, 과실은 국사에게 있다. 지금 이후로는 校田[22]하는 날에 상세히 조사해서 다시는 이러한 일이 없도록 한다'라고 하였다.

갑술(15일), 先帝를 위해 僧 150인, 尼 50인을 득도시켰다.

◎ 大同 2년(807) 춘정월 경인삭, 천황이 신년하례를 중지하였다. 服喪 중이기 때문이다.

계사(4일), 임관이 있었다.

신축(12일), 丹後國 加佐郡의 백성의 租, 調를 면제하였다. 특히 수해가 심했기

---

21 延曆 22년(803) 6월에 견당사로 임명되었으나 도해에는 실패하였고, 다시 출발하였다.
22 班田 지급에 앞서 田地의 위치, 지리, 면적, 경작자인 田主를 조사하여 확정하는 일. 國司 혹은 畿內에서 파견된 校田使가 담당한다. 「田令」23 「班田」 조에도, "凡應班田者, 每班年正月三十日內, 申太政官起十月一日, 京國官司, 預校勘造簿, 至十一月一日, 摠集應受之人, 對共給授. 二月三十日內使 訖"이라고 하는 절차가 나온다. 즉 班田 시에는 반급하는 해의 정월 30일 이전에 태정관에 보고하고, 10월 1일부터 京, 國의 관사에서 미리 조사하여 장부를 만들고, 11월 1일까지 수급자를 불러 대면하여 지급하고, 이듬해 2월까지는 모두 마친다고 규정되어 있다.

때문이다. 사자를 香椎宮[23]에 보내 당에서 가져온 비단을 봉납하였다.

병오(17일), 당에서 보낸 信物을 諸山陵에 바쳤다.

경술(21일), 임관이 있었다.

임자(23일), 임관이 있었다.

병진(27일), 대당에서 보낸 信物인 綾, 錦의 비단, 향약 등을 참의 이상 공경에게 나눠 주었다.

○ 2월 기미삭, 칙을 내려, "「假寧令」에 의하면, '5위 이상은 畿外로 나가려고 하면 (태정관에) 주상한다[24]라고 나온다. 그러한 즉, 주상하지 않으면 기외로 나가서는 안된다. 듣는 바와같이 사적인 일로 마음대로 기외로 나간다고 한다. 그들의 행위는 헤아려 보면, 실로 국법에 위배되는 것이다. 지금 이후로는 인증서를 받지 않으면 나갈 수 없다. 만약 위반하면 그 이름을 기록하여 주상하도록 한다. 혹은 국의 관리가 아첨을 받아 용인한다면, 함께 위칙죄로 처벌한다"라고 하였다.

신유(3일), 바야흐로 大嘗祭[25]의 행사가 있다. 伊勢國을 由貴[26]로 삼고, 備前國

---

23 香椎宮은 香椎神宮으로 『日本書紀』에 나오는 仲哀天皇, 神功皇后를 祭神으로 하고 應神天皇, 住吉大神을 配祀한다. 香椎의 표기는 橿日, 樫日, 香襲라고도 한다. 福岡市 東區 香椎에 鎭座. 『萬葉集』(957-961)의 題詞에는 神龜 5년(728) 11월에 大宰府 관인이 香椎廟에 奉拝했다고 하여 廟라는 표기가 보이고, 天平寶字 3년(759) 8월 기해조, 동 6년 11월 경인조에도 香椎廟라고 되어있어 9세기에는 香椎廟가 공식 명칭이었던 것같다. 『延喜式』권제18 式部省 上에는 "凡諸神宮司并橿日廟司"라고 하여 諸神宮司, 廟司를 병기하고 있다. 신라와의 외교상의 문제로 신공황후 전설에 기초하여 신에 기도하는 대응책으로 나온 것이다.

24 「假寧令」11 「請假」조에, "凡請假, 五衙府五位以上, 給三日, 京官三位以上, 給五日, 五位以上, 給十日以外. 及欲出畿外奏聞, 其非應奏, 及六位以下, 皆本司判給, 應須奏者, 竝官申聞"이라고 규정되어 있다. 畿外로 휴가를 청할 때에는 태정관에 보고하고, 6위 이하는 소관 관사가 판단하여 처리한다고 되어 있다.

25 천황 즉위후 처음으로 행하는 新嘗祭인 大嘗祭는 『延喜式』권제7 「大嘗祭」조에는, "踐祚大嘗祭, 凡踐祚大嘗, 七月以前即位者, 當年行事. 八月以後者, 明年行事.[此據受讓即位, 非謂諒闇登極.]其年預令所司, 卜定悠紀, 主基國郡, 奏可訖即下知, 依例准擬, 又定檢校行事"라고 규정되어 있다. 이에 따르면, 7월 이전에 즉위한 경우에는 당해년에 거행하고, 8월 이후에 즉위하면, 이듬해에 행한다고 규정되어 있다.

26 由機라고도 쓴다. 大嘗祭 때에 新穀을 바치는 제1의 국.

을 須貴[27]로 삼았다. 종5위하 紀朝臣廣浜에게 정5위하를 내리고, 정6위상 高階眞人眞永에게 종5위하를 내렸다.

임신(14일), 좌경인 調田造庭繼가 부친을 때렸다. 법률을 참조해 보니 참형죄에 해당한다. 때에 상복 중이어서 주살할 수가 없어 특별히 감형하여 遠流에 처하고, 伊豆國으로 유배보냈다.

정해(29일), 임관이 있었다.

○ 3월 신묘(3일), 앞서의 (태정관부에) 이어서 季祿을 지급하는 날에 참석하지 않은 5위 및 6위 이하는 이미 위칙죄로 처벌하게 되어 있다[28]. 위반한 사항은 가벼운데, 오히려 贖銅錢은 무겁다. 뿐만 아니라 6위 이하는 解官에 처해지고 있다. 법을 완화시켜 이를 경계하도록 한다. 법령을 위반한 자는 정해진 율령법에 처해야 한다. 만약 彈例[29]를 위반한 경우에는 違式罪[30]로 처벌한다. 相摸國 愛甲郡 사람 物部國吉女가 한번에 3남 1녀를 낳았다. 이에 벼 3백속을 지급하였다.

정유(9일), 제를 내려, "귀순한 蝦夷에게 위를 내리는 것은, 반드시 공이 있을 때 주는 것이다. 그런데 陸奧國司는 (적당히) 선별하여 위계를 주거나 촌장에 임명하고 있다. 이러한 무리들이 많아지면 그 비용은 끝이 없다. 지금 이후로는 자주 행해서는 안된다. 만약 공이 대단하여 보상할 수밖에 없다면, 안찰사가 판단한 후에 서위하거나 임명하도록 한다. 국사는 빈번히 하지 않도록 한다"라고 하였다.

무신(20일), 임관이 있었다.

---

27 須機라고도 쓴다. 大嘗祭 때에 新穀을 바치는 제2의 국

28 『類聚三代格』권30, 延曆 19년(800) 12월 19일 太政官符, 동 延曆 21년(802) 10월 2일 太政官符. 한편 『續日本紀』 大寶 원년(701) 8월조에는 祿 지급 날에 불참한 관인에 대해 탄정대가 규찰하고 있다.

29 율령시대의 「例」의 일종으로 탄정대에서 행하는 관인의 규탄 기준과 서무 집행을 위한 세칙을 집성한 법령집.

30 기본법인 율령과 이를 수정한 格에 대해, 式은 律令格의 시행세칙이다. 즉 하위법인 式을 위반하면 違式으로 처벌하는 것이다. 다양한 판례를 적용하여 죄를 경감하는 조치이다.

경술(22일), 새떼 수천마리가 하늘에서 소리내며 날았다.

○ 하4월 무오삭, 천황이 (복상 이후) 처음으로 前殿에 어림하였다. 7衛府[31]가 각각 물품을 바쳤다. 하루종일 연회를 열고 술을 마셨다. 5위 이상에게 목면을 차등있게 하사하였다.

병인(9일), 우대신 정3위 藤原朝臣内麻呂가 물품을 바쳤다. 하루종일 연회가 열렸고 술을 마셨다. 5위 이상에게 피복을 하사하였다.

임신(15일), 제국에는 국에 따라 대소가 있다. 國의 書生[32]에게 正稅를 (무이자로) 대부해 주기로 하였다. 자신의 생업을 고려하지 않고, 國의 청사에 출사하고 있기 때문이다.

계유(16일), 조를 내려, 운운. 參議의 호를 폐지하고 관찰사만을 두기로 하였다[33].

병자(19일), 황태자[34]가 물품을 바쳤다. 하루종일 연회를 열고 술을 마셨다. 5위 이상에게 祿을 차등있게 내렸다.

기묘(22일), 조를 내려, 운운, 近衛府는 左近衛府로 개칭하고, 中衛府를 右近衛府로 개칭하였다.

계미(26일), 칙을 내려, "후궁의 직은 가볍지 않다. 필요에 따라 임용하고 있는데, 반드시 이름을 부르게 되어 있다. 지금 禮書를 살펴보면, (황제의 배우자인) 世婦[35] 이상은 이름을 부르지 않도록 되어 있다. 그러한 즉 先朝의 후궁은 이름을 부르는 것은 맞지 않다. 마땅히 先朝의 夫人 이하는 궁인의 관직을 정지하도록 한다"라고 하였다.

○ 5월 무자삭, 우박이 내렸다.

---

31 衛門府, 左右兵衛府, 左右衛士府, 令外官인 近衛府와 中衛府를 합친 7개의 衛府.
32 문서의 書寫를 담당하는 하급관인, 史生의 직무를 보완하는 역할을 한다.
33 參議와 觀察使를 겸직하고 있는 경우에 참의 직을 그만두게 하는 조치이다.
34 神野親王, 후에 嵯峨天皇.
35 『禮記』昏義에, "天子后立六宮, 三夫人, 九嬪, 二十七世婦, 八十一御妻"라고 되어 있다. 일본의 「後宮職員令」에는 妃는 황족으로 4품 이상, 정원은 2인, 夫人은 3위 이상의 귀족으로 정원은 3인, 嬪은 5위 이상으로 정원은 4인이다. 世婦는 일본의 後宮令에는 없다.

경인(3일), 闈司[36]의 주상을 중지하고 內舍人이 행하도록 하였다. 그 절차는 闈司와 동일하였다. 종1위 훈1등 賀茂御祖神, 종1위 훈1등 賀茂別雷神에게 함께 정1위를 내렸다[37].

신묘(4일), 이보다 앞서 帝城의 北野에 새로 馬場을 열었다. 기마궁술을 위해서이다.

임진(5일), 천황이 아침 일찍 마날전(馬埒殿)에 행차하였다. 하루종일 큰 비가 내렸다. 마날전이 진흙탕이 되었다. 4衛府의 활쏘기가 끝나자 천황이 비를 무릅쓰고 환궁하였다. 이듬해부터는 (활쏘기에) 적합하지 않아 다시 본래의 장소에서 행하기로 하였다.

계사(6일), 曲宴을 개최하고, 4위 이상에게 피복을 하사하였다.

경자(13일), 聖武皇帝의 國忌를 폐지하였다[38]. 出雲國 采女 외종5위하 勝部公眞上이 병을 알리고 귀향하자 그 국의 벼 5백속을 지급하였다.

계묘(16일), 제국이 바치던 채녀의 공상을 정지하였다.

임자(25일), 땅이 크게 흔들렸다.

계축(26일), (천황이) 神泉苑에 행차하였다. 중무경 伊豫親王이 물품을 바쳤다. 하루종일 연회를 열고 술을 마셨다. 5위 이상에게 新錢[39]을 차등있게 하사하였다.

갑인(27일), 좌우근위부의 (하급직원인) 府生 이상 및 女官에게 물품을 차등있

---

36 後宮 12司 중의 하나, 「後宮職員令」 9 「司」 조에는 "司, 尙一人〈掌, 宮闈管鑰, 及出納之事〉"이라고 하여, 內裏의 門 열쇠를 관리하고 出納의 일을 담당한다.

37 賀茂御祖神社(下鴨神社)와 賀茂別雷神社(上賀茂神社). 고대의 賀茂氏의 氏神을 모시는 신사이다. 양 신사의 제례에는 천황의 칙사를 맞이하는 3칙제의 하나이다.

38 聖武天皇의 사망일은 天平勝寶 8년(756) 5월 을미(2일)이다. 즉 1周甲을 넘긴 61년이 지났다. 『續日本紀』 延曆 10년(791) 3월 계미조에, 태정관에서 『禮記』의 사례를 들어, 천자의 7廟는 3昭 3穆과 태조의 廟 등 7개라고 하면서, 國忌의 수가 점점 많아지고, 해야 할 정무는 많으니, 친족으로부터 멀어진 선조의 기일은 모두 제외시켜야 한다고 주상한 바 있다. 특히 聖武天皇은 天智系 왕통이라는 점에서 天武系 조정에서는 폐지하지 않을 수 없었다고 보인다.

39 延曆 15년(796)에 주조된 隆平永寶.

게 하사하였다.

○ 6월 신미(15일), 우박이 내렸다.

임신(16일), 曲宴을 개최하고, 5위 이상에게 피복을 하사하였다.

을해(19일), 종5위하 三善宿禰姉繼에게 득도자 2인을 내렸다.

병자(20일), 임관이 있었다.

임오(26일), 임관이 있었다[40]. 美濃守는 종전대로 하였다.

일본후기 권제15 (逸文)

---

40 藤原網繼가 衛門督에 새로 임명되었는데, 美濃守는 그대로 유지하였다.

日本後紀 卷第十五〈起大同元年十月, 盡二年六月〉

左大臣正二位兼左近衛大將臣藤原朝臣冬嗣等奉勅撰

日本根子天推國高彦天皇〈平城天皇〉

◎大同元年冬十月辛酉, 令天下諸國, 以今月十一日, 素服擧哀. 改葬皇統
彌照天皇也. 壬戌, 勅, 夷俘之徒, 慕化内屬. 居要害地, 足備不虞. 宜在近江國
夷俘六百四十人, 遷大宰府, 置爲防人. 每國據已上一人, 專當其事. 驅使勘
當, 勿同平民. 量情随宜, 不忤野心. 祿物衣服, 公粮口田之類, 不問男女, 一依
前格. 但防人之粮, 終□永給口分田者, 以前防人乘田等給之. 其去年所置防
人四百十一人, 皆宜停廢. 性潤, 有雅量. 好愛賓客, 接待忘倦. 饗宴之費, 不問
出入. 步射容儀, 應爲師模. 但至犬馬翫好之物, 不免嗜欲也. 甲子, 勅, 内典之
門, 持戒爲首. 苟有犯破, 誰弘厥道. 然則, 道之盛衰, 良由其人, 保護國家, 無
不率斯. 故緇徒之禁, 具截科條. 凡在非違, 准法應勘. 今得少僧都忠芬狀, 僧
尼行業, 或不如法. 即律教中, 已設明制. 禁斷之事, 請准教旨. 夫緇素異戒, 内
外殊趣. 宜依所請, 任令遵行. 但殺人奸盗, 此是不輕. 随犯還俗, 一如外法. 庚
午, 改葬皇統彌照天皇於柏原陵. 天皇御前殿東廂下. 群臣於前庭, 擧哀, 春宮
官屬, 於坊内, 竝朝夕二時. 文武百官, 素服一日. 各在所職, 不就哭位. 辛未, 典
履二人, 百濟手部十人, 典革一人, 狛部六人, 百濟戸, 狛戸, 隷内藏寮, 許之. 壬
申, 勅, 凡貢氏女, 事明令條, 皆限四十已下十三已上. 今須氏之長者, 擇氏中端
正女貢之. 其十三已上之徒, 心神易移, 進退未定. 宜采女年三十已上四十已
下, 無配偶者. 或貢後適人, 必令貢替. 又官途怱忙, 獨何取捨. 緩怠之事, 當有
援助. 宜長者相補, 令得仕進. 中務・治部・民部・刑部・大藏・宮内等六省
掌, 准式部・兵部二省, 廳把笏. 丁丑, 賜藤原朝臣佐禰子度二人. 定河内・攝
津兩國堤. 己丑, 禁夜祭作琴歌. 天下諸國, 收租之法, 復不三得七之例.

○十一月庚寅朔, 禁諸國所貢絹絁等, 六丈之外, 更加二尺, 以爲裏科. 乙未,

勅, 伊賀・紀伊・淡路等三國, 頻年不稔, 民弊殊甚. 宜始今年, 六箇年田租, 免四收六. 大宰府言, 管内諸國, 水旱疾疫, 每歲相仍. 百姓彫亡, 田園荒廢. 伏望, 特免田租, 以濟窮弊. 但隨損害, 定年遠近. 勅, 筑前・肥前者, 宜免二箇年, 筑後・肥後・豐前・日向・大隅・薩摩・壹岐等者, 竝免一個年. 丙申, 備後・安藝・周防三國田租, 限六個年, 免四收六, 以民凋弊. 戊戌, 散位從四位下三諸朝臣大原卒. 二品長親王之孫, 從三位智努王之第九子也. 智努王, 天平勝寶四年, 賜姓文室眞人. 大原, 延曆十一年, 改三諸朝臣. 頻出外任, 不被拘解由. 遂卒私宅. 壬寅, 以大原内親王, 爲伊勢齋内親王. 己酉, 遣近衛權中將從四位下藤原朝臣眞夏等於伊勢大神宮, 告以易齋内親王事也. 乙卯, 見侍五位已上, 及近衛二府官人已下, 賜綿各有差.

○十二月癸亥, 勅, 左右大舍人, 自今以後, 以蔭子孫補之. 以外一切停補. 簡試, 以容止端正, 工於書筭算者, 補之. 但曰非有別勅以外, 不得妄以雜色及畿外人補之. 乙丑, 賜故右大臣贈正二位神王度十人. 壬申, 遣唐判官正六位上高階眞人遠成從五位上. 遠成, 率爾奉使, 不遑治行. 其意可矜. 故復命之日特授焉. 癸酉, 勅, 比年之間, 諸國校定所申位田, 依帳, 班給新敍位之人等. 而僉云, 所給位田, 或崩埋成川, 或荒廢成野, 不堪爲位田者. 夫位田之設, 爲優其主. 若如所言, 過在國司. 自今以後, 校田之日, 細校令申, 不得更然. 甲戌, 奉爲先帝, 度僧百五十人, 尼五十人.

◎大同二年春正月庚寅朔, 上, 不受朝. 諒闇也. 癸巳, 任官. 辛丑, 免丹後國加佐郡百姓租調. 以水害殊甚. 遣使奉大唐綵弊於香椎宮. 丙午, 獻唐國信物於諸山陵. 庚戌, 任官. 壬子, 任官. 丙辰, 大唐信物綾錦香藥等, 班賜參議已上卿.

○二月己未朔, 勅, 據假寧令, 五位已上, 欲出畿外奏聞. 然則, 自非經奏, 不可出外. 如聞, 或就私事, 恣赴畿外. 量彼景迹, 良乖憲法. 從今而後, 非賷印書, 不得輒出. 若有違反, 錄名奏申. 或國吏阿容不申, 共科違勅罪. 辛酉, 將有大嘗之事. 伊勢國爲由貴, 備前國爲須貴. 從五位下紀朝臣廣濱授正五位下. 正六位上高階眞人眞永從五位下. 壬申, 左京人調田造庭繼毆父, 稽之法律, 罪當斬刑. 而時屬諒闇, 不忍行誅, 特宥處遠流, 配伊豆國. 丁亥, 任官.

○三月辛卯, 承前賜季祿日不參五位及雜任六位以下, 既科違勅. 所犯事輕, 贖銅還重. 加以六位以下應至解官. 宜施疏網, 以存懲肅. 其犯違法令, 宜處以恒科. 若事違彈例, 即科違式罪. 相摸國愛甲郡人物部國吉女, 一産三男一女. 賜稻三百束. 丁酉, 制, 夷俘之位, 必加有功. 而陸奧國司, 遷出夷俘, 或授位階, 或補村長. 寔繁有徒, 其費無極. 自今以後, 不得輒行. 若有功灼然, 報酬無已者, 按察使處分, 然後敍補. 不得國司輒行. 戊申, 任官. 庚戌, 群鳥數千羽, 翔鳴空中.

○夏四月戊午朔, 天皇始御前殿. 七衛府各奉獻. 宴飲終日, 賜五位以上綿有差. 丙寅, 右大臣正三位藤原朝臣內麻呂奉獻. 飲宴終日, 賜五位已上衣被. 壬申, 令諸國隨國大小, 以正稅貸國書生. 以其不顧私産, 常直國廳也. 癸酉, 詔, 云云. 罷參議號, 獨置觀察使. 丙子, 皇太子奉獻. 飲宴終日, 賜五位已上祿有差. 己卯, 詔, 云云. 近衛府者, 爲左近衛, 中衛府爲右近衛. 癸未, 勅, 宮人之職, 所掌不輕. 隨事充用, 必可喚名. 今勘于禮家, 世婦以上, 不喚其名. 然則, 先朝後宮, 喚名不便. 宜停先朝夫人已下任官者.

○五月戊子朔, 雨雹. 庚寅, 停闈司奏事, 令內舍人奏之. 其儀一如闈司. 從一位勳一等賀茂御祖神, 從一位勳一等賀茂別雷神, 竝奉授正一位. 辛卯, 先是, 帝城北野, 開新馬埒, 以備馬射. 壬辰, 鸞輿晨駕, 臨御馬臺. 大雨終日, 埒地泥濘. 四衛射畢, 冒雨還宮. 及乎後年, 依無便, 復本處. 癸巳, 曲宴, 賜四位已上衣被. 庚子, 廢聖武皇帝國忌. 出雲國采女外從五位下勝部公眞上, 告病歸鄉, 便賜彼國稻五百束. 癸卯, 停諸國貢采女. 壬子, 地大震. 癸丑, 幸神泉. 中務卿伊豫親王奉獻. 宴飲終日, 賜五位已上新錢有差. 甲寅, 賜左右近衛府生已上及女官物, 有差.

○六月辛未, 雨雹. 壬申, 曲宴, 賜五位已上衣被. 乙亥, 賜從五位下三善宿禰姊繼度二人. 丙子, 任官. 壬午, 任官. 美濃守如元.

日本後紀 卷第十五 (逸文)

일본후기 권제16 〈大同 2년(807) 7월에서 동 3년 3월까지〉

좌대신 정2위 行左近衛大將을 겸직한 臣 藤原朝臣冬嗣 등이 칙을 받들어 편찬하다.

日本根子天推國高彦天皇〈平城天皇〉

◎ 大同 2년(807) 추7월 병술삭, 曲宴을 개최하고 5위 이상에게 피복을 하사하였다. 임관이 있었다.

임진(7일), (천황이) 神泉苑에 행차하여 씨름을 관람하였다. 문인들에게 칠석[1]의 시를 짓게 하였다. 후일, 시를 지은 문인들에게 목면을 차등있게 하사하였다.

임인(17일), (천황이) 神泉苑에 행차하였다. 5위 이상에게 피복을 내렸다.

병오(21일), 近江國 蒲生郡 사람 秦刀自賣가 한번에 2남 1녀를 낳았다. (이에) 벼 3백속을 하사하였다.

기유(24일), 畿內의 國司에게 사적인 토지 경작을 허락하였다[2]. 守는 10정, 介는 8정, 掾은 6정, 目은 4정, 史生은 2정이다. 운운.

갑인(29일), (천황이) 神泉苑에 행차하였다. 5위 이상에게 의복을 하사하였다.

○ 8월 병진삭, 임관이 있었다.

계해(8일), 伊勢大神宮에 사자를 보내 神寶[3] 및 唐에서 보낸 信物을 봉폐하였

---

1 七夕은 음력 7월 7일의 저녁에 詩賦를 행하고, 「雜令」40에도 節日로 규정되어 있다. 칠석의 詩賦행사는 중국에서 유래한 것으로 견우, 직녀가 1년에 한번 재회한다는 설화에 근거하고 있다. 중국에서는 『玉台新詠』, 『藝文類聚』등에 六朝시대의 시문이 많이 실려있다. 일본에서도 『懷風藻』, 『萬葉集』에 다수의 시가 전해지고 있어 귀족, 관인들 사이에 칠석의 의식이 연중행사처럼 되었고 민간에도 퍼져나갔다. 이 설화는 이미 한반도에도 들어와 민속적인 풍습으로 유행하였다. 『續日本紀』天平 6년(734) 7월 병인조에도 관련기사가 나온다.

2 國司로 부임하기 이전에 소유하고 있던 사적인 토지를 말한다.

3 伊勢神宮에 봉납되는 물품, 신에게 바치는 보물이라는 의미.

다. 曲宴을 개최하였다. 관찰사 이상에게 물품을 4위에게 의복을 하사하였다.

기사(14일), 大和, 山城 2국에 있는 八嶋[4], 河上[5], 柏原[6] 등 山陵의 묘역을 정했다. 陵을 사방의 경계는 각각 그 범위에 있다. 백성의 전지 및 택지 등이 八嶋, 河上 2릉의 경계 내에 있으면, 대신 乘田[7]을 주기로 하였다. 다만 전지 이외의 땅은 가치에 준해 가격을 지불하고 매입하도록 하였다. (외출시의) 거마의 從者는 친왕 및 좌우대신은 14인, 大納言은 12인으로 하였다. 운운.

갑술(19일), 15조의 헌법[8]을 반포하였다.

을해(20일), 임관이 있었다.

기묘(24일), 齋內親王이 葛野川에서 부정을 씻는 의식을 하고 野宮[9]으로 들어갔다.

신사(26일), 임관이 있었다.

계미(28일), (천황이) 神泉苑에 행차하였다. 5위 이상에게 연회를 베풀고 차등 있게 목면을 하사하였다.

○ 9월 무자(4일), 율사 傳灯大法師位 脩哲[10]을 면직하였다. 승강으로서 직무를 다하지 않고 천황의 칙사[11]에게 무례했기 때문이다.

기축(5일), (藤原繼繩을) 美濃守로 임명하였다[12].

계사(9일), 천황이 神泉苑에 행차하여, 활쏘기를 관람하였다. (천황이 다음과

---

4 早良親王을 추존하여 山陵으로 격상하여 崇道天皇陵으로 하였다.

5 安殿親王의 妃인 중 황태후 藤原帶子의 陵.

6 桓武天皇陵.

7 口分田을 지급하고 남은 전지.

8 새로운 법령을 반포, 시행한 것으로 생각되는데, 그 내용은 알 수 없다.

9 伊勢齋王으로 정해진 후, 궁성 내에서 1년간 심신의 부정을 씻고 정결히 하는 潔齋를 행하는 임시 궁전.

10 東大寺 僧으로 寺主, 別當, 律師 역임, 弘仁 원년(810)에 다시 律師로 복귀하였다.

11 「名例律」6에는 "大不敬, …及對捍詔使, 而無人臣之礼"라고 천황의 사자에 대해 무례한 언행을 하면 대불경죄가 된다.

12 앞의 6월조에 藤原繼繩가 美濃守에 재직중이었는데, 다시 재임된 것으로 보인다.

같이) 조를 내렸다(宣命體). "지금 조를 내려 말씀하기를, '활쏘는 의례는 원래 정월의 행사이다. 다만 정월에는 3번의 豐樂[13]이 있고[14], 여러 잡사도 많아 쉴 여유가 없는 달이다. 이달은 시후도 서늘하여, 활쏘기 의식을 하기에 적합하다. 또 9월 9일은 국화의 풍락이 열리는 날인데, 피해야 하는 달[15]이기 때문에 해마다 중지해 왔다. 그러나 때의 절회라고 하는 것은 소홀히 해서는 안된다고 예로부터 말해왔기 때문에 이 국화의 절회는 열도록 한다. 따라서 어주를 내리니, 마음껏 즐기고 돌아가도록 하고, 주연의 선물을 내린다'고 분부하였다". 친왕 이하 문인 이상에게 차등있게 물품을 내렸다.

기해(15일), 산양도관찰사 정4위하 皇太弟傅 겸 宮內卿 藤原朝臣園人이 언상하기를, "播磨國 내에는 封戶가 너무 많다. 그 전조를 운반하는 노고는 백성에게 폐해가 되고 있다. 이에 더하여 왕도에 가깝기 때문에 잡다한 일이 내려지고 있다. 이 때문에 비용으로 사용해야 할 動用[16]의 곡물이 부족하고, (장기 저장용인) 부동곡도 단지 9만석에 불과하다. 그 원인을 숙고해 보니, 봉호의 수가 많은데 있다. 삼가 바라건대, 春宮坊 및 제사찰의 봉호 5백호를 삭감하여 동국으로 이전하고, 바로 그 (封戶)租를 수취하여 부동곡으로 했으면 한다. 그렇게 하면, 백성의 폐해는 안정이 되고 저장물은 쌓일 것이다"라고 하였다. (천황은) 이를 허락하였다.

경자(16일), 임관이 있었다.

갑진(20일), 슈에 따르면, 좌우 大舍人의 정원은 각 8백인으로 정했다. 이보다 앞서 슈을 개정하여 반감했는데, 이에 이르러 종전대로 되돌렸다.

을사(21일), (천황이) 神泉苑에 행차하였다. 현악기와 노래를 함께 연주하였다. 4위 이상이 함께 국화꽃을 장식하였다. 이때 皇太弟가 노래하기를, "宮人이

---

13 향연을 말한다.
14 元日, 정월 7일, 정월 16일의 踏歌의 節會, 모두 「雜令」40에 규정되어 있다.
15 이달은 光仁天皇의 생모인 紀橡姬의 忌月에 해당한다.
16 장기 저장용인 不動穀에 대하여 즉시 활용해야 하는 단기용 저장 곡물.

그 향기를 좋아하는 후지하카마(藤袴[17])는 오늘 御園에서 따온 것이네"라고 하였다. 이에 천황이 화답하여, "(꽃를) 딴 사람의 마음을 나타내고 짙은 색의 향기나는 일이도다"라고 하였다. 군신들이 함께 만세를 제창하였다. 5위 이상에게 피복을 하사하였다.

기유(25일), 중 황후[18]가 물품을 바쳤다. 하루종일 연회를 열고 술을 마셨다. 5위 이상에게 의복을 하사하였다.

임자(28일), 동산도관찰사 종4위하 安倍朝臣兄雄이 언상하기를, "이 道의 제국의 正稅, 公廨稻는 戶의 수에 준해서 증감하여 대부하고자 한다"라고 하였다. (천황이) 이를 허락하였다. 칙을 내려, "무속의 무리들이 즐겨 길흉화복을 설하면서 어리석은 사람들을 요언에 빠져들게 하고, 음란한 제사가 성행하고 있다. 지금 이후로는 일체 금지한다"라고 하였다.

○ 동10월 병진(3일), 칙을 내려, 3위 이상에게 모두 엷은 자색 (복장)을 입게 하였다[19].

무오(5일), 칙을 내려, "令에 의하면, (관의) 창고를 출납할 때에는 모두 (太政) 官符를 받아야 한다[20]. 지금 태정관부가 중무성에 내려가면, 중무성에서는 제관사에 이첩되고, 그 후에 출납한다. 대체로 令의 취지에 어긋나게 시행하고 있다. 이러한 사례를 바로잡아, 오직 令의 조문에 따라야 한다"라고 하였다.

병인(13일), 相摸國 사람 太田部直守宅賣가 한번에 1남 2녀를 낳아, 벼 3백속을

---

17 국화과의 연보라색의 등골나무 꽃.

18 桓武天皇의 황녀인 高志內親王, 생모는 藤原乙牟漏, 淳和天皇이 親王 때의 妃.

19 「衣服令」3「諸王」조에, "諸王禮服, 一位禮服冠.〈五位以上, 每位及階, 各有別制, 諸臣准此.〉深紫衣,…二位以下五位以上, 並淺紫衣"이라고 하고, 「衣服令」4「諸臣」조에는 "諸臣禮服, 一位禮服冠, 深紫衣,…三位以上, 淺紫衣. 四位, 深緋衣. 五位, 淺緋衣"라고 규정되어 있다. 이에 따르면 諸王의 예복에 대해, 관위 1위는 짙은 자색이고, 2위에서 5위까지는 엷은 자색으로 되어 있고, 諸臣의 경우는 1위는 짙은 자색, 2위, 3위는 엷은 재색, 4위는 짙은 비색, 5위는 엷은 비색으로 규정되어 있다. 朝服의 경우도 동일하다(「衣服令」5).

20 「倉庫令」5,「倉藏給用」조, "倉藏給用, 皆承太政官符, 其供奉所須, 及要速須給".

내렸다.

기사(16일), 內竪[21]를 정지하고 左右大舍人寮에 각각 1백인을 배속시켰다.

신미(18일), 左右衛士府의 관인의 服色을 정했다. 大尉 6위는 짙은 녹색을 입고, 少尉 7위는 같은 색을 입고, 主帥는 감색을 입는다. 이보다 앞서 大尉는 붉은 색을 입고, 少尉, 主帥는 엷은 녹색을 입었는데, 규정이 없어 이에 개정한 것이다.

임신(19일), 공경이 주상하기를, "운운. 근년에 國司의 교체는 모두 4년을 기한으로 하고 있는데, 6년으로 했으면 한다"라고 하였다. (천황은) 이를 허락하였다.

병자(23일), 大宰府에서 언상하기를, "壹伎, 多褹 두 섬의 전지를 조사하여 찾아낸 隱田[22] 140정을 제국에 준해서 섬의 관사의 公廨田, 郡司의 職田으로 주어야 한다. 그 여분은 모두 백성의 구분전으로 반급했으면 한다. 운운"라고 하였다. (천황은) 이를 허락하였다.

신사(28일), 蔭子[23] 藤原宗成이 중무경 3품 伊豫親王[24]에게 은밀히 모반할 것을 권유하였다. 대납언 藤原雄友가 이를 듣고, 우대신 藤原内麻呂[25]에 알렸다. 이에 親王은 급히 宗成이 자신에게 모반을 권유했다는 상황을 주상하였다. 즉시 宗成은 左近衛府에 체포되었다.

임오(29일), 천황이 葛野川에서 부정을 씻는 의식을 하였다. 대상제가 있기 때문이다. 山城國에서 물품을 바쳤다. 5위 이상에게 물품을 하사하였다.

계미(30일), 左衛士府에 체포된 宗成은 모반혐의에 대해 조사받았다. 宗成이 말하기를, "반역을 모의한 주모자는 바로 친왕이다"라고 하였다. 左近中將 安倍

---

21 内裏의 잡무에 종사하는 중소관인, 令外官으로 内竪所의 감독하에 있었다.

22 농민이 조세를 피하기 위해 몰래 경작하는 논을 말한다. 이것은 위법행위로 금지되어 있다. 隱田은 보통 발각되기 어려운 산간, 계곡 지역에 개간되었다.

23 蔭敍의 특권을 받는 5위 이상의 관인의 子.

24 桓武天皇의 제3황자, 平城天皇의 이복동생.

25 大納言 藤原真楯의 아들, 延曆 13년((794)에 참의가 되고, 大同 원년(806)에 우대신, 동 4년에 종2위에 서위되었다. 성격이 온화하고 신망이 두터워 桓武, 平城, 嵯峨 3朝에 걸쳐 봉사하였다.

兄雄, 左兵衛督 巨勢朝臣野足 등은 병사 140인을 이끌고 친왕의 저택을 포위하였다.

○ 11월 을유(2일), 대상제를 중지하였다. 모반 사건 때문이었다. 친왕 및 母夫人[26] 藤原吉子를 川原寺[27]로 옮겨 1방에 유폐시켰다. 음식도 단절시켰다.

갑오(11일), 조를 내려, 운운. 모반의 무리들을 해임하고, 또 친왕의 호칭을 폐한 상황을 柏原山陵[28]에 고하게 하였다.

을미(12일), 친왕의 母子가 독약을 마시고 죽었다. 때의 사람들은 이를 불쌍히 여겼다.

병신(13일), 정월 7일과 16일 두 절회를 중지하였다. (藤原)宗成 등을 유배보냈다.

기해(16일), 임관이 있었다.

경자(17일), 京戶[29]에게 반급되는 구분전을 (畿內 지역으로 한정하고) 畿外 지역을 주는 것은 중지하기로 하였다. 大堰을 수리하였다.

신축(18일), 제국으로부터의 采女의 공진을 중지하였다. 다만 나이가 들고 고생한 42인을 선정하여 잔류시키고, 종전대로 종신토록 근무하게 하였다. 만약 5위 이상에 서위되고, 여러 관직에 보임된 자는 채녀의 칭호를 삭제하도록 한다. 제를 내려, 正官과 權官[30]은 위계에 따라 서열을 정한다고 하였다.

갑진(21일), 傳燈大法師 慈雲이 죽었다. 나이 49세였다. 俗姓은 長屋룬寸이고 우경인이다. 神護景雲 4년(770)에 득도하였다. 수계받은 후에 학업은 특히 뛰어났고 安居의 시기에 강사가 되었다. 無性의 攝論[31] 등을 강의하였다. 그 후 오랫

---

26 伊豫親王의 모친, 延曆 3년(783)에 무위에서 종3위로 서위되고 桓武天皇의 후궁 夫人으로 입실하였다.
27 73쪽, 延曆 11년(792) 2월 갑진조 각주 14 참조.
28 桓武天皇의 陵.
29 왕경에 호적이 편입되어 있는 호.
30 정원 외의 官, 일시적으로 임명된 임시 官.
31 4세기경 인도의 아상가(Asanga)가 대승불교를 통일하기 위하여 지은 佛書.

동안 普光寺의 전법강사가 되었다. 깨달음은 외부로 비쳤고, □□□□, 불법을 권유하는 일에 태만하지 않았다. 학생들은 (慈雲法師로부터) 학업을 받았다. 제 사찰의 고승들은 모두 불교의 가르침을 널리 펼친 聖(人으로) □□하였다. 승강의 직은 맡지 못하고 일찍 幽界로 들어갔다.

을사(22일), 任官이 있었다.

○ 12월 갑인삭, 大宰府에서 언상하기를, "大野城의 사천왕사에 불당을 세우고 사천왕상을 안치하여 승 4인으로 하여금 규정에 따라 수행하게 하였다. 그런데 制旨[32]에 따라 이미 정지하였다. 그 사천왕상 및 佛具 등은 모두 筑前國의 금광명사로 옮겼다. 그 불당은 지금 여전히 보존되어 있다. 그러나 사천왕상을 옮긴 이래 역병이 더욱 심해졌다. 삼가 청하건대, 원래의 장소로 옮겨 봉안했으면 한다"라고 하였다. (천황은) 이를 허락하였다. 다만 승려를 청해 수행시키는 일은 정지하도록 하였다.

을축(12일), 조를 내려, "운운. 백성이 바치는 調, 庸, 잡물에 대해 통상의 법칙을 개정하고자 한다. 지금 모름지기 1인의 丁男이 바치는 絹은, 만약 絁로 하면, 길이 1장, 폭 2척이고, 4丁(의 分)을 1필로 한다[33]. 그 외의 것도 이에 준한다. 적절히 조정하여 (백성의 부담을) 줄이고, 백성이 부유해지고 부족함이 없을 때를 기다려, 恒典으로 복구한다"라고 하였다.

신미(18일), 공경이 주상하기를, "삼가 슈의 조문을 살펴보면, 尙侍는 내리에서

32　延暦 20년(801) 정월 정축조에, "大宰府의 大野山寺에서 四天王法을 행하는 것을 정지하였다"라는 내용을 말한다.

33　「賦役令」1「調絹」조에는, "凡調絹糸綿布, 竝隨鄕土所出, 正丁一人, 絹八尺五寸, 六丁成疋〈長五丈一尺, 廣二尺二寸〉"이라고 규정되어 있다. 이에 따르면, 正丁 1인이 부담하는 絹, 絁는 8척 5촌이고, 폭은 2척 2촌이다. 개정안에서는 종전의 규정에 비해 길이가 1척 1촌이 늘어나고, 폭은 2촌이 줄어들게 된다. 이러한 수치만 보면 부담해야 할 전체의 크기는 차이가 없어 보인다. 『類聚三代格』권8, 養老 원년(717) 11월 22일 칙에 의하면, "長者直貴, 短者直淺"이라고 하여 길이가 긴 것이 상대적으로 가치가 높다고 한다. 한편, 직조의 과정에서 길이가 길고 폭이 좁은 것이 수월하여 공진하는 백성의 입장에서 보면 편의가 따른다고 할 수 있다.

항상 근시하면서 주상 및 (宣旨를 처리하는) 宣傳에 봉사하고, 「祿令」에는 종5위에 준한다. 典侍는 만약 尙侍가 없으면 대신 宣傳을 담당한다. 掌侍는 비록 주상은 할 수는 없지만, 때에 따라 업무를 맡아 宣傳은 할 수 있고, 종7위에 준한다[34]. 맡은 직무는 중요한데, 그에 준하는 관위는 여전히 낮다. 삼가 바라건대, 위계를 승진시켜 직무가 녹봉에 적합하도록 하여, 尙侍는 종3위에 준하고, 典侍는 종4위에 준하고, 掌侍는 종5위에 준하도록 한다"라고 하였다. (천황은) 이를 허락하였다.

임신(19일), 근시하는 신하, 문무관의 직사관에게 연회를 베풀고 물품을 차등있게 내렸다. 관찰사 이상에게 거듭 이불을 하사하였다.

무인(25일), 사자를 보내 경내의 역병에 걸린 백성들을 진휼하였다.

◎ 이해 겨울, 까마귀, 참새가 알을 낳았고[35], 복숭아, 자두 꽃이 개화하였다.

◎ 大同 3년(808) 춘정월 계미삭, 신년하례를 중지하였다. 찬바람이 통상과 달랐기 때문이다[36]. 5위 이상에서 前殿에서 차등있게 물품을 내렸다.

무자(6일), 曲宴을 개최하고 5위 이상에게 피복을 하사하였다.

기축(7일), 칙을 내려, "무릇 관물을 수납할 때에는 분명히 절제해야 할 일이 있다. 위반하면 책임을 물어야 하고, 준엄하게 법으로 처벌하게 되어 있다. 그러나 제관사에서는 태만하여 이를 이행하는 경우가 드물다. 감독을 하지 않는다면 어떻게 징벌하여 바로잡을 수 있겠는가. 제국에서 공진하는 여러 물품에 대해, 양질과 조악한 물품, 아울러 공진물과 미공진물, 기한내에 납입과 미납 등의 사항을 국별로 자세히 조사하여 구체적으로 기록하여 상주한다. 각각의 납입기한 이

---

34 「後宮職員令」4「內侍司」조에, "內侍司, 尙侍二人〈掌, 供奉常侍, 奏請, 宣傳, 檢校女孺, 兼知內外命婦朝參. 及禁內禮式之事.〉, 典侍四人〈掌同尙侍, 唯不得奏請, 宣傳若無尙侍者, 得奏請, 宣伝〉, 掌侍四人〈掌同典侍, 唯不得奏請, 宣傳〉女孺一百人"이라고 규정되어 있다.

35 까마귀, 참새가 산란하는 것은 봄이고 겨울철에는 드문 일이다. 이상현상을 말한다.

36 기후의 이상 징후로 춘정월에 매서운 추위가 불어닥친 것같다. 이런 경우에 신년하례의 중지는 처음 나온다.

후 30일 이내에 주상을 끝내도록 한다[37]. 바로 일의 실적에 따라 승진과 강등을 하여 앞으로 분발할 것을 장려한다. 아울러 (위반자에 대해서는) 형부에 지시하여 법에 따라 처벌하도록 한다"라고 하였다.

임진(10일), 임관이 있었다.

갑오(12일), 사자를 보내 경내의 병에 걸린 자들을 치료하였다.

을미(13일), 사자를 보내 경내의 방치된 시신을 거두어 묻어주었다. 칙을 내려, "요즈음 역병이 사방에서 창궐하여 사망자가 점점 많아지고 있다. 은혜의 힘으로 이 병고를 구제하고자 한다. 여러 대사찰과 기내, 7도의 제국에 명하여 대반야경을 독경하도록 한다. 또 경내의 병든 자들에게 쌀, 소금, 조미료[38] 등을 지급하도록 한다"라고 하였다.

경자(18일), 曲宴을 개최하고 근시하는 신하들에게 피복을 하사하였다.

임인(20일), 조를 내려, "内舍人의 정원을 줄여 40인으로 하였다. 縫部, 采女 2사는 縫殿寮에 합병하고, 畫工, 漆部 2사는 内匠寮[39]에 합병한다. 隼人司[40]는 衛門府에 합병한다. 臟贖司[41]는 형부성에 합병하고, 형부성의 解部[42]는 폐지해야 한다. 筥陶司[43]는 大膳職에 합병하고. 主醬[44], 主果餠[45]은 폐지한다. 鍛冶司[46]는 木工

---

37 「賦役令」3 「調庸物」조에는, "凡調庸物, 每年八月中旬起輸, 近國十月三十日, 中國十一月三十日, 遠國国十二月三十日以前納訖"라고 하여 近國은 10월 30일, 中國은 11월 30일, 遠國은 12월 30일까지 납입하도록 규정하고 있다.

38 콩을 발효시켜 만든 조미료의 일종.

39 中務省 산하 관부, 궁중의 기물, 의식용품을 제작하고 건물의 장식 등을 담당하는 관영 工房.

40 衛門府 소속으로 직장은 조정에 근무하는 隼人의 관리, 畿内, 近江, 丹波, 紀伊에 정주하는 준인의 計帳을 관리하고 이들의 가무를 교습하는 직무가 있다.

41 刑部省 산하 관부, 죄인의 자산 몰수, 부정하게 취득한 재물, 죄인이 죄를 경감받기 위해 납부하는 재물, 유실물 관리 등을 담당.

42 소송시에 죄상을 조사, 심문하는 관인, 刑部省에 大, 中, 少의 解部 60인이 배속되었다.

43 宮内省 산하의 관사, 식기류의 제조를 담당.

44 宮内省 산하의 大膳職에 소속 관인으로 콩, 소금으로 발효시켜 만든 간장, 된장 등의 만든다.

45 大膳職에 소속 관인으로 과자, 떡 종류의 제조를 담당.

46 宮内省 산하 관부로 철, 동 등의 잡기류를 제작.

寮에 합병하고. 官奴司는 主殿寮[47]에 합병하고. 內禮司[48]는 彈正臺에 합병한다"라
고 하였다.

계묘(21일), 임관이 있었다.

정미(25일), 정6위상 宇智王, 仲雄王에게 함께 종5위하를 내리고, 종4위하 安
倍朝臣兄雄에게 정4위하를, 종4위하 吉備朝臣泉 · 巨勢朝臣野足에게 종4위상을,
정5위하 藤原朝臣今川 · 安倍朝臣枚麻呂 · 紀朝臣廣浜에게 종4위하를, 종5위상
百濟王聰哲[49] · 坂田宿禰奈弖麻呂 · 多朝臣入鹿 · 安倍朝臣鷹野 · 大伴宿禰久米
主에게 정5위하를, 5위하 紀朝臣越麻呂 · 石川朝臣浄直 · 藤原朝臣城主에게 종5
위상을, 외종5위하 林宿禰佐婆 · 豐宗宿禰廣人, 정6위상 藤原朝臣貞本 · 紀朝臣
繼足 · 菅野朝臣高世[50] · 佐伯宿禰耳麻呂 · 田口朝臣雄繼에게 종5위하를, 정6위
상 桉井宿禰家主 · 山田連弟分 · 物部敏久에게 외종5위하를 내렸다.

무신(26일), 右京의 역병에 걸린 자에게 목면을 지급하였다.

경술(28일), 처음으로 內舍人으로 하여금 監物[51], 主計[52]와 함께 제관사의 여러
물품을 출납하게 하였다. 弁官, 중무성, 민부성에서는 모두 관여하지 않도록 하
였다. 河內國 交野의 雄德山에 매장하는 것을 금지하였다, 황실에 공납하는 기물
제작의 흙을 채취하기 위해서이다.

신해(29일), 정6위상 大枝朝臣繼吉에게 종5위하를 내렸다. 鑄錢[53]의 일을 담당
하기 때문이다. 尾張國에 있는 佐味親王의 간전 8정을 공전으로 하였다, 백성에

---

47 宮內省 산하의 관부, 천황의 가마, 수레, 장막에 관한 일, 청소, 욕탕, 아궁이, 땔감 등의 일
    을 담당한다.
48 中務省 산하 관부, 궁중의 의례, 비리의 검찰 등을 담당.
49 延曆 16년(797) 정월에 종5위하, 出羽守에 서위되었고, 동 24년 9월에 主計頭, 大同 원년
    (806) 5월에 越後守에 임명되었고, 동년 6월에 刑部大輔를 역임하였다.
50 參議 菅野朝臣眞道의 아들, 弘仁 6년(815)에 兵部少輔, 弘仁 11년(820)에 周防守를 역임하였
    다. 歌人으로『古今和歌集』에 1수를 남기고 있다.
51 中務省 소속으로 大藏省, 內藏寮 등의 출납을 감독하고 제관사의 창고의 열쇠를 관리하는 직.
52 民部省 소속으로 조세의 징수를 담당한 부서. 主計寮.
53 隆平永寶의 주조.

게 피해가 있었기 때문이다.

○ 2월 계축삭, 曲宴을 개최하고 5위 이상에게 피복을 내렸다.

병진(4일), 대학료의 直講博士[54] 정원 1인을 줄이고, 紀傳博士[55]를 두었다. 칙을 내려, "지금 듣건대, 거리를 왕래하는 백성들이 질병에 시달리고, 혹은 굶주림으로 사망에 이르고 있다. 이것은 실로 제관사에서 格旨[56]를 마음에 두지 않고 촌리에서 간병할 뜻이 없기 때문이다. 또 요즈음 역병에 걸려 사망자가 점점 많아지고 있다. 시신은 거두지 않고 노상에 방치되어 있어, 유해를 수습하여 묻어주는 취지에 어긋나고 있다. 제국에서는 순찰하여 보살펴야 하며, 오로지 앞서의 格[57]에 의거해야 한다. 유해가 있으면 모두 수습하도록 한다"라고 하였다.

정사(5일), 임관이 있었다.

병인(14일), 曲宴을 개최하고, 근시하는 신하들에게 피복을 하사하였다.

갑술(22일), 임관이 있었다.

병자(24일), (천황이) 대극전에 어림하여 名神에게 기도하였다. 천하에 역병의 기운이 거세졌기 때문이다.

경진(28일), 목공료에서 물품을 바쳤다. 曲宴을 열고 5위 이상에게 피복을 차등있게 내렸다.

신사(29일), 우대신 藤原朝臣(內麻呂)가 물품을 바쳤다. 5위 이상에게 피복을 내렸다. 조를 내려, "짐은 실로 효성이 부족하고, 부모를 섬기고 싶어도 행할 수가 없다. 橋山[58]에 마음이 무너지고, 남아있는 검을 바라보아도 이미 멀어진 것과

---

54 大學寮에서 博士, 助教를 도와 경서의 교수를 담당한 명경도 교관, 直講이 원래의 명칭이고 直講博士는 直講의 대우가 助教(助.博士)와 동일하기 때문에 생긴 것으로 보인다.
55 중국고대의 史書, 文學書 등을 가르치는 紀傳道의 교관.
56 延曆 24년(805) 4월 계묘조의 칙.
57 앞의 정월 을미조의 노상에 방치된 시신을 수습하라는 칙.
58 橋山은 중국고대의 전설상으로 전해오는 黃帝를 제사지내는 묘가 있는 곳.

같고, 穀林[59]을 한탄하고 의관을 바라보아도 따라가지 못하는 것과 같다[60]. 하물며 다시 봄바람에 흔들리는 나뭇가지는 하늘끝까지 (떠난 부모를) 생각나게 하고, 가을의 이슬은 대지를 적시는데, 땅끝까지 효심을 갖고 가고픈 심정이다. 무릇 3월은 선제 및 황태후가 승하한 달이다. 사모하는 마음은 견디기 어려울 정도이다. 3일의 절회는 마땅히 정지하도록 한다"라고 하였다.

○ 3월 계미삭, 천하 제국에 명하여 7일 내로 함께 인왕경을 강독하게 하였다. 역병 때문이다.

경인(8일), 內裏와 제관사, 좌우경직에 명하여 인왕경을 강설하게 하였다. 역병 때문이다.

갑진(22일), 황사비가 내렸다.

정미(25일), 임관이 있었다.

무신(26일), 중무성의 史生 10인을 감원하였다.

기유(27일), 太田親王[61]이 죽었다.

경술(28일), 황사비가 내렸다.

(간지 미상)□□□□, 傳灯大法師位 仁秀가 充野寺에서 죽었다. 속성은 物部首이고, 伊豫國 사람이다. 법사가 출가한 날, 품행은 단정하지 못했으나, 수계받은 후에는 학업이 매우 뛰어났다. 중국 會稽의 대나무 화살과 華山의 금석에 비견될 정도였다[62]. 불교의 가르침을 전수받고 펼치는 일은 龍樹[63]를 모범으로 하였고, 총민한 면에서는 馬鳴[64]에 뒤지지 않았다. 논증에 막힘이 없고 문장에 의문을

---

59 穀林은 중국고대의 전설상의 요임금의 매장처라고 전해지고 있는 장소.

60 桓武天皇의 죽음에 대한 애절한 사모의 정을 중국의 전설상의 제왕인 黃帝, 요임금의 매장처에 비유하여 표현한 것이다.

61 桓武天皇의 황자이고, 생모는 백제계 도래씨족의 후예인 百濟王教仁.

62 원문에 보이는 東箭, 南金은 會稽의 竹箭과 華山의 金石이라는 말로 귀중한 물건을 비유하고 있다.

63 인도의 최고의 불교승이자 불교학자, 대승불교의 기초를 구축하였다. 저서에『中論』,『廻諍論』,『大智度論』,『十住毘婆沙論』등이 있다.

품지 않았다. 그가 저술한 문장의 뜻은 이미 널리 퍼졌고, (이를 배우는) 학생들은 흠모하고 숭상하였다. (법사의 죽음에) 사람들의 마음에 덧없는 생각이 일어났고, 깊은 슬픔을 불러일으켰다.

일본후기 권제16 (逸文)

---

64   2세기경 인도의 승려이자 철학자, 시인.

日本後紀 卷第十六〈起大同二年七月, 盡同三年三月〉

左大臣正二位兼左近衛大將臣藤原朝臣冬嗣等奉勅撰

日本根子天推國高彦天皇〈平城天皇〉

◎大同二年秋七月丙戌朔, 曲宴, 賜五位已上衣被. 任官. 壬辰, 御神泉苑, 觀相撲. 令文人, 賦七夕詩. 後日, 文人詩綿有差. 壬寅, 御神泉苑, 賜五位已上衣被. 丙午, 近江國蒲生郡人秦刀自賣, 一産二男一女. 賜稻三百束. 己酉, 畿內國司, 廳私佃. 守十町, 介八町, 掾六町, 目四町, 史生二町. 云云. 甲寅, 幸神泉苑, 賜五位已上衣被.

○八月丙辰朔, 任官. 癸亥, 遣使奉神寶竝唐國信物於伊勢大神宮. 曲宴, 賜觀察使已上被, 四位衣. 己巳, 大和山城二國, 定八嶋‧河上‧柏原等山陵兆域. 陵之四至, 各有其限. 其百姓田地幷地, 在八嶋‧河上二陵界內者, 以乘田賜之. 但地者, 准估賜直. 車馬從者, 親王及左右大臣十四人, 大納言十二人. 云云. 甲戌, 下十五條憲法. 乙亥, 任官. 己卯, 齋內親王, 禊於葛野川. 即移入野宮. 辛巳, 任官. 癸未, 幸神泉苑. 宴五位已上, 賜綿有差.

○九月戊子, 律師傳灯大法師位脩哲免. 以綱政不修, 及對詔使無禮也. 己丑, (任)美濃守. 癸巳, 幸神泉苑, 觀射. 詔曰, 今詔〈久〉, 弓射都可波須事〈波〉, 本〈與利〉正月〈乃〉行事〈奈利〉. 但正月者, 三節豐樂聞食〈之〉, 雜事〈毛〉繁〈久〉. 無暇〈支〉月〈奈利〉. 此月者, 時〈毛〉涼〈久〉, 射禮都可波須〈爾毛〉便〈爾〉在〈利〉. 又九月九日者, 菊花豐樂聞食日〈爾〉在〈止毛〉, 忌避所由〈爾〉依〈弓〉, 比年乃間停〈支止〉聞行〈須〉. 然時節〈止〉云物者, 不可虛擲〈止〉, 自昔云来〈留〉事〈毛〉在依〈天奈毛〉, 此豐樂聞食〈之〉始賜〈布〉. 故是以御酒賜〈倍〉, 惠良支退〈止之弓奈毛〉, 酒幣〈乃〉大物賜〈久止〉宣. 賜親王已下文人已上物有差. 己亥, 山陽道觀察使正四位下皇太弟傅兼宮內卿藤原園人言, 播磨國內, 封戶巨多. 運租之勞, 於民爲弊. 加以, 堺近都下, 雜用繁多. 動用穀穎, 不足支用. 不動之貯, 只九萬斛. 熟尋其源, 由封戶之數多也. 伏望, 請減省春宮坊幷諸寺封五百戶, 移付東國, 即收其租, 以爲不動. 然則弊民斯息, 貯物自積者. 許之. 庚子, 任官. 甲辰, 依令, 定左右大舍人員各八百人. 先是, 改令半減. 至是復舊. 乙巳, 幸神泉苑. 琴歌間奏. 四位已上共挿菊花. 于時, 皇太弟頌歌云, 美耶比度乃, 曾能可邇米豆留, 布智波賀麻, 岐美能於保母能, 多乎利太流祁布, 上和之日, 袁理比度能, 己己呂乃麻丹眞, 布知波賀麻, 宇倍伊呂布賀久, 爾保比多理介利, 群臣俱稱萬歲, 賜五位以上衣被. 己酉, 贈皇后奉獻. 宴飲終日, 賜五位已上衣被. 壬子, 東山道觀察使從四位下安倍朝臣兄雄言, 當道諸國, 正稅公廨, 准戶數, 增減爲擧. 許之. 勅, 巫覡之徒, 好說禍福, 庸愚之輩, 深信妖言. 淫祀斯繁. 自今以後, 一切禁斷.

○冬十月丙辰, 勅, 令三位以上竝緒淺紫. 戊午, 勅, 據令, 倉藏給用, 皆承官符. 而今官符下中務省, 省移諸司, 然後出納. 大乖令意. 宜改此例, 一依令條. 丙寅, 相摸國人太田部直守宅賣, 一産一男二女, 賜稻三百束. 己巳, 停內豎, 令左右大舍人寮, 各一百人. 辛未, 定左右衛士府官人服色, 大尉六位著深綠, 少尉七位着同色, 主帥着紺布. 先是, 大尉着緋, 少尉 · 主帥着淺綠, 無所據. 是以改. 壬申, 公卿奏曰, 云云. 頃年國司交替, 皆四考爲限. 宜以六歲爲限. 許之. 丙子, 大宰府言, 壹伎多禰兩嶋, 校出隱田 · 百四十町, 須准諸國例, 賜嶋司公廨田幷郡司職田. 以外悉班田百姓口分. 云云者. 許之. 辛巳, 蔭子藤原宗成, 勸中務卿三品伊豫親王, 潛謀不軌. 大納言藤原雄友聞之, 告右大臣藤原內麻呂. 於是, 親王遽奏宗成勸己反之狀. 即繫宗成於左近府. 壬午, 車駕禊於葛野川, 緣大嘗事也. 山城國奉獻, 賜五位已上被. 癸未, 繫宗成於左衛士府, 按驗反事, 宗成云, 首謀反逆是親王也. 遣左近中將安倍兄雄 · 左兵衛督巨勢朝臣野足等, 率兵百四十人, 圍親王第.

○十一月乙酉, 停大嘗事. 亂故也. 徙親王幷母夫人藤原吉子於川原寺, 幽之一室, 不通飮食. 甲午, 詔曰, 云云. 解却謀反之輩. 又以廢親王之狀, 告于柏原山陵. 乙未, 親王母子, 仰藥而死. 時人哀之. 丙申, 停正月七日 · 十六日二節.

配流宗成等. 己亥, 任官. 庚子, 停京戶口田授外國之例, 例修造大井. 辛丑, 停
諸國貢采女. 唯擇留其年老有勞者四十二人, 任舊終身. 若敍五位已上, 及補雜
色者, 即除采女名. 制, 正權官, 依階爲次. 甲辰, 傳燈大法師慈雲卒. 年四十九.
俗姓長屋忌寸, 右京人也. 神護景雲四年, 得度. 登壇之後, 學業殊高. 安居講
□. 講無性攝論等. 厥後, 永爲普光寺傳法講師. 覺花外照, □□□□, 勸誘不
倦. 生徒充業. 諸寺宿德, 皆以爲弘敷聖□□□□□□, 不掌綱務. 早入幽冥.
乙巳, 任官.

○十二月甲寅朔, 大宰府言, 於大野城鼓峰, 興建堂宇, 安置四天王像, 令僧
四人, 如法修行. 而依制旨, 既從停止. 其像幷法物等, 竝遷置筑前國金光明寺
畢. 其堂舍等今猶存焉. 而遷像以來, 疫病尤甚. 伏請, 奉遷本處者. 許之. 但停
請僧修行. 乙丑, 詔曰, 云云. 宜百姓所輸調庸雜物, 推改常法. 今須一丁輸絹,
若絁長一丈, 闊二尺, 四丁成疋, 其餘准此, 折中商量, 謹從輕薄, 納民富壽, 將
待人給家足, 復於恒典. 辛未, 公卿奏言, 謹檢令條, 尙侍者, 供奉常侍奏請宣
傳, 而祿令准從五位. 典侍者, 若無尙侍, 代掌宣傳. 而准從六位. 掌侍者, 雖不
得奏請, 而臨時處分, 得宣傳, 而准從七位. 所務是重, 准位猶卑. 伏望, 昇進爵
級, 品秩相當, 尙侍准從三位, 典侍從四位, 掌侍從五位. 許之. 壬申, 宴侍臣文
武官直事者, 給綿有差. 觀察使已上, 重更賜衾. 戊寅, 遣使賑給京中疫者. 是
冬, 烏雀乳, 桃李華.

◎大同三年春正月癸未朔, 廢朝. 以風寒異常也. 宴五位已上於前殿, 賜物有
差. 戊子, 曲宴, 賜五位已上衣被. 己丑, 勅, 夫輸納官物, 節制分明. 勘責違闕,
科條嚴峻. 而諸司怠慢, 鮮有遵行. 不加督察, 何以懲肅. 宜諸國所進雜物, 全好
濫惡之品, 幷見進未進, 合期過期等事, 國別細勘, 具錄上奏. 各期限月後三十
日內奏盡. 即當隨時黜陟, 以勵將來. 兼下刑部, 依法科處. 壬辰, 任官. 甲午, 遣
使將醫藥, 京中病人. 乙未, 遣使埋斂京中骼胔. 勅, 頃者, 疫癘方熾, 死亡稍多.
庶資惠力, 救茲病苦. 宜令諸大寺及畿內七道諸國. 奉讀大般若經. 又給京中病

人, 米及鹽鼓等. 庚子, 曲宴, 賜侍臣衣被. 壬寅, 詔曰, 減内舍人, 定四十員. 縫部采女二司併縫殿寮, 其畫工漆部二司併内匠寮. 隼人司併衛門府. 臓贖司併刑部省, 刑部解部, 宜從省廢. 管陶司併大膳職. 主醬主果餅司, 宜從省廢. 鍛冶司併木工寮. 官奴司併主殿寮. 内禮司併彈正臺. 癸卯, 任官. 丁未, 正六位上宇智王仲雄王, 並授從五位下, 從四位下安倍朝臣兄雄正四位下, 從四位下吉備朝臣泉・巨勢朝臣野足從四位上, 正五位下藤原朝臣今川・安倍朝臣枚麻呂・紀朝臣廣濱從四位下, 從五位上百濟王聰哲・坂田宿禰奈弖麻呂・多朝臣入鹿・安倍朝臣鷹野・大伴宿禰久米主正五位下, 從五位下紀朝臣越麻呂・石川朝臣净直・藤原朝臣城主從五位上, 外從五位下林宿禰佐婆・豐宗宿禰廣人・正六位上藤原朝臣貞本・紀朝臣繼足・菅野朝臣高世・佐伯宿禰耳麻呂・田口朝臣雄繼從五位下, 正六位上柭井宿禰家主・山田連弟分・物部敏久外從五位下. 戊申, 給右京遭疫者綿. 庚戌, 始令内舍人, 與監物主計, 出納諸司雜物. 其辨官中務民部等, 竝不預焉. 禁葬埋雄河内國交野雄德山, 以採造御器之土也. 辛亥, 正六位上大枝朝臣繼吉授從五位下. 以鑄錢之事也. 在尾張國佐味親王墾田八町爲公田, 以爲民有妨也.

○二月癸丑朔, 曲宴, 賜五位已上衣被. 丙辰, 減大學直講博士一員, 置紀傳博士. 勅, 今聞, 往還百姓, 在路病患, 或因飢渴, 即到死亡. 是誠諸司不存格旨, 村里無意看養也. 又頃者疫癘, 死者稍多, 屍骸無斂, 露委路傍, 甚乖掩骼埋胔之義. 宜令諸國巡檢看養, 一依先格, 所有之骸, 皆悉收斂. 丁巳, 任官. 丙寅, 曲宴, 賜侍臣衣被. 甲戌, 任官. 丙子, 御大極殿, 祈禱名神. 爲天下疫氣熾也. 庚辰, 木工寮奉獻. 曲宴, 賜五位已上被有差. 辛巳, 右大臣藤原朝臣奉獻. 賜五位已上衣被. 詔曰, 朕孝誠有闕, 奉親無從. 橋山崩心, 仰遺劍而已遠, 穀林茹恨, 望遊冠而何及. 況復春風動樹, 結蓼思終天, 秋露霑叢, 貫棘心於畢地. 夫三月者, 先皇帝及皇太后登遐之月也. 在於感慕, 最似不堪. 三日之節, 宜從停廢.

○三月癸未朔, 令天下諸國, 七日之内, 共講仁王經. 爲疫病也. 庚寅, 内裏及諸司左右京職, 講說仁王經. 爲疫病也. 甲辰, 黄雨. 丁未, 任官. 戊申, 省中務省

史生十員. 己酉, 太田親王薨. 庚戌, 黄雨. □□□□, 傳灯大法師位仁秀卒于
充野寺. 俗姓物部首, 伊豫國人也. 法師落飾之日, 操行不修, 登壇之後, 學業
殊進. 可□謂開走東箭比血之南金者也. 傳灯之勤, 仰抱於龍樹, □瓶之敏, 無
謝於馬鳴. 証無猶予, 不待疑文. 文義既弘, 學徒欽尙, 春夢發於情塵, 秋思驚
於識浪.

日本後紀 卷第十六 (逸文)

일본후기 권제17 〈大同 3년(808) 4월에서 4년 4월까지〉

좌대신 정2위 行左近衛大將을 겸직한 臣 藤原朝臣冬嗣 등이 칙을 받들어 편찬하다.

天推國高彦天皇〈平城天皇〉.

◎ 大同 3년(808) 하4월 갑인(3일), 산음도관찰사 정4위상 民部卿을 겸직한 菅野朝臣眞道[1]에게 동해도관찰사를 맡겼고, 산양도관찰사 정4위하 皇太弟傅, 宮内卿을 겸직한 藤原朝臣園人에게 북륙도관찰사의 일을 맡겼고, 右少弁 종5위하 大中臣朝臣智治麻呂에게 神祇大副를 겸직시켰다.

기미(8일), 종5위하 紀朝臣咋麻呂을 中務少輔로 삼고, 종5위하 安倍朝臣眞勝을 治部少輔로 삼고, 陰陽頭, 備中守는 종전대로 하였다. 종5위하 淡海朝臣貞直을 雅樂頭로 삼고, 종5위상 菅野朝臣庭主를 木工頭로 삼았다.

갑자(13일), 内舍人[2] 20인을 少監物[3]에 준하여 馬料[4]를 지급하였다. 관물을 출납하는 일에 종사하기 때문이다.

정묘(16일), 두 마리의 새가 若犬養門의 나뭇가지 위에 모여서 날개를 접고 머리를 교차하며 함께 죽었다. 하루종일 떨어지지 않았다. 마침내 사람들이 떨어트렸다. 당시 사람들은 북륙도관찰사 종4위상 藤原朝臣仲成과 典侍 정3위 藤原朝臣藥子[5], 오라비, 누이동생이 죄를 불러올 징조라고 하였다.

---

1 207쪽, 延曆 18년(799) 3월 정사조 각주 58 참조.
2 中務省 소속으로 궁중에 숙직, 잡사에 종사하고 천황의 순행시에 경호를 담당하였다. 5위 이상의 자제를 대상으로 선발한다.
3 監物은 중무성 소속의 품관으로 大監物 2인, 中, 少監物 각 4인이 있다. 大藏省, 内藏寮 창고의 물품의 출납을 관리한다.
4 5위 이상의 在京 문무관인에게 말 사육비로서 지급하는 錢.
5 藤原種繼의 딸이고 藤原繩主의 처이다. 藥子의 장녀는 황태자 시절의 平城天皇의 비가 되었

경오(19일), 외종5위하 飛驒國造 祖門을 主計助로 삼았다.

임신(21일), 淡路國에 기근이 들어 播磨國의 곡물을 지급하여 구휼하였다.

계유(22일), 종4위하 □田女王이 죽었다.

을해(24일), (천황이) 神泉苑에 행차하였다. 5위 이상에게 피복을 하사하였다.

신사(30일), (前殿의) 회랑 밑에 남아있던 驛鈴이 스스로 울렸다.

○ 5월 임오삭, 曲宴을 열고 5위 이상에게 피복을 하사하였다.

계미(2일), 但馬國의 □□□□□□ 3개의 역을 폐지하였다. 필요 없어졌기 때문이다.

갑신(3일), 이보다 앞서 衛門佐 종5위하 左大舍人助, 相撲介를 겸직한 安倍朝臣眞直, 외종5위하 侍醫, 典藥助, 但馬權掾을 겸직한 出雲連廣貞 등에게 조를 내려, 『大同類聚方[6]』을 편찬하게 하였다. 그 작업은 이미 완료되었다. 朝堂에서 배례하고 표를 올려 (다음과 같이) 말하였다. "신은 듣건대, 長桑[7]의 묘술은 반드시 탕약과 뜸쑥으로 치료하고, 太一[8]의 비결은 침술로 치료한 것이라고 한다. 약의 효력은 멀리까지 도움이 되지 않음이 없고, 사지에 빠진 위험에서 구제한다. 의술이 다루는 바는 남은 생명을 이어갈 수 있게 한다. 비록 일관된 三墳五典으로부터 마음과 정신을 맑게 할 수 있으나, 오히려 (폐하께서는) 의술에 종사하는 우리에게 치료법에 대해 자세히 살피도록 하였다. 이에 우대신에게 조를 내려, 시

고, 이로인해 황태자 측근의 東宮宣旨가 되었다., 平城天皇이 즉위하면 典侍, 尙侍에 임명되었고, 이후 정3위까지 승진하였다. 그러나 平城天皇의 퇴위하면, 嵯峨天皇 간의 권력투쟁이 일어나 조정은 2분화되었다.

6 平城天皇의 칙명으로 제국의 神社, 國造, 縣主 등의 호족, 민간에 祕傳되는 약방을 모아 典藥頭 安倍眞貞과 侍醫 出雲廣貞에 편찬, 用藥部와 處方集으로 구분하여 식물, 동물 등 5백여종의 약종과 120여종의 질병 등의 처방이 있다. 현존하는 사본은 각각 구성, 문자가 다르고 江戶時代의 僞撰이라는 설이 나오고 있다.

7 長桑은 춘추전국시대에 명의인 扁鵲에게 약을 주면서, "이 약을 이슬에 타서 30일 동안 복용하면, 鬼物도 눈으로 보게 될 것이다"라고 하여 그대로 한 결과 담장 넘어 있는 사람까지 환히 보였다고 한다(『史記』권105, 扁鵲 倉公傳),

8 중국고대의 전설상의 군주인 黃帝의 신하로 의술이 뛰어난 인물.

의 겸 出雲連廣貞 등에게 (각지에서) 제출된 약품에 의거하여 그 제조법을 모아 편찬하게 하였다. 신 등은 이를 받들어 편수를 위해 상세하게 조사하였다. (신들은) 우둔하지만, 마음을 다해 감히 누락함이 없이 1백권을 완성하여, 명칭을 『大同類聚方』라고 하였다. 비로소 교정작업을 마치고 삼가 봉진하는 바이다. 다만, 경서를 자세히 습득하지 않았고, (수집한 자료의) 연대가 오래되고 주기한 내용에 착오가 있다. 신 등은 오래된 자료에 대해 재능이 부족하고, 새로운 학문에 대한 이해도 떨어진다. 좁은 소견으로 봉정하여 오류가 많다고 생각한다. 부족하지만, 천황의 뜻을 받들어 성은에 보답하려고 한다. 얼음 계곡에 떨어질 것같이 두렵고, 부끄러울 따름이다. 삼가 배례하고 표를 올린다". 천황은 이를 훌륭하다고 하였다.

병술(5일), 弓馬 의식을 중지하였다. 천하에 역병이 발생했기 때문이다. 칙을 내려, "듣는 바와같이, 大同 원년(806)에 홍수로 피해를 입었는데, 그 피해가 아직 복구되지 않았다. (그런 와중에) 작년부터 역병이 유행하여 횡사한 사람이 많다. 이 재앙을 되돌아보면, 심히 괴롭고 걱정스런 마음이다. 은덕을 베풀어 백성들을 위로하고자 한다. 大同 원년에 홍수로 損田 7분 이상인 호는 대부받은 정세의 미납을 모두 면제하도록 한다"라고 하였다. 이날, 연회가 있었다.

무자(7일), (천황이) 神泉苑에 행차하였다. 기내, 7도 제국에서 씨름하는 力士의 공상을 정지하였다.

기축(8일), 사자를 보내 좌우경의 환자들을 치료하였다. 칙을 내려, 작년, □用 □□□, 백성들 사이에 (유통되는) 新錢이 많지 않았다. 신전과 구전을 병용하여 잠시 백성들의 (錢) 부족을 구제하게 하였다.

경인(9일), 종5위하 田口朝臣息繼를 右少弁으로 삼고, 阿波守는 종전대로 하였다. 종5위하 藤原朝臣安繼를 雅樂助로 삼고, 종5위하 紀朝臣貞成을 河內守로 삼고, 종5위하 藤原朝臣伊勢臣을 齋宮頭로 삼았다.

신묘(10일), 조를 내려, "짐은 덕이 부족한데도 삼가 황위를 이어 살얼음을 걷는 것과 같다. 백성의 아픔을 어루만져야 하는데, 달리는 말을 모는 것과 같이 궁중의 생활은 편할 날이 없다. 스스로를 극복하고 정치를 생각하며 시정에 마음을 다하고자 한다. 그러나 자애는 백성에게 미치지 못하고 참으로 하늘을 감동시키지 못하고 있다. 군주에 오르고 나서 재앙의 조짐이 나오고 있다. 요즈음 천하 제국은 기근이 일어나고 역병이 찾아들어 요절하는 사람이 많다. 짐의 부덕으로 백성들에게 재앙이 미치고 있다. 다스림에 있어 스스로를 책하고 걱정하며 고뇌하고 있다. 정치와 형벌은 어그러지고, 위로는 하늘의 마음에 어긋나 어지럽고 번잡한 시정을 행하고, 밑으로는 백성에게 역병을 불러오고 있다. 이것은 모두 짐의 과실이다. 어찌 백성의 허물이겠는가. 조용히 이 일을 생각하면, 자나 깨나 잊을 수가 없다. 『詩經』에서 말하지 않았던가. 백성에게 노고를 멈추게 하고 다소나마 편하게 해야 한다. 기내, 7국의 기근과 역병을 언상한 제국의 금년도 調는 모두 면제하도록 한다. 거듭해서 國司는 직접 향읍을 순시하여 의약을 베풀어 구제하고, 아울러 國分 2寺로 하여금 대승경전을 17일간 독경하게 한다. 좌우경 또한 사자를 보내 두루 구휼한다. 바라는 것은, 선행을 하여 효과가 나타나고, 전답에서 나오는 식량을 주어 곤궁한 자를 구제하고, 덕을 닦아 헛되지 않도록 하고, 떠도는 영혼은 영원한 안식처[9]로 돌아가게 하고, 은혜를 베푸는 일에 힘썼으면 한다. 짐의 뜻에 따르도록 한다"라고 하였다.

갑오(13일), (천황이) 神泉苑에 행차하였다. 군신들에게 연회를 베풀고 차등있게 錢을 지급하였다.

을미(14일), 종4위상 巨勢朝臣野足에게 近江守를 겸직시키고, 左兵衛督, 左京大夫는 종전대로 하였고, 종5위하 紀朝臣國雄을 (近江)介로 삼았다. 式部大輔 종4위하 賀陽朝臣豐年에게 下野守를 겸직시키고, 종5위하 谷忌寸野主를 土左守로 삼고, 종5위하 紀朝臣長田麻呂를 筑前守로 삼았다. 이날, 筑前國의 守, 介, 掾, 大目, 少目을 각각 1인씩 증원시켰다. 이보다 앞서 (大宰)府 관인으로 하여금 (筑前國의) 국

---

9 원문은 岱錄으로 나온다, 岱는 큰 산, 성스러운 산으로 오악의 하나를 가리킨다, 한편 중국 山東省에 있는 泰山의 古稱으로 전해지지도 한다. 岱錄은 그곳에 호적을 둔 기록장, 즉 떠도는 영혼이 모여있는 장소, 영원한 안식처를 말한다.

정을 대행시켰는데, 서로 미루고 마음은 한결같지 않았다. 대부분의 일이 그대로 방치되었다. 이로 인해 개정한 것이다.

병신(15일), 播磨國에서 흰 제비 2마리를 바쳤다.

무술(17일), 동궁[10]이 물품을 바쳤다. 5위 이상에게 피복을 내렸다.

경자(19일), 종4위하 民部大輔 安倍朝臣枚麻呂가 나이가 들어 사직을 구하자, 이를 허락하였다. 산양도관찰사 정4위하 皇太弟傅 겸 궁내경 藤原朝臣園人이 주상하기를, "이 道의 播磨, 備中, 備後, 安藝, 周防 등 5개국은, 지난 延曆 4년(785) 이래 동 24년(805) 이전의 庸 및 雜穀 등을 납입하지 못했고 그 수량이 적지 않다. 실로 흉작의 해가 많아 백성이 피폐해졌다. 지금 본래의 과세 품목을 추징하려고 하는데, (당시의) 國司가 사망하거나 혹은 교체되기도 하여 이어서 이행하기가 어렵다. 또 백성들이 병들거나 기근으로 (공납물을) 운송하여 바치는 일이 매우 어렵다. 바라건대, 미납분은 穎稻[11]로 통일해서 수납하고 正稅에 혼합했으면 한다. 이렇게 하면, 공적으로는 손해가 없고, 사적으로는 편리하게 마련할 수 있다. 다만 관찰사가 임명된 이후(의 미납분)에 대해서는, 종전대로 바쳤으면 한다"라고 하였다. (천황은) 이를 허락하였다.

임인(21일), 丹生川上神社[12]의 雨師神에게 흑마를 바쳤다[13]. 비를 기원하기 위해서이다. 종4위상 吉備朝臣泉을 左大弁으로 삼고, 左衛士督 종4위상 藤原朝臣仲成에게 右大弁을 겸직시키고, 종4위하 藤原朝臣藏麻呂를 右大舍人頭로 삼고,

---

10 平城天皇의 同母弟인 神野親王, 皇太弟가 되어 嵯峨天皇으로 즉위.

11 이삭을 떼지않은 벼.

12 奈良縣 吉野郡 東吉野村 소재의 神社, 六國史에는 비를 기원하는 신사로서 黑馬의 봉폐기사가 자주 보이고 있다.

13 『延喜式』 권제3, 神祇3 臨時祭, "丹生川上社, 貴布禰社, 各加黑毛馬一疋. 自餘社加庸布一段. 其霖雨不止祭料亦同, 但馬用白毛"라고 나온다. 이 규정에 따르면 기우에는 黑毛馬를 사용하고, 止雨에는 白毛馬를 바치는 것으로 되어 있다. 이 경우 말의 봉헌은 도살이 아닌 살아있는 말을 바친다. 불교의 살해금지 사상이 국가사상으로 수렴되면서 도살 우마의 봉헌이 금지되었다고 보인다. 기우에 관한 최초의 기록은 天平寶字 7년(763) 5월 경오조에 나온다.

美濃守는 종전대로 하였다. 종5위하 雄川王을 散位頭로 삼고, 종5위상 藤原朝臣
繼彦을 治部大輔로 삼고, 右京大夫 종4위하 藤原朝臣藤繼에게 兵部大輔를 겸직
시키고, 종5위상 和朝臣建男[14]을 少輔로 삼았다. 시종 종5위하 藤原朝臣世繼에게
宮内卿을 겸직시키고, 외종5위하 山田連弟分을 内掃部正으로 삼고, 종5위하 藤
原朝臣弟貞을 攝津介로 삼고, 内匠頭 종5위상 平群朝臣眞常에게 尾張守를 겸직
시키고, 종5위하 佐伯宿禰社屋을 美濃守로 삼고, 종5위하 □志可□眞廣을 (美濃)
介로 삼았다. 종5위하 紀朝臣長田麻呂를 太宰少貳로 삼고, 종5위하 大中臣朝臣
鯛取를 筑前守로 삼았다.

갑진(23일), 비가 내렸다. 군신이 말하기를, 오늘 단비가 내렸다. 축하하지 않
을 수 없다. 황제가 말하기를, 짐 또한 이러한 마음이 있다. 군신이 만세를 불렀
다. 이에 하루종일 연회를 베풀고 술을 마셨다. 有司가 음악을 연주하였다. (천황
이) 차등있게 물품을 하사하였다.

을사(24일), 품계를 갖는 親王의 月料[15]를 정지하였다.

기유(28일), 종6위하 坂上大宿禰大野에게 종5위하를 내리고, 정4위하 安倍朝
臣兄雄을 畿内觀察使로 삼고, 종4위상 藤原朝臣緒嗣를 동산도관찰사로 삼고, 종
5위하 藤原朝臣安繼를 左大舍人助로 삼고, 종5위하 安倍朝臣眞直을 右大舍人助
로 삼고, 右衛士佐, 相摸介는 종전대로 하였다. 종5위상 藤原朝臣道雄을 治部大
輔로 삼고, 종5위하 藤原朝臣山人을 雅樂頭로 삼고, 但馬介는 종전대로 하였다.
종5위상 藤原朝臣繼彦을 民部大輔로 삼고, 종4위하 藤原朝臣今川을 美濃守로 삼
고, 종4위상 藤原朝臣緒嗣를 陸奥 · 出羽按察使로 삼고, 동산도관찰사, 右衛士督
은 종전대로 하였다. 종5위하 佐伯宿禰社屋을 但馬守로 삼고, 종5위하 坂上大宿
禰大野를 陸奥鎮守 부장군으로 삼았다.

신해(30일), 但馬國에 기근이 들어 사자를 보내 진휼하였다.

---

14 146쪽, 延暦 16년(797) 춘정월 갑오조 각주 40 참조.
15 親王에게 월마다 大炊寮에서 지급되는 식료.

○ 6월 임자삭, 曲宴을 열고 5위 이상에게 피복을 하사하였다. 종5위하 文室眞人正嗣를 中務少輔로 삼고, 豐後守는 종전대로 하였다. 종5위하 雄川王을 大監物으로 삼고, 종5위하 大枝朝臣永山을 대학두로 삼고, 종5위하 紀朝臣咋麻呂를 散位頭로 삼고, 외종5위하 山田連弟分을 伊賀守로 삼았다.

(이날) 동산도관찰사 종4위상 守刑部卿, 右衛士督, 陸奧·出羽按察使인 臣 藤原朝臣緖嗣가 언상하기를, "삼가 지난달 28일의 칙을 받들어 신은 동산도관찰사로 임명되었고, 陸奧·出羽按察使를 겸직하였다. 신은 부족한 점이 많고, 재능이 없는데도 높은 지위에 올랐다. 부담스런 자리에 오른 죄는 세월이 쌓여갔다. 지금 또 고귀한 은총을 받아 지방관에 임명되었다. 책임을 회피할 마음은 없고, 영예와 두려움이 교차되고 있다. 신은 듣건대, 재능있는 관인을 선발하는 것은 聖上의 통상의 규범이다. 역량을 헤아려 관직에 나아가는 일은 신하의 변치않는 본분이다. 신은 태생적으로 유약하고 범용한 사람으로 오랫동안 질병에 시달리고 있다. 군사적 전술은 일찍이 배운 바가 없다. 그런데 황공하게도 어리석은 신은 오로지 변방의 진을 총괄하였다. 군사적 기무는 변화가 많고 병술은 항상의 법칙이 아니다. 만의 하나라도 실패하면, 실제로 의도한 바와 달라지게 된다. (그렇다면) 바로 미약한 신은 죽을 죄를 짓게 되고, 오히려 국가에 큰 걱정을 끼칠 것이다. 지금 천하는 역병으로 고통받고 있고, 죽은 자가 거의 반이다. 남아있는 장정은 여전히 쉬지 못하고 있다. 여기에서 알아야 할 것은, 백성은 곤궁하고 병사는 피로해 있다는 것이다. 그러나 지키는 것은 멈출 수 없다. 돌연 불온한 일이 있으면, 어찌 방비할 수 있겠는가. 또 신은 앞에서도 여러차례 말했지만, 군사를 성공하기가 어렵다. 지금 그 지위에 있으나 점점 감당하기 어려움을 알고 있다. 삼가 바라건대, 폐하께서 굽어 살피시어 특별히 신의 부족함을 불쌍히 여겨, 때에 실패가 있어도 용서해 주었으면 한다. 두렵고 송구스러운 마음 어떻게 해야 할지 모르겠다. 삼가 죽음을 무릅쓰고 표를 올리는 바이다. 천황의 위엄을 가볍게 하는 것은 아닌지 몸둘 바를 모르겠다"라고 하였다.

갑인(3일), 山城國 久世郡의 땅 6정을 高丘親王[16]에 하사하였다.

(이날) 산위 종3위 藤原朝臣乙叡가 죽었다. 우대신 종1위 豐成의 손이고, 우대신 증 종1위 繼繩의 자이다. 모친 尙侍 百濟王明信은 帝의 두터운 은총을 받았다. 乙叡는 부모의 덕분으로 자주 요직을 역임하였고, 中納言에 이르렀다. 성품은 완고하고 교만하였으며 첩을 좋아하였다. 산수가 좋은 곳에 많은 별장을 지어 이틀 밤은 묵었고[17], 반드시 여성과 함께 하였다. 推國天皇[18]이 태자 시절에 乙叡가 연회석상 가까이에서 술을 쏟는 불경한 일이 있었다. 천황은 이를 마음 속에 두었고, 후에 伊豫親王의 사건[19] 때에 죄가 乙叡에게 연좌되었다. 사면받아 사저로 돌아왔는데, 스스로는 죄가 없음을 알고, 우울해 하다가 죽었다. 때의 나이는 48세였다.

기미(8일), 大宰府 및 관내 제국의 관인의 임기를 연장하여 5년으로 하고, 交替料[20] 지급을 정지하였다.

경신(9일), 종5위하 多治比眞人全成을 雅樂助로 삼고, 종5위하 笠朝臣庭麻呂를 玄蕃助로 삼고, 정5위하 百濟王聰哲[21]을 刑部大輔로 삼고 越後守는 종전대로 하였다. 종5위하 紀朝臣良門을 大和介로 삼고, 鎭守將軍 종5위하 百濟王教俊[22]에게 陸奧介를 겸직시키고, 종5위하 坂上大宿禰大野를 (陸奧)權介로 삼았다. 종5위상 藤原朝臣淸主를 左馬頭로 삼고, 종5위상 坂上大宿禰石津麻呂를 右馬頭로 삼고, 외종5위하 道嶋宿禰御楯을 陸奧鎭守 부장군으로 삼았다.

임술(11일), 서해도관찰사 겸 大宰帥 종3위 藤原朝臣繩主가 상표하여 말하기를, "삼가 감동의 조를 받아 신을 발탁하여 서해도관찰사로 삼고, 아울러 식봉을

---

16 平城天皇의 제3황자, 嵯峨天皇의 황태자로 세워졌으나 藥子의 변으로 폐해졌다. 후에 복권되어 4품을 받았지만, 출가하여 眞如入道親王의 이름을 받았다. 空海의 16제자의 1인으로 불법을 구하려 노령의 나이에 入唐한 후, 天竺國으로 향했는데, 그후 소식이 단절되었다.

17 원문의 信宿은 『春秋左氏傳』 莊公 3년조에 "一宿爲舍, 再宿爲信"이라고 나온다.

18 平城天皇. 和風 시호인 日本根子天推國高彦天皇에서 推國天皇을 칭한 것이다.

19 앞의 大同 2년(807) 10월 신사조에 伊豫親王의 모반을 사주한 사건.

20 새로 부임한 國司에게 지급하는 특별 급여, 부임 후 바로 녹봉을 받지 못하여 그 사이의 생활비로 충당하게 한다.

21 426쪽, 大同 3년(808) 정월 정미조 각주 49 참조.

22 219쪽, 延曆 18년(799) 9월 신해조 각주 109 참조

하사하였다. 황공하게도 고위관을 명받고, 통상을 넘는 품위를 예우받아, 마음은 떨리고 정신은 흥분되어 몸둘 바를 모르겠다. 신은 듣건대, 諸道의 관찰사는 內官에 임명되어 外官에게 주어지는 혜택이 없다[23]. 따라서 봉호를 지급받는 것이 본래 적절하다'고 한다. (그러나) 신에게 있어 몸은 서해도(관찰사)에 있으면서 (大宰帥를 겸직하여) 공해도를 넉넉히 지급받고 있고, 아울러 식읍도 받는다. (이러한 중복된 지급은) 편중되는 것이고, 특히 (국가의 질서를) 심히 문란시키는 일이다. 또 신은 태생적으로 범용하고 부족하여 하나도 쓸모가 없다. 하물며 관찰사로서 봉사하고 세월이 지났는데도 치적을 이루었다는 말은 듣지 못했다. 삼가 바라건대, 관찰사의 봉호를 반납하여 조금이라도 헛되게 관록을 먹는다는 비난을 면했으면 한다. 일일이 진심을 말하는 것은 삼가지만, 윤허해 주었으면 한다. 삼가 (大宰)少典 정7위하 臣 山田造益人을 보내 표를 올리는 바이다'라고 하였다. (천황이) 조를 내려 답하기를, "갑자기 보낸 상표문을 보니, 홀로 관찰사의 봉호를 사양하고 물리쳤다. 강한 의지로 겸양을 보이고, 그 말은 때의 사람들에게 귀감이 된다. 다만 멀리 기외로 나가는 것은 사람들이 힘들어 하는 바이다. 경은 지방의 牧[24]이고 아울러 蕃鎭[25]에 있어서, 백성의 근심을 이해하고 함께 평안하게 교화해야 한다. (그대의) 충심의 아름다움에 대해 우대하는 상을 정한 것이다. 이 뜻을 받아들여 거듭 표를 올리는 번거로움이 없도록 한다'라고 하였다.

갑자(13일), 궁중에 귤나무 한그루가 있다. 시들고 마른지 수일이 지났다. 생기가 이미 다했으나 돌연 꽃잎이 돋았다. 청초하고 아름다운 모습이었다. 이로 인해 右近衛府에서 물품을 바쳤다. 연회를 열고 차등있게 물품을 내렸다.

(이날) 산위 종4위하 安倍朝臣弟當가 죽었다. 정5위상 훈5등 船守의 손이고, 美作守 종5위상 意比麻呂의 아들이다. 寶龜 4년(773)에 종5위하에 서위되고, 延曆

---

23 왕경에 근무하는 內官 즉 京官은 기본적으로 季祿, 職田, 職封을 받는데, 外官의 경우는 여기에 더하여 公廨稻를 받는다.

24 大宰府의 장관인 大宰帥.

25 蕃鎭은 唐의 節度使이고, 일본에서는 관찰사에 해당, 여기서는 西海道觀察使.

20년(801)에 종4위하를 받았다. 청빈하고 삼가는 성품으로 아침부터 밤까지 공무에 있었다. 가무하는 곳은 지나지 않았으며 자산에 관심이 없는 것은 가풍이었다.

임신(21일), 因幡國 八上郡의 莫男驛, 智頭郡의 道俣驛의 말 2필을 각각 줄였다. 대로가 없고 이용할 일이 드물기 때문이다. 동산도관찰사 종4위상 守刑部卿겸 右衛士督, 陸奧 · 出羽按察使 臣 藤原朝臣緖嗣가 언상하기를, "신은 질병에 감염되고 나서 오랜 세월이 지났다. 감사하게도 천지가 감싸고 보살피듯이 (천황의) 은혜를 입고, 마침내 성군의 치정이 창성하고 평안한 시대를 만났다. 신은 오늘에 이르기까지 실로 천황의 큰 은혜에 의지해 왔다. 신은 듣건대, 刑名을 정하고 심의, 판정하는 일은 刑官의 직무라고 알고 있다. 그러한 즉, 죄의 경중, 사람의 생사 여부를 가리고 공정하게 판결하는 일이 가장 유의해야 할 점이다. 또 궁문을 수위하고 병사를 감독하는 일은 衛府의 직무이다. 그러한 즉 때에 따라 순검하고 의식에 임해서는 의장을 정렬해야 한다[26]. 만약 잘못이 있다면, 죄는 누구에게 물을 것인가. 이 때문에 부실한 것은 바로잡아야 하는데, 항상 그 어려움을 우려하고 있다. 하물며 (臣은) 지금 자질이 부족한데도 멀리 안찰사의 임무를 맡고 있다. 항상 지방의 임무를 생각하면, 내관의 일은 신경쓰지 못한다[27]. 어찌 (右衛士督의) 숙위를 맡으면서 먼 변방을 임무를 수행할 수 있겠는가. 삼가 바라건대, 문무 양직[28]을 사임하여 현자에게 길을 피해주고, 동시에 부족한 마음이지만 (변방에만) 전념하고자 한다. 이 신의 마음은 감히 겉치레로 하는 것이 아니다. 간절한 진심을 참을 수가 없어 삼가 죽음을 무릅쓰고 표를 올려 진정을 올리는 바이다"라고 하였다.

이날, 품계가 있는 친왕 및 제관사의 把笏[29]의 위치에 있는 자에게 부역자를 바

---

26 「職員令」61 「左衛士府」 조에 "左衛士府〈右衛士府准此〉, 督一人〈掌, 禁衛宮掖檢校隊仗, 以時巡檢, 衛士名帳, 及差科, 大備, 陳設, 車駕出入, 前驅後殿事〉"라고 하여 그 직장에 대해 규정하고 있다.

27 지방관으로 東山道觀察使, 陸奧 · 出羽按察使를 맡으면서 內官인 刑部卿, 右衛士督을 겸직하고 있어 京官으로서의 임무는 부실하다는 말이다.

28 문관인 刑部卿과 무관인 右衛士督.

29 관인이 위용을 갖추기 위한 服制의 하나로서, 養老衣服令에서 처음으로 把笏가 규정되었

치게 하였다. 각각 차등있게 정했다. 葛野河에 제방을 쌓기 위해서이다. 종5위하 葛井宿禰豐繼[30]를 右京亮으로 삼고, 종5위하 大中臣朝臣魚取를 大和介로 삼고, 종5위하 紀朝臣百繼를 上野權介로 삼고, 右衛士佐는 종전대로 하였다. 종5위하 紀朝臣良門을 越後守로 삼았다.

을해(24일), 종5위하 和朝臣男成[31]을 大監物로 삼고, 종5위하 礒野王을 도서두로 삼고, 駿河守는 종전대로 하였다. 종5위하 永原朝臣最弟麻呂를 諸陵頭로 삼고, 종5위하 中臣丸朝臣豐國을 大炊頭로 삼고, 종5위하 雄川王을 正親正으로 삼고, 종5위하 御長眞人仲嗣를 左兵庫頭로 삼았다. 칙을 내려, "官印을 사용할 때에는 (公式)令, 格에 따른다[32]. 諸道[33]의 관찰사의 印은 모두 정지한다. 만약 하행문서를 발급할 때에는 제관사에 준하여 (태정)관인을 날인한다"라고 하였다.

병자(25일), 內藏助 종5위하 安倍朝臣益成에게 常陸介를 겸직시키고, 右大舍人頭 종4위하 藤原朝臣縵麻呂에게 美濃守를 겸직시키고, 종4위하 藤原朝臣今川을 越前守로 삼았다.

기묘(28일), 종5위하 小野朝臣眞野를 少納言으로 삼고, 정4위상 菅野朝臣眞道[34]를 左大弁으로 삼고, 산음도관찰사는 종전대로 하였다. 종5위하 田口朝臣息繼를 左少弁으로 삼고, 阿波守는 종전대로 하였다. 神祇大副 종5위하 大中臣朝臣智治麻呂에게 右少弁을 겸직시키고, 종5위하 藤原朝臣承之를 大監物[35]으로 삼

다. 실질적으로는 大寶令制에서 養老 3년(719) 2월에 職事官에게 把笏의 소지가 명해지고, 5위 이상의 귀족관인에게는 牙笏, 6위 이하에게는 木笏를 소지하게 하였다.

30 307쪽, 延曆 23년(804) 10월 계축조 각주 90 참조.

31 353쪽, 大同 원년(806) 2월 경술조 각주 64 참조.

32 「公式令」40에 天子神璽條에는, "天子神璽.〈謂, 踐祚之日寿璽, 寶而不用.〉內印〈方三寸.〉五位以上位記, 及下諸国公文, 則印, 外印.〈方二寸半.〉六位以下位記, 及太政官文案, 則印, 諸司印.〈方二寸二分.〉上官公文, 及案移牒, 則印, 諸國印.〈方二寸.〉上京公文, 及案調物, 則印"이라고 하는 규정이 있다. 內印은 5위 이상의 位記와 제국에 내리는 공문에 사용되었다. 外印은 太政官印으로 6위 이하의 位記 및 太政官 문서에 날인하는 官印이다.

33 원문에는 諸國으로 나와 있으나, 諸道라고 생각된다.

34 207쪽, 延曆 18년(799) 3월 정사조 각주 58 참조.

고, 정4위하 藤原朝臣園人을 민부경으로 삼고, 산양도관찰사, 東宮傅은 종전대로 하였다. 종4위상 吉備朝臣泉을 형부경으로 삼았다.

○ 추7월 신사삭, 일식이 있었다.

갑신(4일), 칙을 내려, "무릇 鎭將의 임무는 변경을 지키는 일이다. 불온한 사태에 대비하여 잠시도 소홀할 수가 없다. 지금 듣건대, 鎭守將軍 종5위하 陸奧介를 겸직한 百濟王教俊[36]은 멀리 鎭守府[37]에서 떨어져 항상 國府[38]에 있다고 한다. 만일 비상시에 어떻게 중요한 일을 감당할 것인가. 변방의 장수의 임무가 어찌 이와 같을 수가 있는가. 지금 이후로는 다시는 그렇게 해서는 안된다"라고 하였다. (이날) 攝津國 河邊郡의 畝野牧을 폐지하였다. 목장의 말이 탈출하여 백성의 생업에 피해를 주기 때문이다.

정해(7일), (천황이) 神泉苑에 행차하여, 씨름을 관람하였다. 문인에게 칠석의 시를 짓게 하였다[39].

기축(9일), 종5위상 多治比眞人八千足을 少納言으로 삼고, 정5위하 安倍朝臣鷹野를 內藏頭로 삼고, 右近衛少將, 武藏守는 종전대로 하였다. 종5위하 小野朝臣眞野를 木工助로 삼고, 종5위상 藤原朝臣眞雄을 主殿頭 겸 備前守로 삼고, 右近衛少將은 종전대로 하였다. 종5위하 紀朝臣岡繼를 掃部□로 삼고, 정5위하 布勢朝臣尾張麻呂를 攝津守로 삼고, 右衛士佐 종5위하 紀朝臣百繼에게 越前介를 겸직시키고, 종5위하 大宅眞人淨成을 土左守로 삼았다.

신묘(11일), 曲宴을 열고, 근시하는 신하들에게 피복을 하사하였다,

---

35 監物은 中務省 직속의 관으로 제관사의 창고의 열쇠를 관리하고 출납사무를 감찰한다. 中務省의 典鑰, 大藏省, 內藏寮의 主鑰을 실질적으로 통솔한다. 직원은 大監物 1인(종5위하), 中監物(종6위하) 4인, 少監物(정7위하) 4인, 監物主典(정7위상), 史生 등으로 구성되어 있다. 후에 中監物은 폐지되고 監物主典으로 대체되었다.

36 219쪽, 延曆 18년(799) 9월 신해조 각주 109 참조

37 蝦夷 방비를 위해 조영한 膽澤城.

38 多賀城이 소재한 동북지방의 陸奧國府.

39 7월 7일의 節會.

계사(13일), 보리의 (여물지않은) 모를 베는 것을 금지하였다.

을미(15일), 종5위하 多治比眞人全成을 大監物으로 삼고, 종5위하 藤原朝臣承之를 縫殿助로 삼고, 종5위상 石川朝臣繼人을 玄蕃頭로 삼고, 종5위상 藤原朝臣岡繼를 刑部大輔로 삼았다. 종5위하 讚岐公千繼를 (刑部)少輔로 삼고, 備前權介는 종전대로 하였다. 종5위하 藤原朝臣淨岡을 典藥頭로 삼았다.

이날, 조를 내려, "궁성의 8방에 수위하는 병사는 본래 반역의 조짐을 차단하고, 위부의 병졸은 궁성의 침해를 방어하는 것이다. 그렇게 하면 무기를 갖추고 불온한 사태에 대비하는 일은 적절한 변통의 기지를 발휘하고 반드시 종전의 방식으로 대응할 필요는 없다. 지금 (조정에서는) 크게 어지럽히는 일을 듣지 못했고, 사악한 일을 꾀하거나 일으키지 않는다. 많은 守衛兵을 두고 있지만, 헛되게 경비와 수위에 있는 상태이다. 가만히 생각해 보면, 심히 불필요한 일이다. (魏의) 正始연간에는 관원을 감축했고, (後漢의) 建武 연간에는 國邑을 통합했던 것은 대개 이러한 이유에서였다. 7위부의 잡임[40] 이하의 관원으로 중복되는 것은 감원하려고 생각한다. 경들은 상세히 심의하여 정수를 주상하도록 한다"라고 하였다.

병신(16일), 칙을 내려, 陸奧鎭守府 관인은 교대하는 근무의 연한이 아직 정해지지 않았다. 지금 이후로는 국사와 동일하게 (6년으로) 한다. 의사는 8년으로 기한을 삼는다.

경자(20일), 內藏寮의 御履長上[41] 1인, 內膳司의 食長上[42] 1인, 料理長上[43] 1인, 藥師寺의 木工長上[44] 2인, 東大寺의 別勅長上[45] 1인, 金銀銅鐵長上[46] 1인, 西大寺

---

40 7衛府는 衛門府, 左右近衛府, 左右衛士府, 左右兵衛府이고, 잡임은 主帥, 門部, 使部, 物部, 近衛, 兵衛 등이다.

41 長上은 番上官에 대한 상근직은 長上官을 말한다. 여기서는 특별한 능, 재기를 갖고 관사에서 장상관 예우를 받고 출사한 자들이다. 御履長上은 황실에 공진하는 신발 제작을 담당한 長上, 造御履長上이라고도 한다.

42 內膳司에서 황실 음식을 담당한 長上.

43 料理長上은 食長上과 동일한 일을 담당한다고 생각되는데, 양자의 차이는 알 수 없다.

44 造藥師寺司 소속의 목공 기능의 長上.

의 목공장상 2인, 法華寺의 목공장상 1인, 秋篠寺의 목공장상 1인을 감원하였다.

신축(21일), 曲宴을 개최하고, 관찰사 이상에게 이불을 하사하고, 4위 이상에게 의복을 하사하였다. 이날, 内親王 및 命婦에게 葛野川을 굴삭하는 부역자를 바치게 하였다. 각각 차등이 있었다.

임인(22일), 衛門을 폐지하고 좌우위사부에 병합하였고, 위사부의 主帥 각 60인을 폐지하고, 門部를 각 100인씩 좌우위사부에 두기로 하였다. 궁성의 제문의 수위, 출입, 의례 및 門籍[47], 門牓[48] 등의 일은 左右衛士府의 소관으로 하였다. 이어 좌우위사부의 명칭은 左右靭負府라고 하였다. 좌우근위부 및 좌우병위부의 近衛, 兵衛는 원래 각각 4백인이었는데, 지금 각각 3백인으로 정했다. 使部는 원래 30인이었는데, 지금 각각 10인으로 정했다. 종5위하 紀朝臣百繼를 左衛士權佐로 삼고, 越前介는 종전대로 하였다. 종5위하 安倍朝臣眞直을 右衛士佐로 삼고, 相模介는 종전대로 하였다.

정미(27일), (천황이) 大堰에 행차하였다. 5위 이상에게 피복을 하사하였다.

○ 8월 경술삭, 曲宴을 열고, 5위 이상에게 피복을 하사하였다. 태정관의 소납언 1인을 증원하고, 좌우의 大舍人寮를 하나로 통합하고 少屬 1인을 증원하였다. 内藏寮에 少允 1인을 증원하였다. 隼人司는 금년 정월 22일의 조서에서, 이미 통폐합에 따라 衛門府에 병합하였다. 그리고 위문부를 左右衛士府에 병합했기 때문에, 다시 이 (隼人)司를 설치하고 병부성에 예속시켰다. 다만 佑 1인, 使部 2인은 폐지하였다. 대장성의 大丞과 大錄, 大膳職의 少進과 少屬 각 1인을 증원하였다.

임자(3일), 종4위하 三諸朝臣綿麻呂를 大舍人頭로 삼고, 右兵衛督, 播磨守는 종전대로 하였다. 종5위하 藤原朝臣安繼를 (大舍人)助로 삼고, 정5위하 御長眞人廣岳을 宮内大輔로 삼았다. (천황이) 칙을 내려, "齋宮寮의 炊部司[49]는 원래 장

<hr>

45 造東大寺司에 천황의 別勅으로 둔 長上.
46 造東大寺司 소속의 금속 세공 기술을 보유한 長上.
47 内裏의 궁문에 설치되어 그 문의 통과를 허가받은 관인의 이름, 관위를 기록한 병부.
48 門牓 궁문의 통과시에 반입되는 물품의 품목, 수량 등을 기재한 것.

관은 1인뿐이었다. 그런데 이번에 개정하여 장관, 主典을 두기로 한다. 관위는 舍人司[50], 藏部司[51] 등의 관사에 준한다'라고 하였다. (이날) 산위 종4위하 葛野王이 죽었다. 3품 穗田親王의 제4남이다. 때의 나이는 30세였다.

을묘(6일), 제국에 명하여 徭帳[52]을 바치게 하였다. 제국으로부터 징발하는 잡요가 각각 다르기 때문이다.

경신(11일), 외종5위하 難波連廣成[53]을 內藥正으로 삼았다.

을축(16일), 야생 여우가 朝堂院의 中庭에 굴을 파고 항상 살았다. 10여일이 지나자 보이지 않았다.

경오(21일), 칙을 내려, "무릇 調, 庸의 공진은 기한이 이미 명확히 정해져 있고 [54], 이를 위반하면 처벌하는 것은 또한 정해져 있다[55]. 제국의 국사들은 국법을 준수하지 않고 태만한 자가 많다. 이것은 쌓여 습관화되어 있어 징벌하여 바로 고치기 어렵다. 令 조문의 기한보다 각각 7개월의 지연은 특별히 죄를 묻지 않아도, 이로 인해 재차 합법적인 기한으로는 하지 않는다'라고 하였다.

신미(22일), (천황이) 神泉苑에 행차하였다. 주연을 열어 즐거움을 만끽하였다. 5위 이상에게 목면을 차등있게 하사하였다. 정5위하 御長眞人廣岳을 左中

---

49 齋宮寮 관할 12司의 하나로 취사의 일을 담당, 새로 증설한 長官, 主典은 모두 종5위하 상당관.
50 齋宮寮 소속의 관으로 소속한 舍人을 관장한다.
51 齋宮寮 관할 12司의 하나로 의복 제작 등을 담당한다.
52 잡요 징발의 실태를 기록한 장부.
53 324쪽, 延曆 24년(805) 6월 신해조 각주 171 참조.
54 「賦役令」 3 「調庸物」 조에는, "凡調庸物, 每年八月中旬起輸, 近國十月三十日, 中國十一月三十日, 遠國十二月三十日以前納訖. 其調糸七月三十日以前輸訖"이라는 규정이 있다. 즉 調, 庸은 매년 8월 중순부터 내기 시작하는데, 近國은 10월 30일까지, 中國은 11월 30일까지, 遠國은 12월 30일로 기한은 정하고 있다.
55 「戶婚律」 25, 「部內課稅魏紀」 조에는 "凡補部內輸課稅之物, 違期不充者, 以十分論, 一分笞四十, 一分加一等, 國郡皆以長官爲首, 佐職爲從, 節級連坐.〈全違期不入者, 徒二年〉. 戶主不充者, 笞四十"이라고 하여 납부율이 10분의 1이면, 태장 40대이고, 10분의 1마다 1등을 더하고, 완전히 납부하지 않으면 징역 2년에 처한다고 한다.

弁으로 삼고, 종5위하 大伴宿禰彌繼를 中務少輔로 삼고, 종5위하 小野朝臣眞野를 大監物로 삼고, 종5위하 藤原朝臣承之를 大藏少輔로 삼고, 종5위하 文室眞人正嗣를 齋宮頭로 삼고, 豊後守는 종전대로 하였다. 종4위하 紀朝臣廣濱을 美濃守로 삼고 우경대부는 종전대로 하였다. 종5위하 和朝臣雄成[56]을 豊前守로 삼고, 종5위하 紀朝臣百繼를 左衛士佐로 삼고, 越前介는 종전대로 하였다.

계유(24일), 監物의 主典을 폐지하였다.

을해(26일), 齋內親王이 葛野川에서 부정을 씻는 의식을 하고, 바로 野宮으로 들어갔다.

병자(27일), 밤에 左右兵庫의 징, 북이 스스로 울렸다.

○ 9월 신사(2일), 칙을 내려, "伊勢大神 및 度會[57] 2궁의 大內人[58] 각 3인은 원래 白丁의 신분이다. 지금 이후로는 外考[59] 및 把笏의 신분으로 한다"라고 하였다.

계미(4일), 齋內親王이 伊勢로 향했다.

갑신(5일), 종5위하 安倍朝臣眞直을 少納言으로 삼고, 右衛士佐, 相摸介는 종전대로 하였다. 천문박사 외종5위하 志斐連國守에게 음양박사를 겸직시켰다. 종5위하 中科宿禰雄庭을 主計頭로 삼고, 외종5위하 犬上朝臣望成을 (主計)助로 삼고, 외종5위하 飛驒國造 祖門을 主稅助로 삼고, 종5위상 多治比眞人八千足을 大藏大輔로 삼고, 정5위하 百濟王教德[60]을 宮內大輔로 삼았다. 종5위상 高橋朝臣

---

56 백제계 씨족인 和氏의 후예, 和史, 和朝臣으로 씨성의 변화가 있다. 『新撰姓氏錄』 좌경제번하에 백제국 都慕王의 18세손인 武寧王으로부터 나왔다는 시조 전승이 있다. 延曆 4년(785)에 上總介에 임명되었고, 동 10년 정월에 종5위상에 서위되었다.

57 伊勢外宮인 豊受宮. 食物神인 豊受大神을 모시는 신궁.

58 伊勢神宮의 禰宜를 보좌하는 神官.

59 外官으로서의 근무고과를 평가하는 것.

60 陸奧鎭守將軍 百濟王俊哲의 아들, 延曆 7년(788)에 右兵庫頭에 임명되었고, 동 8년에 讚岐介, 延曆 18년(799)에 上總守를 역임하였다. 平城朝인 大同 3년(808)에 宮內大輔이 임명되고, 嵯峨朝에서는 治部大輔, 刑部卿을 역임하였다. 弘仁 3년(812)에 종4위하, 동 7년에 종4위상에 서위되었다.

祖麻呂를 大膳大夫로 삼고, 安藝守는 종전대로 하였다. 종5위하 大原眞人眞福을 備後守로 삼았다.

경인(11일), 낮에 금성이 보였다.

을미(16일), 칙을 내려, "일시적으로 편입된 식봉은 그 기한이 슈의 조문에 정해져 있는데[61], 근년에 시행되고 있는 바는 기왕의 법 규정과 매우 다르다. (唐)招提寺의 50호, 荒陵寺[62]의 50호, 妙見寺의 1백호, 神通寺의 20호의 봉호는 마땅히 거두어 穀倉院[63]에 납입해야 한다"라고 하였다. 사적으로 매를 사육하는 것을 금지하였다. 특별히 허가받은 자는 公驗을 주기로 하였다.

무술(19일), (천황이) 神泉苑에 행차하였다. 칙이 내려져, 종5위하 平群朝臣賀是麻呂가 和歌를 지어 읊기를, "어떤 바람의 탓이길래 오오시마의 억새풀 끝이 바람을 맞아 서로 맺어져 있네"라고 하였다. 황제가 감탄하고 기뻐하였다, 바로 종5위상에 서위하였다.

(이날 천황이), 칙을 내려, "지난 5월 조서에서 "기근과 역병을 언상한 제국은, 금년의 調를 모두 면제하라고 하였다. 그러한 즉 역병이 발생한 제국에서는 모름지기 모두 면제하는 것이 이치이고, 詔旨로부터 분명하고 의심의 여지가 없다. 그런데 지금 국사 중에는 역병에 걸린 사람은 면제하고, 병에 걸리지 않은 사람으로부터는 징수하고 있다고 한다. 어리석은 관리의 과실이 오히려 백성을 근심하게 한다. 조속히 지시를 내려 다시는 그런 일이 없도록 한다. 부랑인의 調[64] 및

---

61 「禄令」14「寺不在食封之例」조에, "凡寺, 不在食封之例, 若以別勅, 権封者, 不拘此令〈権, 謂五年以下.〉"이라고 하여, 사찰은 원칙적으로 식봉을 받지 못한다. 다만, 별칙으로 한시적으로 지급할 수 있는데, 그 기한은 5년으로 되어 있다.

62 大阪市 天王寺區에 있는 四天王寺의 별칭. 동 사찰이 소재하는 荒陵山의 이름으로부터 불리우게 되었다.

63 大同 연간에 설치한 조정의 곡물창고로서, 畿内 제국의 調錢, 제국에 있는 소유자가 없는 位田, 職田, 没官田 그리고 大宰府의 稻 등을 수납한 穀倉이고, 이를 관리하는 관사를 말한다. 왕경 내의 빈민구제, 대학료의 學問料, 신사와 사찰에 지급하는 용도로 사용한다.

64 浮浪人籍을 만들어 등재하고 부랑인에게 부과하는 調.

中男作物[65]도 또한 이에 준한다"라고 하였다.

기해(20일), 조를 내려, "관인이 너무 많으면 (일을 하지 않는 자가 생겨) 정무가 혼란해지고, 사람이 너무 적으면 일이 지체된다. 따라서 사정을 헤아려 축소하고 병합하여 필요사항을 관사에 위임하여 실행한다. 예전 제관사의 백료들은 한가로운 관사가 있고 업무량이 많은 관사가 있어, 그에 따라 녹봉과 포상을 하여 넉넉히 받기도 하고 박하기도 하다. 지금의 관은 이미 개혁에 따르면[66], 급여를 어떻게 종전대로 할 수 있겠는가. 마땅히 要劇料[67], 馬料[68], 時服[69], 公廨[70] 등의 급여는 모두 종전의 사례를 고쳐서 두루 제관사에 지급하기로 한다. 상세히 조례를 만들어 구비해서 주상하도록 한다"라고 하였다.

경자(21일), 칙을 내려, "지난 大同 원년(806) 11월 6일 格에 운하기를, '이해에 자주 곡식이 여물지 않아 백성의 폐해가 특히 심하다. 租를 경감하지 않으면, 스스로 살아갈 수가 없다. 伊賀, 紀伊, 淡路 3개국의 전조는 금년부터 6년간 損田 4分, 得田 6分으로 해서 수납한다'고 되어 있다. 또 금년 3월 19일 격에서 운하기를, '備後, 安藝, 周防 등의 제국의 전조는 損田 4分, 得田 6分으로 해서 수납한다'고 하였다. (損田의 비율을 국에서) 通計하는 것은 의문이 있다. 마땅히 戶마다

---

65 율령제에서 中男은 17세에서 20세까지의 남자로서, 중앙관청에서 필요로 하는 물품을 國司, 郡司가 이들에게 조달시켰다. 이것은 養老 원년(717) 11월 22일 칙에서 正丁이 부차적으로 바치는 調副物과 中男의 調를 폐지하고 그 대신에 中男에게 공납하게 한 것이다.

66 앞의 大同 3년(808) 정월 임인조의 보이는 詔에서, 제관사의 통폐합과 동년 7월 임인조의 詔에서 衛府의 정원 감축을 내리고 있다.

67 업무량이 많은 劇官에게 지급하는 수당, 養老 3년(719)에 錢 지급이 최초이다. 격무에 시달리는 在京의 職事官에 대해 월 단위로 錢을 지급하였다. 番上官의 劇官에게는 番上粮이라고 하는 쌀이 지급되었다. 이번의 개혁으로 月料의 지급범위는 축소되었다.

68 5위 이상의 재경 문무관인에게 말 사육비로서 지급하는 錢.

69 時服은 관에서 지급된 의복료. 각국에서는 出擧한 官稻의 이자로 그 재원으로 한다.

70 위에서 말하는 公廨는 제국에서 출거하는 公廨稻가 아니고, 관사에 지급되는 公廨錢 혹은 公廨物이고, 이를 이를 운용하여 수익을 관인에게 배분하는 것이다. 업무량이 많은 劇官에게 지급되었다고 보인다.

비율을 정해 損田 4分은 면제하고, 得田 6分은 징수한다. 국 전체(를 평균한) 통계법으로 해서는 안된다'라고 하였다.

을사(26일), 大和國에서 언상하기를, "이 국의 수전은 17,500여정이고, 河內, 和泉 양국의 전지 17,000여정이다. 이를 서로 비교하면 많고 적음에 차이가 없다. 그러나 班田使의 인원은 이미 대화국은 양국의 2배이다. 삼가 바라건대, 河內 등의 국에 준해서 반전사의 인원을 줄여서 백성의 폐해를 없앴으면 한다'라고 하였다. (천황은) 이를 허락하였다. 이에 차관 1인, 판관 2인, 주전 2인을 줄였다.

○ 동10월 기유삭, 5위 이상에게 연회를 베풀고 목면을 차등있게 하사하였다. 종5위하 佐伯王을 大監物으로 삼고, 종5위하 多治比眞人全成을 縫殿助로 삼고, 大外記 종5위하 豐宗宿禰廣人에게 主稅頭를 겸직시켰다. 산음도관찰사, 판관, 음양조는 종전대로 하였다.

을묘(7일), (천황이) 北野에서 사냥을 즐겼다. 布勢内親王이 물품을 바쳤다. 하루 종일 연회를 베풀고 술을 마셨다. 有司가 음악을 연주하였다. 5위 이상에게 피복을 하사하였다.

병진(8일), 左衛士府의 거주구역에서 화재가 발생하여 180개 가옥이 불에 탔다. 이에 물품을 차등있게 지급하였다.

정묘(19일), 能登國 能登郡의 越蘇, 穴水, 鳳至郡의 三井, 大市, 待野, 珠洲 등 6개역을 폐지하였다. 필요없게 되었기 때문이다.

(이날) 동산도관찰사, 좌근위중장 정4위하 行春宮大夫 安倍朝臣兄雄이 죽었다. 종5위상 粳虫의 손이고, 무위 道守의 자이다. 문사에는 재능이 없으나 무술에는 뛰어났고, 개를 좋아하는 성격이었다. 강직하여 세속에 영합하지 않았다. 역임한 관직에서는 공평하고 청렴했다는 평판을 받았다. 伊豫親王은 죄가 없는데 (친왕의 지위에서) 폐위되었다. 천황이 격노했는데, 군신이 감히 간언하지 못했다. 兄雄은 단호한 언사로 항의하였다. 비록 성과는 얻지 못했지만, (이 사건을 평한) 논자들은 의로운 일이라고 하였다.

경오(22일), 새떼가 조당원 동쪽의 한 건물에 모여 의자를 부리로 쪼았다.

을해(27일), (천황이) 近江國 大津으로 행차하여 부정을 씻는 의식을 행했다. 大嘗祭를 하기 위해서이다.

정축(29일), 制를 내려, "전례를 참고하면, 대상제에 동반한 散齋[71]는 3개월이지만, 지금 이후로는 그 기한을 1개월로 한다"라고 하였다.

○ 11월 신사(4일), 종4위상 秋篠朝臣安人[72]을 右大弁으로 삼고, 좌대변 정4위상 菅野朝臣眞道[73]에게 大藏卿을 겸직시키고, 종5위하 谷忌寸野主를 內掃部正으로 삼았다. 左兵衛督 종4위상 巨勢朝臣野足에게 春宮大夫를 겸직시키고, 近江守는 종전대로 하였다. 이날 밤, 內藏寮의 창고에 도둑이 들어왔는데, 사람들에게 포위되었다. 때에 대상제가 예정되어 있고, 자살할 것을 우려하여[74] 사자를 보내 설득하였다. 어두어지자 쫓아냈다.

무자(11일), 칙을 내려, "듣는 바와같이 大嘗會의 다양한 음악의 연주자는 마음대로 국법을 어기고 당에서 가져온 물건으로 장식하고 있다고 한다. 법령을 준수하지 않으면 예로부터 비난받는 일이다. 거듭 금단의 조치를 취하고 허용하지 않도록 한다"라고 하였다.

신묘(14일), 이세대신궁에 폐백을 바쳤다. 大嘗事를 행하기 위해서이다. 이날 밤, 천황이 朝堂院에 어림하여 大嘗의 의식을 행하였다.

임진(15일), 豐樂殿에서 5위 이상에게 연회를 베풀고, 2국[75]의 풍속 가무를 선보였다. 5위 이상에게 물품을 내리고, 2국에서 바친 물품을 제관사에 지급하였다.

계사(16일), 하루종일 연회를 열었다. 5위 이상에게 의복, 이불을 내렸다.

71　대상제 의식에 앞서 몸과 마음을 청결히 하는 齋戒인데, 엄중히 행하는 眞忌에 비해 가볍게 하는 재개를 말한다.

72　104쪽, 延曆 13년(794) 8월 계축조 각주 11 참조.

73　207쪽, 延曆 18년(799) 3월 정사조 각주 58 참조.

74　대상제를 앞두고 사람이 죽는다는 것은 부정을 탄다는 死穢에 속한다. 특히 궁중에서 발생한 이런 상황은 심각한 일이고, 일정기간 의식을 금지하게 되어 있다.

75　대상제 때에 각각 悠紀國, 主基國으로 지정된 伊勢國과 備前國

갑오(17일), 다양한 무용 및 大歌[76], 오절무[77] 등을 연주하였다. 由貴, 主基 양국의 국사, 군사와 사역인에게 물품을 차등있게 하사하였다.

이날, 종5위하 葛井王에게 종5위상을 내리고, 정6위상 新城王에게 종5위하를, 종4위하 三諸朝臣眞屋麻呂·藤原朝臣大繼에게 종4위상을, 정5위상 藤原朝臣繼業, 정5위하 安倍朝臣鷹野에게 종4위하를, 종5위상 高橋朝臣祖麻呂·藤原朝臣繼彦·藤原朝臣道雄·紀朝臣田上·藤原朝臣眞雄에게 정5위하를, 종5위하 永原朝臣最弟麻呂·大伴宿禰人益·石川朝臣繼人·三嶋眞人年嗣·百濟王元勝[78]·多治比眞人今麻呂·紀朝臣繩麻呂·讚岐公千繼·藤原朝臣山人·安倍朝臣眞勝·大中臣朝臣智治麻呂에게 종5위상을, 정6위상 大中臣朝臣弟守·紀朝臣越永·安倍朝臣寬麻呂·藤原朝臣弟葛·多朝臣人長·安倍朝臣淸繼·齋部宿禰廣成에게 종5위하를, 외종5위하 秦宿禰都伎麻呂에게 외종5위상을, 정6위상 名草直道主에게 외종5위하를 내렸다. 5위 이상에게 楷衣[79]를 내렸다.

병신(19일), 종4위상 藤原朝臣緖嗣·吉備朝臣泉에게 정4위하를, 정4위상 五百井女王·藤原朝臣勒子에게 종3위를, 종4위하 藤原朝臣藥子에게 정4위하를, 무위 紀朝臣田村子에게 종4위하를, 종5위상 三善宿禰姉繼, 무위 伊勢朝臣繼子에게 정5위하를, 무위 藤原朝臣佐禰子에게 종5위상을, 무위 坂上大宿禰井手子·大中臣朝臣百子·藤原朝臣高子·藤原朝臣岡子, 정6위상 粟田朝臣仲繼에게 종5위하를, 종7위상 尾張連眞縵에게 외종5위하를 내렸다.

갑진(27일), 종5위하 大中臣朝臣常麻呂를 神祇大副로 삼고, 종5위하 藤原朝臣

---

76 궁정의 공적 의식인 정월, 白馬, 踏歌 등의 節會, 大嘗祭, 新嘗祭 등에서 행하는 노래의 총칭, 민간에서 불리우는 小歌, 민요에 상대적인 말.

77 五節舞, 궁정에서 행해지는 女舞, 大歌의 하나인 五節歌曲을 반주하며 행함. 五節의 의미는 五段의 節調에 의한 舞, 大嘗祭, 新嘗祭의 豊明節會에 개최된다.

78 延曆 16년(797) 정월에 安房守에 임명되었고, 동 23년 4월에 內兵庫正, 大同 원년(806) 2월에 鍛冶正에 임명되고, 동 4년에 大判事에 임명되었다. 弘仁 13년(822)에 정5위하, 天長 3년(826)에 정5위상에 서위되었다.

79 다양한 문양을 옷감에 문질러 염색한 의복.

弟葛을 陰陽助로 삼고, 정5위상 大野朝臣直雄을 兵部大輔로 삼고, 종5위하 谷㟁
寸野主를 主殿助로 삼고, 종5위하 新城王을 内掃部正으로 삼았다. 종4위하 藤原
朝臣繼業을 左京大夫 겸 大和守로 삼고, 시종은 종전대로 하였다. 종4위하 紀朝
臣廣濱을 우경대부로 삼고, 美濃守는 종전대로 하였다. 종5위상 藤原朝臣鷹養을
造西寺 장관으로 삼고, 종5위하 安倍朝臣淸繼를 下野介로 삼고, 종5위상 大中臣
朝臣智治麻呂를 丹波守로 삼았다. 左兵衛佐 종5위하 藤原朝臣貞本에게 但馬介
를 겸직시키고, 内藏助는 종전대로 하였다. 式部少輔 종5위하 御室朝臣今嗣에게
出雲介를 겸직시키고, 종5위하 安倍朝臣淸足을 美作介로 삼고, 종5위하 大中臣
朝臣弟守를 備前介로 삼고, 종5위하 紀朝臣越永을 讚岐介로 삼고, 雅樂頭 종5위
상 藤原朝臣山人에게 伊豫守를 겸직시키고, 종5위상 多治比眞人今麻呂를 大宰
少貳로 삼고, 종5위하 巨勢朝臣諸成을 右兵庫頭로 삼았다.

정미(30일), 右衛士府의 거주구역에서 화재가 발생하여, 78개 가옥이 소실되
었다. 이에 물품을 차등있게 지급하였다.

○ 12월 무신삭, 曲宴을 열고, 음악을 연주하였다. 5위 이상에게 피복을 하사
하였다.

신해(4일), 외종5위하 日下部連高道를 造酒正으로 삼고, 종5위하 伊勢朝臣繼
麻呂를 園池正으로 삼고, 조교 외종5위하 名草直道主에게 越中權掾을 겸직시
켰다.

임자(5일), 칙을 내려, "定額隼人[80]이 만약 결원이 있으면, 반드시 경, 기내 거주
의 隼人을 대상으로 하고, 결원에 따라 보충한다. 다만 衣服[81], 粮料[82]는 종전과 동
일하게 해서는 안되고, 특별히 衛士에 준해서 지급한다. 여자는 충원의 대상에
포함하지 않는다"라고 하였다.

갑인(7일), 대설이 내렸다. 하루종일 연회를 열고, 5위 이상에게 목면을 차등있

---

80 隼人司에 출사하는 番上隼人을 말한다. 隼人은 궁중의 의식 등에 봉사하였다.
81 1년에 2회, 춘하, 추동으로 나누어 지급하는 時服.
82 出仕하는 일수에 따라 지급하는 양곡.

게 하사하였다.

병진(9일), 종5위상 藤原朝臣子伊太比, 종5위상 藤原朝臣惠子에게 永原朝臣의 씨성을 내렸다.

갑자(17일), 동산도관찰사 정4위하 行右衛士督, 육오 · 출우안찰사를 겸직한 臣 藤原朝臣緒嗣가 언상하기를, "臣은 부족한 몸인데, 외람되게 재능도 없이 높은 지위에 오르고, (관찰사, 안찰사) 2使를 겸직하고 식봉 2백호와 아울러 武禁[83]의 직을 맡고 숙위를 책임지게 되었다. 받은 은혜는 언덕과 산이 무겁지 않을 정도이고, 공로로 말한다면 티끌 만큼도 되지 않는다. 마음과 혼이 나가 몸둘 바를 모르겠다. 신은 듣건대, '재능있는 자를 택해 관인으로 삼는 것은, 聖上의 큰 규범이다. (자신의) 역량을 헤아려 출사하는 것은 신하의 항상의 본분이다. 따라서 인사에 흐트러짐이 없이 官을 내리고 받는 것은 마땅하다'고 한다. 신은 앞에서도 여러차례 말했지만, 陸奧國은 일을 성숙시키기가 어렵다. 금일에 이르러 신에게 그 정무를 위임하였다. 물러나 (적절한 인재를 발탁해야 한다는) 앞서의 말을 생각하면, 점점 감당하기 어려움을 알게 되었다. 이에 더하여 지금 듣건대, '국중에 역병으로 많은 백성이 죽어가고, 진수하는 병사는 징발할 사람이 없다. 또 광분한 적[84]은 병에 걸리지도 않고 강하고 용맹함은 통상과 같다'고 한다. (蝦夷의) 귀복한 무리들이 반란의 조짐은 이미 보이고 있다. 이로 인해 奧郡의 백성들은 몇 번이나 도망쳐 나가려고 한다. 만일 (蝦夷가) 틈을 타 난을 일으키면, 어떻게 유지해 나갈 수가 있겠는가. 신은 태어난지 얼마 안된 시기부터 눈이 점점 어두워졌다. 또 각기[85]를 앓고 있어 끊임없이 일어나고 있다. 이 병은 해마다 쌓이고 있다. 아울러 韜略[86]의 (병법) 지식도 빈약한 상태이다. 만약 미천한 신의 사직을 허

---

83 右衛士府의 장관.
84 蝦夷를 말한다.
85 다리가 마비되어 감각이 없어져 제대로 걷지 못하는 병.
86 韜略은 중국고대의 兵書로 六韜三略의 약칭, 六韜은 周의 太公望呂尙, 三略은 漢의 黃石公의 찬술로 전해지고 있다.

락하지 않고 그 일을 맡겨 실패라도 있으면, 단지 신이 죽음에 처해지는 것만 아니라 오히려 천하의 대사를 문란하게 하는 일이다. 그렇게 하면 위로는 조정의 위엄을 손상시키고, 밑으로는 선인들의 이름을 욕보이는 것이다. 삼가 바라건대, 황제폐하께서는 다시 좋은 인재를 쓰시어, 어리석은 신을 대신하여 지방의 군진을 조속히 그 사람에게 맡겼으면 한다. 신은 경내에서 태어나 성장하여 (지방의) 교화를 펼치기에는 아직 미숙하다. 바라건대, (신이) 갖고 있는 봉호, 관직을 모두 반납하고 (천황의) 교화가 미치고 있는 국의 장관에 임명되었으면 한다. 동시에 백성의 고통을 듣고, 또 일신의 병을 치료하고자 한다. 비록 비단 제조의 정성은 옛 사람에게는 부끄럽지만[87], 특히 바라는 것은 폐하께서 굽어 살피시어 불쌍히 여겨 윤허해 주었으면 한다. 두렵고 간절한 마음을 참을 수가 없어 삼가 표를 올리는 바이다. 폐하의 위엄을 욕되게 하여 심히 두려워하고 있다"라고 하였다. (천황은) 칙을 내려 불허하였다.

무진(21일), 종6위하 息長丹生眞人文繼에게 종5위하를 내리고, 외종7위하 日置臣登主에게 외종5위하를 내렸다. 무위 笠朝臣道成에게 종5위하를 내렸다. 道成은 皇大弟[88]의 유모이다. 특별히 이번에 서위를 내린 것이다.

병자(29일), 伊賀國의 大同 원년(806)의 (出擧에 의한) 미납된 정세 19,000속을 면제하였다. 수해가 특히 심해 백성들이 피폐해졌기 때문이다.

◎ 大同 4년(809) 춘정월 무인삭, 신년하례를 정지하였다. 찬바람이 평상과 달랐기 때문이다. 5위 이상에게 前殿에서 연회를 베풀고, 물품을 차등있게 하사하였다. 정3위 藤原朝臣內麻呂에게 종2위를 내렸다.

기묘(2일), 정4위하 藤原朝臣藥子[89]에게 종3위를 내렸다.

---

87 『春秋左氏傳』襄公 31년조에 나오는 고사로서, 비단을 재단하는 기술이 부족한 자에게 아름다운 비단의 제조를 맡긴다는 말이다. 즉 능력없는 자에게 지방의 중직을 맡기는 것에 대한 비유이다.

88 桓武天皇의 제2황자인 神野親王, 平城天皇의 同母弟로 후에 嵯峨天皇으로 즉위.

갑신(7일), 근시하는 신하에게 연회를 베풀고 피복을 하사하였다.

정해(10일), 제국에 명하여 정월 7일, 16일 양 절회에 바치는 진미를 정지하였다. 백성에게 부담을 주기 때문이다.

임진(15일), 개가 대극전 서쪽 누각 위에 올라 짖었다. 수백마리의 새떼가 그 위를 날았다.

계사(16일), 春宮亮 종5위하 藤原朝臣冬嗣에게 시종을 겸직시키고, 齋宮頭 종5위하 文室眞人正嗣에게 上總守를 겸직시키고, 종5위하 息長丹生眞人文繼를 (上總)介로 삼고, 左近衛少將 종5위하 大伴宿禰和武多麻呂를 常陸權介로 삼고, 종5위하 百濟王敎俊⁹⁰을 下野守로 삼고, 종5위하 谷忌寸野主를 豐後介로 삼고, 종5위하 佐伯宿禰耳麻呂를 陸奧鎭守將軍으로 삼았다.

을미(18일), 천하제국에 명하여, 名神을 위해 대반야경 1부를 사경하고, 봉독 공양하여 國分寺에 안치하였다. 만약 국분사가 없으면 定額寺에 안치시키도록 하였다.

무술(21일), 曲宴을 열었다. 음악을 연주하고 4위 이상에게 피복을 하사하였다. 종4위상 三緒朝臣眞屋麻呂, 종4위하 三諸朝臣綿麻呂 등에게 三山朝臣의 성을 내렸다.

경자(23일), 종5위하 息長丹生眞人文繼를 內藥正으로 삼고, 上總介는 종전대로 하였다. 종5위하 多治比眞人全成을 上總守로 삼고, 음양박사 외종5위하 志斐連國守에게 因幡權掾을 겸직시켰다. 종5위하 豐宗宿禰廣人을 肥後介로 삼고, 主稅頭, 大外記는 종전대로 하였다. 종5위하 文室眞人正嗣를 豐後守로 삼고, (服喪으로) 해관된 종5위하 安倍朝臣淸繼를 본래의 官으로 복직시켰다.

○ 2월 정미삭, 曲宴을 개최하고, 4위 이상에게 피복을 내렸다.

신해(5일), 칙을 내려, "倭漢惣歷帝譜圖⁹¹는 天御中主尊을⁹² 표시하여 시조로

---

89 435쪽, 大同 3년(808) 하4월 정묘조 각주 5 참조.

90 220쪽, 延曆 18년(799) 9월 신해조 각주 109 참조

91 倭는 일본이고, 漢은 한반도, 중국 등 도래계 씨족으로 역대 제왕의 계보를 총람하고 있는 계

삼는다. 魯王[93], 吳王[94], 高麗王[95], 漢高祖命[96] 등이 그 후예라고 나오고, 倭漢[97]의 계보가 섞여있어 감히 天宗을 더럽히고 있다. 어리석은 백성은 여기에 빠져 집착하고, 실록이라고 말하고 있다. 제관사의 관인 등을 소장하고 있는 것을 모두 제출한다. 만약 소유하고자 은닉하여 취지를 어기고 제출하지 않으면, 발각되는 날에는 반드시 중죄로 처벌한다'라고 하였다.

갑인(8일), 山城國 乙訓郡의 토지 6정을 大原内親王[98]에게 하사하였다.

정사(11일), 5위 이상에게 연회를 베풀고 삼베를 차등있게 내렸다. 칙이 내려져, 우대신 종2위 藤原朝臣内麻呂에게 中紫[99]의 조복을 착용하게 하였다.

기미(13일), 종5위상 大中臣朝臣智治麻呂를 神祇大副로 삼고, 종5위하 藤原朝

보도이다. 여기에는 일본계과 도래계가 서로 혼재되어 있어 씨족의 계보에 혼란을 야기시킨다는 이유로 몰수를 명하고 있다. 당시 조상의 계보, 출자에 대한 개변이 빈번히 일어나고 있음을 말해주고 있다.

92 일본신화의 천지개벽에 등장하는 신으로, 天의 중앙에 자리잡은 신을 의미한다. 『古事記』에는 신 중에서 최초로 나오고 있고, 『日本書紀』에는 異傳(제1단 제4의 1書)에 天御中主尊으로 나온다. 天之御中主神은 중국사상의 영향으로 창출된 관념적인 신으로 당시 씨족들의 계보, 출자의 조작에 이용되고 있다.

93 『新撰姓氏錄』右京諸蕃下에, "安勅連은 百濟國 魯王으로부터 나왔다"고 한다. 安勅連의 安勅의 씨명은 阿直岐, 阿直으로도 표기한다.

94 중국 삼국시대의 吳王을 말한다. 『新撰姓氏錄』左京諸蕃下에 "牟佐村主는 吳 孫權의 아들 高로부터 나왔다"라고 하고, "和藥使主는 吳國主 照淵의 손자 智聰으로부터 나왔다"고 기록되어 있다. 또 동 右京諸蕃上에는 "松野連은 吳王 夫差로부터 나왔다"라고 하고, 河内國諸蕃에는, "茨田勝은 吳國王 孫皓의 후손이고 意富加牟枳君으로부터 나왔다"로 전한다. 모두 출자의 위조이고 허위 계보이다. 특히 河内國諸蕃의 意富加牟枳君라는 인물은 한반도 가야계의 인물로 보여 동일 시조 전승에서도 중국계, 한반도계가 혼합되어 있다.

95 고구려왕을 시조로 하는 계보는 『新撰姓氏錄』에 산견되어 있다.

96 漢 高祖인 劉邦.

97 일본계와 이주씨족인 도래계.

98 平城天皇의 제3황녀.

99 中紫는 深紫와 淺紫의 중간 紫色. 「衣服令」4「諸臣」조에는, "諸臣礼服, 一位禮服冠, 深紫衣, …三位以上, 淺紫衣, 四位深緋衣, 五位淺緋衣"라고 하여 服色의 구별이 있다. 『續日本紀』寶龜 5년(774) 정월조에 2위의 대신에게 中紫의 의복을 착용하게 한 기록이 나온다.

臣冬嗣를 右少弁으로 삼고, 侍從, 春宮亮은 종전대로 하였다. 종5위하 安倍朝臣
兄麻呂를 大監物로 삼고, 종5위하 巨勢朝臣諸成을 도서조로 삼고, 종5위하 文屋
眞人正嗣를 음양두로 삼고, 豐後守는 종전대로 하였다. 종5위상 安倍朝臣眞勝을
대학두로 삼고, 備中守는 종전대로 하였다. 종5위상 百濟王元勝[100]을 대판사로
삼고, 종5위하 伊勢朝臣繼麻呂를 主殿助로 삼고, 종5위하 氷上眞人河繼를 典藥
頭로 삼고, 종5위하 藤原朝臣伊勢人을 齋宮頭로 삼고, 정5위하 坂田宿禰奈弓麻
呂를 造東寺 장관으로 삼고, 종5위하 藤原朝臣清岳을 筑後守로 삼았다. 종5위하
安倍朝臣眞直을 좌근위소장으로 삼고, 시종, 소납언은 종전대로 하였다. 종5위
하 大中臣朝臣常麻呂를 右衛士佐로 삼고, 종5위하 佐伯王을 右兵庫頭로 삼았다.

기사(23일), 少納言 1인, 中監物 2인, 少監物 2인을 증원하였다.

경오(24일), 佐渡, 隱岐 양국의 (3등관인) 掾 각 1인을 두었다.

임신(26일), 황제가 몸이 편치 않았다.

○ 윤2월 경진(4일), 칙을 내려, "종전의 관례에서는 (업무량이 많은) 劇官을 쓰
면 要劇錢을 지급하고 관위에 따라 많고 적음의 차이를 두었다. 이에 전례를 고
쳐 官司의 閑, 劇을 해소했기 때문에[101] 모든 官에 지급하기로 한다. 다만 쌀값이
이미 고등하여 지난 해에 비해 배가 되었다. 종전대로 錢을 지급하는 것은 실정
에 맞지 않는다. 식료가 확보되면 어찌 많고 적음의 차이가 있겠는가. 전례를 개
정하여 4위 이하[102] 초위 이상에게 사람마다 쌀 2승을 지급한다. 다만 관찰사는
(封戶가 지급되므로) 이 사례에 포함하지 않는다. 무릇 公에 봉사하는 길은 깨끗
하고 삼가는 것이 우선이고, 功이 없는 상은 청렴한 관리가 부끄러워하는 바이
다. 마땅히 출근일을 상세히 조사하여 사실대로 올리도록 한다. 근무에는 정직해

---

100 延曆 16년(797) 정월에 安房守에, 동 23년 4월에 內兵庫正에 임명되었다. 大同 원년(806) 2
    월에는 鍛冶正에 임명되고, 동 3년 11월에 종5위상, 弘仁 13년(822)에 정5위하, 天長 3년
    (826)에 정5위상에 서위되었다.

101 大同 3년(808) 9월 기해조의 詔. 급여개정의 조를 내렸다. 要劇錢 대신에 모든 관에 要劇料
    라고 하여 1일 쌀 2승을 지급하였다.

102 3위 이상에게는 位封이 지급되어 식료의 지급은 필요하지 않다.

야 하고 대충해서는 안된다"라고 하였다.

을유(9일), 천하제국에 명하여 체력이 뛰어난 사람[103]을 진상하게 하였다.

경인(14일), 황실에 바치는 물품 및 연중 사용하는 제비용, 제관사의 관인 이하의 月料[104]를 폐지하였다.

계사(17일), 청정하게 수행하는 승 20인을 内裏로 초청하여 독경시켰다[105].

정유(21일), 制를 내려, "越前國의 氣比神宮, 豐前國의 八幡大菩薩의 宮司 등은 교체하는 날에 국사에 준해 解由[106]를 주도록 한다"라고 하였다.

신축(25일), 처음으로 志摩國의 國分 2寺의 승니를 伊勢國의 국분사에 안치시켰다.

갑진(28일), 외종5위하 山田連弟分을 伊賀守로 삼았다. (이날) 종4위하 安部朝臣鷹野가 죽었다. 鷹野는 종5위하 猪名麻呂의 아들이다. 인자한 성품으로 많은 사람을 포용하였다. 시종 中臣王이 伊豫親王의 사건에 연루되었을 때, 고문을 받았지만[107], 승복하지 않았다. 때의 총신이 천황을 부추켜서 크게 곤장을 내리게 하여 (中臣)王의 등이 문드러져 죽었다. □□□□.

○ 3월 정미(2일), 전 上總介 石川朝臣道成, (上總)大掾 千葉國造 大私部直善人에게 함께 本位를 내렸다. 道成은 종5위하이고, 善人은 외종5위하이다. 재임시에 뇌물을 받고 장부를 조작한 혐의로 位記를 박탈당했다. 오랫동안 근무한 노고를 불쌍히 여겨 복위시킨 것이다.

---

103 相撲人, 씨름을 하는 사람. 연례행사인 7월 7일의 씨름 행사에 참여시키기 위한 것.
104 大炊寮에서 제관인에게 지급하는 食料인데, 이것은 제국에서 올라온 田租가 그 재원이 되고 있다. 식료의 폐지는 要劇料로서 대치되었다고 보인다.
105 平城天皇의 쾌유를 비는 불공이다.
106 새로 부임하는 관인이 連署해서 전임자에게 주는 문서로서 후임자가 전임자에 대해 업무 인계를 인정받는 증명서
107 「斷獄律」 「拷囚」 조에는 고문은 3번을 넘지 않으며 총 200대를 초과하지 못하도록 규정하고 있다. 또한 규정을 어겨 고문하거나 고의적으로 고문하여 사망할 경우에는 감옥 2년형에 처해진다. 여기서는 율의 규정이 아니라 천황의 지시로 행해진 사건이기 때문에 처벌과는 무관하다.

계축(8일), 외종5위하 犬上朝臣望成을 日向守로 삼았다.

갑인(9일), 천둥이 치고 우박이 쏟아졌다.

병진(11일), 종5위하 大中臣朝臣常麻呂를 兵部少輔로 삼고, 右衛士佐는 종전 대로 하였다. 종5위상 和朝臣建男[108]을 駿河守로 삼고, 도서두 종5위하 礒野王에게 武藏守를 겸직시키고, 종5위상 多治比眞人八千足을 下總守로 삼고, 외종5위하 難波連廣名[109]을 丹波掾으로 삼았다.

기미(14일), 처음으로 史生을 신설했는데, 左右兵庫에 각 2인, 內藥司에 2인, 造兵司에 2인, 皷吹司에 2인, 隼人司에 2인, 囚獄司에 2인, 織部司에 2인, 內膳司에 2인, 主水司에 2인이었다. 증원한 관사는 左右弁官에 각 4인, 내장료에 2인, 음양료에 2인, 병부성에 4인, 대장성에 8인, 大膳職에 4인, 主殿寮에 2인, 左右馬寮에 각 2인이었다. 감원한 관사는 內記 2인, 內匠寮 2인, 산위료 2인, 아악료 1인, 목공료 4인, 園池司 1인, 탄정대 2인, 東西市司 각 1인이었다.

경신(15일), 제관사의 史生 이하 잡색 이상에게 時服 및 月料의 법을 정하였다.

신유(16일), 山城國에서 흰 쥐를 바쳤다.

계해(18일), 長岡京의 토지 4정을 무품 坂本親王[110]에게 주었다.

병인(21일), 아악료의 여러 악사의 인원을 정하였다. 歌師, 舞師 각 4인, 笛師 2인이다. 당악사는 12인이고 이중 橫笛師는 2인이다. 高麗樂師 4인이고 橫笛[111], 箜篌[112], 莫目[113], 舞의 악사이다. 百濟樂師는 4인이고 橫笛, 箜篌, 莫目, 舞의 악사이다. 新羅樂師는 2인이고 琴, 舞의 악사이다. 度羅樂師는 2인이고 鼓, 舞의 악사이다. 伎樂師는 2인이고 林邑樂師는 2인이다.

---

108 146쪽, 延曆 16년(797) 춘정월 갑오조 각주 40 참조.
109 295쪽, 延曆 23년(804) 4월 임자조 각주 33 참조.
110 桓武天皇의 황자.
111 입에 가로로 대어 부는 관악기의 총칭.
112 현악기의 일종인 공후.
113 대나무로 만든 옆으로 부는 피리

무진(23일), 山城國 葛野郡의 토지 8정을 大原内親王[114]에게 주었다. 이날, 동산도관찰사 정4위하 行右衛士督, 육오·출우안찰사를 겸직한 藤原朝臣緒嗣가 변경의 직을 맡은 이유로 내리에서 사직하였다. 천황은 殿上으로 불러 典侍 종5위상 永原朝臣子伊太比로 하여금 대신하여 의복 1벌, 침구 등을 하사하였다.

기사(24일), 궁전을 수리하기 때문에 천황이 잠시 弁官의 관사[115]로 이주했는데, 노역자 1인이 弁官 남문에서 추락하여 사망하였다. 이에 수리를 중지하였다.

을해(30일), 종3위 坂上大宿禰田村麻呂[116]·藤原朝臣葛野麻呂[117]에게 함께 정3위를 내렸다. 정4위상 菅野朝臣眞道[118], 정4위하 藤原朝臣園人에게 함께 종3위를 내렸다.

○ 하4월 병자삭, 궁중에서 독경하였다. 또 경내의 제사찰에 사자를 보내 불경을 음송하게 하였다. (평성)천황은 지난 봄부터 건강이 불안하였다. 마침내 皇大弟에 양위하였다.

(천황은) 조를 내리기를, "現神으로서 大八洲를 통치하는 倭根子天皇이 詔늘로 내린 말씀을, 친왕들, 왕들, 신들, 백관의 사람들, 천하의 공민들은 모두 들으라고 분부하였다. 짐은 몸이 허약하여 국가의 대업을 수행할 수 없다고 본래부터 생각해 왔고, 잠시도 쉬지도 못하였다. 더욱이 짐의 몸은 원래 風病[119]으로 고통받고 신체는 편안하지 않다. 날이 가고 달이 쌓이고 국가의 정무는 결여되고 느슨해졌다. 지금 생각하는 바로는 황위에서 벗어나 하루 한시라도 몸을 추스르고 싶다. 따라서 皇大弟인 某 親王에게 천하의 정무를 물려주기로 한다. (여기에 모인) 그대들은 이 상황을 깨닫고 깨끗하고 진실된 마음으로 이 황자를 도와 인도하고, 천하의 백성을 위무하고 보살피라고 한 천황의 말씀을 모두 듣도록 하라고

---

114 平城天皇의 제3황녀.
115 太政官의 청사를 말한다.
116 97쪽, 延曆 13년(794) 6월 갑인조 각주 46 참조.
117 257쪽, 延曆 20년(801) 8월 경자조 각주 1 참조.
118 207쪽, 延曆 18년(799) 3월 정사조 각주 58 참조.
119 風病은 중추 신경에 문제가 생기는 질병의 총칭, 현기증, 졸도, 경련 등을 통틀어 이르는 말

분부하였다". (이 詔旨를 받은) 後太上天皇[120]은 눈물을 흘리며 고사하였다. 이에 표를 올려 사양하며 말하기를, "臣은 천성이 우매하고 가르침은 몸에 배지 않았고, 안일하게 소일하는 성격이고, 중요한 정무는 알지 못한다. 폐하의 장려로 황공하게도 황위 계승자의 자리에 올랐다. 바라건대 중임을 위탁받아 폐하를 마주하게 되었다. 요즈음 성체가 편치않고, 일월이 오래되어 의약의 효험도 없는 것은, 그 책임은 臣 저에게 있다. 지금 돌연 神器를 양보하여 나약하고 몽매한 저에게 전하려고 하는 것은, 항례에 반하는 일이다. 그 말씀을 듣고 두려울 뿐이다. 만약 이 황위 순서에 따라 오르고, 그 大寶를 맡는데에 (천황으로서의) 성스러운 정신과 자질이 부족하여 국내의 민심을 거스르는 일이다. 바라건데, 날마다 약을 복용하시고, 하늘이 내린 수명을 기원하고자 한다. 태평의 세가 한창 오르기 직전인데, (양위하시면) 모든 공적이 무위로 돌아가 버린다. 간곡하고 절박한 마음 참을 수가 없어 삼가 표를 올리는 바이다"라고 하였다. 천황은 허락하지 않았다.

정축(2일), 천황이 동궁으로 피해 옮겼다. 황태제는 감히 뜻에 수긍하지 않았다.

무인(3일), 황태제는 재차 상표하여 말하기를, "신은 듣건대, 천하의 神器는 가볍게 전하는 것이 아니고, 皇業의 大寶는 성인이 아니면 오르지 못하는 것이라고 한다. 부릅쓰고 표를 올려 칭킨대, (저의 황위의 사퇴를) 받아들였으면 한다. 마음속 깊은 진심이 이루어지지 않으면, 저의 마음은 아득히 먼 곳으로 떠나 버린다. 두리번거리며 초조하고 두려워 마음과 정신을 진정시킬 수가 없다. 신은 일말의 학문도 없어 부끄럽고, 3朝[121]의 직무에도 결여되어 있다. 깊은 궁궐에서 태어나고 자라서 농사일도 어둡다. 항상 조용하게 폐하가 계신 곳에 다가가, 훌륭한 교화의 정치를 베풀어 백성이 태평의 세에 폐하의 은택을 칭송하고, 지극한 정치가 울창하게 일어나는 것을 보고자 한다. 그런데 폐하는 미천한 저의 속마음

---

120 神野親王, 嵯峨天皇, 편찬이 완료되었을 당시에는 양위하여 太上天皇이 되었다. 앞서 양위한 평성천황을 先太上天皇이라고 일컬은 것에 대해 後太上天皇으로 표기하였다.
121 3朝는 궁전의 집무소인 內朝, 정무를 행하는 治朝, 휴식하는 燕朝이다.

을 헤아림이 없이 강제로 황위를 내리고 있다. 어리석은 신이 어찌 이를 감당할 수 있겠는가. 다만 군주가 주창하면 신은 화답하는 것이 상하의 본분이다. 갑자기 詔가 내려져도 감히 따르지 않을 수 없다. 진실로 (臣의) 뜻을 이루려고 하면, 도리어 (폐하의) 명에 어긋날까 두렵다. 신은 바라건대 공경에게 자문하여 천황의 직무를 대행하고자 한다. 약효가 나타나면, 내일의 (폐하의) 쾌유를 기대할 수 있다. 그 후에 학문을 연마하고자 한다. 도를 지켜 생을 마감하는 것이 신의 지극한 소원이고, 진실로 기쁜 행복이다. 두렵고 떨리는 마음 주체할 수 없어, 삼가 거듭 궁궐에 나아가 표를 올리는 바이다"라고 하였다.

　(그러나) 천황은 조를 내려 불허하였다. 천황은 마침내 황위를 전하였다. 여러 곳으로 병을 피해 5번을 옮긴 후에 평성경에 궁전을 조영하였다. 그러나 그것은 양위(의 취지)에 어긋나는 일이었다. (平城天皇의) 정무는 여전히 번거롭게 표출되었고, 尙侍 종3위 藤原朝臣藥子[122]는 항상 천황의 장막에 가린 방에 근시하였고, 거짓으로 핑계되는 행위를 일삼았다. 태상천황은 매우 총애하여 그 간계를 알아차리지 못했다. 平城으로 천도했지만, 태상천황의 뜻은 아니었다. (嵯峨)天皇은 그 질서를 문란하게 한다고 생각하여, 궁밖으로 내보내고 관위를 모두 박탈하였다. 태상천황은 대노하여 사자를 보내 畿內 및 紀伊國에서 병사를 징발하고, 藥子를 천황의 수레와 동일하게 하여 川口道를 따라 東國으로 향했다. 그러나 (수행한) 병사는 도망친 자가 많았다. 일이 이루어지지 않을 것임을 알고, 수레를 돌려 궁으로 돌아와 삭발하고 沙門이 되었다[123].

일본후기 권제17

122　435쪽, 大同 3년(808) 하4월 정묘조 각주 5 참조.
123　平城天皇의 양위 후에 일어난 기술은『日本後紀』편자의 論贊이다.

日本後紀 卷第十七〈起大同三年四月, 盡四年四月〉

左大臣正二位兼行左近衛大將臣藤原朝臣冬嗣等奉勅撰

天推國高彦天皇〈平城天皇〉.

◎大同三年夏四月甲寅, 令山陰道觀察使正四位上兼民部卿菅野朝臣眞道攝行東海道, 山陽道觀察使正四位下兼皇太弟傅宮內卿藤原朝臣園人攝行北陸道事, 右少弁從五位下大中臣朝臣智治麻呂爲兼神祇大副. 己未, 從五位下紀朝臣咋麻呂爲中務少輔, 從五位下安倍朝臣眞勝爲治部少輔, 陰陽頭備中守如故. 從五位下淡海朝臣貞直爲雅樂頭, 從五位上菅野朝臣庭主爲木工頭. 甲子, 內舍人二十人准少監物賜馬料. 以出納官物也. 丁卯, 有二烏, 集於若犬養門樹枝上, 接翼交頭俱死. 終日不墜. 遂爲人被打墜. 時人以爲, 北陸道觀察使從四位上藤原朝臣仲成, 典侍正三位藤原朝臣藥子兄妹招尤之兆. 庚午, 外從五位下飛驒國造祖門爲主計助. 壬申, 淡路國飢, 以播磨國穀賑給. 癸酉, 從四位下□田女王卒也. 乙亥, 幸神泉苑, 賜五位已上衣被. 辛巳, 驛鈴遺在廊下者自鳴.

○五月壬午朔, 曲宴, 賜五位已上衣被. 癸未, 廢但馬國□□□三驛, 以不要也. 甲申, 先是, 詔衛門佐從五位下兼左大舍人助相摸介安倍朝臣眞直, 外從五位下侍醫兼典藥助但馬權掾出雲連廣貞等, 撰大同類聚方. 其功既畢, 乃於朝堂拜表曰, 臣聞, 長桑妙術, 必須湯艾之治, 太一秘結, 猶資鍼石之療. 莫不藥力迴助, 拯殘魂於阽厄, 醫方所鍾, 續遺命於斷□□□. 雖一貫典墳澄心頭, 猶復降懷醫家, 汎觀攝生. 乃詔右大臣, 宜令侍醫出雲連廣貞等依所出藥, 撰集其方. 臣等奉宣修□□, 在尋詳. 愚情所及靡敢漏, □成一百卷, 名曰大同類聚方. 宜校始訖, 謹以奉進. 但凡厥經業不詳習. 年代懸遠, 注紀絲錯. 臣等才謝稽古, 學拙知新. 輒呈管窺, 當野紕謬. 不足以對揚天旨, 酬答聖恩. 悚恧之□, 墜冰谷. 謹拜表以聞. 帝善之. 丙戌, 停馬射. 以天下疫病也. 勅, 如聞, 大同元年洪水爲害, 餘弊未復. 去年以來, 疫病流行, 橫斃者衆. 顧彼困厄, 深懷矜愍. 思施恩德, 以慰黎烝. 宜大同元年被水損七分已上戶, 所舉正稅未納, 悉從免除. 是日, 宴. 戊子, 幸神泉苑. 令畿內七道諸國停貢相撲人. 己丑, 遣使療治左右京病民. 勅, 去年□用□□□, 百姓之間, 新錢未多. 宜新舊列用, 暫濟民乏. 庚寅, 從五位下田口朝臣息繼爲右少弁, 阿波守如故. 從五位下藤原朝臣安繼爲雅樂助, 從五位下紀朝臣貞成爲河內守, 從五位下藤原朝臣伊勢臣爲齋宮頭. 辛卯, 詔曰, 朕以寡昧, 虔嗣丕基, 履薄如傷, 黔首之隱是恤, 馭奔若屬, 紫宸之尊非寧. 尅己思治, 勵精施政. 而仁無被物, 誠未感天. 自從君臨, 咎徵斯應. 頃者天下諸國, 飢饉繁興, 疫癘相尋, 多致夭折. 朕之不德, 眚及黎元. 撫事責躬, 怒焉疚首. 或恐政刑乖越, 上爽靈心, 漫汗煩苛, 下貽人瘼. 此皆朕之過也. 兆庶何辜. 靜言念之, 無忘監寐. 詩不云乎, 民亦勞止, 汔可小康. 其畿內七道言上飢疫諸國者, 今年之調, 宜咸免除. 仍國司親巡鄉邑, 醫藥營救, 兼令國分二寺轉讀大乘一七箇日. 左右京亦, 宜遣使普加振贍. 庶幾爲善有効, 濟困窮於畝糧, 脩德不虛, 返遊魂於岱錄. 務崇寬惠, 副朕意焉. 甲午, 幸神泉苑. 宴群臣, 賜錢有差. 乙未, 從四位上巨勢朝臣野足爲兼近江守, 左兵衛督左京大夫如故. 從五位下紀朝臣國雄爲介. 式部大輔從四位下賀陽朝臣豐年爲兼下野守, 從五位下谷忌寸野主爲土左守, 從五位下紀朝臣長田麻呂爲筑前守. 是日, 置筑前國守介掾大少目各一員. 先是令府官攝行國政. 彼此相讓, 心非專一, 事多廢闕. 因茲改焉. 丙申, 播磨國獻白鵶二. 戊戌, 東宮奉獻. 賜五位已上衣被. 庚子, 從四位下民部大輔安倍朝臣枚麻呂以年老致仕. 許之. 山陽道觀察使正四位下皇太弟傅兼宮內卿藤原朝臣園人奏言, 當道播磨・備中・備後・安藝・周防等五箇國, 去延曆四年以降, 二十四年已往, 庸幷雜穀等未進, 其數不少. 良由頻年不稔, 人民彫弊也. 今將追辨本色, 國司則或死或替, 相續難成, 百姓則且病且飢, 運進太難. 伏望, 未進代, 一收穎稻, 混合正稅. 庶於公無損, 於私得便. 但任觀察使以來, 一依舊令辨進. 許之. 壬寅, 奉黑馬於丹生川上雨師神. 以祈雨也. 從四位上吉備朝臣泉爲左大弁, 左衛士督從四位上藤原朝臣仲成爲兼右大弁, 從四位下藤原朝臣蘰麻呂爲右大舍人頭, 美濃守如故. 從五位下雄川王爲散位頭, 從五位上藤原朝臣繼彦爲治部大輔, 右京大夫從四位下藤原朝臣藤繼爲兼兵部大輔, 從五位上和朝臣建男爲少輔, 侍從從五位下藤原朝臣世繼爲兼宮内卿, 外從五位下山田連弟分爲内掃部正, 從五位下藤原朝臣弟貞爲攝津介, 内匠頭從五位上平群朝臣眞常爲兼尾張守, 從五位下佐伯宿禰社屋爲美濃守, 從五位下□志可□眞廣爲介, 從五位下紀朝臣長田麻呂爲太宰少貳, 從五位下大中臣朝臣鯛取爲筑前守. 甲辰, 雨. 群臣言, 今日甘雨. 不可不賀. 皇帝曰, 朕亦有此情. 群臣稱萬歲. 仍飲宴終日. 有司奏樂. 賜物有差. 乙巳, 停有品親王月料. 己酉, 從六位下坂上大宿禰大野授從五位下, 正四位下安倍朝臣兄雄爲畿内觀察使, 從四位上藤原朝臣緒嗣爲東山道觀察使, 從五位下藤原朝臣安繼爲左大舍人助, 從五位下安倍朝臣眞直爲右大舍人助, 右衛士佐相摸介如故. 從五位上藤原朝臣道雄爲治部大輔, 從五位下藤原朝臣山人爲雅樂頭, 但馬介如故. 從五位上藤原朝臣繼彦爲民部大輔, 從四位下藤原朝臣今川爲美濃守, 從四位上藤原朝臣緒嗣爲陸奧出羽按察使, 東山道觀察使右衛士督如故. 從五位下佐伯宿禰社屋爲但馬守, 從五位下坂上大宿禰大野爲陸奧鎭守副將軍. 辛亥, 但馬國飢, 遣使賑給.

　○六月壬子朔, 曲宴, 賜五位已上衣被. 從五位下文室眞人正嗣爲中務少輔, 豐後守如故. 從五位下雄川王爲大監物, 從五位下大枝朝臣永山爲大學頭, 從五位下紀朝臣咋麻呂爲散位頭, 外從五位下山田連弟分爲伊賀守. 東山道觀察使從四位上守刑部卿兼右衛士督陸奧出羽按察使臣藤原朝臣緒嗣言, 伏奉去月二十八日勅, 以臣遷任東山道觀察使, 兼帶陸奧出羽按察使. 臣以弱庸, 蹐□非據. 負乘之咎, 年月積淹. 今復恩寵崇重, 方任加授. 無所逃責, 榮悚相交. 臣聞, 簡才官人, 聖上之通範. 量力就列, 臣下之恒分. 臣性識羸劣, 久纏疾痾. 戎旅之圖, 未嘗所學. 而委愚臣, 專總邊鎭. 軍機多變, 兵術靡常. 若萬一有躓, 事意相違. 即非啻微臣之死罪, 還亦國家之大勞也. 當今天下困疫, 亡歿殆半. 丁壯之餘, 猶未休息. 是知, 民窮兵疲. 而守不可止. 忽有不虞, 何用支防. 又臣前屢言, 軍事難成. 今當其位. 益知不堪. 伏願, 陛下曲賜鑒察, 特愍臣之駑駘, 免有臨時之失. 不任悚懼屏營之至, 謹昧死奉表以聞. 觸輕宸威, 罔識攸措. 甲寅,山城國久世郡地六町賜高丘親王. 散位從三位藤原朝臣乙叡薨. 右大臣從一位豐成之孫, 右大臣贈從一位繼繩之子也. 母尙侍百濟王明信被帝寵渥. 乙叡以父母之故, 頻歷顯要, 至中納言. 性頑驕好妾. 而緣山臨水, 多置別業, 以信宿之, 必備內事. 推國天皇爲太子時, 乙叡侍宴, 瀉酒不敬. 天皇含之, 後遘伊豫親王事, 辟連乙叡. 免歸于第. 自知無罪, 以憂而終. 時年四十八. 己未, 增大宰府幷管內諸國官人歷. 以爲五年, 停賜交替料. 庚申, 從五位下多治比眞人全成爲雅樂助, 從五位下笠朝臣庭麻呂爲玄蕃助, 正五位下百濟王聰哲爲刑部大輔, 越後守如故. 從五位下紀朝臣良門爲大和介, 鎭守將軍從五位下百濟王教俊爲兼陸奧介, 從五位下坂上大宿禰大野爲權介, 從五位上藤原朝臣淸主爲左馬頭, 從五位上坂上大宿禰石津麻呂爲右馬頭, 外從五位下道嶋宿禰御楯爲陸奧鎭守副將軍. 壬戌, 西海道觀察使兼大宰帥從三位藤原朝臣繩主上表曰, 伏奉發中之詔, 擢臣爲西海道觀察使, 兼賜食封. 恭聞顯命, 恩越恒品, 心魂震奮, 啓處無地. 臣聞, 諸道觀察使, 任在內官, 更無外澤. 至于賜封, 固其宜矣. 於臣身居當道, 饒給公廨, 兼亦食邑. 偏濫殊甚. 又臣性識庸虛, 一無足取. 況乎奉使經歲, 政達未聞. 伏願奉返使封, 少免素湌. 區區丹愿, 伏待矜允. 謹遣少典正七位下臣山田造益人, 奉表以聞. 詔報曰, 忽省來表, 獨辭使封. 執志謙退, 聲溢時聽. 但遠出外州, 人之所苦. 卿者爲方牧, 兼居蕃鎭, 思欲分憂同康景化. 忠肅之懿, 優賞斯期. 宜得此意, 無煩重表. 甲子, 禁中有一株橘樹. 彫枯經日. 生意既盡, 忽生花葉. 楚楚可愛. 因茲右近衛府奉獻. 宴飲, 賜物有差. 散位從四位下安倍朝臣弟當卒. 正五位上勳五等船守之孫, 美作守從五位上意比麻呂之男也. 寶龜四年叙從五位下, 延曆二十年授從四位下. 淸愼作性, 夙夜在公. 不過擁門, 無事資産家風也. 壬申, 省因幡國八上郡莫男驛, 智頭郡道俣驛馬各二匹. 以不緣大路, 乘用希也. 東山道觀察使從四位上守刑部卿兼右衛士督陸奧出羽按察使臣藤原朝臣緒嗣言, 臣染疾已還, 年月久矣. 幸沐天地覆燾之恩, 遂荷聖明昌泰之運. 臣至今日, 實賴鴻私. 臣聞, 定刑名決疑讞者, 刑官之職掌也. 然則罪之輕重. 人之死生, 平反所由, 最合留意. 又禁衛宮掖, 檢校隊仗者, 衛府之守局也. 然則以時巡檢, 臨事陳設. 若有闕失, 罪更寄誰. 是故快課拙, 常慮其難. 況今以庸愚, 當出遠鎮. 每思方任, 未遑內官. 豈帶宿衛, 遙臨邊要. 伏望, 解辭文武兩職, 且避賢路, 且專劣懷. 斯臣之中識, 匪敢外飾. 無任丹款懇切之至. 謹昧死奉表陳情以聞. 是日, 令有品親王幷諸司把笏者進役夫. 各有差. 爲防葛野河也. 從五位下葛井宿禰豐繼爲右京亮, 從五位下大中臣朝臣魚取爲大和介, 從五位下紀朝臣百繼爲上野權介, 右衛士佐如故. 從五位下紀朝臣良門爲越後守. 乙亥, 從五位下和朝臣男成爲大監物, 從五位下礒野王爲圖書頭, 駿河守如故. 從五位下永原朝臣最弟麻呂爲諸陵頭, 從五位下中臣丸朝臣豐國爲大炊頭, 從五位下雄川王爲正親正, 從五位下御長眞人仲嗣爲左兵庫頭. 勅, 用印之事, 應據令格. 宜諸國觀察使印, 一從停止. 若事可行下, 准諸司請印. 丙子, 內匠助從五位下安倍朝臣益成爲兼常陸介, 右大舍人頭從四位下藤原朝臣緄麻呂爲兼美濃守, 從四位下藤原朝臣今川爲越前守. 己卯, 從五位下小野朝臣眞野爲少納言, 正四位上菅野朝臣眞道爲左大弁, 山陰道觀察使如故. 從五位下田口朝臣息繼爲左少弁, 阿波守如故. 神祇大副從五位下大中臣朝臣智治麻呂爲兼右少弁, 從五位下藤原朝臣承之爲大監物, 正四位下藤原朝臣園人爲民部卿, 山陽道觀察使東宮傅如故. 從四位上吉備朝臣泉爲刑部卿.

〇秋七月辛巳朔, 日有蝕之. 甲申, 勅, 夫鎮將之任, 寄功邊戍. 不虞之護, 不可暫闕. 今聞, 鎮守將軍從五位下兼陸奧介百濟王教俊, 遠離鎮所, 常在國府. 儻有非常, 何濟機要. 邊將之道, 豈合如此. 自今以後, 莫令更然. 廢攝津國河邊郡猷野牧. 爲牧馬逸出, 損害民稼. 丁亥, 幸神泉苑, 觀相撲. 令文人賦七夕詩. 己丑, 從五位上多治比眞人八千足爲少納言, 正五位下安倍朝臣鷹野爲內藏頭, 右近衛少將武藏守如故. 從五位下小野朝臣眞野爲木工助, 從五位上藤原朝臣眞雄爲主殿頭兼備前守, 右近衛少將如故. 從五位下紀朝臣岡繼爲掃部□, 正五位下布勢朝臣尾張麻呂爲攝津守, 右衛士佐從五位下紀朝臣百繼爲兼越前介, 從五位下大宅眞人淨成爲土左守. 辛卯, 曲宴, 賜侍臣衣被. 癸巳, 禁苅麥苗. 乙未, 從五位下多治比眞人全成爲大監物, 從五位下藤原朝臣承之爲縫殿助, 從五位上石川朝臣繼人爲玄蕃頭, 從五位上藤原朝臣岡繼爲刑部大輔. 從五位下讚岐公千繼爲少輔, 備前權介如故. 從五位下藤原朝臣淨岡爲典藥頭. 是日, 詔曰, 八屯之士, 本斷窺覦, 七萃之卒, 義在禦侮. 然則雖鉤陳所當, 事資不虞, 而變通之理, 不必守株. 今者巨猾無聞, 奸宄不興. 多置禁兵, 空備警衛. 靜而忖度, 孔無爲也. 正始之減吏員, 建武之省國邑, 蓋如此故也. 其七衛府雜任已下, 員伍稠疊. 思從減省. 卿等詳議, 定數奏聞. 丙申, 勅, 陸奧鎭守官人, 遷代之期, 未有年限. 宜自今以後, 一同國司. 其醫師以八考爲限. 庚子, 停內藏寮御履長上一人, 內膳司食長上一人, 料理長上一人, 藥師寺木工長上二人, 東大寺別勅長上一人, 金銀銅鐵長上一人, 西大寺木工長上二人, 法華寺一人, 秋篠寺一人. 辛丑, 曲宴, 賜觀察使已上衾, 四位已上衣. 是日, 令內親王及命婦進堀葛野川役夫, 各有差. 壬寅, 廢衛門倂左右衛士府, 廢衛士府主帥各六十人, 置門部各一百人. 其諸門禁衛出入禮儀及門籍門牓等事, 令衛士府主之. 仍號曰左右靱負府. 其左右近衛及左右兵衛等府, 近衛兵衛元各四百人. 今定各三百人. 使部元各三十人. 今定各十人. 從五位下紀朝臣百繼爲左衛士權佐, 越前介如故. 從五位下安倍朝臣眞直爲右衛士佐, 相模介如故. 丁未, 幸大堰. 賜五位已上衣被.

○八月庚戌朔, 曲宴, 賜五位已上衣被. 加太政官少納言一員, 倂左右大舍人寮爲一, 加少屬一員. 加內藏寮少允一員. 其隼人司, 依今年正月二十日詔書, 既從廢省, 倂衛門府. 而衛門府倂左右衛士府. 仍更置此司, 隸兵部省. 但廢佑一員使部二人. 加大藏省大丞大錄, 大膳職少進少屬各一員. 壬子, 從四位下三諸朝臣綿麻呂爲大舍人頭, 右兵衛督播磨守如故. 從五位下藤原朝臣安繼爲助, 正五位下御長眞人廣岳爲宮內大輔. 勅, 齋宮寮之炊部司, 元長官一人. 而今改置長官主典. 宜准舍人藏部等司官位. 散位從四位下葛野王卒. 三品稚田親王之第四男. 時年三十也. 乙卯, 令諸國進徭帳. 爲諸國雜徭差役各殊也. 庚申, 外從五位下難波連廣成爲內藥正. 乙丑, 野狐竄朝堂院中庭常棲焉. 經十餘日而不見. 庚午, 勅, 凡貢調庸, 期限已明. 至有違闕, 科條亦具. 而諸國司等, 不遵憲章, 多致闕怠. 積習實亦, 頓難懲肅. 宜後令條期, 各七箇月, 特莫効罪, 不得以此更爲合期. 辛未, 幸神泉苑. 飲宴極歡. 賜五位已上綿, 各有差. 正五位下御長眞人廣岳爲左中弁, 從五位下大伴宿禰彌繼爲中務少輔, 從五位下小野朝臣眞野爲大監物, 從五位下藤原朝臣承之爲大藏少輔, 從五位下文室眞人正嗣爲齋宮頭, 豐後守如故. 從四位下紀朝臣廣濱爲美濃守, 右京大夫如故. 從五位下和朝臣雄成爲豐前□, 從五位下紀朝臣百繼爲左衛士佐, 越前介如故. 癸酉, 廢監物主典. 乙亥, 齋內親王禊於葛野川, 即移入野宮. 丙子, 夜, 左右兵庫鉦鼓自鳴.

○九月辛巳, 勅, 伊勢大神幷度會二宮大內人各三員, 元是白丁. 自今以後, 宜預外考幷把笏. 癸未, 齋內親王向伊勢. 甲申, 從五位下安倍朝臣眞直爲少納言, 右衛士佐相摸介如故. 天文博士外從五位下志斐連國守爲兼陰陽博士, 從五位下中科宿禰雄庭爲主計頭, 外從五位下犬上朝臣望成爲助, 外從五位下飛驒國造祖門爲主稅助, 從五位上多治比眞人八千足爲大藏大輔, 正五位下百濟王教德爲宮內大輔. 從五位上高橋朝臣祖麻呂爲大膳大夫, 安藝守如故. 從五位下大原眞人眞福爲備後守. 庚寅, 大白晝見. 乙未, 勅, 權入食封, 限立令條, 比年所行, 甚違先典. 其招提寺封五十戶, 荒陵寺五十戶, 妙見寺一百戶, 神通寺二十戶, 宜且納穀倉院. 禁私養鷹. 其特聽養者, 賜公驗焉. 戊戌, 幸神泉苑. 有勅, 令從五位下平群朝臣賀是麻呂作和歌曰, 伊賀爾布久, 賀是爾阿禮婆可, 於保志萬乃, 乎波奈能須惠乎, 布岐牟須悲太留. 皇帝歡悅, 即授從五位上. 勅, 去五月詔書曰, 言上飢疫諸國者, 今年之調, 宜咸免除者. 然則遭疫國內, 理須咸免, 詔旨分明, 不足致疑. 今聞, 或國司等, 免見病之輩, 徵未病之民. 愚吏之失, 還致民憂. 宜早下知, 莫令更然. 其浪人調, 幷中男作物, 亦准於此. 己亥, 詔曰, 官多則政黷, 人少則事稽. 故省倂量宜, 委寄期要. 昔諸司百寮, 有閑有劇. 是以資俸賞賜, 或厚或薄. 今官既從改, 賞何依舊. 宜要劇馬料時服公廨, 悉革前例, 普給衆司. 詳爲條例, 具以奏聞. 庚子, 勅, 去大同元年十一月六日格云, 頻年不稔, 民弊特甚. 非有輕租, 何得自存. 伊賀・紀伊・淡路三箇國田租, 始自今年六箇年, 收不四得六. 亦今年三月十九日格云, 收備後・安藝・周防等國田租, 不四得六, 有疑通計. 宜每戶立率, 免四收六. 莫用通計之法. 乙巳, 大和國言, 此國水田一萬七千五百餘町. 河內・和泉兩國田一萬七千餘町. 以此比彼, 多少無異. 而班田使員, 已倍兩國. 伏請, 准河內等國, 省使員數, 除民之弊. 許之. 仍省次官一人, 判官二人, 主典二人.

○冬十月己酉朔, 宴五位已上, 賜綿有差. 從五位下佐伯王爲大監物, 從五位下多治比眞人全成爲縫殿助, 大外記從五位下豐宗宿禰廣人爲兼主稅頭. 山陰道觀察使判官, 陰陽助如故. 乙卯, 遊獵北野. 布勢內親王奉獻. 飲宴極日. 有司奏樂. 賜五位以上衣被. 丙辰, 左衛士坊失火, 燒百八十家. 賜物有差. 丁卯, 廢能登國能登郡越蘇・穴水, 鳳至郡三井・大市・待野・珠洲等六箇驛. 以不要也. 東山道觀察使左近衛中將正四位下行春宮大夫安倍朝臣兄雄卒. 從五位上粳虫之孫, 無位道守之子也. 乏文堪武, 性好犬. 高直有耿介之節. 所歷之職, 以公廉稱. 伊豫親王無罪而廢. 當上盛怒, 群臣莫敢諫者. 兄雄抗辭固爭. 雖不能得, 論者義之. 庚午, 群烏集朝堂院東一殿, 啄剝座茵. 乙亥, 行幸近江國大津, 修禊. 以御大嘗也. 丁丑, 制, 稽於前例, 大嘗散齋三月也. 自今以後, 以一月爲限.

○十一月辛巳, 從四位上秋篠朝臣安人爲右大弁, 左大弁正四位上菅野朝臣眞道爲兼大藏卿, 從五位下谷忌寸野主爲內掃部正. 左兵衛督從四位上巨勢朝臣野足爲兼春宮大夫, 近江守如故. 是夜, 有盜入內藏寮府, 爲人所圍. 時屬大嘗, 恐其自殺, 遣使告喩. 投昏出去. 戊子, 勅, 如聞, 大嘗會之雜樂伎人等, 專乖朝憲, 以唐物爲餝. 令之不行, 往古所譏. 宜重加禁斷, 不得許容. 辛卯, 奉幣帛於伊勢大神宮. 以行大嘗事也. 是夜, 御朝堂院, 行大嘗之事. 壬辰, 於豐樂殿宴五位已上, 二國奏風俗歌舞. 賜五位已上物, 及二國獻物班給諸司. 癸巳, 宴飲終日. 賜五位以上衣衾. 甲午, 奏雜舞幷大歌五節舞等. 賜由貴主基兩國國郡司役夫物, 各有差. 是日, 從五位下葛井王授從五位上, 正六位上新城王從五位下, 從四位下三諸朝臣眞屋麻呂・藤原朝臣大繼從四位上, 正五位上藤原朝臣繼業, 正五位下安倍朝臣鷹野從四位下, 從五位上高橋朝臣祖麻呂・藤原朝臣繼彥・藤原朝臣道雄・紀朝臣田上・藤原朝臣眞雄正五位下, 從五位下永原朝臣最弟麻呂・大伴宿禰人益・石川朝臣繼人・三嶋眞人年嗣・百濟王元勝・多治比眞人今麻呂・紀朝臣繩麻呂・讚岐公千繼・藤原朝臣山人・安倍朝臣眞勝・大中臣朝臣智治麻呂從五位上, 正六位上大中臣朝臣弟守・紀朝臣越永・安倍朝臣寬麻呂・藤原朝臣弟葛・多朝臣人長・安倍朝臣清繼・齋部宿禰廣成從五位下, 外從五位下秦宿禰都伎麻呂外從五位上, 正六位上名草直道主外從五位下. 賜五位已上揩衣. 丙申, 從四位上藤原朝臣緒嗣・吉備朝臣泉授正四位下, 正四位上五百井女王・藤原朝臣勒子從三位, 從四位下藤原朝臣藥子正四位下, 無位紀朝臣田村子從四位下, 從五位上三善宿禰姊繼, 無位伊勢朝臣繼子正五位下, 無位藤原朝臣佐禰子從五位上, 無位坂上大宿禰井手子・大中臣朝臣百子・藤原朝臣高子・藤原朝臣岡子, 正六位上粟田朝臣仲繼從五位下, 從七位上尾張連眞縵外從五位下. 甲辰, 從五位下大中臣朝臣常麻呂爲神祇大副, 從五位下藤原朝臣弟葛爲陰陽助, 正五位上大野朝臣直雄爲兵部大輔, 從五位下谷忌寸野主爲主殿助, 從五位下新城王爲内掃部正. 從四位下藤原朝臣繼業爲左京大夫兼大和守, 侍從如故. 從四位下紀朝臣廣濱爲右京大夫, 美濃守如故. 從五位上藤原朝臣鷹養爲造西寺長官, 從五位下安倍朝臣清繼爲下野介, 從五位上大中臣朝臣智治麻呂爲丹波守. 左兵衛佐從五位下藤原朝臣貞本爲兼但馬介, 内藏助如故. 式部少輔從五位下御室朝臣今嗣爲兼出雲介, 從五位下安倍朝臣清足爲美作介, 從五位下大中臣朝臣弟守爲備前介, 從五位下紀朝臣越永爲讚岐介, 雅樂頭從五位上藤原朝臣山人爲兼伊豫守, 從五位上多治比眞人今麻呂爲大宰少貳, 從五位下巨勢朝臣諸成爲右兵庫頭. 丁未, 右衛士坊失火, 燒七十八家. 賜物有差.

○十二月戊申朔, 曲宴, 奏樂. 五位以上賜衣被. 辛亥, 外從五位下日下部連高道爲造酒正, 從五位下伊勢朝臣繼麻呂爲園池正, 助教外從五位下名草直道主爲兼越中權掾. 壬子, 勅, 定額隼人, 若有闕者, 宜以京畿隼人, 隨闕便補之. 但衣服粮料, 莫同舊人, 特准衛士給之. 其女者不在補限. 甲寅, 大雪. 宴飮終日, 五位已上賜綿有差. 丙辰, 從五位上藤原朝臣子伊太比, 從五位上藤原朝臣惠子, 賜姓永原朝臣. 甲子, 東山道觀察使正四位下兼行右衛士督陸奧出羽按察使臣藤原朝臣緒嗣言, 臣以空虛, 謬叨非據, 司帶兩使, 封食二百, 兼復預武禁, 寄備宿衛. 荷恩則丘山非重, 議勞則涓塵未効. 心□神飛, 罔知所厝. 臣聞, 擇才官人, 聖上之宏規. 量力取進, 臣下之恒分. 故名器無濫, 授受惟宜. 臣前數言, 陸奧之國, 事難成熟. 至于今日, 用臣委彼, 退慮前言, 益知不堪. 加以今聞, 國中患疫, 民庶死盡, 鎭守之兵, 無人差發. 又狂賊無病, 強勇如常. 降者之徒, 叛端既見. 因茲奧郡庶民, 出走數度. 儻乘隙作梗, 何以支擬. 臣生年未幾, 眼精稍暗. 復患脚氣, 發動無期. 此病歲積, 兼乏韜略. 若不許賤臣, 猶任其事, 縱令萬一有失, 非只臣身之伏誅, 還紊天下之大事. 然則上損朝庭之威, 下敗先人之名. 伏願, 皇帝陛下, 更簡良材, 以代愚臣, 方隅之鎭, 速寄其人. 臣生長京華, 未閑宣風. 望請, 咸返進所帶封職, 被任熟國長官. 且問百姓之苦, 且療一身之病. 雖製錦之誠慙於前古, 特願, 天鑒紆光, 曲賜矜允. 無任兢懼悚懇之至. 謹奉表以聞. 經黷嚴扆, 伏深戰越. 有勅不許. 戊辰, 從六位下息長丹生眞人文繼授從五位下, 外從七位下日置臣登主外從五位下. 無位笠朝臣道成從五位下, 道成, 皇大弟乳母也. 特有此敍. 丙子, 免伊賀國大同元年正稅未納一萬九千束. 以水害殊甚百姓彫弊也.

◎大同四年正月戊寅朔, 廢朝. 風寒異常也. 宴五位已上於前殿, 賜物有差. 正三位藤原朝臣內麻呂授從二位. 己卯, 正四位下藤原朝臣藥子授從三位. 甲申, 宴侍臣, 賜衣被. 丁亥, 令諸國停獻正月七日十六日兩節會珍味. 以煩民也. 壬辰, 有犬登大極殿西樓上吠. 烏數百群翔其上. 癸巳, 春宮亮從五位下藤原朝臣冬嗣爲兼侍從, 齋宮頭從五位下文室眞人正嗣爲兼上總守, 從五位下息長丹生眞人文繼爲介, 左近衛少將從五位下大伴宿禰和武多麻呂爲兼常陸權介, 從五位下百濟王教俊爲下野守, 從五位下谷忌寸野主爲豐後介, 從五位下佐伯宿禰耳麻呂爲陸奧鎭守將軍. 乙未, 令天下諸國, 爲名神寫大般若經一部, 奉讀供養, 安置國分寺. 若無國分寺者, 於定額寺. 戊戌, 曲宴. 奏樂, 賜四位已上被. 從四位上三緒朝臣眞屋麻呂, 從四位下三諸朝臣綿麻呂等賜姓三山朝臣. 庚子, 從五位下息長丹生眞人文繼爲内藥正, 上總介如故. 從五位下多治比眞人全成爲上總守, 陰陽博士外從五位下志斐連國守爲兼因幡權掾. 從五位下豐宗宿禰廣人爲肥後介, 主稅頭大外記如故. 從五位下文室眞人正嗣爲豐後守, 起從五位下安倍朝臣清繼復本官.

○二月丁未朔, 曲宴, 賜四位已上被. 辛亥, 勅, 倭漢惣歷帝譜圖, 天御中主尊標爲始祖. 至如魯王吳王高麗王漢高祖命等, 接其後裔, 倭漢雜糅, 敢垢天宗. 愚民迷執, 輒謂實錄. 宜諸司官人等所藏皆進. 若有挾情隱匿, 乖旨不進者, 事覺之日, 必處重科. 甲寅, 山城國乙訓郡地六町賜大原内親王. 丁巳, 宴五位已上, 賜布有差. 有勅, 聽右大臣從二位藤原朝臣内麻呂著中紫朝服. 己未, 從五位上大中臣朝臣智治麻呂爲神祇大副. 從五位下藤原朝臣冬嗣爲右少弁, 侍從春宮亮如故. 從五位下安倍朝臣兄麻呂爲大監物, 從五位下巨勢朝臣諸成爲圖書助. 從五位下文屋眞人正嗣爲陰陽頭, 豐後守如故. 從五位上安倍朝臣眞勝爲大學頭, 備中守如故. 從五位上百濟王元勝爲大判事, 從五位下伊勢朝臣繼麻呂爲主殿助, 從五位下氷上眞人河繼爲典藥頭, 從五位下藤原朝臣伊勢人爲齋宮頭, 正五位下坂田宿禰奈弖麻呂爲造東寺長官, 從五位下藤原朝臣清岳爲筑後守. 從五位下安倍朝臣眞直爲左近衛少將, 侍從少納言如故. 從五位下大中臣朝臣常麻呂爲右衛士佐, 從五位下佐伯王爲右兵庫頭. 己巳, 加少納言一員, 中監物二員, 少監物二員. 庚午, 置佐渡・隱岐兩國掾各一員. 壬申, 皇帝不豫.

閏二月庚辰, 勅, 前例, 特簡劇官, 給要劇錢. 准其官位, 多少有差. 仍革前例. 官無閑劇. 皆令普給. 但米價已貴, 懸倍往年. 依舊給錢, 事乖隨時. 加以食料之儲, 豈有多少之異. 改張前例, 四位已下初位已上, 每人給米二升. 但觀察使不預此例. 夫奉公之道, 清愼爲先, 無功之賞, 廉吏所恥. 宜細勘上日, 依實申送. 務從正直, 不得疎略. 乙酉, 令天下諸國進臂力人. 庚寅, 廢減供御并年中雜用, 諸司官人已下月料. 癸巳, 屈清行僧二十人於内裏讀經. 丁酉, 制, 越前國氣比神, 豐前國八幡大菩薩宮司等, 遷替之日, 准國司與解由. 辛丑, 始遷志摩國國分二寺僧尼, 安置伊勢國國分寺. 甲辰, 外從五位下山田連弟分爲伊賀守. 從四位下安部朝臣鷹野卒. 鷹野者從五位下猪名麻呂之子也. 有仁慈之性, 多所汲引, 侍從中臣王, 連伊豫親王之事, 經拷不服. 時嬖臣激帝, 令加大杖, 王背, 崩爛而死. □□□□.

○三月丁未, 前上總介石川朝臣道成, 大掾千葉國造大私部直善人, 竝授本位. 道成從五位下, 善人外從五位下. 在任之日, 贓污狼籍, 竝追位記. 矜有其老舊之勞, 故忖復焉. 癸丑, 外從五位下犬上朝臣望成爲日向守. 甲寅, 雷, 雨雹. 丙辰, 從五位下大中臣朝臣常麻呂爲兵部少輔, 右衛士佐如故. 從五位上和朝臣建男爲駿河守, 圖書頭從五位下礒野王爲兼武藏守, 從五位上多治比眞人八千足爲下總守, 外從五位下難波連廣名爲丹波掾. 己未, 始置左右兵庫史生各二員, 內藥司二員, 造兵司二員, 皷吹司二員, 隼人司二員, 囚獄司二員, 織部司二員, 內膳司二員, 主水司二員, 加左右辨官各四員, 內藏寮二員, 陰陽寮二員, 兵部省四員, 大藏省八員, 大膳職四員, 主殿寮二員, 左右馬寮各二員. 減內記二員, 內匠寮二員, 散位寮二員, 雅樂寮一員, 木工寮四員, 園池司一員, 彈正臺二員, 東西市司各一員. 庚申, 定賜諸司史生以下雜色人以上, 時服幷月料之法. 辛酉, 山城國獻白鼠. 癸亥, 長岡京地四町賜無品坂本親王. 丙寅, 定雅樂寮雜樂師. 歌, 舞師四人, 笛師二人. 唐樂師十二人, 橫笛師二人. 高麗樂師四人, 橫笛笙篌莫目舞等師也. 百濟樂師四人, 橫笛, 笙篌, 莫目, 舞等師也. 新羅樂師二人, 琴, 舞等師也. 度羅樂師二人, 鼓, 舞等師也. 伎樂師二人. 林邑樂師二人. 戊辰, 山城國葛野郡地八町賜大原內親王. 是日, 東山道觀察使正四位下兼行右衛士督陸奧出羽按察使藤原朝臣緒嗣. 爲入邊任, 辭見內裏. 召昇殿上, 令典侍從五位上永原朝臣子伊太比賜衣一襲被等. 己巳, 緣修宮殿, 欲暫御於辨官廳. 而役夫一人自辨官南門墜死. 仍停焉. 乙亥, 從三位坂上大宿禰田村麻呂·藤原朝臣葛野麻呂, 竝授正三位. 正四位上菅野朝臣眞道, 正四位下藤原朝臣園人, 竝從三位.

○夏四月丙子朔, 讀經宮中. 又遣使於京下諸寺誦經. 天皇自從去春寢膳不

安, 遂禪位於皇大弟. 詔曰, 現神等大八洲所知倭根子天皇〈我〉, 詔旨〈良未止〉
勅御命〈乎〉, 親王等王等臣等百官〈乃〉人等天下公民衆聞食〈止〉宣. 朕躬劣
弱〈弖〉洪業〈爾〉不耐〈己止乎〉, 本自思畏〈利〉賜〈許止〉暫〈毛〉不息. 加以朕躬
元來風病〈爾〉苦〈都都〉身體不安〈志弖〉, 經日累月〈弖〉萬機缺懈〈奴〉. 今所念
〈久〉, 此位〈波〉避〈天〉, 一日片時〈毛〉御體欲養〈止奈毛〉, 所念〈須〉. 故是以皇
大弟〈止〉定賜〈流〉某親王〈爾〉, 天下政〈波〉授賜〈布〉. 諸衆此狀〈乎〉悟, 清眞
心〈乎毛知〉, 此皇子〈乎〉輔導〈伎〉, 天下百姓〈乎〉, 可令撫育〈止〉勅, 天皇御命
〈乎〉, 衆聞食〈止〉宣. 後太上天皇涕泣固辭. 乃上表, 陳讓曰, 臣幽昧自天, 教訓
無染, 逸遊率性, 機務未涉. 陛下奬飭, 忝茲儲貳. 願惟重託, 因攸寄顏. 頃者聖
體乖和, 淹除日月, 醫藥無驗, 責在臣躬. 今忽遜神器, 傳之孱蒙. 事殊恒制, 聞
命兢惕. 若登此皇階, 當彼大寶, 人神之聖既缺, 中外之心又沮. 冀日復嘗藥, 祈
天遠壽. 佇昇平於半武, 濫庶績於一簣. 無任懇迫之至. 謹奉表以聞. 天皇不許.
丁丑, 天皇避御於東宮. 上未敢當命. 戊寅, 上復抗表曰, 臣聞, 天下神器, 不可
輕傳. 皇業大寶, 非聖不踐. 抗表冒請, 庶蒙優容. 丹款不孚, 玄鑑悠邈. 俯仰焦
惶, 心魂靡厝. 臣學慙一物, 勤缺三朝. 生長深宮, 素闇稼穡. 常欲靜忝宸位, 周
施聖訓. 頌王澤於泰平, 覩至治之蔚起. 而陛下不察鄙衷, 強授鼎祚. 臣之檮昧,
何堪之有也. 但以, 君唱臣和, 上下之分, 綸詔忽降, 敢不對揚. 苟欲遂志, 還懼
稽命. 臣冀咨詢公卿, 擁攝萬機之務. 穆卜有效, 當待翌日之瘳. 然後臨學齒曹,
□道終年. 在臣至願, 實爲欣幸. 無任悚戰之至. 謹重詣闕, 奉表以聞. 詔不許.
天皇遂傳位. 避病於數處, 五遷之後, 宮于平城. 而事乖釋重, 政猶煩出. 尚侍從
三位藤原朝臣藥子常侍帷房, 矯託百端. 太上天皇甚愛, 不知其奸. 遷都平城.
非是太上天皇之旨. 天皇慮其亂階, 擯於宮外, 官位悉免焉. 太上天皇大怒, 遣
使發畿內幷紀伊國兵, 與藥子同輿, 自川口道向於東國. 士卒逃去者衆. 知事不
可遂, 廻輿旋宮, 落髮爲沙門.

日本後紀 卷第十七

일본후기 권18 〈大同 4년(809) 4월에서 동 12월까지〉

좌대신 정2위 行左近衛大將을 겸직한 臣 藤原朝臣冬嗣 등이 칙을 받들어 편찬하다.

太上天皇〈嵯峨〉

천황의 諱는 賀美能이고, 桓武天皇의 제2자이며, 平城天皇의 同母弟이다. 延曆 5년(786)에 長岡宮에서 태어났다. 어려서부터 총명하였고, 독서를 좋아하였다. 성장함에 따라 경서와 역사서를 널리 섭렵하였다. 글쓰기에 능하였고 초서와 예서에 뛰어났다. 영험한 기운이 몸에 서려있고, 사람됨이 군주의 역량이 있었다. (환무)천황은 특히 총애하였다. (延曆) 22년(803) 정월에 3품을 받았고, 中務卿, 彈正尹을 역임하였다. 평성천황이 즉위하자 皇太弟에 세워졌다.

◎ 大同 4년(809) 하4월 무자(13일), 황태제가 선양을 받아 대극전에서 즉위하였다〈황태제는 嵯峨天皇이다〉. 조를 내려(宣命體), "운운. 봉사해온 사람들 중에, 그 봉사한 상황에 따라 관위를 올려주도록 한다. 운운"이라고 하였다. 종3위 藤原朝臣園人에게 정3위를, 종4위상 巨勢朝臣野足에게 정4위하를, 종5위하 藤原朝臣冬嗣·林宿禰娑婆에게 정5위하를, 정6위상 藤原朝臣浄繩, 종7위상 佐伯宿禰永繼·小野朝臣岑守에게 종5위하를 내렸다.

기축(14일), 高岡親王[1]을 황태자로 삼았다. 조를 내렸다. 운운. 종4위상 藤原朝臣藤嗣에게 종4위상을, 정5위하 藤原朝臣冬嗣에게 종4위하를, 종5위하 佐伯宿禰

---

1 平城天皇의 제3황자, 嵯峨天皇의 즉위 직후 황태자로 세워졌으나, 大同 10년(810) 藥子의 變에 연루되어 廢太子되었다. 후에 복권되어 4품을 받았으나 출가하여 空海의 제자가 되었다. 노년의 나이에 입당구법을 위해 貞觀 3년(861)에 조정으로부터 허락받아 이듬해 大宰府에서 출항하여 唐의 明州에 도착하였다. 그러나 당시 당의 불교탄압 정책으로 뜻을 이루지 못하자 貞觀 7년(865)에 당황제의 허락을 얻어 廣州에서 해로로 天竺으로 갔으나, 도중에 사망했다고 전한다.

社屋・大伴宿禰和武多麻呂에게 종5위상을, 정6위상 伊勢朝臣德成에게 종5위하를 내렸다. 임관이 있었다. 운운.

신묘(16일), 칙을 내려, "제국의 신사를 수리, 조영하는 사안에 대해, 앞서 칙을 내렸다². 그러나 세월이 지나도 아직 修造하지 않았다. 지금 이후로는 소재 장관이 그 일을 전담하여 수리에 힘쓰도록 한다. 그 재원은 (神戶에서 바치는) 神稅³로 충당한다. 봉호가 없는 신사는 正稅로서 이용하도록 한다"라고 하였다.

갑오(19일), 외종5위하 高村忌寸眞木山, 정6위상 蚊屋宿禰淸足⁴에게 종5위하를 내렸다.

을미(20일), 임관이 있었다. 이날, 칙을 내려, "지난 大同 원년(806) 6월 10일, 처음으로 諸道에 관찰사를 두었다. 의탁된 직무는 깊고 무거우며 백성을 돕고 병든 자를 구제하는 일이다. 따라서 (大同) 2년 4월 16일에, 식봉 각 2백호를 지급하였다. 근년 제국은 피폐해지고 백성들은 궁핍해졌다. 운운. 지금 예정된 공용의 재원은 자못 부족하다. 잠시 (관찰사의 식봉을) 반납시키고, (國司를) 겸직하게 하여 (국사가 받는) 公廨稻로서 이 식봉을 대체하려고 한다. 만약 이치에 맞게 해임되거나 (고령 등의 이유로) 사임하는 경우에는⁵ 재임중에 지급된 봉록은 정

---

2 『續日本紀』天平神護 원년(765) 11월 임술조에, "使者를 보내 天下諸國에 神社를 수리하게 하였다"라는 기록이 나온다.

3 「神祇令」20 「神戶」조에, "凡神戶調庸及田租者, 並充造神宮, 及供神調度. 其稅者, 一准義倉, 皆國司檢校, 申送所司"라고 규정되어 있다. 신사에는 神田이라고 하는 전지가 설치되고, 神戶가 경작한다. 여기에서 납입되는 田租를 신사의 수리비용으로 사용하고 있다. .

4 『續日本紀』延曆 6년(787) 6월 신축조에, "정6위상 平田忌寸杖麻呂・路忌寸泉麻呂, 종7위하 蚊屋忌寸淨足, 종8위상 於忌寸弟麻呂 등 4인에게 함께 忌寸을 고쳐서 宿禰의 성을 내렸다"라고 하는 蚊屋忌寸淨足과 동일 인물이다. 蚊屋氏는 『新撰姓氏錄』逸文에, "姓氏錄에 이르기를, 駒子直의 둘째 아들 糠手直은 蚊屋宿禰, 蚊屋忌寸 등 2姓의 조상이다"라고 나온다. 이 일문은 〈坂上系圖〉「糠手直」조에 인용된 것으로, 『新撰姓氏錄』우경제번상 「坂上大宿禰」조의 일문이다. 현재 초략본의 해당 조에서는 後漢 靈帝의 아들 延王에서 나왔다고 하였다. 坂上氏는 백제계 씨족의 후예로서 그 일족인 蚊屋氏 역시 백제계로 보아 대과없을 것이다. 한편 蚊屋는 '가야'로 읽어 가야계와도 관련이 있다고 보여진다.

5 「選敍令」21의 규정에는 70세 이상이 되어 사임하는 것을 '致仕'라고 한다. 즉 당시의 관인의

지하고, 재임시의 식봉의 반을 겸직했던 국에서 지급하도록 한다"라고 하였다.

병신(21일), 운운. 이날, (천황이) 玄賓法師에게 보낸 서계에서, "(平城)太上天皇은 평안하게 다스려지기를 바라고, 모두가 행복해지기를 생각하고 있다. 마음을 다하여 정무에 힘쓰고 날이 밝을 때까지 잠자리에 드는 것을 잊을 정도이다. 오랜 질병이 거듭 이어져 성체가 악화되었다. 마침내 수레에 옷을 추슬러 입고 궁전에 신발을 벗어놓았다. 속세를 버리고 선계에 들어가 뜻을 白雲에 의탁하였다[6]. 예전 (平城天皇은 현보법사를) 매우 신임하여 평생 가까이 두고 하루하루 세속의 생활을 보냈다. 그래서 (平城天皇은) 조를 내려, (현보법사를) 궁중에 부르게 된 것이다. 公은 연로하지만 수레를 타고 온다면, 참으로 聖王 (平城天皇)이 원하는 바일 것이다. 짐은 예전 (그대를) 만나 신선한 즐거움을 느꼈다. 한번 이별한 후, 어느새 수년이 지났다. 다시 보기를 꿈꾸면서 덕을 우러러 흠모할 뿐이었다. 이러한 인연에 의탁하여 재회를 바라고자 한다. 公은 마음을 廬山[7]에 두고, 襄陽[8]의 지로부터 모습을 감추었다. 오래도록 머무르게 하지는 않을 것이니 번잡하게 생각할 일은 없는 것이다"라고 하였다.

기해(24일), 彌正尹 4품 葛原親王[9], 무품 仲野親王[10]이 물품을 바쳤다. 5위 이상에게 피복을 하사하였다.

정년은 70세가 기준이 되고 있다. 다만 천황의 신임을 받는 경우에는 연령에 상관없이 재임할 수 있다.

6 상기 원문의 "谷神玄牝"는 老子의 『道德經』6에 나오는, "谷神不死, 是謂玄牝, …"이라는 내용을 인용한 것이다.

7 중국 江西省 九江市 남부에 있는 명산으로 중국문화사, 종교사, 정치사에서 독특한 위치에 있다. 東晉의 고승 慧遠은 廬山에 東林寺를 세우고 밖으로는 나가지 않는다고 맹세했다고 한다. 東晉 이래 廬山을 노래한 시가만 해도 4천수가 넘는다. 또 慧遠은 蓮池를 만들고 여기에서 자란 白蓮을 비유하여 白蓮社라고 하는 念不結社를 결성하였고, 중국 정토교의 시조가 되었다.

8 중국 湖北省위 漢水의 남쪽 도시로 환락가로 알려져 있다.

9 桓武天皇의 황자.

10 桓武天皇의 제12황자.

신축(26일), 參河國을 悠紀로 삼고, 美作國을 主基로 삼았다.

계묘(28일), 조를 내려, "요즈음 태상천황의 성체가 악화되었다, 일월이 지나도 의약의 효험이 없고, (神佛에) 기도해도 (차도의) 징후가 보이지 않는다. 혼령이 있는 생물 중에 사람이 가장 중하다. 관대한 은혜를 베풀어 성체(의 쾌유)를 돕고자 한다. 천하에 대사면을 내린다. 大同 4년 4월 28일부터 동트기 이전의 사형죄 이하는 죄의 경중을 묻지 않고, 이미 발각되었거나 발각되지 않았거나, 기결수이거나 미결수이거나 현재 수감 중인 자, 팔학, 사주전, 강도와 절도, 및 통상의 사면에서 제외되지 않는 자 모두 사면한다[11]. 사면하기 이전에 일어난 일을 고발하는 자는[12], 그 죄로서 죄를 묻는다"라고 하였다. 이날, 천하제국에 명하여 7일간, 살생을 금단하게 하였다. 해변, 강가에서 생활하는 백성으로 어로를 생업으로 하는 자에게는 조사하여 양곡을 지급하기로 하였다.

을사(30일), 정6위상 物部匝瑳連足繼에게 외종5위하를 내렸다.

○ 5월 병오삭, 임관이 있었다. 처음으로 制를 내려, "5위 이상으로 義倉[13]에 납입하지 않는 자는 봉록의 지급을 정지한다"라고 하였다. 이날, 사자를 보내 제국의 천신지기에 폐백을 바쳤다. (嵯峨天皇이) 즉위하기 때문이다.

경술(5일), 임관이 있었다.

임자(7일), 3품 高志内親王이 죽었다. 사자를 보내 장의를 감독시켰다. 조를 내려, 1품으로 추증하였다. 内親王은 桓武天皇의 제2녀이고, 황제의 同母妹이다.

---

11 보통 8虐, 私鑄錢, 강도와 절도, 및 통상의 사면에서 제외되지 않는 자는 사면하지 않는 것이 원칙인데, 이번에는 사면의 범위를 모든 범죄에 해당시키고 있다.

12 사면령이 발효되기 이전에 일어난 범죄를 고발한 자는 처벌한다는 것이다. 즉 사면 대상이 되는 자를 고발하는 행위는 무고죄에 해당한다.

13 재난에 대비하여 재산에 따라 호별로 차등적으로 징수하여 보관하는 창고, 제도를 말한다. 「賦役令」6「義倉」조에, "凡一位以下, 及百姓雜色人等, 皆取戶粟, 以爲義倉, 上上戶二石, 上中戶一石六斗, 上下戶一石二斗, 中上戶一石, 中中戶八斗, 中下戶六斗, 下上戶四斗, 下中戶二斗, 下下戶一斗, 若稻二斗, 大麦一斗五升, 小麦二斗, 大豆二斗, 小豆一斗, 各當粟一斗, 皆與田租, 同時收畢"이라는 규정이 있다.

천황이 매우 사랑스러워 하였다. 淳和天皇의 배필이 되었고, 3품 恒世親王, 氏子·有子·貞子內親王을 낳았다. 사망시의 나이는 21세였다.

계해(18일), 河內國에 있는 內藏寮의 전지 11정을 정5위하 伊勢朝臣繼子에게 주었다. 사후에는 걷어들여 (內藏)寮의 전지로 하기로 하였다. 병부성 소관의 제관사[14]의 史生을 처음으로 병부성에서 보임하기로 하였다.

정묘(22일), 경내의 백성을 진휼하였다. 장마 때문이다.

경오(25일), 內膳司의 膳部 40인을 증원하였다. 松尾, 鴨御祖, 鴨別雷 등의 신사에 봉폐하였다. 장마를 멈추게 하기 위해서이다.

임신(27일), 大炊寮[15]의 창고에서 화재가 발생하였다.

계유(28일), 5위 이상에게 白木[16]의 笏을 사용하는 것을 허락하였다. 백옥, 대모[17] 등의 요대는 또한 延曆 15년(796) 정월, 18년 정월 2번의 格에 따른다[18]. 기타의 금제 사항에 대해서는 종전과 같이 한다. 伊勢國에서 흰 까마귀를 바쳤다. 산위 종3위 大伴宿禰乙麻呂가 죽었다. 나이 79세였다.

갑술(29일), 칙을 내려 금년의 대상제를 정지시켰다[19].

○ 6월 병자 (2일), 임관이 있었다.

임오(8일), 정5위하 多朝臣入鹿에게 종4위하를 내리고, 정6위상 良岑朝臣安世[20], 종6위하 藤原朝臣三守에게 종5위하를 내렸다. 吉野의 丹生(川)上에 있는 雨

---

14 隼人司, 造兵司, 鼓吹司, 主馬司.

15 宮內省 산하의 관부로서, 제국에서 공진된 舂米 등의 곡물을 수납하고, 親王 이하 제관사의 관인에게 月料를 지급한다.

16 「衣服令」6에서는 5위 이상에게는 牙笏로 되어 있다. 白木은 牙의 다른 표현으로 생각된다. 木笏의 경우는 6위 이하의 職事官 이상은 다 사용하는 것이다.

17 玳瑁는 龜甲, 귀갑으로 만든 요대.

18 延曆 15년(796) 정월의 格에는 해당 기록이 없고, 동 14년 12월 병자조에 參議 이상에게 白玉, 玳瑁의 착용을 허락한 기록이 나온다. 동 18년 정월의 격에서는 종전의 3위 이상에서 5위 이상으로 확대하여 착용을 허락하였다.

19 嵯峨天皇의 즉위에 따른 대상제이지만, 平城太上天皇이 병상에 있어 중지한 것이다. 이듬해인 弘仁 원년(810) 11월에 대상제를 열었다.

師神社에 사자를 보내 봉폐하였다. 비가 오기를 기원하기 위해서였다.

계미(9일), 정5위하 藤原朝臣貞雄에게 종4위하를, 종5위하 御室朝臣今嗣에게 정5위하를, 종5위하 安倍朝臣眞直에게 종5위상을, 정6위상 當麻眞人鱸麻呂 · 御室朝臣氏嗣에게 종5위하를, 정6위하 伊吉連淸守에게 외종5위하를 내렸다.

갑신(10일), 攝津國에 명하여 頓宮[21]을 조영하게 하였다. 伊勢齋內親王이 귀경하기 때문이다.

병술(12일), 임관이 있었다. 尙膳 종3위 藤原朝臣勤子가 죽었다.

정해(13일), 무품 高津內親王[22]에게 종3품을 내렸다. 이날, 高津內親王을 妃로 삼았다. 橘朝臣某, 多治比眞人高子를 夫人으로 삼았다.

병신(22일), 칙을 내려, "관찰사에게는 국사를 겸직시키고 잠시 식봉을 정지하고 대신 公廨를 지급하기로 하였다[23]. 그러나 陸奧國은 관인이 많고 (公廨)料가 적다. (陸奧, 出羽 양국) 안찰사의 공해는 편리한 근처의 제국에서 지급하도록 한다. 또 大宰師의 공해 2만속을 因幡, 備前, 備中, 讚岐, 伊豫 등 5개국에 지급하여 먼 운송비를 줄이도록 한다. 다만 관찰사를 겸직하지 않으면 종전대로 한다. 만약 (大宰)大貳가 결원일 때의 (公廨)料는 (大宰)帥의 결원 시에 준해서 蕃客料[24]로 충당하도록 한다"라고 하였다.

경자(26일), 산위 종4위상 橘朝臣綿裳이 죽었다.

○ 추7월 을사삭, 藥師法[25]을 小安殿에서 7일간 행하였다. 天推國高彦天皇[26]의 병이 아직 치유되지 않았기 때문이다. 산양도관찰사 정3위 민부경 藤原朝臣園人이 주언하기를, "삼가 지난 4월 28일의 詔書를 살펴보니 '사형죄 이하는 죄의 경

20　『日本後紀』序 각주 8 참조.
21　천황이 순행하거나 황족이 임지로 떠나기 전에 임시로 묵는 숙소.
22　桓武天皇의 제12황녀.
23　앞의 大同 4년(809) 4월 을미조의 詔.
24　외국사절에 대한 접대비용.
25　약사여래를 본존으로 하여 재앙을 없애고 招福을 기원하는 기도법.
26　平城天皇의 시호.

중을 불문하고, 통상의 사면에서 면제받을 수 없는 자도 모두 사면한다'고 하였다. 특별한 은혜이고 다스리는 국토의 행복이다. 무릇 사면의 크고 작은 은혜는 누구라도 입지 않을 수 있겠는가. 바야흐로 산양도의 제국은 損田의 피해가 오래되었고 과세물의 징수가 어려워졌다. 당시의 관리는 잡물의 미징수가 있어도, 조사해 보면 징수를 태만히 한 죄는 사면을 받고, (징수해야 할) 물건을 생각하면, 실제로 가난한 백성에게 (부담이) 있다. 즉 (미징수의 책임을) 후임자에게 지게 하고 오히려 앞서의 잘못을 떠넘기고 있다. 답답하고 괴로운 일이 계속 이어지고 반복되어 끊이질 않는다. 그 사유를 생각해보면, 원래 사사로운 정(으로 징수하지 않은 것)이 아니고, 법을 곡해하고 있다는 것과 비교하면, 크고 작은 실상은 자명해진다. 삼가 바라건대, 大同 원년(806) 이래 調, 庸, 雜米 등의 미납에 대해서는 官用은 한도가 있고 재정이 부족하고 어려워 모두 수량에 따라 서둘러 납입하게 해야 한다. 그 나머지 잡물, 미납물에 대해서는 은사하기 이전의 것은 모두 면제했으면 한다. 곤궁한 백성에게 이전 연도의 책임을 벗어나게 하고, 현임 국사에게 前官이 (징수하지 않은) 책임이 전가되지 않았으면 한다"라고 하였다. (천황은) 이를 허락하였다. 京畿 및 제국에서도 이에 준하도록 하였다.

정미(3일), 칙을 내려, "지금 이후로는 大原, 栗前野, 水生, 日根 등의 들판에서는 수렵을 해서는 안된다"라고 하였다. 사자를 吉野山陵에 보내 산릉 주변을 청소하고 아울러 독경시켰다. 가뭄이 수십일이나 지속된 것은 산릉이 빌미가 되었기 때문이다[27].

경술(6일), 大宅内親王[28]의 사저에 화재가 발생하였다.

임오(8일), 新錢 1백관을 종4위하 橘朝臣常子[29]에게 하사하였다.

---

27 吉野山陵이 억울하게 폐위되고 죽은 井上内親王의 원혼 때문으로 생각했기 때문이다.

28 桓武天皇의 제8황녀이고, 平城天皇의 妃, 품위는 3품.

29 桓武天皇의 후궁으로 들어가 大宅内親王을 낳았다. 延曆 16년(797)에 종5위상에 서위되었고, 이후 종4위하에 이르렀다. 이틀전에 딸 大宅内親王의 저택에 화재가 발생하여 新錢 隆平永寶 1백관을 받은 것이다.

갑인(10일), 태상천황이 左兵衛府로 돌아왔다.

신유(17일), 칙을 내려, "요즈음 가뭄이 재난이 되어 水陸이 마르고 타들어 갔다. 만약 기도하지 않으면 어찌 이 재난을 구제할 수 있겠는가. 운운. 마땅히 국사가 재개하고 관례에 따라 기우제를 지내도록 한다. 운운."이라고 하였다. 이날, 산위 종4위하 葛井宿禰廣致[30]가 죽었다.

계해(19일), 대풍이 불었다.

갑자(20일), 因幡國 사람 大伴吉成이 경내를 떠돌고 있었는데, 御贖[31]의 官奴인 大風麻呂가 (大伴吉成에게) 대신 神事를 맡기는 죄를 범했기 때문에 (大伴吉成에게) 곤장을 내리고 본국으로 이송하였다. (官奴인) 大風麻呂는 對馬島에 유배되었다.

정묘(23일), 정6위상 高橋朝臣三浦麻呂에게 종5위하를 내렸다.

○ 8월 무인(5일), 대풍에 불었다. 散官 종3위 藤原朝臣人數가 죽었다.

갑신(11일), 仁子內親王[32]을 伊勢齋王으로 정했다. 산위 종4위상 多治比眞人繼兄이 죽었다.

무술(25일), 임관이 이 있었다.

계묘(30일), 천황이 (平城)太上皇을 찾아 뵈었다. 우대신 종2위 藤原朝臣內麻呂가 물품을 바쳤다. 하루종일 연회를 열고 물품을 차등있게 하사하였다.

○ 9월 갑진삭, 4품 葛原親王[33]에게 3품을 내리고, 종5위상 菅野朝臣庭主[34]에게

---

30 315쪽, 延曆 24년(805) 2월 경술조에 나오는 葛井宿禰廣岐이다. 각주 127 참조.

31 천황, 황후의 신병을 대신하여 죄, 부정을 뒤집어쓰고 大祓의 날에 이를 제거하는 의식을 담당.

32 嵯峨天皇의 제10황녀.

33 桓武天皇의 황자, 治部卿, 大藏卿, 彈正尹, 式部卿, 大宰帥, 中務卿 등을 역임하고, 1품에 올랐다.

34 菅野朝臣은 『新撰姓氏錄』右京諸蕃下에, "菅野朝臣은 百濟國 사람 都慕王의 10세손 貴首王으로부터 나왔다"라고 출자를 밝히고 있다. 菅野朝臣庭主는 大同 3년(808) 4월 木工頭에 서임되고, 동년 9월에 정5위하에, 弘仁 원년(810) 4월에 정5위상에 서위되었고, 동년 9월에 安房權守에 임명되었다.

정5위하를, 종5위하 藤原朝臣伊勢人에게 종5위상을, 정6위상 上毛野公穎人 · 安曇部副太麻呂에게 외종5위하를 내렸다.

을사(2일), 伊豫國 神野郡을 新居郡으로 고쳤다. 천황의 諱[35]에 저촉되었기 때문이다.

병오(3일), 제국의 (調, 庸을 운송하는) 脚夫을 경내에서 사역시키는 것을 정지하였다. 가뭄, 질병으로 백성이 피폐해졌기 때문이다.

무신(5일), 폭풍으로 가옥이 무너지고, 太上皇의 수레를 덮쳐 일그러졌다.

임자(9일), (천황이) 神泉苑에서 활쏘기를 관람하였다. 아울러 문인에게 시부를 짓게 하고, 녹을 차등있게 하사하였다.

을묘(12일), 曲宴을 열고 5위 이상에게 피복을 하사하였다. 다시 大宰府에 명하여 大野城의 사천왕사에서 四天王法[36]을 행하게 하였다.

무오(15일), 무품 阿保親王[37]에게 4품을 내렸다, 여자에게 서위하였다. 운운.

임술(19일), 정3위 藤原朝臣園人을 中納言으로 삼고, 종4위하 紀朝臣廣浜을 기내관찰사로 삼고, 종4위하 多朝臣入鹿을 산양도관찰사로 삼았다.

정묘(24일), 3품 葛原親王이 물품을 바쳤다.

무진(25일), 황태자가 태상황에게 봉헌하였다. 5위 이상 및 春宮坊 관인, 諸王 그리고 藤原, 安倍, 伊勢 등 제씨에게 물품을 차등있게 주었다.

경오(27일), 관찰사가 기안하여 청구한 (법안) 16조[38]를 재가하고 천하제국에 포고하였다.

○ 동10월 계유삭, 渤海國에서 사자를 보내 方物을 바쳤다. 王의 서계에서

---

35 嵯峨天皇의 諱가 神野(賀美能)였기 때문에 神野郡의 이름을 고친 것이다.

36 사천왕을 본존으로 하여 동일한 제단에서 행하는 법회, 재앙, 부정을 씻고 복을 부르고 국토안정을 기원한다.

37 平城天皇의 제1황자.

38 大同 원년 6월 임인조 참조, 『類聚三代格』7 同日 官符에, "合裁下觀察使起請事十六條"라고 하여 山陰道觀察使 菅野朝臣眞道의 상주에 기초한 것이다.

운운[39].

정축(5일), 天推國高彦天皇이 東院으로 돌아왔다.

임오(10일), 종5위하 田口朝臣息繼에게 종5위상을 내렸다.

계미(11일), 內藏寮로 하여금 東院에 물품을 바치게 하였다. 하루종일 연회를 베풀고 5위 이상에게 피복을 하사하였다.

병술(14일), 曲宴을 열고 4위 이상에게 피복을 내렸다.

정유(25일), 중무경 萬多親王[40]이 東院에 봉헌하였다.

신축(29일), 정6위상 坂上大宿禰鷹養에게 종5위하를 내렸다.

○ 11월 정미(5일), 右近衛中將 종4위하 藤原朝臣眞夏, 左馬頭 종4위하 藤原朝臣眞雄, 左少弁 종5위상 田口朝臣息繼, 左近衛少將 종5위하 藤原朝臣眞本 등을 보내, 攝津國의 豐嶋, 爲奈 등 야지 및 平城의 舊都에 태상천황의 궁터를 지정하게 하였다.

신해(9일), 정7위상 高橋朝臣菅守에게 종5위하를 내렸다.

갑인(12일), 右兵衛督 종4위상 藤原朝臣仲成, 左少弁 종5위상 田口朝臣息繼 등을 보내 평성궁을 조영하게 하였다.

을묘(13일), 칙을 내려, "듣는 바와같이, 在京의 제관사는 공문을 분실하고 목록을 조사하지 않아 관사가 파손되어 (관의 재물인) 公廨에 손실을 주고 있다고 한다. 지금 이후로는 교체되는 전임자에게 교부하는 (인수인계의 증명서인) 解由을 받아야 한다. 이것은 국사(가 교대할 때)와 동일하게 한다. 이를 항례로 한다"라고 하였다.

무진(26일), 외종5위하 鴨縣主眞蓑에게 외종5위상을, 종8위상 上鴨縣主目代에게 외종5위하를 내렸다. 모두 賀茂 2社의 禰宜가 되었다.

---

39 『日本紀略』大同 4년(809) 동10월 계유삭조.

40 桓武天皇의 제5황자, 嵯峨朝에서 우대신, 藤原朝臣園人 등과 함께 『新撰姓氏録』편찬을 시작하여 弘仁 5년(814)에 완성하였다. 동 8년에 3품에 서위되었고, 동 14년에 式部卿, 天長 5년(828)에 大宰帥에 임명되었고, 동 7년에 2품에 올랐다.

경오(28일), 임관이 있었다.

○ 12월 계유(2일), 정6위상 粟田朝臣豐主, 종6위상 御室朝臣是嗣에게 종5위하를 내렸다.

을해(4일), 태상천황이 수로를 취해, 쌍선을 타고 平城으로 행차하였다. 때에 궁전은 완성되지 않았다. 이에 임시로 故 우대신 大中臣朝臣清麻呂[41]의 집에 들어갔다.

경진(9일), 종5위상 藤原朝臣清主에게 정5위하를, 종5위하 藤原朝臣弟貞에게 종5위상을, 정6위상 大中臣朝臣淵魚에게 종5위하를 내렸다.

신묘(20일), 攝津國, 伊賀國, 近江國, 播磨國, 紀伊國, 阿波國 등의 米稻를 평성궁 조영의 경비로 충당하게 하였다.

갑오(23일), 夫人 정4위하 橘朝臣嘉智子, 정4위하 多治比眞人高子 2인에게 봉호 각 1백호를 하사하였다.

무술(27일), 기내 제국에 명하여 기능공 및 인부 2,500인을 雇役[42]으로 삼도록 하였다. 평성궁을 조영하기 위해서이다.

일본후기 권제18 (逸文)

---

41 聖武天皇에서 桓武天皇까지 5대조를 섬긴 중신으로 延曆 7년(788)에 사거하였다. 그의 저택은 孫 大中臣百子의 소유가 되었고 平城京 右京 2조에 소재한다.
42 국가의 의무 노동인 歲役과는 달리 일정한 댓가를 받고 징발된 役夫, 「賦役令」 22의 「雇役丁」조에 관련 규정이 나온다.

日本後紀 卷十八〈起大同四年四月, 盡同十二月〉

左大臣正二位兼行左近衛大將臣藤原朝臣冬嗣等奉勅撰

太上天皇〈嵯峨〉

天皇諱賀美能, 桓武天皇第二子, 平城天皇之同母弟也. 延曆五年生於長岡宮. 幼聰, 好讀書. 及長, 博覽經史, 善屬文, 妙草隷. 神氣嶽立, 有人君之量. 天皇尤鍾愛也. 二十二年正月, 授三品, 歷中務卿, 彈正尹, 平城天皇之嗣位, 立爲皇太弟.

◎大同四年夏四月戊子, 皇太弟受禪, 即位大極殿〈皇太弟, 謂嵯峨天皇.〉詔曰, 云云. 仕奉人等中〈爾〉, 其仕奉狀随〈爾〉, 冠位上賜〈布〉. 云云. 從三位藤原朝臣園人授正三位, 從四位上巨勢朝臣野足正四位下, 從五位下藤原朝臣冬嗣‧林宿禰娑婆正五位下, 正六位上藤原朝臣淨繩‧從七位上佐伯宿禰永繼‧小野朝臣岑守從五位下. 己丑, 立高岡親王, 爲皇太子. 詔曰, 云云. 從四位上藤原朝臣藤嗣授從四位上, 正五位下藤原朝臣冬嗣從四位下, 從五位下佐伯宿禰社屋‧大伴宿禰和武多麻呂從五位上, 正六位上伊勢朝臣德成從五位下. 任官. 云云. 辛卯, 勅, 修造諸國神社之狀, 宣勅先訖. 而經涉年月, 未加修造. 自今以後, 在所長官, 專當其事, 勤致修理. 其料度者, 以神稅充. 無封之社, 宜用正稅. 甲午, 外從五位下高村忌寸眞木山‧正六位上蚊屋宿禰清足, 授從五位下. 乙未, 任官. 是日, 勅, 去大同元年六月十日, 始置諸道觀察使. 寄深庇俗, 任重求瘼. 故二年四月十六日, 賜食封各二百戶. 頃年諸國損弊, 百姓困乏. 云云. 今支度公用, 頗有缺少. 宜暫返納, 令兼外任, 以彼公廨, 代此食封. 若依理解任, 及致仕者, 即還給例封, 其返封, 宜待兼國. 丙申, 云云. 是日, 賜書玄賓法師曰, 太上天皇, 寧濟爲心, 咸熙在慮. 憂勤庶績, 達旦忘寢. 舊疹相仍, 聖體不予. 遂乃褰裳黃屋, 脫屣紫宸. 谷神玄牝, 託懷白雲. 疇昔愛翫, 平生近幸. 一朝一夕, 皆爲俗穢. 仍有詔, 延請. 公, 扶老就輿, 允當聖望. 朕昔即事, 耽賞清風. 一別之後, 忽焉數年. 夢中無路, 增傾欽耳. 託此因緣, 冀得再見. 公廬山栖心, 襄陽晦

跡. 弗爲久留. 不可煩想. 己亥, 彈正尹四品葛原親王, 無品仲野親王奉獻. 五位
已上賜衣被. 辛丑, 參河國爲悠紀, 美作國爲主基. 癸卯, 詔曰, 頃者, 太上天皇
聖體不予, 頻移晦朔, 醫藥無驗, 祈禱不徵. 有靈之類, 惟人爲重. 思降寬惠, 式
資聖躬. 宜大赦天下. 自大同四年四月二十八日昧爽以前, 大辟已下, 罪無輕
重, 已發覺未發覺, 已結正未結正, 繫囚見徒, 八虐, 私鑄錢, 強竊二盜, 及常赦
所不免者. 皆咸赦除. 以赦前事, 相告言者, 以其罪罪之. 是日, 令天下諸國, 七
箇日, 禁斷殺生. 其濱水百姓, 以漁爲業者, 量給粮焉. 乙巳, 正六位上物部匝瑳
連足繼, 授外從五位下.

○五月丙午朔, 任官. 始制, 留五位已上不輸義倉者封祿. 是日, 遣使奉幣諸
國天神地祇. 爲即位也. 庚戌, 任官. 壬子, 三品高志内親王薨. 遣使監護喪事.
詔, 贈一品. 内親王者, 桓武天皇第二女, 皇帝同母妹也. 天皇尤所鍾愛. 配淳
和天皇, 生三品恒世親王, 氏子, 有子, 貞子内親王. 薨時二十一. 癸亥, 在河内
國, 内藏寮田十一町, 賜正五位下伊勢朝臣繼子. 其一身之後, 收爲寮田. 兵部
省所管諸司史生, 始令省補任. 丁卯, 賑給京中人民. 霖雨也. 庚午, 加内膳司膳
部四十人. 奉幣於松尾, 鴨御祖, 鴨別雷等社. 爲止霖雨也. 壬申, 大炊寮廩災.
癸酉, 廳五位已上, 通用白木笏. 其白玉玳瑁等腰帶者, 亦依延曆十五年正月,
十八年正月兩度格. 自餘禁制, 一如常例. 伊勢國獲白鳥. 散位從三位大伴宿禰
乙麻呂薨. 年七十九. 甲戌(29日), 勅, 今年停大嘗會.

○六月丙子, 任官. 壬午, 正五位下多朝臣入鹿授從四位下, 正六位上良岑朝
臣安世 · 從六位下藤原朝臣三守從五位下. 遣使奉幣於吉野丹生上雨師神. 祈
雨也. 癸未, 正五位下藤原朝臣貞雄從從四位下, 從五位下御室朝臣今嗣正五
位下, 從五位下安倍朝臣眞直從五位上, 正六位上當麻眞人鱸麻呂 · 御室朝臣
氏嗣從五位下, 正六位下伊吉連清守外從五位下. 甲申, 令攝津國, 造頓宮. 依
伊勢齋内親王歸京也. 丙戌, 任官. 尚膳從三位藤原朝臣勤子薨. 丁亥, 無品高
津内親王從三品. 是日, 立高津内親王爲妃. 橘朝臣某, 多治比眞人高子爲夫
人. 丙申, 勅, 觀察使兼帶外任,暫停食封代以公廨. 而陸奧國, 官多料少. 宜按

察使公廨, 給便近之國. 又大宰師公廨二萬束, 給因幡・備前・備中・讃岐・伊豫等五國, 省遠運費. 但非帶觀察使, 一依前例. 若大貳缺間, 其料者, 准帥闕時, 充用蕃客料. 庚子, 散位從四位上橘朝臣綿裳卒.

○秋七月乙巳朔, 行藥師法於小安殿七箇日. 以天推國高彦天皇病未癒也. 山陽道觀察使正三位民部卿藤原朝臣園人奏言, 伏案去四月二十八日詔書稱, 大辟已下, 罪無輕重, 常赦所不免, 咸皆赦除者. 非常之恩, 率土幸賴. 凡厥大小, 誰不霑□. 方今當道諸國, 損弊年久, 公途難辨. 當時宰吏, 或有未進等雜物. 檢怠則罪逢赦降, 勘物則實在貧民. 便付後任, 還移前咎. 相續催煩, 輪轉不絶. 准之事由, 元非挾情. 比之枉法, 輕重自分. 伏望, 大同元年以來調庸雜米等未進者, 官用有限, 支料難乏, 竝須依數催進. 自餘雜物未納未進之類, 在恩詔之前者, 悉從免除. 庶使窮困人民, 永忘舊歲之責, 見任國司, 頓絶前官之怠. 許之. 其京畿幷諸國, 准此. 丁未, 勅, 自今以後, 不得遊獵於大原・栗前野・水生・日根等野. 遣使於吉野山陵, 掃除陵內, 幷讀經. 以亢旱累旬, 山陵爲崇. 庚戌, 大宅內親王第災. 壬午, 新錢百貫, 賜從四位下橘朝臣常子. 甲寅, 太上天皇, 還御左兵衛府. 辛酉, 勅, 頃來亢旱爲災, 水陸焦枯. 若非祈禱, 何濟斯難. 云云. 宜國司齋戒, 依例祈雨. 云云. 是日, 散事從四位下葛井宿禰廣致卒. 癸亥, 大風. 甲子, 因幡國人大伴吉成, 浮宕京下, 相替御贖官奴大風麻呂, 爲犯神事, 決杖, 遞送本國. 其大風麻呂, 配對馬嶋. 丁卯, 正六位上高橋朝臣三浦麻呂, 授從五位下.

○八月戊寅, 大風. 散事從三位藤原朝臣人數薨. 甲申, 定仁子內親王, 爲伊勢齋. 散位從四位上多治比眞人繼兄卒. 戊戌, 任官. 癸卯, 帝朝于太上皇. 右大臣從二位藤原朝臣內麻呂奉獻, 宴飮終日. 賜物有差.

○九月甲申朔, 四品葛原親王授三品, 從五位上菅野朝臣庭主正五位下, 從五位下藤原朝臣伊勢人從五位上, 正六位上上毛野公穎人・安曇部副太麻呂外從五位下. 乙巳, 改伊豫國神野郡, 爲新居郡. 以觸上諱也. 丙午, 停役諸國脚夫於京下. 以旱疫民疲也. 戊申, 暴風倒屋, 壓折太上皇之輿. 壬子, 幸神泉苑觀射. 兼命文人賦詩. 賜祿有差. 乙卯, 曲宴, 賜五位已上衣被. 復令大宰府於大野城鼓峯, 行四天王法. 戊午, 無品阿保親王授四品, 女敍位. 云云. 壬戌, 正三位藤原朝臣園人爲中納言, 從四位下紀朝臣廣濱爲畿内觀察使, 從四位下多朝臣入鹿爲山陽道觀察使. 丁卯, 三品葛原親王奉獻. 戊辰, 皇太子奉獻於太上皇. 五位已上, 及坊官, 幷諸王, 藤原安倍伊勢等氏, 賜物有差. 庚午, 觀察使起請十六條, 裁下天下諸國.

○冬十月癸酉朔, 渤海國遣使, 獻方物. 王啓曰, 云云. 丁丑, 天推國高彦天皇, 遷御於東院. 壬午, 從五位下田口朝臣息繼授從五位上. 癸未, 令内藏寮, 奉獻於東院. 宴飲終日. 賜五位已上衣被. 丙戌, 曲宴, 賜四位已上被. 丁酉, 中務卿萬多親王奉獻於東院. 辛丑, 正六位上坂上大宿禰鷹養授從五位下.

○十一月丁未, 遣右近衛中將從四位下藤原朝臣眞夏‧左馬頭從四位下藤原朝臣眞雄‧左少弁從五位上田口朝臣息繼‧左近衛少將從五位下藤原朝臣眞本等, 於攝津國豐嶋爲奈等野, 及平城舊都, 占太上天皇宮地. 辛亥, 正七位上高橋朝臣菅守授從五位下. 甲寅, 遣右兵衛督從四位上藤原朝臣仲成‧左少弁從五位上田口朝臣息繼等, 造平城宮. 乙卯, 勅, 如聞, 在京諸司, 紛失公文, 不檢孔目, 或館舍破損, 或公廨缺失. 自今已後, 遷替之人, 宜責解由, 一同國司. 立爲恒例. 戊辰, 外從五位下鴨縣主眞養授外從五位上, 從八位上上鴨縣主目代外從五位下, 竝賀茂二社禰宜也. 庚午, 任官.

○十二月癸酉, 正六位上粟田朝臣豐主‧從六位上御室朝臣是嗣, 授從五位下. 乙亥, 太上天皇取水路, 駕雙船, 幸平城. 于時, 宮殿未成. 權御故右大臣大中臣朝臣清麻呂家. 庚辰, 授從五位上藤原朝臣清主授正五位下, 從五位下藤原朝臣弟貞從五位上, 正六位上大中臣朝臣淵魚從五位下. 辛卯, 攝津國‧伊賀國‧近江國‧播磨國‧紀伊國‧阿波國等米稻, 宛造平城宮料. 甲午, 夫人正四位下橘朝臣嘉智子, 正四位下多治比眞人高子二人, 賜封各一百戸. 戊戌, 令畿内諸國, 雇工及役夫二千五百人, 以造平城宮也.

日本後紀 卷第十八 (逸文)

일본후기 권제19 〈弘仁 원년(810) 정월에서 동 8월까지〉

좌대신 정2위 行左近衛大將을 겸직한 臣 藤原朝臣冬嗣 등이 칙을 받들어 편찬하다.

太上天皇〈嵯峨〉

◎ 弘仁 원년(810) 춘정월 임인삭, 신년하례를 중지하였다. 황제가 병이 들었기 때문이다. 근시하는 신하에게 피복을 내렸다.

을사(4일), 종4위하 (藤原朝臣)大繼가 죽었다.

무신(7일), 좌경에 기근이 들어 사자를 보내 진휼하였다.

이날, 무위 平野王에게 종4위하를 내리고, 종5위상 多賀王에게 정5위하를, 정6위상 直世王·田口王에게 종5위상을, 정5위하 大伴宿禰久米主·藤原朝臣繼彦에게 종4위하를, 종5위하 藤原朝臣貞嗣·石川朝臣浄直·多治比眞人今麻呂에게 정5위하를, 종5위하 高村忌寸田使·紀朝臣咋麻呂에게 종5위상을 내렸다. 정6위상 文室眞人千川·藤原朝臣乙主, 종6위하 紀朝臣與須賀, 정6위상 石上朝臣美奈麻呂·紀朝臣繼勝, 종6위상 三國眞人民人, 정7위하 布勢朝臣中嶋에게 종5위하를 내렸다. 정6위상 縵連家繼[1]·秦宿禰智奈理에게 외종5위하를 내렸다.

---

1 縵氏는 가발을 제작하는 縵部의 伴造氏族이다. 『新撰姓氏録』大和國諸蕃에 縵連은 百濟人 狛으로부터 나왔다고 한다. 狛氏는 보통 고구려계의 인명에서 흔히 보이지만 여기서는 백제계 인명으로 나온다. 縵連家繼는 大同 5년(810)에 외종5위하에 서위되고, 藥子의 변 직후인 동년 10월에 大膳亮에 임명되었다. 弘仁 3년(812)에 典藥助, 동 4년에 越中權介에 임명되었다. 縵連氏에 대해서는 『日本書紀』天武 12년(683) 9월조에 縵造는 縵連으로 개성하였다. 만련씨 일족으로는 『日本書紀』天武 8년(679) 8월 경오조에 縵造忍勝이란 인물이 나오고, 『續日本紀』寶龜 11년(780) 정월 계유조에는 정6위상 縵連宇陀麻呂가 외종5위하로 진급기사가 나온다. 동 承和 8년(841) 5월조에 나오는 縵連道繼는 4만속이라는 거액의 私稻를 국가에 바쳐 정6위상에서 외종5위하의 관위를 받았다. 아마도 대화국에서 재력을 가진 유력한 호족임으로 보인다.

신해(10일), 종6위상 藤原朝臣福當麻呂에게 종5위하를 내렸다.

임자(11일), 임관이 있었다.

갑인(13일), 隱岐國의 大同 원년(806) 이래의 미납된 3만 2천속을 면제하였다.

신유(20일), 典侍 종4위하 小野朝臣石子가 물품을 바쳤다. 殿上에서 연회를 베풀고 근시하는 신하들에게 피복을 내렸다.

임술(21일), 土佐國 香美郡 사람 物部文連全敷女에게 소초위상을 내리고 戶의 田租를 종신토록 면제하였다. 집과 마을 입구에 표식을 하여 節婦의 행적을 현창하도록 하였다². 全敷女는 동 郡의 物部鏡連家主의 처이다. 남편이 죽은 후에 곡소리를 끊이질 않아, 지나가는 사람들에게 불쌍한 마음이 들게 하였다.

을축(24일), 임관이 있었다.

기사(28일), 美作國에 기근이 들어 사자를 보내 진휼하였다.

경오(29일), 美作國의 곡물 1천석을 종4위하 藤原朝臣眞夏에게 하사하였다.

○ 2월 정축(7일), 임관이 있었다.

무인(8일), 정3위 藤原朝臣園人을 大納言으로 삼았다. 河內國에 기근이 들어 사자를 보내 진휼하였다.

갑신(14일), 산위 종4위하 文室眞人波多麻呂가 죽었다.

병술(16일), 因幡, 土佐 2국에 기근이 들어 사자를 보내 진휼하였다.

무자(18일), 임관이 있었다.

기축(19일), 伯耆, 讚岐 2국에 기근이 들어 사자를 보내 진휼하였다.

기해(29일), 伊賀國의 벼 4천속, 近江國의 4천속을 巨勢親王에게 하사하였다.

---

2 「賦役令」17에는 "무릇 孝子, 順孫, 義父, 節婦의 뜻과 행동이 國, 郡에 알려졌다면 태정관에 보고하여 천황에게 아뢰고 그 門閭에 표시한다. 같은 호적에 있는 사람들은 모두 과역을 면제한다. 정성이 두루 감복할만 하면 별도로 우대하여 상을 내린다"라고 규정되어 있다. 이들에게 내려진 과역의 면제는 같은 戶에 속한 사람들에게도 미치고 있어 특별한 대우를 받고 있다. 六國史에는 孝子 20인, 節婦 43인의 표창사례가 나온다. 順孫이나 義夫에 대해서는 물품을 주어 격려하는 기록이 있으나 과역을 면제하거나 표식을 세워 현창하는 기사는 보이지 않는다.

○ 3월 계묘(3일), 大和, 攝津, 備後 3국에 기근이 들어 사자를 보내 진휼하였다.

무신(8일), 參河國에 기근이 들어 사자를 보내 진휼하였다.

무진(28일), 제국의 稅帳[3], 大帳[4], 貢調 등의 사자[5]가 (출근일수인) 上日은 民部省에 조사하게 하였다. 만약 上日 3분의 2를 채우지 못하면 즉시 公廨를 몰수하고 근무고과의 대상에 포함하지 않는다. 몰수된 公廨는 그 수량을 기록하여 언상하도록 하였다.

○ 하4월 경오삭, 渤海使 高南容[6] 등에게 鴻臚館에서 향연을 베풀었다[7].

정축(8일), 高南容 등이 귀국하였다. (발해)국왕에게 (일본천황의) 국서를 주면서 말하기를, 운운[8].

---

3 稅帳은 正稅帳으로 국사가 매년 태정관에 제출하는 정세의 收支 결산보고서. 국의 수입과 지출을 총계해서 주무부서와 각 군마다 집계하여, 전년도의 이월분, 당해년의 수입과 지출, 차년도에의 이월분을 기록한다. 매년 3통을 작성하여 1통은 國府에 보관하여 국사의 교대시에 인수인계 및 차년도 정세장 작성의 자료로 활용하고, 2통은 매년 2월말(大宰府는 5월말)까지 전조와 출거, 진휼, 국분사 조영 경비 등 재정수지를 증명하는 관련자료를 첨부하여 태정관에 제출한다. 정세장을 태정관에 제출하는 사자를 正稅帳使라고 한다.

4 計帳을 말한다. 調, 庸을 부과하기 위해 작성하는 장부. 여기에는 戶主에 戶口의 씨명, 연령, 성별, 課·不課의 구별 등을 기재한다. 「戶令」18「造計帳」條에, "凡造計帳, 每年六月三十日以前, 京國官司, 責所部手実, 具注家口年紀, 若全戶不在郷者, 即依舊籍轉寫, 并顯不在所由收訖, 依式造帳, 連署, 八月三十日以前, 申送太政官"이라는 조문에 따르면, 과역 대상자의 장부를 計帳을 만들 때에 호주가 작성한 장부에 기초하여 京, 諸國의 관할 관사에서 작성하는데, 만약 호 전체가 어떠한 이유로 부재시에는 이전 호적에 의거하여 계장을 만들고 8월 30일 이전에 태정관에 보고하라고 규정되어 있다. 제국의 국사는 이를 이를 정리하여 국내의 인구, 調口의 수, 調庸 등을 산출하였다.

5 大宰府의 大貳 이하의 관인 및 제국의 국사 중에서 目 이상이 매년 교대로 상경하여 정무를 보고하는 사자, 즉 大(計)帳使, 貢調使, 正稅帳使, 이른바 국가의 행정, 재정과 관련된 일을 맡은 四度使를 말한다.

6 전년도인 大同 4년(809) 10월에 일본에 왔다. 그후 이해 9월에 발해사로서 일본에 파견되고, 발해왕의 국서가 소개되어 있다

7 『日本紀略』弘仁 원년(810) 4월 경오삭조.

8 『日本紀略』弘仁 원년(810) 4월 정축조.

기묘(10일), 처음으로 彈正臺의 臺掌[9] 2인을 두었다.

경진(11일), 좌경대부 겸 攝津守 정4위하 三島眞人奈繼가 죽었다. 나이 63세였다.

갑신(15일), 산위 외종5위하 江沼臣小竝 등을 唐招提寺[10]에 보내 탑을 조영하게 하였다.

무자(19일), 伊勢大神宮에 사자를 보내, 齋內親王을 정한 상황을 보고하였다. 近江國의 곡물 3백속, 備前國의 2백석을 石上內親王[11]에게 주었다. 近江國의 곡물 3백석, 播磨國의 3백석, 備前國의 2백석을 大原內親王[12]에게 주었다. 備前國의 곡물 1백석을 叡努內親王[13]에게 주었다. 이날, 종5위하 磯野王에게 종5위상을, 종4위하 藤原朝臣眞夏에게 정4위하를, 종4위하 藤原朝臣繼業에게 종4위상을, 정5위하 紀朝臣田上・菅野朝臣庭主[14]에게 정5위상을, 종5위상 藤原朝臣綱繼・藤原朝臣弟貞에게 정5위하를, 종5위하 大中臣朝臣常麻呂・大中臣朝臣魚取・大枝朝臣永山・御室朝臣氏嗣에게 종5위상을, 정6위상 石川朝臣弟道에게 종5위하를, 외종5위하 伊吉連淸守에게 외종5위상을 내리고, 모두 平城宮 조영의 감독을 맡게 하였다.

계사(24일), 임관이 있었다.

기해(30일), 종5위상 大中臣朝臣魚取에게 정5위하를, 외종5위하 山田連弟分에게 외정5위하를 내리고, 모두 平城宮 조영에 봉사하게 하였다. (이날) 종4위하 훈7등 大伴宿禰久米主가 죽었다. 나이 61세였다.

---

9 소송인의 지도와 관사의 시설 등을 관리, 使部의 감독 등 서무를 담당하는 雜任, 관사의 종류에 따라 官掌, 省掌, 台掌, 坊掌, 職掌, 寮掌 등으로 부른다.
10 奈良縣 奈良市에 있는 律宗의 총본산, 唐僧 鑑眞이 天平寶字 3년(759)에 天武天皇의 제7황자인 田部親王의 구저택을 조정으로부터 받아 지은 사찰이다.
11 平城天皇의 황녀.
12 平城天皇의 제3황녀.
13 平城天皇의 제2황녀.
14 487쪽, 大同 4년(809) 9월 갑신삭 각주 34 참조.

○ 5월 정미(8일), 播磨國에 기근이 들어 사자를 보내 진휼하였다.

신해(12일), 大納言 정3위 藤原朝臣園人이 물품을 바쳤다. 하루종일 연회를 열고, 5위 이상에게 피복을 하사하였다. 동산도관찰사 정4위하 육오·출우안찰사를 겸직한 藤原朝臣緒嗣가 언상하기를, "운운. 국가는 백성을 근본으로 삼고, 백성은 먹는 것을 생명으로 삼는다. 鎭兵 3,800인의 1년 식량은 50여만속이다. 이로 인해 백성은 피폐해지고 곳간은 비어간다. 저축이 되지 않으면, 어떻게 비상의 사태에 방어할 수 있겠는가. 이에 더하여 예전에도 해마다 (蝦夷의) 정벌이 있을 때마다 반드시 군량미를 坂東[15]의 제국에서 (징발하도록) 하였다. 삼가 바라건대, 坂東의 官稻는 陸奧國의 공해도로 충당하고, 육오국의 공해도를 관의 창고에 수납하여 보관했으면 한다. 그렇게 하면, 공적 사적으로도 득이 되어 실로 편의에 맞을 것이다"라고 하였다. (천황은) 이를 함께 허락하였다.

임자(13일), 동산도관찰사 정4위하 육오·출우안찰사를 겸직한 藤原朝臣緒嗣가 언상하기를, "운운. 또 육오국은 원래 국사, 진수부의 관인 등은 각각 차등을 두어 공해도를 지급하였고, (정미한) 舂米 4천석을 인부를 고용해 운송하고 1년의 양곡으로 충당하였다. 이렇게 해온 지가 오래되었지만, 법적인 근거는 없다. 다만 변경의 일은 자못 국내와는 다르다. 무엇인가 하면, 菊田郡 이북의 가까운 郡稻는 군량미에 충당하고, 信夫郡 이남의 군도는 공해도로 충당했으면 한다. 그 거리는 國府[16]에서 2, 3백리이고, 성책[17]로부터 7, 8백리이다. (관인의 종자인) 事力의 힘으로도 舂米로 운송하기는 어렵다. 만약 (법적 근거가 없는 종래의 방식을) 조사하여 정지시키면, (鎭守府, 國府의 관인들은) 굶어죽을 것이다. 청컨대, 舂米의 운송비를 지급하고 규범으로 했으면 한다"라고 하였다. (천황은) 이를 모

---

15 律令制에서 足柄坂으로부터 동쪽의 東海道를 坂東, 碓氷山으로부터 동쪽의 東山道를 山東
    이라고 불렀다. 蝦夷 정벌을 위한 보급, 징병을 이 지역에 명한 사례가 많다. 이 양지역을
    점차 坂東이라고 부르고, 東國 지방을 지칭한다. 蝦夷 정벌의 후방기지로서 역할을 담당하
    였다.

16 陸奧國의 國府, 多賀城에 설치되었다.

17 鎭守府가 설치된 膽澤城, 志波城.

두 허락하였다.

갑인(15일), 천하제국에 명하여 相撲人의 공진을 정지하였다.

병진(17일), 淡路國에 기근이 들어 사자를 보내 진휼하였다.

기미(20일), 사자를 大和國 吉野郡 丹生川上의 雨師神社에 보내 봉폐하였다. 장마가 며칠이나 계속되었기 때문이다.

경신(21일), 임관이 있었다.

병인(27일), 渤海使의 首領 高多佛[18]이 탈주하여 越前國에 머물렀다. 越中國에 안치시켜 식량을 지급하였다. 史生 羽栗馬長 및 習語生 등에게 渤海語를 배우게 하였다[19].

○ 6월 경오(2일), (천황이) 神泉苑에 행차하였다. 칙이 내려져, 문인을 불러 釣臺[20]의 시를 짓게 하였다. 차등있게 녹을 내렸다.

을해(7일), 曲宴을 열고 5위 이상에게 의복을 하사하였다.

기묘(11일), 임관이 있었다.

병술(18일), (천황이) 神泉苑에 행차하였다. 5위 이상에게 피복을 하사하였다.

정해(19일), 丹波, 播磨 양국에 기근이 들어 사자를 보내 진휼하였다.

무자(20일), 遠江, 美作 양국에 기근이 들어 사자를 보내 진휼하였다. 종4위하 藤原朝臣黒麻呂가 죽었다.

갑오(26일), 밤에 지진이 있었다.

병신(28일), 태상천황이 조를 내려, "지난 大同 원년(806)의 16조[21]를 시행하기 위해, 관찰사를 설치하고 개개의 道에 위임하였다. 운운. 무릇 參議를 향한 기대

---

18 弘仁 3년(812) 12월에 渤海國 사람 高多佛에게 高庭高雄의 성명을 내렸다고 나온다.

19 『延喜式』권제18, 「式部省」上에, "凡渤海譯語生者, 簡學生容貌端正者二人充, 應得其業者, 預得考之例"라고 하여 渤海譯語生이 나온다. 『日本紀略』弘仁 원년(810) 5월 병인조.

20 낚시, 연회 등을 위해 寝殿造의 저택에서 中門廊의 연못에 접해 조영된 건물. 낚시의 용도로 釣殿라는 이름이 붙여졌다.

21 大同 원년(806) 6월 임인조에 지방관에 대한 근무상태를 심사하는 기준으로 만든 16개 조문.

와 임무는 중대하고, 책임을 완수하도록 하는 것이다. (그러나 관찰사 설치로 참의) 직은 불필요하게 되어, 이에 폐지하였다. 운운. 마땅히 관찰사를 폐지하고 참의 호를 복구하였다. 식봉의 제도 역시 종전대로 시행한다"라고 하였다.

○ 추7월 을사(7일), (천황이) 神泉苑에 행차하여 씨름을 관람하였다.

정미(9일), 칙을 내려, "膂力人[22]을 공진하는 것은, 항상 (매년) 6월 20일 이전으로 한정하였다. 지금 이후로는 (이들이) 확보되면 즉시 보내고 날짜에 제한받지 않는다. 또 힘이 여러 사람을 능가하지 못해도 씨름을 기술을 익힌 자는 아울러 공진하도록 한다"라고 하였다.

신해(13일), 사자를 川原寺, 長岡寺에 보내 경전을 암송하게 하였다. 천황이 몸이 편치 않기 때문이었다.

갑인(16일), 임관이 있었다.

병진(18일), 右大弁 종4위상 藤原朝臣藤繼, 음양두 安倍朝臣眞勝 등을 보내 高畠陵[23]에 제사지냈다. 산릉이 빌미가 되어 천황의 병이 났기 때문이다, 칙을 내려, 여름에 벼가 무성히 자라 가을에 비로소 여문다. 비바람이 불순하면 곡물이 피해를 입지 않을까 걱정이다. 畿內에 사자를 보내 名神에 봉폐하였다.

정사(19일), 황제가 동궁으로 이주하였다.

무오(20일), 임관이 있었다. 이날, 청정하게 수행하는 禪師를 불러 천황의 병간호에 근시하게 하였다.

갑자(26일), 천하제국에 명하여, 7일간 살생을 금지하였다. 바닷가에서 어로를 생업으로 하는 자에게는 식량을 지급하였다.

을축(27일), 130인을 득도시켰는데, 崇道天皇을 위해 100인, 伊豫親王을 위해 10인, 夫人[24] 藤原氏를 위해 20인이었다.

정묘(29일), 崇道天皇을 위해 川原寺에서 법화경 1부를 서사하였다.

22　씨름선수.

23　桓武天皇의 황후인 藤原乙牟漏의 능묘, 平城天皇 嵯峨天皇의 생모이다.

24　伊豫親王의 모친, 藤原吉子.

무진(30일), 右大弁 종4위상 藤原朝臣藤繼를 이세대신궁에 보내 봉폐하였다. 천황의 건강이 않좋기 때문이다.

○ 8월 기사삭, 임관이 있었다.

병자(8일), 石上神宮에 봉폐하였다. 천황의 쾌유를 기원하기 위해서이다.

무인(10일), 攝津國에서 慶雲이 보였다고 언상하였다. 오늘 임관이 있었다.

기묘(11일), 승 150인에게 명하여 태정관에서 7일간 약사법회를 열게 하였다.

임오(14일), 우경의 토지 1정을 右近衛府에 주었다.

계미(15일), 임관이 있었다.

무자(20일), 정5위상 紀朝臣田上에게 종4위하를, 외종5위하 出雲臣廣貞에게 종5위하를, 정6위상 伊勢朝臣德繼에게 외종5위하를 내렸다.

신묘(23일), 임관이 있었다.

정유(29일), 종5위상 田口朝臣息繼에게 정5위하를 내리고, 정6위상 眞菅王에게 종5위하를 내렸다. 임관이 있었다.

일본후기 권제19 (逸文)

日本後紀 卷第十九〈起弘仁元年正月, 盡同八月〉

左大臣正二位兼行左近衛大將臣藤原朝臣冬嗣等奉勅撰

太上天皇〈嵯峨〉

◎弘仁元年春正月壬寅朔, 廢朝. 以皇帝不予也. 賜侍臣以上衣被. 乙巳, 從
四位下大繼卒. 戊申, 左京飢, 遣使賑給. 是日, 無位平野王授從四位下, 從五位
上多賀王正五位下, 正六位上直世王・田口王從五位上. 正五位下大伴宿禰久
米主・藤原朝臣繼彦從四位下. 從五位下藤原朝臣貞嗣・石川朝臣浄直・多
治比眞人今麻呂正五位下, 從五位下高村忌寸田使・紀朝臣咋麻呂從五位上.
正六位上文室眞人千川・藤原朝臣乙主, 從六位下紀朝臣與須賀, 正六位上石
上朝臣美奈麻呂・紀朝臣繼勝, 從六位上三國眞人民人, 正七位下布勢朝臣中
嶋從五位下. 正六位上縵連家繼・秦宿禰智奈理外從五位下. 辛亥, 從六位上
藤原朝臣福當麻呂授從五位下. 壬子, 任官. 甲寅, 免隱岐國大同元年以来未納
三萬二千束. 辛酉, 典侍從四位下小野朝臣石子奉獻. 宴於殿上, 賜侍臣衣被.
壬戌, 土佐國香美郡人物部文連全敷女授少初位上, 免戸田租, 以終身. 標其門
閭, 以旌節行也. 全敷女, 同郡物部鏡連家主之妻也. 夫亡之後, 不絶聲, 哀感行
路. 乙丑, 任官. 己巳, 美作國飢, 遣賑給. 庚午, 美作國穀一千斛, 賜從四位下藤
原朝臣眞夏.

○二月丁丑, 任官. 戊寅, 正三位藤原朝臣園人爲大納言. 河内國飢, 遣使賑
給. 甲申, 散位從四位下文室眞人波多麻呂卒. 丙戌, 因幡・土佐二國飢, 遣使
賑給. 戊子, 任官. 己丑, 伯耆・讚岐二國飢. 遣使賑給. 己亥, 伊賀國稻四千束,
近江國四千束, 賜巨勢親王.

○三月癸卯, 大和・攝津・備後三國飢, 遣使賑給. 戊申, 參河國飢, 遣使賑
給. 戊辰, 諸國税帳大帳貢調等使上日, 令民部省勘給. 若上日不満三分之二,
即奪公廨, 兼不預考. 其所奪公廨, 錄數言之.

○夏四月庚午朔, 饗渤海使高南容等, 於鴻臚館. 丁丑, 高南容等歸國. 賜國
王書曰, 云云. 己卯, 始置彈正臺臺掌二員. 庚辰, 左京大夫兼攝津守正四位下
三島眞人奈繼卒. 年六十三. 甲申, 遣散位外從五位下江沼臣小竝等, 造招提
寺塔. 戊子, 遣使於伊勢大神宮, 告定齋内親王之狀. 近江國穀三百斛, 備前國
二百斛, 賜石上内親王. 近江國穀三百斛, 播磨國三百斛, 備前國二百斛, 賜大
原内親王. 備前國穀一百斛, 賜叡努内親王. 是日, 從五位下磯野王授從五位
上, 從四位下藤原朝臣眞夏正四位下, 從四位下藤原朝臣繼業從四位上, 正五
位下紀朝臣田上・菅野朝臣庭主正五位上, 從五位上藤原朝臣綱繼・藤原朝
臣弟貞正五位下, 從五位下大中臣朝臣常麻呂・大中臣朝臣魚取・大枝朝臣
永山・御室朝臣氏嗣從五位上, 正六位上石川朝臣弟道從五位下, 外從五位下
伊吉連清守外從五位上, 竝以督作平城宮也. 癸巳, 任官. 己亥, 從五位上大中
臣朝臣魚取授正五位下, 外從五位下山田連弟分外正五位下, 竝以供奉造平城
宮之事也. 從四位下勳七等大伴宿禰久米主卒. 年六十一.

○五月丁未, 播磨國飢, 遣使賑給. 辛亥, 大納言正三位藤原朝臣園人奉獻.
飲宴終日, 賜五位已上衣被. 東山道觀察使正四位下兼陸奧出羽按察使藤原朝
臣緒嗣言, 云云. 國以民爲本, 民以食爲命. 而鎮兵三千八百人, 一年糧料五十
餘萬束. 因此, 百姓疲弊, 倉廩空虛. 如無蓄積, 何防非常. 加以, 往年每有征伐,
必仰軍粮於坂東國. 伏請, 以坂東官稻, 充陸奧公廨, 以陸奧公廨, 留收官庫. 然
則, 公私得所, 實愜便宜. 竝許之. 壬子, 東山道觀察使正四位下兼陸奧出羽按
察使藤原朝臣緒嗣言, 云云. 又陸奧國, 元来國司鎮官等, 各以公廨作差, 令春
米四千餘斛, 雇人運送, 以充年粮. 雖因循年久, 於法無據. 但邊要之事, 頗異中
國. 何者, 苅田以北近郡稻支軍粮, 信夫以南遠郡稻給公廨. 其去國府二三百
里, 於城柵七八百里, 事力之力, 不可春運. 若勘當停止, 必致飢餓. 請, 給春運
功, 爲例行之. 竝許之. 甲寅, 令天下諸國, 停進相撲人. 丙辰, 淡路國飢, 遣使賑
給. 己未, 遣使奉幣於大和國吉野郡丹生川上雨師神. 以霖雨經日也. 庚申, 任
官. 丙寅, 渤海使首領高多佛, 脫身留越前國. 安置越中國, 給食. 即令史生羽栗

馬長幷習語生等, 就習渤海語.

○六月庚午, 幸神泉苑. 有勅, 召文人, 令賦釣臺詩. 賜祿有差. 乙亥, 曲宴, 賜五位以上衣. 己卯, 任官. 丙戌, 幸神泉苑. 五位以上賜衣被. 丁亥, 丹波, 播磨兩國飢, 遣使賑給. 戊子, 遠江 · 美作兩國飢, 遣使賑給. 從四位下藤原朝臣黑麻呂卒. 甲午, 夜地震. 丙申, 太上天皇詔曰, 去大同元年, 爲行十六條, 竝置觀察使, 各委一道. 云云. 夫參議之寄, 望重守大, 歸任責成. 職非虛設. 是以, 廢置之. 云云. 宜罷觀察使, 復參議號. 封邑之制, 亦仍舊數.

○秋七月乙巳, 幸神泉苑, 觀相撲. 丁未, 勅, 進膂力人者, 常限六月二十日以前. 自今以後, 随得即進, 莫限期月. 又雖力不超衆, 而解相撲者, 兼令進之. 辛亥, 遣使於川原, 長岡兩寺, 誦經. 聖躬不豫也. 甲寅, 任官. 丙辰, 遣右大弁從四位上藤原朝臣藤繼 · 陰陽頭安倍朝臣眞勝等, 鎮祭高畠陵. 以聖體不予, 山陵爲祟也. 勅, 夏苗已茂, 秋稼始熟. 恐風雨失時, 嘉穀被害. 宜遣使畿內, 奉幣名神. 丁巳, 皇帝遷御於東宮. 戊午, 任官. 是日, 延清行禪師, 侍上病也. 甲子, 令天下諸國, 七箇日間, 禁斷殺生. 其白水郎以漁爲業者, 給粮. 乙丑, 度一百三十人, 奉爲崇道天皇一百人, 爲伊豫親王十人, 夫人藤原氏二十人. 丁卯, 奉爲崇道天皇, 於川原寺, 奉寫法華經一部. 戊辰, 遣右大弁從四位上藤原朝臣藤繼, 奉幣於伊勢大神宮. 以聖體不予也.

○八月己巳朔, 任官. 丙子, 奉幣石上神. 以禱上病也. 戊寅, 攝津國言, 慶雲見. 今日, 任官. 己卯, 令僧一百五十人, 於太政官, 限七箇日, 行藥師法. 壬午, 右京地一町, 賜右近衛府. 癸未, 任官. 戊子, 正五位上紀朝臣田上授從四位下, 外從五位下出雲臣廣貞從五位下, 正六位上伊勢朝臣德繼外從五位下. 辛卯, 任官. 丁酉, 從五位上田口朝臣息繼授正五位下, 正六位上眞菅王從五位下. 任官.

日本後紀 卷第十九 (逸文)

일본후기 권제20 〈弘仁 원년(810) 9월에서 12월까지〉

좌대신 정2위 行左近衛大將을 겸직한 臣 藤原朝臣冬嗣 등이 칙을 받들어 편찬하다.

太上天皇〈嵯峨〉

◎ 弘仁 원년(810) 9월 무술삭, 사자를 畿內에 보내, 백성들에게 구분전을 반급하였다. 칙을 내려, 大和國의 田租, 地子稻[1]를 영원히 평성궁의 제비용으로 충당하게 하였다.

계묘(6일), (평성)태상천황의 명에 따라 평성으로 천도하게 되었다. 정3위 坂上大宿禰田村麻呂[2], 종4위하 藤原朝臣冬嗣[3], 종4위하 紀朝臣田上 등을 造宮使로 삼았다.

갑진(7일), 播磨國에서 언상하기를, "格에 의거하면[4], 훈위를 가진 사람을 健兒[5]로 차출하도록 되어 있다. 그러나 국내의 훈위를 가진 사람은 죽거나 혹은 도망가 있고, 현재 있는 사람은 늙거나 병약한 자가 많아 방비를 담당할 수 없다. 삼가 바라건대, 白丁을 징발하여 그 결원을 보충하고자 한다"라고 하였다. (천황은)이를 허락하였다.

정미(10일), 천도의 일로 인해서 인심이 소요하였다. 이에 사자를 보내 伊勢,近江, 美濃 등 3국의 國府 및 옛 關所[6]를 지키도록 하였다. 정4위하 巨勢朝臣野足,

---

1 구분전을 반급하고 남은 잉여의 전지를 乘田이라고 하는데, 이를 농민에게 경작시켜 수확의 일부를 任租料로 납입한 것을 말한다.

2 97쪽, 延曆 13년(794) 6월 갑인조 각주 46 참조

3 70쪽, 延曆 11년(792) 정월조 각주2 참조.

4 『類聚三代格』권18, 延曆 16년(797) 11월 29일의 太政官符.

5 251쪽, 延曆 20년(801) 4월 무오조 각주 49 참조.

6 伊勢國의 鈴鹿關, 美農國의 不波關, 越前國의 愛發關 등 3關을 말한다.

종5위하 佐伯宿禰永繼를 伊勢使[7]로 삼고, 정5위하 御長眞人廣岳, 종5위하 小野朝臣岑守·坂上大宿禰廣野를 近江使로 삼고, 정5위상 大野朝臣直雄을 美濃使로 삼았다. 右兵衛督 종4위상 藤原朝臣仲成을 右兵衛府에 구류하였다.

(천황이) 조를 내려(宣命體), "천황의 詔旨로 내린 말씀을 친왕, 제왕, 제신, 백관의 사람들, 천하의 공민들은 모두 들으라고 분부하였다. 尙侍 정3위 藤原朝臣藥子[8]는 말하기조차 황공한 柏原朝廷[9]의 치세에 春宮坊의 宣旨의 일을 맡았다. 그러나 그 성격이 좋지 않음을 알고 (궁중으로부터) 물러나게 하였다. 그렇지만 온갖 수단을 동원하여 태상천황에게 다가와 봉사하였다. 지금 태상천황이 양위한 큰 자비와 깊은 뜻을 모르고 자신이 권세를 휘둘러 농단하려고 했다. 천황의 칙어가 아닌 것을 천황의 말이라고 운운하면서, 칭찬과 질책을 마음대로 하였다. 일찍이 두려워하거나 꺼리는 바가 없었다. 이와같은 惡事는 종종 있었지만, 태상천황 가까이서 봉사하고 있었기 때문에 묵인해 왔다. 그런데도 여전히 만족하지 못하고 2곳의 조정을 말하고 사이를 떼어놓으려고 하고, 마침내는 대란을 일으키려고 하고, 또 선제가 만대로 정한 平安京을 버리고 정지시켜 平城의 古京으로 천도할 것을 주상하고 권하여 천하를 어지럽히고 백성을 피폐시켰다. 또 그의 오라비 仲成은 자기의 동생이 좋지 않은 바를 가르쳐 바르게 하지 않고, 도리어 그 위세를 믿고 일을 거짓으로 만들어 신제의 친왕, 夫人을 능멸하고, 집을 버리고 거리로 내모는 가혹행위를 일삼았고, 이러한 죄악은 이루 셀 수 없을 정도이다. 이치로 생각해 보면 죄를 내려야 하지만, 생각하는 바가 있어, 죄를 경감하고 용서하여 藥子의 관위를 박탈하고 궁중에서 내보내고, 仲成은 佐渡國의 權守로 좌천시킨다는 천황의 말씀을 모두 듣도록 하라고 분부하였다"라고 하였다.

또 사자를 柏原陵[10]에 보내 말하기를(宣命體), "천황의 어명으로 말조차 꺼내기

---

7 伊勢國의 國府 및 鈴鹿關을 수호하기 위해 파견된 사자.

8 435쪽, 大同 3년(808) 하4월 정묘조 각주 5 참조.

9 桓武天皇.

10 桓武天皇陵.

황공한 柏原大朝庭의 일을 말씀드리면, 內侍司의 尙侍 정3위 藤原朝臣藥子는 처음에 태상천황의 동궁에 있을 때, 宮坊의 宣旨의 일을 맡았다. 그러나 그 성격이 좋지 않음을 알고 물러나게 하였다. 그런데 온갖 수단을 동원하여 태상천황에게 다가와 봉사하였다. 지금 태상천황이 양위한 큰 자비와 깊은 뜻을 모르고 자신이 권세를 휘둘러 농단하려고 했다. 천황의 칙어가 아닌 것을 천황의 말이라고 운운하면서, 칭찬과 질책을 마음대로 하였다. 일찍이 두려워하거나 꺼리는 바가 없었다. 만대로 정한 平安京을 버리고 정지시켜 平城의 古京으로 천도할 것을 주상하고 권하여 천하를 어지럽히고 백성을 피폐시켰다. 또 그의 오라비 仲成은 자기의 동생이 좋지 않은 바를 가르쳐 바르게 하지 않고, 도리어 그 위세를 믿고 일을 거짓으로 만들어 선제의 친왕, 夫人을 능멸하고, 집을 버리고 거리로 내모는 가혹행위를 일삼았고, 이러한 죄악은 이루 셀 수 없을 정도이다. 이로 인하여 藥子의 관위를 박탈하고 궁중에서 나가게 하고, 仲成은 佐渡國의 權守로 좌천시켰다'. 또 『續日本紀』에 기재된 崇道天皇과 증 태정대신 藤原朝臣(鍾繼)와의 좋지 않은 일을 모두 다 파기했는데, 다시 사람의 증언에 따라 파기한 것을 본래대로 기록해 놓았다. 이것 또한 무례한 일이다. 이번에 종전과 같이 개정한 사실을 참의 정4위하 藤原朝臣緒嗣를 보내 삼가 말씀드리는 바이다'라고 하였다.

이날, 궁중의 경계를 엄중히 하였다. 藤原朝臣雄友에게 본위 정3위를 내리고, 정5위하 御長眞人廣岳·坂田宿禰奈弖麻呂·石川朝臣清直·多治比眞人今麻呂에게 종4위하를 내렸다. 정6위상 弟村王·高瀬王·廣根朝臣諸勝·紀朝臣末成·坂上大宿禰廣野·藤原朝臣廣敏·多治比眞人育治·安倍朝臣雄能麻呂·安倍長田朝臣節麻呂에게 종5위하를 내렸다. 종4위상 秋篠朝臣安人[11]을 참의 겸 右衛士督로 삼고 左大弁은 종전대로 하였다. 정5위하 藤原朝臣道雄을 左中弁으로 삼았다. 權右中弁 정5위하 田口朝臣息繼를 右中弁으로 삼고 阿波守는 종전대로 하였다. 정5위하 小野朝臣野主를 權右中弁으로 삼았다. 左近衛少將 종5위하 良岑

---

11 104쪽, 延曆 13년(794) 8월 계축조 각주 11 참조.

朝臣安世에게 左少弁을 겸직시키고, 丹波介는 종전대로 하였다. 종5위하 藤原朝臣福當麻呂를 右少弁으로 삼았다. 右近衛少將 종5위하 藤原朝臣三守에게 内藏頭를 겸직시키고, 美作權介는 종전대로 하였다. 정5위하 御室朝臣今嗣를 대학두로 삼고, 종4위하 坂田宿禰奈弖麻呂를 大和守로 삼고, 종4위하 藤原朝臣繼彦을 山城守로 삼고, 종5위하 廣根朝臣諸勝을 (山城)介로 삼았다. 종4위하 紀朝臣田上을 尾張守로 삼고, 종5위하 藤原朝臣山人을 駿河守로 삼고, 정4위하 藤原朝臣眞夏를 伊豆權守로 삼고, 종5위상 大伴宿禰和武多麻呂를 武藏權介로 삼고, 정5위하 藤原朝臣貞繼를 近江守로 삼고, 式部少輔 종5위하 小野朝臣岑守를 (近江)介로 삼고, 종5위하 多治比眞人育治를 美濃介로 삼고, 종5위하 藤原朝臣貞本을 飛驒權守로 삼고, 종5위하 登美眞人藤津을 越前介로 삼고, 종5위상 大中臣朝臣常麻呂를 備前權守로 삼고, 종5위하 安倍朝臣清繼를 安藝權守로 삼고, 종4위하 多朝臣入鹿을 讃岐守로 삼고, 종4위하 藤原朝臣眞雄을 伊豫守로 삼고, 종5위하 藤原朝臣安繼를 薩摩權守로 삼고, 정5위상 大野朝臣直雄을 左近衛少將으로 삼고, 春宮大夫 종4위상 藤原朝臣藤嗣에게 右近衛中將를 겸직시켰다. 종5위하 紀朝臣百繼를 (右近衛)少將으로 삼고 下野介는 종전대로 하였다. 종5위하 安倍朝臣雄能麻呂를 右衛士佐로 삼고, 종5위하 佐伯宿禰永繼를 左兵衛佐로 삼고. 참의 정4위하 藤原朝臣緒嗣를 右兵衛督으로 삼고, 종5위하 坂上大宿禰廣野를 (右兵衛)佐로 삼고. 종5위하 安倍朝臣男笠을 左馬頭로 삼았다.

무신(11일), 정4위하 藤原朝臣眞夏, 종4위하 文室朝臣綿麻呂 등이 부름을 받아 平城宮에서 (平安京에) 왔다. 綿麻呂는 左衛士府에 구금되었다. 大外記 외종5위하 上毛野朝臣穎人이 平城京에서 급히 와서 말하기를, "태상천황이 오늘 아침 일찍 川口道를 취해 東國으로 향하고 있다. 무릇 (平城京의) 제관사 및 숙위병들이 모두 다 따라갔다"라고 하였다. 이때 大納言 정3위 坂上大宿禰田村麻呂[12] 등을 보내, 기동성이 있는 병사를 이끌고 美濃道를 따라가서 맞서려고 하였다. 田村麻

---

12 97쪽, 延曆 13년(794) 6월 갑인조 각주 46 참조

呂가 (천황에게) 주상하여 청하기를, "(文室朝臣)綿麻呂는 무예에 뛰어난 사람이고 자주 변경에서의 전투경험이 있어 동행하여 수행하고자 한다"라고 하였다. 즉시 정4위상을 내리고 참의로 삼아 파견하였다. (綿麻呂는) 뛸 듯이 기뻐하며 바로 병마를 타고 출진하였다. 또 宇治橋, 山埼橋 2곳, 與渡의 市와 津에 頓兵을 배치하였다.

이날 밤, 左近衛將監 紀朝臣清成, 右近衛將曹 住吉臣豐繼 등에게 명하여, 수감 중인 곳에서 (藤原)仲成을 사살하였다. 仲成은 참의 정3위 (藤原)宇合의 증손이고, 증 태정대신 정1위 (藤原)種繼의 장자이다. 성격이 사납고 거칠며 주사가 심했다. 집안의 서열을 무시하고 마음에 꺼리는 것이 없었다. 여동생 藥子가 조정에서 전횡하게 되면, 그 위세를 빌려 점점 교만해졌다. 王公, 고승들을 능멸하고 욕보이는 일이 많았다. 民部大輔 笠朝臣江人의 딸이 仲成의 처가 되었다. 그 이모[13]가 자못 미모가 있었다. 仲成은 이를 보고 (내심) 기뻐하였다. 그러나 꺼려하며 응하지 않자 강압적으로 욕구를 채우려고 하였다. 그녀는 佐味親王[14]의 집으로 도망쳤다. 仲成은 친왕 및 母夫人[15]의 집에 들어가 그녀를 발견했다. 거친 말로 어긋난 행동을 하여 심히 사람의 도리를 상실하였다. 살해됨에 이르러 모두가 스스로 초래한 일이라고 하였다. 외종5위하 上毛野朝臣穎人에게 종5위상을 내렸다. 귀순하여 (平城太上天皇의 동국행을) 알린 공에 대한 상이었다.

기유(12일), 태상천황이 大和國 添上郡의 越田村에 이르렀다. 즉시 무장한 병사들이 앞을 차단했다는 소식을 듣고 나아가지 못했다. 앞서 中納言 藤原朝臣葛野麻呂, 左馬頭 藤原朝臣眞雄 등은 일이 일어나기 전에 강하게 간언했지만 받아들이지 않고, 수레를 타고 서둘러 발진하였다. (태상)천황은 마침내 세력이 궁지에 몰리게 되자, 이내 (평성)궁으로 돌아가 머리를 깎고 佛家에 들어갔다. 藤原朝臣藥子는 자살하였다. 藥子는 증 태정대신 種繼의 딸이고, 中納言 藤原朝臣繩主

13　藤原仲成의 부인의 자매이자, 딸의 이모에 해당한다.

14　桓武天皇의 제9황자.

15　桓武天皇의 夫人 多治比眞宗.

의 처이다. 3남 2녀를 두었고, 장녀는 태상천황이 태자였을 때, 간택되어 궁에 들어갔다. 그후 藥子는 동궁의 宣旨를 맡아 (태상천황의) 침소에 출입하며 천황과 사사로이 통했다. 皇統彌照天皇[16]은 (그녀의) 음란한 행위가 의에 어긋난다고 생각하여, 바로 (궁중에서) 쫓아내었다. (平城)天皇이 황위를 계승하자 불러들여 尚侍가 되었다. 아양과 애교를 부려 두터운 은총을 받았다. 말하는 것은 들어주지 않는 바가 없었다. 모든 관사의 정무와 천황에게 상주문, 칙서 등의 문서를 마음대로 처리하였고, 처벌하고 베푸는 일을 사방에 다반사로 하였다. 갑작스런 혼란이 일어났을 때 천황과 동행하였다. 많은 사람의 증오가 자신에게 돌아오는 것을 알고 마침내 약을 먹고 죽었다.

경술(13일), 조를 내려(宣命體), "천황이 詔旨로서 내린 말씀을 모두 들으라고 분부하였다. (평성)태상천황이 伊勢로 가는 길에 함께 한 사람들은 법에 따라 죄를 내려야 하지만, 생각하는 바가 있어 사면하여 용서하기로 한다. 또 中納言 藤原朝臣葛野麻呂[17]는 악행의 주모자 藤原藥子와는 (인척이면서) 정분을 나눈 사이로 무거운 죄에 처해져야 했다. 그러나 多入鹿[18] 등의 말은 비록 받아들여지지 않았지만 (태상천황의 伊勢 가는 길을 막기위해) 간절히 간언한 사실이 있기 때문에 죄를 내리지 않기로 하였다. 또 藤原朝臣眞雄[19]은 목숨을 바쳐 간언했기 때문에 많은 사람들과 다르다는 것을 인정받아 칭찬하여 격려하고 관위를 올려준다고 한 천황의 말씀을 모두 듣도록 하라고 분부하였다".

16　桓武天皇.

17　257쪽, 延曆 20년(801) 8월 경자조 각주 1 참조.

18　延曆 12년(793)에 少外記에 임명되었고, 동 17년에 종5위하 兵部少輔가 되었다. 桓武朝 말에 少納言, 近衛將監에 임명되었고, 大同 원년(80)에 平城天皇이 즉위하면, 측근으로서 近衛少將이 되었다. 그후 大同 3년(808)에 정5위하, 이듬해 종4위하 山陽道観察使에 임명되어 공경이 되었다. 嵯峨朝에 서는 藥子의 변에 연루되어 参議에서 해임되었고, 좌천되어 讃岐守, 安藝守, 讃岐権守로 지방관을 전전하였다.

19　延曆 22년(803)에 종5위하에 서위되었고, 동 25년에 종5위상 近衛少將에 임명되었다. 大同 4년(809)에 종4위하로 승진하였다. 藥子의 변 이후에 伊豫守로 좌천되었지만, 嵯峨天皇은 그의 충의를 알고 정4위하로 승진시켰다.

이날, 황태자[20]를 폐하고, 중무경 諱〈淳和〉를 皇太弟로 삼았다. 조를 내려(宣命體), "現神으로 大八洲를 통치하고 있는 倭根子天皇의 詔旨로 내린 말씀을, 친왕들, 왕들, 신들, 백관의 사람들, 공민들은 모두 들으라고 분부하였다. 국가를 통치하는 법은 정해진대로 행하고 법에 따라 中務卿 諱[21]를 세워 황태제로 정한다. 따라서 이러한 상황을 깨닫고 백관의 사람들은 봉사하라고 한 천황의 말씀을 모두 듣도록 하라고 분부하였다". (이날) 종4위하 藤原朝臣眞雄에게 정4위하를 내렸다.

임자(15일), 종5위상 礒野王을 伊豆權守로 삼고, 종5위상 大中臣朝臣智治麻呂를 武藏介로 삼고, 정5위상 菅野朝臣庭主[22]를 安房權守로 삼고, 종4위하 紀朝臣田上을 佐渡權守로 삼고, 정5위하 藤原朝臣弟貞을 丹後守로 삼고, 정4위하 藤原朝臣眞夏를 備中權守로 삼고, 종5위하 當麻眞人鱸麻呂를 淡路權守로 삼고, 종5위상 大中臣朝臣常麻呂를 伊豫守로 삼고, 종5위하 田口王을 土佐權守로 삼고, 종5위하 紀朝臣良門을 肥前權介로 삼고, 종5위상 大伴宿禰和武多麻呂를 日向權守로 삼고, 종5위하 御室朝臣是嗣를 大隅權守로 삼고, 종5위하 眞菅王을 壹岐權守로 삼았다.

계축(16일), 종5위하 大中臣朝臣諸人을 神祇大副로 삼고, 左近衛中將 정4위하 巨勢朝臣野足에게 中務大輔를 겸직시키고, 종5위하 安倍朝臣宅麻呂를 大舍人助로 삼고, 종5위하 弟村王을 圖書頭로 삼았다. 종5위하 小野朝臣岑守를 內藏頭로 삼고, 式部少輔, 近江介는 종전대로 하였다. 종5위하 藤原朝臣眞書를 縫殿頭로 삼고, 종5위하 伊勢朝臣德繼를 (縫殿)助로 삼았다. 左衛士督 종4위하 藤原朝臣冬嗣에게 式部大輔를 겸직시키고, 美作守는 종전대로 하였다. 종5위하 多治比眞人船主를 雅樂助로 삼고, 종5위하 紀朝臣南麻呂를 民部少輔로 삼고, 종5위하 藤原朝臣友人을 兵部少輔로 삼고, 참의 정4위상 文室朝臣綿麻呂를 大藏卿 겸 陸奧出

20　高岳親王, 平城天皇의 제3황자.

21　大伴親王, 淳和天皇으로 즉위한다. 嵯峨天皇과는 동년의 이복형제.

22　487쪽, 大同 4년(809) 9월 갑신삭 각주 34 참조.

羽按察使로 삼고, 종5위상 池田朝臣春野를 (大藏)大輔로 삼고, 종5위하 三國眞人 氏人을 木工頭로 삼았다. 정3위 藤原朝臣雄友를 彈正尹으로 삼고, 종5위하 高瀬 王을 (彈正)弼로 삼았다. 종5위하 秋篠朝臣全繼를 造西寺 차관으로 삼고, 右近衛 中將 종4위상 藤原朝臣藤嗣에게 攝津守를 겸직시키고, 종4위하 御長眞人廣岳을 伊勢守로 삼고, 内匠頭 종5위하 直世王에게 相摸守를 겸직시켰다. 참의 정4위하 藤原朝臣緒嗣에게 美濃守를 겸직시키고, 右兵衛督은 종전대로 하였다. 左兵衛 佐 종5위하 佐伯宿禰長繼에게 丹波介를 겸직시켰다. 左近衛少將 종5위하 良岑朝 臣安世에게 但馬介를 겸직시키고, 左少弁은 종전대로 하였다. 中務少輔 종5위하 藤原朝臣清繩에게 出雲介를 겸직시키고, 종4위하 賀陽朝臣豊年을 播磨守로 삼 았다.

갑인(17일), 越前介 종5위하 阿倍朝臣清繼, 權少掾 百濟王愛筌[23] 등은 태상천황 이 伊勢國으로 향한다는 말을 듣고 거병하여 이에 대응하였다. 신임의 越前介 종 5위하 登美眞人藤津을 체포하고 (국사직의) 인수인계를 못하게 하였다. 民部少輔 종5위하 紀朝臣南麻呂 등을 보내 심문한 바, (자신의) 죄에 굴복하였다. 清繼 이 하는 원래 사형죄였으나 遠國으로 유형에 처했다. 시종 종4위하 大庭王에게 大 舍人頭를 겸직시켰다. 음양박사 외종5위하 志斐連國守에게 石見權掾을 겸직시키 고, 천문박사는 종선대로 하였다. 대법사 永忠을 소승도로 삼고, 대법사 長惠를 율사로 삼았다.

을묘(18일), 權右中弁 정5위하 小野朝臣野主를 右中弁으로 삼고, 종5위하 大 野朝臣眞菅을 權右少弁로 삼고, 종5위하 文室眞人弟直을 大藏少輔로 삼았다. 大 納言 정3위 藤原朝臣園人에게 東宮傅을 겸직시키고, 民部卿은 종전대로 하였다. 左大弁 종4위상 秋篠朝臣安人에게 越後守를 겸직시키고, 右衛士督은 종전대로 하였다. 종4위하 多朝臣入鹿을 安藝守로 삼고, 종4위상 春原朝臣五百枝를 讃岐 守로 삼았다.

23　이 인물은 여기에만 보인다.

병진(19일), 조를 내려, "飛鳥 이전에는 아직 연호가 없었다. 難波의 조정[24]에서 처음으로 大化의 연호를 정했다. 이래 역대로 이를 따라 지금에 이르기까지 연호를 사용하고 있다. 천황국을 열어 皇家를 잇고, 즉위하여 칭원을 하지 않음이 없고, 수시로 연호를 제정하였다. 짐은 부족한 몸이지만, 황위를 계승하여 사해에 군림한지 2년이 되었다. 일월이 경과했지만, 아직 새로운 연호를 제정하지 않았다. 바야흐로 지금은 풍작의 시절이고 사람들은 이 해를 칭송하고 있다. 실로 종묘의 영령과 사직의 도움에 의한 것이고 덕이 부족한 짐이 이룬 바가 아니다. 천하와 더불어 이 상서로운 일을 축하하고자 한다. 大同 5년을 弘仁 원년으로 개원하고자 한다. 전국에 포고하여 짐의 뜻을 알리도록 한다"라고 하였다. (이날) 대법사 脩圓을 율사로 삼고, 종5위하 佐伯王을 大監物으로 삼고, 종5위하 伊勢朝臣德繼를 縫殿頭로 삼았다. 종5위상 稻城王을 大膳大夫로 삼고, 종5위하 藤原朝臣眞書를 (大膳)亮으로 삼고, 종5위하 安倍朝臣犬養을 尾張守로 삼고, 4품 阿保親王을 大宰權帥로 삼았다.

기미(22일), 대법사 脩哲을 율사로 삼았다.

경신(23일), 제를 내려, "제국이 대부한 官稻는, 10속에 대해서 이율은 3속으로 한다[25]. 다만 陸奧, 出羽 2국은 이 범위에 포함하지 않는다"라고 하였다.

임술(25일), 제를 내려, "2위의 관위를 가진 대신에게는 中紫의 관복을 입는 것을 허락했는데, 이번에는 深紫로 바꾸도록 한다. 또 제왕의 2위 이하 5위 이상 및 제신의 2위, 3위에게는 슈의 조문에 의하면 淺紫의 복장을 하게 되어 있다. 이번에는 中紫로 바꾸어 입도록 한다. 또 지난 大同 2년(807)에 제정한 四窠[26]의 문양을 한 복장은 불허했지만, 이번에는 5위 이상에게 착용을 허락한다"라고 하였다.

---

24 孝德朝

25 율령의 규정에는 官稻의 대부의 이율은 5할이다. 그런데 延曆 14년(795) 윤7월에 3할로 경감했는데, 大同 원년(806) 정월에 5할로 되돌렸다. 이번 조치는 다시 延曆 14년에 내린 3할로 복귀한 것이다.

26 새가 둥지에서 알을 품고 있는 형상을 한 문양을 말한다. 주로 염색한 직물에 이용되고, 그 외연의 수에 따라 四窠, 五窠 등으로 불리운다.

(이날) 정6위상 紀朝臣岡繼 · 伊勢朝臣繼麻呂에게 종5위하를 내리고, 정6위상 鷹高宿禰氏成에게 외종5위하를, 정5위하 永原朝臣子伊太比에게 종4위하를, 정6위상 池田朝臣幡子에게 종5위하를 내렸다.

갑자(27일), 정5위상 大野朝臣直雄에게 종4위하를, 정6위상 佐伯宿禰金山에게 종5위하를 내렸다. 종5위상 藤原朝臣鷹養을 民部大輔로 삼고, 종5위하 田中朝臣淸人을 造西寺 장관으로 삼고, 右兵衛佐 종5위하 佐伯宿禰長繼에게 下總介를 겸직시키고, 종5위하 藤原朝臣眞川을 左衛士佐로 삼고. 참의 정4위하 藤原朝臣緖嗣를 右衛士督으로 삼고, 美濃守는 종전대로 하였다. 종4위하 大野朝臣直雄을 左兵衛督으로 삼고, 종5위상 藤原朝臣道繼를 (左兵衛)佐로 삼았다. 좌대변 종4위상 秋篠朝臣安人에게 右兵衛督을 겸직시키고, 越後守는 종전대로 하였다. 종5위하 佐伯宿禰金山을 右兵庫頭로 삼았다.

을축(28일), 공경이 주상하기를, "삼가 살펴보니, 大同 2년(807) 9월 28일의 詔書에서는, '하루의 길흉을 점치는 일에는 많은 문제점이 생기고, 점쟁이의 그릇된 점술로 꺼리게 되는 것이 많다. 또 간지의 조합으로부터 점을 치고, 歲星의 위치로부터 (禁忌를) 설하고, 5辰[27]으로부터 하늘의 은택의 날을 보고, 금성의 위치로부터 길흉을 정하기도 한다. 이것들은 모두 점복의 잡서에서 나온 것이고, 바른 설법의 전적에 근거한 것이 아니다. 현명한 성인의 격언에 의거하고 (길흉관계의) 曆注는 모두 제거한다'라고 되어 있다. 신들이 조사한 바에 의하면, 曆注는 역대로 이용되어 왔다. 남녀가 만나 결혼하는 것은 인륜의 대사이다. 농부가 농사를 짓는 것은 국가의 근본이다. 삼가 바라건대, 사정에 맞춰 종전대로 (길흉 등을) 曆에 주기하고자 한다. 또 지난 大同 2년 8월 19일 내린 탄정대의 법례에는 '여러 돌을 이용하여 만든 요대와 장식 대도 및 (옻칠하지 않은) 원목 말안장, 사냥개, 사슴, 다람쥐, 곰 등의 가죽은 일체 금지한다'고 나와 있다. 신 등이 조사해

---

27 五辰은 甲子로부터 戊辰, 己卯로부터 癸未, 甲午로부터 戊戌, 己酉로부터 癸丑에 이르는 각각의 5일간을 의미한다.

보니, 잡석은 입수하기 쉬어 만들어 파는 사람이 많고, 착용할 때에도 쉽게 파손되지 않는다. 동을 이용한 요대는 도색을 하는데 움직이면 쉽게 벗겨진다. 제작에 난이도의 차이가 있는데 가격은 동일하다. 이것이 첫번째 폐해이다. 또 모피류의 이용을 허락하지 않으면, 말안장 제작에 모름지기 (우마의) 주름진 가죽을 이용하게 된다. 이에 따라 무뢰한들이 몰래 우마를 죽이는 것이 두번째 폐해이다. 또 節會의 의식, 외국사절의 내방은 세시로 끊이질 않는다. 이때 반드시 장식칼을 사용한다. 이번에 모두 금지한다면 국위를 손상시킬까 걱정이다. 삼가 바라건대, 잡석 및 모피 등은 모두 허용했으면 한다. 장식 칼의 사용은 절회, 외국사절의 내방 때를 제외하고는 금제하도록 한다. 말안장은 뽕나무, 대추나무를 제외하고는 옻칠의 여부는 묻지않고 희망에 따라 통용하고, 백성의 편의에 따라서 득이 되었으면 한다"라고 하였다. (천황은) 모두 허락하였다. (이날) 산위 종4위하 川邊女王이 죽었다.

병인(29일), 渤海國이 사자를 보내 토산물을 바쳤다. 그 왕의 서계에, "(高)南容 등이 돌아오고 멀리서 황송하게도 서간을 받았다[28]. (천황의) 자비로운 마음은 3대에까지 미치고, 위로의 말은 멀리있는 나에게 미치고 있다. (서계를) 읽으면서 슬픈 마음을 견딜 수가 없다. 삼가 들으니, (桓武天皇인) 선제께서 仙界로 승하하시고, (평성)태상천황은 (양위하여) 한적한 생활을 지내시고, 만기의 중대한 직무를 빨리도 물려주었음을 알았다. 초가을은 여전히 덥다. 삼가 생각하건대, 천황의 일상에 만복이 있기를 바란다. 이 (高)元瑜는 (천황의) 은덕을 입고 있다. 천황께서는 보위에 오르고 칙명을 새롭게 하고, 즐거움은 백성의 마음을 적시며, 다행히도 나라 밖에까지 미치고 있다. 학문을 좋아하고 기뻐하며 근심하는 것은 (일본천황과 발해왕은) 함께하고 있다. (출항의) 일이 때에 이르면 지체할 수 없다. 거듭 差和部少卿 겸 和幹苑使 開國子 高南容 등을 보내 서계를 올리는 바이

---

28 弘仁 원년(810) 4월 정축조에, "高南容 등이 귀국하였다. (발해)국왕에게 (일본천황의) 국서를 주면서 말하기를, 운운"이라고 하여, 일본천황에 보낸 국서가 나오는데, '云云'이라고 하듯이 그 내용은 생략되어 있다.

다. 이것으로 경축의 예를 표시하고 아울러 토산물을 바친다. 구체적인 것은 별도로 기록하였다. (高)南容 등은 재차 허술한 배를 타고 대해를 건너가는데, 귀국길에 예기치않은 재난에 걱정이다. 삼가 바라건대, 원방의 그 (나라의) 사자를 보내 안내하여 함께 왔으면 한다. (이것은) 참으로 仁에 해당한다고 할 수 있다. 삼가 경역은 멀리 떨어져 있어 축하의 배례를 하지 못함을 살펴주기 바란다"라고 하였다.

○ 동10월 기사(2일), 종5위하 名草直道主를 대학박사로 삼고, 越中權掾은 종전대로 하였다. 시종 종4위상 藤原朝臣繼業을 兵部大輔로 삼고, 近江守는 종전대로 하였다. 종5위하 田中朝臣清人을 左京亮으로 삼고, 内藥正 외종5위하 若江造家繼에게 尾張權介를 겸직시키고, 侍醫는 종전대로 하였다. 左近衛中將 정4위하 巨勢朝臣野足에게 備中守를 겸직시키고, 中務大輔는 종전대로 하였다. 종5위하 藤原朝臣眞川을 安藝守로 삼고, 종5위하 石川朝臣道成을 周防守로 삼고, 종4위하 多朝臣入鹿을 讚岐權守로 삼고, 종5위상 安曇宿禰廣吉을 伊豫權介로 삼고, 종5위상 御室朝臣是嗣를 筑後權介로 삼고, 종5위상 御室朝臣氏繼를 薩摩權守로 삼고, 종5위하 登美眞人藤津에게 종5위상을 내렸다.

갑술(7일), 종5위하 廣根朝臣諸勝을 攝津介로 삼았다.

기묘(12일), 정6위상 采女朝臣枚麻呂에게 종5위하를 내렸다.

병술(19일), 종5위하 文屋眞人弟直을 少納言으로 삼고, 종5위하 藤原朝臣眞書를 大藏少輔로 삼고, 외종5위하 縵連家繼를 大膳亮으로 삼고, 종5위하 伊勢朝臣德成을 上野權介로 삼았다.

무자(21일), 河內國 사람 종7위하 勇山國嶋, 정7위하 家繼, 정8위상 眞繼, 종8위하 文繼 등에게 連 성을 내렸다.

갑오(27일), 松崎川에서 부정을 씻는 의식을 행했다. 大嘗會의 일 때문이다. 陸奧國에서 언상하기를, "渡嶋[29]의 蝦夷 2백여인이 관할하에 있는 氣仙郡에 내착하

---

29 蝦夷의 거주지, 『日本三代實錄』 貞觀 17년(875) 11월에 渡島의 거친 오랑캐가 出羽國의 秋

였다. 육오국의 소관이 아니니 돌아갈 것을 명했다, 이에 하이들은 '지금은 추운 시절이니 해로로 가기는 어렵다. 내년 봄까지 기다려 고향으로 돌아가고 싶다' 고 한다'라고 하였다. 이를 허락하였다. 머무는 동안 의복, 식량을 지급하도록 하였다.

○ 11월 갑인(18일), 천둥이 쳤다.

을묘(19일), 朝堂院에서 大嘗祭를 행했다.

병진(20일), (천황이) 豐樂院에 어림하였다. 悠紀, 主基 양국에서 다양한 놀이 용품을 바치고, 풍토의 가무를 선보였다. 5위 이상에게 피복을 하사하였다.

무오(22일), 5위 이상에게 연회를 베풀고, 아악 및 大歌[30]를 연주하였다. 종4위 하 大庭王에게 종4위상을, 종5위하 弟野王·作良王에게 종5위상을, 정6위상 貞 代王·御井王에게 종5위하를, 종4위하 橘朝臣安麻呂·藤原朝臣冬嗣에게 종4위 상을, 정5위하 藤原朝臣貞繼에게 종4위하를, 종5위상 紀朝臣繩麻呂에게 정5위 하를, 종5위하 田中朝臣淨人·大中臣朝臣諸人·佐伯宿禰鷹成·安倍朝臣雄笠 ·甘南備眞人諸野·安倍朝臣淨足·藤原朝臣三守에게 종5위상을 내렸다. 외정 5위하 秦宿禰都伎麻呂, 정6위상 長岡朝臣岡成·豐野眞人仲成·畝火眞人莵原· 藤原朝臣賀祜麻呂·多治比眞人繼益·藤原朝臣文山·坂上大宿禰眞弓·橘朝臣 永繼·藤原朝臣葛成·小野朝臣諸野, 종6위하 藤原朝臣濱主·安倍朝臣弟雄, 정 6위상 縣犬養宿禰淸繼·佐伯宿禰弟成·忌部宿禰比良麻呂에게 종5위하를 내렸 다. 정6위상 林朝臣山主·志賀忌寸周興·賀茂縣主立長·藏人根主에게 외종5위 하를 내렸다. 연회가 끝나고 차등있게 녹을 하사하였다.

기미(23일), 정4위하 橘朝臣 諱〈嵯峨太皇大后〉·多治比眞人高子에게 종3위를 내렸다. 무위 廣長女王에게 종5위상을, 정6위상 藤野女王, 무위 繼子女王에게 종 5위하를, 종5위하 藤原朝臣松子에게 정5위하를, 무위 藤原朝臣緖夏·坂上大宿

<hr />

田, 飽海 양군을 습격한 사건이 나온다.
30 궁정의 의식인 정월, 白馬, 踏歌 등의 節會, 大嘗會, 新嘗祭 등에서 행하는 음악의 총칭, 민간 의 음악을 小歌라고 하듯이 상대적인 용어이다.

禰御井子에게 종5위상을, 무위 藤原朝臣葛子·橘朝臣安萬子·三善宿禰弟姉·三國眞人眞主에게 종5위하를 내렸다.

신유(25일), 정6위상 朝野宿禰道守·丹波史鳥守에게 외종5위하를 내렸다.

갑자(28일), 參河, 美作 양국의 전조를 면제하였다, 대상제에 봉공했기 때문이다.

○ 12월 경오(4일), 종6위상 林宿禰東人[31]을 送渤海客使로 삼고, 대초위하 上毛野公繼益[32]을 錄事로 삼았다.

갑술(8일), 외정6위상 上毛野公賀美麻呂에게 외종5위하를 내렸다.

기묘(13일), (천황이) 芹川野에서 사냥을 즐겼다. 5위 이상에게 피복을 하사하였다.

임오(16일), 참의 정4위하 巨勢朝臣野足을 보내, 八幡大神宮, 樫日廟[33]에 폐백을 바쳤다. 난[34]을 진정시킨 기도에 답례였다.

갑신(18일), 승 7인을 吉野陵[35]에 보내 독경시켰다. .

병술(20일), 鑄錢司가 잉여분의 동을 이용해 신전 1,400관을 주조하여 바쳤다. 이로 인해 주전장관 종5위상 三嶋眞人年嗣에게 정5위하를 내리고, 차관 종5위하 大枝朝臣繼吉에게 종5위상을 내렸다. 기타 6위 이하 및 기술공에게는 서위를 행

---

31 弘仁 2년(811) 4월에 조정에 출발인사를 한 후, 동년 10월에 귀국하였다. 그는 귀국시에 발해국왕이 천황에게 보낸 서계에 常例에 따르지 않아 문제가 있다고 하여 취하지 않았다고 한다. 동 6년 정월 갑오조의 발해왕에게 보내는 천황의 국서에는 林宿禰東人을 林宿禰東仁으로 표기하였다.

32 발해에서 일본으로 귀국 도중에 조난당하여 행방을 알 수 없다. 이에 弘仁 6년(815) 정월에 정6위하에 추증하였다.

33 福岡市에 있는 香椎宮, 고대로부터 仲哀天皇, 神功皇后의 신령을 모시는 靈廟로서 자리매김 되어 왔다. 香椎廟, 樫日廟 등의 명칭이 있다.

34 藥子의 變을 말한다.

35 聖武天皇의 황녀인 井上內親王의 능묘, 光仁天皇의 황후가 되었지만, 寶龜 3년((773)에 대역죄의 혐의로 폐후되어 동 6년에 사망하였다. 비극적인 죽음에 대해 怨靈에 대한 두려움으로 사후 복위되었고 吉野皇太后라고 칭해졌다.

하고 차등있게 녹을 내렸다.

계사(27일), 조를 내리기를, "천체는 질서를 이루고, 鉤陣이 자미성을 수위하고 있다[36]. 지역으로 구분되어 있는 무력의 효용은 전적에 나타나 있다. 흉악을 제거하고 폭력을 금압하는 7德의 위력을 밝히고 있다. 난을 진압하고 (조정을) 모멸하는 것을 방지하여 사해가 그 무위에 복종하게 된다. 활궁의 유용성은 예로부터의 일이고, 갑병을 배치하는 것은 오늘만이 아니다. 지금 左右兵衛는 그 수가 감소하고 있다. 만약 비상사태가 되면, 어떻게 긴급히 대응하겠는가. 늘리고 줄이는 것은 文武 모두 우선으로 삼는 도이다. 때를 보고 때에 맞게 폐지하고 설치하는 것은 여기에 있다. 左右近衛는 종전의 인원으로 복구해야 한다"라고 하였다.

일본후기 권제20

---

36 紫微星을 황궁에 비유하고 자미성을 포진하고 있는 6개의 별인 鉤陣을 6衛府에 비유하여 황궁을 지키고 있다는 의미이다.

日本後紀 卷第二十〈起弘仁元年九月，盡十二月〉

左大臣正二位兼行左近衛大將臣藤原朝臣冬嗣等奉勅撰

太上天皇〈嵯峨〉

◎弘仁元年九月戊戌朔，遣使畿內，班民口田．勅，大和國田租地子稻，永充平城宮雜用料．癸卯，依太上天皇命，擬遷都於平城．正三位坂上大宿禰田村麻呂，從四位下藤原朝臣冬嗣，從四位下紀朝臣田上等爲造宮使．甲辰，播磨國言，據格，可以勳位人差點健兒．而國內勳位，或死，或逃，見之徒，多是老疾，不堪防守．伏望，差白丁補其闕．許之．丁未，緣遷都事，人心騷動．仍遣使，鎭固伊勢・近江・美濃等三國府幷故關．正四位下巨勢朝臣野足・從五位下佐伯宿禰永繼爲伊勢使，正五位下御長眞人廣岳・從五位下小野朝臣岑守・坂上大宿禰廣野爲近江使，正五位上大野朝臣直雄爲美濃使，繫右兵衛督從四位上藤原朝臣仲成於右兵衛府．詔曰，天皇詔旨〈良麻止〉，勅御命〈乎〉親王諸王諸臣百官人等天下公民衆聞食〈止〉宣．尙侍正三位藤原朝臣藥子者，挂畏柏原朝廷〈乃〉御時〈爾〉，春宮坊宣旨〈止〉爲〈弓〉任賜〈比支〉．而其爲性〈能〉不能所〈乎〉知食〈弓〉，退賜〈比〉去賜〈弓支〉．然物〈乎〉百方趁逐〈弓〉，太上天皇〈爾〉近〈支〉奉〈流〉．今太上天皇〈乃〉讓國給〈閇流〉大慈深志〈乎〉不知〈之弓〉，己〈我〉威權〈乎〉擅爲〈止之弓〉，非御言事〈乎〉御言〈止〉云〈都都〉，褒貶〈許止〉任心〈弓〉，曾無所恐憚．如此惡事種種在〈止毛〉，太上天皇〈爾〉親仕奉〈爾〉依〈弓〉，思忍〈都都〉御坐．然猶不飽足〈止之弓〉，二所朝庭〈乎母〉言隔〈弓〉，遂〈爾波〉大亂可起，又先帝〈乃〉萬代宮〈止〉定賜〈閇流〉平安京〈乎〉，棄賜〈比〉停賜〈弓之〉平城古京〈爾〉遷〈左牟止〉奏勸〈弓〉，天下〈乎〉擾亂，百姓〈乎〉亡弊．又其兄仲成，己〈我〉妹〈乃〉不能所〈乎波〉不教正〈之弓〉，還恃其勢〈弓〉，以虛詐事，先帝〈乃〉親王夫人〈乎〉凌侮〈弓〉，棄家乘路〈弓〉東西辛苦〈世之牟〉，如此罪惡不可數盡，理〈乃〉任〈爾〉勘賜〈比〉罪〈奈閇〉賜〈布閇久〉有〈止毛〉，所思行有依〈弓〉，輕

賜〈比〉宥賜〈比弓〉,藥子者位官解〈弓〉自宮中退賜〈比〉,仲成者佐渡國權守退
〈止〉宣,天皇詔旨〈乎〉,衆聞食〈止〉宣.又遣使告于柏原陵曰,天皇御命坐,挂
畏〈支〉柏原大朝庭〈爾〉申賜〈閇止〉申〈久〉,内侍尚侍正三位藤原朝臣藥子者,
初太上天皇〈乃〉東宮〈止〉坐〈之〉時〈爾〉,東宮宣旨〈止〉爲〈弓〉任賜〈比支〉.而
其爲性〈乃〉不能所〈乎〉知食〈弓〉,退賜〈比〉去賜〈弓支〉.然物〈乎〉百方趁逐
〈弓〉,太上天皇〈爾〉近〈支〉奉〈弓〉,非御言事〈乎〉御言〈止〉云〈都都〉,褒貶任
意〈弓〉,曾無所恐憚.又萬代宮〈止〉定賜〈之〉平安京〈乎毛〉,棄賜〈比〉停賜〈弓
之〉平城古京〈爾〉遷〈左牟止〉奉勸〈弓〉,天下〈乎〉擾亂,百姓〈乎〉亡弊.又其兄
仲成,恃己妹勢〈弓〉,以虛詐事,親王夫人〈乎〉凌侮〈弓〉棄,家乘路〈弓〉東西辛
苦〈世之牟〉.如此罪惡不可數盡,因茲藥子者官位解〈弓〉自宮中退賜,仲成者
佐渡國權守退賜〈比都〉.又續日本紀所載〈乃〉崇道天皇與贈太政大臣藤原朝
臣不好之事,皆悉破却賜〈弓支〉.而更依人言〈弓〉,破却之事如本記成.此〈毛〉
亦無禮之事〈奈利〉.今如前改正之狀,差參議正四位下藤原朝臣緒嗣,畏〈彌〉
畏〈牟毛〉申賜〈久止〉奏.是日,宮中戒嚴.藤原朝臣雄友授本位正三位,正五位
下御長眞人廣岳・坂田宿禰奈弓麻呂・石川朝臣淸直・多治比眞人今麻呂從
四位下,正六位上弟村王・高瀬王・廣根朝臣諸勝・紀朝臣末成・坂上大宿
禰廣野・藤原朝臣廣敏・多治比眞人育治・安倍朝臣雄能麻呂・安倍長田朝
臣節麻呂從五位下.從四位上秋篠朝臣安人爲參議兼右衛士督,左大弁如故.
正五位下藤原朝臣道雄爲左中弁.權右中弁正五位下田口朝臣息繼爲眞,阿波
守如故.正五位下小野朝臣野主爲權右中弁.左近衛少將從五位下良岑朝臣安
世爲兼左少弁,丹波介如故.從五位下藤原朝臣福當麻呂爲右少弁.右近衛少
將從五位下藤原朝臣三守爲兼内藏頭,美作權介如故.正五位下御室朝臣今嗣
爲大學頭,從四位下坂田宿禰奈弓麻呂爲大和守,從四位下藤原朝臣繼彦爲山
城守,從五位下廣根朝臣諸勝爲介.從四位下紀朝臣田上爲尾張守,從五位下
藤原朝臣山人爲駿河守,正四位下藤原朝臣眞夏爲伊豆權守,從五位上大伴宿
禰和武多麻呂爲武藏權介,正五位下藤原朝臣貞繼爲近江守,式部少輔從五位

下小野朝臣岑守爲兼介. 從五位下多治比眞人育治爲美濃介, 從五位下藤原朝臣貞本爲飛驒權守, 從五位下登美眞人藤津爲越前介, 從五位上大中臣朝臣常麻呂爲備前權守, 從五位下安倍朝臣清繼爲安藝權守, 從四位下多朝臣入鹿爲讚岐守, 從四位下藤原朝臣眞雄爲伊豫守, 從五位下藤原朝臣安繼爲薩摩權守, 正五位上大野朝臣直雄爲左近衛少將, 春宮大夫從四位上藤原朝臣藤嗣爲兼右近衛中將. 從五位下紀朝臣百繼爲少將, 下野介如故. 從五位下安倍朝臣雄能麻呂爲右衛士佐, 從五位下佐伯宿禰永繼爲左兵衛佐. 參議正四位下藤原朝臣緒嗣爲右兵衛督, 從五位下坂上大宿禰廣野爲佐. 從五位下安倍朝臣男笠爲左馬頭. 戊申, 正四位下藤原朝臣眞夏, 從四位下文室朝臣綿麻呂等被召自平城宮來. 禁綿麻呂於左衛士府. 大外記外從五位下上毛野朝臣穎人從平城急來言, 太上天皇, 今日早朝, 取川口道, 入於東國. 凡其諸司幷宿衛之兵, 悉皆從焉. 于時, 遣大納言正三位坂上大宿禰田村麻呂等, 率輕銳卒, 從美濃道邀之. 田村麻呂奏請, 綿麻呂, 武藝之人, 頻經邊戰, 募將同行. 即授正四位上拜參議, 以遣之. 歡喜踊躍, 即駕兵馬. 又置宇治山埼兩橋, 與渡市津頓兵. 是夜, 令左近衛將監紀朝臣清成, 右近衛將曹住吉臣豐繼等, 射殺仲成於禁所. 仲成者, 參議正三位宇合之曾孫, 贈太政大臣正一位種繼之長子也. 性狼抗使酒. 或昭穆無次, 忤於心不憚掣蹶. 及乎女弟藥子專朝, 假威益驕. 王公宿德, 多見凌辱. 民部大輔笠朝臣江人之女, 適仲成也. 其姨頗有色. 仲成見而悅之. 嫌其不和, 欲以力強. 女脫奔佐味親王. 仲成入王及母夫人家認之. 麁言逆行, 甚失人道. 及遭害, 僉以爲自取之矣. 外從五位下上毛野朝臣穎人授從五位上. 賞歸順之功也. 己酉, 太上天皇至大和國添上郡越田村. 即聞甲兵遮前, 不知所行. 中納言藤原朝臣葛野麻呂, 左馬頭藤原朝臣眞雄等, 先未然雖固諫, 猶不納, 催駕發進焉. 天皇遂知勢蹙, 乃旋宮剃髮入道. 藤原朝臣藥子自殺. 藥子, 贈太政大臣種繼之女, 中納言藤原朝臣繩主之妻也. 有三男二女, 長女太上天皇爲太子時, 以選入宮. 其後藥子以東宮宣旨, 出入臥內, 天皇私焉. 皇統彌照天皇慮姪之傷義, 即令駈逐. 天皇之嗣位, 徵爲尙侍. 巧求愛媚, 恩寵隆渥. 所言之事, 無不聽容. 百司衆務, 吐納自由. 威福之盛, 熏灼四方. 屬倉卒之際, 與天皇同輦. 知衆惡之歸己, 遂仰藥而死. 庚戌, 詔曰, 天皇詔旨〈良麻止〉勅大命〈乎〉, 衆聞食〈止〉宣. 太上天皇〈乎〉伊勢〈爾〉行幸〈世志米多流〉諸人等, 法之隨〈爾〉罪賜〈布倍久〉有〈止毛〉, 所念有〈爾〉依〈弖奈毛〉, 免賜〈比〉宥賜〈布〉. 又中納言藤原朝臣葛野麻呂〈波〉, 惡行之首藤原藥子〈加〉姻媾之中〈奈禮波〉, 重罪有〈倍志〉. 然多入鹿申〈久〉, 雖言不納〈止毛〉, 諫爭〈己止〉懇至〈止〉申〈爾〉依〈弖奈毛〉, 罪〈奈倍〉賜〈比〉勘賜〈波須〉. 又藤原朝臣眞雄〈波〉, 身命〈乎〉棄忘〈弖〉諫爭〈多留〉事, 衆人〈與利〉異〈爾〉有〈爾〉依〈弖奈毛〉, 譽賜〈比〉勤賜〈比〉, 冠位上賜〈比〉治賜〈波久止〉宣天皇大命〈乎〉, 衆聞食〈止〉宣. 是日, 廢皇太子, 立中務卿諱〈淳和〉爲皇太弟. 詔曰, 現神〈止〉大八洲所知〈須〉倭根子天皇詔旨〈良麻止〉勅御命〈乎〉, 親王等王等臣等百官人等天下公民衆聞食〈止〉宣. 食國之法〈止〉定賜〈比〉行賜〈閇留〉因法隨〈爾〉, 中務卿諱〈乎〉立而, 皇太弟〈止〉定賜〈布〉. 故此之狀悟〈弖〉, 百官人等仕奉〈止〉宣天皇勅命〈乎〉, 衆聞賜〈止〉宣. 從四位下藤原朝臣眞雄授正四位下. 壬子, 從五位上礒野王爲伊豆權守, 從五位上大中臣朝臣智治麻呂爲武藏介, 正五位上菅野朝臣庭主爲安房權守, 從四位下紀朝臣田上爲佐渡權守, 正五位下藤原朝臣弟貞爲丹後守, 正四位下藤原朝臣眞夏爲備中權守, 從五位下當麻眞人鱸麻呂爲淡路權守, 從五位上大中臣朝臣常麻呂爲伊豫守, 從五位下田口王爲土佐權守, 從五位下紀朝臣良門爲肥前權介, 從五位上大伴宿禰和武多麻呂爲日向權守, 從五位下御室朝臣是嗣爲大隅權守, 從五位下眞菅王爲壹岐權守. 癸丑, 從五位下大中臣朝臣諸人爲神祇大副, 左近衛中將正四位下巨勢朝臣野足爲兼中務大輔, 從五位下安倍朝臣宅麻呂爲大舍人助, 從五位下弟村王爲圖書頭. 從五位下小野朝臣岑守爲内藏頭, 式部少輔近江介如故. 從五位下藤原朝臣眞書爲縫殿頭, 從五位下伊勢朝臣德繼爲助. 左衛士督從四位下藤原朝臣冬嗣爲兼式部大輔, 美作守如故. 從五位下多治比眞人船主爲雅樂助, 從五位下紀朝臣南麻呂爲民部少輔, 從五位下藤原朝臣友人爲兵部少輔, 參議正四位上文室朝臣綿麻呂爲大藏卿兼陸奧出羽按察

使, 從五位上池田朝臣春野爲大輔, 從五位下三國眞人氏人爲木工頭. 正三位
藤原朝臣雄友爲彈正尹, 從五位下高瀬王爲弼. 從五位下秋篠朝臣全繼爲造西
寺次官, 右近衛中将從四位上藤原朝臣藤嗣爲兼攝津守, 從四位下御長眞人廣
岳爲伊勢守, 内匠頭從五位下直世王爲兼相摸守. 參議正四位下藤原朝臣緒嗣
爲兼美濃守, 右兵衛督如故. 左兵衛佐從五位下佐伯宿禰長繼爲兼丹波介. 左
近衛少将從五位下良岑朝臣安世爲兼但馬介, 左少弁如故. 中務少輔從五位下
藤原朝臣清繩爲兼出雲介, 從四位下賀陽朝臣豐年爲播磨守. 甲寅, 越前介從
五位下阿倍朝臣清繼, 權少掾百濟王愛筌等, 聞太上天皇幸伊勢國, 舉兵應之.
捕新任介從五位下登美眞人藤津不受替. 遣民部少輔從五位下紀朝臣南麻呂
等勘問, 服罪. 清繼已下原死處遠流. 侍從從四位下大庭王爲兼大舍人頭. 陰陽
博士外從五位下志斐連國守爲兼石見權掾, 天文博士如故. 大法師永忠爲少僧
都, 大法師長惠爲律師. 乙卯, 權右中弁正五位下小野朝臣野主爲眞, 從五位下
大野朝臣眞菅爲權右少弁, 從五位下文室眞人弟直爲大藏少輔. 大納言正三位
藤原朝臣園人爲兼東宮傅, 民部卿如故. 左大弁從四位上秋篠朝臣安人爲兼越
後守, 右衛士督如故. 從四位下多朝臣入鹿爲安藝守, 從四位上春原朝臣五百
枝爲讚岐守. 丙辰, 詔曰, 飛鳥以前, 未有年號之目. 難波御宇, 始顯大化之稱.
爾來因循歷世, 至今是用. 皇王開國承家, 莫不登極稱元, 隨時施號也. 朕以眇
虚, 嗣守丕業, 照臨四海, 于茲二周. 雖曰淹除, 而未施新號. 方今時屬豐稔, 人
頌有年. 實賴宗廟之靈, 社稷之祐, 非朕之寡德, 所能可致也. 念與天下, 嘉斯休
祥. 宜改大同五年爲弘仁元年. 布告遐邇, 知朕意焉. 大法師脩圓爲律師, 從五
位下佐伯王爲大監物, 從五位下伊勢朝臣德繼爲縫殿頭. 從五位上稻城王爲
大膳大夫, 從五位下藤原朝臣眞書爲亮. 從五位下安倍朝臣犬養爲尾張守, 四
品阿保親王爲大宰權帥. 己未, 大法師脩哲爲律師. 庚申, 制, 諸國出擧官稻, 率
十束收利三束. 但陸奧出羽二國, 不在此限. 壬戌, 制, 大臣身帶二位者, 聽着中
紫. 今宜改着深紫. 又諸王二位已下五位已上, 及諸臣二位三位者, 依令條, 着
淺紫. 今改着中紫. 又去大同二年制, 四窠已上不得服用者. 今聽五位已上服

用. 正六位上紀朝臣岡繼‧伊勢朝臣繼麻呂授從五位下, 正六位上鷹高宿禰氏成外從五位下, 正五位下永原朝臣子伊太比從四位下, 正六位上池田朝臣幡子從五位下. 甲子, 正五位上大野朝臣直雄授從四位下, 正六位上佐伯宿禰金山從五位下. 從五位上藤原朝臣鷹養爲民部大輔, 從五位下田中朝臣清人爲造西寺長官, 右兵衛佐從五位下佐伯宿禰長繼爲兼下總介, 從五位下藤原朝臣眞川爲左衛士佐. 參議正四位下藤原朝臣緒嗣爲兼右衛士督, 美濃守如故. 從四位下大野朝臣直雄爲左兵衛督, 從五位上藤原朝臣道繼爲佐. 左大弁從四位上秋篠朝臣安人爲兼右兵衛督, 越後守如故. 從五位下佐伯宿禰金山爲右兵庫頭. 乙丑, 公卿奏議言, 謹案, 大同二年九月二十八日詔書稱, 日者虛傳, 千妨輻湊, 占人妄告, 萬忌森羅. 又大會小會之言, 歲對歲位之說. 天恩發於五辰, 將軍行於四仲. 斯等竝出堪輿雜志, 非舉正之典. 宜據賢聖格言, 一除曆注者. 臣等商量, 曆注之興, 歷代行用. 男女嘉會, 人倫之大也. 農夫稼穡, 國家之基也. 伏望, 因順物情, 依舊具注. 又去大同二年八月十九日下彈正臺例云, 雜石腰帶, 畫飾大刀, 及素木鞍橋, 獨射犴葦鹿㺑羆皮等. 一切禁斷者. 臣等商量, 雜石易得, 造賣多人. 至于著用, 亦復難損. 銅銙具者, 以漆塗成. 動易剝落, 今難易各異, 價直是同, 爲弊一也. 又毛皮之類, 不聽犯用, 鞍具之要, 唯須皺文. 是以, 無賴之徒, 竊斃牛馬, 爲弊二也. 又節會之義, 蕃客之朝, 歲時不絶. 必須餝刀. 今惣被斷, 恐損國威. 伏望, 雜石及毛皮等, 悉聽用之. 畫餝刀者, 除節會蕃客之外, 將加禁制. 鞍橋者, 除桑棗之外, 不論素漆, 隨心通用. 庶隨民便, 蒙得其所. 竝許之. 散事從四位下川邊女王卒. 丙寅, 渤海國遣使獻方物. 其王啓云, 南容等廻, 遠辱書問. 悲切三考, 慰及藐孤. 捧讀之時, 無任哀感. 伏承, 先帝仙馭昇遐, 太上天皇怡神閑舘, 萬機之重, 早識所歸. 孟秋尚熱. 伏惟, 天皇起居萬福. 即此元瑜蒙恩, 天皇繼登寶位, 置命惟新, 歡洽兆民之心, 賴及一方之外. 在於文好, 休慽攸同. 事貴及時, 不可淹滯. 重差和部少卿兼和幹苑使開國子高南容等奉啓. 用申慶賀之禮, 兼上土物. 具在別錄. 況南容等, 再駕窮船, 旋涉大水. 放還之路, 恐動不虞. 伏望, 遠降彼使, 押領同來. 實謂當仁. 伏惟, 照諒, 封域遙隔, 拜賀未由.

○冬十月己巳, 從五位下名草直道主爲大學博士, 越中權掾如故. 侍從從四位上藤原朝臣繼業爲兵部大輔, 近江守如故. 從五位下田中朝臣清人爲左京亮, 內藥正外從五位下若江造家繼爲兼尾張權介, 侍醫如故. 左近衛中將正四位下巨勢朝臣野足爲兼備中守, 中務大輔如故. 從五位下藤原朝臣眞川爲安藝守, 從五位下石川朝臣道成爲周防守, 從四位下多朝臣入鹿爲讃岐權守, 從五位上安曇宿禰廣吉爲伊豫權介, 從五位上御室朝臣是嗣爲筑後權介, 從五位上御室朝臣氏繼爲薩摩權守. 從五位下登美眞人藤津授從五位上. 甲戌, 從五位下廣根朝臣諸勝爲攝津介. 己卯, 正六位上采女朝臣枚麻呂授從五位下. 丙戌, 從五位下文屋眞人弟直爲少納言, 從五位下藤原朝臣眞書爲大藏少輔, 外從五位下縵連家繼爲大膳亮, 從五位下伊勢朝臣德成爲上野權介. 戊子, 河內國人從七位下勇山國嶋, 正七位下家繼, 正八位上眞繼, 從八位下文繼等賜姓連. 甲午, 禊於松崎川. 緣大嘗會事也. 陸奧國言, 渡嶋狄二百餘人來着部下氣仙郡. 非當國所管, 令之歸去, 狄等云, 時是寒節. 海路難越. 願候來春, 欲歸本鄉者, 許之. 留住之間, 宜給衣粮.

○十一月甲寅, 雷. 乙卯, 行大嘗於朝堂院. 丙辰, 御豐樂院. 悠紀主基兩國獻翫好雜物, 奏土風歌舞. 五位已上賜衣被. 戊午, 宴五位已上. 奏雅樂幷大歌. 從四位下大庭王授從四位上, 從五位下弟野王・作良王從五位上, 正六位上貞代王・御井王從五位下, 從四位下橘朝臣安麻呂・藤原朝臣冬嗣從四位上, 正五位下藤原朝臣貞繼從四位下, 從五位上紀朝臣繩麻呂正五位下, 從五位下田中朝臣淨人・大中臣朝臣諸人・佐伯宿禰鷹成・安倍朝臣雄笠・甘南備眞人諸野・安倍朝臣淨足・藤原朝臣三守從五位上. 外正五位下秦宿禰都伎麻呂, 正六位上長岡朝臣岡成・豐野眞人仲成・畝火眞人莵原・藤原朝臣賀祜麻呂・多治比眞人繼益・藤原朝臣文山・坂上大宿禰眞弓・橘朝臣永繼・藤原朝臣葛成・小野朝臣諸野, 從六位下藤原朝臣濱主・安倍朝臣弟雄・正六位上縣犬養宿禰清繼・佐伯宿禰弟成・忌部宿禰比良麻呂從五位下. 正六位上林朝臣山主・志賀忌寸周興・賀茂縣主立長・藏人根主外從五位下. 宴訖, 賜祿有差. 己未, 正四位下橘朝臣諱〈嵯峨太皇大后〉 · 多治比眞人高子授從三位. 無位廣長女王從五位上, 正六位上藤野女王, 無位繼子女王從五位下, 從五位下藤原朝臣松子正五位下, 無位藤原朝臣緒夏 · 坂上大宿禰御井子從五位上. 無位藤原朝臣葛子 · 橘朝臣安萬子 · 三善宿禰弟姉 · 三國眞人眞主從五位下. 辛酉, 正六位上朝野宿禰道守 · 丹波史鳥守授外從五位下. 甲子, 免參河美作兩國田租, 以供奉大嘗也.

○十二月庚午, 從六位上林宿禰東人爲送渤海客使, 大初位下上毛野公繼益爲錄事. 甲戌, 外正六位上上毛野公賀美麻呂授外從五位下. 己卯, 遊獵于芹川野. 賜五位已上衣被. 壬午, 遣參議正四位下巨勢朝臣野足奉幣帛於八幡大神宮樫日廟. 賽靜亂之禱. 甲申, 遣僧七口讀經於吉野陵. 丙戌, 鑄錢司用乘銅鑄進新錢一千四十貫. 因茲, 鑄錢長官從五位上三嶋眞人年嗣授正五位下, 次官從五位下大枝朝臣繼吉從五位上. 自餘六位已下客作兒已上敍位賜祿有差. 癸巳, 詔曰, 天文垂象, 鉤陣列衛於紫微. 地理分區, 金石効用於緗錄. 除兇禁暴, 七德照其威. 靜亂禦侮, 四海服其武. 弧矢之用焉自往昔, 甲兵之儲匪獨茲日. 今左右近衛, 其數減少. 脫有機警, 何以應卒. 一張一弛, 文武之道所先. 觀時適時, 廢置之宜斯在. 其左右近衛可復舊數焉.

日本後紀 卷第二十